13판

FERRELL 기업윤리

13판

FERRELL 기업윤리

O.C. Ferrell · John Fraedrich · Linda Ferrell 지음
장영균 · 김병직 · 정라미 옮김

Thirteenth Edition

BUSINESS ETHICS
ETHICAL DECISION MAKING AND CASES

CENGAGE 교문사

Andover • Melbourne • Mexico City • Stamford, CT • Toronto • Hong Kong • New Delhi • Seoul • Singapore • Tokyo

CENGAGE

***Business Ethics: Ethical Decision Making and Cases,* 13th Edition**

**O. C. Ferrell,
John Fraedrich,
Linda Ferrell**

ISBN-13: 978-89-363-2329-5

Cengage Learning Korea Ltd.
14F YTN Newsquare 76 Sangamsan-ro
Mapo-gu Seoul 03926 Korea
Tel: (82) 2 330 7000
Fax: (82) 2 330 7001

Cengage Learning is a leading provider of customized learning solutions with office locations around the globe, including Singapore, the United Kingdom, Australia, Mexico, Brazil, and Japan. Locate your local office at: **www.cengage.com**

Cengage Learning products are represented in Canada by Nelson Education, Ltd.

To learn more about Cengage Learning Solutions, visit **www.cengageasia.com**

Printed in Korea
Print Number: 01 Print Year: 2022

역자 서문

본 교재는 미국 대학에서 가장 많이 채택하고 있는 기업윤리 교재 중에 특별히 엄선하여 번역되었다. 따라서 상당수의 내용은 미국의 경제적, 법적, 사회문화적, 그리고 미국 및 다국적 기업의 관행과 맥락에 입각하여 기술되어 있다. 그럼에도 불구하고 본 교재는 현재 국내의 기업윤리 교육에도 여전히 유용하다는 점을 밝히고 싶다.

우선, 기업윤리라는 학문의 본류가 태생적으로 미국식 자본주의와 불가분의 관계에 있기 때문에, 미국에서 발전된 기업과 윤리에 관한 이론과 논의가 사실상 오늘날의 '기업윤리'라는 학문의 기초를 형성했다. 기업윤리(business ethics), 기업의 사회적 책임(corporate social responsibility), 이해관계자 이론(stakeholder theory), 지속가능성(sustainability) 등의 주요 개념들은 모두 미국 대학에서 이론화 되었고, 수많은 기업윤리 이론가와 사상가들은 미국에 기반하여 활동하고 있다. 기업윤리 분야의 선구자로 알려진 미국 캔자스대학교의 리차드 드 조지(Richard De George)와 그의 제자인 미국 펜실베니아대학교 경영대학원의 토마스 도널드슨(Thomas Donaldson), CSR이라는 개념을 소개한 조지아대학교의 아치 캐롤(Archie Carroll), 이해관계자 이론의 창시자 버지니아대학교의 에드워드 프리먼(R. Edward Freeman), 자본주의의 재정의로 유명한 하버드대학교의 레베카 핸더슨(Rebecca M. Henderson) 등이 대표적인 인물들이다.

둘째, 본 교재는 기업윤리, 기업의 사회적 책임, 지속가능성 등에 관한 미국의 법안들과 기업 사례들을 주로 다루고 있다. 미국의 특수성이 반영된 내용들이기는 하나, 법안들이 지향하고 있는 법철학과 정신, 그리고 기업 사례가 본질적으로 의미하는 시사점들은 국내 기업에도 여전히 유용한 정보가 될 수 있다. 예를 들어, 미국의 연방양형기준에서는 윤리적 기업이 되기 위한 기업의 자구적, 상시적 노력을 법적으로 인정해주고 있는데, 이러한 긍정적인 접근법은 규제와 처벌 일변도의 경직된 국내 기업 규제 접근법에 시사하는 바가 크다. 또한, IMF 이후에 국내에서 다뤄지는 기업 지배구조 개선에 관한 논의는 상당 부분 미국식 기업 지배구조 논의와 맥을 같이 한다. 미국의 각종 환경 규제 법안들 역시 국내 환경 규제 당국의 중요한 입법 근거의 기초로 활용되고 있다. 그러나 한편 본 교재에는 유럽 기반의 기업윤리와 기업의 사회적 책임에 대한 논의와 사례가 부족하다는 점은 아쉬움으로 남는다. 최근 세간의 주목을 받기 시작한 ESG 운동이 미국 보다는 EU에서 더욱 활발한 논의가 이루어지고 있다는 점에서 더욱 그렇다. 차후 교재 개정 시 이 부분에 대한 내용을 대폭 보강할 계획을 가지고 있다.

셋째, 본 교재를 번역함에 있어서 미국 상황에만 특별히 적용되는 내용은 번역에서 과감히 제외하였고, 미국 기반의 이론과 논의 그리고 사례들이 마치 "정답"이라는 식의 환상과 오류에 빠지지 않도록 유념하였다. 사실 미국의 기업들이 기업윤리 영역에서 주된 관심의 대상이 된 이유는 아이러니하게도 역사적으로 그들이 자행한 막대한 부정행위들 때문이기도 하다. 2008년 금융위기는 미국 기업들의 모럴헤저드의 극치를 보여준 서브프라임 사태에서 촉발되었는데, 그 시점을 계기로 기업윤리에 대한 이론적 발전과 학문적 관심이 급증했다는 점이 이를 뒷받침한다. 이러한 관점에서, 본 교재에서 제시된 많은 사례들은 미국의 기업들을 일종의 윤리적 모범 사례로 다루기 보다는 그들의 문제점을 드러내는 데에 보다 효과적으로 활용되었다.

마지막으로, 기업윤리라는 주제로 출간된 많은 교재들과는 차별화된 학습 포인트를 제공하고 있다. 대표적인 예가 본 교재의 6, 7, 8, 9, 11장 등에서 다루고 있는 윤리적 의사결정의 구성 요소들에 대한 심도 깊은 기술이다. 대다수의 교재들이 주로 윤리적 "지식" 전달에 집중하고 있다면, 본 교재는 윤리적 행위에 실질적으로 기여하는 행위자의 "역량"에 집중하고 있다. 기업윤리를 달성하기 위해서는 무엇이 옳은 것이고 옳지 않은 것인가를 아는 것만으로는 부족하다. 윤리적 혹은 비윤리적 의사결정이 내려지는 그 원리에 대한 깊은 이해가 요구되며, 이에 본 교재는 많은 장을 할애하여 윤리적 의사결정에 기여하는 다양한 요인과 현상들을 소개한다. 이를 통해 단순히 옳은 일을 "아는 것"에서 "하는 것"으로 학습자의 관점을 실천적으로 확장시켜준다. 이러한 맥락에서 각 장에 소개되는 〈윤리적 딜레마〉, 〈논쟁거리〉,

〈윤리적 비즈니스 과제 해결하기〉는 학습자의 윤리적 의사결정 역량을 높여 주는 데 매우 유용하게 사용될 수 있다.

기업에서 행해지는 윤리적 의사결정은 "예 혹은 아니오"의 단답식 결론으로 도출되지 않는다. 기업 현장에서는 최선이 아닌 차선, 최악을 피하기 위한 차악을 택해야 하는 경우도 비일비재하다. 수많은 이해관계자 간의 복잡다단한 이해관계 충돌 속에서 최고의 해결책이 마땅히 정해져 있지도 않다. 어떤 사안들은 조직 내 보통 구성원들에게 문제의식조차 불러일으키지 못해 방치되어 있다가 종국에는 큰 참사로 이어지는 경우도 적지 않다. 따라서 기업윤리의 단편적 지식이나 사례를 알고 있는 것만으로는 복잡한 문제 해결에 도움을 받기 어렵다. 이것이 가능하기 위해서는, 평소에 모든 구성원들이 높은 수준의 윤리적 민감성을 소유해야 하고, 무엇이 옳은 결정인가에 대해 다양한 관점의 생각들을 발전시킬 수 있어야 하며, 관행이라는 미명하에 자행되는 많은 비윤리적 의사결정을 뒤집을 정도의 수월한 논리력을 갖추어야 한다. 아울러, 조직의 암묵적 규칙이나 주요 인물들에 대한 이해, 그리고 외부 법적 규제들에 대한 최신 지식들을 겸비하여 의사결정의 질을 높여야 한다. 이 모든 것들을 함축하여 "윤리적 역량(ethical competency)"이라고 칭할 수 있다. 한마디로, 진정한 기업윤리를 실현하기 위해 기업의 현재 혹은 잠재적 구성원인 여러분들의 윤리적 역량을 개발하는 것이 본 교재의 궁극적 학습 목표라고 할 수 있다.

본 교재가 완성되기까지 함께 수고해 준 세 분의 역자들, 대학원의 연구원들, 그리고 출판을 담당한 교문사의 직원분들께 깊은 감사의 말씀을 전한다.

2022년 3월

장영균, 김병직, 정라미

저자 서문

본 교재는 기업윤리 분야의 최신 논의를 반영하는 것에서 더 나아가 기술윤리와 같은 새로운 주제까지 포함하고 있다. 개정판은 조직 맥락에서 관리자가 내려야 하는 윤리적인 의사결정의 이론적 틀을 제시하려는 본래의 목적에 더해서 윤리적, 법적, 사회적, 정치적 환경의 변화까지 반영하려는 목적에서 집필되었다.

본 교재는 학습자들이 조직에서 윤리적인 의사결정을 효과적으로 내릴 수 있도록 돕는 것을 목적으로 한다. 따라서 본 교재는 실용적인 관점에서 이론을 설명하는 것뿐만 아니라 실제로 기업 상황에서 직면하게 되는 위험이나 문제 상황, 딜레마까지 다루고 있다. 우리는 학습자들이 조직에서 윤리적인 의사결정이 이루어지는 과정을 이해하고 이를 통해서 미래에 겪게 될 윤리적인 문제를 잘 해결할 수 있기를 기대한다. 특히 우리는 팀이나 동료 간에 협력해서 윤리적인 의사결정을 내려야 하는 상황을 제시하는 것에 집중했는데, 실제로 조직에서 발생하는 윤리적 문제들은 옳고 그름이 명확하지 않으며 이를 해결하기 위해서 조직의 지원이나 다른 사람들의 도움을 필요로 하는 경우가 많기 때문이다. 즉, 우리는 학습자들이 실제로 직무를 수행해 나가면서 윤리적인 딜레마를 겪을 때 이를 이해하고 이에 효과적으로 대비할 수 있도록 돕기 위해서 실용적인 관점으로 교재를 집필했다. 그러나 본 교재가 이론적인 토대로부터 출발했다는 점 역시 분명히 언급할 필요가 있다. 우리는 이론적이면서 동시에 실용적인 본 교재의 접근 방식이 윤리적인 의사결정에 영향을 미치는 조직 환경과 윤리적인 추론에 필요한 이론적인 개념 모두를 균형 있게 다룰 수 있는 방법이라고 믿는다.

본 개정판은 일상 생활에서 흔하게 경험할 수 있는 사례들을 제시한다. 또한 각 장은 최신 연구 내용과 다양한 기업의 사례를 제시하고 있다. 학습자들은 사례들을 통해서 실무에서 발생할 수 있는 윤리적인 문제에 학습 내용을 적용할 수 있을 것이다. 우리는 학습자들이 사례로 제시된 내용들을 더 친숙하게 느낄 수 있을 것으로, 그리고 학습 내용을 실제로 적용하는 과정을 통해서 비판적인 윤리적 사고의 역량을 키울 수 있을 것으로 기대한다. 최신 분야 중에서 새로 포함된 12장 "기술: 윤리와 사회적 책임 이슈"는 기술이 어떻게 윤리적인 문제를 야기하는지, 기술을 활용하는 과정에서 발생하는 윤리적인 문제를 어떻게 관리할 것인지, 그리고 기술 영역에서 앞으로 어떠한 윤리적인 문제가 발생할 것인지 등 기술이 기업윤리에 미칠 영향에 대해 논의한다.

본 교재는 관리적인 관점에서 기업윤리를 전략 의사결정과 통합시키고자 시도하고 있다. 구체적으로 본 교재는 기업윤리 개념에 대한 개괄적인 설명, 개념이 적용되는 절차, 관련 규정, 핵심 요소, 우수 사례를 소개한다. 물론 기업윤리 측면에서 논리적인 추론을 돕는 접근 방식은 다양하지만, 이러한 방식들은 본 교재에서 채택하고 있는 방식만큼 구체적으로 실제 기업 환경에서 사람들이 마주하게 되는 윤리 문제나 고민들을 다루고 있지는 않다. 본 교재의 접근 방식은 윤리적인 추론을 가능하게 할 뿐만 아니라 윤리적인 딜레마가 발생했을 때의 적절한 행동 양식을 제시해 줄 수 있다. 따라서 우리는 옳고 그름이 명확하지 않은 윤리의 영역에서 자신의 의사결정과 행동에 궁극적으로 책임을 져야 하는 사람들에게 본 교재가 유용하게 사용될 것으로 기대한다.

우리는 본 개정판에 현재의 정치 시스템과 경제 시스템이 얼마나 윤리 문제에 취약한지를 알려주는 사례들을 포함시켰다. 본 교재는 기업에서 실제로 마주하게 되는 윤리적인 딜레마와 그에 대한 윤리적인 의사결정이 이루어지는 환경의 복잡성을 다루고 있다는 점에서 가장 우수한 기업윤리 교재 중 하나로 평가받는다. 사람들에게는 저마다의 원칙과 가치가 있으며, 조직 역시 고유의 가치와 규칙, 윤리적인 문화를 지니고 있다. 기업윤리는 기업 문화와 구성원들이 서로 맺고 있는 관계, 그리고 중요한 의사결정에 영향을 미칠 수 있는 구성원까지 모두 고려해야 한다. 만약 기업에서 윤리 문제가 발생했을 때 사용할 수 있는 구체적이고 효과적인 지침이 없다면, 의사결정자는 재무 성과를 개선하거나 경쟁 우위를 확보하는 등의 단편적이고 단기적인 목표에 기반해서 의사결정을 내리게 될 가능성이 높다.

본 교재는 학습자들이 실제 기업 환경에서 어떤 역할을 수행하게 되고 의사결정에 있어서 얼마만큼의 책임을 져야 하는지를 설명하고 있다. 지난 몇십 년 동안 우리는 기업, 정부, 비영리단체, 교육 기관 등이 더 윤리적으로 의사결정을 내려야 한다는 사실을 목도해왔으며, 이에 따라 기업윤리 위상 역시 기업을 효과적으로 관리할 수 있는 방식으로서 점차 높아져왔다.

우리는 본 교재를 통해서 학습자들이 기업에서 윤리적으로 의사결정을 내려야 할 때 필요한 지식과 인식, 기술을 함양할 수 있기를 바란다. 그래서 우리는 본 교재에 오늘날 기업 환경에서 가장 중요하게 고려되고 있는 문제와 현상을 제시하고 기업윤리 관점에서 기업뿐만 아니라 우리의 경제 시스템까지 장기적이고 효과적으로 존속할 수 있는 방법을 제시하기 위해 노력했다.

본 교재의 철학

본 교재의 목적은 기업에서 윤리적인 의사결정을 내려야 할 때 그 문제를 파악하고, 분석하고, 해결할 수 있도록 돕는 이론적 틀을 제공해서 학습자들이 윤리적인 의사결정 능력을 함양하도록 돕는 것이다. 윤리적인 의사결정 과정에서 개인의 가치와 윤리는 중요하게 고려되어야 한다. 기업윤리를 공부하면서 학습자들은 개인적인 가치와 조직 가치가 충돌할 때 이를 어떻게 극복할 수 있는지를 이해하게 될 것이다.

많은 경우에 기업은 위기 상황에서 윤리적으로 의사결정을 내려야 한다. 무엇이 특정한 산업 분야에서 수용될 수 있는지를 파악하는 일에는 몇 년이 걸린다. 본 교재는 윤리적인 답을 제시하기 보다는 윤리적으로 의사결정을 내릴 수 있는 방법에 대해 이야기한다. 우리는 특정한 상황에서 어떻게 행동하는 것이 도덕적인 것이라고 말하지 않는다. 또한 우리는 도덕 철학이나 도덕 의사결정 과정에 대한 설명은 제공하지만 그렇다고 해서 어떤 철학이나 방식이 가장 윤리적인 것이라고도 이야기하지 않는다. 우리는 학습자들이 더 윤리적이어야 한다거나 혹은 타인의 윤리적인 행동을 판단할 수 있어야 한다고도 이야기하지 않는다. 다만 우리는 학습자들 자신이 내리게 되는 의사결정이 기업에서 윤리적으로 어떤 가치를 지니는지를 이해하고 기업과 사회에 도움이 되는 방식으로 사고하고 행동하기를 기대한다.

흔히 윤리는 학습할 수 있는 것이 아니라고 한다. 본 교재 역시 윤리를 가르치는 것을 목적으로 하지는 않는다. 그러나 기업윤리를 공부한다면 윤리 문제가 발생했을 때 이 문제를 해결할 수 있는 접근 방식과 의사결정 방식을 익힐 수 있다. 기업의 보상 시스템은 문제가 발생했을 때 구성원들이 이에 적절한 방식으로 행동할 수 있도록 그들의 신념이나 태도를 형성할 수 있다. 예를 들어, 직장 내에서 발생할 수 있는 인종 차별이나 성 차별에 반대하는 캠페인의 성공은 새로운 정보나 인식, 가치가 조직 내부에서 공유될 수 있다는 사실의 방증이다.

전개 방식과 내용

본 개정판을 집필하면서 우리는 정확하고 완전하며 접근성이 높은, 그리고 가능한 한 최신의 정보를 담기 위해 노력했다. 그리고 우리는 도덕 철학이나 사회적 책임 등 하나의 윤리 영역에 집중하는 것보다는 기업에서 이루어지는 윤리적인 의사결정과 관련된 모든 영역을 전반적으로 다루기 위해서 노력했다. 즉, 우리는 본 개정판을 집필하면서 새로운 정보와 현재의 관행 사이에서 균형을 맞추기 위해서 노력했다.

본 교재의 절반은 기업가들이 윤리 문제를 다루고 윤리적인 의사결정을 내릴 때 사용할 수 있는 준거에 대해서 소개하는 12개의 장으로 구성되어 있다. 본 개정판에는 이에 더해서 몇몇 내용들을 덧붙였으며, 각 장의 핵심은 아래와 같다.

1부 "기업윤리 개요"는 기업윤리를 공부할 때 필요한 배경 지식을 소개하는 세 개의 장으로 구성되어 있다. 1장 "기업윤리의 중요성"은 기업윤리 분야에서 중요하게 다루는 사례와 조사 결과를 소개한다. 2장 "이해관계자, 사회적 책임 및 기업 지배구조"는 크게 수정되었다. 3장 "지속가능성: 사회적 측면과 윤리적 측면"은 지속가능성을 윤리적인 측면과 사회적 책임 측면에서 검토하는 내용을 담고 있다.

2부 "윤리적 문제와 기업윤리의 제도화"는 학습자들로 하여금 윤리 문제를 식별하도록 돕는, 그리고 우리 사회가 법을 통해서 기업윤리를 유도하는 방식을 이해하도록 돕는 배경 지식을 제공하는 두 개의 장으로 구성되어 있다. 4장 "기업윤리의 제도화"는 오늘날 미국에서 기업윤리 이니셔티브를 견인하는 핵심 입법과 규제를 검토한다. 5장 "새로이 등장하는 기업윤리 이슈들"은 조직 윤리의 맥락에서 윤리 문제의 범위가 확장되고 있는 상황과 이로 인해 새롭게 발생하는 윤리적인 딜레마들을 다룬다.

3부 "의사 결정 과정"에서는 세 장에 걸쳐서 기업가들이 윤리 문제를 다루는 방식과 윤리적인 의사결정을 내리는 방식을 파악하고 분석하고 이해할 수 있도록 돕는 이론적 틀을 제시한다. 6장 "윤리적 의사 결정"에는 윤리적 의사 결정 과정에 대한 최신 연구들과 새로운 정보를 포함했으며 윤리적 의사 결정 과정에서 고려해야 하는 규범적 요인들을 설명한다. 7장 "개인적 요인들: 도덕 철학 및 가치"는 도덕 철학의 역할, 그리고 윤리적인 의사 결정 과정에서 개인의 도덕적인 발달 단계가 미치는 영향에 대해서 설명한다. 8장 "조직 차원의 요인들: 윤리적 문화와 관계의 역할"은 역할 사이의 관계, 연합, 내부 고발 등 윤리적인 의사 결정 과정에서 영향력을 발휘할 수 있는 조직 요인들을 검토한다.

4부 "글로벌 경제에서 기업윤리 구현"에서는 효과적인 기업윤리 프로그램을 기획하고자 할 때 또는 이 프로그램을 통해서 국제 문제, 리더십, 기술 문제 등에 영향을 미치고자 할 때 기업이 활용할 수 있는 측정 도구들을 다룬다. 9장 "효과적인 윤리 프로그램의 개발 및 시행"에서는 현 시점에서의 성과를 보이고 있는 기업들로 우수 사례를 교체하고, 이 과정에서 윤리감사가 하는 역할에 대해 이야기한다. 윤리감사는 기업이 겪고 있는 특정한 윤리 문제를 짚어주고 그 기업이 문제 영역에서 얼마만큼의 개선을 이루어 냈는지를 평가하며 사후 보고까지 이루어진다는 점에서 효과적이다. 10장 "글로벌 기업윤리 이슈"는 국제 기업 환경에서 발생하고 있는 복잡하고 다양한 윤리 문제들을 소개한다. 특히 이 장은 학습자들이 국제적인 차원의 환경 문제에 대응해서 기업이 의사결정을 내리는 과정을 이해할 수 있도록 돕는다. 11장 "윤리적 리더십"에서는 윤리적 리더십을 정의하고 윤리적 리더십이 조직 문화에 미치는 영향에 대해서 탐구한다. 마지막으로 12장 "기술: 윤리와 사회적 책임 이슈"에서는 기술과 그 기술의 경제적인 영향력뿐만 아니라 기술이 야기할 수 있는 윤리적인 함의까지 함께 살펴본다.

차례

1부 기업윤리 개요

1장 기업윤리의 중요성

2장 이해관계자, 사회적 책임 및 기업 지배구조

3장 지속가능성: 사회적 측면과 윤리적 측면

2부 윤리적 문제와 기업윤리의 제도화

4장 기업윤리의 제도화

5장 새로이 등장하는 기업윤리 이슈들

3부 의사 결정 과정

6장 윤리적 의사 결정

7장 개인적 요인들: 도덕 철학 및 가치

8장 조직 차원의 요인들: 윤리적 문화와 관계의 역할

4부 글로벌 경제에서 기업윤리 구현

9장 효과적인 윤리 프로그램의 개발 및 시행

10장 글로벌 기업윤리 이슈

1장

기업윤리의 중요성

학습목표

- 조직 관점에서의 기업윤리 개념을 탐구한다.
- 기업윤리 개념의 역사적 기원과 발전 과정을 탐색한다.
- 윤리적 가치 체계가 경영성과를 개선하는 근거를 제시한다.
- 직장 내 윤리적 부정행위의 강도와 비윤리적 행동에 대한 압력을 탐구한다.

개요

윤리적 딜레마*

Madison은 AB 코퍼레이션에서의 길었던 하루를 마치고 이른 아침이 돼서야 침대에 누었다. 틱톡을 켜 영상 목록을 스크롤하던 중 새로운 팔로워가 있다는 알림창이 나타났다. 익숙하지 않은 이름이라 프로필을 눌러 살펴봤다. 그러던 도중, 아는 듯한 사람이 나오는 영상을 발견했다. 자세히 한 번 더 들여다봤고 영상의 주인공이 동료인 Mark라는 것을 눈치챘다. 영상 속에서 Mark는 눈에 띄는 AB 코퍼레이션 티셔츠를 입고 굉장히 들뜬 목소리로 친구와 진실게임을 하고 있었다. Madison은 Mark가 말하는 AB 코퍼레이션의 인수합병 가능성, AB 코퍼레이션과 상사들에 대한 솔직하고 다소 신랄한 이야기들을 자세히 듣기 위해 스마트폰의 볼륨을 높였다.

"AB 코퍼레이션은 진짜 최악이야. 일, 일, 일, 그리고 적은 월급. 나는 매일같이 AB 코퍼레이션의 핵심인재인 Terry가 겪는 문제들, 처리명단, 승진계획, 그리고 자신이 원하는 것을 얻지 못하면 나를 해고하겠다는 으름장을 들어줘야 해. 심지어 AB 코퍼레이션이 Viper 주식회사를 인수할거라고 했어. 우리가 가진 고객 정보와 Viper가 가진 IPTV 그리고 VPN 서드파티 기술이 합쳐지면 우리가 경쟁자들을 모조리 짓밟을 수 있다고 하던데"라며 Terry가 불분명한 발음으로 말했다. 영상 끝 무렵 Mark는 술기운에 바닥에 쓰러졌다.

비록 Madison은 Terry를 그다지 좋아하지 않지만 Mark가 AB 코퍼레이션 티셔츠를 입고 Terry에 대해서 한 말이나, 기밀사항에 대해 영상에서 떠든 것이 문제가 될까 걱정이 됐다. 그녀는 행동강령이나 여러 미팅을 통해 AB 코퍼레이션 로고가 있는 옷을 입고 있을 때는 자신의 발언이 본인만이 아니라 회사를 대표한다는 것을 알고 있었기 때문이다. "저런 멍청이" Madison은 웅얼거리며 해당 영상의 조회수가 수천 회에 달하는 것을 확인했다.

다음날 Madison은 친구이자 직장동료인 Caroline과 같이 점심을 먹으면서 Mark와 그의 영상에 대해 얘기했다.

Madison: "네 생각엔 내가 어떻게 해야 돼?"

Caroline: "그냥 조용히 있어. 그냥 스트레스 받아서 그랬던 거겠지. 취했을 때 영상에 찍혀본적 있어? 게다가 누구한테 말할건데? 기억해, 결국 일러 바치는 사람도 당하게 되어 있어."

Madison: "Terry한테 익명으로 틱톡 영상 링크를 보내는건 어때?"

Caroline: "그래, 그리고 Mark는 아마 해고 당하거나 그렇지 않을 수도 있겠지. 그런데 Mark랑 Terry가 대학시절 친구였다는 거 기억해. Mark랑 Terry가 서로 뭘 알고있는지 어떻게 알겠어? 그리고 누가 네 이메일을 역으로 추적하면 더 이상 익명이지도 않을걸? 넌 일러 바치는 거고, Mark는 아마 해고 당하겠지. 그의 가족 생각을 해봐. 가족들 전부가 Mark에게 의지하고 있다고. 그냥 멍청한 틱톡 영상이었을 뿐이야. 누가 그런 것에 신경이나 쓰겠어? 그런 걸로 직장을 잃는 건 너무하지 않아?"

Madison: "하지만 내가 나서서 말하지 않으면 더 많은 사람들이 그 영상을 보게 될거고 회사에는 더욱 큰 피해가 될거야. 직원들이 패닉에 빠지지 않기 위해서는 합병건에 대해 누구도 알면 안돼"

Caroline(Madison의 입술에 손을 갖다대고 목소리를 낮춰 말하면서): "들어봐, 사실 내가 말 안하려고 했는데, 너가 발견한 거 내 프로필이야. Mark 것이 아니라고. Mark랑 다른 몇몇 동료들이랑 술집에 갔었고, 영상은 내가 찍은거야. Mark는 내가 영상을 올렸는지도 몰라. 너가 그 문제를 건들면 나도 위기라고"

[질문]

Madison은 이 상황에서 어떻게 해야 할까?

1. Madison이 풀어야 할 문제들을 밝히시오.
2. AB 코퍼레이션과 Terry에 대해 Madison이 가지는 책임은 무엇일까?
3. Madison은 Mark와 Caroline에 대해 보고해야 할까?

21세기 들어 기업윤리 이슈와 딜레마들을 다루고 예측하는 능력은 중요해졌다. 최근 몇 년 사이 사람들의 많은 관심을 받은 윤리 스캔들로 인해 대중들은 기업들의 속임수, 사기, 그리고 신뢰성 없는 행동에 대해 격분했고 기업윤리의 발전, 기업의 확장된 책임, 대중들을 보호하기 위한 법률 제정을 요구해왔다. 일부 유명 기업들이 보여준 법률적 허점과 윤리적 허점에 대한 매스컴의 관심과 논의는 기업의 의사결정에 있어서 윤리와 책임의식을 통합하는 것이 필요하다는 것을 보여줬다. 대부분의 기업들은 몇몇 중대한 윤리적 허점을 지니고 있는 것도 사실이지만, 기업의 선행은 언론의 관심을 거의 받지 않고 있다. 책임감 있는 윤리적 의사결정을 바탕으로 하는 기업들은 미디어의 관심을 받지 못한다. 대중들은 기업의 선한 행동에 대해서는 관심을 거의 주지 않으므로 기업과 직원들은 현 상황에 안주하게 되고, 윤리적 허점에 노출되는 것이다. 작은 허점들은 중대한 윤리적 이슈, 법률적 이슈, 또는 딜레마로 발전하지 않는 이상 잊혀지며, 이는 종종 이해관계자들의 불신과 비판적인 언론보도를 불러일으키게 된다. 따라서, 조직은 윤리적 문화를 발전시켜 조직 내의 여러 작은 허점들에 대처해야 한다.

널리 알려지게 된 기업의 윤리적 이슈는 기업에 대한 대중들의 태도에 영향을 미치고 신뢰를 무너뜨린다. 윤리적 의사결정은 조직 계층의 모든 구성원들에게 항상 일어나는 일들 중 하나이다. 기업윤리는 조직과 분리된 개인적 이슈가 아니며, 책임감 있는 행동과 관련된 강령, 규칙, 그리고 비공식적 의사소통은 조직 운영에 배태되어 있다. 이는 곧 윤리적 행동과 비윤리적 행동은 조직 말단의 직원부터 CEO까지 모든 조직 구성원들의 행동 영역에 속한다는 것을 의미한다.

올바른 윤리적 의사결정을 내리는 것은 기업의 성공에 있어서 경영관리, 마케팅, 재무, 그리고 회계만큼이나 중요하다. 교육과 훈련이 기업의 기능적인 부분을 강조하기에, 기업윤리는 적은 노력으로도 쉽게 달성할 수 있는 것처럼 여겨진다. 기업윤리는 "단지 옳은 일을 하는 것"이라는 말을 쉽게 들을 수 있다. 중요한 가치를 기억하고 그것을 따르기만 하면 된다는 주장이다. 그러나 실제 상황은 정반대이다. 매번 마주하게 되는 윤리적 의사결정에서 개인은 윤리적 이슈를 찾아내 확인하고 그에 맞는 빠른 의사결정을 내려야 한다. 윤리적 행동을 하기 위해서는 문제 상황, 위험의 분야나 종류, 그리고 조직 속에서 여러 선택지들을 확인하고 이해해야 한다. 기업들은 방심하지 않고 회사 내부 및 외부의 구성원들에 대해 이해하고 있어야 한다. 또한 긍정적 행동의 동인과 행동강령을 따르는 데 어려움을 겪는 구성원들을 돕는 방법에 대해서도 이해해야 한다. 반면, 윤리적 이슈가 있는 상황을 인식하지 못하는 경우 비윤리적인 행동을 할 수 있다. 이러한 윤리적 무지(Ethical blindness)는 의사결정의 본질이나 복잡성을 인지하지 못하는 사람들에게서 나타난다.[1]

기업윤리에 대한 일부 접근법들은 개인의 철학적 배경이나 의사결정의 사회적 결과에 대해서만 집중한다. 이러한 접근법은 기업의 복잡한 조직 환경이나 실질적인 문제들을 다루지 못한다. 본 교재의 접근법은 경영관리적이며 조직이나 이해관계자에게 영향을 주는 실제 의사결정을 담고 있다. 본 교재는 어떠한 윤리가, 어떻게, 왜 실무에서 중요한지 이해하는 데 도움을 줄 것이다.

개인 및 조직적 목표 달성을 위해서는 조직 내부 환경에서 어떻게 의사결정을 해야 하는지 배우는 것이 중요하다. 기업은 홀로 존재하지 않는다. 앞서 언급한 바와 같이, 기업의 의사결정은 투자자, 직원, 고객, 공급자, 그리고 사회에 영향을 준다. 비윤리적 행동은 사람들, 기업, 산업, 그리고 사회 전반에 부정적 영향을 줄 수 있기 때문에 윤리적 의사결정에는 이해관계자에 대한 고려가 반드시 포함돼야 한다. 본 교재의 접근법은 의사결정의 실질적 결과와 개인, 기업, 그리고 사회 전반에 기여할 수 있는 긍정적 결과물에 주목한다. 기업윤리 분야는 특정 행동이나 관행이 용인될 수 있는지에 대한 질문들에 대해 다룬다. 예를 들어, 영업사원은 제품 소개에 형편없는 안전 기록 관련 사실을 생략해야 할까? 회계사들은 고객사의 감사(audit) 도중 발견한 부정확한 기록을 보고해야 할까? 자동차 타이어 제조사는 큰 비용이 드는 대규모 리콜을 피하기 위해 안전문제를 의도적으로 감춰야 할까? 법률적인 부분과 별개로 사람들은 이러한 상황에서의 행동들이 옳은지 혹은 그른지, 윤리적인지 혹은 비윤리적인지 판단할 것이다. 본질적으로, 기업윤리 분야는 논란의 여지가 많으며, 윤리적 딜레마 상황에 있어서 보편적인 해결책은 없다. 모든 조직들은 부정행위에 대처하는 노력을 하지만 일부 부정행위의 경우 기업에게 피해가 되는 대중들의 부정적 관심을 불러일으킨다. 웰스파고(Wells Fargo)는 영업 부서가 고객들 모르게 신규 계좌들을 개설한 사건 때문에 고객들의 신뢰를 잃었다.[2] 최고 경영자들이 비윤리적인 문화를 따랐기 때문에 영업부서는 고객 정보를 조작할 기회를 갖게 되었고, 그러한 행동의 결과로 웰스파고는 고객들과의 신뢰를 잃었다. 많은 기존 고객들이 계좌를 폐쇄했으며, 웰스파고는 수많은 잠재적인 고객들을 잃었다.

논의를 시작하기에 앞서, 기업윤리에 대한 본 교재의 접근법에 대해 설명하고자 한다. 첫째, 본 교재는 특정한 상황에 있어서 어떤 것이 옳고 그른지 제시하거나 훈계하지 않는다. 다만 적절한 행동을 위한 규범적 가이드라인의 배경을 제시할 뿐이다. 둘째, 본 교재는 집단 혹은 개인의 의사결정 과정에 대한 개요를 제시하기는 하지만 특정한 접근법이나 의사결정 과정을 가장 좋거나 윤리적이라고 규정하지 않는다. 대신 여러 성공적인 윤리적 의사결정 사례를 제시한다. 셋째, 본 교재는 그 자체로 여러분들을 더욱 윤리적으로 만들거나 타인의 윤리적 행동에 대한 판단 방법을 제시하지는 않는다. 기업의 의사결정에 사용되는 가치나 신념을 이해하고, 사용하며, 발전시키도록 도움으로써, 그러한 의사결정이 기업과 사회에 미치는 영향을 파악하도록 돕는 것이 본 교재의 목표이다. 본 교재의 접근방법은 기업들이 그들의 윤리적 행동을 발전시키기 위해 무엇을 하는지 이해하는 데 도움을 준다. 즉 여러분들이 기업조직 내에서 윤리적 이슈들을 인식하고 해결하는 법을 배우는 데 도움을 주고자 한다. 관리자(혹은 미래의 관리자)로서 여러분은 자신의 의사결정과 관리 감독하는 구성원들의 행동에 책임을 져야 한다. 이러한 이유로 본 교재에는 윤리적 리더십을 다룬 장이 포함돼 있다. 본 교재는 어떻게 조직적 의사결정이 내려지는지, 그리고 어떻게 기업들이 그들의 윤리적 행동을 발전시킬 수 있는지에 초점을 맞춘 프레임워크를 개발했다. 이러한 과정은 사람들이 생각하는 것보다 더욱 복잡하다. "올바른" 의사결정을 내린다고 생각하는 사람들은 보통 윤리적 의사결정의 복잡성에 대해 배우고 난 뒤 오히려 자신들의 의사결정 방법이 불확실하다는 생각을 가지게 되기 때문이다. 이러한 결과는 당연한 것이며, 본 교재의 접근방법은 여러분들로 하여금 본인과 다른 사람들의 가치를 평가하는 데 도움을 줄 것이다. 더불어, 본 교재를 통해 여러분들은 기업윤리의 본질과 함께 업무에 있어서 의사결정을 내리는 방식에 변화를 줄 조직의 유인요소들에 대해 이해하게 될 것이다.

본 장에서는 기업윤리의 정의를 살펴보고 왜 이러한 논의가 기업 교육에 있어서 중요한 주제가 되었는지 논의한다. 본 교재는 또한 기업윤리를 공부하는 것이 왜 유익한지에 대해 논의한다. 이어서 기업윤리가 태동한 북미 지역에서의 기업윤리의 발전과정을 살펴본다. 그리고 윤리적 의사결정이 기업에게 미치는 성과 측면의 이점에 대해 알아본다. 마지막으로 본 교재는 기업윤리를 분석하기 위해 사용한 프레임워크의 간략한 개요를 제시한다.

1-1 기업윤리 정의

먼저, 기업윤리를 이해하기 위해서는 대부분의 사람들이 윤리적 이슈에 대해 특정한 정의를 사용하지 않는다는 것을 인지해야 한다. 도덕, 원칙, 가치, 그리고 윤리와 같은 용어들은 보통 구분없이 사용되며 이는 기업에서도 마찬가지이다. 따라서, 이 주제에 관련해서는 혼란스러운 점이 많다. 이러한 차이점을 이해하기 위해 본 교재는 이러한 용어들에 대해 살펴본다.

도덕
옳고 그름에 대한 개인적인 철학

기업윤리
개인과 집단의 옳고 그른 행동을 유도하는 조직의 원칙, 가치나 규범

원칙
위반해서는 안 되는 구체적이고 보편화된 행동의 범위

가치
사회적으로 요구되는 지속성있는 믿음과 이상들

도덕(Morals)은 어떠한 것이 옳고 그른지에 대한 개인적 철학을 일컫는다. 중요한 점은 도덕이 개인적이거나 특수하다는 것이다. 도덕은 오로지 개인 혼자와 관련된 것이다. 개인은 어떠한 상황에서도 윤리적 의사결정을 내리기 위해 개인적인 도덕적 신념을 사용할 수 있다. **기업윤리**(Business ethics)는 개인들, 조직 강령, 그리고 기업 내의 개인 및 그룹 행동의 안내 역할을 하는 법률 체계로부터 비롯된 조직적 원칙, 가치, 그리고 규범으로 구성된다. **원칙**(Principles)은 어겨서는 안 되는 행동들을 구성하는 구체적이고 광범위한 경계이며 종종 규칙의 근간이 된다. 원칙의 예로는 인권, 발언의 자유, 그리고 정의의 기본 원칙이 있다. **가치**(Values)는 사회적으로 요구되는 지속적인 믿음과 이상이다. 오늘날 기업에게 바람직하거나 윤리적인 가치는 팀워크, 신뢰, 그리고 윤리의식(integrity) 등이 있다. 도덕, 가치, 그리고 원칙은 기업 조직이나 산업에 적용되는 긍정적이고 좋은 특징을 가리킨다. 이러한 특성들이 확인되고 적용될 때 비로소 "모범 사례"가 되는 것이다. 투자자, 직원, 고객, 이익집단, 법률체계, 그리고 지역사회는 특정한 행동이나 기준이 윤리적인지 비윤리적인지 결정한다. 비록 이러한 집단들이

기업에게 있어 무엇이 윤리적이고 비윤리적인지 결정하는 데 영향을 주지만 동시에 서로 의견이 맞지 않아 충돌할 수도 있다. 이것이 기업들이 마주한 현실이며 이러한 집단들이 항상 옳지는 않지만 그들의 판단은 사회가 기업 관행을 수용하거나 거절하는 행위에 영향을 준다.

윤리(Ethics)는 집단의 가치나 도덕을 바탕으로 이뤄지는 행동이나 의사결정으로 정의된다. 본 교재에서 일컫는 의사결정은 기업을 대표하는 사람들이 기업 내에서 내리는 의사결정을 의미한다. 회계, 마케팅, 경영관리, 그리고 재무 관련 윤리적 의사결정을 말한다. 그러나 또한 공학, 건축, 출판 윤리와 같이 다른 분야와 연관된 윤리도 포함될 수 있다. 기업윤리에 있어 중요한 점은 옳고 그른 것이 기업이나 산업과 같은 집단에 의해 결정된다는 것이다. 연방 대법원에 따르면 기업들은 제한적인 권리를 가지고 있고 따라서 핵심 가치들이 포함된 정체성을 지니고 있다고 할 수 있다.[3] 이러한 핵심 가치는 조직 문화의 일부로 알려져 있다. 문화에는 기업 의사결정의 옳고 그름을 판단하는 규칙과 규제들이 포함된다. 그러한 평가들은 조직의 판단이며 조직이 가진 윤리(이 경우에는 기업윤리)로 정의된다. 일반적인 의사결정에 비해 윤리적 의사결정이 가지는 한 가지 차이점은 지금까지 받아들여졌던 규칙이 더 이상 작동하지 않을 수 있다는 점과, 겪어보지 못한 상황에서 판단을 내리고 가치의 중요성을 가려야 하는 책임을 가져야 한다는 점이다.[4] 또 다른 차이점은 의사결정을 내릴 때 개인적 가치나 회사 내 관행을 강조하는 정도이다. 결과적으로 가치와 판단은 사람들이 윤리적 의사결정을 내리는 데 있어서 핵심적인 역할을 한다.

윤리
집단의 가치와 도덕에 의해 내려지는 의사결정이나 행위

이러한 정의들을 바탕으로 본 교재는 기업윤리 개념을 발전시키고자 한다. 대부분의 사람들은 기업이 건전한 도덕 원칙을 지닌 개인을 채용해야 한다는 데에 동의한다. 그러나 윤리를 기업에 적용할 때에는 일부 특수한 측면들을 고려해야 한다. 첫째, 생존하고 사회에 기여하기 위해서 기업은 이윤을 창출해야 한다. 이윤과 기업윤리는 상호배타적이지 않다. 예를 들어, 캐논(Canon), 인텔(Intel), 그리고 볼보(Volvo)의 경우 많은 이윤을 내면서 동시에 윤리적 행동에 따른 긍정적인 평판도 얻었다.[5] 둘째, 성공하기 위해 기업들은 이해관계자들의 요구를 다뤄야 한다. 긍정적인 소식은 세계에서 가장 윤리적인 기업들이 대체로 주가(stock price)가 높은 편이다.[6] 실무의 특별한 측면들을 다루기 위해서 사회는 법적 규칙과 암묵적 규칙을 개발했고, 기업들은 이러한 규칙들을 바탕으로 개인들과 사회를 돕고 사회적 및 경제적 안녕에 기여하는 방향으로 이윤을 창출한다.

1-2 왜 기업윤리를 공부해야 할까?

1-2a 기업윤리의 위기

오늘날 기업윤리는 중대한 관심 사항이 되었다. 윤리 & 컴플라이언스 이니셔티브(Ethics & Compliance Initiative, ECI)는 글로벌 기업윤리 설문(Global Business Ethics Survey, GBES)을 통해 세계 주요 경제에서의 직장 내 윤리의식을 측정했다. 표본 크기는 국가당 평균 1,000명이었으며 직원들에게 중요한 윤리적 이슈들을 확인하고 더욱 잘 이해하기 위해 주요 윤리(key ethics)나 윤리 규정 준수에 대한 자료를 수집했다. GBES는 조직의 기준에 따르라는 압력, 부정행위, 관찰된 부정행위를 신고하는 행동, 그리고 신고에 따른 보복으로 직장 내 윤리의식(workplace integrity)을 측정했다. 아래 〈표 1-1〉에서 미국에서 벌어진 부정행위를 개략적으로 확인할 수 있다.

표 1-1 미국 노동인구의 사례에서 관찰된 부정행위

• 관찰된 부정행위	49%
비인격적 행동	22%
직원과 외부 이해관계자에게 하는 거짓말	25%
이해관계 충돌	23%
건강상 위반사항	22%
• 기준을 위반하라는 압력	30%
• 부정행위 신고	81%
• 신고에 따른 보복 경험	79%

자료: Ethics and Compliance Initiative, Global Business Ethics Survey, The State of Ethics & Compliance in the Workplace, March 2021, (Arlington, VA: Ethics and Compliance Initiative, 2021), 16–22.

기업윤리 관련 의사결정과 활동들은 고객, 직원, 투자자, 정부관계자, 그리고 특수 이익집단들의 철저한 검증을 거친다.[7] 〈그림 1-1〉에는 다양한 산

업군에 소속된 기업들에 대해 신뢰한다고 응답한 전 세계의 응답자들의 비율을 확인할 수 있다. 금융서비스 분야는 가장 낮은 비율을 보였으며 이는 금융부문이 최근의 침체로부터 평판을 회복하지 못했다는 사실을 보여준다. 부정적인 일로 대중의 관심을 끄는 것이 해당 산업 분야에 대한 대중들의 신뢰를 떨어뜨리는 것은 자명하다.[8] 신뢰를 잃게 되면 고객만족도와 고객충성도도 하락하며 이는 결과적으로 기업과 산업에 악영향을 준다.[9]

1–2b 구체적 이슈들

부정행위를 방지하기 위해 다뤄야 할 윤리적 이슈들이 여럿 있다. 기업 자원의 유용, 비인격적 행동, 괴롭힘, 분식회계, 이해 충돌, 제품 결함, 뇌물, 모조품, 직원 절도 등의 문제들은 잠재적인 위험을 지닌 분야로 거론된다. 예를 들어, 전 브리티시 항공(British Airway)의 경영자인 스티븐 클라크는 JFK 공항에 지상운용사인 Ground Service International(GSI)를 설립하는 명목으로 뇌물을 수령해 고소됐다. 뇌물은 청구서로 위장됐고 돈은 유령회사를 통해 전달됐다.[10]

일반적으로 윤리는 공공부문에서도 중요한 역할을 수행한다. 정부윤리 혹은 정치윤리에 있어서 일부 정치인이나 고위 공직자들에게 대중의 부정적 관심이 쏠린 경우가 여럿 있다. 이스라엘 수상 벤자민 네타냐후는 긍정적 평판을 위해 청탁을 들어준 혐의로 뇌물죄와 사기죄로 기소됐다. 징역 10년

그림 1–1 산업부문별 글로벌 신뢰수준

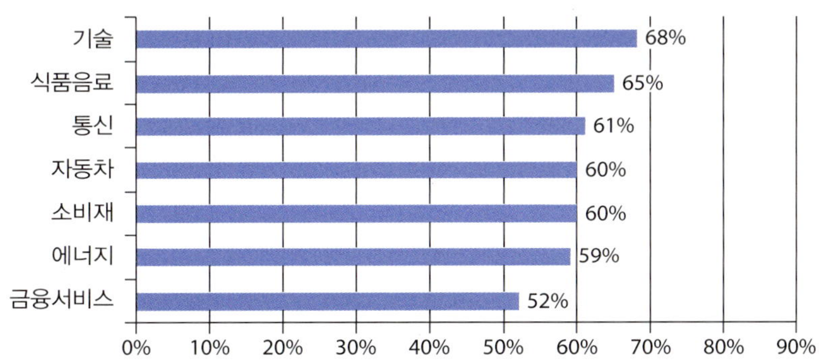

자료: Edelman, Edelman Trust Barometer 2021, https://www.edelman.com/sites/g/files/aatuss191/files/2021-01/2021-edelman-trust-barometer.pdf (accessed March 11, 2021).

형을 선고받을 수 있었지만 네타냐후는 기소를 부정하고 수상직을 유지할 것이라 밝혔다.[11] 반면 일부 공직자들은 윤리적 경솔함에 불명예 사임하기도 했다. 예를 들어, 16년간 일리노이주 상원의원을 지내온 마틴 산도발은 뇌물죄와 사기죄로 조사를 받던 중 사임했다.[12]

이러한 사례들은 기업윤리의 법률적 측면을 보여준다. 정치윤리의 영역에서는 법을 어기지 않아도 비윤리적이라고 판단되는 사람은 추방되거나 비난받거나 질책당한다. 예를 들어, 공직자의 경우 기소만 되도 종종 현직에서 제명된다. 전 뉴욕주 하원의원 찰스 랭겔은 부적절한 자금 청탁, 부정확한 재무정보 공개, 그리고 탈세로 인해 견책당했다.[13] 질책당하거나 벌금을 내는 경우도 있는데, 전 캘리포니아주 대변인 로라 리차드슨은 재선 캠페인에서 공적 자원을 개인적 목적으로 사용한 죄로 1만 달러의 벌금을 냈다.[14] 이러한 정치적 스캔들은 정치적으로 윤리적인 행동이 공공서비스의 모든 부문에서 적극적으로 이뤄져야 한다는 사실을 보여준다.

모든 조직은 비윤리적 행동을 할 잠재성을 지니고 있다. 예를 들어, 대학입시 사업의 창시자인 윌리엄 싱어는 미 법무부 출범 이래 가장 규모가 컸던 대학입시 범죄 기소 사건의 배후에 있던 인물이었다. 그는 시험결과를 조작하고 운동부 코치와 스탠포드대학교나 예일대학교의 관계자를 매수하는 대가로 수백만 달러의 돈을 받았다. 입시 스캔들 연루자로 50여 명이 넘는 사람들이 기소됐고, 이 중에는 연예인, 기업 대표, 그리고 대학 운동부 코치도 있었다.[15] 심지어 비영리단체도 윤리적 실수를 저지르는 대상이 될 수 있다. 기독교 기반의 비영리단체인 피드마이램스(Feed My Lambs)의 전 대표였던 윌리엄 웨더비는 50만 달러를 개인적인 용도로 착복했다. 해당 기금은 본래 불우 어린이들의 교육을 위해 사용될 계획이었다.[16] 이 사건은 비영리단체의 대표의 경우에도 마찬가지로 높은 수준의 책임이 필요하다는 점을 보여주었다.

기업, 정치, 과학, 스포츠 어떤 영역에서도 대부분의 의사결정은 옳거나 그르다고 판단되거나, 윤리적이거나 비윤리적이라고 평가된다. 개인이 해당 행동에 대해 어떻게 생각하는지에 관계없이 사회가 해당 행동을 비윤리적이거나 그르다고 판단하면 그에 따른 법이 생겨나게 된다. 맞건 틀리건 그러한 판단은 기업이 경영 목표를 달성하는 데 직접적으로 영향을 준다. 대중들은 기업 관행보다 소비자들의 관행에 보다 관대한 경향이 있다. 이러한 이중잣대는 기업과 소비자 간의 부(wealth)의 차이로부터 일부 비롯된다고 할 수 있다. 더욱 성공적인 기업일수록 대중들은 부정행위가 발생했을 때 더욱 비판적으로 그것을 지적하게 된다.[17] 이러한 이유만으로도 기업윤리를 이해하고 윤리적 이슈들을 인식하는 것은 충분히 중요하다고 할 수 있다.

1-2c 기업윤리를 공부해야 하는 이유

기업윤리를 공부하는 것이 중요한 여러 이유들이 있다. 기업윤리는 개인이 가진 고유한 가치가 확장된 것 이상을 의미한다. 많은 사람들이 기업이 좋은 가치를 지닌 사람들을 채용하면 자연스레 "좋은 시민"으로서의 조직이 될 수 있을 것이라고 생각한다. 하지만 지금까지 살펴봤던 바와 같이 개인이 지닌 도덕 가치는 윤리적 의사결정 프로세스에 있어서 하나의 요인에 불과하다. 사실 도덕적 가치는 삶의 다양한 국면에 적용될 수 있으며 몇몇 사람들은 일상의 윤리적 이슈 및 딜레마와 기업의 윤리적 이슈 및 딜레마를 구분하지 않는다. 그러나 본 교재의 관심사는 원칙, 가치, 그리고 기준들을 기업의 상황에 적용하는 방법을 탐구하는 것이다. 여러 중요한 이슈들이 개인의 삶에 있어서는 복잡한 도덕적 딜레마가 되지만 기업의 상황과는 관련이 없는 경우가 있다. 예를 들어, 낙태나 인간 복제는 도덕적 이슈들이지만 대부분의 기업 조직에서는 중요한 이슈가 아니다.

모든 분야의 전문가들은 개인들이 가진 **도덕적 딜레마**(moral dilemma)를 해결해야만 한다. 왜냐하면 그러한 딜레마들이 각 분야에서의 직무수행능력에 영향을 주기 때문이다. 도덕적 딜레마는 바람직하지 않다고 생각되는 여러 선택에 직면한 상황으로 정의할 수 있다. **가치 딜레마**(value dilemma)는 개인의 믿음이 사회적 규범에 근거한다고 전제한다. 개인의 도덕을 통제하는 것은 불법적인 행동이므로 기업은 그렇게 하지 않는다. 개인이 가진 도덕이 업무 성과에 영향을 주는 경우에만 기업윤리의 영역에 포함된다.

도덕적 딜레마
두 가지 혹은 그 이상의 도덕적 판단이 충돌하는 상태

가치 딜레마
두 가지 혹은 그 이상의 신념과 이상들이 충돌하는 상태

기업 조직에서 나타나는 윤리적 이슈들을 다루는 데 있어서 좋은 사람이 되거나 건전한 개인적 가치를 지니는 것으로는 충분하지 않다. 비록 진실성, 정직, 공정, 그리고 솔직함은 자명하게 받아들여지지만 기업의 전략적 의사결정은 이보다 복잡하고 구체적인 논의를 포함한다. 예를 들어, 독점금지,

허위광고, 그리고 글로벌 비즈니스 환경에서 뇌물에 대해 규정하고 있는 해외부패방지법(Foreign Corrupt Practices Act, FCPA)을 어기는 것에 대해서 상당히 많은 논의가 이뤄지고 있다. 숙련된 변호사의 경우라 할지라도 고도로 복잡화된 조직에서 어떤 것이 법률을 위반하는 것인지에 대해 확언하기 힘든 상황일진대, 하물며 개인이 가진 높은 수준의 도덕만으로는 위법행위를 방지할 수 없다. 예컨대, 전미 노사관계 위원회(National Labor Relations Board, NLRB)는 업무시간이 아닌 경우에 한해 종업원들은 사내 이메일 시스템을 사용해 근무 환경이나 노동조합 관련 업무를 상의할 권리가 있다고 규정했다. 그러나 고용주들은 종업원들이 다른 여러 방법들을 통해 이러한 상의를 할 수 있으며, 종업원들이 근무시간에도 이러한 상의를 하지 않는다는 보장이 없다며 반발했다. 실제로 종업원과 고용주의 권리에 대한 논의는 이보다 더욱 논쟁적이며 법적 다툼을 통해 계속해서 정리해 나갈 필요가 있다.[18]

기업윤리에 대한 일부 접근법들은 윤리교육이 도덕적으로 발달되지 못한 개인을 대상으로 한다고 가정하지만 실제로는 그렇지 않다. 조직은 다양한 문화를 바탕으로 구성되어 있기 때문에 개인적 도덕 관념은 존중돼야 하며, 따라서 조직적 윤리(즉, 부정행위를 합리적으로 방지할 수 있는 행동 강령)에 대한 집단적 합의를 이루는 것은 조직이 다루는 다른 중요한 사안들 만큼이나 중대한 문제다. 공유 가치나 윤리 강령을 확립하지 못한다면 동일한 윤리적 이슈에 대해 구성원들이 각자 다른 행동을 하게 될 것이다.

업무 경력이 부족한 사람들에게 갑자기 품질, 광고, 가격책정, 영업, 채용, 공해문제 등을 맡기는 경우가 발생하기도 한다. 이러한 사람들이 가족, 종교, 그리고 학교로부터 배운 도덕 관념은 복잡한 경영 이슈들에 대한 구체적 가이드라인을 제공해주지 않는다. 다시 말해, 가정, 학교, 그리고 지역사회에서 쌓은 개인의 의사결정 경험은 직무상의 의사결정과 상당히 다르다. 또한 많은 기업윤리적 의사결정들은 촉박하게 이뤄진다. 게다가 구성원들의 행동에 대한 윤리적 리더십을 행사하거나 경영관리적 책임을 맡기 위해서는 윤리와 윤리 규정 준수 과정이나 체계에 대한 지식이 요구된다. 어떤 것들이 용인되는지 알기 위해서 특정 산업에서의 경력이 필요하기도 하다. 예를 들어, 언제 과장 광고가 발생하는 것인지, 그리고 언제 그러한 과장이 비윤리적인 광고가 되는 것인지와 같은 문제들이 있다. 유니레버 호주(Unilever Australia)의 경우 뉴질랜드에서 "아이스크림이 당신을 행복하게 해줍니다"라는 광고를 했다가 거센 비난을 받았다. 비록 유니레버 호주는 해당 광고 카피가 진지하게 받아들일 필요가 없는 단순 과장 문구라고 해명했지만 영국 광고표준위원회(Advertising Standards Authority)는 소비자들이 아이스크림과 행복 수준이 관계가 있다고 생각해 건강을 해칠 수 있다며 광고를 삭제할 것을 명령했다.[19]

기업윤리를 공부하는 것은 윤리적 이슈들이 발생했을 때 이를 인지하고 해결하기 위한 접근법들을 찾는 데 도움을 줄 것이다. 독자들은 윤리적 의사결정 과정과 조직 내에서 윤리적 행동을 촉진시키는 방법에 대해 배울 것이다. 기업윤리를 공부함으로써 여러분들은 개인적 가치와 조직적 가치 사이의 충돌에 대처하는 방법에 대해 이해할 수 있게 될 것이다. 앞서 말했듯이, 본 교재를 읽고 직무에서의 의사결정에 대해 이전보다 확신을 갖지 못하게 된다면(즉, 올바른 의사결정을 내리고 있다는 확신이 더욱 떨어진다면), 이는 모순적이게도 여러분들의 의사결정이 보다 윤리적으로 이뤄지고 있으며, 여러분들의 기업윤리 분야에 대한 지식이 늘었음을 의미한다.

1–3 기업윤리의 발전

북미 지역에서의 기업윤리 연구는 여러 단계를 거쳐 발전해왔고 21세기에도 발전을 지속하고 있다(표 1–2 참조).

1–3a 1960년대 이전: 비즈니스에서의 윤리

1960년대 이전 미국은 자본주의 개념에 대한 의문을 바탕으로 하는 여러 진통을 겪었다. 1920년대에는 시민들에게 교육, 여가, 건강, 그리고 은퇴에 있어 반드시 필요한 자금인 "생계임금(living wage)"을 지급해야 한다는 진보적 시민운동이 있었다. 기업들은 생계임금에 영향을 주는 가격 인상이나 다른 활동들을 사전에 확인해야만 했다. 1930년대에 등장한 뉴딜정책은 경제난의 원인을 기업 탓으로 돌렸다. 기업들은 가계 소득을 높이기 위해 정부와 보다 긴밀하게 협력할 것을 요구받았다. 1950년대에 이르러 뉴딜정책

표 1-2 윤리적 책임 및 사회적 책임에 대한 논의 연대표

1960년대	1970년대	1980년대	1990년대	2000년대	2010년대 및 2020년대
환경적 이슈	종업원 투쟁(employee militancy)	뇌물과 불법적 계약 관행	제3세계 노동착취와 열악한 근로환경	사이버범죄	빅데이터 사용
시민권 이슈	인권 이슈	권력 남용	개인적 피해에 대한 기업의 책임(예: 담배 회사)	금융관련 부정행위	소셜미디어에 따른 위험성
종업원-고용주 긴장 심화	문제를 바로잡기보다는 감춤	허위 광고	금융사기 및 실수	글로벌 이슈, 제품 안정성, 뇌물	투명성 증대와 사생활 보호 사이의 긴장 심화
직업윤리의 변화	소비자 불이익	금융 사기(예: 저축대부조합 스캔들-S&L Scandal)	조직의 윤리적 부정행위	지속가능성	직장에서의 책임감있는 기술 활용
약물사용의 증가	투명성 이슈			지식재산권 절도	다양성, 공정성, 포용성

자료: Adapted from Ethics & Compliance Initiative, "Business Ethics and Compliance Timeline," www.ethics.org/resources/free-toolkit/ethics-timeline (accessed December 6, 2019).

을 시행한 트루먼 대통령은 기업이 시민권이나 환경적 책임 등과 같은 윤리적 이슈를 다뤄야 한다고 주장하며, 페어딜(Fair Deal) 프로그램으로 발전시켰다. 정부 관계, 사회적 이슈, 그리고 경제적 평등은 20세기 전반기의 주요 관심사였다.

1960년 이전까지는 기업과 관련된 윤리적 이슈들은 이론, 철학, 법률, 그리고 경쟁적 관계의 영역에서만 논의됐다. 종교 지도자들은 공정 임금, 노동 관행, 그리고 자본주의의 도덕성에 의문을 제기했다. 예를 들어, 교황회칙에 언급된 가톨릭 사회윤리는 물질주의적 가치가 아닌 인본주의적 가치와 서민들의 생활 개선을 위한 기업에서의 도덕성, 노동자 권리, 그리고 생계임금 등에 대한 논의를 포함하고 있었다. 개신교(혹은 프로테스탄트)의 직업윤리는 개인들로 하여금 검소하고, 열심히 일하며, 자본주의 시스템하에서 성공을 이뤄내는 것을 장려했다. 이러한 종교적 전통들은 기업윤리라는 분야의 기틀을 다지기도 하였다.

프랭크 채프먼 샤프(Frank Chapman Sharp)와 필립 폭스(Philip G.

Fox)가 1937년에 쓴 책은 기업윤리를 다룬 첫 저서다. 저자들은 책을 공정 서비스, 공정한 경쟁관계, 공정가격, 그리고 실무에서의 도덕적 진보 총 네 파트로 나눴다. 해당 저서는 경제 이론과 도덕 철학을 바탕으로 윤리적 사고에 대해 논의했다. 각 장의 제목들을 보면 저자들이 다양한 이해관계자들을 고려하고 있는 것을 알 수 있다. 대표적으로, 경쟁사와 고객이 가장 강조되고 있으며 주주, 직원, 공급자, 정부기관 등의 다른 이해관계자들도 다루고 있다.[20] 비록 이해관계자 지향에 관한 이론은 그 뒤로 수년간 발전하지 않았지만 기업윤리를 처음 다룬 교재로서 해당 저서는 상이한 이해관계자들에 대한 윤리적 논의의 필요성을 적절히 제시하고 있다.

1-3b 1960년대: 기업경영관련 사회 이슈의 대두

1960년대 미국 사회는 반기업 정서가 강했는데, 이는 사회의 경제적, 정치적 측면을 좌지우지하는 군사 산업단지에 대한 많은 비판이 있었기 때문이다. 1960년대 미국 사회는 도심 지역의 쇠퇴와 공해 또는 독성물질이나 핵폐기물 처리에 관한 환경적 문제를 목도했다. 이 시기에 소비자들의 권리보호를 위한 개인, 단체, 그리고 조직의 행동으로 대표되는 소비자 행동주의도 부상했다. 1962년 존 F. 케네디는 "소비자 이익 보호에 관한 특별교서(Special Message on Protecting the Consumer Interest)"에서 소비자가 안전할 권리, 알 권리, 선택할 권리, 그리고 소비자의 의견을 반영시킬 권리 등 4가지 소비자 권리를 선언했다. 이는 **소비자 권리장전**(Cosumers' Bill of Rights)으로 알려져 있다.

소비자 권리장전
1962년 미국의 존 F. 케네디 대통령의 "소비자 권리에 관한 특별교서"에서 제시된 네 가지 기본적 권리를 의미함. 소비자 기본권리에는
(1) 안전할 권리
(2) 알 권리
(3) 자유롭게 선택할 권리
(4) 의견을 반영시킬 권리
가 있음

현대 소비자 운동은 일반적으로 생명과 안전보다 이윤을 우선시하는 자동차 산업, 구체적으로는 제너럴 모터스(GM)의 경영 관행을 비판하는 랄프 네이더의 1965년 'Unsafe at Any Speed'의 출간과 함께 시작됐다. GM의 콜베어는 네이더의 주요 비판대상이었는데, 네이더의 레이더(Nader's Raider)라고 알려진 소비자 보호 단체는 자동차 제조사로 하여금 자동차에 안전벨트, 패딩 처리된 대시보드, 튼튼한 잠금장치, 머리 지지대, 튼튼한 바람막이창, 붕괴식 핸들구조(collapsible steering columns)를 탑재하도록 하는 법률 제정을 이뤄냈다. 또한 소비자운동은 식품안전법(1967), 건강과 안전을 위한 방사능 통제에 관한 법률(1968), 수질관리법(1972), 그리고 독

성물질관리법(1976)과 같은 소비자 보호법 통과에 도움을 줬다.[21]

케네디 대통령의 후임자인 린든 B. 존슨 대통령은 "위대한 사회(Great Society)" 프로그램을 실시했는데, 이는 국가 자본주의를 확장하고 미국 정부는 모든 시민들에게 일정 정도의 경제적 안정성, 평등, 그리고 사회적 정의를 제공할 책임이 있다고 기업들에게 표명하는 내용을 담고 있다. 이에 따라 경제를 불안정하게 하거나 미국 시민을 향한 어떠한 차별도 정치적으로 비윤리적이며 위법한 행위로 규정됐다.

1-3c 1970년대: 기업윤리의 부상

1970년대에 이르러 기업윤리는 학문 분야로 발전하기 시작했다. 신학자들과 철학자들은 기업활동에 적용될 수 있는 도덕 원칙을 제공함으로써 기업윤리의 근간을 마련했다. 이러한 근간을 바탕으로 경영학 교수들은 이해관계자를 향한 긍정적 영향을 극대화하고 부정적 영향을 최소화해야 하는 기업의 의무를 일컫는 **기업의 사회적 책임**(Corporate Social Responsibility, CSR)에 관해 가르치고 연구를 시작했다. 철학자들은 기업윤리 분야에 윤리 이론이나 철학적 분석을 적용하는 방법을 통해 논의에 참여했다. 그 중 기업윤리 분야의 선구자로 알려진 미국 캔자스대학교의 리차드 드 조지(Richard De George) 교수와 그의 제자인 미국 팬실베니아대학교 경영대학원의 토마스 도널드슨(Thomas Donaldson) 교수, 그리고 버지니아대학교의 에드워드 프리먼(R. Edward Freeman) 교수와 델라웨어대학교의 개리 위버(Gary Weaver) 교수가 대표적인 인물들이다.

기업의 사회적 책임
이해관계자에게 끼치는 긍정적 영향력은 최대로, 부정적 영향력은 최소로 만들기 위해 노력해야 하는 기업의 책무

기업이미지에 대한 사회적 요구가 높아져가고 기업들 스스로도 중요성을 인식함에 따라, 기업들은 윤리적 이슈들을 보다 직접적으로 다룰 필요가 있다고 인식하기 시작했다. 닉슨 행정부의 워터게이트 스캔들은 정부기관이 가져야 할 윤리의 중요성에 대한 대중적 관심을 높였다. 기업의 사회적 책임이나 윤리적 이슈들을 논의하기 위한 컨퍼런스들도 여럿 개최됐고 기업윤리 이슈들을 다루는 연구소들도 설립됐다. 경영학 교수, 신학자들, 철학자들, 그리고 경영진들이 참여하는 학제적인 모임도 열렸다(가령, Society for Business Ethics). 지미 카터 대통령은 정부기관의 윤리적 원칙을 수호하기 위해 정부기관의 역량뿐만 아니라 개인적 역량 또한 주목하였다. **해외부패방**

해외부패방지법
1977년 미국에서 제정된 조항으로, 미국의 상장기업 뿐 아니라 미국 영토 내의 외국 기업이 사업을 영위하기 위한 목적으로 외국 공무원에게 금전 등을 제공하는 것을 금지하는 대표적인 반부패법

지법(The Foreign Corrupt Practices Act, FCPA)도 카터 행정부에서 통과됐으며, 이로 인해 미국 기업들이 다른 국가의 정부관계자들에게 뇌물을 공여하는 행동은 불법행위가 되었다. 오늘날, 이 법안은 미 법무부에서 가장 중요하게 여겨지는 법안이다.

1970년대 말미에 이르러 뇌물공여, 허위 광고, 가격담합, 제품 안정성, 그리고 환경 관련한 여러 중대한 윤리적 이슈들이 부상했다. 또한 기업윤리는 일반적으로 널리 사용되는 용어가 됐다. 연구자들은 윤리적 이슈들을 규명하고 경영진들이 그러한 상황에서 어떻게 행동해야 하는지 밝히는 데 힘썼다. 그러나 윤리적 의사결정 과정이 어떻게 작동하는지, 이러한 과정에 영향을 미치는 여러 변수들을 확인하는 것에 있어서는 큰 진전을 이루지 못했다.

1–3d 1980년대: 기업윤리의 성숙기

1980년대에 들어서 경영학 연구자들과 실무자들 사이에서 기업윤리는 다양한 집단들이 저마다 다른 이익을 바탕으로 관심을 가지는 학문 분야로 받아들여졌다. 기업윤리 센터들은 사람들에게 각종 저서들, 컨퍼런스, 세미나, 강연 등을 제공했다. 앞서 언급한 에드워드 프리먼은 기업윤리적 의사결정의 바탕이 되는 이론으로 "**이해관계자**" 개념을 처음 도입한 학자이다. 프리먼은 이해관계자를 "조직의 목표 달성에 영향을 주거나 영향을 받는 모든 단체나 개인"으로 정의했다.[22] 이해관계자 이론에 대한 프리먼의 주장은 경영전략이나 기업의 책임에 대한 기업의 관점에 중대한 영향을 미쳤다. 기업윤리는 또한 제너럴 일렉트릭, 허쉬, 제너럴 모터스, IBM, 캐터필러, SC존슨 등의 선도기업들에게도 주된 관심사였다. 이러한 기업들은 윤리적 이슈들을 다루기 위해 윤리 및 사회정책 위원회를 설립했다.

이해관계자
조직의 목표 달성에 영향을 주거나 영향을 받는 모든 단체나 개인

1980년대에 윤리적 행동에 대한 지원을 위해 '기업윤리와 윤리적 행동을 위한 방위산업 이니셔티브(Defense Industry Initiative on Business Ethics and Conduct, DII on Business Ethics and Conduct)'라는 단체가 설립됐다. 1986년 18개의 방위산업체들은 기업윤리와 윤리적 행동을 위한 원칙을 작성했다.[23] 해당 단체는 현재 80개사의 회원을 가진 단체로 발전했다. 이러한 노력을 통해 조직의 관행이나 정책을 성공적인 윤리 규정 준수와 연결짓기 위해 필요한 전략이나 모범사례에 대한 논의에 필요한 방법

들을 정립할 수 있었다. 추진과제에는 6가지 원칙이 포함된다. 첫째, 윤리적 행동강령과 그에 대한 지원을 수행한다. 이러한 행동강령들은 쉽게 이해되어야 하며 실질적인 영역을 구체적으로 포함하고 있어야 한다. 둘째, 회원사들은 그들의 직원들을 위한 윤리 교육을 제공해야 하며 교육기간 사이에도 지속적인 지원이 있어야 한다. 셋째, 방위산업체들은 직원들이 보복을 겁내지 않고 위반사항들을 신고할 수 있는 조직 분위기를 만들어야 한다. 넷째, 기업들은 광범위한 내부감사를 실시해야 하며 효과적인 내부보고체계와 자발적 공시계획을 세워야 한다. 다섯째, 회원사들은 방위산업이 가져야 하는 윤리의식을 수호해야 한다. 여섯째, 회원사들은 공공의 책임성에 대한 신념을 수용해야 한다.[24]

레이건-부시 행정부로 접어든 1980년대에는 정부에 의한 타율규제보다 기업 스스로의 자율규제가 대중적 이익에 보다 더 부합한다는 믿음이 보편화됐다. 다양한 관세장벽 또는 무역장벽들이 없어졌고 기업들은 세계화에 발맞춰 합병과 분리를 거듭했다. 따라서 경영대학에 기업윤리 강좌가 있기는 했지만 한편으로는 줄어든 규제로 인해 경영의 원칙들이 매우 빠르게 변화했다. 국내에 기반을 둔 기업들은 국제적으로 사업 규모를 넓혔고 이전까지 받아들여졌던 규칙들이 더 이상 적용되지 않는 가치 구조의 함정에 빠지게 됐다.

1-3e 1990년대: 기업윤리의 제도화

빌 클린턴 행정부는 자율규제와 자유무역 옹호 기조를 이어갔다. 그러나 청소년 흡연과 같은 보건 관련 사회적 이슈에 대해서는 이전까지는 없었던 정부주도의 행동을 취했다. 여기에는 담배 광고 규제, 담배 자판기 금지, 스포츠 행사에서 담배 로고 사용 금지 등의 조치가 포함됐다.[25] 또한 클린턴 행정부는 1993년에 아서 레빗을 증권거래위원회(SEC) 의장으로 임명했다. 레빗은 21세기 초반에 있었던 엔론이나 월드콤 사태로 대표되는 회계부정 스캔들을 예방할 수 있었던 여러 개혁들을 추진했었지만 통과시키지는 못했다.[26]

FSGO
예방적 윤리준수 노력을 반영한 양형기준

1991년 11월 의회를 통과한 미국 연방양형기준(Federal Sentencing Guidelines for Organizations, **FSGO**)은 1990년대 조직의 윤리 컴플라이

언스 프로그램의 기저를 이루는 분위기를 확립했다. '기업윤리와 윤리적 행동에 대한 방위산업 이니셔티브'가 제시한 6가지 원칙들을 바탕으로 한 가이드라인은 효과적인 법률 및 윤리 컴플라이언스 프로그램 개발과 같은 부정행위 방지를 위한 예방적 행동에 대한 보상으로서 법률적 인센티브를 명시했다.[27] 가이드라인의 조항들은 부정행위를 뿌리뽑고 높은 윤리적 기준 및 법률적 기준을 확립하고자 노력하는 기업들에게는 패널티를 적게 부과하는 인센티브를 담고 있다.[28] 반면, 기업이 효과적인 윤리 컴플라이언스 프로그램을 운영하지 않거나 직원들이 위법행위를 한다면 강력한 패널티를 중과한다. 가이드라인은 기업들이 정부 규제에 협력해 기업의 부정행위를 찾아내고 방지하는 행동을 취할 것을 강조한다. 연방양형기준의 핵심은 당근과 채찍에 있다. 즉, 부정행위를 방지하는 노력을 기울인다면 기업들은 위반행동이 불러일으킬 엄청난 패널티를 피할 수 있지만 법리를 활용한 기계적 조치만을 취한다면 심각한 패널티를 피할 수 없는 것이다. 기업들은 기업의 가치를 발굴하고, 직원들에게 윤리강령 준수를 요구해야 하며, 부정행위를 하지 않기 위해 상시적으로 노력해야 한다. 거의 매년 개정안이 발표되기 때문에 본 교재는 기업윤리 프로그램에 있어 연방양형기준이 가지는 역할에 대해 4장과 8장에서 보다 자세히 살펴볼 것이다.

1–3f 2000년대: 21세기의 기업윤리

비록 기업윤리가 1990년대를 거치며 많이 제도화됐지만 2000년대 초반에 들어서 모든 경영진들이 높은 윤리적 기준에 대한 대중적 요구를 수용하지는 않았다는 것이 드러났다. 2001년 조지 부시의 대통령 당선 후, 앤론(Enron), 월드콤(WorldCom), 할리버튼(Halliburton), 그리고 회계법인 아서 앤더슨(Arthur Andersen)이 저지른 심각한 부정행위는 정부와 대중들로 하여금 윤리적 행동을 장려하는 새로운 방법을 찾도록 만들었다.[29] 재무제표를 조작하는 등의 회계 부정은 여러 회사들의 문화가 되어 버렸다. 네덜란드의 로열 아홀드(Royal Ahold)나 이탈리아의 파르마(Parmalat)와 같은 미국 바깥의 기업들은 회계 부정의 대표적인 사례로 자리매김했다. 비록 부시 행정부는 정부 규제를 최소화하려 했지만 규제기관의 감독 외에는 부정행위를 막을 방법이 없었다.

이와 같은 부정행위들은 기업들의 윤리적 기준이 높아져야 한다는 대중적 요구와 정치적 요구를 높였다. 재무 보고나 기업들의 윤리의식에 대한 신뢰도 추락에 대처하기 위해 2002년 의회는 사베인스-옥슬리 법(Sarbanes-Oxley Act, SOX)을 통과시켰다. 이는 1934년 제정된 증권거래법(Securities Exchange Act, SEA) 이후로 조직 통제와 회계 규제에 있어서 가장 광범위한 변화를 불러일으켰다. 새로운 법은 증권 사기를 형사범죄로 만들었고 기업 사기에 대한 처벌을 강화했다. 또한 회계 감독 위원회를 설립해 기업들로 하여금 재무 보고에 대한 윤리강령을 제정하고 투자자나 다른 이익집단들을 대상으로 보다 투명한 재무보고를 할 것을 요구했다. 더불어, 최고 경영진들로 하여금 기업의 재무 상태를 잘못 공시하는 경우 벌금과 징역형을 감수하도록 규정했다. 마지막으로, 임원들이 자사주식을 매도할 경우 즉시 알려야 하며 법인은 최고 경영진들에게 대출을 할 수 없다고 규정하고 있다.[30]

연방양형기준 개정안에 따르면 경영진들은 자사 윤리 프로그램의 내용, 시행과정, 그리고 효과성에 대해 잘 인지하고 있어야 한다. 이 조항은 이사회로 대표되는 기업 운영진들에게 직접적으로 책임을 부여한다. 이사회는 위험을 발견하고 이에 대처하기 위한 방법을 개발하고, 적용하고, 수정하는 데에 필요한 자원을 제공해야만 한다.

사베인스-옥슬리 법과 연방양형기준은 윤리적 위험과 법적 위험을 발견하고 대처할 필요성을 제도화했다. 최고경영진과 이사회는 윤리적 행동과 연관된 위험을 발견할 책임이 있다. 공공부문, 에너지, 화학, 의료보건, 보험, 소매업과 같은 특수한 분야는 각 산업에 따른 특수한 위험을 발견하고 위기가 다가오기 전에 윤리적 부정행위를 방지하는 윤리 프로그램을 개발해야 한다. 대부분의 기업들은 부정행위의 위험과 관련된 이슈들의 투명성을 보장하고 상호 소통하는 공식적 및 비공식적 메커니즘을 개발하고 있다. 기업 경영진들은 자사가 가지는 가장 큰 위험은 숨어있는 위법적 행동이나 심각한 부정행위를 발견하지 못하는 것임을 인지해야 한다. 안타깝게도, 대부분의 경영진들은 윤리적 사고를 화재, 자연재해, 또는 기술적인 실패들만큼 중요하게 여기지 않는다. 사실, 윤리적 사고는 보험이나 다른 방법들로 관리되고 있는 다른 위험들에 비해 기업의 평판에 훨씬 더 큰 피해를 줄 수 있음에도 말이다. 저명한 투자자인 워렌 버핏은 큰 조직에서 모든 부정행위를 없애는 것은 불가능하다며 부정행위가 사소하거나 제 때 잡을 수 있기를 바랄 뿐이라고 언급하기도 했다. 신용파산스왑, 서브프라임 모기지 등이 광범위하게 조직적으로 사용되고, 주요 기업들의 부패로 인해 미국의 금융시스템이 붕괴되었고, 버핏이 우려했던 사태는 2008년 현실화됐다.

2009년 버락 오바마는 세계적인 금융산업의 몰락에서 비롯된 대공황 한가운데서 대통령이 됐다. AIG, 리먼브라더스, 메릴린치, 컨트리와이드 파이낸셜 같은 기업들은 고위험 금융상품을 개발하고 판매하는 등의 윤리적 부정행위를 저질렀다. 위태로운 경제상황 속에서도 오바마 행정부는 2,880억 달러의 세금을 감면하는 등 회복에 총력을 기울인 경기부양법(American Recovery and Reinvestment Act, ARRA)의 제정을 통해 국가경제의 회복을 도모했다.[31] 오바마 대통령은 사회문제에 집중해 의료보건 여건 개선이나 소비자 보호 강화를 위한 법률을 제정하기도 했다. 일례로 2009년에는 부담적정보험법(Affordable Care Act, ACA)이 제정됐다. 오바마케어로 더 잘 알려진 부담적정보험법은 사회적 규제에 있어서 큰 변화였다. 부담적정보험법은 보다 많은 사람들에게 건강보험에 가입하거나 의료보장제도의 수혜를 받도록 하는 목표를 가지고 있었다. 궁극적으로 부담적정보험법의 목적은 의료비용의 감소였다.

1-3g 2010년대: 기업윤리의 새로운 문제점

2010년대에 이르러서 의회는 신용카드 사용책임, 연방기관들의 부적절한 지출, 사기나 낭비, 그리고 식품안전에 관한 법률들을 통과시켰다. 2010년에 통과된 금융개혁 및 소비자 보호법, 일명 도드-프랭크법(Dodd-Frank Wall Street Reform and Consumer Protection Act)은 금융위기와 공황에 관련된 이슈들을 다뤘다. 도드-프랭크 법은 사베인스-옥슬리 법이나 대공황 시절에 제정된 법률들 이래로 가장 포괄적인 금융 법률이었다. 해당 법률은 금융서비스 산업이 보다 윤리적이고 책임감 있는 행동을 하게끔 만들기 위해 제정됐다. 도드-프랭크 법에 따르면 규제당국은 금융 안정성, 책임의무, 그리고 투명성의 증진을 위해, 그리고 잘못된 금융 관행으로부터 소비자들을 보호하기 위해 수백 가지의 규칙들을 만들어야 했다.

1970년대에 만들어진 해외부패방지법(FCPA)은 2010년대 미국 증권거래위원회가 가장 우선시했던 법률이며, 이에 따라 해외부패방지법을 적용하기 위한 특별 조직을 만들기도 했다. 영국의 경우 뇌물수수법(Bribery Act) 제정을 통해 뇌물수수를 포괄적으로 금지했다. 이는 세계적으로도 가장 엄격한 법률로서, 기업들은 뇌물수수 방지를 위해 충분한 장치나 절차를 만들었음을 공개해야 하는 의무를 가지게 됐다. 뇌물수수법은 4가지 중대한 위반사항을 규정했는데, 구체적으로 다음과 같다. (1) 이권을 제안하거나, 약속하거나, 제공하는 것; (2) 이권을 요구하거나, 받기로 하거나, 받는 것; (3) 외국 공직자에게 뇌물을 제공하는 것; (4) 경영권을 되찾거나 경영상의 이득을 취하기 위한 뇌물을 허용하는 것(즉, 뇌물을 방지하기 위한 적절한 절차를 갖추는 것). 뇌물수수법은 영국 기반 기업들과 영국에 소재하는 다국적기업들 모두에게 해당됐다. 미국 기업들의 경우 해외부패방지법과 자국의 뇌물금지법을 금지법을 준수하는 것만으로는 영국의 뇌물수수법이 규정하는 요건들을 충족하지 못했다.[32]

미국 기업들에 대한 강한 불신은 밀레니얼 세대의 유입과 함께 시작됐다. 퓨 리서치 센터(Pew Research Center)에 따르면 2016년 밀레니얼 세대는 미국 전체 노동인구의 삼분의 일 이상을 차지했다.[33] 밀레니얼 세대와 그 다음인 Z세대는 기업들의 진정성과 투명성을 매우 중요하게 생각하고 그러한 가치에 부합하는 소비를 하는 영향력 있는 소비자가 됐다. 이는 곧 기업윤리와 CSR 이슈들이 이제는 더 이상 제품구매뿐만 아니라 구직자들의 기업 선택에 있어서도 중요해졌음을 의미했다. 젊고 유능한 인재를 채용하기 위해서 기업들은 중요한 사회적 이슈나 환경적 이슈에 대한 입장을 정해야 했다.[34] 여러 세대가 섞인 직장 환경은 또한 세대들 간의 직무태도나 동기부여상의 차이로 인해 새로운 문제점들을 양산해냈다. 예를 들어, 밀레니얼과 Z세대 직원들은 자신들의 노력을 인정받는 경우 고용주에게 보다 충성한다.[35] 따라서 여러 세대들로 구성된 노동력을 효과적으로 관리하기 위해 기업들은 각각의 직원들에게 가장 큰 영향을 줄 수 있는 보상을 찾아야 하는 숙제를 얻게 됐다.

2010년대에는 투명성 증대와 사생활 보호 사이의 긴장이 두드러졌다. 소비자들은 기업들이 자신들의 정보를 수집하고 보호하는 데 있어 보다 책임감을 가질 것을 요구했다. 유럽연합은 다른 선진국들에 비해 정보보호 관련 법률에 있어 큰 진전을 이뤄냈다. 유럽연합 산하의 유럽사법재판소는 2014년 "잊혀질 권리"로 알려진 법률을 통해 사람들이 검색사이트에 자신들의 이름을 포함한 데이터를 지워달라고 요청할 권리가 있음을 인정했다. 더불어, 유럽연합은 2016년 일반정보보호규정(General Data Protection Regulation, GDPR)을 통과시킴으로써 기업들로 하여금 고객들에게 정보수집허가를 받고 고객정보와 관련한 문의에 72시간 내에 응답하게 만들었다. 이는 곧 기업들이 고객들의 정보를 보호할 의무를 갖게 된 것이다.[36] 실례로 구글의 경우 일반정보보호규정을 따르지 않아 프랑스로부터 5천만 유로의 벌금을 부과받았다.[37] 브라질, 중국, 인도, 일본, 한국, 그리고 태국을 포함한 여러 국가들이 자국 시민들의 개인정보를 보호하기 위한 법률을 제정했지만 미국의 경우 이러한 선례를 따르지 않고 있다.

2017년 도널드 트럼프는 환경 및 금융관련 규제 철폐 및 완화를 내걸고 대통령에 당선이 됐다. 오바마 행정부에서 제지했던 **키스톤 파이프라인 프로젝트**의 재건으로 인해 지속가능성 가치는 의문 부호로 남게 됐고, 무역을 공정하게 만들고 일자리를 창출하겠다는 공약을 이용해 경제적 번영은 강조됐다. 낮은 세금은 곧 경제를 성장시키지만 동시에 사회서비스의 감소를 의미했다. 전 세계의 국가들이 시장 안정화에 힘쓰고 민간기업뿐 아니라 비영리단체의 재무관리자들을 의심함에 따라 자본주의의 기본 가정들은 의문의 대상이 됐다. 금융위기는 사람들로 하여금 관리감독과 규제를 담당하는 정부 기관들을 의심하게 만들었다. 더 나은 사회를 만들기 위해 정부기관들은 법률, 윤리, 그리고 공익수호를 위한 기업과 정부의 규정 준수 수준 등의 이슈들을 다뤄야 했다. 대공황과 루즈벨트 대통령 이래로 이처럼 광범위한 정부 개입이나 규제가 없었기 때문에 대부분의 사람들은 이러한 규제가 필요하다고 여기지만, 그럼에도 자유시장을 옹호하는 자본주의자들은 우려할 상황이었다.

키스톤 파이프라인 프로젝트
캐나다 앨버타주에서 미국 텍사스주까지 송유관을 연결해 하루 80만 배럴의 원유를 수송하는 사업. 환경단체들은 이 사업이 멸종위기종의 서식지를 파괴하는 등 환경에 악영향을 미친다며 반대해왔다.

2019년에 시작돼 2020년 미국까지 전파된 코로나-19 팬데믹으로 인해 실업률은 일시적이지만 기록적인 수준까지 도달했다. 정부는 사회적 거리두기로 인해 일하지 못하는 직원들과 운영이 어려운 기업들을 지원하기 위해 수천억 달러를 사용했다. 중소기업과 대기업 모두 자사 직원들의 고용을 유지하거나 재고용하는 경우 정부로부터 받은 대출의 일부를 변제해주기도 했다. 이자율과 유가는 기록적인 최저점에 이르렀다. 전반적으로 정부의 여러 정책들은 경제와 사회 전반에 대한 보다 높은 수준의 개입을 보여줬다.

1-3h 2020년대 및 이후

ESG
기업의 환경적, 사회적 책임과 지배구조의 건전성을 나타내는 비재무적 성과

2020년대에 새롭게 부상한 중요 추진 과제인 ESG(Environmental, social and governance)는 환경보호에 대한 이해관계자 요구, 기업의 사회적 문제 해결에 기여, 책임감 있고 윤리적인 행동에 대한 포괄적인 이슈를 다루고 있다.[38] 직원, 주주, 그리고 고객들을 포함하는 이해관계자들은 보다 적극적으로 기업들이 사회적 이슈뿐만 아니라 기후변화에 대해서도 행동할 것을 요구하고 있다. 이러한 추세는 기업들로 하여금 윤리 원칙을 발전시키고 사회에서 보다 중요한 역할을 수행하게끔 만든다.

성평등과 성폭력과 관련된 윤리적 이슈들은 ESG를 통해 다뤄지는 중대한 이슈로 계속해서 남을 전망이다. 더불어, 윤리 추진과제들과 교육훈련은 더욱 중요해질 것이며 이사회로 하여금 주주만이 아니라 발전된 지배구조를 이용해 모든 이해관계자의 이익을 고려하라는 요구는 더욱 거세질 것이다. 윤리프로그램에 대한 정부지원은 연방양형위원회(USSC)와 규제 당국을 통해 이뤄진다.

기업과 정부는 지속가능성 이슈들에 대한 해법을 모색하고 있다. 미국 항공 우주국은 중력회복 및 기후(Gravity Recovery and Climate) 실험을 통해 그린란드에서 매 해 2,860억 톤의 얼음이 녹고 있으며, 같은 기간 남극에서는 1,270억 톤의 얼음이 없어졌다고 밝혔다. 지난 세기동안 해수면은 8인치 가량 상승했다. 문제는 지난 20년간의 상승폭이 2배에 달하며 매년 조금씩 그 속도를 더해가고 있다는 것이다.[39] 이에 따라 지속가능한 천연자원, 용수 보존, 그리고 이산화탄소 감소 등은 지속적으로 다뤄야 할 문제로 발전했다. 예를 들어, 코카콜라의 경우 포장, 기후변화, 여권 증진 등의 일련의 활동에 있어서 ESG 철학을 받아들였으며, 기업 운영상 중요한 수자원의 지속가능성 또한 주요 과제로 삼았다.[40]

정부를 포함한 다양한 이해관계자들은 책임감 있는 윤리적 행동이 조직문화의 일부분이 되도록 요구하고 있다. 공정경쟁, 뇌물 등의 부패척결, 그

리고 소비자를 향한 진실성 있는 소통 등이 규제의 중점 사항이 됐다. 연방거래위원회(The Federal Trade Commission, FTC), 증권거래위원회, 그리고 법무부는 발전된 기술을 활용해 법률과 규제 사항에 대한 준수여부와 모니터링을 강화할 예정이다. 2021년 조 바이든 대통령은 당선되자마자 트럼프 행정부의 환경, 이민, 그리고 보건의료 정책들을 정반대로 뒤집고 오바마 행정부의 진보적 의제로 회귀하기 시작했다. 바이든 대통령은 기업규제들을 늘리고 고소득 가계와 기업들에게 부과하는 세금을 높였다.

미래의 윤리적 이슈들은 인공지능 그리고 정보 획득 및 사용과 관련된 논의로 구성되어 있다. 사람들이 수행할 일들을 머신러닝을 통해 수행하는 기술인 인공지능 기술은 실업, 사생활침해, 차별 등의 문제를 낳았다. 인공지능이 기술관련 새로운 일자리를 만들어낼 수 있기는 하지만, 여전히 많은 사람들은 인공지능으로 인해 취업이 어려워질까 염려하고 있다. 더불어, 인공지능은 감시 목적으로도 사용될 수 있으며, 이 경우에 사생활침해 문제가 발생하게 된다. 폭넓게 다양한 의견을 수용하도록 프로그램 되지 않은 경우 인공지능이 가지는 편향된 정보는 차별을 낳을 수도 있다. 인공지능이 윤리에 주는 영향은 좀 더 살펴봐야 하지만 기업윤리와 CSR의 상당한 발전에 기여할 부분이 있는 것은 확실하다. 예컨대, 인공지능을 활용해 성별, 인종, 나이에 따라 차등적인 성과가 나타나는지 검사하는 인공지능 감사(AI audit)는 보편적으로 사용될 전망이다.

빅데이터 기술은 구조화된 데이터베이스나 비구조화 데이터베이스에서 획득한 엄청난 양의 정보를 처리하는 방법으로서 인공지능의 기초기술이다.[41] 빅데이터 기술은 사생활 문제와 윤리 이슈들을 만들었는데, 이전에는 침해라고 여겨졌던 것들이 오늘날에는 용인되거나 장려되는 상황이다. 최근에 이르러서야 사람들은 기업들이 고객정보를 수집하는 것을 우리 사회가 용인해야 하는지에 대해 의문을 가지기 시작했다. 기업들은 인공지능을 활용해 고객에 대한 이해를 정교화하고 있다. 오늘날 기업들은 비록 기초적인 수준이지만 어떻게 고객 행동을 유도할 수 있는지 이해하고 있다. 적절하게 통제되지 않는다면 인공지능과 그 기반기술들은 기업에게 큰 위험으로 작용할 수도 있지만 책임감 있게 활용된다면 윤리적 의사결정을 돕고 CSR을 높이는 데 활용할 수 있다.

기업이 여러분의 SNS 프로필을 열람해도 괜찮은가? 여러분이 물건을 구매할 때 기업들이 비콘(beacons, 스마트폰이나 스마트워치, 태블릿 PC 등을 통하여 자동으로 필요한 데이터를 전송하는 무선통신장치)과 마이크로칩을 통해 여러분들이 어디있고 무엇을 보고 있고 어제 무엇을 했는지 등의 정보를 얻어도 괜찮은가? 여러분의 비업무적 일상이 기업들의 윤리적 논의의 대상이 돼야 하는가? 마지막으로 여러분은 직원이기 이전에 시민인가 아니면 시민이기 이전에 직원인가? 이러한 질문들이 미래에 다뤄질 중요한 기업윤리 이슈들의 일부다.

1-4 윤리적인 글로벌 및 조직 문화의 발전

조직의 컴플라이언스 및 윤리 추진과제들은 적절한 행동이나 핵심가치 수립을 목적으로 한다. 윤리 및 컴플라이언스 담당자들은 부정행위를 방지하고 윤리적 조직문화를 수립하는 데 중요한 역할을 수행한다. 기업문화의 윤리적 요소는 직원들이 윤리적 이슈를 발견하고 대응하는 데 사용하는 강요된 행동양식, 가치, 믿음과 관련이 있다. 본 교재에서 윤리적 문화는 기업과 해당 산업에서 용인될 수 있는 일련의 행동을 일컫는 용어로서 정의된다. 윤리적 문화는 산업 내에서 적절하다고 여겨지는 행동에 비추어 조직이 정의한 가치나 규범에 관한 기업문화이다. 윤리적 문화는 강요된 규칙을 따르게 하는 것을 최소화하고 어렵고 새로운 상황에서 윤리적 추론을 가능케 하는 원칙들의 사용을 극대화하는 것이다. 윤리적 문화는 직장에서 벌어지는 윤리적 이슈들에 대한 대응, 부정행위 보고, 윤리 핫라인 개통 등과 높은 상관관계를 가진다.[42] 더 나은 윤리적 기업 문화를 만들기 위해 많은 기업들은 윤리 프로그램을 만들거나 윤리 책임자로 하여금 직원들을 감독하게 하는 방법을 활용해 직원들과 핵심가치에 관해 소통한다. 윤리적 문화는 공유된 가치를 만들고, 윤리적 의사결정을 지원하며, 최고 경영진의 윤리적 리더십에 의해 촉진된다.

반면, 부패한 조직문화는 비윤리적 행동을 유발한다. 이러한 문화들은 "결과가 수단을 정당화한다" 등의 부정적인 가치나 규범을 생산하는 것으로 확인됐다. 이러한 문화 아래에서 윤리적인 직원은 종종 비윤리적 행동을 하지 않았다는 이유로 처벌을 받기도 한다.[43] 규제당국은 기업들이 과도한 위험부담을 안거나 비윤리적 행동을 하지 않게 하도록 조직 문화에 보다 집중하기를 원한다. 윤리적인 문화가 좋은 행동을 이끌어낼 수 있다는 근본적인 믿음이 있기 때문이다.[44]

전 세계적으로, 기업들은 용인될 수 있는 행동에 대한 기준을 세우기 위해 긴밀히 협력하고 있다. 본 교재는 최소한의 윤리적 행동을 강제하고 윤리적 행동의 목표를 설정하기 위해 유럽연합, 세계무역기구(WTO), 사회보고책임 8000(SA 8000), 윤리적 거래 이니셔티브(ETI), 국제표준화기구(ISO) 등의 단체들이 협력하고 있는 것을 쉽게 확인할 수 있다. ISO 19600은 위험, 법적 요구사항, 이해관계자 요구 등을 다루는 국제표준화기구가 제시한 세계적인 컴플라이언스 관리 기준이다. ISO 19600을 따르는 기업들은 컴플라이언스 관리에 대한 자사들의 접근법들을 개량하기 위해 ISO 19600에서 제공되는 여러 기준들을 사용하게 된다. 이를 통해 기업들은 이해관계자들에게 윤리와 컴플라이언스에 대한 자사의 노력을 보여주게 된다.[45] 일부 기업들은 이러한 기준들을 따르지 않는 기업들과는 비즈니스 활동을 하지 않는다. 여러 기업들은 세계적으로 받아들여지는 인권과 사회적 책임에 대한 원칙을 채택 및 활용함으로써 용인될 수 있는 행동에 대한 자사의 헌신을 보여준다. 예를 들어, 국제연합의 경우 인권, 노동, 환경, 반부패에 관련된 10가지 원칙을 담고 있는 **글로벌컴팩트**(Global Compact) 원칙을 발표했다. 글로벌컴팩트의 목표는 기업, 정부, 사회, 노동계, 그리고 국제연합 간의 개방성을 높이고 업무 방향성을 정렬하는 것이다. 글로벌컴팩트를 채택한 기업들은 10대 원칙을 경영 관행에 통합하는 것에 동의하며, 매 해 이러한 목적들에 비추어 평가한 성과들을 공시하는 것과 국제연합(UN)의 목적을 보다 광범위하게 확장하는 데 일조하는 것을 의미한다.[46] 10대 원칙은 10장에서 보다 자세히 설명하기로 한다.

글로벌컴팩트
인권, 노동, 환경, 반부패 등에 관한 10대 원칙

1-5 기업윤리가 주는 이점

점차 많은 기업들이 윤리적 행동을 촉진시키는 것의 이점과 기업윤리와 재무적 성과 사이의 관계를 인식함에 따라 기업윤리 분야는 빠르게 변화하고

그림 1-2 기업윤리가 기업 성과에 영향을 미치는 메커니즘

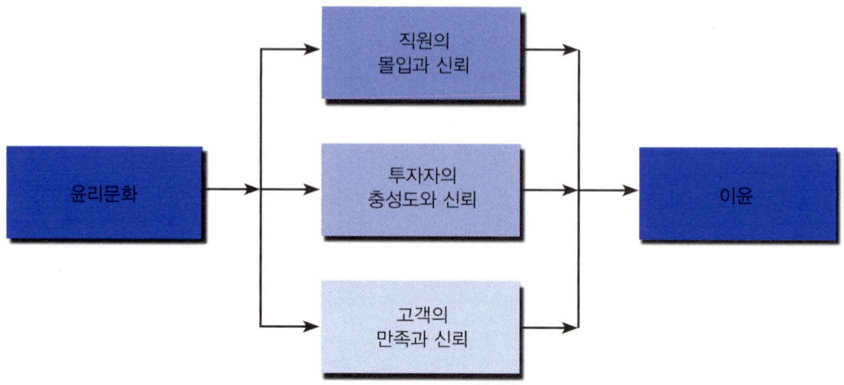

있다. 〈그림 1-2〉는 기업윤리와 조직성과 간의 관계를 보여주고 있다. 비록 본 교재는 윤리적으로 행동하는 것이 굉장히 많은 실무적 이점들이 있다고 생각하지만 많은 실무진들은 책임감 있는 사회 구성원으로서 당연한 행동이라고 생각하기 때문에 윤리적 행동을 수행하기도 한다. 생명보험사인 매스뮤추얼(MassMutual)은 에티스피어(Ethisphere)에서 뽑은 '세계에서 가장 윤리적인 기업'에 8년 연속 선정됐으며 보험산업에 선정된 7개사 중 하나이다. 매스뮤추얼은 기업의 책임을 굉장히 강조하며 보험계약자와 회원들의 이해관계를 의사결정의 최우선 사항으로 둔다.[47] 윤리적이고 사회적 책임을 지는 기업이 됨으로써 경영상의 효율을 제고하고, 직원들의 몰입을 높이며, 투자자들의 투자를 촉진하고, 고객신뢰와 만족도를 높이고, 더 나은 재무적 성과를 이뤄낼 수 있었다. 기업 평판은 직원, 투자자, 고객, 그리고 여러 다른 이해관계자들과의 관계에 있어 중대한 영향을 미치기 때문이다.

1-5a 기업윤리는 직원 몰입에 기여함

직원 몰입은 자신의 미래가 조직의 미래와 긴밀히 연결되어 있다고 믿으며 조직을 위해 희생을 할 수 있는 직원들에게 목격된다.[48] 기업이 직원들을 더욱 잘 보살필수록, 직원들도 기업에 대해 보다 신경쓰게 된다. 윤리적 기업문화의 발전을 위해서는 비인격적 행동이 없어야 하며, 직무환경은 안전해야 하고, 타사와 비교해 경쟁력있는 급여를 지급해야 하며, 직원이 기업과

맺은 계약사항들을 모두 이행해야 한다. 윤리 프로그램이나 컴플라이언스 프로그램은 조직의 가치를 지키고 올바른 행동이 나타나도록 하는 데 도움을 줄 수 있다. 윤리적 문화를 도모하는 소셜 프로그램은 직장–가정 프로그램, 주식소유제도, 그리고 사회봉사 등을 포함한다. 예를 들어, 홈디포 그룹(Home Depot associates)은 나무를 심거나, 도로를 치우거나, 무너진 지붕을 재건하는 등 허리케인과 토네이도에 따른 재해복구에 기여하기도 했다. 직원들은 깨어있는 시간 대부분을 직장에서 보내기 때문에 조직이 선의를 베풀거나 직원을 존중한다면 조직과 조직 목표에 대한 직원들의 충성도를 높일 수 있을 것이다. 엔지니어링 설계업체이자 컨설팅기업인 번스앤맥도넬(Burns & McDonnell)은 직원들을 소중하게 여기는 것으로 유명한데, 이러한 탓에 포춘지 선정 "가장 일하고 싶은 기업"에 여러 차례 이름을 올렸다. 번스앤맥도넬은 온전히 직원들이 소유한 기업이며, 미국에서 가장 뛰어난 사원주주제도를 갖고 있다. 더불어, 번스앤맥도넬은 피트니스센터나 전기차 충전소 등을 갖추고 있는 등 직원들에게 다양한 복지를 제공한다.[49]

자신이 소속된 기업이 윤리적 문화를 갖고 있다고 직원들이 인식함에 따라 업무성과는 증대된다.[50] 강력한 윤리적 가치들이나 긍정적인 관행들을 포함하는 기업 문화는 조직 창의성이나 직무 만족도를 높이고, 이직의도를 낮추는 것으로 알려져 있다.[51] 생산성과 팀워크 측면에서 부서 내 외부의 모든 직원들이 조직에 대한 신뢰에 있어서 공통된 관점을 가지는 것은 굉장히 중요하다. 높은 수준의 신뢰를 갖는 것은 부서 내의 관계에서 가장 큰 효과를 지니지만, 부서 간의 관계에 있어서도 중요한 요인으로 작용하기도 한다. 신뢰있는 업무 환경 조성에 기여하는 프로그램들은 직원들로 하여금 동료직원들의 의사결정을 보다 신뢰하고 그에 맞게 행동하도록 만들며 그러한 업무 환경하에서 직원들은 동료나 상사들로부터 존중받을 것이라 예상할 수 있게 된다. 상위 관리자, 중간 관리자, 그리고 구성원들 사이의 신뢰관계는 의사결정의 효율성 증대에 기여할 수 있다. 직원들에게 있어서 조직의 윤리적 문화는 매우 중요하다. 한 연구에 따르면 조직 가치에 대한 깊은 헌신은 조직 문화를 강화시킬 수 있으며, 조직 공동의 가치와 윤리적 리더십에 대한 노력은 직장 내 부정행위를 줄이는 데 도움이 된다.[52] 또한, 자신의 조직이 지역사회의 여러 문제들에 적극적으로 참여한다고 생각하는 직원들은 조직에 대해 높은 충성심을 갖게 되며, 자신에 대해서도 긍정적으로 생각하게 된다.

1-5b 기업윤리는 투자자 충성도에 기여함

윤리적 기업은 주주의 충성도를 높이고 보다 광범위한 사회적 문제들에 있어서 성공적인 결과를 가져온다. 오늘날 투자자들은 투자 기업의 평판에 영향을 미치는 기업윤리와 사회적 책임에 보다 높은 관심을 갖고 있으며, 이에 따라 뮤추얼 펀드사나 자산운용사들은 투자자들에게 윤리적 기업의 주식을 구매하도록 돕고 있다. 투자자들은 또한 윤리적 문화가 효율성, 생산성 및 수익을 위한 토대를 제공한다는 것을 인식하고 있다. 더불어, 대중의 부정적인 관심이나 소송, 그리고 벌금 등은 주가를 떨어뜨리고, 직원 충성도를 낮추며, 장기적인 생존가능성을 위협할 수 있다는 것도 알고 있다. 부정행위를 저지른 기업들의 주가는 투자자들이 주식을 처분함에 따라 하락한다. 워렌 버핏(Warren Buffett)과 그의 회사인 버크셔 헤서웨이(Berkshire Hathaway)는 재무적 수익에 대한 기록과 조직의 윤리의식 덕분에 투자자들로부터 상당한 존경을 받고 있다. 버핏은 "저는 직원들이 다음날 지역 신문 1면에 실릴만한, 그래서 배우자, 자녀, 친구들에게 알려져도 좋을 만한 사려깊은 행동을 했는지 자문하기를 바랍니다. 물론 충분한 정보에 입각한 비판적인 기자가 쓴 기사에서 말입니다."라고 말했다.

사회적 책임투자에 대한 수요는 계속해서 증가하고 있다. 하버드대학에서 진행된 연구 결과에 따르면 미국의 사회적 책임투자 금액은 대략 26조 달러 이상에 달한다. Z세대와 밀레니얼 세대가 사회적 책임 행동을 선택이 아닌 의무로 간주함에 따라 사회적 투자의 중요성은 계속해서 커지고 있다.[53] 투자자들은 수익이나 주가 및 배당금 증가 가능성도 살펴보지만 동시에 기업 행동, 성과, 그리고 재무 보고에 있어서 잠재적인 오류가 있는지도 살펴본다. 따라서, 기업윤리를 통해 투자자의 신뢰를 얻는 것은 기업의 재무적 안정성을 유지하는 데 핵심적이다.

1-5c 기업윤리는 고객만족도 제고에 기여함

일반적으로 고객만족도는 성공적인 경영전략에 있어서 가장 중요한 요인으로 여겨진다. 비록 기업은 변화하는 고객의 요구나 선호에 맞춰 지속적으로 제품을 개발하거나 변화시키지만, 고객 및 이해관계자와 장기적인 관계 또한 유지해야 한다. 앞서 언급한 바와 같이, 기업의 심각한 부정행위는 고객신뢰를 떨어뜨린다.[54] 반면 사회적 책임을 다하는 기업으로 인식되는 경우, 고객 신뢰와 만족도가 상승하게 된다. 미국, 멕시코, 캐나다, 그리고 코스타리카를 운항하며 매년 460만 명의 고객들이 이용하는 알래스카 항공(Alaska Airlines)은 고객 중심적 경영을 인정받아 JD. Power 발표 고객만족도 순위 최상위 항공사 중 하나에 선정됐다. 또한 알래스카 항공은 미국 내 연비 1위 운송업체로 선정되는 등 지속가능성 이니셔티브에 대한 공로도 인정받았다.[55]

대부분의 기업들에게 고객의 재구매, 그리고 고객과의 상호 존중과 협력을 바탕으로 하는 지속적인 관계 형성이 성공의 열쇠라는 인식이 자리잡고 있다. 고객 만족도에 집중함으로써 기업들은 지속적으로 기업에 대한 고객들의 의존도를 높일 수 있으며, 고객들의 신뢰가 높아질수록 기업들은 지속적인 관계 유지를 위한 고객관리에 대한 이해도를 제고할 수 있다. 성공적인 기업들은 협력적 문제해결에 참여하는 방식으로 고객들에게 피드백을 제공할 기회를 마련해준다. 행복한 고객은 다시 돌아오지만 불만을 가진 고객은 자신의 불만을 지인들에게 이야기하고 그들로 하여금 해당 기업에 등을 돌리도록 만든다.

신뢰는 기업과 소비자들이 장기적으로 좋은 관계를 유지하는 데 있어서 핵심적이다. 기업의 윤리성에 대해 인지하는 것은 브랜드 신뢰도, 브랜드와의 감정적 동일시, 그리고 브랜드 충성도에 긍정적인 영향을 미친다고 알려져 있다.[56] 민텔(Mintel)에서 실시한 설문조사 결과에 따르면 64%의 소비자들이 기업은 윤리적이고 도덕적인 관점을 가질 책임이 있다고 응답했다.[57] 기업들에게 있어서 사회적 책임이 가지는 중요성이 커짐에 따라, 기업의 사회적 책임(CSR)은 좋은 경영을 하고 있다는 신호로 여겨질 수 있으며, 연구에 따르면 이는 좋은 재무적 성과를 내고 있다는 신호가 될 수도 있다. 그러나 다른 연구들은 우수한 재무적 성과를 내는 기업들만이 사회적 책임에 예산을 사용할 여력이 있다며 역의 관계가 오히려 타당하다고 주장한다.[58]

성공적인 기업으로서 골드만 삭스(Goldman Sachs)는 경제적 성장과 사회의 영향력을 이끌어 낼 목적으로 16억 달러를 지역사회에 기부하였다. 그러한 노력을 인정받아 골드만 삭스는 "세계에서 가장 존경받는 기업"에 13년 연속 이름을 올리기도 하였다.[59]

강력한 윤리적 환경을 가지고 있는 조직은 보통 고객들의 이익을 가장 우선으로 두는 핵심가치를 가지고 있다. 그러나 이것이 곧 직원, 투자자, 그리고 지역사회의 이익이 무시된다는 것을 의미하지는 않는다. 고객에게 집중하는 윤리적 문화도 직원, 공급자, 그리고 다른 이익집단들의 이익을 의사결정에 반영한다. 윤리적 환경 아래에서 근무하는 직원들은 고객들의 수요나 의견들을 이해하는 과정에 기여하게 된다.

논쟁거리

정말로 윤리적 경영이 더 나은 성과를 가져올까?

많은 연구에서 윤리적 경영이 나은 재무성과를 가져온다고 주장하지만 상반된 관점도 존재한다. 많은 경영자들은 윤리와 사회적 책임은 이익에 도움이 되지 않는 자원 소모를 가져오며 윤리 교육에 사용된 시간은 오히려 다른 경영활동에 사용하는 것이 낫다고 생각한다. 이러한 관점에 따르면, 비록 기업들이 비윤리적이라 할지라도 기업의 부정행위에 대해 적은 벌금만 지불하거나, 잘못된 행동이 적발되지 않는다면, 상당한 비용을 지불하여 강력한 윤리적 문화를 유지하는 기업들보다 결과적으로 더욱 높은 수익성을 가질 수 있게 된다는 것이다. 많은 금융회사들은 자신들이 판매하는 복잡한 상품에 대해 제한적인 정보만 공개하는 등의 위험성 많은 선택을 할 경우에 큰 수익을 낼 수 있다고 믿는다. 경쟁 우위를 차지하기 위해서 기업들은 공격적으로 시장을 개척하고 상품을 판매해야 한다. 만약 기업이 너무나 윤리적이라면 경쟁 우위를 잃을 수도 있다. 반면에 에티스피어 선정 '세계에서 가장 윤리적인 기업' 지수에 따르면, 윤리적인 기업들이 비윤리적 기업보다 더 우수한 재무 성과를 가진다는 보고도 존재한다.

1. 윤리적인 기업들이 가장 수익성이 좋다.
2. 가장 윤리적인 기업이 가장 수익성이 좋은 것은 아니다.

1-5d 기업윤리는 기업의 이윤 창출에 기여함

기업은 이윤 측면에서 충분한 재무적 성과를 이뤄내지 못한 경우 윤리적 문화를 만들어낼 수 없다. 직원 수와 관계없이 많은 자원을 가진 기업들만이 고객들을 상대하고, 직원들을 소중히 여기고, 그리고 사회에 기여하면서 동시에 사회적 책임활동을 수행할 수 있다. 고객에 대한 윤리적 행동을 통해 기업들은 경영성과와 제품혁신에 긍정적인 영향을 줄 수 있는 강력한 경쟁력을 구축할 수 있다.[60] 윤리적 문화의 일부가 경영성과와 직접적으로 연결되는 혁신성을 만들어내는 것으로 확인됐다. 인튜이트(Intuit)는 '고객들이 쉽게 사용할 수 있는 소프트웨어를 개발하기'와 같은 고객중심적 목표를 설정하기도 했다. 강력한 고객 중심적 이니셔티브를 통해 인튜이트는 대표제품인 TurboTax와 같이 고객들이 원하는 혁신적인 제품을 내놓는 데 필요한 피드백을 받을 수 있었다. 고객 중심적 방향을 통해 인튜이트는 개인 및 중소기업 소프트웨어 산업에서 선도기업이 될 수 있었다.[61] 이러한 긍정적인 사례에도 불구하고, 경제 일간지나 매거진에는 여전히 기업들의 부정행위와 그에 따른 참담한 결과들을 쉽게 찾아볼 수 있다. 그러나 기억해야 할 것은 이러한 기업들 중 상당수는 실수를 교훈삼아 윤리적, 합법적 행동을 위한 프로그램을 만들고 결과적으로 실패에서 벗어났다는 점이다.

윤리적으로 행동하는 것이 더 나은 성과를 가져다 준다는 많은 증거들이 있다. 사회적 책임 기업들의 경우 그렇지 않은 기업들에 비해 자본조달비용이 적다.[62] 투자자들은 윤리적 문화가 없는 기업들이 더욱 큰 위험을 가지고 있다고 생각하기 때문이다. 앞서 언급한 바와 같이, 직원들로부터 높은 윤리의식과 정직성을 가졌다고 인정받는 조직일수록 그렇지 않은 경우보다 주주들에게 더욱 높은 평균 수익을 제공하는 것으로 알려져 있다.[63] 세계에서 가장 윤리적인 기업 지수는 변호사, 교수, 그리고 조직 리더들로 구성된 위원회에서 만든 방법론을 바탕으로 개발됐다. 해당 지수에 포함된 기업들의 성과는 3~5년을 기준으로 했을 때 대형주들이 포함된 지수의 성과보다 높게 나타났다.[64] 이러한 결과는 기업들이 높은 수익성을 얻기 위한 전략의 일부로서 윤리적 행동을 수행한다는 강력한 증거가 된다. 윤리는 이제 더 이상 따르는 것이 아니라 경쟁 우위를 차지하기 위해 경영진이 기울이는 노력의 핵심적인 부분이 되어가고 있다.

1-6 기업윤리 공부를 위한 본 교재의 프레임워크

본 교재는 어떻게 사람들이 윤리적 의사결정을 내리고 윤리적 이슈들을 다루는지를 이해하는 데 필요한 프레임워크를 제공하고 있다. 〈표 1-3〉은 프레임워크를 이루는 각 요소들을 요약해 정리했고 각 주제들이 본 교재 어디에서 다루고 있는지 표시했다.

1부에서는 기업윤리의 개요를 살펴본다. 본 장은 기업윤리 용어를 정의하고 이러한 영역의 중요성과 발전과정을 살펴봤다. 2장에서는 다양한 이해관계자 집단이 사회적 책임과 기업 지배구조에 있어서 가지는 역할을 탐구한다.

2부는 윤리적 이슈들과 기업윤리의 제도화에 초점을 맞춘다. 3장에서는

표 1-3 기업윤리 학습을 위한 프레임워크

장	하이라이트
1. 기업윤리의 중요성	• 정의 • 기업윤리를 공부하는 이유 • 역사 • 기업윤리의 장점
2. 이해관계자 관계, 사회적 책임, 그리고 기업 지배구조	• 이해관계자 관계 • 사회적 책임에 대한 이해관계자의 영향 • 기업 지배구조
3. 지속가능성: 사회적 그리고 윤리적 차원	• 지속가능성과 윤리적 의사결정 • 글로벌 환경 이슈 • 지속가능성 이슈에 대한 기업들의 반응 • 환경적 책임성의 전략적 도입
4. 기업윤리의 제도화	• 의무적 요구사항 • 자발적 요구사항 • 핵심 관행 • 연방양형기준 • 사베인스-옥슬리 법
5. 기업윤리 이슈들의 부상	• 윤리적 이슈에 대한 인식 • 정직성, 공정성, 그리고 윤리의식 • 기업의 윤리적 이슈 및 윤리적 딜레마: 모욕적인 행위(abusive behavior) 및 파괴적 행동(disruptive behavior), 거짓말, 이해관계의 충돌, 뇌물, 기업의 정보(corporate intelligence), 차별, 성희롱, 환경 이슈들, 사기, 내부자거래 • 기업의 윤리적 이슈 정의
6. 윤리적 의사결정	• 윤리적 이슈의 강도 • 의사결정의 개인적 요인 • 의사결정의 조직적 요인 • 의사결정의 기회 • 기업윤리 평가 및 의도 • 윤리적 의사결정의 규범적 고려사항 • 규범적 의사결정에 있어서 단체의 역할 • 윤리적 의사결정에 있어서 원칙과 핵심가치가 가지는 중요성
7. 개인적 요인: 도덕적 가치 및 신념(philosophy)	• 목적론적 개발철학, 인지적 도덕 의무론, 상대주의, 덕윤리, 그리고 정의철학 • 인지적 도덕 발전 과정
8. 조직적 요인: 윤리적 문화와 관계의 역할	• 조직문화 • 대인관계 • 내부자고발 • 기회와 갈등

9. 효과적인 윤리 프로그램 개발 및 시행	• 윤리 프로그램 • 행동강령 • 프로그램 책임성 • 윤리 기준에 대한 의사소통 • 윤리 기준 강제 및 모니터링을 위한 시스템 • 윤리 프로그램의 지속적 발전
10. 글로벌 기업윤리 이슈	• 글로벌 문화 및 문화적 관계 • 기업윤리의 경제적 토대 • 다국적 기업들 • 글로벌 협력 • 글로벌 윤리 이슈들
11. 윤리적 리더십	• 윤리적 리더십의 요구사항 • 윤리적 갈등 관리 • 윤리적 리더십 커뮤니케이션 • 리더–구성원 관계
12. 기술: 윤리 및 사회적 책임 이슈	• 기술의 정의 • 기술 관련 윤리 이슈들: 프라이버시, 지적재산권, 사이버범죄, 불평등성, 바이오기술 • 기술관련 윤리 이슈 관리 • 기술 윤리의 미래

지속가능성 문제에 대한 윤리적 및 사회적 책임에 대해 논의한다. 4장에서는 기업윤리의 제도화를 살펴본다. 5장에서는 윤리적 의사결정을 요구하는 조직 이슈들을 분석한다.

3부에서는 윤리적 의사결정 과정을 자세히 살펴보고 이러한 의사결정에 영향을 주는 개인적 요인과 조직적 요인 모두에 주목한다. 6장에서는 윤리적 의사결정 과정을 조직적 관점에서 살펴본다. 7장은 기업의 윤리적 의사결정에 영향을 미치는 도덕 철학과 인지적 도덕 발달 등의 개인적 요인들을 탐구한다. 8장은 기업 문화, 관계, 그리고 갈등을 포함하는 조직적 차원에 집중한다.

4부에서는 글로벌 경영 전략에 있어서 기업윤리를 적용하는 것과 관련된 시스템과 과정을 살펴본다. 9장에서는 효과적인 윤리 프로그램의 개발과 적용에 대해 논의한다. 10장은 글로벌 맥락에서 윤리적 이슈들을 살펴본다. 11장은 윤리적 리더십과 윤리적 기업 문화 형성의 중요성에 대해 분석한다. 마지막으로 12장은 기술과 관련된 윤리 및 사회적 책임 이슈들을 살펴보고 어떻게 기술이 글로벌 관점에서 기업윤리를 변화시키는지 탐구한다.

본 교재는 이러한 프레임워크가 학습자로 하여금 윤리적 의사결정 상황에서 사용 가능한 다양한 관점과 대응방안에 대한 균형 잡힌 이해를 돕고자 한다. 학습자의 개인적 가치와 관계없이 어떻게 개인들이 의사결정을 내리는지 잘 이해할수록, 어려운 윤리적 의사결정에 더욱 잘 대처할 수 있게 된다. 그러한 지식들은 업무에 있어서 윤리적 의사결정 환경을 통제하고 발전시키는 데 도움을 줄 것이다.

기업에서 최종 결정을 내리는 것은 학습자 본인이다. 가끔은 윤리적일수도, 윤리적이지 않을 수도 있다. 일이 끝난 뒤에 되돌아보고 그러한 상황에서 어떻게 했어야 하는지 배우는 것은 어렵지 않다. 그러나 그 순간에는 어떤 선택이 좋은지 명확하게 드러나지 않는다. 윤리적 의사결정을 내리는 훈련을 위해 본 교재의 5부에는 여러 사례들이 포함되어 있다. 추가적으로, 각 장은 윤리적 딜레마라는 짧은 이야기와, 윤리적 비즈니스 과제 해결하기와 같은 작은 사례를 포함하고 있다. 본 교재는 이러한 사례들을 통해 윤리적 의사결정의 어려움에 대해 학습자들이 깨닫기를 기대한다.

요약

본 장은 기업윤리 분야의 개요를 보여주고 기업윤리 관련 논의를 위한 프레임워크를 소개했다. 기업윤리는 개인, 조직 강령, 그리고 법률 시스템에서 비롯된 조직적 원칙, 가치, 그리고 규범들로 구성되며 기업 내의 개인과 집단의 행동에 가이드라인을 제공한다. 투자자, 직원, 고객, 특수 이해집단, 법률체계, 그리고 지역사회는 어떤 행동이 옳고 그른지, 윤리적이고 비윤리적인지 결정한다.

기업윤리를 공부하는 것이 중요한 여러 이유가 있다. 최근 기업들의 여러 비윤리적 행동들은 윤리적 및 비윤리적 의사결정에 기여하는 요인들에 대해 보다 높은 이해가 필요하다는 것을 보여주었다. 개인의 도덕적 신념과 의사결정 경험은 실무에서 사용하기에 충분하지 않다. 기업윤리를 공부함으로써 학습자는 윤리적 이슈들을 확인하고 그것들을 해결하는 방법들을 찾을 수 있을 것이다.

기업윤리 연구는 여러 단계를 거쳐 발전했다. 1960년대 이전 기업윤리 이슈들은 기본적으로 종교적 관점에서 논의되었다. 1960년대에는 기업과 관련된 사회적 이슈들, 사회 의식의 개념, 그리고 케네디 대통령의 소비자 권리 장전으로 정점에 다다른 소비자 행동주의 등이 등장했다. 기업윤리는 1970년대에 이르러 독자적인 연구 분야로 발전했다. 연구자와 실무자들 모두 윤리적 이슈들을 탐구하고 어떻게 개인과 조직이 윤리적 의사결정을 내리는지 이해하고자 했다. 이러한 전문가들은 이해관계자에 대한 긍정적 영향을 극대화하고 부정적 영향을 최소화하는 조직의 의무인 기업의 사회적 책임(CSR)에 대해 가르치고 연구하기 시작했다. 1980년대에는 기업윤리센터들이 책을 출간하거나, 강의 및 세미나를 개최했고 많은 기업들이 윤리위원회와 사회공헌 위원회를 구성했다. '기업윤리와 윤리적 행동을 위한 방위산업 이니셔티브'가 구성돼 윤리적 행동에 대한 지원을 제공했고, 해당 단체의 원칙은 오늘날의 기업윤리 흐름에 중대한 영향을 미쳤다.

그러나 감소한 정부규제와 국제적인 경영활동은 새로운 윤리적 이슈들을 양산했다. 1990년대에 미국 정부는 자기규제를 고수했다. 연방양형기준은 부정행위를 방지하는 행동을 한 기업들에게 인센티브를 제공함으로써 기업이 가진 윤리프로그램의 방향을 정했다. 21세기에는 새로운 윤리 스캔들로 시작했고 많은 기업들이 높은 윤리적 기준이라는 대중적 요구를 받아들이지 않았음을 보여주었다. 사베인스-옥슬리 법은 기업 사기에 대한 처벌을 확실히 했으며 회계 감사 위원회를 설립했다. 2010년대에는 금융 시스템 개혁을 위한 도드-프랭크 법과 소비자 보호법이 통과됐다. 이 시기 동안 법률 기반 윤리 추진과제는 윤리를 핵심 조직 가치의 일부로 보는 문화적 추진과제로 이행됐다. 해외부패방지법은 증권거래위원회의 최우선 사항이 됐다. 추가적으로 영국은 뇌물수수법을 만들어 국제적인 뇌물에 강력한 법적 제재를 했다. 미국 기업에 대한 강한 불신은 미국 노동력의 가장 큰 부분을 차지하는 밀레니얼 세대들이 노동인구에 편입되면서 동시에 생겨났다. 2010년대에는 투명성을 높이는 것과 프라이버시를 보호하는 것 사이의 긴장도가 높아지고 있다.

2020년대의 중요 추진과제로 부상하고 있는 ESG는 기업의 환경 보호, 사회적 문제해결, 책임감있고 윤리적인 행동에 대한 이해관계자의 요구와 관련이 높다. 성평등, 성희롱과 관련된 윤리적 이슈들은 ESG를 통해 지속적으로 중대한 이슈로 다뤄질 것이다. 더해서, 기업과 정부는 지속가능성 문제의 해결방안을 본격적으로 탐색하기 시작했다. 정부와 다양한 이해관계자들은 책임감 있는 윤리적 행동이 기업문화의 일부가 되도록 요구하고 있다. 아울러 미래에는 인공지능과 데이터 획득 및 사용과 관련된 윤리적 이슈들이 생겨날 것이다.

기업 문화의 윤리적 구성요소는 가치, 믿음, 그리고 윤리적 이슈를 발견하고 대응하기 위해 강제되거나 정립된 행동 패턴 등과 관련이 있다. 윤리적 문화라는 용어는 조직이 적절한 행동이라고 정의하는 규칙이나 원칙에 대한 조직 문화의 요소를 일컫는다. 윤리적 문화는 직원들이 윤리적 이슈들에 대한 본인들의 대응이 적합한지 판단하기 위해 사용하는 의사결정과정의 특징이다.

여러 연구들과 사례들을 통해 직원, 고객, 그리고 대중에게 윤리적 평판을 쌓는 것이 경영 효율성 향상, 직원 몰입 증가, 투자자의 투자증가, 고객 신뢰와 만족도 상승, 그리고 더 나은 재무적 성과에 도움이 된다는 것을 확인할 수 있다. 기업의 평판은 기업과 직원, 투자자, 고객, 그리고 다른 여러 집단들과의 관계와 수익에 영향을 미치게 된다.

마지막으로, 본 교재는 기업윤리 학습을 위한 프레임워크를 소개한다. 각 장에서는 기업윤리의 여러 측면과 실무에서의 의사결정을 다룬다. 대표적 논의사항으로는 기업의 윤리적 이슈, 이해관계자 관리, 사회적 책임과 기업 지배구조, 기업윤리 이슈의 부상, 기업윤리의 제도화, 윤리적 의사결정 과정의 이해, 도덕철학 및 인지적 도덕 발전, 기업문화, 조직적 관계 및 갈등, 효과적인 윤리 프로그램 개발, 윤리 프로그램 시행 및 감사, 글로벌 기업윤리, 윤리적 리더십, 그리고 지속가능성이 있다.

윤리적 비즈니스 과제 해결하기

Ann은 베스트 이스트 모텔(Best East Motel)의 매니저 훈련 프로그램을 통해 고용됐고 플로리다 주립대학교 졸업 이후의 삶에 대해 즐거워했다. 아르바이트로 일하고 학교를 다니는 것이 그녀의 기본적인 일상이었지만 베스트 이스트에서 일함으로써 그녀는 두 개의 아르바이트를 하게 됐다. 그녀의 행운은 소유주의 아들인 Oliver를 만나기 전까지 계속됐다. 소유주는 50만 달러를 지불해 체인점을 구매했고 모텔의 건설비용을 지불했다. 지불한 비용의 대가로 베스트 이스트는 모텔의 성공 확률을 90% 이상으로 끌어올리기 위해 각 소유주에게 마케팅, 매니지먼트, 회계, 그리고 재무 관련 정보를 제공했다. 더해서, 베스트 이스트는 시설 관리부터 회계까지 모든 직무에 숙련된 직원들을 배치해 소유주를 도왔다. 신규 고용 직원들을 위한 직무 훈련 코스가 마련됐으며 업계 최고 수준의 관행에 기반했다. 모텔은 사업을 개시한 지 10년 동안 지속적으로 성공적이었으며 지금도 그렇다.

매니저 훈련 프로그램을 하는 동안 Ann은 많은 칭찬을 들었고, 호텔 사업이야말로 오랜 시간 동안 그녀가 원했던 경력이라고 생각했다. 그러나 실무에 투입된 지 6개월 후 Ann은 이상한 루머에 대해 듣게 됐다. 예를 들어, 야간 근무의 경우 여성직원들의 많은 이직이 발생했다. Ann은 스스로 야간근무를 자원해 루머에 대해 조사했다. 어느 날 Ann은 프론트 직원과 이야기를 나눴고 그녀도 그만둘 것이라는 것을 확인했다. 17살인 그녀는 1년간 일했고 곧 그만둘 생각이었다.

“왜 그만두는 거예요?” Ann이 물었다.

그녀의 답변은 Ann을 놀라게 했다 “저는 문제를 만들고 싶지 않아요, 마지막 월급을 받고 좋은 추천서를 받으면 그만이에요”.

Ann이 그녀에게 더 캐묻자 17살의 그녀는 입을 열었다. 그녀는 Oliver가 다른 직원들에 대한 외설적인 말을 하는 것을 들었고 그녀가 주변에 있을 때에도 외설적인 제스처를 취한 것을 알려왔다. 그녀는 Ann에게 다른 여성 직원들도 비슷한 상황을 겪었으며 Oliver가 있는 야간근무마다 이러한 일이 벌어졌다고 말했다.

잠시간의 고민 끝에 Ann은 몇몇의 퇴사한 직원들과 이야기를 나눴다. 대부분 젊은 여자직원들이었다. 그들 또한 거의 정확하게 같은 내용을 전했다. 예를 들어, Oliver가 여성 직원들에게 습관적으로 외설적인 언행을 일삼았다는 것이다. 더불어 Oliver가 지켜보는 가운데 남자 직원 몇 명이 여직원들에게 추파를 던졌고 Oliver는 그저 미소를 지으며 앉아 있었던 것으로 알려졌다. 또한 여직원들은 Ann에게 Oliver가 모텔 고객들이 여직원들에게 객실 키를 주는 것을 묵인했다는 것 또한 말했다.

몇 주 뒤, Ann은 비슷한 이야기들을 듣고 또 들었다. "Oliver는 내가 조금 더 나이가 많았으면 데이트하자고 했을 거야"부터 "내부고발자처럼 보일 수 있으니까 이걸 큰 문제로 만들고 싶지 않아"라는 이야기까지 있었다. Oliver가 이러한 일들이 호텔 산업에서 흔한 일이라고 한 것도 이들이 보고하지 않았던 큰 이유 중에 하나이기도 하다. 대부분의 직원들이 직장 상사의 아들의 부정행위를 보고해 자신의 일자리가 위협받는 것을 두려워했다.

Ann은 직원들의 근무지침서를 살펴봤는데, 어떤 종류의 성희롱도 용인될 수 없으며 발생되는 경우 관리자에게 즉시 보고하도록 명시되어 있었다. Ann은 근무지침서에 근거해 Oliver의 행동이 성희롱에 해당되는 것을 알 수 있었다. 베스트 이스트는 윤리 핫라인이 없었고 Ann은 이러한 일들이 법적 문제로도 발전될 수 있다고 판단했다. 그녀는 여자직원들에게 직장 상사의 아들이 한 행동에 대해 보고하도록 하는 방법도 문제가 있다고 생각했다. 더불어 Oliver에게 이러한 문제들이 있다고 개인적으로 전하는 것도 좋지 않은 방법이라고 판단했다. 소유주에게 이러한 행동들이 보고되면 공식적인 문제가 되고 지역사회에서 모텔이 가지는 이미지와 평판이 나빠지게 될 것이며 Ann은 이러한 일들에 대해 모두 책임져야 할 것이다. 또한 다른 여직원들이 말하는 이러한 일들이 아직 그녀에게는 일어나지 않았다.

[질문]

1. 다른 직원들이 말한 문제 상황이 그녀에게 일어나지 않았음에도 Ann은 왜 이러한 상황을 보고해야 할까?
2. 현재 Ann이 딜레마 상황에 처하게 만든 베스트 이스트의 윤리적 문화의 특징은 어떤 것이 있을까?
3. 문제상황을 해결하기 위해 Ann은 어떤 행동을 해야 할까?

2장

이해관계자, 사회적 책임 및 기업 지배구조

학습목표

- 기업윤리에서 이해관계자의 역할을 이해한다.
- 기업의 사회적 책임(CSR)을 정의한다.
- 이해관계자 지향과 기업의 사회적 책임(CSR) 간의 관계를 탐색한다.
- 이해관계자 지향이 기업의 사회적 책임(CSR)을 수행하는 과정에 미치는 영향을 설명한다.
- 기업윤리와 기업의 사회적 책임(CSR)을 수행하는 과정에서 기업 지배구조가 하는 역할을 탐구한다.
- 기업윤리와 기업의 사회적 책임(CSR)을 수행하기 위해서 이해관계자 관점을 실행하는 각 단계를 설명한다.

개요

윤리적 딜레마*

주식회사 Oh Seas!는 세계 여행 상품을 판매하는 크루즈 선박 기업으로 특히 멕시코와 남미로의 여행에 특화되어 있다. 주식 시장에 상장된 기업이기 때문에 Oh Seas!는 다양한 규칙과 규제에 따라야 하는데, 그중 하나로 이사회의 이사진 중 몇몇은 '독립적으로' 구성되어야 한다. 독립적인 이사는 기업 외부에서 초빙된 사람들로 Oh Seas!와 이해관계로 얽히지 않은 사람들이다. 주식회사 Oh Seas!의 CEO James Collins는 이사회의 의장이기도 하다. 그는 대주주 중 한 명으로 5%가 넘는 기업 주식을 소유하고 있다. Wego Green 박사는 Green Products Corporation의 CEO로 Oh Seas!의 독립 이사 중 한 명이다. 그는 사회적 책임 위원회의 의장으로 환경을 보호하는 일이 최선이라고 강하게 믿고 있다. Oh Seas!는 매달 첫 번째 화요일에 이사회를 개최한다.

오늘 개최된 이사회에서 Green은 페루 만에 처리되지 않은 하수와 오물을 버려서 40만 달러의 벌금을 물게 된 경쟁 크루즈 기업에 대한 기사를 이야기하는 것으로 말문을 열었다.

"나는 우리 Oh Seas!가 똑같은 일을 하지 않기를 바랍니다." Green은 Collins를 바라보며 말했다.

"우리는 하수 처리를 잘 하고 있습니다" Collins가 말했다. "물론 가끔 가장 가까운 해변에서 4 해리가 떨어지지 않은 곳에 버릴 때는 있지만요." 그는 주저하면서 말했다.

"당장 그만두세요!" Green이 소리쳤다. "쓰레기 투기는 육지에서 4 해리 이상 떨어진 곳에서만, 그것도 배의 시속이 6 노트 이상일 때만 해야 하지 않습니까."

"시간과 돈이 걸려 있어요. 그게 우리 주주들에게 그리고 우리 주가에 어떤 영향을 미칠 것 같습니까?" Collins는 물었다. "나는 주가에 부정적인 영향을 미치는 어떤 일도 하고 싶지 않습니다." Collins는 Oh Seas!가 거의 마진을 내고 있지 못하다는 것을 알고 있었다. "아무도 4 해리 이상인지 아닌지를 알지 못할 거고요."

"제대로 규제를 따르면 처음에는 10% 정도 수익이 낮아질 겁니다. 그렇지만 시간이 지나면 환경을 중요하게 생각하는 소비자들이 더 크게 호응할 거예요." Green은 대답했다.

Collins는 화가 나서 대답했다. "수익이 떨어진다는 게 무슨 뜻인지 알고 있는 겁니까? 주가가 바로 떨어질 겁니다! 나는 당신이 말한 그 미래의 소비자나 좋은 뉴스 기사를 위해서 수익을 10%나 낮출 수는 없습니다. 이사회는 기업과 이해관계자를 최우선으로 두고 의사결정을 해야 할 선관 의무(Fiduciary duty)를 지고 있어요. 이 의무가 있는 한 우리가 해야 하는 건 주주에게 이익을 안기는 것입니다. 주주들은 우리가 시장에서 수익을 내고 계속 생존하기를 바라고 있어요."

"물론 당신의 말처럼 수익을 내는 것이 선관 의무 중 하나라는 것에는 전적으로 동의하지만, 그 의무에는 환경과 생태계에 대한 것도 있어요." Green은 대답했다. "우리가 내린 의사결정으로 지구가 '죽을' 수도 있습니다. 많은 기업들이 친환경적으로 의사결정을 하고 있는데 우리도 사회적 책임 측면에서 그 흐름에 동참해야 하지 않겠습니까? 그게 우리가 처음에 이 위원회를 구성하게 된 이유가 아닙니까? 사람들은 우리가 사회적 책임을 무시하고 있다고 비난할 겁니다. 우리는 환경에 대해서도 책임져야 해요." Green이 말했다.

"주가를 높이기 위해 최선을 다해야 한다는, 이사로서 당신이 지고 있는 책임을 잘 알고 있습니다." Green은 계속 말했다. "그러나 많은 기업이 이윤과 환경 간에 균형을 맞추려 하고 있어요. 사회적인 책임을 다하는 것은 기업에게는 당연한 일이 될 겁니다. 이해관계자와 더 좋은 관계를 형성하는 것도 말이죠. 우리는 지배구조에 이해관계자를 포함시키고 투자자뿐만 아니라 직원, 소비자들의 이익까지도 극대화해야 합니다. 실제로 나는 이러한 방식이 우리 기업의 이윤까지도 끌어올릴 것이라고 믿고 있습니다!"

[질문]

1. 이 상황을 어떻게 해결할 수 있을까?
2. '선관 의무(Fiduciary duty)'는 무엇을 의미할까?
3. 이 시나리오에서 1차 이해관계자와 2차 이해관계자는 각각 누구인가?

기업은 기업을 둘러싼 사람과의 관계 속에서 갈등을 겪고 그 관계를 통해서 기업윤리를 실현해 나간다. 이에 효과적으로 관계를 수립하는 것은 오늘날 기업이 직면한 가장 중요한 과제이다. 많은 기업에서 기업윤리를 팀 스포츠로 묘사한다. 모든 팀원이 자신의 성과를 내는 동시에 동료들을 도와주어야 하는 것처럼, 기업윤리에서도 직원, 관리자, 소비자, 주주 또는 투자자, 공급자, 지역 사회가 기업과 관계를 형성하고 기업의 성공을 도와주어야 하기 때문이다. 일반적으로 기업은 윤리적, 법적, 사회적인 책임을 다하기 위해서 '이사회'를 구성하고, 기업을 통제하고 운영할 수 있는 권한을 부여한다. 비윤리적인 행동은 기업 내부에서의 협조와 공모를 통해 지속된다.[1] 전적으로 한 개인이 내릴 수 있는 의사결정은 없으며, 따라서 관계는 기업윤리를 실현하는 것뿐만 아니라 기업의 부정행위에도 연관되어 있다.

이해관계자는 기업이 일상적인 거래를 수행하는 과정에서 이에 동의하거나 동의하지 않는, 혹은 거래에 협력하거나 그에 직접 참여하는 사람들을 말한다. 이해관계자는 내부 이해관계자(직원, 이사회, 관리자)와 외부 이해관계자(소비자, 특수 이익 집단, 규제 당국 등)로 구별된다. 대부분의 윤리 문제는 이해관계자 집단 간에 혹은 이해관계자 집단 내부에서 옳고 그름에 대한 합의가 이루어지지 않기 때문에 발생한다. 이해관계자 프레임은 기업이 여러 이해관계자들의 요구, 가치, 기대를 구별하고 이에 대응할 수 있도록 돕는다.

기업 지배구조는 기업의 책무성, 기업윤리, 기업의 사회적 책임(CSR)을 수행하는 공식적인 체계이다. 이론적으로 이사회는 기업에서 이루어지는 모든 의사결정과 자원 사용을 통제한다. 기업 지배구조와 관련해서는 이사회의 역할 수행, 주주와의 관계, 내부 통제, 리스크 관리, 경영진 보상 등으로 인해 윤리 문제가 발생할 수 있다. 윤리적인 리더십은 기업 지배구조가 기업의 사회적 책임(CSR)을 제대로 수행하고 있는지 여부와 연관된다.

이 장에서는 이해관계자 개념을 설명하고 이해관계자 프레임을 통해 기업윤리를 이해한다. 먼저 이해관계자를 구별하고 이해관계자 지향의 중요성을 살펴본다. 다음으로 이해관계자 프레임을 통해 기업의 사회적 책임(CSR)의 개념과 각 측면을 탐색한다. 이어서 기업 지배구조가 기업의 사회적 책임(CSR)과 기업윤리의 한 측면이며, 따라서 기업 지배구조의 핵심적인 역할은 이해관계자를 통제하는 것임을 설명한다. 마지막으로 기업이 이해관계자 관점에서 의사결정을 내리고 기업의 사회적 책임(CSR)을 수행할 수 있도록 의사결정의 각 단계를 설명한다.

2-1 기업의 윤리적인 이슈를 정의하는 이해관계자

이해관계자(stakeholders)는 기업을 둘러싸고 있는 소비자, 주주, 직원, 공급자, 정부 기관, 지역 사회, 혹은 기업의 제품, 활동, 시장, 산업, 성과에 대해서 자신의 "몫"이나 권리를 주장할 수 있는 사람을 말한다. 기업은 이해관계자들과 연관되어 있으며 이들에게 영향을 미칠 수 있다. 그런데 이해관계자들 역시 기업과 연관되어 있으며 기업에 영향을 미칠 수 있다. 즉, 기업과 이해관계자 간의 관계는 양방향적이다.[2] 한편, 때때로 사회 활동가나 특수한 이익집단이 언론에 영향을 미쳐서 기업 관행을 변화시키도록 압력을 가할 수 있다. 예를 들어, 과거에 Google은 사용자에게 맞춤형 광고를 전달하는 'super profile'이 사용자들에게 해를 끼치고 불공정 경쟁을 유발한다는 비판을 받은 바 있다. Google은 또한 미국과 다른 나라에서 시장을 독점한다는 비판도 받고 있다.[3] Google은 소비자, 심지어는 경쟁자가 어떻게 규제 당국을 동원해서 기업 관행에 영향력을 행사할 수 있는지를 보여주는 예시이다.

이해관계자
기업을 둘러싸고 있는 소비자, 주주, 직원, 공급자, 정부 기관, 지역 사회 혹은 기업의 제품, 활동, 시장, 산업, 성과에 대해서 자신의 "몫"이나 권리를 주장할 수 있는 사람

이해관계자 이론은 규범적, 기술적, 도구적 관점에서 설명될 수 있다.[4] 먼저, 규범적인 관점은 기업이 이해관계자를 대하는 방법에 대한 윤리적인 가이드라인이다. 규범적인 관점에서는 이해관계자가 기업 활동에 대한 정당한 권리를 가지고 있다고 전제한다. 즉, 이 관점에 따르면 이해관계자는 본래적이고 본질적인 가치를 지니고 있으며 그 자체로서 대우받아야 한다. 또한 규범적인 의사결정을 내릴 때는 원칙과 가치가 그 기준이어야 한다. 다음으로, 도구적인 관점은 이해관계자 관계에 대한 기업의 의사결정과 이 관계를 관리하는 전략이 기업 성과에 어떤 영향을 미칠지를 논의한다.[5] 다시 말해, 도구적인 관점은 기업이 특정한 이해관계자 전략을 채택했을 때 그 전략이 기업 성과에 미칠 영향을 규명하는 것을 목표로 한다. 이 때 이해관계자 관리는 기업이 이해관계자를 관리하기 위해 실시하는 절차와 관행, 이에 관련

되어 있는 기업 구조를 모두 포함한다. 기술적인 관점은 기업의 관행 자체에 초점을 두는 관점으로, 이해관계자 관계에 대한 기업의 의사결정과 그 전략을 묘사한다. 기업은 이해관계자의 권리를 보장하고 이들을 공정하게 대우하려고 노력할 때 높은 성과를 낼 수 있고 더 나아가 생존할 수 있다.[6]

많은 기업이 이해관계자와 갈등을 겪고 있으며, 이러한 갈등은 기업의 명성을 훼손하고 기업에 대한 주주의 신뢰를 손상시키는 원인이 된다. 물론 기업 명성은 많은 경우에 경제적인 여건처럼 통제할 수 없는 요인에 의해 훼손되지만, 만약 기업 명성이 부정행위에 의해 훼손된다면 이는 경제적인 여건에 의한 것보다 더 극복하기 어렵다. 부정행위로 인해 직접적으로 영향을 받은 이해관계자들은 기업에 대해서 부정적으로 인식하게 된다. 예를 들어, 기업이 부정행위에 연루되어서 언론의 주목을 받게 되면 명성이 하락하고 신뢰를 잃게 되므로, 결과적으로 그 기업은 기존 소비자를 잃거나 새로운 소비자를 끌어들이기 어렵게 된다.[7] 기업이 부정적인 명성을 가지고 있으면 소비자는 그 기업에 대해서 부정적인 인식을 형성하며, 기업이 부정적인 이미지를 가지고 있으면 소비자는 그 기업의 제품이나 서비스를 구매하지 않기 때문이다.

따라서 이해관계자가 기업에 대해서 가지고 있는 신뢰를 유지하기 위해서는 CEO와 최고 경영진이 투명하고 책임감 있는 자세를 견지해야 한다. 기업의 경영진은 이해관계자에게 정확하지 않은 정보를 제공하거나 이들을 기만하는 행위가 설령 불법이 아닌 경우에도 명백히 비윤리적이므로 기업에 대한 신뢰를 훼손시킨다는 사실을 기억해야 한다. 기업의 경영진이 부정행위에 연루된 경우에 이해관계자는 그 기업에 대해서 부정적인 인식을 형성한다. PricewaterhouseCoopers에 따르면 대기업에서 성과가 좋지 않은 CEO보다 부정행위에 연루된 CEO가 퇴직할 가능성이 더 높은 것으로 나타났다.[8]

정리하자면, 이해관계자에게 피해를 미칠 수 있거나 비윤리적인 의사결정은 일반적으로 기업에 대한 투자자와 소비자의 신뢰와 기업 명성을 훼손시킨다. 구체적으로 기업의 부정행위는 투자자가 기업에 대해서 부정적으로 인식하도록 만들어서 주가가 하락하게 된다. 만약 기업의 주가가 하락하면 이 기업에 대한 소비자의 의구심은 더욱 강해지고 이는 결과적으로 다시 주가에 부정적인 영향을 미치는 요인이 된다. Edelman Trust Survey

에 따르면 가장 낮은 신뢰 수준을 보이는 산업은 에너지, 엔터테인먼트, 재무 서비스이고, 가장 높은 신뢰 수준을 보이는 산업은 기술, 헬스케어, 식음료이다.[9] 그리고 일단 기업이 소비자의 의구심을 사게 되면 이후에 불매 운동이나 반기업 캠페인으로 인해서 매출이 감소할 수 있다. 예를 들어, Hallmark Channel이 동성 결혼에 대한 광고를 송출했을 때 보수 단체인 One Million Moms는 지지자들에게 Hallmark에 대한 팔로우를 취소하라고 권고했다. 그런데 이후에 Hallmark가 광고를 중단하기로 결정하자 이번에는 소셜 미디어를 중심으로 Hallmark에 대한 불매 운동이 벌어졌다. 이는 기업의 의사결정에 대해서 이해관계자가 서로 다른 의견을 표출할 수 있다는 사실을 보여주는 예이다.[10]

기업의 책무성과 투명성을 제고하기 위해서는 의사결정 과정에서 규제 당국, 지역 사회, 변호사, 회계사 등의 이해관계자가 핵심적인 역할을 할 수 있도록 기업을 개혁해야 한다. 이해관계자는 각자의 가치와 기준을 바탕으로 노동 환경, 소비자 권리, 환경 보존 등과 같은 문제를 인식한다. 우리는 기업이 이해관계자와 관련되어 있는 문제에 어떻게 대응하고 있는지를 면밀하게 관찰해서 그 기업이 사회적 책임을 얼마나 수행하고 있는지를 평가할 수 있다.[11]

이해관계자는 기업의 성공에 필수적인 유·무형의 자원을 제공한다. 예를 들어, 주주는 자본을 투자한다. 공급자는 유형 자원을 제공하거나 지식을 제공한다. 직원과 관리자는 전문적인 지식을 제공하고 리더십을 발휘하며 조직에 헌신한다. 소비자는 바이럴 마케팅에 참여하거나 브랜드에 충성한다. 지역 사회는 인프라를 제공한다. 마지막으로 미디어는 긍정적인 기업 이미지를 형성하고 전달한다. 이해관계자는 호혜 원칙에 따라 기업이 자신을 공정하고 책임감 있는 방식으로 대우해 주기를 원한다.[12] 그런데 이해관계자는 기업에 대해서 서로 다른 기대를 가지고 있기 때문에 자신의 기대를 설명하고 권리를 주장하기 위해서 사용할 수 있는 공식적인 의사소통 창구를 요구할 수 있다. 이해관계자는 기업에 자원을 제공할 수 있기 때문에 이는 곧 기업으로 하여금 이해관계자로부터 그 자원을 계속 공급받기 위해서 노력하도록 만드는 일종의 권력으로 작용한다.[13] 실제로 YouTube가 특정 영상에서 소아성애 경향의 댓글이 달리는 것을 방관하고 있다는 비판이 일었을 때 AT&T와 Hasbro는 YouTube에서 자신들의 광고를 철회했다. 이들은 YouTube와 모기업인 Google이 브랜드를 유해한 영상으로부터 보호할 수 있을 때까지 YouTube에 어떠한 광고도 의뢰하지 않을 것이라고 밝혔다.[14] 이는 이해관계자가 자원을 이용해서 기업에 권력을 행사할 수 있음을 보여주는 예이다.

2-1a 이해관계자 식별

1차 이해관계자
기업의 생존을 좌우할 정도로 핵심적인 자원이나 지원을 제공하는 이해관계자

이해관계자는 1차 이해관계자와 2차 이해관계자로 구분된다. 먼저, **1차 이해관계자**(primary stakeholders)는 기업의 생존을 좌우할 수 있을 정도로 핵심적인 자원이나 지원을 제공하는 이해관계자를 말한다. 구체적으로 1차 이해관계자에는 직원, 소비자, 주주, 정부, 지역 사회 등이 포함된다. 그림 2-1은 기업 문화가 윤리적일수록 기업 성과가 긍정적이라는 사실을 보여준다. 윤리적인 문화를 확립한 기업은 여러 이점을 누린다. 먼저, Ethisphere's World's Most Ethical Companies index에 따르면 윤리적인 기업의 재무 성과가 그렇지 않은 기업에 비해 더 좋다.[15] 윤리 프로그램을 이수한 전문가의 78%가 "윤리적이고 존중하는" 기업 문화를 만들어 나가는 것이 프로그램의 목적이라고 대답했다는 사실에도 주목할 필요가 있다.[16] 윤리적인 기업 문화는 이해관계자와 긍정적인 관계를 형성할 수 있는 토대가 된다. 그 반대도 마찬가지이다. 이해관계자들의 요구나 기대를 고려할 때 기업은 윤리적인 갈등을 피할 수 있다.

그림 2-1 윤리적인 문화가 기업 성과에 미치는 영향

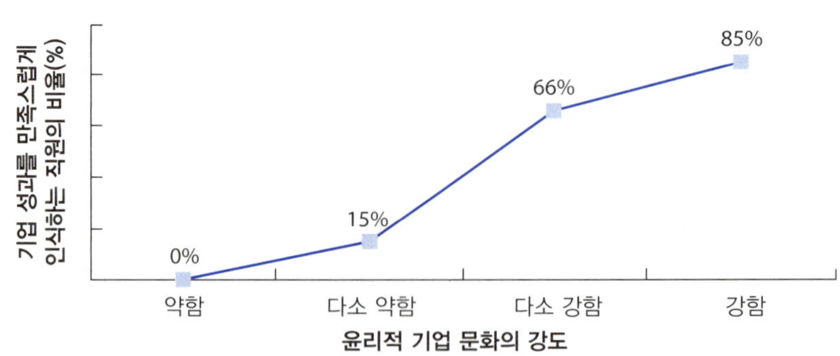

자료: Ethics and Compliance Initiative, "The State of Ethics & Compliance in the Workplace: 2021 Global Business Ethics Survey Report," March 2021, (Arlington, VA: Ethics and Compliance Initiative), 7.

2차 이해관계자(secondary stakeholders)는 기업을 둘러싸고 이루어지는 거래에 직접적으로 연관되어 있지 않기 때문에 기업 생존을 좌우하지는 않는 이해관계자를 말한다. 구체적으로 2차 이해관계자에는 미디어와 무역 협회, 특수한 이익 단체가 포함된다. 기업의 의사결정에 대해서 이해관계자는 이 결정을 허용할 것인지를 결정하는 각각의 가치와 기준을 가지고 있다. 따라서 관리자는 기업의 의사결정에 대한 1차 이해관계자의 반응을 일상적으로 살피는 동시에 2차 이해관계자의 반응 역시 등한시하지 않아야 한다.[17] 때때로 2차 이해관계자는 1차 이해관계자만큼이나 기업 성과에 많은 영향

2차 이해관계자
기업을 둘러싸고 이루어지는 거래에 직접적으로 연관되어 있지 않기 때문에 기업 생존을 좌우하지는 않는 이해관계자

표 2-1 이해관계자와 관련된 윤리적인 이슈와 각각에 대한 기업의 영향력을 측정할 수 있는 지표

이해관계자별 이슈	기업의 영향력을 측정할 수 있는 지표
직원	
• 보상, 혜택	• 법정 최저 임금 또는 최저 생계비 대비 가장 낮은 수준의 보수 비율
• 훈련, 인재 개발	• 직원들이 받는 훈련 프로그램의 평균 기간 변화
• 직원 다양성	• 성별 및 인종별 비율 차이
• 직업의 안전성, 건강에 미치는 영향	• 부상률, 결근율
• 관리자와의 의사소통	• open-door policy 혹은 옴부즈맨 제도 채택 여부
소비자	
• 제품 안전성, 품질	• 제품 리콜 횟수
• 소비자의 불만 관리	• 소비자가 불만을 제기한 횟수, 소비자 불만에 대한 응답률
• 장애가 있는 소비자에 대한 서비스	• 장애가 있는 소비자를 위한 서비스의 이용가능성, 서비스 이용 횟수
투자자	
• 의사소통에서의 투명성	• 기업 행동에 관한 정보의 이용가능성
• 주주 권리	• 주주 권리 침해의 빈도, 주주 권리 침해 소송의 종류
공급자	
• 개발도상국 공급자에 대한 지원	• 개발도상국 공급자와 다른 국가 공급자 간의 가격 차이
• 소수 집단 공급자에 대한 지원	• 소수 집단 공급자의 비율
지역 사회	
• 국민 건강과 안전	• 응급 상황에 대한 가이드라인 존재 여부
• 에너지 및 원자재 보존	• 산업 내의 경쟁 기업이 생산하는 폐기물 대비 해당 기업이 생산하는 폐기물
• 지역 사회에 대한 지원, 기부	• 지역 사회 대상 서비스에 1년 동안 직원들이 참여한 시간
환경 단체	
• 에너지 사용 최소화	• 전기 사용량, "친환경" 전기 사용량
• 배기가스 및 폐기물 최소화	• 폐기물의 종류, 양, 처리 과정
• 환경에 미치는 부작용 최소화	• 제품 재사용 비율

그림 2-2 기업과 1차 및 2차 이해관계자 간의 상호작용

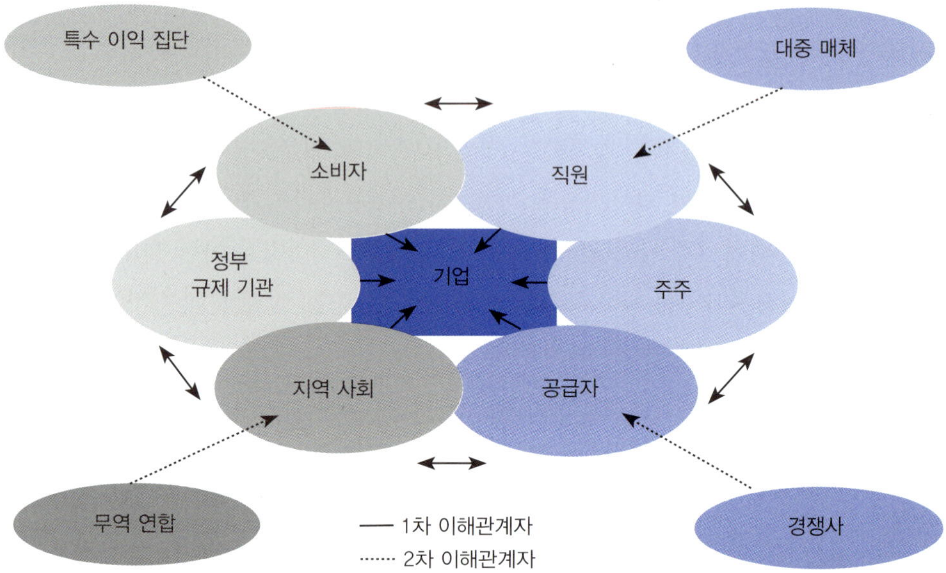

을 미칠 수 있다. 따라서 본 교재에서 구분한 1차, 2차 이해관계자 식별은 절대적인 것이 아니며, 기업에 따라, 혹은 산업 및 국가나 지역에 따라 달라질 수 있다. 표 2-1은 이해관계자와 관련된 윤리적인 이슈와 각각의 이슈에 기업이 미치는 영향력을 측정할 수 있는 지표의 목록이다.

이해관계자 상호작용 모델
여러 이해관계자들이 기업에 자원을 제공하고 있으며, 기업 내부 환경과 외부 환경 간에 대화가 이루어지고 있다고 전제한다.

그림 2-2는 기업과 이해관계자 간의 관계를 도식화한 것이다. 이 **이해관계자 상호작용 모델**에서는 기업과 여러 이해관계자들이 호혜적인 관계를 맺고 있다. 이 모델에서는 투자자, 직원, 공급자가 기업 운영에 필수적인 자원을 제공하는 것뿐만 아니라 다른 이해관계자들 역시 기업에 자원을 제공하고 있으며, 기업 내부 환경과 외부 환경 간에 대화가 이루어지고 있다고 전제한다. 특히 직원들이 주도적으로 진행하는 사회적 책임 활동은 기업의 내부 이해관계자와 외부 이해관계자 모두의 지지를 받는다.[18]

이해관계자 지향
기업이 이해관계자들의 요구를 이해하고 이를 적절하게 다루고 있는 정도

2-1b 이해관계자 지향

이해관계자 지향(stakeholder orientation)은 기업이 이해관계자들의 요구를 이해하고 이를 적절하게 다루고 있는 정도를 의미한다. 이해관계자 지향은

"사회적인 시스템 속에서 여러 이해관계자와의 상호교환을 통해 가치를 생산하고 이를 유지하는 활동과 과정"을 포함한다.[19] 이해관계자 지향은 다음의 세 가지 활동, 즉, (1) 이해관계자 집단과 각각의 이해관계자가 기업을 어떻게 평가하고 있는지에 대한 포괄적인 정보의 생산, (2) 기업 내부에서 정보가 확산되는 과정, (3) 이 정보에 대한 기업의 반응으로 구성된다.[20]

이해관계자에 대한 정보를 생산하는 활동은 이해관계자를 식별하는 것으로 시작된다. 기업은 각각의 이해관계자들이 기업에 미치는 영향력과 이해관계자 관계의 연결망을 바탕으로 기업 자신과 어떤 이해관계자가 관련되어 있는지를 분석해야 한다. 다음으로, 기업은 각각의 이해관계자가 어떤 이슈와 관련되어 있는지를 식별해야 한다. 기업은 설문조사, 포커스 그룹 인터뷰, 인터넷 검색, 소셜 미디어에 표출되는 감정에 대한 AI 기반 분석, 기사 분석 등의 공식적인 조사를 통해서 이에 관한 정보를 얻을 수 있다. 예를 들어, Nissan은 판매 전담 직원, 웹사이트, 안전 운전에 관한 포럼, 고객 설문조사를 통해서 고객 서비스에 대한 의견을 청취하고 이를 그들의 제품과 서비스에 반영했다.[21] 마지막으로, 기업은 중요한 이슈에 자신이 얼마나 영향력을 미치고 있지를 평가해야 한다.[22] Rutgers 대학의 Michael Barnett은 이를 가르켜 이해관계자 영향력(stakeholder influence capacity)이라고 명명하기도 했다. 주주는 수익성과 성장을 강하게 요구하는 반면, 다른 이해관계자들은 이와는 다른 가치와 요구를 가지고 있다.[23]

많은 직원들이 이해관계자에 대한 정보를 수집하는 활동에 참여하고 있기 때문에 기업 내부적으로 정보를 원활하게 전달하는 일은 중요하다. 기업은 이해관계자 커뮤니티, 기업에 대한 이해관계자의 우려, 기업이 이해관계자에게 미치는 영향력에 관한 정보를 내부적으로 활발하게 교환해야 한다. 뉴스레터나 내부에서의 포럼은 공식적으로 이해관계자에 대한 정보(stakeholder intelligence)를 보급할 수 있는 활동이다.[24] 기업은 직원들이 뉴스레터나 포럼을 통해 행동강령, 즉 기업에서 허용되는 행동과 허용되지 않은 행동을 파악하게 된다. 연구에 따르면 기업에 윤리 강령이 존재할 때 직원들이 이해관계자에게 부정행위를 저지를 가능성이 더 낮다.[25] 그러나 만약 윤리 강령이 기업 내부에서 효과적으로 전파되지 않는다면 이러한 효과는 거의 나타나지 않는다.

이해관계자 지향은 특정한 이슈 차원에서 적용되어야 한다. 예를 들어, 클라우드 기반 소프트웨어 기업인 Salesforce.com은 San Francisco Bay Area School 15만 5천 달러를 기부했으며, 이 기업의 총 기부액은 260만 달러이다. 그 후에 Salesforce.com이 매년 발간하고 있는 이해관계자 영향력 보고서에 기부 사실을 기재했다. Salesforce.com은 이해관계자 영향력 보고서를 통해서 기업의 투명성을 제고하기 위해 노력하고 있으며 이해관계자들에게 기업이 다루고 있는 핵심 이슈에 대한 정보를 지속적으로 제공하고 있다.[26]

이해관계자 정보에 대한 기업의 반응(responsiveness)은 이해관계자가 기업에 대해서 가지고 있는 기대에 부응하거나 그 기대를 뛰어넘는 성과를 내기 위해서 기업이 채택한 이니셔티브를 말하며, 이해관계자 이슈에 긍정적인 영향을 미친다. 기업의 반응은 개별 이해관계자 집단이 이슈에 특정될 수 있는데, 가령 가족 친화적으로 근무 일정을 조정하는 것 또는 오염물질을 감축하는 프로그램 등이 이에 해당한다. 일반적으로 기업의 반응은 특정한 이슈와 관련되어 있는 이해관계자가 참여했을 때 성공적으로 이루어진다. Changing Markets Foundation이 Nestlé의 유아용 제품 성분에 대해 비판한 이후에 Nestlé가 수크로스(sucrose; 포도당과 과당으로 구성된 비환원 이당류)를 원료에서 제외한 일이 그 예시이다.[27]

이해관계자 지향은 고정된 개념이 아니라 기업이 이해관계자를 기업 운영에 있어서 얼마나 중요하게 고려하고 있는지에 따라 그 정도가 달라지는 연속적인 개념이다. 이해관계자 지향을 측정하기 위해서 기업이 이해관계자에 대한 정보를 얼마나 많이 수집하고 또 얼마나 잘 보급하고 있는지, 그리고 이러한 정보에 어떻게 반응하고 있는지를 구체적으로 평가해야 한다. 물론 각각의 이해관계자에 따라 기업이 수집하고 있는 정보의 양은 서로 다를 수 있다.[28]

2-2 기업의 사회적 책임(CSR)과 기업윤리

'기업윤리'와 '기업의 사회적 책임(CSR)'이라는 용어를 혼용해서 사용하는 경우가 많지만 두 단어는 명백하게 의미가 다르다. 앞선 단원에서 우리는

CSR이란 이해관계자들에게 미치는 긍정적인 영향력은 최대화하고 부정적인 영향력은 최소화하기 위해서 기업이 감당해야 하는 의무라고 정의한 바 있다. 사회적 책임을 다하고 있는 기업의 예시는 다음과 같다. Starbucks는 십억 개에 이르는 일회용 플라스틱 빨대를 사용하지 않기 위해서 빨대가 필요 없는 음료수 뚜껑을 개발해서 사용하고 있다.[29] Colorado에 있는 치킨 샌드위치 식당 Birdcall은 매출의 1%를 지역사회에 기부하고 있다.[30] Dell은 직원들의 만족도를 높이기 위해서 직원들이 자율적으로 근무 일정을 조정할 수 있도록 하는 제도를 운영한다.[31] 이 밖에도 이해관계자와 적절한 관계를 맺고 이해관계자에 대한 의무를 다하기 위해 노력하고 있는 기업은 많다.

CSR은 기업이 사회와 맺은 계약으로 설명할 수 있는 반면에, 기업윤리는 기업이 의사결정을 내릴 때 기준으로 삼을 수 있는 세부적인 규칙 혹은 휴리스틱(Heuristics)을 포함하는 개념이다. 또한 전략적인 관점에서 CSR에 대한 의사결정은 일반적으로 최고 경영진에 의해서 이루어지는 반면에 기업윤리에 있어서는 기업에 소속되어 있는 직원이라면 모두가 이에 대한 의사결정을 내릴 수 있다. 정리하자면, CSR과 기업윤리는 같지 않지만 서로 밀접하게 연관되어 있으며, 진정성을 실현하는 데 있어서는 모두 중요하다.

한편, CSR과 기업윤리는 기업에 대한 이해관계자의 태도에 긍정적인 영향을 미치지만, 브랜드에 대한 이해관계자의 태도를 형성하는 과정에서는 기업윤리가 더욱 중요하다.[32] 즉, 기업이 내부적으로 전개하는 기업윤리 이니셔티브는 CSR과 비교했을 때 기업 명성과 브랜드에 대한 이해관계자의 태도에 훨씬 더 강한 영향을 미친다. 기업윤리는 기업의 내부적으로 이루어지고 CSR은 주로 기업 외부를 대상으로 실시하기 때문에, 연구에 따르면 기업윤리는 CSR 보다 직원들에게 그리고 브랜드에 대한 태도에 더 강한 영향을 미친다. 따라서 기업 내부에서 부정행위가 일어난 경우에는 CSR 활동만으로는 이 스캔들을 극복하기 어렵다. 물론 CSR은 이해관계자들에게 충분히 가치 있고 중요한 활동이지만, 기업이 CSR 활동을 하는 것만으로는 기업윤리가 실현되지 않는다. Wells Fargo가 여러 CSR 이니셔티브를 전개하고 있는 것은 맞지만, 그렇다고 해서 고객의 동의를 받지 않고 계좌를 개설하는 등 막대한 벌금을 물어야만 했던 Wells Fargo의 비윤리적인 행동을 무마할 수는 없다.

그림 2-3 기업의 사회적 책임(CSR)의 단계

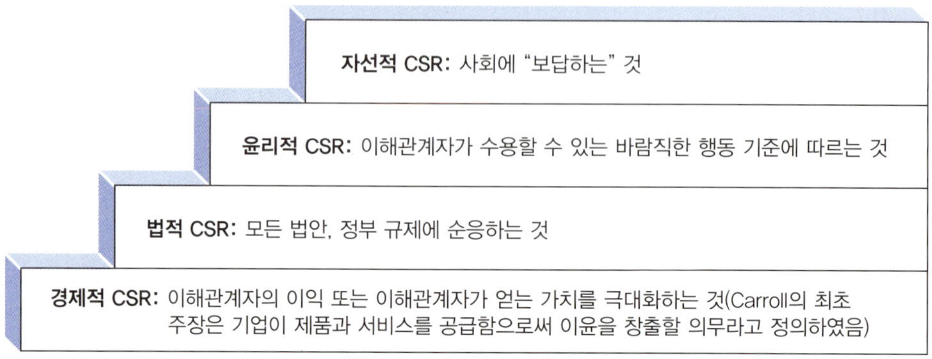

자료: Adapted from Archie B. Carroll, "The Pyramid of Corporate Social Responsibility: Toward the Moral Management of Organizational Stakeholders," Business Horizons 34 (July–August 1991): 42, Fig. 3

CSR은 경제적, 법적, 윤리적, 자선적 단계로 구분되며 각각의 단계는 상호 보완적이다(그림 2-3 참고).[33] 기본적으로 기업은 주주가 만족할 수 있는 수준의 수익을 달성하고 가치를 창출해야 한다. 당연히 기업은 관련 법과 규제에도 순응해야 한다. 예를 들어, EU에서는 인터넷을 사용하는 사람들의 "잊혀질 권리"를 보장하는 법안이 통과되었다. 구체적으로, Google 사용자들은 자신과 관련된 정보가 검색 결과에 표시되지 않도록 해 달라고 Google에 요청할 수 있게 되었다. 각각의 EU 국가들은 이 법안을 적용하거나 적용하지 않을 수 있지만, EU의 패널들은 이 법안이 EU를 넘어서 모든 국가에 적용되어야 한다고 믿는다. 이 법이 국제적으로 시행된다면 Google은 사용자 정보를 관리하는 방식을 전반적으로 개선해야 할 것이다.[34]

앞서 정의했던 것처럼 기업윤리는 이해관계자들의 기대를 충족시킬 수 있는 원칙(principles)이나 가치(values)들의 합이다. 기업윤리는 기업의 규범, 정책, 규칙으로 구현되며 기업뿐만 아니라 직원들 역시 윤리적으로 의사결정을 내릴 수 있는 주체이다. 또한 기업윤리는 CSR 단계와 통합될 수 있다. 예를 들어, 기업은 이해관계를 위해서 지속가능성을 제고하고 환경을 보호하는 데 도움이 되는 의사결정을 내릴 수 있다. 즉, 기업윤리는 CSR의 한 단계이다. 만약 관리자가 경제적 단계에만 너무 집중한 나머지 윤리적인 측면을 등한시한다면 이로 인해 윤리 문제가 발생할 수 있다.

기업이 지역 사회와 일반 사회에 자발적으로 금전이나 직원들의 참여 등 자원을 기부하는 것은 자선의 단계에 속하는 활동으로 이로 인해 인류의 복지와 공공선이 증진될 수 있다. 다시 말해서, 자선은 기업이 지역사회나 환경 등에 대해서 지고 있는 책임을 말한다. 호주에서 산불이 발생해서 5억 마리가 넘는 야생 동물이 죽고 30명 가까운 사람이 사망했을 때 Coach Foundation은 Australian Red Cross에 10만 달러를 기부한 것은 자선 활동의 예이다.[35] 전략적으로 자선 활동을 전개하기 위해서 기업은 이 활동을 기업의 능력, 이해관계자, CSR 목표와 통합해야 한다. 자선 활동으로 기업의 명성이 어느 정도 개선될 수는 있지만 비윤리적인 행동이 형성한 부정적인 태도를 극복할 수는 없기 때문이다.

기업 시민의식(Corporate Citizenship)은 기업이 전략적으로 여러 이해관계자에게 경제적, 법적, 윤리적, 자선적인 책임을 얼마나 다하고 있는지 그 정도를 표현할 때 주로 사용되는 용어이다.[36] 기업 시민의식은 네 가지 차원 – 지속가능한 재무적인 성과, 철저한 준법 태도, 법이 정한 범위를 넘어서는 윤리적인 행동, 기업 명성이나 이해관계자와의 관계를 개선할 수 있는 자발적인 기여 – 으로 구성되어 있으며, 이들은 서로 연관되어 있다. 다시 말해서, 기업 시민의식은 기업이 전략적으로 CSR의 각 단계를 충족하기 위해 들이고 있는 노력을 말한다. 또한 기업 시민의식에는 기업의 철학과 기업이 그 이니셔티브를 전개하기 위해 들이고 있는 노력을 평가하는 과정도 포함된다. 표 2–2는 Ethisphere World's Most Ethical Companies에 매년 등장한 기업 목록이다. 앞선 단원에서 설명한 것처럼 윤리적인 기업은 그렇지

기업 시민의식
기업이 전략적으로 여러 이해관계자에게 경제적, 법적, 윤리적, 자선적인 책임을 다하고 있는 정도

표 2–2 Ethisphere의 가장 윤리적인 기업 – 매년 순위

1.	Aflac Inc.
2.	Ecolab Inc.
3.	International Paper
4.	Kao Corporation
5.	Milliken & Company
6.	PepsiCo

* 이 기업들은 2007년부터 Ethisphere의 세계에서 가장 윤리적인 기업 목록에 등장함
자료: Ethisphere Institute, "The 2021 World's Most Ethical Companies Honoree List," www.worldsmostethicalcompanies.com/honorees/(accessed March 16, 2021).

명성
기업의 이미지 또는 기업의 유형 자산과 연관된 무형 자산

않은 기업과 비교했을 때 재무 성과가 더 좋다.

명성(reputation)은 기업이 유형 자원을 창출할 수 있게 해 주는 가장 중요한 무형 자산 중 하나이다. 기업이 좋은 명성을 가지고 있을 때 그 가치를 정확하게 측정하는 것은 물론 어렵지만 반드시 필요한 과정이다. 단 한 번의 부정적인 사건이라도 기업의 이미지와 명성은 이후에도 계속해서 타격을 입을 수 있다. 24/7 Wall Street에 따르면 Facebook은 미국인들이 가장 '싫어하는' 기업이다. Facebook은 Cambridge Analytica 스캔들(사용자들의 개인 정보를 수집해서 87만 명에게 맞춤형 정치 광고를 한 사건) 이후에 소비자와 정부의 신뢰를 회복하기 위한 노력을 거듭하고 있다.[37] 그 어느 때보다 기업 명성, 이미지, 브랜드의 중요성이 커졌고, 투자자, 소비자, 직원 등 여러 이해관계자와 지속가능한 관계를 수립할 때 기업 명성과 이미지, 브랜드의 역할은 핵심적이다. 물론 기업이 명성을 직접적으로 통제할 수 있는 것은 아니지만, 기업은 간접적으로 대중의 인식에 영향을 미칠 수 있다. 예를 들어, Status Labs는 온라인상에서 기업이나 공인을 검색했을 때 긍정적인 결과가 나오도록 만들어서 이들의 명성을 관리해 주는 업체이다. Status Labs는 현재 미국에서 가장 빠르게 성장하고 있는 사기업으로 여러 저명한 인사들의 의뢰를 받고 있다.[38]

기업의 선택과 행동, 그 결과는 기업에 대한 이해관계자들의 인식을 형성한다. 만약 기업이 정체성에 부합하는 CSR 프로그램을 전개한다면, 그리고 만약 직원들이 그 CSR 이니셔티브를 견인하는 데 적극적으로 참여한다면 직원들은 CSR 이니셔티브의 진정성을 인식할 것이다. 그리고 자신이 속해 있는 기업의 CSR 이니셔티브가 진정성이 있다고 인식하는 직원들은 기업과 자신을 동일시하고 자신이 기업과 연결되어 있다고 느낄 것이다. 심지어 전략적인 의사결정에는 거의 참여하지 않는, 소비자를 대면하는 직원들까지도 경영진 혹은 소비자가 CSR 이니셔티브를 응원하고 있다고 인식한다면 기업의 진정성에 감동하고 자신과 기업을 동일시하게 된다. 정리하자면, CSR 이니셔티브는 직원들의 행동을 변화시킬 수 있다.[40]

2-3 기업의 사회적 책임(CSR)의 주요 이슈

기업의 사회적 책임(CSR)은 이해관계자를 지향한다. 지구 온난화, 비만, 소비자 보호 등과 같은 CSR 이슈는 더 넓은 관점에서 포괄적으로 이해관계자를 고려할 때 제대로 파악될 수 있다. 다시 말해서, CSR을 포괄적으로 전개하는 것은 문제를 실용적으로 혹은 기업의 이익을 기준으로 파악하는 것에서 더 나아가 장기적으로 사회의 복지를 증진하기 위한 목적에서 문제를 파악하는 것으로부터 시작한다. 각각의 이해관계자는 기업에 대해 서로 다른 기대를 가지고 있다. 따라서 기업은 이윤 극대화를 목적으로 하는 협소한 관점을 지양해야 하며 어느 한 이해관계자의 이익만을 고려한 포섭(cooptation)을 강요하지 않아야 한다.[41] 사실 이윤 극대화를 지나치게 강조하는 기업에서 오히려 생산성이 떨어진다는 증거가 있다. 기업은 장기적으로 이해관계자와의 관계를 잘 관리할 때 그들로부터 신뢰를 얻을 수 있고 이는 결과적으로 기업의 수익으로 연결된다.

CSR의 주요 이슈는 크게 사회적인 문제, 소비자 보호, 환경의 지속가능성, 기업 지배구조로 구분할 수 있다. 먼저, 사회적인 문제는 공공선에 관한 것이다. 사람이 공동체를 떠나서는 살 수 없다는 사실은 자명하다. 이로부터 생겨난 공공선이라는 개념이 생겨났으며 따라서 사회 규칙은 공동체에 이로워야 한다. 사람이라면 삶을 영위하는 데 필수적인 재화나 서비스를 누릴 권리가 있다.[42] 정리하자면, 사회적인 문제는 우리 사회에서의 복지에 관한 것이다. 따라서 CSR을 실행하려는 기업은 자신이 의무를 부담하고 있는 이해관계자가 누구인지를 면밀하게 검토해야 한다. 만약 기업이 이해관계자에 대한 의무를 다하지 못한다면 그 기업은 비판과 부정적인 여론에 직면하게 된다.

사회적인 문제에는 외주화로 인한 실업, 건강, 차별, 가난과 같은 이슈가 포함된다. 이러한 이슈는 기업의 사업 그 자체와는 직접적으로 연관되지 않을 수 있지만 기업은 전략적으로 이러한 이슈를 해결하기 위해 노력해야 한다. 한편, 사업과 직접적으로 연관되어 있는 이슈로는 비만, 흡연, 소외 계층에 대한 착취 등이 있다. 예를 들어, 아동을 대상으로 웹사이트를 통해 음식을 광고하는 기업은 소아 비만 문제에는 그다지 개의치 않는다는 비판을 받을 수 있고 광고 전략을 수정하라는 압박의 대상이 될 수 있다. 또한 독점방지법, 즉, 시장에서의 경쟁과 소비자의 선택권을 제한하지 못하도록 규제하는 법안, 직원 복지, 내부 거래와 같은 경제적인 이슈도 사회적인 문제로 비화될 수 있다.

첫째, 데이터 프라이버시(data privacy)는 오늘날 마케팅에서 가장 중요하게 논의되고 있는 사회적인 문제이다. 온라인상에서의 가치, 개인 정보 유출과 같은 사이버 범죄는 심각하다. 기업에게는 사이버 범죄의 위험을 줄이고 이로부터 사용자를 보호해야 할 윤리적이고 법적인 책임이 있다. 모든 기업은 사이버 보안이 얼마나 중요한지를 이해하고 개인 정보가 유출되었을 때를 대비하고 있어야 한다. 빅데이터 시대, 소비자에 대한 정보를 수집하는 활동이 중요해진 시대에 데이터 프라이버시에 대한 윤리 문화를 정착시키는 것은 현재 기업들이 직면한 최우선 과제이다.[43] 개인 정보를 수집하는 것은 수천억 달러에 이르는 새로운 사업 영역이다. 미국의 경우 연방거래위원회(Federal Trade Commission, FTC)가 데이터 프라이버시를 규제하고는 있지만 그 규제가 포괄적으로 이루어지지 않고 있기 때문에, 개인 정보를 보호하려는 사용자는 기업에 의존할 수밖에 없다.[44] 게다가 AI의 급격한 성장으로 머신 러닝과 개인 정보 노출과 사용에 관한 우려가 더욱 커지는 현재의 상황에서, 데이터 보호 법안의 맹점은 더욱 두드러진다. 규제 당국은 데이터 보호 법안을 AI, 블록체인, 빅데이터 등의 신기술에 부합하도록 개선해야 한다.[45]

두 번째 사회적인 문제는 소비자 보호로서, 이 이슈는 주로 불공정하고 기만적인 기업의 관행으로부터 소비자를 보호하기 위해 법안 제정으로 이어진다. 소비자 보호에 있어서 주로 논의되는 내용은 구매 이후의 소비자 경험, 광고, 환경 오염, 재무적인 관행과 제품의 안전성이다. 소비자는 제품이나 기업 관행에 대해 충분히 알지 못하기 때문에 기업에게는 소비자가 제품이나 서비스로 인해서 해를 입지 않도록 보호해야 할 책임이 있다. 따라서 해를 끼칠 가능성이 있는 제품을 홍보하려는 기업은 제품에 반드시 그 사실을 안내해야 한다. 연방거래위원회(Federal Trade Commission)와 소비자금융보호국(Consumer Financial Protection Bureau)은 소비자 보호 법안을 집행하고 법안 위반을 단속한다.

기만적인 광고는 이 영역의 뜨거운 논쟁거리이다. **전환적 마케팅**(convert marketing)은 기업이 소비자로 하여금 기업과 관련이 없는 제3자가 제품이나 서비스를 홍보하는 것처럼 믿게 만드는 마케팅 기법을 말한다.[46] 기업이 전환적 마케팅을 시도했다가 소비자로부터 관련된 정보를 공개하라는 압박을 받는 경우도 있다. 텔레비전 프로그램 중간에 삽입되는 광고가 정확한 정보를 제공하지는 않지만 오히려 이런 형태의 전환적 마케팅이 다른 형태보다는 소비자를 더 잘 보호할 수 있다는 주장도 존재한다.[47] 이 밖에도 기업윤리의 측면에서 봤을 때 윤리적인 행동과 윤리적이지 않은 행동의 경계를 아슬아슬하게 넘나드는 광고 관행은 많다. 인플루언서 마케팅은 대부분의 경우에 제품에 대한 정확한 정보를 제공하지 않기 때문에 투명하지 않다는 비판을 받는다. 네이티브 광고(native advertising)는 웹사이트의 특성에 맞춰서 광고하거나 기업을 홍보하는 기법으로, 제품의 외향이나 제품이 소구하는 감정을 구체적으로 표현한다. 이에 대해서는 광고와 순수한 콘텐츠를 구분하지 못하도록 소비자를 혼란스럽게 만든다는 비판이 있다.[48] 기업은 반드시 소비자 보호 법안을, 그리고 특정한 광고 관행이 소비자를 기만하거나 불공정을 야기할 수 있다는 사실을 인식해야 한다.

전환적 마케팅
특정한 상품이나 서비스에 대한 소비자의 부정적 수요를 긍정적 수요로 전환하기 위하여 판매자가 소비자에게 메시지를 전달하는 마케팅 기법

세 번째로 설명할 사회적인 문제는 지속가능성이다. 지속가능성은 모든 생명체를 포함하는 자연 환경을 장기적으로 잘 보존할 뿐만 아니라 개인, 조직, 기업 전략과 자연 환경이 호혜적으로 상호작용을 할 가능성을 의미한다. 지구 온난화가 대두되고 새로운 환경 보호 법안이 통과되는 등 환경에 대한 관심이 크게 증가했기 때문에 기업은 이제 환경에 대한 이해관계자의 기대를 무시할 수 없게 되었다. 실제로 ISO 14001(국제 환경 경영 표준) 인증을 받고 효과적으로 환경 경영을 실천하고 있는 기업이 장기적으로 더 좋은 재무 성과를 보이고 있다.[49] 필연적으로 환경을 오염시킬 수밖에 없는 산업으로 여겨지던 정유나 가스 산업까지도 지속가능성을 제고할 수 있는 방법을 찾고 있는 상황이다. 지속가능성은 현재 가장 중요한 윤리 문제이며 우리는 이를 3장에서 더욱 자세하게 다룰 것이다.

기업 지배구조는 역시 사회적인 문제와 관련되어 있다. **기업 지배구조**(corporate governance)는 공식적으로 기업의 책무성, 감시, 통제 체계를 확립하는 것을 말한다. 지배구조가 강한 기업에서는 직원들이 비윤리적으

기업 지배구조
공식적으로 기업의 책무성, 감시, 통제 체계를 확립하는 것

논쟁거리

기업이 사회적으로는 정당하지 않지만 법에는 저촉되지 않는 상품을 이해관계자에게 판촉해도 되는가?

Avid Life Media로 더 잘 알려져 있는 Ruby는 Cougar Life, Established Men, Ashley Madison과 같은 여러 개의 데이팅 웹사이트를 운영하고 있는 기업이다. 이 중 Ashley Madison은 "인생은 짧다, 바람 피우기에"라는 슬로건을 내세우면서 전 세계적으로 60만 명 이상의 회원을 보유하고 있다. 이 사이트는 논쟁의 중심에 서 있다. 이 사이트는 결혼한 사람이 1분이 채 되지 않는 시간에 자신을 등록하고 공개적으로 '바람 피울' 상대를 물색할 수 있도록 돕기 때문이다. 이 사이트는 수백 명이 넘는 프로그래머, 디자이너, 마케터를 고용하고 있으며 사모펀드 투자를 진행하기도 했다. 여러 이해관계자들이 이 사이트의 비윤리성을 성토하지만 이 사업은 법적으로는 그 어떤 조항에도 위배되지 않는다. 그러나 이 사이트가 사람들로 하여금 배우자가 절대로 접근할 수 없는 이메일 주소를 제공하는 방법으로 외도를 하도록 조장하고 있다는 사실은 윤리적으로는 논쟁의 여지가 있다.

이 사이트는 이전에 서비스를 폐쇄하지 않으면 가입한 사람들의 이름을 공개하겠다고 위협하는 해킹 공격을 받은 바 있다. 사이트에 가입한 사람들의 중요한 개인 정보가 유출되었고 그 결과로 한 사람이 자살했다. 이 사이트는 13개 주와 Federal Trade Commission으로부터 소송을 당해 1만 7천 달러를 합의금으로 지불해야 했으며, 이후에 더 철저하게 개인정보를 보호하겠다고 약속했다. 대규모로 개인 정보가 유출된 이후에도 이 사이트에는 32만 명이 새로 가입했다.

1. 많은 사람들이 원하고 있으며 법적으로는 아무런 문제가 없는 서비스를 제공하는 것은 정당하다. 이 사이트를 해킹하고 폐쇄할 것을 요구한 해커 집단은 처벌받아야 한다.
2. 이해관계자 관점에 따르면 기업은 사회적으로 정당하지 않은 서비스를 제공해서는 안 된다. 이 사이트를 해킹하고 폐쇄한 것을 요구한 해커 집단은 공공 서비스를 제공한 셈이다.
3. 해커 집단이 이 사이트에 가입한 사람들의 이름을 공개한 것은 잘못된 일인가?

로 행동할 기회가 존재하지 않는다. 실제로 기업의 지배구조는 CSR에 긍정적인 영향을 미친다. 한 연구에 따르면 기업 지배구조가 강할수록 CSR에 더 많이 관여(engagement)하는 것으로 나타났다.[50] 또한 지배구조가 강한 기업은 CSR 이니셔티브를 적극적으로 추진하게 되며 이는 기업에 대한 이해관계자의 신뢰, 그리고 기업의 정당성에 대한 믿음으로 이어진다.[51] 우리는 이 문단의 후반부에서 기업 지배구조에 대해서 더욱 자세하게 다룰 것이다.

2-4 기업의 사회적 책임(CSR)과 이해관계자 지향의 중요성

기업윤리와 CSR이 사업 운영에서 어떤 역할을 하는지에 대해 의문을 제기하는 사람들이 많다. 일반적으로 법적인 책임과 경제적인 책임은 기업 성과의 가장 중요한 선행 요인으로 여겨진다. 고전 경제학자들은 "법적인 책임과 경제적인 책임을 다하는 것은 기업이 지속적으로 이윤을 극대화할 수 있으며 사회에 대한 책임을 다하는 방법이다."라고 주장한다.[53] 비슷하게 몇몇 경제학자들은 경제적인 문제와 법적인 문제를 처리할 때 기업은 사회의 요구에 적절하게 대응하고 있는 것이며 기업에 대한 사회의 더한 요구를 충족시키는 것은 불가능에 가깝다고 본다. 밀턴 프리드먼(Milton Friedman)은 "기업의 존재 목적은 … 제품과 서비스를 생산해서 이윤을 창출하는 것이며, 이윤을 창출하는 기업은 사회에 대한 자신의 책임을 다하고 있는 것이다."라고 적은 바 있다.[54] Friedman은 21세기에 기업윤리 스캔들이 발생한 이후에도 개인은 물론 자신의 일탈에 대해서 책임져야 하지만 시장 전체를 두고 본다면 규제나 법안보다도 시장 스스로가 이러한 스캔들을 더 잘 억제할 수 있다고 주장했다.[55] 정리하자면, Friedman은 기업이 사회에 대한 자신의 책임을 다하거나 윤리적인 행동을 하기 위해서는 오히려 이해관계자들의 역할이 줄어들어야 한다고 보았다.

그러나 알려진 것과 달리 Friedman의 자본주의는 아담 스미스(Adam Smith)의 자본주의와는 다르다. Smith는 자본주의를 창시한 사람 중 한 명으로 '보이지 않는 손' 개념을 발전시켰으며 경제 체계에서 자기 이익이 하는 역할을 깊이 탐구했다. Smith는 "공공선은 여섯 번째 동기로 각 개인은 예의범절, 신중함, 합리성, 감정, 인류의 행복과 같은 가치뿐만 아니라 공공선까지 추구할 수 있다."고 주장했다.[56] 우리는 이 여섯 가지 가치의 연장선상에서 기업에 대한 이해관계자의 기대와 염려를 이해할 수 있다. 실제로 Smith는 보이지 않는 손에 대한 이론을 수립할 때에도 동기와 행동에 대한 규범적인 기대를 함께 논의했다. Smith에 따르면 정의는 완전한 권리(perfect rights; 예외를 허용하지 않는, 반드시 보장받아야 하는 권리) 혹은 기본권으로 구성되어 있다. 예를 들어 정의는 이를테면 사유재산권과 같은 인간의 기본적인 권리로서, 자선과 구분되는데, 이 때 자선은 불완전한 권리(imperfect rights; 반드시 보장되어야 하는 것은 아니지만 보장받을 때 더욱 이로운 권리)이기 때문이다. 기업이 이해관계자의 완전한 권리와 불완전한 권리를 모두 고려할 때 이해관계자 지향이 실현될 수 있다. 그러나 이 두 권리는 어느 정도 상충하기 때문에 기업은 정의(완전한 권리)를 자선(불완전한 권리)보다 더 우선시해야 한다.[57]

이해관계자의 행복(well-being)을 위한 의사결정은 기업의 이익을 증가시킨다. 한 연구에 따르면 기업이 사회적인 책임 지수를 도입했을 때 이해관계자들이 이에 긍정적으로 반응하는 것으로 나타났다.[58] 또 다른 연구에서는 이해관계자 지향이 기업 이익을 증가시키는 것으로 나타났다. 즉, 이해관계자 지향의 본래 목적이 여러 이해관계자의 기대를 충족시키는 것일지라도 결과적으로 의사결정에서 이해관계자를 고려하는 것은 기업이 사회적 책임을 다하는 동시에 수익성까지도 제고할 수 있도록 한다.[59] 표 2-3은 3BL

표 2-3 가장 우수한 기업 시민의식을 보여주는 기업

1.	Owens Corning
2.	Citi
3.	General Mills, Inc.
4.	Cisco
5.	HP, Inc.
6.	Intel
7.	Ecolab
8.	General Motors
9.	Hess
10.	Accenture

자료: 3BL Media, "100 Best Corporate Citizens of 2020," https://100best.3blmedia.com (accessed March 16, 2021)

Media가 기업시민과 사회적 책임에 있어서 가장 우수하다고 평가한 기업들의 목록이다. 이 기업들 중 다수가 윤리적으로 그리고 재무적으로도 모두 높은 수준의 성과를 기록하고 있다.

2-5 이해관계자에 대한 공식적인 책임을 가능하게 하는 기업 지배구조

경영학에서는 기업의 존재 목적을 주주의 이익을 극대화하는 것이라고 전제한다. 1919년에는 Dodge와 Ford Motor 간 소송에서 미시건 주 대법원(Michigan Supreme Court)이 기업은 주주의 이윤을 위해서 존재하는 것이며 이사회는 그 목적을 달성하는 것에 집중해야 한다는 판결을 내린 바 있다.[60] 그런데 이와는 다르게 이해관계자 모델에서는 이사회가 다양한 이해관계자 사이에 발생하는 이해 상충을 조정하는 역할을 해야 한다고 설명한다. 그리고 이 모델에서는 정부 당국뿐만 아니라 직원, 소비자, 지역 사회와 같이 기업 외부에 존재하는 이해관계자도 기업 운영에 대한 통제 권한을 행사할 수 있다. Mortheastern 대학의 Ruth Aguilera와 동료들은 이러한 현상을 외부 지배구조(External corporate governance)라고 명명하기도

하였다. CSR 활동이 소비자의 정체성과 브랜드에 대한 소비자의 태도에 영향을 미친다는 사실을 기억하자.[61] 위임장 제도의 목적은 기업이 책임감 있는 태도로 이해관계자의 이익을 대변하도록 유도하는 것이다. 실제로 주주는 오래 전부터 이사회에서 자신의 이익이 제대로 대변되지 않는다고 생각될 때 기업에 압력을 행사해 왔다. 오늘날에는 이해관계자 사이에서의 불균형이 주주 이익의 극대화를 방해할 수 있다. 그래서 투자자들은 경영진이 이해관계자 간의 이해 상충을 조정하고자 시도할 때마다 이에 대해 의심의 눈길을 보내고 있다. 이제 대부분의 기업이 장기적으로 성공하기 위해서는 이해관계자와 관계를 원만하게 관리해야 한다는 사실을 인식하고 이해관계자 사이의 균형을 맞추는 방향으로 의사결정을 내리고 있다.

이사진과 최고 경영진은 모두 주주의 수탁자이다. 수탁자는 조직을 대신해서 그 조직의 이익을 극대화하는 방식으로 행동할 의무를 부담하는 사람을 말한다. 수탁자에게는 **주의의무**(duty of care, duty of diligence), 즉, 정보를 공유하고 신중하게 의사결정을 내릴 의무가 있다.[62] 다시 말해서 이사진은 비윤리적인 행위를 하지 않을 의무, 그리고 기업에서 발생하는 비윤리적인 행동을 막기 위한 방향으로 의사결정을 내릴 의무를 부담한다. 일반적으로 이사가 주의의무를 다한 경우에는 기업 성과가 좋지 않더라도 그에게 책임을 묻지 않는다. 여기에 더해 이사진은 기업에 대한 정보를 요구하고 조사하고 회계사와 변호사를 고용하고 기업의 준법 여부를 감시할 의무를 부담한다. National Association of Corporate Directors는 미국 기업을 대상으로 이사회가 자신의 의무를 잘 수행할 수 있도록 돕기 위해서 지침을 펴낸 바 있다.[63]

주의의무
수탁자가 정보를 공유하고 신중하게 의사결정을 내릴 의무

이사진에게는 **충실의무**(duty of loyalty), 즉, 수탁자가 모든 의사결정에 있어서 기업과 이해관계자의 이해를 최우선으로 고려해야 할 의무가 있다. 이사의 이해와 기업의 이해가 충돌할 때 이사가 기업에 손해를 입히면서까지 자기 이익을 추구하는 경우도 존재하는데, 실제로 2002년에 Sarbanes-Oxley Act가 통과되기 전에는 이사가 스스로에게 무이자로 대출을 제공하는 일이 가능했다. 비슷하게 Tyco, WorldCom 스캔들 역시 최고 경영진이 기업 자금을 부적절하게 운용해서 기업에 손해를 입힌 사건이다.

충실의무
수탁자가 모든 의사결정에 있어서 기업과 이해관계자의 이해를 최우선으로 고려해야 할 의무

경영진의 보상은 쉽게 결정할 수 있는 문제가 아니다. 특히 이사가 독립

적이지 않을 때 이는 더욱 어려운 문제인데, 다른 이사들의 보수 규모를 어떻게 결정하는지에 따라서 자신의 보수도 달라지기 때문이다. 실제로 글로벌 경제 위기 당시에 정부로부터 막대한 규모의 구조 금융을 지원 받았던 기업에서 최고 경영진이 수백만 달러의 성과급을 받은 바 있다. 그리고 이는 주주가 경영진 보상에 대해서 적극적으로 주주 행동주의(shareholder activism)를 전개하는 결과로 이어졌다. 미국의 주주들은 법적으로는 구속력이 없더라도 경영진 보상에 대해서 투표할 수 있는 권한을 요구하고 있다. 그리고 미국의 투자자들 역시 경영진 보상을 결정하는 과정에서 주주의 역할이 확대되기를 원하고 있다. 예를 들어, Disney의 주주들은 Disney가 Twenty-First Century Fox와 합병할 당시부터 예정되어 있었던 보상안, 즉, 전임 CEO인 Bob Iger에게 48만 5천 달러를 지급하는 안에 대한 거부 의사를 밝혔다. S&P 500 기업 중 오직 1.2%에서만 경영진에 대한 보상안이 거부되었다는 사실에 미루어 보았을 때 Disney는 매우 드문 사례이다.[64]

투자, 신사업, 주식 시장에 대한 정보를 가지고 있기 때문에 이사회가 충실의무를 제대로 이행하지 않을 것이라는 우려가 존재한다. 주식 내부 거래는 특별법으로 규제되는 행위로 이를 위반하는 기업은 중형을 받을 수도 있다. 이사진과 최고 경영진이 부담하고 있는 법적인 의무와 윤리적인 의무는 그들이 수탁자로서 부담하고 있는 의무에 부합한다. 기업의 윤리적인 가치가 정립되어 있는 기업에서는 의사결정이 적절한 방향으로 이루어지고 구성원들이 위법적인 행위를 저지를 가능성이 줄어든다. 기업윤리를 정립하라는 외부의 압력이 증가하면서 이사진을 대상으로 윤리적인 능력을 훈련하는 프로그램을 진행하는 기업이 점점 늘어나고 있으며, 이사회에 소속된 감사위원회가 윤리 관련 리스크를 직접 관리해야 한다는 주장도 힘을 받고 있다. 물론 이사회의 가장 중요한 역할은 기업의 재무 상황을 파악하고 관리하는 것이지만, 오늘날에는 이사회가 내부 고발, 사이버 보안, 뇌물 등과 같은 문제까지도 담당하고 있다.[65] 그리고 이 과정에서 기업윤리 문제가 발생했을 때 이를 감지할 수 있는 체계를 자동화하려는 움직임도 진행되고 있다.

기업 지배구조에서 책무성(Accountability)은 중요하다. 책무성은 실제로 업무가 진행되는 중에 이루어지는 의사결정이 기업의 전략 방향과 얼마나 일치하는지 혹은 이 의사결정이 기업의 윤리적, 법적인 책임을 얼마나 잘

표 2-4 기업 지배구조 이슈

1.	ESG(Environmental, social, and governance) 전망
2.	인적 자원 관리
3.	감사 위원회를 통한 내부 통제
4.	기업 문화
5.	내부 고발자 보호
6.	이사회 다양성
7.	이사회 내부의 성별 균형
8.	정보공개법(disclosure rules) 관련 리스크 관리

자료: Perkins Coie, "2019 Corporate Governance Hot Topics," August 20, 2019, www.perkinscoie.com/en/news-insights/2019-corporategovernance-hot-topics.html(accessed December 6, 2019).

준수하고 있는지를 의미하는 개념이다. 감시(Oversight)는 비윤리적이고 불법적인 행위를 막기 위해서 수립한 정책 혹은 전략을 직원들이 위반하지 않도록 그 가능성을 통제하고 관리하는 체계를 말한다. 통제(Control)는 기업의 의사결정과 기업의 행위를 감사하고 이를 개선하는 과정이다. 표 2-4는 오늘날 기업이 직면해 있는 기업 지배구조와 관련된 이슈의 목록이다.

책무성이 명확하게 정의되어 있는 기업에서는 직원, 소비자, 투자자, 정부 당국 등의 이해관계자가 기업의 정체성과 목표에 대해서, 그리고 이를 어떻게 달성할 것인지에 대해서 더 잘 이해할 수 있다. 기업 지배구조를 통해서 기업은 부정행위를 징계하고 이를 방지하거나 이를 개선하기 위한 체계나 절차를 확립할 수 있다. 기업 지배구조가 효과적인 기업에서는 준법 감시가 잘 이루어지고 윤리적인 문화가 정립되어 직원들이 진정성을 기업의 핵심 경쟁력으로 여기게 된다.[66] 또한 기업 지배구조는 문제가 발생했을 때 리스크를 감지하고 이를 관리하기 위한 계획의 기초가 된다. 기본적으로 기업에서 이루어지는 의사결정은 합의가 기반이 되어야 하지만, 감시 권한과 통제 권한은 보장되어야 한다. 물론 감시와 통제로 인해서 의사결정이 더디게 이루어질 수도 있지만 반면에 이로 인해서 이해관계자 간의 권력 균형을 유지하거나 준법 감시 체계를 유지할 수 있기 때문이다.

기업이 이해관계자를 지향하는 과정은 지배구조와 상호작용해야 한다. 그리고 기업 지배구조를 통해 기업은 진정성을 바탕으로 이해관계자의 관계를

표 2-5 기업 지배구조의 변화

- 이사의 49%가 기업에 가장 많은 영향을 미친 요인으로 규제 기조의 변화를 꼽았다.
- 이사의 67%가 국제적으로 벌어지고 있는 무역 분쟁에 대해서 "우려함" 또는 "매우 우려함"이라고 응답했다.
- 이사들은 AI가 사업 환경에 가장 큰 혼란을 야기할 것으로 예상되는 기술이라고 대답했다.
- 이사의 81%가 온라인상에서의 리스크에 대해서 더 잘 이해하게 되었다고 대답했다.
- 큰 기업의 이사회일수록 이사회 내부의 성별 다양성이 더 높다.

자료: National Association of Corporate Directors, "Uncertain Regulatory and Economic Climate Tops List of Corporate Directors' Concerns for 2019," December 5, 2018,www.nacdonline.org/about/press_detail.cfm?ItemNumber=63800 (accessed December 6, 2019).

수립해 나갈 수 있다. 만약 기업의 지배구조가 적절하게 견제받지 않거나 그 권한이 편중되어 있다면 최고 경영진이 더 쉽게 이해관계자를 도외시하고 자신의 이익을 추구할 수 있다. 예를 들어, 세계 경제가 대공황을 겪었던 시기에, 몇몇 CEO는 목표치를 하향 조정하는 방법으로 성과급을 받아 냈다. 경영진의 보수가 기업 성과와 연동되는 것이 적절한지에 대해서 끊임없이 비판이 제기되고 있다. 경영진 보수가 주가가 아닌 다른 목표치들과 연동되어 있다면 앞선 예시처럼 기업이 위기를 겪고 있는 와중에도 경영진은 성과급을 받을 수 있기 때문이다.[67] 이제 기업의 지배구조를 개선해야 한다는 주장은 미국 이외의 나라에서도 힘을 얻고 있다. 한국도 예외가 아니다. 기업 지배구조 개혁은 세계적인 추세이다.[68] 표 2-5는 오늘날 기업 지배구조가 어떻게 변화하고 있는지를 설명한다.

일반적으로 기업 지배구조는 이사회, 기업의 소유주, 최고 경영진과 고위 임원에 의해 이루어지는 전략적인 의사결정이다. 기업 지배구조에 대한 의사결정은 과거에는 감시받지 않았지만 오늘날에는 소셜 미디어와 같은 기술의 발달, 소비자 행동주의, 윤리 스캔들 등으로 인해서 이 의사결정에 대해서 소통하고 그 과정의 투명성을 강조하는 추세로 점차 변화하고 있다. 연구에 따르면 기업의 규모가 클 때, 기업이 이해관계자들에게 더 잘 반응(responsiveness)할 때, CEO가 이사회 의장을 겸임할 때, 소수의 기관투자자가 많은 주식을 보유하고 있을 때 이해관계자와 더 많이 소통하는 것으로 나타났다.[69]

2-5a 기업 지배구조를 보는 관점

기업에서 지배구조가 하는 역할을 더 잘 이해하기 위해서는 기업 지배구조와 기업의 존재 목적에 관한 믿음이 어떻게 연관되어 있는지를 살펴보아야 한다. 기업의 존재 목적은 주주 이익을 극대화하는 것이며 이는 곧 기업이 사회에 대해 지고 있는 책임이라는 주장이 있다. 반면에, 기업은 사회의 구성원, 즉 시민이며 따라서 기업에게는 사회의 규범과 기대에 부응해야 할 더 포괄적인 책임이 있다는 주장도 존재한다. 우리는 이 두 전제로부터 기업 지배구조를 설명하는 핵심적인 두 관점을 도출해 낼 수 있다.[70]

주주를 중심으로 기업 지배구조를 설명하는 모델
고전 경제학으로부터 발전한 관점으로, 기업의 존재 목적은 주주의 이익을 극대화하는 것이라고 설명함

먼저, **주주를 중심으로 기업 지배구조를 설명하는 관점**이 있다. 이 관점은 고전 경제학으로부터 발전했으며 이 관점에서 기업의 존재 목적은 투자자와 기업 소유주의 이익을 극대화하는 것이다. 즉, 상장 기업의 기업 지배구조는 최고 경영진과 주주가 이전에 합의한 성과 목표치를 달성할 수 있는 방향으로 발전해야 한다.[71] 따라서, 주주 중심의 지배구조 관점에서는 기업이 투자자에게 가장 이로운 방향으로 의사결정을 내려야 한다. 그런데 이 의사결정 과정에서는 소유(투자자)와 통제(관리자)가 분리되어서 발생하는 고전적인 대리인 문제의 위험이 상존한다. 관리자는 투자자의 대리인으로, 투자자가 소유하고 있는 주식의 가치를 높이는 것을 최우선으로 두고 의사결정을 내린다. 그러나 투자자와 관리자는 사업에 대한 각자의 관점, 목표, 가치를 가지고 있다. 예를 들어, 관리자에게는 주가보다는 기업의 시장 점유율, 자신의 보수, 어떤 상품이나 프로젝트에 대한 개인적인 선호가 더 중요할 수 있다. 이 가능성 때문에 기업의 지배구조는 투자자와 관리자의 이해를 일치시킬 수 있도록 구조화되어야 한다. 주주를 중심으로 기업 지배구조를 설명하는 관점은 주주 이익 극대화라는 목표에만 집중한다는 점에서 비판받는다. 기업은 공급자, 채권자, 소비자, 직원, 협력 업체, 지역 사회 등 여러 이해관계자로부터 사업에 필요한 자원을 투자받고 있기 때문이다.[72]

다음으로, 이해관계자를 모두 고려하는 기업 지배구조 모델은 기업의 존재 목적을 더 포괄적으로 설명한다. 물론 분명히 기업에게는 주주의 이익을 위해서 경제적인 성과를 지속적으로 달성해야 할 책임이 있지만, 기업에게는 또한 직원, 공급자, 정부 당국, 지역 사회와 같은 이해관계자에 대한 책임도 있다. 자원은 한정되어 있고 따라서 기업은 이해관계자 간의 우선순위

를 결정해야 한다. 일단 1차 이해관계자가 누군인지를 파악한 후에 관리자는 이들과 장기적으로 돈독한 관계를 맺을 수 있도록 기업 지배구조를 정립해야 한다.[73] 이해관계자를 모두 고려하는 기업 지배구조 관점을 채택한 기업은 기업과 협력하고 있는 이해관계자를 고려해서 지배구조 체계를 형성하며, Patagonia, Yahoo!, Google이 그 예시이다.

이 두 관점은 기업 지배구조를 양 극단에서 설명하고 있지만, 실제로는 주주 중심의 지배구조 모델이 이해관계자를 모두 고려하는 지배구조 모델의 일부분이다. 많은 기업이 정부 주도의 이니셔티브, 소비자 행동주의, 산업 전반의 움직임과 같은 외부 요소에 영향을 받아 이해관계자 모델을 채택하고 있다.

2–5b 이사회의 역할

공개 기업의 이사회는 기업의 재무적인 성과뿐만 아니라 기업 행위의 윤리성에 대해서도 책임을 진다. Federal Sentencing Guidelines for Organizations(FSGO)는 기업이 윤리적인 리더십, 가치, 준법감시 체계를 확립할 수 있도록 관련법을 개정했다. 이사회 구성원은 기업의 자원과 의사결정에 대한 법적인 책임을 지고 최고 경영진을 임명한다. 이사에게는 신의성실의 의무(fiduciary duty)가 있다. 즉, 이사는 자신의 지위에 신의와 성실이라는 특정한 의무가 수반된다는 사실을 이해하고 이를 위해 최선을 다해야 한다. 따라서 이사는 개인적인 이익보다 자신이 수임자로서 신의성실 의무를 부담하고 있는 기업의 성공을 위해서 노력해야 한다. 회계 부정 스캔들 이후 이사의 역할과 이사의 의무는 더욱 중요해졌고, 국제적인 경제 위기를 거치면서 이사회 책무성에 대한 요구도 더욱 강해졌다.[74]

이사회에 책무성을 요구하는 움직임에도 여전히 많은 사람들은 이사가 기업의 부정행위에 대한 책임을 지지 않아도 된다고 믿는다. 물론 주주들은 이사를 고소할 수 있지만, 증권거래위원회(The Securities and Exchange Commission, SEC)는 실제로 이사가 악의를 가지고 있었다는 사실이 입증되지 않는 한 이사가 기업 부정행위에 연루되어 있다고 판단하지 않는다. 고전 경제학에서는 이사회가 기업을 경영한다고 전제하지만, 연구 결과에 따르면 혹은 실무에서는 이사회가 기업 경영에 거의 영향을 미치지 못하고 있는 것으로 보인다.[75] 현대적인 기업은 특유의 복잡성 때문에 경영에 많은 노력이 들어가야 하는데 이사회는 단지 일년에 몇 번 만날 뿐이며 직접적인 경영 업무에서 제외되기 때문이다. 따라서 이사회는 경영진이 내리는 의사결정을 감독하는 역할에 집중한다. 이사회는 최고 경영진을 임명하고 그들의 성과를 평가하며, 전략 의사결정의 방향에 대해 조언하고, 기업에서 감시, 통제, 책무성의 체계가 제대로 작동하고 있는지를 확인한다. 따라서 궁극적으로는 이사회가 기업의 효과성과 기업 성과에 대한 책임을 지고 있다고 볼 수 있다.

경영진 보상을 결정하는 것은 이사회의 업무 중에서 가장 윤리적인 논쟁의 여지가 많은 문제일 것이다. 경영진 보수를 인상할 때 이사는 주주보다는 경영진과의 친분 등 자신의 이익을 더 우선시할 수 있기 때문이다.[76] 이사회 보상과 관련해서도 논쟁의 여지가 있다. 이사회 보상규모는 증가하는 추세인데, 구체적으로 S&P 500 기업의 사외 이사들이 받는 보수의 중위값은 28만 5천 달러이다. 이사회 보상은 제약, 바이오, 과학 산업에서 가장 많다.[77] 높은 이사회 보상을 주장하는 사람들은 이사의 업무가 매우 어렵고 보상이 클수록 더 능력 있는 인물을 선임할 수 있다고 설명한다. 그러나 이에 반대하는 사람들은 이사회 보상이 커질수록 이해상충이 발생할 가능성이 커진다고 주장한다. 이 주장에 따르면 예를 들어 20만 달러 이상을 받는 이사는 회사에 "사활이 걸린" 중대한 문제에는 관심이 없고, 자신이 높은 보상을 유지하는 것에만 더 관심을 두게 된다.[78] 이사회 책무성에 관한 이러한 논쟁은 쉽게 끝날 기미가 보이지 않는다.

2-5c 책무성과 투명성에 대한 요구

직원과 경영진이 더 윤리적으로 의사결정을 내리도록 요구하는 것처럼, 우리 사회는 이사에게도 더 높은 수준의 책무성과 투명성을 요구하고 있다. 과거에는 주로 은퇴한 경영진 혹은 현 경영진과 이해관계가 있는 인사가 이사로 선임되었으나, 오늘날에는 기업과 어떠한 이해관계도 가지고 있지 않은 사람이 "사외 이사"로서 선임되는 추세이다. 즉, 사외 이사는 근무 이력, 친분, 현재 지위에 있어서 그 기업과 무관하고 따라서 이해상충이 발생하지 않기 때문에 경영진을 감독하는 역할을 독립적으로 수행할 수 있을 것이라고 여겨진다. 사내 이사는 그 기업의 임원이나 대주주와 같이 기업의 성과로부터 직접적으로 이익을 얻는 이사를 말한다. 이사가 자신의 역할에 대해 가지고 있는 진정성은 이사회 내부에서의 역학 관계와 의사결정에 영향을 미친다.[79]

최근 발생한 기업 스캔들 다수는 자격을 제대로 갖추고 있으며 전문 지식이 풍부하고 편견이 없는 자세로 업무에 임할 수 있는 사람들로 이사회가 구성되어 있었다면 발생하지 않았을 사건들이다. 오늘날 기업은 전략적인 의사결정을 내릴 수 있는 전문 지식, 능력, 역량을 지닌 사람을 이사로 선임한다. 특히 연령과 성별에 있어서 다양성이 큰 이사회일수록 그 기업의 사회적인 성과가 더 좋다.[80] California는 미국에서 처음으로 모든 공개 기업에서 여성 이사를 선임하도록 하는 법안을 통과시켰다.[81] 그러나 여전히 주주가 이사 선임 과정에서 영향력을 미치기는 쉽지 않다. 대부분의 이사회에서 민주주의가 잘 실현되지 않고 주주가 매우 분산되어 있기 때문이다.

복수 재임 이사
한 기업의 이사가 다른 기업의 이사를 겸하는 것

복수 재임 이사(interlocking directorate)는 한 기업의 이사가 다른 기업의 이사를 겸하고 있는 경우를 말한다. 직접적으로 경쟁 관계에 있는 두 기업의 이사를 겸하지 않는 한 복수 재임은 불법은 아니다.[82] 다시 말해서, 독점금지법에서는 직접적인 경쟁 관계에 있는 두 기업이 이사를 매개로 경쟁을 저해하는 담함을 시도하지 못하도록 복수 재임을 금지한다. The Institutional Shareholder Services(ISS)는 이사 혹은 주주가 네 개 기업 이상에서 이사직을 맡지 않는 것을 권장한다. 복수 재임 관행은 은퇴 연금이나 자문료를 과도하게 끌어올릴 수 있으며 이사 보수의 규모를 크게 증가시킬 수 있기 때문이다.[83]

최근에는 근로자 연금 펀드나 공공 연금 펀드가 여러 기업에서 의결권 경쟁을 시도하고 있지만, 이 시도가 해당 기업에는 거의 영향을 미치지 못하고 있는 것이 사실이다. 이에 주주 행동주의 지지자들은 이사 선임 과정 자체에 영향을 미치려고 시도한다. 문제를 해결하기 위한 방법 중 하나로 이사를 선임하기 이전에 특정한 후보에 대해서 의결권자가 다수 동의하는지를 확인해 볼 수 있다. 다수의 동의를 얻는 후보자가 이사로 선임된다면 그 이사는 본래의 역할을 더 잘 수행할 수 있을 것이다.[84]

2-5d 경영진 보상

이사회가 결정해야 하는 사항 중에서 가장 중요한 문제는 **경영진 보상**이다. 사실 대부분의 이사는 기업의 재무 현황에 대한 보고를 듣는 것보다도 최고 경영진에게 얼마만큼의 보상을 주어야 하는지를 결정하는 것에 더 많은 시간을 할애한다.[85] 지난 5년간, S&P 500 기업에서 CEO 보상안을 주주들이 거절하는 일이 점차 증가했다.[86] 이는 최고 경영진에 대한 주주들의 의심이 커지면서 나타난 현상이다. 이제 사람들은 주가가 아무리 많이 상승했더라도 경영진이 반드시 그 대가로 수백만 달러에 이르는 연봉이나 스톡옵션을 받아야 하는 것에 동의하지 않는다. 실제로 S&P 500 지수에서 CEO 연봉이 높은 기업의 성과는 그다지 좋지 않았다.[87]

경영진 보상
경영진의 리더십, 기업에서 그들이 하는 역할, 그들이 낸 기업 성과에 대한 대가를 지불하는 방법

경영진의 리더십, 기업에서 그들이 하는 역할, 그들이 낸 기업 성과에 대해서 어떻게 보상할 것인지는 오랫동안 논의되어 온 주제이다. 1970년대에는 기업 내부 공정성, 즉, 다른 직원들이 받는 보수가 CEO 보수를 결정하는 요인이었다. 이후에는 기업 외부 공정성, 즉, 다른 기업의 CEO가 받는 보수가 해당 기업의 CEO 보수를 결정하는 요인이 되었다. 이러한 경향으로 인해 경영진 보상은 점차 증가했으며 오늘날까지도 계속 증가하고 있는 추세이다. 종종 기업은 보상위원회를 구성하고 비슷한 다른 기업의 보상 수준을 알아내어 비슷한 수준으로 경영진 보상을 구성한다. 따라서 만약 한 기업의 경영진 보상이 매우 높은 수준이라면 다른 기업의 보상도 그와 비슷한 수준으로 증가하고 결과적으로는 연속적인 증가 추세가 형성된다. 여기에 더해 성과급과 스톡옵션, 양도제한 조건부주식(restricted stock)과 같은 주식형 보상도 제공되기 때문에 경영진 보상의 규모는 훨씬 커진다.[88]

가장 높은 보수를 받는 임원과 중위 수준의 보수를 받는 직원 간의 보수 차이는 자주 논의되는 주제이다. 어떤 기업에서 보수 차이가 너무 크다면 이는 직원들이 정당한 수준의 보상을 받지 못하고 있거나 기업의 자원이 고위 임원에 집중되어서 적절하게 사용되지 않고 있다는 증거라는 비판이 있다. 그러나 보수 차이는 계속해서 증가하고 있다. CEO 보상이 증가하면 고위 경영진이 받는 보상이 증가하는 반면 다른 직원들의 보상은 낮아진다.[89] SEC는 Dodd-Frank Wall Street Reform and Consumer Protection Act를 제정하고 공개 기업에서 CEO와 중위 수준의 직원 보수 간 차이를

표 2-6 가장 많은 보수를 받는 CEO

순위	기업	CEO	보수	중위 수준 보수	보수 차이 비율
1	Alphabet Inc.	Sundar Pichai	$28,06,21,552	$2,58,708	1085:1
2	Discovery, Inc.	David M. Zaslav	$4,58,43,912	$79,343	578:1
3	CVS Health Corporation	Larry J. Merlo	$3,64,51,749	$46,140	790:1
4	Howmet Aerospace Inc.	John C. Plant	$5,17,12,578	$55,497	934:1
5	The Walt Disney Company	Robert Iger	$4,75,17,762	$52,184	911:1
6	The Kraft Heinz Company	Miguel Patricio	$4,32,97,480	$42,689	1034:1
7	Intel Corporation	Robert H. Swan	$6,69,35,100	$96,300	695:1
8	Universal Health Services, Inc.	Alan B. Miller	$2,44,73,240	$38,931	629:1
9	Las Vegas Sands Corp.	Sheldon Gary Adelson	$2,46,80,118	$42,228	584:1
10	Fox Corporation*	Lachlan Murdoch	$4,21,11,103	N/A	359:1

* 미국 증권위원회(SEC)의 보고 시점에 관한 규정상, 일부 기업의 CEO 보수에 대한 보고의무가 없었음

Note: CEO 교체가 있었던 경우는 가장 고액의 보수를 고려하였음

자료: As You Sow, "The 100 Most Overpaid CEOs 2019," 2020, https://www.asyousow.org/report-page/the-100-most-overpaid-ceos-2021 (accessed March 16, 2021).

공개하도록 규제하고 있다.[90] 미국에서의 보수 차이는 273:1, 영국에서는 201:1, 스위스에서는 152:1이다.[91] 표 2-6은 As You Sow에서 발표한 CEO가 가장 많은 보수를 받는 10대 기업의 목록이다. 오늘날 S&P 500 기업의 CEO는 1,310만 달러를 받는 반면에 정규직은 51,916달러를 받고 있다.[92]

이해관계자들은 경영진이 직접적으로 기업 성과에 기여한 경우에만 높은 수준으로 경영진 보상을 지급해야 한다고 생각한다. 실제로 기업 소유주들이 경영진 보상의 부작용에 대한 우려를 표시한 바가 있다. 예를 들어, 21세기 초에 J. P. Morgan은 최고 경영진의 보수가 다른 임직원이 받는 보수보다 20배 이상일 수 없도록 제한하는 정책을 실시했다.[93] 경영진이 자신의 직위와 권력을 사적으로 이용할 때 혹은 이사회가 과도한 보수를 지급하도록 영향력을 발휘할 때 윤리적인 문제가 발생할 수 있다. 실제로 많은 경영진이 자신의 보수를 스스로 삭감하고 있다. COVID-19가 성행한 기간 동안에 Lyft의 설립자, Marriott의 CEO, Airbnb 경영진 등이 임직원에게 보수를 지급하기 위해서 자신의 보수를 자발적으로 삭감했다.

반면, 경영진이 기업을 대신해서 리스크를 감수하고 있으므로 기업 성과

가 좋을 때는 그들이 높은 수준의 보상을 받는 것이 당연하다는 주장이 있다. 경영진 대다수는 24시간 내내 기업에서 오는 연락을 받아야 하기 때문에 그들의 개인적인 삶과 직업적인 삶을 구분할 수 없다는 것도 한 이유이다. 모든 사람이 경영진이라는 직위에서 오는 긴장감과 책임감을 견딜 수 있을 만큼의 역량, 경험, 열정을 가지고 있는 것은 아니기 때문에, 높은 수준의 경영진 보상은 시장 논리에 따른 자연스러운 결과이다. 그래서 이사회는 유능한 최고 경영진을 선임하기 위해서는 높은 보수를 지불해야 한다고 생각한다. 실제로 만약 다른 기업에서 온 제안에 기꺼이 응해 "배에서 뛰어 내릴" 준비가 되어 있는 경영진에게 스톡옵션이나 성과급은 분명히 매력적인 선택지이다.[94] 그러나 연구에 따르면 CEO 보상이 클수록 재무 성과는 좋지 않은 것으로 나타났으며, 따라서 보상 패키지를 후하게 제공하는 것이 기업 성과를 개선시키는지에 대해서는 충분히 의문이 제기될 수 있다.[95]

경영진 보상은 언론의 관심이 집중되고 이해관계자가 주시하는 주제이기 때문에 이사회는 이 문제를 다룰 때 많은 사항을 함께 고려해야 한다. 경영진 보상의 수준을 결정할 때 이사는 경영진 보상이 기업 성과에 어떻게 영향을 미치는지를 반드시 파악해야 한다. 이윤이나 매출과 같은 성과 목표치와 보상을 연계시키는 방법은 경영진과 주주의 이해를 일치시키기 위한 방법이다. 경영진 보상이 과도하다는 비판이 계속되자 많은 기업의 이사회가 CEO 보상 패키지를 주가와 연동시키거나 스톡옵션 형태로 제공한다. 몇몇 기업에서는 성과가 나쁘거나 부정행위를 한 CEO의 보상을 삭감하거나 더 나아가 해임하기도 했다. 예를 들어, Volkswagen과 Wells Fargo는 경영진 보상을 삭감하고 스캔들을 일으킨 CEO를 해임시켰다.[96]

한편, 기업 성과와 경영진 보상을 연동하는 방안이 경영진으로 하여금 장기적인 성장을 희생시키면서까지 단기적인 성과에만 집중하도록 만든다는 문제가 있다.[97] 그러나 오늘날의 주주들은 기업의 투명성에 대해서, 그리고 그 투명성이 단기 성과와 경영진 보상에 미치는 영향에 대해서 더 잘 이해하고 있다. 한 연구에 따르면 지배구조 관행을 상세하게 공개하는 기업에서 주주가 얻는 이익이 그렇지 않은 기업의 주주가 얻는 이익에 비해서 더 큰 것으로 나타났다.[98] 즉, 기업 성과와 경영진 보상을 연계하는 경우에도 기업의 투명성이 충분히 높다면 경영진이 단기 성과에만 매몰되지 않도록 영향력을 미칠 수 있을 것이라고 예상할 수 있다.

2-6 이해관계자 관점을 실행하기

기업 지배구조가 효과적이고 기업윤리와 CSR이 성공에 있어서 얼마나 중요한지를 이해한 기업은 이를 관리할 수 있는 절차 역시 확립해야 한다. 여기에서는 이해관계자 프레임을 효과적으로 적용할 수 있는 단계를 설명할 것이다. 그 단계는 다음과 같다. (1) 기업 문화를 평가하기, (2) 이해관계자 집단을 식별하기, (3) 이해관계자 이슈를 식별하기, (4) CSR에 대한 기업의 기여를 평가하기, (5) 자원을 파악하고 긴급성을 평가하기, (6) 이해관계자의 피드백 구하기. 이 때 기업은 각 단계마다 전략을 구상하고 실행하는 과정에서 이해관계자의 피드백을 받아야 한다.

2-6a 단계1: 기업 문화를 평가하기

CSR 프로그램과 조직의 적합성을 높이기 위해서는 CSR을 기업 문화와 반드시 일치시켜야 한다. 첫 번째 단계의 목적은 기업이 CSR을 실행하는 과정에 영향을 미칠 수 있는 미션, 가치, 규범, 행위 등을 파악하는 것이다. 특정한 가치나 규범은 기업이 가장 중요하게 여기는 이해관계자 혹은 이슈와 관련되어 있을 수 있다. 그리고 이해관계자와 관련된 이러한 가치나 규범은 미션 선언, 연간 보고서, 판촉물, 윤리 강령과 같이 문서의 형태로 표현될 수 있다. 예를 들어, Ben & Jerry's의 세 가지 미션은 지속가능한 방법으로 재무적인 성장을 이루는 것, 세상을 더 나은 곳으로 만드는 것, 훌륭한 아이스크림을 만드는 것이다. 그래서 Ben & Jerry's는 인종 차별, 민주주의, GMO, 공정 무역, 기후 정의 등의 문제를 해결하기 위해 적극적으로 나서고 있다.[99]

2-6b 단계2: 이해관계자 집단을 식별하기

이 단계에서는 이해관계자가 기업에 대해서 가지고 있는 필요, 요구, 열망을 이해해야 한다. 어떤 이슈들은 소비자, 규제 당국, 언론 등의 핵심적인 이해관계자가 관심을 가지고 있기 때문에 더 부각된다. 이해관계자들이 합의할 때뿐만 아니라 갈등을 겪고 있는 때에도 기업은 문제에 적대적으로 접근하지 않기 위해서 노력해야 하며, 이에 협력 모델을 채택하는 것이 한 가지 방법일 수 있다. 규제 당국은 혁신이나 기업 성과에 부정적인 영향을 미치기 때문에 이 문제에 있어서 특히 중요하게 관리되어야 하는 이해관계자이다.[100] 기업 관리자는 이 단계를 통해서 기업 성과 혹은 CSR에 영향을 미치거나 이로부터 영향을 받을 가능성이 높은 이해관계자를 식별할 수 있다.

이해관계자는 기업에 제공하고 있는 자원을 철회할 수 있는 위치에 있다는 사실로부터 기업에 권력을 행사할 수 있게 된다. 이해관계자가 기업에 제공하고 있는 자원이 기업에는 반드시 필요하지만, 이해관계자의 생존이 기업의 성공에 의존하지 않을 때 그 이해관계자가 기업에 행사할 수 있는 권력은 가장 크다. 기업은 이해관계자가 권력을 행사하는 상황을 피하기 위해서 온라인 주주 총회를 개최할 수도 있다. 투자자들은 이러한 온라인 주주 총회에 직접 참여할 수 없으므로 이를 통해서 기업의 영향력이 과도해지는 상황을 우려한다. 한편, 이해관계자가 기업에 행사하는 권력을 측정하기 위해서는 개별 이해관계자가 행사하는 크기뿐만 아니라 한 이해관계자가 다른 이해관계자들과 협력했을 때의 크기까지 고려해야 한다. 이 관계를 통해서 기업은 어떤 이해관계자를 가장 우선시해야 하는지를 파악할 수 있다.

2-6c 단계3: 이해관계자 이슈를 식별하기

기업은 앞선 두 단계를 거치면서 가장 영향력이 강하고 가장 정당한 이해관계자를 식별할 수 있게 된다. 권력이 크고 정당할수록 기업은 이 이해관계자를 더 긴급하게 관리해야 한다. 따라서 이 단계는 긴급하게 처리해야 하는 이슈를 파악하는 단계이다. 여러 이해관계자가 얽혀 있어서 문제가 매우 복잡할 때 기업은 이 문제를 해결하기 위해서 이해관계자 간의 협력을 유도해야 한다. 이 때 문제에 적대적인 태도로 접근하는 것은 부적절하다.

어떤 문제가 윤리적으로 중요한지는 사회에 따라 달라진다. 예를 들어, 멕시코에서는 비만이 매우 중요한 사회적 문제이다. 멕시코에서는 성인병 비율과 비만성 질병으로 인한 문제가 천정부지로 증가하고 있다. 멕시코 정부는 액상 과당 소비를 줄이기 위해서 탄산 음료에 세금을 부과하기 시작했다.[102] 또 다른 예로는 미국에서 헬스케어에 대한 관심이 크게 증가했고 이에 CVS

가 스스로를 헬스케어 기업으로 다시 포지셔닝 한 일을 들 수 있다. 실제로 CVS는 매대에서 담배를 제외하고 가정에서 만성 질병을 관리할 수 있는 방법을 고안하는 데 20억 달러를 지출한 바 있다.[103] CVS는 미국인들에게 가장 중요한 문제가 무엇인지를 파악하는 것으로 자신들이 이해관계자를 지향하고 있다는 것을 확실하게 증명했다.

2-6d 단계4: CSR에 대한 기업의 기여를 평가하기

1단계부터 3단계까지는 기업 내부에서 혹은 외부에서 기업을 둘러싸고 영향을 미치는 다양한 정보 중에서 사회적 책임에 관한 정보를 생산하는 과정이다. 4단계는 앞서 세 단계에서 이루어진 정보를 바탕으로 특히 기업의 이익에 부합하는 CSR 이니셔티브가 무엇인지를 파악하는 과정이다. Starbucks 같은 기업은 이해관계자의 주요 관심사를 다루기 위해 적극적으로 노력한다. 예를 들어, Starbucks는 연간 보고서, 웹 사이트, 기업 소개 책자 등의 공식적인 문서에 자사의 이니셔티브를 명확하게 설명하고 있다. 또한 Starbucks는 환경을 주요 관심사로 두고 기업 활동이 환경에 미치는 영향을 최소화하기 위한 프로그램을 실시하고 있으며, 지역 사회를 더 좋은 곳으로 만들고 스스로가 좋은 이웃이 되기 위해서 지역 사회를 재건하는 여러 프로그램을 실시하고 있다.[104] 연구에 따르면 CSR에 대한 정보를 연간 보고서에 투명하게 공개하는 기업일수록 더 수준 높은 지배구조를 확립하는 것으로 나타났다.[105] 따라서, 최고 경영진과 이사회는 기업이 CSR에 기울이고 있는 노력을 투명하게 공개하기 위해 노력해야 한다.

2-6e 단계5: 자원을 파악하고 긴급성을 평가하기

기업은 두 가지 기준, 즉 다양한 기업 활동을 수행하는 데 필요한 자원을 얼마나 보유하고 있는지 그리고 각각의 CSR 이니셔티브가 얼마나 긴급한 것인지를 기준으로 자원을 할당해야 한다. 문제가 굉장히 중요하고 이 문제에 대해서 이해관계자들이 기업에 압력을 가할 것이라고 판단될 때, 기업은 그 문제를 긴급하게 처리해야 한다. Apple이 구형 iPhone의 배터리 성능이 저하되면 전원이 꺼지는 현상을 막기 위해서 소비자에게는 알리지 않고 기기의 성능을 크게 저하시켰다는 사실이 밝혀졌을 때 소비자들은 매우 크게 반발했다. 실망한 이해관계자들을 달래기 위해서 Apple은 iPhone의 몇몇 모델에 한해서 배터리를 교체하는 비용을 낮추고 배터리 성능을 높이는 동시에 전원 꺼짐 현상을 막기 위한 방법을 담은 자료를 배포했다. Apple은 이후 Apple iOS 11.3 버전에 충전 용량, 평균 스크린 작동 시간, 앱별 배터리 사용량, 순간 최대 성능에 관한 정보를 알려주는 Battery Health 기능을 탑재했다.[106]

2-6f 단계6: 이해관계자로부터 피드백 구하기

이해관계자의 피드백이 기업에 전달되는 경로는 다양하다. 첫번째, 기업과 기업 관행에 대한 이해관계자들의 일반적인 평가는 만족도나 평판에 대한 설문조사로 확인할 수 있다. 두번째, 특정한 이슈에 대한 기업의 노력을 이해관계자들이 어떻게 평가하고 있는지를 알기 위해서 기업은 이해관계자가 주로 사용하는 블로그, 웹 사이트, 팟캐스트, 뉴스레터 등의 매체를 이용할 수 있다. 많은 기업에서 이해관계자의 인식을 확인하고 이를 적절하게 분류하기 위해서 매체 추적 서비스를 사용하고 있다. 세번째, 기업은 포커스 그룹 인터뷰(FGI), 관찰, 설문조사 등 공식적으로 연구를 진행할 수 있다.

여러 단체에서 소비자에게 정보를 제공하기 위해서 웹 사이트를 사용하고 있다. California를 거점으로 활동하는 소비자 감시 단체인 Consumer Watchdog는 교육 현장에서 정유 산업이 어떻게 묘사되고 있는지를 감시하는 한편, 보험 회사 Aetna가 HIV 환자를 차별하고 있다고 주장하며 소송을 걸었다. Consumer Watchdog는 Aetna가 HIV 환자에게는 별다른 선택의 여지 없이 우편으로만 치료약을 배송 받게 하는 정책을 도입한 사실을 문제 삼았다. Aetna는 산업의 변화를 따라가기 위해서 이 정책을 도입했으며 HIV 환자들에게 선택의 여지가 없지 않다고 반박했다.[107] 이 소송은 2차 이해관계자가 기업에 어떻게 영향을 미칠 수 있는지를 보여주는 사례이다.

2-7 이해관계자 관점의 공헌

이해관계자 프레임을 적용하는 동안 기업은 정보를 수집하고 올바르게 판단해서 이해관계자 사이의 균형을 유지해야 한다. 예를 들어, 기업이 이해관계자인 소비자를 위할 때 사회 전체적으로는 갈등이 야기될 수도 있다. 실제로 전자 제품에 사용되는 금속 대부분이 콩고 민주공화국처럼 내전이 벌어지고 인권 탄압이 이루어지는 국가로부터 수입된다는 사실을 생각해 볼 필요가 있다. The Securities and Exchange Commission은 주의의무에 따라 기업이 금속을 수입할 때는 공급자에게 지불한 금액이 무기 제작에 사용되지는 않는지 여부를 보고하도록 규제하는 법안을 통과시켰다. 규제에 따라 기업이 부담해야 하는 비용은 6억에서 8억 달러일 것으로 보인다.[108] 이는 규제가 어떻게 기업의 재무적인 성과 혹은 혁신을 제한할 수 있는지를 보여주는 또다른 사례이다. 소비자들은 전자 기기를 합리적인 가격에 구매하고 싶어하기 때문에, 만약 규제가 없다면 기업은 소비자들이 원하는 수준으로 iPad의 가격을 낮추기 위해서 필요한 금속을 분쟁 지역으로부터 수입하려고 할 것이다. 다시 말해서, 소비자에게 가장 이로운 의사결정이 분쟁 지역의 사람들에게는 해를 끼칠 수 있다. 이해관계자 사이의 균형을 유지하는 일은 매우 어려운 숙제이다.

이 장에서는 이해관계자 이슈, 이해관계자 간에 발생하는 갈등과 이로부터 얻을 수 있는 기회에 대해서 개괄했다. 이해관계자 프레임은 이슈를 파악하고 이해관계자를 식별하고 기업윤리와 CSR을 수행하는 데 있어서 이사회와 관리자가 어떠한 역할을 해야 하는지를 설명한다. 이해관계자 관점은 기업을 더욱 윤리적으로 만들고 결과적으로 기업의 평판을 좋게 만든다.

요약

기업은 기업을 둘러싼 사람과의 관계 속에서 갈등을 겪고 그 관계를 통해서 기업윤리를 실현해 나간다. 이해관계자는 소비자, 주주, 직원, 공급자, 정부 기관, 지역 사회, 혹은 기업의 제품, 활동, 시장, 산업, 성과에 대해서 자신의 "몫"이나 권리를 주장할 수 있는 사람을 말한다. 이해관계자는 기업에 의해 영향을 받는 동시에 기업에 영향을 미칠 수도 있다. 이해관계자는 기업의 성공에 필수적인 유·무형의 자원을 제공한다. 따라서 기업에 대한 이해관계자의 권력은 이 자원을 철회할 수도 있다는 사실에서 비롯된다. 이해관계자는 기업이 중요하게 다루어야 할 윤리적인 문제들을 규정한다.

1차 이해관계자는 기업의 생존을 좌우할 수 있을 정도로 핵심적인 자원이나 지원을 제공하는 이해관계자를 말한다. 2차 이해관계자는 기업을 둘러싸고 이루어지는 거래에 직접적으로 연관되어 있지 않기 때문에 기업 생존을 좌우하지는 않는 이해관계자를 말한다. 이해관계자 상호작용 모델에서는 기업과 여러 이해관계자가 호혜적인 관계를 형성한다. 기업이 이해관계자들의 요구를 이해하고 이를 적절하게 다루고 있는 정도를 이해관계자 지향(Stakeholder orientation)이라고 하며, 이해관계자 지향은 다음의 세 가지 활동으로 이루어진다. (1) 이해관계자 집단과 각각의 이해관계자가 기업을 어떻게 평가하고 있는지에 대한 포괄적인 정보의 생산, (2) 기업 내부에서 정보가 확산되는 과정, (3) 이 정보에 대한 기업의 반응. 이해관계자 지향은 연속적인 개념으로 이를 얼마나 실현하고 있는지에 따라 각 기업들의 수준은 다양하다.

'기업윤리'와 '기업의 사회적 책임(CSR)'이라는 용어를 혼용해서 사용하는 경우가 많지만 두 단어는 명백하게 의미가 다르다. 기업의 사회적 책임(CSR)은 이해관계자들에게 미치는 긍정적인 영향력은 최대화하고 부정적인 영향력은 최소화하기 위해서 기업이 실시하고 있는 의무를 말한다. CSR은 경제적, 법적, 윤리적, 자선적 책임 네 가지로 구분되며, 가장 아래에 경제적 책임을, 그 위로 법적 책임, 윤리적 책임, 자선적 책임을 차례로 쌓아 나가는 피라미드 형태로 표현될 수 있다. 기업시민의식(Corporate Citizenship)은 기업이 전략적으로 여러 이해관계자에게 경제적, 법적, 윤리적, 자선적인 책임을 얼마나 다하고 있는지 그 정도를 나타낸다.

CSR 관점에서 기업윤리는 중요한 이해관계자가 기업에 대해서 가지고 있는 기대가 반영되어 있는 기업의 표준, 규범을 말한다. 기업이 설립 취지에서부터 기업윤리를 고려하고 전략에 기업윤리를 통합시킬 때에만 CSR이 일상적으로 이루어지는 기업의 의사결정에 자연스럽게 녹아들 수 있다.

사회적 책임과 관련된 이슈에는 사회적인 문제, 소비자 보호, 지속가능성, 기업 지배구조가 포함된다. 사회 문제는 공공선과 관련되며 소아 비만이나 인터넷 프라이버시 같은 현상을 포함한다. 소비자 보호는 종종 불공정하고 기만적인 기업 관행으로부터 소비자를 보호하기 위해 법령을 통과시키는 결과를 야기한다. 지속가능성은 모든 생명체를 포함하는 자연 환경을 장기적으로 잘 보존할 뿐만 아니라 개인, 조직, 기업 전략과 자연 환경이 호혜적으로 상호 작용을 할 가능성을 의미한다. 기업 지배구조는 기업의 책무성(Accountability), 기업윤리, 기업의 사회적 책임(CSR)을 수행하는 공식적인 체계이다.

많은 기업이 주주 이익을 극대화하는 것이 기업의 존재 목적이라는 전제 아래에서 운영된다. 한편, 이해관계자 모델에서는 이사회가 다양한 이해관계자 사이에 발생하는 이해 상충을 조정하는 역할을 해야 한다고 설명한다. 이사와 경영진은 주주에 대한 선관주의 의무를 부담한다. 구체적으로 이사는 그 자신이 비윤리적인 행위를 하지 않고 더 나아가 기업 내부에서 비윤리적인 행위가 일어나지 않도록 리더십을 발휘해야 한다. 직원들이 비윤리적인 의사결정을 내리지 못하도록 하기 위해서 많은 기업이 공식적으로 책무성, 감시(Oversight), 통제(Control) 체계, 즉, 기업 지배구조를 확립한다. 책무성은 실제로 업무가 진행되는 중에 이루어지는 의사결정이 기업의 전략 방향과 얼마나 일치하는지 혹은 이 의사결정이 기업의 윤리적, 법적인 책임을 얼마나 잘 준수하고 있는지를 의미하는 개념이다. 감시는 비윤리적이고 불법적인 행위를 막기 위해서 수립한 정책 혹은 전략을 직원들이 위반하지 않도록 그 가능성을 통제하고 관리하는 체계를 말한다. 통제는 기업의 의사결정과 기업의 행위를 감사하고 이를 개선하는 과정이다.

기업 지배구조를 설명하는 두 가지의 관점이 있다. 주주 모델은 고전 경제학으로부터 시작된 관점으로 기업은 투자자와 기업 소유주의 이익을 극대화하기 위해 존재한다고 전제한다. 이해관계자 모델은 더 넓은 관점에서 기업이 주주뿐만 아니라 다른 이해관계자, 직원, 공급자, 규제 당국, 지역 사회, 특정한 이익집단 등의 이익까지 고려해야 한다고 여긴다. 이 두 관점은 기업 지배구조를 양 극단에서 설명하고 있지만, 실제로는 주주 모델이 이해관계자 모델의 일부분이다.

이사회의 역할과 경영진 보상은 윤리적인 의사결정을 내리기 위해서 중요하게 고려되어야 하는 지배구조 문제이다. 공개 기업의 이사회는 기업의 자원 활용과 의사결정에 대해 법적인 책임을 진다. 이사회는 책무성, 투명성, 독립성을 유지하면서 역할을 수행해야 한다. 이사회는 또한 최고 경영진을 지명하고 이들의 보상을 결정한다. 경영진 보수에 대한 비판적인 시각은 경영진의 보수와 중위 수준에 있는 직원의 보수 비율이 매우 불균형하다는 사실에서 기인한다.

기업 지배구조가 효과적이고 기업윤리와 CSR이 성공에 있어서 얼마나 중요한지를 이해한 기업은 이를 관리할 수 있는 절차 역시 확립해야 한다. 여기에서는 이해관계자 프레임을 효과적으로 적용할 수 있는 단계를 설명하며, 그 단계는 다음과 같다. (1) 기업 문화를 평가하기, (2) 이해관계자 집단을 식별하기, (3) 이해관계자 이슈를 식별하기, (4) CSR에 대한 기업의 기여를 평가하기, (5) 자원을 파악하고 긴급성을 평가하기, (6) 이해관계자의 피드백 구하기.

윤리적 비즈니스 과제 해결하기

Demarco는 Texas University를 졸업하고 세계에서 가장 큰 천연 자원 추출 기업인 Xeon Natural Resources Incorporated에 입사했다. Demarco는 브라질 방언을 할 수 있었기 때문에 브라질에 파견되었고, 이후에 열대 우림에서 Niobium이라는 매우 중요한 자원을 채굴하는 업무에 핵심 인사가 되었다. Niobium은 미세 특수강을 제작할 때 반드시 필요한 희토류 원소로 제트기 엔진, 로켓의 하위 부품, 초전도 전자석, 초합금 등을 만드는 데 사용된다. 브라질의 Niobium 매장량은 전 세계 매장량에 92%에 달한다. Xeon은 브라질에서 Niobium이 대규모로 매장되어 있는 장소를 발견하고 향후 20년 동안 이 지역에서 5억 달러 이상의 추가적인 수익을 올릴 수 있을 것이라고 기대하고 있다.

Xeon이 Niobium을 채굴하려는 바로 그 장소를 터전으로 살고 있는 원주민 부락을 설득하는 것이 Demarco가 맡은 업무였다. 그런데 원주민들과 몇 달 동안 함께 시간을 보낸 뒤에 Demarco는 이 부족의 문화가 서구의 것으로는 대체될 수 없는 소중한 유산이라는 사실을 깨닫게 되었다. Demarco는 Xeon이 이 지역을 채굴하기 시작하면 수천 명의 "이방인"들이 이 곳으로 몰려들어서 원주민 부락의 문화 유산에 영향을 미칠 것을 우려했다.

Demarco는 상사인 Barbara에게 이 문제를 건의했다. "그래요, 당신이 하는 말은 이해했어요. 이 프로젝트로 인해서 그 곳에 살고 있는 사람들뿐만 아니라 그들의 자식들, 그리고 그 자식들까지도 큰 변화를 겪을 것이라는 당신 의견에는 동의합니다." Barbara는 말했다. "그런데 Demarco, 생각해 봐요. 그 사람들의 삶의 질이 엄청나게 좋아질 거예요. 학교가 생기고 병원도 들어서게 되고요, 더 많은 일자리가 생기겠죠."

Demarco가 대답했다. "물론 부족장은 사람들이 더 좋은 삶을 살게 될 것이라고 한다면 동의하겠죠. 그런데 저는 왜인지 그 사람들이 이해할 수 없는 어떤 것을 이해하라는 압박을 받고 있는 것처럼 느껴져요. 의사결정 권한을 가진 사람들은 이 일이 자신들의 삶과 문화에 어떤 영향을 미치게 될지 알지 못해요. 이 프로젝트에 있어서 우리 직원들이 이해관계자 전부는 아니잖아요. 우리는 원주민들, 브라질 정부, 그리고 하물며 보호 구역 너머에 살고 있는 사람들까지도 생각해야 해요. 저는 우리가 프로젝트에 착수하기 전에 이들 모두를 고려해서 사업성을 다시 평가해야 한다고 생각합니다."

Barbara가 한숨을 내쉬었다. "다른 이해관계자까지 고려해야 한다는 건 중요한 포인트예요. 그렇지만 우리가 이미 당신이 말한 그 의사결정권자들의 동의를 받았고, 회사의 매출이 Niobium 채굴에 달려있다는 사실은 어떻게 하고요? 우리는 이미 이 프로젝트를 시작했어요."

Demarco는 숙소로 돌아왔다. 다른 동료가 Demarco에게 Barbara의 반응이 어땠는지를 물었다. 그가 말하기를, 이미 여러 사람이 이 프로젝트에 의구심을 가지고 있었다. 몇 사람은 지역 언론과 국영 방송에서 이 채굴 프로젝트가 원주민 부락에 미치는 부정적인 영향을 취재하기 시작했다고 말했다. 며칠 뒤에 Demarco는 원주민 부족의 의사결정권자들이 이 프로젝트에 대한 부족민들의 의견을 듣기 위해서 모임을 열 계획이라는 얘기를 들었다.

Demarco는 전문가를 찾아가서 이 프로젝트가 지역에 미칠 영향력에 대해서 물었다. 전문가는 Demarco의 우려를 이해하지만 Xeon의 채굴 기술은 친환경적이라고 답변했다. 일시적으로 열대 우림 생태계가 교란될 수는 있지만 Xeon의 채굴 기술은 그 이후에 생태계가 충분히 회복될 수 있도록 개발되었다는 것이었다. 실제로 Xeon의 기술은 이미 미국에서 규제가 채 생기기도 전에 사용된 적이 있으며 채굴 이후에 산림이 원래 상태로 회복될 수 있다는 사실이 증명된 바 있었다. 그러나 Demarco는 긍정적인 답변에도 불구하고 여전히 이 프로젝트가 원주민들에게는 악영향을 미칠 것이라고 생각했다. 게다가 Xeon이 사용할 채굴 기술이 완벽하게 친환경적인 것도 아니었다. 산림은 어느 정도 회복될 수 있겠지만, 원주민들의 삶은 영원히 변할 것이다.

다음날 Demarco는 이 문제에 대해 의논하기 위해서 원주민들을 만났다. Demarco는 어떤 결정이든지 모든 이해관계자가 다 만족할 수는 없다는 사실을 이해하고 있다. 원주민들은 이 프로젝트가 시작되면 환경과 전통이 훼손될 것이라고 생각한다. 다른 한편으로 Xeon과 그 직원들의 미래는 이 프로젝트에 달려있다. 이 프로젝트가 원주민들에게 경제적으로 도움이 될 것이라는 사실도 잊지 말아야 한다. Demarco는 그들에게 뭐라고 말을 해야 할지 확신할 수 없었다.

[질문]

1. Demarco가 원주민들을 만나서 이 문제에 대해 어떻게 이야기해야 할까?
2. 여러 이해관계자 간에 균형을 맞추려면 무엇을 먼저 고려해야 할까?
3. Xeon의 CEO와 이사회는 이해관계자 지향을 지속할 수 있을까?

3장

지속가능성: 사회적 측면과 윤리적 측면

학습목표

- 지속가능성과 윤리적인 의사결정, 기업의 사회적 책임을 연관 짓는다.
- 국제적으로 발생하고 있는 대기, 물, 토지에 대한 환경 문제를 탐색한다.
- 지속가능성을 제고하기 위한 환경 입법을 검토한다.
- 지속가능성을 위한 대안으로 등장한 여러 재생 가능한 에너지 자원을 비교한다.
- 그린 마케팅과 그린워싱 등 지속가능성에 대한 기업의 반응을 평가한다.
- 지속가능한 기업 관행을 실행하기 위한 전략 방향을 제시한다.

개요

윤리적 딜레마*

Jared는 Darwin Chemical Company(DCC)에서 4년 동안 근무했다. DCC는 8개 나라에 지사를 두고 있는 다국적 기업이다. 6개월 전에 Jared는 회사로부터 중국 지사의 공장 관리자 직책을 제안받았다.

"근속 기간이 몇 년 되지 않은 사람한테 이런 기회를 제안하는 일은 흔하지 않아요." Jared의 상사인 Samantha가 말했다. "당신이 회사에서 일한 기간은 짧지만, 상부에서는 당신이 관리자로서 가능성을 보여줬다고 생각해요. 이력서를 보니까 MBA 과정 중에 한 학기를 중국에서 보냈더라고요. 당신이 아무래도 중국 문화에 훨씬 익숙할 테니까 회사에서는 다른 지원자들보다도 당신이 이 일에 더 적합하다고 판단했어요."

Jared에게는 이 제안이 앞으로 회사 내에서 크게 승진할 수 있는 기회의 첫 단계로 보였다. Jared는 이 제안을 수락했고 몇 달 뒤에 중국으로 떠났다. 중국에서의 생활은 고단했지만 그만큼의 가치가 있는 일이었다. Jared는 특히 연줄을 만드는 방법이나 직원들과 의사소통하는 방법에 대해서 부매니저 Bojing의 도움을 많이 받았다. DCC는 Jared에게 공장을 관리할 수 있는 전권을 주었다. 공장의 성과는 순이익에 달려 있었고 직원들도 이 사실을 잘 알고 있었다.

몇 주 전에 Jared는 자주 사용하는 화학 물질의 폐기 과정을 살피다가 뭔가 이상한 부분을 발견했다. 이 화학 물질을 폐기하고 처리하는 과정은 매우 복잡했고 폐기물 0.5리터당 1리터의 물이 사용되어야 했다. 담당자는 이 과정에서 화학 물질이 완전히 안전하게 처리된다고 말했다. 문제는 이 과정이 어떻게 이루어지고 있는지에 대해 상세하게 기술한 보고서를 회사 내부 통신망에 제출해야 한다는 규정이 지켜지고 있지 않다는 사실이었다. 사실, Jared는 폐기물 처리에 대해서 정리된 어떠한 기록이나 보고서도 받아본 적이 없었다.

Jared는 Bojing을 찾아가 이 문제에 대해 말했다.

"문서는 그냥 요식 행위죠." Bojing은 대답했다. "아무도 찾지 않습니다."

Jared는 말했다. "중요한 건, 폐기물 처리 과정이 제대로 돌아가고 있는지를 확실히 해야 할 필요가 있다는 겁니다."

몇 가지 질문을 더 받은 후에 Bojing은 절차에 따라 폐기물을 처리하려면 너무나 많은 시간이 소요된다고 실토했다. 그래서 이 공장에서는 몇 번 근처에 있는 강물에다가 폐기물을 투기한 적이 있었다.

Jared는 충격을 받았다. 그 강은 크지는 않지만, 지역 주민들이 식수로 사용하는 곳이었다.

"그렇지만 유독 물질이잖아요! 어떻게 그럴 수가 있습니까?"

"몇 년 전에 있었던 일입니다." Bojing은 계속해서 말했다. "그리고, 음, 전임 관리자는 이 일에 대해서 걱정할 필요가 없다고 말했어요. 화학물들이 물에 희석되면 독성이 치명적이지 않게 될 것이라고요. 그보다 더 많은 양을 버려야 문제가 생길 겁니다."

Jared는 즉시 조치를 취했다. 그는 문제를 제대로 조사하기 위해서 작업을 중단하라고 지시했다. 그리고 공장의 모든 직원을 불러 모아 지금부터는 폐기물을 대충 처리하는 일은 없을 것이라고 못을 박았다. 또한 Jared는 이 상황을 본사의 Samantha에게 보고하고 폐기물 처리에 대한 전임 관리자의 업무 태만에 대해서도 이야기했다.

Jared는 통화 중에 Samantha에게 앞으로 어떻게 절차를 개선할지에 대해서 설명했다. Samantha는 적절하게 폐기물을 처리하지 않고 있던 관행을 알아차리고 이를 즉시 시정하려는 Jared의 노력을 칭찬했다. Jared는 이어서 이 일을 중국 당국에 어떻게 보고하고 어떻게 강을 정화해야 할지를 물었다.

Samantha는 잠시 침묵하다가 말했다. "잠시만요. Jared, 중국에서는 수질 오염이나 폐기물 투기와 같은 일이 좀 더 쉽게 용인되는 편이라는 사실을 이해해야 해요. 우리가 강을 어떻게 정화할지에 대해서까지 고려해야 하는지 잘 모르겠네요. 그 지역의 다른 공장에서도 폐기물을 그냥 강물에 버리고 있을 거예요. 우리만 그런 건 절대 아니죠."

"그렇지만 Samantha, 사람들이 그 물을 마셨고 병에 걸릴 거예요." Jared는 대답했다.

"정화는 돈이 너무 많이 드는 일이고, 우리가 다른 공장들의 잘못까지도 다 책임지게 되는 건요? 우린 외국 기업

이니까 더 심하면 큰 벌금을 물 수도 있겠죠. 그리고 당신이 이미 말했잖아요. 병에 걸리려면 그 화학 물질을 더 많이 마셨어야 할 거라고."

전화를 끊고 Jared는 무척이나 혼란스러웠다. 생각해보면 Samantha가 옳은 것처럼 보였다. 아마 자신이 과민반응 하는 것이리라. 그러나 며칠 뒤에 Jared는 어떤 보고서를 보게 되었다. 그 보고서에는 그 지역의 어획량이 지난 몇 년간 눈에 띄게 감소했으며, 기형이 되거나 병에 걸린 물고기가 발견되었다고 적혀 있었다. Jared는 어업에 종사하는 사람들이 그 화학 물질에 피해를 입을지도 모른다는 생각에 두려워졌다. 폐수가 섞인 강물을 식수로 사용하거나 그곳에서 잡은 물고기를 먹는 지역 주민들에게 어떤 일이 일어날까?

[질문]

1. Jared가 겪고 있는 윤리적인 딜레마를 설명하시오.
2. Samantha가 당국에 오염을 보고하지 않아야 한다는 자신의 주장을 어떻게 정당화했는가?
3. 수질 오염이 다른 이해관계자들에게는 어떤 영향을 미칠까?

환경 지속가능성은 경영계에서 주류로 자리 잡는 중이다. 많은 소비자들이 같은 가격이라면 지속가능한 제품을 구매하고자 하며, 몇몇 소비자들은 더 많은 비용을 지불하더라도 지속가능한 제품을 구매할 용의가 있다. 지구의 자원은 한정되어 있는데 70억 명이 넘는 사람들이 이 자원을 사용하고 있다는 것이 현실이다. 국제적인 환경 문제는 기업들에 많은 영향을 미친다. 직원들이 집단적으로 기업에 지속가능한 의사결정을 촉구하는 일은 기업의 성공으로 이어질 수 있으며 동시에 천연 자원을 어떻게 사용해야 하는지 혹은 어떻게 건강한 사회를 만들 것인지에 대한 해답으로 이어질 수 있다.

우리는 이 장에서 기업윤리가 어떻게 기업의 전략적인 의사결정과 통합될 수 있는지를 다룬다. 대부분의 기업은 원칙이나 지침, 규범을 두어 윤리적인 기업 문화를 조성하고자 노력한다. 기업의 윤리적인 문화는 윤리적인 의사결정으로 이어지고 이 결정은 기업의 정책이나 지속가능성을 위한 이니셔티브의 형태로 구체화된다. 대부분의 의사결정이 어느 정도의 윤리적인 함의를 나타낼 수는 있지만, 기업은 자연 환경이 여러 윤리적인 문제의 중심에 자리 잡고 있다는 사실을 항상 염두에 두어야 한다. 한정된 천연 자원을 소비하는 활동은 소비자, 지역 사회, 혹은 더 크게는 사회 전체와 마찰을 일으킬 수 있다. 역사상 두 번째로 큰 규모의 피해를 야기한 BP Deepwater Horizon 기름 유출 사건은 해양 생태계를 파괴했을 뿐만 아니라 Gulf 만

접경 지역에서 활발하게 전개되고 있었던 어업과 다른 산업에까지 많은 피해를 입혔다. 지속가능성 문제는 관련된 이해관계자들에 의해 평가되어야 하며 기업은 정확하고 왜곡되지 않은 정보를 제공해야 한다.

이 단원의 목표는 자연 환경에 영향을 미칠 수 있는 기업 의사결정에서의 핵심 이슈를 파악하고 이 과정에서 발생할 수 있는 리스크를 검토하는 것이다. 친환경적이고 윤리적인 의사결정에 대해 과학적으로 평가하는 것은 이 장의 목적이 아니다. 이슈와 리스크를 파악하는 과정을 통해 개인과 기업은 더 책임감 있는 방식으로 지속가능성을 제고하기 위해 노력하게 된다. 우리는 지속가능성 개념을 탐구하고 환경과 미래에 대해 여러 이해관계자가 가지고 있는 문제의식을 살펴본다. 다음으로 우리는 지속가능성의 주요 이슈를 검토한다. 그리고 우리는 지속가능한 기업 관행에 영향을 미치는 주요 규제 당국과 법안을 살펴볼 것이다. 우리는 그린 마케팅과 그린워싱 등 지속가능성 이슈에 대해 기업이 어떻게 반응하고 있는지도 알아볼 것이다. 마지막으로, 우리는 기업이 다루어야 하는 윤리적이고 재무적인 문제들을 조망하기 위해서 지속가능성을 이해관계자 지향과 연관 짓는다. 지속가능성 이니셔티브를 실현하는 과정에서 이해관계자 지향을 채택하는 것은 이해관계자 평가와 환경 감사를 수행하는 데 필요하다. 이를 통해서 기업은 이해관계자를 만족시키면서도 재무적인 성과까지도 이루어 낼 수 있다.

3-1 지속가능성의 정의

지속가능성
모든 생명체를 포함해서 자연 환경을 장기적으로 잘 보존할 뿐만 아니라 개인, 조직, 기업 전략과 자연 환경이 호혜적으로 상호작용을 할 가능성

지속가능한 발전
미래 세대가 자신들의 필요를 충족시킬 수 있도록 그 능력을 훼손하지 않으면서 현재의 필요를 충족시키는 것

기업 전략 관점에서 **지속가능성**(sustainability)은 모든 생명체를 포함해서 자연 환경을 장기적으로 잘 보존할 뿐만 아니라 개인, 조직, 기업 전략과 자연 환경이 호혜적으로 상호작용을 할 가능성을 의미한다. 지속가능성은 자연 환경을 보존하는 동시에 기업 전략, 재정 부문, 근무 환경, 기술, 라이프스타일을 평가하고 개선시키는 과정을 포함한다. **지속가능한 발전**(sustainable development)은 미래 세대가 자신들의 필요를 충족시킬 수 있도록 그 능력을 훼손하지 않으면서 현재의 필요를 충족시킨다는 점에서 많은 기업들의 최우선 과제이다. 단, 여기에서 우리는 "지속가능성"이 문화마다 다르게 정의될 수 있다는 사실에 주목해야 한다. 예를 들

어, The United Nations World Commission on Environment and Development가 발표한 Brundtland Report에서는 지속가능한 발전을 환경적, 경제적, 사회적으로 현재 세대와 미래 세대 모두가 행복하게 사는 것이라고 설명한다.[1] 이러한 정의는 기업이 지속가능한 방식으로 영향력을 발휘하고자 할 때 그 영향력을 어떻게 평가해야 할지를 결정하기 어렵게 만든다. 이 장에서는 앞서 정의한 것처럼 지속가능성을 자연 환경에 대한 개념으로 국한한다.

3-2 지속가능성과 윤리적인 의사결정, 기업의 사회적 책임 간의 연관성

지속가능성은 이해관계자에게 미치는 긍정적인 영향력은 극대화하고 부정적인 영향력은 최소화한다는 점에서 기업의 사회적 책임(CSR)의 영역에 속한다. 결론부터 말하자면, 지속가능성은 2장에서 논의했던 이해관계자 모델에 부합한다. 대부분의 이해관계자는 자연 환경에 대해 어느 정도는 걱정하고 있기 때문에 기업은 전략, 정책, 운영에 있어서 자연 환경을 고려해야만 한다. 기업은 리스크를 평가하고 준법 여부를 모니터링하고 환경에 나쁜 영향을 주는 행동을 피하도록 노력하는 과정을 거쳐 지속가능성을 제고할 수 있다.

지속가능성은 윤리적인 의사결정과 관련된다. 윤리적인 인식(Ethical awareness)은 원칙, 가치, 행동의 적절성에 있어서 쟁점이나 딜레마를 인식할 수 있는 능력을 말한다. 이해관계자는 환경 지속가능성에 대한 기업의 의사결정에 대해서 윤리적인 평가를 내리고 이 평가를 바탕으로 기업의 결정을 수락하거나 거절한다. 지속가능성 측면에서 의류 기업의 의사결정은 윤리적인 딜레마를 야기한다. 의류 산업은 세계 탄소 배출량의 10%, 산업 수질 오염의 20%를 야기하는 산업이며, 두 번째로 물을 많이 소비하는 산업이다. 현대의 소비 문화는 의류 기업이 막대한 양의 옷을 생산하도록 만든다. 그런데, 생산되는 옷이 모두 소비되거나 사용되는 것도 아니다. 사실 매년 섬유 생산량의 85%는 결국에 버려진다. 스페인에 본사를 둔 의류 기업 Zara는 1년에 24개 컬렉션을 생산한다.[2] 럭셔리 브랜드 Burberry

표 3-1 세계에서 가장 '지속가능한' 기업 목록

순위	기업	산업	국가
1	Orsted A/S	전력 생산	덴마크
2	Chr. Hansen Holding A/S	생명과학	덴마크
3	Neste Oyj	정유 제품, 재생가능한 연료	핀란드
4	Cisco Systems Inc	정보/통신 기술	미국
5	Autodesk Inc	소프트웨어	미국
6	Novozymes A/S	생명과학	덴마크
7	ING Group NV	재무 서비스	네덜란드
8	Enel SpA	유틸리티	이탈리아
9	Banco do Brasil SA	재무 서비스	브라질
10	Algonquin Power & Utilities Corp	유틸리티	캐나다

자료: Samantha Todd, "Who Are The 100 Most Sustainable Companies Of 2020?" *Forbes*, January 21, 2020, https://www.forbes.com/sites/samanthatodd/2020/01/21/who-are-the-100-most-sustainable-companies-of-2020 (accessed March 10, 2021).

는 이전에 제품과 브랜드의 희소성을 유지하기 위해서 재고를 불태우는 관행을 지속했던 것으로 알려졌다. 의류 산업에서 재고를 훼손하거나 할인해서 판매하는 일은 흔하다. Nike는 재고를 버릴 때 이를 신거나 되팔지 못하도록 찢어서 버린다. 기업에서는 이러한 재고를 deadstock이라고 부른다.[3] 앞서 언급한 기업들은 지속가능성 측면에서 기업윤리와 기업의 사회적 책임(CSR)을 다하지 못했다는 비판을 받을 수 있다.

지속가능성 이니셔티브를 강조하거나 CSR 보고서를 발간하는 기업 문화는 장기적으로 이해관계자들의 긍정적인 반응을 이끌어 낼 수 있다.[4] 또한 CSR 성과는 기업에 대한 직원들의 일체감이나 헌신에도 영향을 미친다.[5] 가치는 기업의 윤리 문화에서 중요한 부분이며 지속가능성 이니셔티브를 뒷받침한다.[6] 연구에 따르면 직원들이 지속가능성 활동에 자주 노출될수록 지속가능성 프로그램을 실행할 수 있는 능력이 향상되고 기업의 재무 성과도 향상되는 것으로 나타났다.[7] 많은 기업이 청소 또는 재활용 활동을 후원하거나, 제조 과정에서 환경 오염을 야기하지 않도록 대체 에너지를 활용하거나, 혹은 자사의 제품이 자연 환경에 미치는 영향을 재평가하는 등 지속가능한 사업 관행을 만들어 나가는 방법으로 사회에 대한 책임을 다하기 위해 노력

그림 3-1 윤리적인 의사결정이 CSR 이니셔티브의 구성요소인 지속가능성에 영향을 미치는 과정

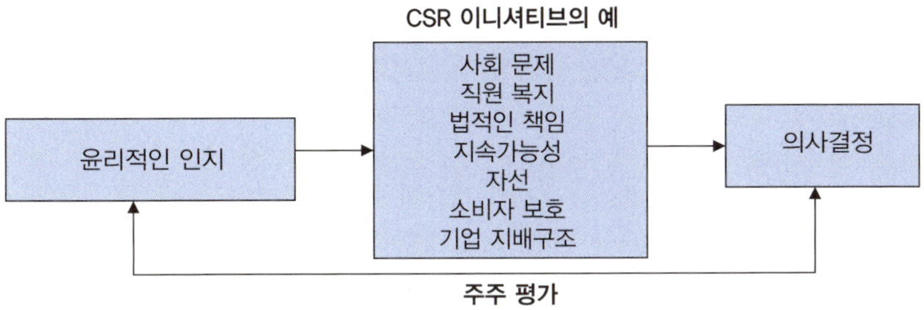

한다. 표 3-1은 지속가능성 측면에서 가장 우수한 기업들의 목록이다. 정치적으로 활발하게 활동을 전개하고 있는 기업도 있다. Dupont, Unilever, The Nature Conservancy 등 20개 이상의 기업이 환경 단체와 함께 기후변화에 대한 입법 운동을 진행하고 있다.[8] 친환경 프로그램이 미래 수익과 기업 평판에 얼마나 큰 영향을 미치는지를 체감하지 못하는 기업은 큰 비용과 대가를 치루게 될 지도 모른다.

지속가능성, 기업의 사회적 책임(CSR), 기업윤리는 같은 개념이 아니다. 어떤 기업은 지속가능한 방식으로 기업을 운영하지만 동시에 비윤리적인 행위를 용인하고 있을 수도 있다. 예를 들어, Walmart는 공급망을 지속가능한 방식으로 구성하는 것으로 잘 알려져 있지만 몇몇 뇌물 스캔들에도 연루된 적이 있다. 그러나 최소한 기업은 기본적인 원칙, 가치, 사회에 의해 부과되는 법적인 책임을 무시할 수는 없다. 윤리적인 의사결정은 그 과정에서 발생하는 특정한 행위나 관계와 연관되기 때문에 지속가능성을 포괄하는 더 큰 개념이다. 기업의 사회적 책임(CSR) 역시 지속가능성보다 더 넓은 의미의 개념이다. 기업의 사회적 책임(CSR)은 이해관계자에 대한 것으로 소비자 보호, 기업 지배구조, 직원의 행복한 삶과 같은 이슈가 이에 포함된다. 기업의 사회적 책임(CSR)은 지속가능성과 마찬가지로 윤리적인 의사결정의 한 측면이다. 그림 3-1은 윤리적인 의사결정이 어떻게 CSR 이니셔티브의 하나로 지속가능성을 채택하고 이를 제고할 수 있는지를 설명한다.

실무에서는 자주 지속가능성을 CSR과 함께 논의한다. 지속가능성은 환

경, 특히 토지, 물, 대기에 영향을 미치는 기업 관행을 말한다. 이 세 가지에 영향을 미치는 기업 관행은 모두 지속가능성 개념 아래에서 논의될 수 있다. 기업 관행은 토지, 물, 대기에 직접적으로 영향을 미치지는 않지만, CSR을 통해 소비자, 투자자, 규제 당국, 지역 사회가 생태계에 미치는 영향을 증폭시킬 수 있다. 만약 기업이 도로를 깔거나 학교를 짓기 위해 혹은 아이들의 교육을 돕기 위해서 돈을 기부한다면, 그 기업은 CSR을 하고 있는 것이다. 만약 기업이 CSR의 일환으로 재활용을 하거나 에너지를 절감할 수 있는 장비를 사용하거나 탄소 발자국을 줄이기 위해 노력한다면, 그 기업은 지속가능성을 제고하고 있는 것이다.

점점 더 많은 이해관계자가 기업이 CSR 이니셔티브로 지속가능성을 채택하고 실행할 것이라고 기대한다. 기업은 어떻게 에너지 자원을 사용할 것인지, 어떻게 오염을 줄일 것인지, 재활용을 할 것인지, 혹은 어떻게 식품을 안전하게 생산할 것인지에 대한 질문을 자주 받는다. Best Buy와 같은 기업은 매년 이러한 질문에 대한 답변을 담은 CSR 보고서를 발간하고 있다. 미국에서는 CSR 보고서를 발간하는 것이 의무가 아니지만, EU에서는 모든 기업이 의무적으로 CSR 보고서를 발간하고 이를 공개하도록 규제한다.

지속가능성이 기업들의 중요한 과업이 된 이유는 다음과 같다. 첫째, 지속가능한 기업 관행을 수립하는 것과 같은 CSR 활동은 경쟁 우위를 만들어 낼 수 있다. 소비자의 구매 행위, 이해관계자와의 상호작용, 광고, 언론 매체와의 연계는 기업이 시장에 대해서 더 많은 정보를 얻을 수 있는 방법이며 기업이 이해관계자와의 관계로부터 이익을 얻는 방법이다. 둘째, 이해관계자가 제품이나 기업에 대한 정보에 더 쉽게 접근할 수 있게 되었다. 그러므로 소비자와 다른 이해관계자는 기업에 대해서 권력을 행사하거나 기업의 재무성과에도 영향을 미칠 수 있다.[9] 셋째, 기업은 제품이나 브랜드 정체성(이 경우에는 친환경 기업이라는 정체성)을 활용해서 사회적인 가치, 높은 품질, 소비자 충성도를 만들어 낼 수 있다. 마지막으로, 기업은 지속가능한 의사결정 혹은 사회적 책임을 다하는 의사결정을 통해 차별화를 시도하거나 매출을 증가시킬 수 있다. 가령, Patagonia는 유기농 면으로 의류를 만들기 때문에 친환경 기업이라는 차별화된 브랜드 이미지를 만들어 냈다. 위와 같은 이유로 이제 기업들은 예산을 책정할 때 으레 CSR을 포함시키고 지속가능성을 기준으로 윤리적인 의사결정을 내리거나 이를 통해서 재무적인 성과를 내고자 노력한다.[10] 다양한 이해관계자들의 기대를 충족하는 과정에서 기업은 귀중한 자원을 개발할 수 있고 전략적인 관점에서 이해관계자와의 관계를 지속할 수 있게 된다.[11]

3-3 국제적인 환경 문제

대기, 물, 토지, 생물다양성, 재생가능한 천연 자원을 보호하고 이들의 지속가능성을 제고하는 것은 21세기에 인류가 직면한 가장 중요한 문제이다. 1970년대에 환경을 보호해야 한다는 우려의 목소리가 커졌고 환경 보호 운동의 결과로 여러 법안이 제정되었다. 최근에 기업들은 점차 전반적인 기업 전략과 지속가능성 이니셔티브를 통합시키고 있다. 대부분의 지속가능성 이슈는 의식 있는 시민, 정부, 기업의 노력에 달려 있다. 몇몇 비영리단체는 한 발 더 나아가서 기업이 사회적으로 책임감 있는 자세로 기업을 운영하도록 촉구하기 위해서 다양한 단체와 협력하고 이 협력체를 이끌어 나가고 있다. 예를 들어, CERES(The Coalition for Environmentally Responsible Economies)는 기업, 소비자 단체, 환경 운동가 등의 연합체로 기업에 환경 측면에서의 성과 목표를 제시하기 위한 목적에서 설립되었다. 지속가능성 문제를 해결하기 위해 적극적으로 노력할 때 기업은 환경에 미치는 영향력을 줄일 수 있으며 동시에 친환경 기업이라는 긍정적인 평판을 쌓아 나갈 수 있다. The Corporate Knights는 탄소 및 폐기물 절감, 최고 운영진의 성별 다양성, 지속가능성의 다른 측면들을 종합해 매년 전 세계에서 가장 우수한 100개 기업의 목록을 발표한다. 덴마크의 생명과학 기업인 Chr. Hansen Holding은 7,500개 기업 중 2등을 차지했다. 이 기업 매출의 80%는 곡물에 박테리아가 생기지 않게 하는 등 첨가물 없이 음식물을 보존할 수 있는 방법을 개발하거나 동물 항생제의 대체제를 개발하는 것에서 나온다. 소비자에게 직접적으로 제품을 판매하는 기업은 아니지만, 이 기업의 의사결정은 소비자의 일상에 영향을 미친다.[12]

이제 우리는 대기 오염, 산성비, 기후 변화, 수질 오염, 물 부족, 토지 오염, 폐기물 처리, 산림 벌채, 교외 확산 현상, 생물다양성, 유전자 변형 생물 등 기업과 우리 사회가 오늘날 직면한 가장 중요한 환경 문제들을 살펴볼 것이다.

3-3a 대기

가장 심각하고 가장 많이 논의되고 있는 환경 문제는 우리가 숨쉬는 공기에 대한 것이다. 대기와 관련된 환경 문제에는 대기 오염 문제, 기후 변화 문제, 오존층 파괴 문제가 있다.

대기 오염 신흥 경제가 점점 더 산업화되고 있기 때문에 대기 오염 역시 점점 더 심각해지고 있다. 일반적으로 대기 오염은 공장이나 발전소 같은 고정 오염 배출원, 자동차, 트럭, 비행기, 기차와 같은 운송 오염 배출원, 그리고 사막 먼지나 화산 증기와 같은 자연 오염 배출원으로 인해 발생한다.[13] 이 오염원들은 가스나 미립자를 만들어 내고 이들은 지층을 따라서 부는 바람에 실려 멀리 운반되거나 대기 정체가 발생할 때 상공에 오래 머무른다. 대기 오염은 천식, 기관지염, 알러지 등의 만성 호흡기 질환을 야기해 인간이나 동물의 수명을 단축시킬 수 있다. 청소년, 노인, 지구력을 요하는 운동을 하는 선수들이 대기 오염으로 인한 질병에 특히 취약하다. 또한 대기 오염을 야기하는 주요한 독성 화학물질은 태아의 선천적인 결함, 암, 뇌, 신경계, 호흡계 질환을 야기한다. 대기 오염은 식물, 동물, 그리고 수생 생태계에도 악영향을 미친다.

최근에는 수압 분쇄를 빈번하게 사용하는 관행이 대기 오염을 더욱 심각하게 만드는 원인으로 지목되고 있다. 수압 분쇄는 물, 화학 물질, 모래를 높은 압력으로 분사해서 땅 속 깊은 곳에 있는 지층을 파괴하고 이로부터 천연 가스를 추출하기 위해 주로 사용되는 방법이다. 미국에서는 셰일 가스를 추출하기 위해 수압 분쇄를 사용하며, 따라서 미국의 에너지 자립도를 높이기 위해서는 수압 분쇄를 더 많이 사용해야만 한다. 천연 가스는 탄소보다 더 효율적인 자원으로 미립자나 가스의 배출량이 석유나 석탄의 절반 수준이다.[14] 그러나 기업들이 분쇄 과정에서 사용하는 화학 물질의 정확한 목록을 공개하지 않고 있기 때문에 이에 대한 우려의 목소리가 크다.

산성비 공장에서 이산화질소와 이산화황이 배출될 때 그 혼합물이 대기나 수증기에 노출되어 새로운 혼합물이 되면 이것이 우리가 일반적으로 산성비라고 부르는 현상이 된다. 산성비의 가장 중요한 특징은 어떤 한 나라가 주요 원인을 제공했더라도 이로 인해서 다른 나라들까지 피해를 입게 된다는 것이다. 가령 영국의 대기오염은 스웨덴이나 스칸디나비아에 산성비를 내리게 만들었고 미국의 대기오염은 캐나다에 산성비를 내리게 만들었다. 산성비는 자동차, 건물, 건축물이나 야외에 있는 예술 작품 등에 떨어져 페인트를 부식시키고 석조를 파괴한다.[15] 산성비를 줄이기 위해서는 공장이나 자동차가 배출하는 가스를 정화해야 한다. 미국의 산성비 규제는 효과적이다. 지난 30년 동안 공기 중에 존재하는 이산화황은 69% 감소했고 이산화질소는 50% 감소했다.[16] UNECE(The United Nations Economic Commission for Europe)은 UN의 다섯 개 지역 위원회 중의 하나로 산성비 문제를 해결하기 위해 노력하고 있다.[17]

기후 변화 이산화탄소와 같은 가스가 지구 대기 중에 모이면 이로 인해서 마치 온실처럼 태양광이 지구 대기 밖으로 빠져나가지 못하게 되고 지표면 온도가 상승하게 된다. 물론 이 과정이 없으면 지표면의 온도가 너무 낮아져서 생물이 살기 어려운 환경이 된다. 그러나 20세기에 인류는 가솔린, 천연가스, 석유, 석탄과 같은 화석 연료를 과도하게 사용했고, 그 결과로 소위 온실가스(이산화탄소, 메탄, 산화질소, 불소화가스)가 지구 대기에 높은 농도로 모이게 되었다. 동시에 냉장고, 냉각제, 에어로졸에 사용되는 염화불화탄소는 지구 오존층에 거대한 크기의 구멍을 만들었다. 오존층은 태양으로부터 지구에 닿는 해로운 자외선을 막는 역할을 한다. 이러한 여러가지 원인으로 인해서 **기후 변화**, 즉, 장기적으로 봤을 때 기후 패턴이 과거와는 다르게 변화하는 현상이 나타났다.

기후 변화
장기적으로 봤을 때 기후 패턴이 과거와는 다르게 변화하는 현상

그림 3-2를 보면 전 세계의 이산화탄소 배출량은 점차 증가해 왔다. 미국과 중국은 온실가스를 절대적으로 많이 배출하는 국가이며, 인도와 같은 신흥 개발국들의 배출량이 전체 배출량에서 차지하는 상대적인 비율이 증가하고 있다는 사실은 기후 변화 문제를 더욱 복잡하게 만든다. 신흥 경제에서는 화석 연료 중에서도 가장 오염 물질을 많이 배출하고 또 처리하기에 가장 비용이 많이 드는 연료인 석탄을 주로 사용한다. 오염을 처리하는 데 매우 큰 비용이 들기 때문에 기업들은 이 문제를 해결하기 위해서 자원을 들여 조치를 취할 것인지 아니면 가만히 앉아서 일이 어떻게 진행되는지를

그림 3-2 전 세계 이산화탄소 배출량

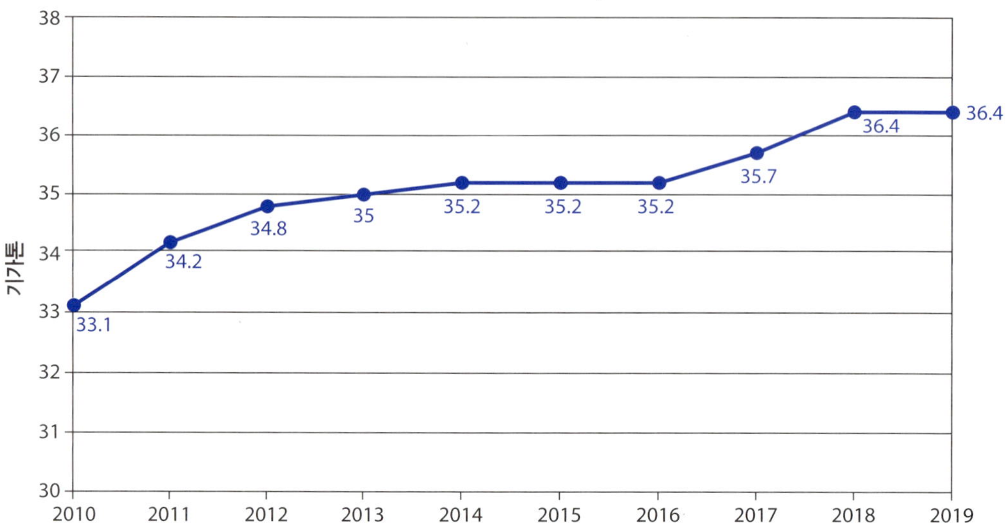

자료: Hannah Ritchie and Max Roser, "CO2 Emissions," *Our World in Data*, https://ourworldindata.org/co2-emissions (accessed March 10, 2021).

지켜볼 것인지를 선택해야 하는 기로에 서 있다.

지구는 자연적인 가열-냉각 순환 과정을 통해 유지된다. 그런데 인간의 여러 활동과 그로 인해서 대기 중에서 밀집하게 된 온실가스가 지구의 기온을 상승시키고 있다는 여러 증거가 존재한다. 예를 들어, 앞서 언급한 다섯 종류의 가스로 인해서 지난 한 세기 동안에 지구의 평균 온도는 화씨 1도 상승했다. 화씨 1도는 작은 것처럼 보이지만 실제로는 북극 빙하가 녹는 속도를 매우 빠르게 만들어서 동물들이 미처 변화에 적응할 틈도 주지 않는다. 기후 변화로 인해 치뤄야 하는 경제적인 대가는 점차 뚜렷해지고 있다. 북극과 그린란드 빙하의 융해로 부서진 빙하 조각들이 해로를 침범하고 해수면을 상승시키고 있으며, 그 결과로 어떤 나라들은 빈번하게 홍수를 겪고 있다.

교토 의정서
전 세계의 온실가스 배출량을 제한하기 위한 목적에서 참여한 국가들이 자발적으로 자국의 온실가스 배출량을 감축하는 것에 합의한 국제 조약

교토 의정서(Kyoto Protocol)는 기후 변화 문제를 해결하기 위한 시도이다. 이 국제 조약은 전 세계의 온실가스 배출량을 제한하기 위한 목적에서 조약에 참여한 국가들이 자발적으로 자국의 온실가스 배출량을 감축하도록 요구한다. 도하 개정(The Doha Amendment)은 교토 의정서를 확대한

것으로 참여국들이 조약을 성실하게 이행하고 있는지를 확인하는 한편, 기후 변화로 인한 피해에 더욱 취약한 개발도상국의 상황을 조약에 반영하는 것에 초점을 맞춘다. 지난 몇 년 동안 미국을 제외한 거의 모든 국가가 온난화 추세를 늦추기 위해서는 온실가스 배출량을 즉시 줄여야 한다는 데 뜻을 모았다. 표 3-2는 전 세계의 기후 변화 입법이 어떻게 진행되어 왔는지 그 역사를 보여준다.

석탄은 또 다른 논쟁의 대상이다. 석탄 연료를 사용하면 많은 양의 가스와 미립자가 대기 중으로 배출되어 대기가 오염된다. 2019년에 EPA는 개발 계획을 수립할 때 석탄 연료 발전량 대비 이산화탄소의 배출량을 제한하기 위해서 ACE(The Affordable Clean Energy Rule)라는 배출량 지침을 제시했다.[18]

표 3-2 국제 기후 변화 입법의 역사

1992–1994	United Nations Framework Convention on Climate Change(UNFCCC)는 기후 체계에 "위험하고 인위적인 간섭"을 일으키지 않기 위해서 대기 중의 온실가스 농도를 안정시키는 데 이용할 수 있는 프레임을 제안함. 1994년 3월 21일에 195개 국가가 이에 합의함
1997–2005	UNFCCC 대표단은 일본 교토에서 만나 선진국과 시장 경제로 전환 중인 국가들이 함께 6개 온실가스의 배출량을 줄이기로 합의함. 조약에 서명한 국가들은 2008년부터 2012년까지 자국의 1990년 평균 온실가스 배출량의 5%를 감축해야 함. 2005년 2월 16일, 192개 국가가 이에 합의함
2005–2009	캐나다 몬트리올에서 기후 변화 회의를 열고 참여국들이 어떻게 장기적으로 협의할 것인지에 대해 논의하는 워크숍을 4회 진행함("Convention Dialogue")
2009–2010	80개 국가가 덴마크 코펜하겐에서 모여 기후 변화 회의를 열고 자국의 경감 목표와 그 이행 현황에 대한 정보를 투명하게 제공하기로 합의함. 이후 140개 이상의 국가가 이 합의에 참여함
2010	멕시코 칸쿤에서 열린 기후 변화 회의에서 탄소 배출을 줄여 지구의 평균 온도를 섭씨 1.5도 이상 낮추기로 합의함. 합의에 따라 선진국은 2010년부터 2012년 사이에 300억 달러를, 2020년까지는 매년 1,000억 달러를 지불해야 함
2012	카타르 도하에서 "도하 기후 변화 회의"를 개최하고 개발도상국들이 겪고 있는 손실에 대해 논의함
2016	파리 협정에서는 2016년 11월 4일부터 기후 변화 속도를 측정할 수 있는 척도를 적용하기로 함
2017–2018	독일 본에서 회의를 열고 파리 협정에서 채택한 척도의 사용을 촉구함
2020	미국 의회에서 초당파적으로 청정 에너지 기술의 개발 및 이용, 청정 에너지에 대한 세제 혜택을 포함하는 법안을 통과시킴
2021	196개 국가가 파리 협정에 참여함

논쟁거리

탄소 규제가 미치는 영향

기후 변화를 극복하기 위해서 Obama 행정부는 대기 오염을 광범위하게 규제하는 Clean Air Act를 통과시켰다. 이 법안은 EPA(Environment Protection Agency)가 온실가스를 만들어내는 주요 에너지원을 규제할 수 있도록 그 권한을 확대한다. 이 법안의 목적은 2030년까지 석탄 발전소의 탄소 배출량을 30% 감축하는 것이다.

이 규제로 인해 미국은 다음과 같은 이익을 얻게 될 것으로 보인다. 현재 미국 석탄 발전소의 운영 기간은 평균 42년으로, 발전 시설이 노후화되어 비효율적으로 발전이 이루어지고 있다. 발전소에서 배출하는 탄소의 양은 미국 전체 탄소 배출량의 38%에 달한다. 발전소에 대한 엄격한 규제만이 탄소 배출량을 줄일 수 있다.

한편, 이 탄소 법안이 과도한 부담을 야기하고 일자리를 잃게 만들 것이라는 우려가 많다. Arkansas 같은 주에서는 석탄 발전소에 주민들의 생계가 달려있다. 이에 EPA의 실행 시기를 지연시키고 주에 따라서 법안의 규제 정도를 유연하게 적용해야 한다는 주장이 일었다. Trump 행정부는 대기 오염 규제의 속도를 늦추고자 시도했다. 실제로 대기 오염은 이전 7년 동안 꾸준히 감소했으나 Trump 행정부 시기에 다시 증가했다. 반면에 Biden 행정부는 2050년까지 탄소를 전혀 배출하지 않는 청정 에너지 경제로 전환하겠다는 목표를 제시했다.[22]

1. 탄소 배출 규제는 장기적인 관점에서 국가와 환경 모두에게 이로울 것이다.
2. 탄소 배출 규제는 많은 일자리를 없앨 것이고, 이로 인해 국가 경제가 타격을 입을 것이다.

몇몇 국가들은 탄소 배출권 거래제를 적극적으로 실시해서 석탄 사용을 줄이고 있다. 탄소 배출권 거래제는 기업, 국가, 개인이 각각 배출할 수 있는 탄소의 총량을 제한한다. 기본적으로 기업은 정해진 한도 내에서만 탄소를 배출할 수 있지만, 만약 탄소를 한도보다 더 많이 배출할 때에는 한도보다 적게 배출하는 다른 기업으로부터 여분의 배출 권한을 구매해야만 한다. 탄소 배출량 감축에 앞장서고 있는 유럽 연합은 The European Union Emission Trading Scheme이라는 탄소 배출권 거래제를 도입하고 이를 시행하고 있다. 오늘날 유럽 연합이 전 세계의 온실가스 배출량에서 차지하는 몫은 9% 정도이며 이는 미국(15%), 중국(30%) 보다 크게 낮은 수치이다.[19] 한국도 탄소 배출권 거래제를 도입한 국가 중 하나이다.

탄소 배출권 거래제는 많은 비판에도 불구하고 현재 미국 대부분의 주에서 실시되고 있다. 여기에 더해 대법원은 행정부가 2005년부터 2030년까지 석탄 발전 과정에서 배출되는 탄소량을 30% 이하로 낮추도록 하는 새로운 규제를 실시할 권한을 가지고 있다고 판결 내렸다.[20] 안타깝게도 많은 나라에서는 발전원으로 석탄을 주로 사용한다. 폴란드에서는 석탄 발전으로 생산되는 전기가 전체의 80%에 달한다.[21] 석탄은 대체 에너지에 비해서 저렴하지만, 환경과 인류의 행복한 삶 사이에서 심각한 딜레마를 만들어 내고 있다.

3-3b 물

물은 21세기에 들어서 가장 중요하고 가장 희소한 자원으로 부상하고 있다. 인간이 살아가는 데 있어서 물보다 중요한 것은 없는데도 인간이 깨끗한 물을 소비하고 오염시키는 속도는 상상을 초월한다. 약 22억 명의 사람들이 안전한 환경에서 식수를 마시지 못하고 있으며, 약 42억 명의 사람들이 기본적인 위생이 보장되지 않는 환경에서 살고 있다.[23] 인류의 생존을 위해서 기업들은 반드시 어떻게 물을 보존하고 정화하고 또 할당할지를 고민해야만 한다.

수질 오염 수질 오염은 개발도상국에서 질병을 야기하는 핵심적인 요인이다. 비료나 살충제에 흔하게 사용되는 화학 물질이 비가 올 때마다 수원으로 유입된다. 수은은 배터리, 가정용 제품에 주로 사용되는 화학 물질로 해양을 오염시키고 인간이 먹는 음식에까지 축적되기 때문에 문제가 된다. 미국은 세계에서 가장 안전한 식수 공급망을 갖춘 나라이지만 역시 수질 오염 문제를 겪고 있다. Trump 대통령은 지하수, 강, 습지에 대한 환경 규제를 없앴다.[24] 수질 오염과 관련된 이해관계자들 간의 갈등으로 야기된 결과이다. 오늘날 선진국에서 사용되는 여러 에너지원으로부터 오염 물질이 생겨나고 있지만 이 물질들이 인간과 자연에 어떤 부작용을 미칠지는 정확하게 알려져 있지 않다.

수압 분쇄로 인해 수질이 오염되는 것 역시 심각한 문제이다. 분쇄 과정에서 많은 양의 화학 물질과 메탄이 배출되고 이는 강으로 흘러 든다.[25] 이렇게 오염된 강물은 다시 대수층(지하수면보다 더 아래에 있어서 물을 많이 함유하고 있는 투수층)을 오염시키고 결과적으로 이 지역에는 지진이 더 자주 발생하게 된다. Ohio에서 빈번하게 발생하는 지진은 수압 분쇄의 결과로 추정된다. 프랑스에서는 이러한 위험 때문에 수압 분쇄가 금지되었고, 따라서 프랑스는 세계에서 처음으로 수압 분쇄와 석유 생산을 금지한 국가가 되었다.[26] 표 3-3은 수질 오염에 대한 몇 가지 사실이다.

기업은 물의 지속가능성을 중요하게 고려해야 한다. 예를 들어, 청바지를 생산할 때 사용하는 물과 화학 물질을 절감하는 기술은 결과적으로 기업의 이익으로 이어진다. Levi Strauss & Co.는 청바지의 품질을 유지하면서도

표 3-3 수질 오염에 대한 사실

1.	개발도상국에서는 하수가 80% 이상 그대로 버려진다.
2.	매일 2백만 톤의 하수와 폐수가 수원으로 흘러 들어간다.
3.	1980년대 이래로 전 세계의 물 사용량은 매년 약 1%씩 증가하고 있다.
4.	20억 명 이상의 사람들이 물이 매우 부족한 국가에서 살고 있다.
5.	피임약, 살충제, 항생제 등 개인 건강과 관련된 제품 혹은 약은 수질 오염의 주요 요인이다.
6.	약 40억 명의 사람들이 최소한 일 년의 한 달 동안은 심각한 물 부족을 경험한다.
7.	오염된 물로 인해 발생하는 설사와 콜레라는 매년 78만 명의 생명을 앗아간다.
8.	전 세계의 약 8억 명은 불안정하게 음식을 공급받고 있으며 만성적인 영양 실조에 시달린다.
9.	적절하게 처리되지 않은 생활 하수, 산업 및 농업 오폐수는 수질 오염의 가장 큰 원인이다.
10.	매년 전쟁으로 인해 죽은 사람보다 깨끗하지 않은 물로 인해 죽는 사람의 수가 더 많다.

자료: UNESCO, "World Water Assessment Programme (WWAP)," www.unesco.org/new/en/natural-sciences/environment/water/wwap/facts-and-figures/all-facts-wwdr3/fact-15-water-pollution (accessed January 30, 2020); UNESCO, "The United Nations World Water Development Report 2019: Leaving No One Behind," 2019, https://unesdoc.unesco.org/ark:/48223/pf0000367306 (accessed January 30, 2020); United Nations, "Water for Life," www.un.org/waterforlifedecade/quality.shtml (accessed January 30, 2020).

생산 과정에서 사용하는 물의 양을 96%까지 줄일 수 있는 방법을 개발했다.[27] Everlane은 물과 청정 에너지를 재사용하는 방법으로 지속가능한 청바지를 생산해서 판매하고 있다.[28]

미국의 환경 단체들은 정부의 수자원 정책을 비판한다. 심지어 수질 오염에 얽혀 있는 특수한 이해관계가 미국뿐만 아니라 다른 나라에까지 영향을 미치기 때문에 수질 오염 규제를 더욱 어렵게 만든다. 바다에 오폐수를 그대로 흘려보내는 행위, 대규모의 축산업 시설, 산림 벌채, 도로, 주차장, 기름 유출, 산업 폐기물 등 수질을 오염시키는 원인은 무수히 많고 이를 규제하기 위해서는 국제적인 협력이 필요하다.

물 부족 몇몇 국가는 심각한 물 부족을 겪고 있다. 물 사용량은 지난 20년 동안 크게 증가했고 이로 인해 전 세계의 물 공급망에 여러 문제가 발생하고 있다. 미국의 경우 Colorado, Kansas, California's Central Valley의 많은 강과 지류가 말랐다.[29] 2030년까지 전 세계 인구의 절반이 물 부족을 겪을 것으로 전망된다.[30] 기업들은 물 부족에 대비하기 위해서 적극적으로 해결책을 찾고 있다. Unilever는 지난 10년 동안 공장에서의 물 사용량을 44%까지 절감했으며 이는 매년 220억 리터의 물을 절약한 것과 같다.[31]

3-3c 토지

토지의 지속가능성에는 토지 오염부터 폐기물로 인한 생물다양성의 훼손, 유전자 변형 생물에 이르기까지 다양한 문제가 포함된다. 토지의 지속가능성이 훼손되는 것, 즉 인간 혹은 동물이 서식할 수 있는 땅이 점차 사라지고 있다는 것은 윤리적인 차원에서 고려되어야 한다. 기업은 폐기물을 만들어 내고 도시 공동화를 야기하며 재생할 수 없는 천연 자원을 사용하고 있으므로, 토지에 미치는 해로운 영향을 최소화하기 위해서 윤리적인 책임을 다해야 한다.

토지 오염 생활 폐기물 혹은 산업 폐기물을 무분별하게 매립하는 행위, 노천 채광(표피토를 제거한 후 지상에서부터 탄맥을 채광하는 것), 산림을 제대로 보존하지 않는 행위는 토지 오염을 야기한다. 토지 오염은 질병을 발생시키고 야생 동물들의 생존을 위협한다. 또한 토지 오염은 침식을 야기하고 물줄기의 방향을 바꿔 홍수를 일으키기도 한다. 그리고 결과적으로 토지 오염은 지하수를 오염시킨다.

중국은 토지 오염 논쟁의 중심에 서 있다. 중국 토지의 16%가 중금속으로 오염되어 있다는 보고서가 발표된 이후에 중국 정부는 즉시 토지를 정화 사업에 착수했다. 중국 정부는 토지 오염을 해결하기 위해서 48억 달러를 투자하겠다고 발표했다.[32] 그러나 안타깝게도 이미 토지는 오염되었고 이를 깨끗이 하기 위해서는 오랜 시간이 소요될 것이다. 중국 정부는 현재까지 오염된 토지의 20% 정도를 정화한 것으로 보인다.[33] 다른 나라에서는 토지 오염이 중국만큼 심각하지는 않지만 이해관계자, 즉 소비자, 기업, 환경, 사회 사이에서 균형을 맞추는 과정은 윤리적으로 중요하다. 토지 오염을 줄이기 위해서는 기업이 이 문제를 분명하게 인식하고 그 책임을 다해야 한다.

여러 나라가 토지 오염에 연루되어 있을 때 누가 이 문제를 해결해야 하는지 정확하게 짚어 내기는 특히 어렵다. 중국은 세계 최초로 토지 오염을 규제하는 입법을 통과시켰는데 이 법안은 오염을 관리하고 오염원을 통제하기 위한 새로운 표준을 제시한다. 이 법 아래에서 기업은 자신의 활동으로 인해 토지 오염이 발생하는지 파악하고 이를 당국에 보고해야 하기 때문에, 법안이 통과된 이후에 보고서의 투명성과 책무성이 크게 향상되었다.[34]

이러한 규제는 기업이 더욱 책임감 있는 태도로 의사결정을 내리도록 유도한다.

폐기물 처리 토지 오염의 가장 큰 원인은 폐기물을 매립지에 무분별하게 매립하는 것이다. 미국 소비자들은 전 세계에서 가장 많이 쓰레기를 버린다. 미국인들은 매일 인당 약 2킬로그램의 쓰레기를 만들어 낸다. 미국에는 2천 개 이상의 매립지가 있으며 이미 1만 개 이상의 매립지가 매립 한도를 초과해 버려졌다.[35] 매립지가 적절한 조치 없이 그냥 버려지는 일은 흔하며 이로부터 유독한 침출수가 누출된다. 유럽에서는 생활 폐기물을 처리하고 에너지를 얻기 위해서 폐기물 발전을 실시하고 있으며 이는 소위 바이오에너지라고 불린다. 구체적으로 시에서 발생하는 폐기물의 약 28%가 발전을 위해서 사용되며 이로 인해 매년 이산화탄소가 50억 톤 이상 덜 발생한다.[36] 아랍에미리트와 방글라데시를 비롯해서 최소 127개 국가에서 플라스틱 비닐 봉지의 사용을 규제하고 있다.[37] Whole Foods는 자발적으로 플라스틱 비닐 봉지 사용을 금지했으며 다른 기업에서는 장바구니를 사용하는 소비자에게 인센티브를 제공하기도 한다. 일회용 플라스틱이 환경에 미치는 부정적인 영향은 점점 더 명확하게 밝혀지고 있다. 실제로 이제 많은 나라에서 일회용 플라스틱 빨대를 규제한다. Coca-Cola와 PepsiCO는 일회용 플라스틱 페트병이 금지될 때를 대비해서 소비자들이 각자의 병을 가져와서 음료를 구매할 수 있는 기계의 도입을 검토하고 있다.[38]

한편, 18개월에 한 번씩 신제품이 출시될 만큼 컴퓨터 하드웨어 기술이 급속도로 발전하면서 전자제품 폐기물(e-waste)에서 누출된 독성 물질이 대기 중, 수중으로 퍼져 나가 생기는 오염이 심각한 문제가 되고 있다. 컴퓨터와 핸드폰에 포함되어 있는 납, 수은, 폴리염화비닐과 같은 유독 물질은 적절하게 처리되지 않았을 때 토지와 지하수가 오염된다. 전자 제품을 만드는 기업들은 재활용을 위해서 판매한 전자기기를 회수하라는 압력을 받고 있다. 전 세계적으로 매년 발생하는 전자 제품 폐기물은 5천만 톤 이상이다.[39]

이해관계자들은 기업에게 전자 제품을 판매한 이후에도 그 제품이 적절하게 처리되고 있는지를 감독할 책임이 있다고 여긴다. 이미 많은 기업에서 전자 제품 재활용 프로그램을 실시하고 있다. Best Buy의 재활용 프로그램으로 10년 동안 약 1억 톤 정도의 전자 폐기물이 수집되었다.[40] 반면에 어떤 기업들은 재활용 프로그램에는 너무 많은 비용이 소요되며, 기업보다는 제품을 구입한 소비자가 폐기물 처리 과정을 책임져야 한다고 주장한다. 아마도 기업, 정부, 개인이 환경 문제에 대한 책임을 적절하게 나누어서 부담하는 것이 가장 이상적인 해결방안일 것이다. 개인이 오래된 전자 제품을 버리는 방법에 대한 규제를 실시할 수도 있다. 많은 주에서 매립지에 전자 폐기물을 매립하지 못하도록 금지하고 있으며 주 차원에서 전자 폐기물을 재활용하는 프로그램을 실시하고 있다.[41]

산림 벌채 지구 표면의 30% 이상을 덮고 있는 산림이 파괴되고 있다. 실제로 지난 25년 동안 50만 2천 평방 마일의 숲이 사라졌다. 이러한 광범위한 벌채에는 네 가지의 공산품, 소고기, 콩, 팜유, 목재 제품이 크게 영향을 미쳤다.[42] 여기에 더해서 드물기는 하지만 인간이 일으킨 산불 역시 산림을 파괴한다. 2019년에 브라질 아마존에서는 8만 9천 건의 산불이 인간에 의해서 발생했다.[43] 아마존 산림의 벌채는 같은 기간 동안 30% 증가했다. 과학자들은 아마존의 산림이 파괴되는 정도가 되돌릴 수 없는 수준에 다다르고 있다고 경고한다. 이미 아마존 열대 우림의 15%에서 17% 정도가 사라졌고, 만약 25% 가까이 파괴된다면 열대 우림이 회복할 수 없을 정도로 나무가 부족해질 것이다. 그리고 결국에 열대 우림은 사바나와 같은 사막으로 변할 것이다.[44]

세계 경제의 경쟁적인 풍토는 아열대 국가들이 '돈'을 필요로 하도록 압력을 가하고 있다. 단기적으로 봤을 때 화전 등의 토지 전용과 벌목은 이익이 되는 것처럼 보인다. 그러나 열대 우림의 토질이 저하되기 때문에 벌채로부터 얻는 이익은 대게 그 수명이 짧다. 그래도 저소득 농민들은 생계를 유지하기 위해서 근시안적으로 산림을 파괴할 수밖에 없다. 빈곤의 순환 고리가 끊어지지 않는 한, 벌채는 계속될 것이다.

벌목업자, 환경운동가, 과학자들로 구성된 FSC(The Forest Stewardship Council)와 같은 환경 단체는 기업을 위한 가이드라인을 제공하고 있다.

FSC는 전 세계의 산림 관리 체계를 조정하고, 보편적으로 적용될 수 있는 표준을 만드는 것이다. 소비자 등의 이해관계자는 FSC의 인증을 받은 기업이라면 그 기업이 산림 자원 보존을 위해 앞장서고 있으며 장기적인 관점에서 친환경 경영을 실현하고자 노력하고 있는 셈이다. Home Depot은 미국 내에서 FSC의 인증을 받은 목재 제품을 다른 어떤 기업보다 더 많이 판매하고 있다.[45]

교외 확산
도시의 급격한 팽창에 따라 도시의 교외 지역에 무질서하게 주택이 들어서는 현상

교외 확산 교외 확산은 세계 2차 대전 이후에 주택에 대한 수요가 급증하면서 시작되었다. 주택에 대한 수요는 먼저 인구 밀도가 낮아 자동차 한 대, 자전거 한 대의 자리까지 만들 수 있는 마을에서부터 증가해서 대규모의 개발이 이루어지는 도시 외곽에 이르기까지 미국 전역으로 퍼져 나갔다. 도시 중심 지역은 쇼핑몰, 사무실, 기업 부지로 포화 상태였기 때문에 주거지는 도시 바깥의 숲, 초원, 농지를 없애며 점점 확산되었다. 사람들이 살고 일하고 쇼핑하는 지역의 넓이가 계속 넓어지자 결과적으로 사람들은 먼 거리를 이동하기 위해서 자동차 안에서 더 많은 시간을 보내게 되었다. Walmart 등의 대형 마트들은 도시 확산 현상을 촉진하는 요인 중 하나로 비판받는다. 난개발은 뚜렷한 이유가 없는데도 계속 교외 지역을 확대시키는 것을 말한다. 교외 확산 현상은 야생동물의 서식지, 습지, 농지를 집어 삼켰고 토지, 물, 대기를 오염시켰다. 휘발유 가격이 요동치고 교통 체증이 일상적이며 비만이 심각한 문제로 인식되는 현대 사회에서, 교외에서 건강한 삶을 영위하는 것은 많은 비용을 지불해야 하는 일이 되었다.

몇몇 교외 지역에서는 확산을 막기 위한 노력이 진행되고 있다. Portland의 Oregon은 도시 외곽과 주변 농촌 지역을 보호하기 위해서 Urban Growth Boundary라는 이름의 개발 제한 구역을 지정했다. 도심의 공원을 조성하는 추세도 교외 확산 현상을 막는 데 도움을 주고 있다. 최근에는 공원을 조성하기 위해서 벌목을 하는 대신에 아예 숲을 구매해서 이 지역을 공원으로 바꾸는 도시가 늘어나고 있다. 교외가 확산되지 못하도록 제한하면 도시 외곽의 자연 환경을 보존할 수 있다. 이제 사람들은 교외보다 직장 근처에 거주지를 마련할 때 더 편하고 더 저렴하며 건강에도 더 이롭다는 사실을 깨닫고 있다. 자동차 기업이나 석유 기업은 이를 반기지 않겠지만, 교외에서 도심지역으로 회귀하려는 경향은 많은 기업들에게 새로운 기

회를 제공할 수 있다.

생물 다양성 산림 벌채, 오염, 개발, 교외 확산 현상은 야생동물과 식물, 그들의 서식지에 나쁜 영향을 미친다. 많은 동식물이 이미 멸종되었고 수천 개의 종들이 멸종 위기에 처해 있다. UN의 보고서는 백만 개 정도의 동식물 종이 멸종 위기에 처해 있으며 그 속도는 상상할 수 없을 정도로 빠르다고 경고하고 있다.[46] Columbia에서는 소 떼를 공격하는 재규어를 농장주가 공격해서 죽이는 일이 빈번한데, 이로 인해 재규어는 멸종 위험을 겪고 있다. 앞서 언급한 예는 야생에서 살아가고 있는 동식물의 생존과 경제 활동 사이에서 균형을 맞출 필요가 있다는 사실을 상기시킨다. 스스로를 방어할 수 있을 만한 능력을 갖춘 품종을 기르는 것이 균형을 맞추는 한 가지 방법일 수 있다.[47]

U.S. Fish and Wildlife Services에 따르면 수많은 가축들이 늑대에 의해 죽는다. 늑대는 소 떼를 공포에 질리게 하고 패닉 상태에 빠진 소 떼는 몰이개나 심지어는 사람을 공격하기도 한다. 이러한 사실 때문에 늑대는 2017년에 Endangered Species Act의 보호종에서 제외되었고, 그 해에만 Wyoming에 서식하는 380마리의 늑대가 그리고 그 다음 해에는 Wyoming에 서식하는 늑대의 절반이 사냥 당했다. 지난 10년 동안 미국 7개 주에서만 5천 마리가 넘는 늑대들이 죽임을 당했다. 이는 한 가지 요인, 즉 늑대가 가축들을 공격한다는 경제적인 요인만을 고려해서 내린 의사결정의 예이다. 장기적인 관점에서 보면 동식물 종을 제거하는 일은 언젠가는 그에 상응하는 대가를 치루게 된다.[48]

전문가들은 천연 자원을 과도하게 사용할 때 생태계의 균형이 무너져 재앙과 같은 상황이 일어날 수 있다고 경고한다. 각각의 생물 종은 고유한 역할을 수행하고 있으며, 생태계의 연쇄 고리는 매우 복잡해서 어떤 한 부분이 사라진다면 전체 생태계가 위험해질 수 있다. 벌과 같은 곤충은 꽃가루를 옮겨 수분을 일으키기 때문에 과일이나 야채의 성장에서 매우 중요한 역할을 수행한다. 살충제를 개발하고 널리 사용할수록 꽃가루의 수분을 돕는 벌, 곤충, 박쥐 등의 개체 수가 줄어든다. 꽃가루를 매개하는 종이 없다면 전 세계의 식량 공급은 심각한 위기에 처할 수밖에 없다. 일찍이 아인슈타인은 "꿀벌이 사라지면 인류도 4년 안에 멸망한다."고 경고한 바 있다. 기업은 환경을 보전해서 다음 세대가 행복하게 살 수 있도록 더 신중하게 자원을 사용해야만 한다.

유전자 변형 생물(genetically modified organism, GMO) 누구에게 질문을 하는지에 따라서 유전자 변형 식품은 빈곤 지역을 굶주림에서 구하고 농업을 혁신하는 방법이 될 수도 있고 생물 다양성을 훼손하고 인류를 질병에 걸리게 하는 방법이 될 수도 있다. **유전자 변형 생물**은 해충이나 바이러스에 대한 저항성, 가뭄에 대한 적응력, 높은 생산성과 같은 좋은 특성을 가지도록 동식물의 DNA를 조작해서 만든 생물을 말한다. 일반적으로 DNA 조작은 한 개체로부터 유전자를 떼어 내어 다른 개체에 옮겨 붙이는 방법으로 이루어지며, 이 과정을 거치면 자연적으로는 절대 존재할 수 없는 새로운 형태나 특성을 가진 생물이 탄생한다. Bayer, DuPont과 같은 기업들은 옥수수, 콩, 감자, 카놀라유 씨앗, 목화의 유전자를 변형해 이들이 잡초나 해충에 더 잘 저항하고 더 빠르게 자라도록 만들었다. 많은 사람들이 인위적으로 변형된 유전자가 자연에 부정적인 영향을 미칠 것을 우려한다. 예를 들어 유전자 변형으로 만들어진 침입종은 동식물 토착종을 위험에 빠뜨릴 수 있다. 사람들은 또한 유전자 변형 식품이 인간에 미칠 부정적인 영향력을 우려한다. 게다가 만약 기업이 유전자 변형 생물에 대한 특허를 취득한다면 농부들은 어쩔 수 없이 매년 Bayer와 같은 기업으로부터 씨앗을 구입해야만 하는 상황에 처하게 된다.

유전자 변형 생물
해충이나 바이러스에 대한 저항성, 가뭄에 대한 적응력, 높은 생산성과 같은 좋은 특성을 가지도록 동식물의 DNA를 조작해서 만든 생물

거센 논쟁에도 불구하고 유전자 변형 제품은 여전히 많은 관심을 받고 있다. 유전자 변형으로 생산성을 높일 수 있다는 사실은 영양실조 문제가 심각한 국가에게는 무시할 수 없는 큰 장점이다. 또한 유전자 변형으로 만들어진 식품은 보관 기간이 더 길다. 미국에서 최초로 승인을 받은 유전자 변형 사과는 껍질을 벗겼을 때 쉽게 갈변하지 않는 유전자를 가지고 있으며 식당이나 식료품점에서는 이 갈변하지 않는 사과를 훨씬 더 선호한다.

영양실조 문제가 심각한 국가에게는 생산성을 높일 수 있다는 점에서 유전자 변형이 무척 매력적인 방법으로 여겨진다. 또한 유전자를 변형해서 식품을 만들면 더 오래 보관할 수 있다.[49] The Food and Drug Administration은 유전자 변형 식품의 안전성을 보장하고 있지만, 유전자를 '여기 저기 이어 붙여서' 만들어 낸 생물이 장기적으로 생태계에 어떤 영

향을 미칠지는 알려져 있지 않다. 오늘날 미국에서 생산되는 작물의 75%가 유전적으로 조작되었다. 이 중에서 콩의 유전자 변형 비율은 94%, 면화의 비율은 94%, 여물용 옥수수의 비율은 92%이다.[50]

소비자들은 유전자 변형 식품 보다는 유기농 식품을 더 선호한다. 이러한 추세는 Whole Food와 같이 유기농 식료품을 취급하거나 자연 그대로의 공급망을 갖춘 기업에게는 새로운 기회이다. 유전자 변형 작물로 만든 식품에 대한 불매 운동이 세계 곳곳에서 벌어지고 있다. EU 가입국 전부, 호주, 일본을 포함해 총 64개의 국가에서 유전자 변형 제품을 금지하거나 제한하고 있다.[51] 동식물의 유전자를 조작해서 만든 제품의 문제는 장기적으로 봤을 때 유전자 조작이 어떤 영향을 미칠지를 아무도 모른다는 사실이다. 유전자를 조작해서 만들어낸 동물은 생태계에서 다른 개체들과 예측하지 못했던 방식으로 관계를 형성하고 생태계를 교란시킬 수 있다. 게다가 유전자 변형 작물이 바람이나 꽃가루를 매개하는 곤충 등에 의해 옮겨져 토착 작물과 섞인다면, 토착 작물 사이에서 유전자 오염이 일어나 생물 다양성이 훼손될 수 있다. 유전자 조작이 장기적으로 환경에 미칠 영향에 대해서 그리고 유전자 변형 생물의 안정성에 대해서 우려하는 사람들을 설득하기 위해서는 더 많은 연구가 이루어져야 한다.

3-4 환경 입법

1970년 이후로 점차 더 많은 이해관계자들이 환경 문제와 지속가능성에 주목했고, 이러한 관심은 지구의 날을 제정하고 EPA(The Environmental Protection Agency)를 설립하는 것으로 이어졌다. 지구의 자원이 빠르게 고갈되고 있기 때문에 동시에 기업과 소비자가 부담해야 하는 비용 역시 증가하고 있다.[52] 기업은 이제 환경에 미치는 영향에 대해 고민하지 않고서는 더이상 일상적으로 운영될 수 없다. The Clean Air Act나 the Environmental Protection Act 등의 법안은 환경을 보호하기 위한 목적에서 지구에 악영향을 미치는 활동을 제한한다. 이 법안을 위반한 기업은 심각한 처벌을 받거나 큰 벌금을 물 수 있다. 물론 기업은 단순히 법을 준수하기 위해서 지속가능성 이니셔티브를 채택할 수도 있다. 그러나 한편에서는 여기서 더 나아가 윤리적인 관점에서 자신의 관행이 동식물이나 그들의 서식지에 직접적 혹은 간접적으로 영향을 미칠 수도 있다는 사실을 깨닫는 기업이 늘어나고 있다.[53] 이러한 기업은 지구의 자원이 무한하지 않다는 사실, 소비자의 선호가 변화하고 있다는 사실을 인식하고 기업을 더 지속가능한 방식으로 운영하기 위해 노력하고 있다.[54]

다른 나라들과 마찬가지로 미국에서도 환경 문제를 다루는 여러 법안이 통과되었고 주무관청이 설립되었다. 이러한 법안이나 주무관청은 제품이나 서비스를 생산하는 과정에서 천연 자원을 사용하는 조직, 기업, 정부 관청 등의 활동을 감시하는 데 집중한다.

3-4a EPA(Environmental Protection Agency)

EPA
미국에서 환경 문제에 있어서 가장 강력한 행정력을 발휘할 수 있는 기관

미국에서 환경 문제에 있어서 가장 강력한 행정력을 발휘할 수 있는 기관은 EPA(Environmental Protection Agency)이다. 1970년에 설립된 이후 EPA는 환경 관련 연구를 수행하고 환경 오염을 해결할 수 있도록 도움을 제공하며 환경 관련 법안을 집행한다. EPA는 환경 파괴의 위험성을 경고하고 환경을 보호하기 위한 노력들이 쌓여 만들어진 결과이다. 미국의 환경 보호 운동은 Rachel Carson이 Silent Spring을 출판하고 무분별한 살충제의 사용이 얼마나 위험한지를 경고했을 때 절정에 달했다. 이를 계기로 미국 전역에서 과학자, 환경운동가, 시민들이 모여 환경 보호를 촉구하기 위한 대회를 개최했고 당시 대통령이었던 Nixon은 이에 대한 응답으로 EPA를 설립했다. EPA의 미션은 "인류의 건강과 환경을 보호하는 것"으로 구체적으로는 다음과 같다.

- 미국인들에게 깨끗한 공기, 토지, 물을 제공한다.
- 과학적으로 신뢰할 수 있는 정보를 기반으로 환경 피해를 줄이기 위해 노력한다.
- 인류의 건강과 환경을 보호하기 위해 제정된 연방 법안을 공정하고 효과적으로 관리하고 집행한다.
- 환경 관련 정책을 입안할 때에는 천연 자원, 인류의 건강, 경제 성장을 모두 고려해야 한다.
- 개인부터 기업에 이르기까지 사회의 모든 구성원에게 정확한 정보를 제

표 3-4 EPA의 전략 목표

1	대기 오염 감소
2	깨끗하고 안전한 물에 대한 접근성 향상
3	자원 관리, 폐기물 관리 및 정화 촉진
4	환경 문제에 더 잘 대응할 수 있도록 협력망 구축
5	준법 감시 및 환경 스튜어드십 개선

자료: Environmental Protection Agency, "Goals and Objectives," https://www2.epa.gov/border2020/goals-and-objectives (accessed January 30, 2020).

공한다.

- 오염된 토지와 지역을 정화한다.
- 화학 제품은 판매 이전에 반드시 그 안전성을 인정받아야 한다.[55]

미션 달성을 위해서 EPA는 다섯 가지의 전략적인 목표를 세우고 이를 바탕으로 계획 수립, 예산 책정, 분석, 책무성 실현을 꾀하고 있다(표 3-4 참고). 이 다섯 가지 전략 목표는 미국 사회가 깨끗한 공기와 물, 적절한 폐기물 관리 등을 위해서 고안한 법안이나 지표 중에서 무엇을 우선시하고 있는지를 잘 보여준다.[56] EPA는 법을 위반한 기업에 대해서 민사 소송을 제기할 수 있다.

3-4b 환경 규제

상당한 수의 법안이 일반적인 혹은 특수한 환경 문제, 공공의 건강, 멸종 위기에 처할 위험이 있는 종, 독성 물질, 깨끗한 공기와 물, 천연 자원 등을 관리하기 위한 목적에서 제정되고 공포되었다. 예를 들어, 1990년대에 자동차의 배기 가스를 줄이기 위해 도입한 촉매 변환기가 유연 휘발유로는 제대로 작동하지 않았으며 유연 휘발유에 포함된 납 성분이 아이들에게 특히 해롭다는 사실이 밝혀지면서 결국 유연 휘발유는 시장에서 퇴출되었다. 또 다른 예로 CAFE(Increased Corporate Average Fuel Economy) 표준이 제정된 이후 자동차를 생산하는 기업은 제품의 연비를 높이기 위해 노력하고 있다. 2016년에는 휘발유 1갤런당 35.5마일이 연비 기준이었지만, 이 기준은 2025년까지 1갤런당 54.4마일로 상향되었으며 앞으로도 점점 더 상향될 것으로 보인다.[57] 이에 기업들은 차체에 초경량 알루미늄을 사용하는 등 연

표 3-5 환경 보호 법안

National Environmental Policy Act	1969	국가 차원의 환경 정책을 수립하고 Council on Environmental Quality를 설립한다. 생물권이 해를 입지 않도록 보호하고 국민의 환경과 복지를 촉진한다.
Clean Air Act	1970	대기 질에 관한 기준을 제시한다. 주 정부가 이 기준을 어떻게 충족할 것인지 계획을 제출하도록 하고 이를 승인한다.
National Environmental Policy Act	1970	모든 연방 기관에 적용할 수 있는 포괄적인 정책 목표를 제시한다. 감독 기관으로 The Council on Environmental Quality를 설립한다.
Coastal Zone Management Act	1972	연안 지역에 위치한 주에서 발생하는 인구 과잉 문제를 해결할 수 있도록 재정을 지원한다.
Federal Water Pollution Control Act	1972	수질 오염을 막고 수질을 정화하며 오염원을 제거한다.
Noise Pollution Control Act	1972	특정 상품을 제조할 때 배출되는 오염 물질을 통제한다.
Federal Insecticide, Fungicide, and Rodenticide Act	1972	연방 정부 차원에서 살충제의 유통, 판매, 사용을 관리한다.
Endangered Species Act	1973	멸종 위기이거나 멸종 위기에 처할 위험이 있는 동식물 종과 그 서식지를 보호하는 프로그램을 실시한다.
Safe Drinking Water Act	1974	미국 내 식수의 수질을 보호하기 위해서, 1) 표층수, 지하수를 막론하고 식수로 사용하고 있거나 사용할 가능성이 있는 모든 물을 관리한다. 2) 정수 안전 기준을 제시하고 공공 수자원 공급망에 종사하는 모든 사람이 건강 기준을 따르도록 한다.
Energy Policy and Conservation Act	1975	자동차 생산자가 자동차 전시장에 "연비 지침"을 구비하도록 한다.
Toxic Substances Control Act	1976	국민 건강과 환경을 보호하기 위해서 특정한 화학 물질을 검사하거나 그 사용을 제한한다.
Resource Conservation and Recovery Act	1976	EPA에 유독한 폐기물을 "요람에서 무덤까지" 관리할 수 있는 권한을 부여한다. 위험하지 않은 폐기물뿐만 아니라 위험한 폐기물의 발생, 수송, 처리, 저장, 매립까지 전 과정을 관리할 수 있는 프레임을 제공한다.
Comprehensive Environmental Response, Compensation, and Liability Act	1980	화학 산업과 정유 산업에 세금을 부과한다. 국민 건강이나 환경에 해를 입힐 수 있는 위험 물질이 사용되거나 사용될 가능성이 있을 때 이를 직접적으로 관리할 수 있도록 연방정부 차원의 포괄적인 권한을 부여한다.
Emergency Planning and Community Right-to-Know Act	1986	지역 사회의 안전에 관한 국내법으로, 화학 물질로 인해 발생하는 위험으로부터 지역 주민들의 건강, 안전, 지역의 환경을 보호할 수 있도록 돕는다.

Oil Pollution Act	1990	재난적인 기름 유출 상황이 발생했을 때 이에 대응하거나 더 나아가 아예 이러한 재난을 사전에 대비할 수 있도록 EPA의 권한을 강화한다. 유류세로 신탁 펀드를 조성하고, 유출 사고를 일으킨 단체가 스스로 이 문제를 해결할 수 없을 때 펀드 기금을 사용해서 유출 지역을 정화한다.
Pollution Prevention Act	1990	기업이 원료를 사용해서 제품을 생산하고 기업을 운영하는 과정에서 비용을 절감하려다가 발생하는 오염을 줄이기 위해 산업, 정부, 공공 차원의 노력을 집중한다.
Food Quality Protection Act	1996	the Federal Insecticide, Fungicide, and Rodenticide Act와 the Federal Food Drug and Cosmetic Act을 개정한다. 식자재에 사용되는 모든 살충제에 유독성이 없다는 사실을 증명하기 위해서 새로운 안전 기준을 수립하고 이를 제시한다.
Energy Policy Act	2005	에너지 효율성, 재생가능한 에너지, 석유, 가스, 석탄, Tribal energy(아메리칸 원주민 거주지역 에너지), 원자력과 그 안전성, 운송 수단의 연료, 수소, 전기, 에너지 세금과 관련된 인센티브, 수력, 지력, 기후 변화 기술과 관련해서 미국 내에서 에너지가 생산되는 방식을 재검토한다.
Energy Independence and Security Act	2007	백열 전구의 사용을 제한하는 등 미국의 에너지 정책이 더 지속가능한 방향으로 나아갈 수 있도록 계획을 수립한다.
Frank R. Lautenberg Chemical Safety for the 21st Century Act	2016	the Toxic Substances Control Act를 개정한다. EPA가 현재 사용하고 있는 화학 물질에 대해서 명확하고 강제력 있는 검사 기한을 제시하도록 한다. 리스크 기반의 새로운 안전 기준을 제시한다. 화학 물질에 관한 정보를 투명하게 공개한다. EPA가 새 법안 아래에서 그 책임을 다할 수 있도록 지속적으로 재원을 조달한다.

비를 높이기 위한 대안을 찾고 있다.[58] 하이브리드 자동차를 생산하거나 전기 자동차 혹은 수소 전지 자동차 기술을 개선하는 방법을 고려해 볼 수도 있다. 표 3-5는 핵심적인 환경 규제들을 요약한 것이다.

Clean Air Act CAA(The Clean Air Act)는 여러 에너지원으로부터 대기 중으로 배출되는 물질을 포괄적으로 규제하기 위해 제정된 연방 법안이다.[59] 이 법안은 국가 차원에서 대기 질, 위험 물질을 배출하는 새로운 에너지원에 대한 기준을 제시한다. 구체적으로 이 법안에 따라 EPA는 국민의 건강과 환경을 보호하기 위해서 허용할 수 있는 오염의 정도를 규정하고 이를 제시한다(Ambient Air Quality Standards; NAAQS). 각 주는 NAAQS를 만족시키기 위해서 기업에서 배출하는 오염 물질을 어떻게 규제할 것인지 그 계획(state implementation plans, SIPs)을 EPA에 제출해야 한다.

Clean Air Act 아래에서 주 정부는 대기 질을 깨끗하게 유지하고 인접한 주의 대기 질에 부정적인 영향을 미치지 않기 위해 노력해야 한다. EPA는 NAAQS를 상향하는 추세이다. 따라서 대기 오염을 야기하는 산업에 속한 기업과 그 소비자는 의사결정에 있어서 이 법안을 중요하게 고려할 수밖에 없다. 예를 들어, 냉각제로 사용되는 R22는 2020년에 법적으로 판매가 금지되었고 따라서 이전에 R22를 사용했던 사람들은 더 친환경적인 냉각제를 사용하는 기기를 새로 구매해야 한다.[60] 비슷하게 에어로졸 캔은 이전에는 매립지에서 처리되었지만 이제는 금속 재활용 센터에서 처리되어야 한다.[61]

Endangered Species Act Endangered Species Act는 멸종 위기이거나(endangered) 멸종 위기에 처할 위험이 있는(threatened) 야생 동물과 그 서식지를 보호하기 위해 제정된 법안이다.[62] 멸종 위기에 처할 위험이 있는 종은 별다른 보호 조치가 이루어지지 않으면 멸종 위기를 겪게 되는 종을 말한다. 미국 내무부의 U.S. Fish and Wildlife Service는 멸종 위기 종과 멸종 위기에 처할 위험이 있는 종의 목록을 작성하는데, 이 목록에는 치타, 대왕 판다, 대왕 고래 등을 포함해서 1,400개 이상의 동물 종과 900개 이상의 식물 종이 포함되어 있다.[63] Endangered Species Act는 이 목록에 속한 종을 해치거나 멸종 위기 종의 서식지에 악영향을 미칠 수 있는 행위를 금지한다. 예를 들어, 주 사이에서 혹은 나라 사이에서 이 목록에 속한 종을 거래하는 일은 불법이다. 조류, 곤충, 어류, 파충류, 포유류, 갑각류, 꽃, 풀, 선인장, 나무까지 다양한 동식물이 보호종으로 지정될 수 있다.

Endangered Species Act를 둘러싸고 벌어지는 논쟁은 치열하다. 사람들은 흔히 목장주들 혹은 농부들이 동식물을 무분별하게 해쳐 멸종 위기에 처하게 만들었다고 여기지만, 실제로는 토지 소유주가 규제를 따를 때 발생하는 번거로움이나 비용을 줄이기 위해 동식물을 해치는 경우도 많다. 규제를 따르는 과정에서 번거로움이나 비용이 발생할 것이라는 믿음을 뒷받침하는 명확한 근거는 없다. 물론 종종 멸종 위기 종의 서식지인지를 알지 못하고 토지를 구매한 이후에 그 토지를 사용할 수 없게 되는 경우가 존재하기는 한다. 따라서 기업은 Endangered Species Act에 윤리적이고 신중한 자세로 접근해야 한다.

Toxic Substances Control Act 미 의회는 Toxic Substances Control Act(TSCA)를 통과시켜 EPA가 현재 미국으로 수입되거나 미국 내에서 사용되고 있는 7만 5천 개의 산업용 화학 물질을 추적할 수 있도록 했다. 이 법안으로 EPA는 이 화학 물질들을 계속해서 감시할 수 있고, 이 물질들이 환경이나 국민의 건강에 악영향을 미치는지 검사하거나 그와 관련된 보고를 요구할 수 있게 되었다. 또한 EPA는 합리적인 인간은 결코 저지르지 않을 정도의 위험성을 초래하는 화학 물질의 수입이나 제조를 금지할 수도 있다. EPA는 매년 수천 개의 새로운 화학 물질들을 추적한다. EPA는 이 화학 물질들이 국민 건강이나 환경을 위협하는지 여부를 판단하고, 만약 이 물질이 독성을 포함하고 있는 경우에는 판매를 통제할 수도 있다.[64] 예를 들어, EPA는 몇몇 플라스틱에 사용되는 독성 물질인 bisphenol A(BPA)를 규제하기 위해서 TSCA를 적용할지 여부를 검토한 적이 있다. BPA는 유아 젖병이나 음식 포장재에 주로 사용되는 물질로 환경에 악영향을 미칠 뿐만 아니라 그것을 사용하는 사람의 건강까지 해칠 수 있다.[65]

Clean Water Act 1977년, 미국 의회는 5년 전에 제정된 The Federal Water Pollution Control Act를 개정해서 Clean Water Act(CWA)를 통과시켰다. 이 법안이 통과되면서 EPA는 지표수에 포함된 오염 물질의 양을 제한할 수 있었던 이전 법안에 더해 산업용 폐수의 기준을 설정할 수 있게 되었다. CWA에 따르면 허가 없이 수로에 직접적으로 오염 물질을 방류하는 사람이라면 누구든지 처벌할 수 있다.[66] 예를 들어, 플라스틱 제조업체 Formosa는 Texas의 Lavaca Bay에 무단으로 미세 플라스틱을 방류해 50만 달러의 합의금을 지불했다.[67] 이 법안은 또한 기업이 비로 인한 홍수를 막기 위해서 적절한 계획을 작성하도록 요구한다. 한편, The Water Infrastructure Funding Transfer Act는 식수에서 검출되는 납 성분을 줄이는 데 사용할 수 있는 기금을 조성하기 위해서 제정되었다.[68] 2019년에 Trump 행정부는 그다지 중요하지 않은 수로에 대해서는 Clean Water Act의 수질 기준을 완화할 수 있도록 했다.[69] 이러한 후퇴로 기업들은 수로 근처에서 폐기물을 처리할 수 있게 되었고, 기준 완화를 둘러싸고 여러 이해관계자들이 갈등을 겪었다.[70] 반면 이후 들어선 Biden 행정부는 2030년까지 토지, 식수, 해양의 30%를 보호하겠다는 목표를 세웠다.

Pollution Prevention Act Pollution Prevention Act는 기업이 원료를 사용해서 제품을 생산하고 기업을 운영하는 과정에서 비용을 절감하려다가 발생하는 오염을 줄이기 위한 목적에서 제정되었다. 기업은 재활용, 원자재 절감, 지속가능한 농업 등의 관행을 채택해서 에너지와 물, 천연 자원을 효율적으로 사용하고 보존해야 한다.[71]

오염을 줄이기 위해 기업들이 가장 많이 사용하는 방법은 건물을 친환경적으로 설계하는 것이다. 사람들은 흔히 건물이 환경을 오염시킨다고 생각하지 않지만, 실제로 미국에서는 총 에너지 소비량의 40% 정도가 거주 목적이나 상업 목적의 건물을 짓는 데 사용된다.[72] LEED와 Green Globes는 대표적으로 학교 건물, 주택, 산업용 건물이 "친환경적"인지를 인증해 주는 단체이다. 먼저 **LEED**(Leadership in Energy & Environmental Design)는 건물이 지속가능한 방식으로 건축되었는지 여부를 인증해 주는 프로그램이다. LEED는 경영계와 특별한 이해관계가 없는, 전 세계에서 가장 명성이 높은 친환경 건축 인증 프로그램이다. 표 3-6은 LEED 프로그램에 대한 몇 가지 사실이다. 다음으로 Globes Green은 공공 건축 부문에서 LEED와 같은 역할을 한다. 즉, Globes Green은 정부 재정이 투입된 건물

LEED
건물이 지속가능한 방식으로 건축되었는지 여부를 인증해 주는 프로그램

표 3-6 LEED 인증에 관한 사실

1.	미국에서 LEED 인증을 받은 건물들은 만약 그 건물들이 인증을 받지 않았을 때와 비교했을 때, 에너지 12억 달러, 물 1억 5천만 달러, 유지비 7억 2천만 달러, 폐기물 5천만 달러를 절약한 것으로 추산된다.
2.	기업 경영진의 61%는 지속가능성을 제고해서 기업을 차별화하거나 재무적인 성과를 얻을 수 있다고 믿는다.
3.	친환경 건축 산업이 미국의 국민 총 생산(GDP)에 직접적으로 기여하는 액수는 약 1,670억 달러에 달한다.
4.	LEED 인증을 받은 건물은 그렇지 않은 건물보다 11% 정도 물을 덜 소비한다.
5.	LEED 인증의 목표는 2030년까지 폐기물을 5억 4천만 톤 이상 감축하는 것이다.
6.	친환경적으로 건물을 개조하는 프로젝트를 거치면 1년간 거의 10%에 달하는 운영비를 절약할 수 있게 된다.
7.	LEED 건물은 일반적인 상업용 건물에 비해서 운영비를 거의 20% 가까이 절약할 수 있는 것으로 나타났다.

자료: USGBC, "Benefits of Green Building," www.usgbc.org/articles/green-building-facts (accessed January 30, 2020); USGBC, "Why LEED," www.usgbc.org/leed/why-leed (accessed January 30, 2020).

이 친환경적인지를 인증해 주는 프로그램으로, 목재 기업 중에서 가장 많은 출자금을 낸 기업의 전임 경영자에 의해 운영된다.

Food Quality Protection Act 1996년에 연방 정부는 The Federal Insecticide, Fungicide, and Rodenticide Act와 The Federal Food, Drug, and Cosmetic Act를 개정해서 The Food Quality Protection Act를 통과시켰고, 이로 인해 EPA가 살충제를 규제하는 방식에 근본적인 변화가 일어났다. 이 법안에는 식자재에 사용하는 모든 살충제는 인간에게 어떠한 해도 끼치지 않는다는 것이 입증되어야 한다는 새로운 안전 기준이 포함되어 있다.[73] 구체적으로 이 법안은 식자재에 사용되는 모든 살충제가 일관되고 과학에 근거를 두며 조건을 막론하고 단일하게 신체에 미치는 영향을 측정할 수 있는 기준을 제시한다. 이 법안은 또한 유아와 아동을 위한 특별한 기준을 제시하고, 살충제를 사용하지 않고도 작물을 보호할 수 있는 기술을 개발하도록 유인하는 한편, 안전한 살충제를 가속 승인하고, 살충제에 대한 규제가 과학적으로 적절한지를 검토할 것을 요구한다.

Energy Policy Act The Energy Policy Act는 2005년에 통과된 법안으로 대체 에너지를 개발해서 외국에서 수입한 석유에 대한 미국의 의존성을 낮추는 것을 목적으로 한다. 이 법안에 따르면 원자력, 태양광, 풍력 등의 대체 에너지 기업은 세제 혜택과 대출 보증을 제공받을 수 있으며, 기업의 시설은 연방 정부가 정한 전력망 표준을 따라야 한다. 또한 이 법안은 하이브리드 자동차를 구매하거나 에너지를 절약할 수 있는 다른 설비를 구비하는 소비자에게는 단기적인 세제 혜택을 제공한다. 예를 들어 플러그인 방식의 전력 공급 변환기를 구매하면 세제 혜택을 받을 수 있다.[74] 여기에 더해 이 법안은 일광 절약 시간제(서머 타임; 여름에 표준시를 한 시간 앞당기는 제도)의 지속 기간을 한 달로 확대시켰다.[75]

3-5 대체 에너지 자원

이해관계자들은 이미 대체 에너지로 인한 큰 변화를 경험하고 있다. 마을과 도시, 국가의 탄소 발자국이 크게 줄었다. New Belgium Brewing 같은 기업은 대체 에너지를 사용해서 탄소 배출량뿐만 아니라 에너지 비용까지도 절감하고 있다. 여기에서는 현재 가장 많이 사용되고 있는 대체 에너지 자원에 대해서 설명한다.

3-5a 풍력(Wind Power)

풍력 발전은 여러 국가에서 실시하고 있으며 미국에서도 가장 전망이 밝은 발전 방식으로 각광받고 있다. 예를 들어, 덴마크에서는 절반 가까이의 전기가 풍력 발전으로 생산된다.[76] 미국에는 세계에서 강력한 풍력 자원을 얻을 수 있는 The Great Plains(북아메리카 중앙에 위치한 대평원)가 있다. 따라서 현재는 풍력 발전이 미국 전역에서 필요한 에너지의 7% 정도만을 담당하지만 이를 적극적으로 활용하면 전체 필요 에너지의 20%까지 생산할 수 있을 것이라는 기대를 받고 있다.[77] 그런데 문제는 풍력 에너지를 효율적으로 전달하기 위해서는 막대한 비용을 들여서 미국의 에너지 공급망을 재건축해야 한다는 사실이다. 풍력 발전은 초기에 터빈을 설치하는 비용이 너무 많이 들고 전력 공급망이 노후했기 때문에 이 방식이 널리 사용되기까지는 오랜 시간이 걸릴 것으로 보인다. 이러한 한계에도 불구하고 많은 사람들은 미래에 미국이 풍력 발전의 중심지가 될 것으로 예상하고 있다. 풍력 발전은 기업에게는 새로운 기회를 제공하지만 다른 대체 에너지원을 사용하는 기업에게는 위협이 될 수도 있다.

3-5b 지력(Geothermal Power)

지력 에너지는 지구 내부에서 자연적으로 발생하는 열을 수증기 형태로 추출한 것이다. 지력 발전을 사용하려는 기업은 다음과 같은 장점과 단점을 모두 고려해야 한다. 우선 지력 에너지는 끊임없이 공급된다. 따라서 지력 에너지는 일단 설치한 뒤에는 다른 대체 에너지 자원보다 더 안정적이라는 장점이 있다. 지력 발전소는 석탄 발전소보다 탄소를 더 적게 배출한다는 점에서도 긍정적이다. 반면 지력 에너지는 아무 곳에서나 쉽게 추출되지 않기 때문에 초기에 많은 비용이 든다. 그러나 일단 초기 비용을 감수한다면 발전소의 수명 전체에 미루어 보았을 때 지력으로 전기를 생산하는 데 드는 비용이 더 적다. 앞서 언급한 것처럼 지력 에너지는 매우 안정적으로 공급되기 때문에 향후에 지력 발전이 현재 건물이나 주택에서 사용하는 천연 가스를 대체할 수 있을 것으로 보인다. 이미 IKEA 매장 몇몇 개와 Lipscomb University, Belmont University에서는 지력 발전으로 에너지를 생산하고 있다.

3-5c 태양광 발전(Solar Power)

태양광은 완전 재생가능한 에너지로 가정용 태양 전지 혹은 태양광 발전소를 이용해서 전기로 변환될 수 있다. 태양광 기술의 가장 큰 단점은 비싸고 석탄 발전보다 비효율적이며 대규모의 태양 전지를 설치할 수 있는 장소가 한정되어 있다는 것이다. 그러나 예상 외로 구름이 낀 날은 그다지 문제가 되지는 않는데 구름을 뚫고 내리쬐는 자외선으로도 발전이 가능하기 때문이다.

미국은 국가 차원에서 태양광을 지원하고 있다. 심지어 California에서는 태양광 발전으로 너무 많은 에너지를 생산하고 있기 때문에 어느 정도 그 양을 감축해야 하는 상황이다. California는 2030년까지 전체 에너지의 60%를 재생 가능한 에너지를 사용해서 생산할 계획이다.[78] 미국에서는 전례 없는 속도로 태양광 발전이 차지하는 비율이 증가하고 있으며, 현재 미국 전력 수요의 1% 이상이 태양광 발전에 의해 충족되고 있다.[79] 태양광 에너지는 기업이 오염과 탄소 배출량을 획기적으로 줄일 수 있는 대안으로 주목받고 있다.

3-5d 원자력(Nuclear Power)

유럽 국가들은 원자력 발전소를 적극적으로 이용해서 탄소 배출량을 크게 줄였다. 그러나 원자력 발전소를 둘러싼 논쟁은 계속되고 있다. 핵을 붕괴시키고 방사선 폐기물을 처리하는 과정에서의 위험이 크기 때문에 원자력 발전에 대한 미국 내에서의 여론은 부정적이다. 원자력 발전은 오염을 발생시키지 않고 비용이 더 적게 든다. 게다가 우라늄의 양은 현재 생산되고 있는 전기의 60배 이상을 생산할 수 있을 정도로 충분하다. 그러나 전체로 보면 원자력 발전소를 건설하는 데 소요되는 시간과 각종 규제, 기술 문제로 인해서 원자력 발전소는 가스, 석탄 혹은 태양광 등의 다른 대체 에너지원에 비해 경쟁력이 약하다.[80] 원자력 에너지는 프랑스의 핵심 에너지원으로 전체 전기 생산량의 75%를 담당하고 있다.[81] 조심스럽지만 원자력 에너지는 전 세계의 석유 의존성을 약화시킬 수 있을 것으로 보인다.

한편에서는 원자력 발전소의 안전성과 방사성 폐기물의 처리에 대해 비판한다. 원자력 발전 과정에서 방사능이 방출되기 때문에 사람들은 발전소 직원들의 안전과 핵 폐기물을 운반하는 사람들의 안전을 가장 크게 걱정한다. 우크라이나 체르노빌(Chernobyl)에서의 원자력 발전소 참사로 무수히 많은 죽음, 질병, 기형이 발생한 것으로 보아 이러한 우려는 타당하다. 2011년에 일본에서 지진과 쓰나미로 원자로가 파괴되는 재난이 발생한 이후로 원자력 에너지 발전은 실제로 그다지 지지받지 못하고 있다.

3-5e 바이오 연료(Biofuels)

원자력 에너지 다음으로 많은 논쟁을 불러 일으키는 대체 에너지 자원은 에탄올일 것이다. 에탄올과 관련해서는 생산 과정에서 너무 많은 에너지가 사용되고 석유와 비교했을 때 그다지 지속가능하다고 볼 수는 없는 에너지 자원이라는 사실이 주로 비판받는다. 예를 들어, 미국에서는 옥수수를 사용해서 에탄올을 생산하기 때문에 결과적으로 에탄올이 전 세계의 식량 공급량을 줄이고 식량 가격을 높이고 있다는 것이다. 실제로 한 연구에 따르면 미국의 에탄올 생산량이 증가할 때마다 옥수수를 수입하는 나라에서는 116억 달러를 추가적으로 지불하게 되는 것으로 나타났다. 기아에 허덕이고 있는 전 세계의 8억 7천만 명을 생각하면 사람들이 흔하게 먹는 식품의 가격 상승은 큰 문제를 야기할 수 있다.[82] 이에 몇몇 기업은 옥수수 에탄올을 대체하기 위해서 조류와 잔디같이 먹을 수 없는 식물을 연구하고 있다. 조류 혹은 잔디는 식자재가 아니고 산림을 파괴할 필요도 없기 때문에 에탄올을 찬성하는 사람들은 이러한 대안이 개발되기를 기다리고 있다.

브라질 등의 나라는 바이오 연료로 화석 연료를 대체하도록 하는 법안을 도입했으며 따라서 이들 나라에서는 에탄올이 빠르게 확산되었다. 1976년에 브라질 정부는 에탄올과 가솔린을 혼합해서 사용하도록 규제했다. 결과적으로 브라질은 현재 바이오 에탄올을 가장 많이 수출하는 나라이다. 필리핀 등의 나라는 바이오 연료 생산에 비판적인데, 목장이나 정글 지역에서 바이오 연료를 만들어 이익을 내려는 기업들로 인해서 생태학적으로 민감한 지역들이 급속도로 파괴되고 있기 때문이다.

3-5f 수력(Hydropower)

옛날부터 물은 에너지 자원이자 운송 수단이었다. 수 세기 전에 사용되었던 물레방아부터 현대적인 수력 발전 댐까지, 물은 강력한 재생가능한 에너지 자원이다. 미국에서는 전체 에너지의 2.8%만이 수력 발전을 통해서 생산되고 있지만, 전 세계적으로 보면 수력 발전은 전체의 17%를 담당하는 에너지 자원이다.[83] 다른 대체 에너지 자원과 마찬가지로 수력 에너지도 장단점을 모두 가지고 있다. 수력 에너지의 가장 큰 단점은 댐을 건설하는 과정에서 사람과 야생 동물의 서식지가 파괴된다는 것이다. 수력 발전은 수중 생태계를 교란시킬 수 있다. 한편 수력 에너지의 장점은 온실가스를 그다지 배출하지 않아 대기를 오염시키지 않는다는 것이다. 따라서 수력 발전이 석탄 연료의 적정한 대안, 혹은 지속가능한 대안이 되기 위해서는 발전소를 건설할 때 환경에 미치는 부정적인 영향력을 최소화해야 한다.

3-6 지속가능성에 대한 기업의 대응

대부분의 기업이 ESG(Environmental, Social, and Governance) 프레임을 대기, 토지, 물 지속가능성 문제에 적용하고 있다. ESG 프레임을 사용해서 지속가능성 성과를 평가할 수 있는데 이번 장의 뒷부분에서 이를 논의할 것이다. 많은 기업들이 친환경적이고 지속가능한 방식으로 기업을 운영하는 것의 장점을 깨닫고 있다. 예를 들어, 이해관계자들은 지속가능한 기업에 더 호의적이며, 생산 과정에서 더 효율적이거나 폐기물을 덜 발생시키는 방식으로 비용을 절약할 수 있다. Staples, Disney, Hyatt Hotels & Resorts와 같은 기업에는 환경 업무를 전담하는 임원이 있다. 이들의 업무는 기업이 친환경적인 방식으로 기업 목표를 달성할 수 있도록 하는 것이다. Walmart와 IBM 같은 기업은 협력 업체가 얼마나 친환경적인지를 평가하는 체계를 갖추고 있다.[84] 기업은 그린 마케팅, 재활용, 탄소 배출 절감, 사회적인 책임을 고려한 조달 방식 등을 통해 환경 문제에 대응하기 위해 노력

그림 3-3 환경 성과와 재무 성과 간의 긍정적인 상관 관계

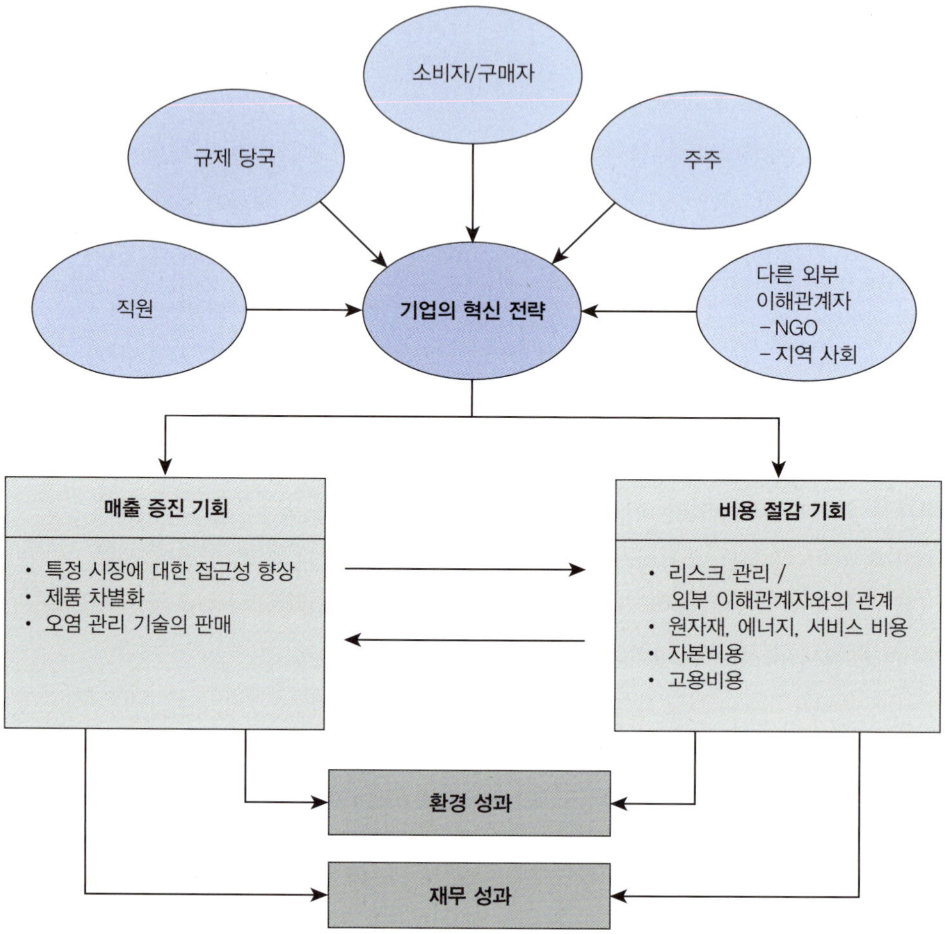

자료: Stefan Ambec and Paul Lanoie, "Does It Pay to Be Green? A Systematic Overview," The Academy of Management Perspectives 22, 4 (2008): 47.

하고 있다.

그러나 환경의 중요성이 매우 커졌음에도 기업들은 여전히 '이윤을 내기 위해' 사업을 운영하고 있다. 경제적인 성과는 여전히 기업의 핵심이다. 연구에 따르면 기업의 환경 성과가 개선되었을 때 실제로는 기업 매출이 증가하고 비용은 줄어든다. 그림 3-3은 환경 성과와 재무 성과가 어떻게 연결되어 있는지를 설명한다.

그림에서 볼 수 있듯이, 환경 성과가 개선될 때 매출이 증가하는 이유는

다음의 세 가지이다. 환경 성과가 개선되면 특정한 시장에 대해서 더 잘 접근할 수 있거나 제품이 시장에서 차별화되거나 다른 기업에 오염 관리 기술을 판매할 수 있다.

기업은 지속가능성을 제고하기 위해서 현재의 지식이나 기술을 적용해 혁신을 이루어 낼 수도 있지만 완전히 새로운 방식으로 접근해서 혁신을 이루어 낼 수도 있다. 기업이 친환경 기업으로 명성을 얻게 되면 이후에는 성장하고 있는 틈새 시장에 더 쉽게 접근할 수 있게 된다. 예를 들어, Walmart는 협력 업체에게 더 친환경적인 방식으로 그린 마케팅을 전개할 것을 요구한다. 구체적으로 Walmart는 지속가능성 지수를 개발해서 제품을 생산하는 과정이 얼마나 친환경적인지를 추적한다. Walmart는 이 프로그램에 참여하는 협력 업체로부터 미국에서 판매하는 제품의 70% 이상을 구매한다.[85] 지속가능성을 제고하는 데 있어 흔히 공급망에서의 개선을 간과하기 때문에, 기업의 공급망을 "친환경적으로 만드는" 일은 특히 중요하다. 그러나 기업들은 공급망 전체를 개선하기 보다는 개별 과정 하나하나에 노력을 집중하는 경향이 있다.[86] 지속가능성을 제고하기 위해서는 전사적인 연결성을 강화해야 한다는 사실을 인식할 때 기업은 환경을 위한 중요한 한 걸음을 내딛을 수 있다.

또한 기업은 친환경 기업이라는 이미지를 형성해서 시장에서 제품이나 서비스를 차별화할 수 있다. 한편, 친환경 산업(eco-industry)으로 명명된 새로운 산업이 부상하면서 오염 관리 기술을 개발해서 다른 기업에 이 기술을 판매하는 기업도 등장하고 있다. 기업이 환경 성과를 개선하면 위험 관리 능력이 증진되고 이해관계자와의 관계를 개선할 수 있으며, 이를 바탕으로 원자재나 에너지 소요량을 줄이거나 자본 비용, 노동 비용을 감축할 수 있기 때문에, 결과적으로는 비용이 감소하게 된다. 환경 기준을 상향하면 기업은 미래에 발생할지도 모르는 환경 참사에 더 잘 대비할 수 있게 된다. 환경 참사는 예측할 수 없기 때문에 기업은 환경 성과를 통해서 대중에게 최소한 자신이 그와 같은 재난을 막기 위해서 사전에 조사를 철저히 했다는 사실을 보여주어야 한다. 기업은 또한 이 과정에서 정부 규제를 준수하고 에너지를 더 효율적으로 사용해서 규제에 따른 비용을 줄일 수 있게 된다.

오늘날 친환경 기업은 자본에 더 쉽게 접근할 수 있다. 많은 은행이 환경 전문가를 고용해서 환경 문제가 발생할 가능성이 있는 기업인지 여부를 대출 심사에 반영하고 있다. 환경 성과를 제대로 관리하고 있지 못하는 기업은 은행 입장에서 부채가 많은 기업으로 분류된다. 마지막으로, 설문조사에서 직원들은 자신이 근무하고 있는 기업이 환경 성과를 잘 관리하고 있는지 아닌지를 신경 쓰는 것으로 나타났다. 기업의 환경 성과는 이제 더 이상 환경 문제에 국한되지 않는다. 환경 성과는 기업의 순이익에 영향을 미친다.

3-6a 그린 마케팅(Green Marketing)

그린 마케팅
기업이 소비자와 장기적으로 가치 있는 관계를 형성하기 위해서 환경을 보존하거나 환경 보호에 동참하거나 환경을 개선시키는 과정을 통해 이해관계자에 대한 접근성을 향상시키는 전략

그린 마케팅(green marketing)은 기업이 소비자와 장기적으로 가치 있는 관계를 형성하기 위해서 환경을 보존하거나 환경 보호에 동참하거나 환경을 개선시키는 과정을 통해 이해관계자에 대한 접근성을 향상시키는 전략을 말한다. 지난 15년간 전 세계적으로 의류 생산량은 2배 증가했으며, 따라서 소비자들은 종류를 막론하고 거의 모든 의류를 15년 전보다 절반 정도의 기간 동안만 착용한다. 의류 생산에는 많은 에너지가 소요되고 온실가스가 발생한다. 의류 기업들은 생산 과정에서 사용하는 물을 절감하고 화학 물질을 적게 사용하려고 노력하고 있을 뿐만 아니라 재생가능한 에너지를 더 많이 사용하려고 노력 중이다. 또한 의류 기업은 재활용을 위해서 소비자들이 오래된 의류를 매장으로 다시 가져오도록 유도하고 있다. Patagonia는 학생들 사이에서 오래된 재킷이나 바지에 천을 덧대어 입는 스타일을 유행시켰고 소비자들은 이러한 시도에 긍정적으로 반응하고 있다.[87] 지속가능성으로 다른 기업들을 앞서기 위해서는 이를 기업의 가치, 규범, 신념과 통합시켜야 한다.[88]

Green Seal 같은 환경 단체의 "친환경" 인증을 받은 많은 제품들이 이를 드러낼 수 있는 특별한 로고를 달고 나온다. 유럽 기업들은 과학적인 기준을 충족하는 제품에 자발적으로 친환경 라벨을 부착해서 자신의 제품이 경쟁 기업 제품보다 환경에 해로운 영향력을 덜 미친다는 사실을 나타낼 수 있다. 유럽 연합은 친환경 라벨 프로그램을 지원하고 있으며 이 라벨은 냉장고, 매트리스, 청소기, 신발, 텔레비전 등의 제품에 주로 사용된다.[89] 친환경 광고는 다른 광고와 비교했을 때 친환경 제품을 구매하기를 원하는 소비자에게 더 많은 정보를 제공한다.[90]

3-6b 그린워싱(Greenwashing)

그린워싱
소비자로 하여금 제품이나 서비스가 실제보다 더 친환경적인 것으로 인식하도록 기업이 사실을 오도하는 것

친환경 제품이 유행하면서 그린워싱이 윤리적인 문제로 부상하고 있다. **그린워싱**(Greenwashing)은 소비자로 하여금 제품이나 서비스가 실제보다 더 친환경적인 것으로 인식하도록 기업이 사실을 오도하는 것을 말한다. 그린워싱은 법이 요구하고 있는 환경 요건을 따르면서 이를 강조하거나 더 나아가 제품이나 서비스의 특성과는 무관한 환경 규제를 따르는 것, 특정 사실을 과장해서 홍보하는 것까지 다양하다. 예를 들어, 유명한 샐러드 체인점인 Sweetgreen은 거의 10년 동안 "Sweetgreen은 어떤 재료도 매립지로 보내지 않습니다."라는 홍보 문구를 사용해 왔는데 이는 오해의 소지가 있는 표현으로 그린워싱에 해당한다.[91] 연구에 따르면 제품에 적힌 홍보 문구가 너무 모호하거나 오해의 소지가 있는 경우는 흔하다.[92] "화학 물질을 전혀 사용하지 않은" 제품이라는 라벨은 생산 과정뿐만 아니라 제품에 사용된 동식물에도 전혀 화학 물질이 사용되지 않은 제품에만 부착될 수 있다. 세탁 세제, 가정용 청소기, 페인트는 가장 모호하거나 가장 오해의 소지가 많은 카테고리이다. 소비자들이 자신이 구매하는 제품에 대한 정확하고 적절한 정보를 제공받을 수 있도록 하기 위한 환경 운동가들의 노력은 계속되고 있다.[93]

일반적으로 기업이 그린워싱을 하는 이유는 환경에 관심이 많은 소비자를 끌어들이기 위해서이다. 대부분의 경우 소비자는 제품을 구매하기 전까지는 제품에 어떤 문제가 있는지 알 수 없다.[94] 그래서 그린워싱을 통해서 단기적으로 기업 매출이 증가될 수 있고 이에 기업은 그린워싱 전략을 효과적이라고 판단할 수도 있다. 그러나 소비자가 기업의 기만 행위를 알아차리게 된다면 그린워싱 전략은 오히려 심각한 역효과를 불러 일으킬 수 있다. 연구 결과에 따르면 그린워싱은 낮은 기업 성과와 연관되어 있는데, 구체적으로 기업은 그린워싱으로 인해서 비판을 받거나 장기적으로는 매출이 떨어지게 될 수도 있다.[95] 물론 "친환경", "지속가능성"이라는 용어를 명확하게 정의하기는 어렵기 때문에 기업이 의도치 않게 그린워싱을 하는 경우도 있다. 어떤 한 부품이 친환경적이라고 해서 그 제품 전체가 친환경적인 것일까? 이해관계자들은 흔히 제품이 생산되는 과정 전체를 고려하는 것이 아니라 완성품 자체만으로 지속가능성을 평가한다. The Federal Trade

Commission은 이러한 문제를 피하기 위해서 “친환경” 제품이라고 홍보할 수 있는 기준에 대한 마케팅 가이드라인을 제공하고 있다.[96]

그린워싱의 또다른 문제는 기업이 소비자 기만에 직접적으로 관여했는지를 판단하기 어렵다는 것이다. 기업이 특별히 “친환경” 마케팅을 하지 않았는데도 소비자가 그 기업의 관행이나 제품이 다른 기업보다 더 건강하다거나 혹은 더 친환경적이라고 인식할 때가 있다. 미국 국내산 식자재가 수입 식자재보다 더 친환경적일 것이라는 인식이 그 예이다. 그러나 최근 연구에 따르면 미국 국내산 식자재가 수입 식자재보다 생각만큼 훨씬 더 친환경적이지는 않다.[97] 또 다른 예는 소비자가 제품에 사용된 특정한 색을 보고 지속가능성을 연상하는 경우이다. Dunkin' Donuts는 매장에서 갈색 냅킨을 제공하는데 소비자들이 갈색을 보고 재활용을 연상하기 때문이다.[98] 이렇듯 어떤 특성을 통해서 “친환경”을 강조하는 것은 제품에 대한 정보를 소비자에게 쉽게 전달하는 방법일 수도 있지만, 실제로 제품이나 서비스의 본질은 변화시키지 않고 이에 대한 소비자의 인식만을 긍정적으로 바꾸려는 방법이 될 수도 있다. 만약 브랜드에 대해서 소비자가 이미 안 좋은 인식을 가지고 있다면, 친환경 광고는 일반적인 광고에 비해서 혹은 아예 광고를 하지 않는 경우에 비해서 더 부정적인 결과를 야기할 수 있다.[99] 또한 그린워싱은 소비자를 혼란스럽게 만들고 기업에 대한 소비자의 신뢰를 훼손하며 더 나아가 소비자가 ‘친환경 제품’에 대해 부정적으로 인식하도록 만들기도 한다.[100]

일반적으로 환경운동가와 기업은 서로 반목하지만, 기업이 목표를 추구하는 과정에서 지속가능성을 제고하기 위해 노력해야 한다는 주장에는 모두가 동의한다. 먼저, 기업은 폐기물을 줄이기 위해 노력해야 한다. 주로 비효율적인 기업 관행이 오염 물질이나 폐기물을 발생시키기 때문에 기업은 폐기물의 활용 방법을 고민하기 보다는 어떻게 생산 과정에서의 효율성을 높여 폐기물을 아예 만들지 않을지에 집중해야 한다. 둘째, 기업은 제품에 대해서 새롭게 인식해야 한다. 먹을 수 있거나 썩는 제품은 소비재로 분류된다. 자동차, 텔레비전, 컴퓨터, 냉장고 등은 내구재이고, 방사능 물질, 중금속, 독성 물질 등은 비매품이다. 일반적으로 내구재는 폐쇄된 순환 시스템(closed-loop system; 제품을 사용한 이후에 이를 다시 동일한 과정을 거쳐 재활용하는 체계)을 거쳐서 생산되고 사용되어야 하며, 폐쇄된 순환 시스템 내에서는 제품을 다 사용하고 나면 이를 분해해서 비매품을 최소화하는 방식으로 처리해야 한다. 셋째, 제품의 가격은 실제 비용을 반영해야 한다. 이 때 실제 비용은 천연 자원을 복원하는 데 소요되는 비용이나 생산 과정에서 발생하는 피해를 복구하는 데 사용하는 비용을 포함한다. 넷째, 기업은 환경 성과를 개선하기 위한 방법을 찾기 위해 적극적으로 노력해야 한다.[101]

3-7 지속가능한 환경 전략을 수립하기 위한 방법

환경 문제를 해결하기 위해서 얼마나 적극적으로 노력하는지에 따라서 기업은 기회를 잡을 수도 있고 위험에 직면하게 될 수도 있다. 기업은 지속가능성 이니셔티브를 채택해서 시장에서 제품을 차별화할 수 있으며 이는 긍정적인 재무 성과로 이어진다.[102] 실제로 S&P 500 지수에 속한 기업의 86%가 지속가능성 보고서나 사회적 책임 보고서를 발간하고 있다.[103] 한편 어떤 기업들은 지속가능성 이니셔티브를 채택하기를 주저하거나 그린워싱을 시도하기도 한다. 그림 3-4에서 알 수 있는 것처럼, 소극적인 기업은 환경 문제를 무시하거나 환경과 관련한 사고나 잘못이 일어나지 않기를, 혹은 사고나 잘못을 아무도 알지 못하기를 기대한다. 이러한 기업은 소송을 피하는 것에 주력한다. 어떤 기업은 환경 문제와 그로 인한 위험에 적극적으로 대비하고자 한다. 이런 기업은 환경 문제를 이익을 얻을 수 있는 기회로 여기기 때문에 이 문제에 전략적으로 접근한다. 적극적으로 노력하는 기업은 이해관계자의 요구를 충족시키고 관련된 위험을 평가하며 포괄적인 환경 전략을 수립한다.

지속가능성 이니셔티브는 전사적인 관점에서 실시되어야 하는데, 특정한 기업 관행을 더 지속가능하게 만들기 위한 결정이 다른 관행에서는 문제를 야기할 수 있기 때문이다. 예를 들어, 기업은 단일 요인에 의해 의사결정(Single-impact-driven decisions)을 내리곤 하는데 이는 기업이 어느 한 부분에서만 지속가능성을 제고할 수 있는 관행을 채택하는 경우를 말한다. 동물 복지를 보장하는 방향으로 지속가능한 기업 관행을 만들어 나가고자 하는 기업은 장기적으로 발생할 수 있는 반대급부를 반드시 고려해야 한다.

그림 3-4 환경 문제에 대한 기업의 전략적인 접근 방식

소극적으로 노력	보통 수준의 노력	적극적으로 노력
현재 직면한 문제만을 처리한다.	환경 규제에 따른다.	환경 문제에 적용할 수 있는 전략이 있다.
가까운 미래에 예상되는 문제에 대해서만 계획을 수립한다.	공공성과 관련된 환경 문제에도 관심을 가진다.	환경을 기업 성과를 향상시킬 수 있는 기회로 간주한다.
이해관계자를 고려하지 않는다.	전략적인 관점이 아닌 전술적인 관점에서 환경 문제에 접근한다.	환경 문제가 이해관계자에게 미칠 영향력을 고려한다.
기업 관행이 장기적으로 환경에 미칠 영향을 고려하지 않는다.	환경을 기회가 아닌 위기로 간주한다.	환경 성과를 평가하고 국제 기준에 따르기 위한 목적에서 환경에 대한 감사를 받는다.

환경, 인류의 건강, 경제적인 여건은 기업이 어떤 방식으로 지속가능성을 추구할 것인지에 영향을 미친다. 기업은 또한 지속가능성 이니셔티브를 실행하는 과정에서 그 성과를 화폐 가치로 측정하기 어렵다는 사실을 염두에 두어야 한다. 기업이 지속가능성 이니셔티브의 성과를 정확하게 측정하고 의사결정을 정당화하기 위해서는 그 결정이 공급망을 어떻게 변화시켰는지 인식해야 한다. 즉, 기업은 지속가능성 전략의 성과를 파악하고 이에 대해 확신할 수 있어야 한다.[104]

재활용
철, 알루미늄, 종이, 유리, 고무, 플라스틱 같은 물질을 재사용하기 위해서 가공하는 것

3-7a 재활용 이니셔티브(Recycling Initiatives)

많은 기업이 **재활용**(recycling)을 한다. 재활용은 철, 알루미늄, 종이, 유리, 고무, 플라스틱 같은 물질을 재사용하기 위해서 가공하는 것이다. 실제로 재활용을 통해 지속가능성을 크게 제고한 국가들이 있다. 미국에서 전체 재활용품의 3분의 1을 차지하는 폐기물은 종이이다.[105] 매장에서 판매되는 제품이나 그 포장지의 50% 이상이 재활용 판지를 사용한다. 물론 종이만 재활용이 가능한 것은 아니다. 곡물, 채소, 동물 뼈 등의 음식 폐기물을 분쇄하면 재생가능한 에너지를 만들 수 있다.[106] 인도의 화학자들은 엄청난 양

의 플라스틱 쓰레기를 도로 건축에 재활용하는 방법을 발견했다.[107] 더 나아가 몇몇 기업은 Waste Wise에 가입하고 시에서 배출되는 쓰레기나 산업용 폐기물을 줄이기 위해 노력하고 있다.[108] 이 단체에 가입한 기업은 재활용을 통해서 비용을 절감하고 기업 평판을 개선할 수 있으며 폐기물을 줄이는 과정에 대해 모니터링을 받을 수도 있다.

기업과 주 정부는 화학 물질을 강에 방류하지 않고 생산 과정에서의 물 소비를 줄이기 위해서 물을 재활용할 수 있는 방법을 찾고 있다. Coca-Cola는 물 소비를 줄이기 위한 첫 걸음을 내딛었다. 이러한 노력의 결과로 The Beverage Industry Environmental Roundtable이 설립되었는데, 이 단체는 물 보존, 에너지 사용, 식음료 사업이 환경에 미치는 영향 등에 대해 연구한다. 설립 이후로 기업들은 환경 단체 혹은 시와 협력해서 물을 보존하고 저소득 국가에 안정적으로 물을 공급하기 위해 노력하고 있다.

3-7b 이해관계자 평가

이해관계자의 평가는 환경 문제를 해결하기 위해 적극적으로 노력하고 있는 기업에게는 중요한 과정이다. 이 과정에서 기업은 모든 정당한 이해관계자들이 환경에 대해서 우려하고 있는 것이 무엇인지를 파악하고 이를 계속 모니터링해야 한다. 따라서, 기업은 다양한 이해관계 중에서도 어떤 이해관계가 우선이 되어야 하는지를 판단해야 하고 한 이해관계자가 다른 이해관계자와 연관되어 있는지 더 나아가 서로가 반대급부(trade-off)의 관계인지를 고려해서 환경 문제에 접근해야 한다. 물론 기업은 모든 이해관계를 만족시킬 수 없다. 그렇지만 기업은 의사결정을 내리기에 앞서 그 문제와 관련된 이해관계와 그에 수반되는 리스크를 철저하게 검토해야 한다. 이해관계자와 그 이해관계를 정확하게 파악하기 위해서 관리자는 연구를 수행하고 리스크를 평가하며, 이해관계자와 그 문제에 대해 의사소통해야 한다.

단, 기업은 문제에 따라서 모든 이해관계자가 동일하게 중요하지는 않다는 점에 주목할 필요가 있다. 예를 들어, 수질이나 대기질 등의 문제에서는 이와 관련되어 있는 이해관계자와의 관계에 영향을 미치는 법적인 규제가 존재한다. 기업은 이윤을 내기 위해서 의도적으로 물을 오염시키지 않아야 한다. 또한 경우에 따라서는 특별한 이익 집단이 자신의 이익을 관철시키기 위해서 다른 이해관계자들의 이익을 희생시키려고 시도할 수도 있다(예: 어업, 벌목업, 수렵). 핵심은 환경 문제에 대해서 기업이 어떠한 의사결정을 내리든 간에 의사결정에 사용한 정보는 모든 이해관계자들에게 지속적으로 전달되어야 한다는 것이다. 기업의 의사결정에 대한 여론이 부정적이거나 혹은 기업 행위로 재난이 발생했을 때 정보를 전달하는 것은 특히 중요하다. 한편 기업은 이해 상충으로 인해 발생하는 갈등을 알아차리고 이에 적절하게 대응하기 위해서 노력할 때 이해관계자와의 관계를 개선할 수 있다. 기업은 기업과 이해관계자 간의 의사 간극을 좁히기 위해서 협상과 조정을 거쳐야 할 수 있다.

3-7c 리스크 분석

다음으로 환경 문제를 해결하기 위해 적극적으로 노력하는 기업이 거쳐야 하는 과정은 리스크를 평가하는 일이다. 기업은 산업 연구나 정책 연구를 바탕으로 생산, 마케팅, 소비 패턴, 제품 사용 패턴 등과 관련되어 있는 환경 문제가 무엇인지를 파악할 수 있다. 리스크 분석을 거치고 나면 기업은 전략적으로 어떤 환경 문제에 주목해야 하는지를 결정할 수 있게 된다. 환경에 대한 기업의 의사결정이 얼마만큼의 비용을 수반하고 어느 정도의 긍정적인 효과를 불러올지를 측정하는 과정은 매우 어렵고, 특히 이 과정에서 이해관계자 각각의 관점을 고려하게 된다면 문제는 더 복잡해진다. 따라서 리스크를 분석하는 연구 결과를 두고 그 의사결정이 지속가능성에 기여할 수 있는지에 대한 논쟁과 갈등이 뒤따르는 경우는 흔하다.

환경 문제를 둘러싸고 벌어지는 논쟁은 기업이 의사결정을 내릴 때 어떤 정보를 더 중요하게 고려하고 어떤 리스크를 더 중점적으로 관리할지에 영향을 미친다. 환경 문제를 해결하기 위해서 적극적으로 노력하는 기업은 지속적으로 새로 수집한 정보를 평가하고 모든 이해관계자와 의사소통 해야 한다. 예를 들어, 미국에서는 수만 대의 SUV가 도로를 달리고 있는데, 만약 SUV를 전기 자동차나 전기 트럭으로 대체할 수 있다면 온실가스의 배출량이 엄청나게 줄어들 것이다. 그러나 이는 정부, 제조업자, 소비자 등 여러 이해관계자 간의 협력이 필요한 일로 사실상 달성하기가 거의 불가능하다. 소비자는 SUV를 구매할 때 이 차종이 환경을 오염시킨다는 사실보다 사고가 났을 때 안전하다는 등의 다른 요인을 더 중요하게 생각한다. SUV를 제한하고 대중 교통을 이용하도록 권장하기 위해서는 대타협이 필요할 것이다. 교외 공동화 현상은 타협이 성사되는 것을 방해하는 요인이다. 게다가 타협 과정에서 친환경 기업이 경쟁력을 확보할 수 있는지 여부도 중요하게 고려되어야 한다. 만약 친환경 기업이 가격이나 제품 면에서 경쟁 기업과 차별화를 하지 못한다면 장기적으로는 생존할 수 없을 것이기 때문이다.

환경 문제에 수반되는 리스크를 평가하는 과정에는 여러 이해관계자들의 리스크 사이에서 균형을 맞추는 과정이 포함된다. 기업은 리스크 평가를 통해서 여러 이해관계자들의 리스크 간의 반대급부를 수량화할 수 있고, 이를 바탕으로 환경 문제와 관련된 어떤 활동이나 프로그램을 실행할지 여부를 결정할 수 있다. 일반적으로 리스크 평가의 핵심은 이해관계자와의 관계에서 감수해야 하는 리스크는 무엇인지 그리고 그 리스크로 인한 충격을 줄이기 위해서는 얼마를 투자해야 하는지를 결정하는 것이다. 기업은 리스크 관점에서 이해관계자와의 관계를 지속할 것인지에 대한 판단을 내려야 하며, 이에 대해서 공식적인 방법 혹은 비공식적인 방법으로 이해관계자들의 피드백을 받을 수 있다. 예를 들어, 직원들에게 공식적으로 피드백을 받을 수 있는 방법으로는 재직 면담이나 퇴직 면담, open-door policy, 사내 직통 전화 등이 있다. 직원들 사이에서 이루어지는 대화는 비공식적인 피드백의 일종으로 볼 수 있다. 그러나 무엇보다도 리스크를 평가하는 과정에서 수집할 수 있는 모든 연구와 정보를 취합하고 최적의 의사결정을 내려야 할 책임은 관리자에게 있다. 만약 의사결정이 내려진 이후라도 실수를 발견하면 공개적으로 이를 발표하고 의견을 모으는 과정을 거쳐서 그 실수를 정정할 수 있다. 마지막으로 환경 문제를 해결하기 위해 적극적으로 노력하는 기업은 리스크를 평가하는 과정에서 얻은 새로운 정보를 기업 전략과 통합하기 위해 노력해야 한다.

3-7d 전략적인 환경 감사(Strategic Environmental Audit)

환경 문제를 해결하기 위해 적극적으로 노력하는 기업은 의사결정 결과에 대한 감사를 받고 그 결과를 모든 이해관계자들에게 보고한다. 표 3-7은 환경 민감도를 측정할 때 사용할 수 있는 질문들이다. 기업은 전략적으

ISO 14000
더 깨끗하고 더 안전하고 더 건강한 세상을 만들기 위한 목적에서 The International Organization for Standardization이 개발한 환경에 대한 포괄적인 기준

로 환경 감사를 받기 위한 목적에서 ISO 14000과 같은 국제 표준을 채택할 수 있다. The International Organization for Standardization는 더 깨끗하고 더 안전하고 더 건강한 세상을 만들기 위한 목적에서 환경에 대한 포괄적인 기준인 ISO 14000을 개발했다. 최근 들어 환경에 대한 여러 법안과 규제가 등장하고 있기 때문에 환경 문제에 적극적인 기업이 국제적으로 통용될 수 있는 척도를 찾는 일은 점점 어려워지고 있다. 국제 표준 ISO 14000의 목표는 환경 관리에 적용할 수 있는 공통적인 접근법을 제시하고, 환경 성과를 달성하거나 개선할 수 있도록 돕는 측정 도구를 제공하는 것이다. ISO 표준을 채택한 기업은 정기적으로 환경 관리 체계에 대해 보고해야 하고 기업의 운영 방식이 환경에 영향을 미칠 가능성이 있는지에 대해서 빠짐없이 파악하고 있어야 한다. 한편 기업은 비영리 단체 CERES가 만든 기준을 환경 감사에 활용할 수도 있는데, 이 기준은 이해관계자에게 환경 성과를 보고하기 위한 목적에서 개발된 표준이다.[109]

기업의 환경, 사회, 지배구조(ESG) 성과를 평가하는 일은 중요하다. 이 중에서도 환경 성과는 기후 변화, 천연 자원, 오염, 폐기물과 같은 환경 문제들과 연관된다. 사회 성과는 그 기업이 핵심 이해관계자들과 맺고 있는

표 3-7 전략적인 지속가능성 감사

1.	이 기업이 전략 차원에서 환경 정책을 수립하기 위해서 노력하였는가?
2.	직원들이 환경 규제를 준수하기 위한 목적에서 고안된 정책에 대해서 알고 있는가?
3.	공급자와 소비자가 이 기업이 관련되어 있는 환경 문제에 대해서 인지하고 있는가?
4.	관리자가 기업이 속해 있는 산업 내의 환경 전략에 대해서 잘 알고 있는가?
5.	다른 기업들과 비교했을 때 이 기업이 환경 이니셔티브를 실시하고 있는가?
6.	이 기업이 지속가능성에 있어서 산업에 관계없이 통용되는 가장 좋은 기업 관행에 대해서 알고 있는가?
7.	이 기업이 환경 규제를 준수하기 위한 목적에서 성과 표준을 개발했는가?
8.	이 기업이 여러 이해관계자들의 필요를 충족시키기 위해서 지속적으로 대응하고 있는가?
9.	이 기업이 환경 문제를 해결하기 위해서 자선 활동을 전개하고 있는가?
10.	이 기업이 환경 법안과 관련 규제를 준수하고 있는가?

관계(인적 자본), 제조물 책임법(제품으로 인해 야기될 수 있는 피해에 대비해서 해당 제품의 생산 과정에 관여하고 있는 모든 주체에게 부과되는 책임), 이해관계자의 반발 가능성, 사회적으로 다양한 기회를 제공하는 것과 연관된다. 지배구조 성과는 기업의 지배구조와 긍정적인 기업 행위(기업 윤리 프로그램, 투명성) 혹은 부정적인 기업 행위(반시장경쟁 행위, 부패)와 연관된다. ESG 프레임은 기업으로 하여금 환경, 사회, 지배구조 중에서 어떤 영역이 자신이 속한 산업에서 가장 중요한지에 대해서, 혹은 투자자 우선순위, 동료 평가, 기업의 문화나 리더십의 우선순위에 대해서 판단할 수 있게 돕는다. 투자자들은 ESG 프레임을 사용해서 어떤 기업이 윤리적인 책임 혹은 사회적인 책임을 다하고 있는지를 평가한다. 다시 말해서, 기업가는 ESG 프레임을 사용해서 비윤리적이거나 불법적인 행위를 하는 기업에 투자하지 않을 수 있고 그와 관련된 리스크를 관리할 수 있다. 애널리스트 역시 투자를 결정할 때 ESG를 평가하는 지수를 사용한다. 그러나 아마도 ESG의 진가는 산업 내에서 경쟁하고 있는 기업 혹은 새로 주목받고 있는 기업의 성과를 평가할 때 가장 두드러질 것이다. Bloomberg는 매년 지속가능 보고서, 연간 보고서 등 여러 공개된 자료로부터 ESG에 관한 정보를 수집해 기업들의 ESG 성과에 대한 ESG Data Service를 제공하고 있다.[110]

이 장에서 알아본 것처럼 기업의 사회적 책임(CSR)은 기업이 환경에 대한 이해관계자들의 우려에 대응하는 과정에서 수행되고, 환경 문제를 해결하기 위해서 많은 기업들이 창의적으로 이 문제에 접근하고 있다. 기업의 환경 성과를 측정하는 것은 기업 운영의 여러 측면을 함께 고려해서 평가할 때 가능해진다.[111] 물론 이 장에서 언급한 기업 중 많은 수는 자본에 더 쉽게 접근하거나 효율성을 제고하고 비용을 절감하기 위한 목적에서 환경 이니셔티브를 채택하고 있지만, 대다수의 기업은 환경에 대한 이해관계자의 우려에 적절하게 대응할 때 이해관계자와의 관계를 개선할 수 있으며 결과적으로 세상을 더 좋은 곳으로 만들 수 있을 것이라고 믿는다.

요약

기업 전략 관점에서 지속가능성은 모든 생명체를 포함해서 자연 환경을 장기적으로 잘 보존할 뿐만 아니라 개인, 조직, 기업 전략과 자연 환경이 호혜적으로 상호작용을 할 가능성을 의미한다. 지속가능한 발전은 미래 세대가 자신들의 필요를 충족시킬 수 있도록 그 능력을 훼손하지 않으면서 현재의 필요를 충족시키는 것을 말한다. 지속가능성은 자연 환경을 보존하는 동시에 기업 전략, 재정 부문, 근무 환경, 기술, 라이프스타일을 평가하고 개선시키는 과정을 포함한다. 지속가능성은 이해관계자에게 미치는 긍정적인 영향력은 극대화하고 부정적인 영향력은 최소화한다는 점에서 기업의 사회적 책임(CSR)의 영역에 속한다.

대기, 물, 토지, 생물다양성, 재생가능한 천연 자원을 보호하고 이들의 지속가능성을 제고하는 것은 21세기에 인류가 직면한 가장 중요한 문제이다. 전 세계적으로 지속가능성과 관련된 문제는 대기 오염, 산성비, 기후 변화, 수질 오염, 물 부족, 토지 오염, 폐기물 처리, 산림 벌채, 교외 확산 현상, 생물다양성, 유전자 변형 생물에 관한 문제이다. 기업은 이러한 문제에 적극적으로 대응해서 환경에 미치는 영향력을 줄일 수 있으며 친환경 기업이라는 명성을 쌓을 수 있다.

미국에서 환경 문제에 있어서 가장 강력한 행정력을 발휘할 수 있는 기관은 Environmental Protection Agency(EPA)이다. EPA는 1970년에 설립된 환경 담당 기관으로 환경 관련 연구를 수행하고 환경 오염을 해결할 수 있도록 도움을 제공하며 환경 관련 법안을 집행한다. 상당한 수의 법안이 일반적이거나 혹은 특수한 환경 문제, 공공의 건강이나 멸종위기종, 독성 물질, 깨끗한 공기와 물, 천연 자원 등을 관리하기 위해 제정되고 공포되었다. 그 중에서도 핵심적인 환경 관련 법안은 the Clean Air Act, the Endangered Species Act, the Toxic Substances Control Act, the Clean Water Act, the Pollution Prevention Act, the Food Quality Protection Act, and the Energy Policy Act이다. LEED와 Green Globes는 지속가능한 건축 관행이나 전략을 인증해 주는 프로그램이다. 대체 에너지는 많은 이해관계자들에게 큰 영향을 미친다. 대체 에너지에는 풍력, 지력, 태양광, 원자력, 바이오 연료, 수력이 포함된다.

환경 성과가 개선될 때 매출이 증가하는 이유는 다음의 세 가지이다. 환경 성과가 개선되면 특정한 시장에 대한 기업의 접근성이 증가하거나 제품이 시장에서 차별화되거나 다른 기업에 오염 관리 기술을 판매할 수 있다. 환경 성과를 개선하면 기업은 위험 관리 능력을 향상시키고 이해관계자와의 관계를 개선할 수 있으며, 이를 바탕으로 원자재나 에너지 소요량을 줄이거나 자본 비용, 노동 비용을 감축할 수 있기 때문에 결과적으로는 비용이 감소하게 된다.

그린 마케팅은 기업이 소비자와 장기적으로 가치 있는 관계를 형성하기 위해서 환경을 보존하거나 환경 보호에 동참하거나 환경을 개선시키는 과정을 통해 이해관계자에 대한 접근성을 향상시키는 전략을 말한다. 그런데 어떤 기업들은 환경을 개선시키기 위한 투자를 실제로는 하지 않고서도 그린 마케팅으로 이익을 얻고자 하기도 한다. 그린워싱은 기업이 소비자로 하여금 제품이나 서비스가 실제보다 더 친환경적인 것으로 인식하도록 사실을 오도하는 것을 말한다. 그린워싱이 단기적으로는 기업 매출을 증가시키는 것 같이 보여도 만약 그 사실이 밝혀진다면 그 기업의 명성은 심각하게 훼손된다.

기업은 환경 문제에 대해서 어느 정도의 노력을 보여주는지에 따라서 기회를 잡을 수도 있고 위험에 직면하게 될 수도 있다. 어떤 기업은 환경 문제와 그로 인한 위험에 적극적으로 대비하고자 한다. 이런 기업은 환경 문제를 오히려 이익을 얻을 수 있는 기회로 여기기 때문에 환경 문제에 전략적으로 접근하기 위해 노력한다. 많은 기업에서 재활용을 한다. 재활용은 철, 알루미늄, 종이, 유리, 고무, 플라스틱 같은 물질을 가공해서 이를 재사용하는 것이다. 여기에 더해서 이해관계자에 대한 평가, 리스크 분석, 환경에 대한 전략 차원에서의 감사는 환경 문제를 위해 적극적으로 노력하고 있는 기업에게는 중요한 과정이다. 이해관계자 평가는 기업이 환경 문제에 대해서 모든 정당한 이해관계자들이 가지고 있는 우려를 파악하고 이를 계속 모니터링하는 과정을 말한다. 리스크 평가를 통해서 기업은 전략적인 의사결정에 있어서 어떤 환경 문제에 주목해야 하는지를 결정할 수 있게 된다. 환경 문제를 해결하기 위해서 적극적으로 노력하는 기업은 기업 행위의 결과에 대해서 감사 받고 그 결과를 모든 이해관계자들에게 보고하기 위한 목적에서 ISP 14000과 같은 국제 표준을 사용할 수 있다.

마지막으로, 기업의 환경, 사회, 지배구조(ESG) 성과를 평가하는 일은 중요하다. 이 중에서도 환경 성과는 기후 변화, 천연 자원, 오염, 폐기물과 같은 환경 문제들과 연관된다. 사회 성과는 그 기업이 핵심 이해관계자들과 맺고 있는 관계(인적 자본), 제조물 책임법(제품으로 인해 야기될 수 있는 피해에 대비해서 해당 제품의 생산 과정에 관여하고 있는 모든 주체에게 부과되는 책임), 이해관계자의 반발 가능성, 사회적으로 다양한 기회를 제공하는 것과 연관된다. 지배구조 성과는 기업의 지배구조와 긍정적인 기업 행위(기업윤리 프로그램, 투명성) 혹은 부정적인 기업 행위(반 시장경쟁 행위, 부패)와 연관된다. ESG 프레임은 기업으로 하여금 환경, 사회, 지배구조 중에서 어떤 영역이 자신이 속한 산업에서 가장 중요한지에 대해서, 혹은 투자자 우선순위, 동료 평가, 기업의 문화나 리더십의 우선순위에 대해서 판단할 수 있게 돕는다.

윤리적 비즈니스 과제 해결하기

오하이오 주립 대학교를 졸업한 뒤에 Keisha는 작은 탄산 음료 기업인 Smith's Sodas의 마케팅 및 대관 업무 부서로 취직했다. Smith's Sodas는 석류, 라즈베리, 블루베리, 코코넛 등 흔하지 않은 과일 맛이 나는 고급 탄산 음료에 특화된 기업이다. 이 기업은 10년 이내에 Pepsi와 Coca-Cola의 경쟁 기업으로 성장하겠다는 원대한 계획을 가지고 있다. 이 기업의 탄산 음료는 경쟁 기업의 탄산 음료보다 칼로리는 낮고 맛은 더 다양하지만, 실제 시장에서의 점유율은 경쟁 기업의 절반 정도에 그친다. 이에 마케팅 부서의 최우선 과제는 시장에서 Smith's Sodas의 제품을 우위에 올려 놓는 것이다.

최근 Keisha는 상사로부터 새로운 프로젝트에 참여하게 되었다는 이야기를 들었다. 구체적으로 Keisha는 환경을 중요하게 생각하는 소비자들의 관심을 끌기 위해서 이번에 새로 도입한 생분해성 포장에 대한 마케팅 이니셔티브를 주도하게 되었다. 한 공급업체에서 식물 원료로 새로운 생분해성 플라스틱을 개발하고 이것으로 탄산 음료 병을 만들어 냈다. Keisha가 듣기로는 그 공급업체가 이 플라스틱을 개발하기 위해서 오랜 시간을 고생했고, 앞으로 Smith's Sodas는 친환경 기업으로 거듭나기 위해서 생분해성 플라스틱을 적극적으로 홍보할 계획을 세우고 있었다.

Keisha는 바로 플라스틱을 공부하기 시작했고 지역 신문사에 배포할 홍보 자료를 작성하기 시작했다. Keisha는 특히 제품의 지속가능성과 그 제품이 얼마나 환경에 기여하는지를 홍보하기 위해서 마케팅 캠페인을 기획하는 데 많은 공을 들였다. Keisha가 주목한 것은, 새로 개발한 이 생분해성 플라스틱은 그냥 폐기물이 되는 것이 아니라 생태계에 별다른 해를 끼치지 않는 방식으로 분해될 수 있다는 사실이었다.

며칠 전 Keisha는 지역 신문사 기자로부터 전화 한 통을 받았다. "담당자님께서 보내주신 자료는 잘 읽었습니다. Smith's Sodas에서 새로 생분해성 플라스틱으로 만든 병을 사용하기로 했다고요. 기사를 작성하기 전에 정말로 이 플라스틱이 잘 분해되는지를 검사해 보고 싶어서, 지역 대학의 전문가에게 의뢰를 했습니다. 그런데 10가지 서로 다른 조건의 토양을 놓고 이 병을 검사했더니 4개 토양에서만 이 병이 유의미한 정도로 분해되는 것으로 나타나더군요."

전화를 끊고 나서 Keisha는 기자의 말이 사실인지 알아보기로 했다. 이틀 후에 Keisha는 플라스틱 개발 과정에 참여했던 사람 중 한 명과 연락이 닿았다. "음, 네. 플라스틱이 특정 조건 아래에서만 분해된다는 건 사실입니다." 그가 말했다. "그래도 여전히 다른 플라스틱보다는 낫죠."

Keisha가 상사인 Louis에게 이 문제에 대해서 말했을 때, Louis는 Keisha의 우려를 이해하지 못했다. "Keisha, 저에게는 이 기자가 악의를 가지고 있다고 밖에 보이지 않아요. 어쨌든 플라스틱이 특정 자연 조건에서 분해된다는 거잖아요? 우리가 잘못한 건 없죠."

"그렇지만 Louis, 우리는 이 병이 언제든지 쉽게 분해될 것처럼 보이도록 홍보했어요. 그런데 실제로는 특정 조건 아래에서만 분해되죠. 이게 그린워싱이 아닌가요?"

Louis는 그린워싱이라는 단어를 듣고 눈살을 찌푸렸다. "Keisha, 생분해성이라는 단어 자체가 모호해요. 게다가 우리는 공급업체의 말을 믿고 그 플라스틱을 사용하기 시작했으니까 실제로 플라스틱이 분해되는지 아닌지를 증명할 책임이 우리에게 있는 건 아니죠. 우리는 기만하지 않았어요. 이 병을 어떻게 버려야 잘 분해가 되는지 방법을 찾는 것은 소비자들이 해결할 문제죠. 제품을 판 뒤에 일어나는 일을 우리가 어떻게 통제하죠? 뭐가 됐든 사람들은 그냥 쓰레기통에 그 병을 던져버릴 텐데요?"

"기자가 기사를 쓰면 어떻게 하시려고요?" Keisha가 물었다.

Louis는 단호했다. "'이 플라스틱은 분해됩니다'라고 말하는 건 거짓말이 아니에요. 그리고 대부분의 기업들은 공급업체에서 하는 말을 그대로 믿죠. 저는 우리가 그 문제로 홍보 문구를 바꿔야 한다고 생각하지 않아요."

[질문]

1. Smith's Sodas의 마케팅 캠페인이 진정성이 있는가?
2. Louis가 Smith's Sodas의 마케팅 캠페인은 정당하다고 주장할 때 사용했던 논리에 대해서 논의해 보시오.
3. 지역 신문에 Smith's Sodas 플라스틱 병의 지속가능성에 대해 의문을 제기하는 기사가 실리게 된다면, Keisha는 이에 어떻게 대응해야 할까?

4장
기업윤리의 제도화

학습목표

- 윤리적 행동의 자율성 및 강제성의 경계를 확인한다.
- 경쟁, 고객, 안전에 관련된 분야의 법률 준수에 있어서 강제적 요건을 확인한다.
- 사베인스-옥슬리 법 제정과 미국증권거래위원회의 법 집행에 필요한 요건을 확인한다.
- 도드-프랭크 월스트리트 개혁 및 소비자보호법의 발전기록과 주요 수정사항을 탐구한다.
- 윤리적 행동에 인센티브를 부여하는 규제 노력에 대해 개괄적으로 탐색한다.
- 연방양형기준에 포함된 윤리적 기업 문화 발전 제안사항 및 인센티브에 대한 개요를 탐구한다.

개요

4-1 강제적 및 자발적 프로그램을 통해 윤리적 위험 관리하기
4-2 법률 준수를 위한 강제적 요건
  4-2a 경쟁 규제 법안
  4-2b 소비자 보호 법안
  4-2c 공정 및 안전 향상 법안
4-3 사베인스-옥슬리 법
  4-3a 공개기업회계 감시위원회
  4-3b 회계감사인 및 애널리스트의 독립성
  4-3c 내부고발자 보호
  4-3d 규정 준수 비용
4-4 도드-프랭크 월스트리트 개혁 및 소비자보호법
  4-4a 도드-프랭크 법에 의해 설립된 금융기관
  4-4b 소비자금융보호국
4-5 윤리적 행동을 장려하는 법안
4-6 연방양형기준
4-7 기업윤리 제도화의 중요성

윤리적 딜레마*

졸업하자마자 Randy는 Meeker에 입사했다. Meeker는 세 개 주의 병원들과 치료소에 의약품을 제공하는 의료 창고 회사이다. Meeker는 시장의 지배적 위치를 차지하고 있다. 학위를 바탕으로 Randy는 열심히 배우고, 업무에 나서면서 경력을 시작할 의지가 충만했다. 신입 사원으로서 Randy는 병원과 치료소가 갖고 있는 규칙, 법령, 다양한 체계적 절차, 그리고 소프트웨어 사용법 등에 대해 학습하는 광범위한 훈련과정을 거쳐야 했다. 두 달간의 훈련에는 치료소와 병원에서 벌어지는 일반적 응급상황과 어떤 보급품과 장비들이 필요한지에 대한 설명 등이 포함됐다. 그는 다양한 제품과 장비를 사용하는 방법과 이러한 영역의 사람들에게 이를 훈련시키는 방법에 대해 배웠다. 그가 받은 훈련 중 일부로 의료 창고 안의 모든 영역에서 일해보는 것도 포함됐다.

하루는 Randy의 관리자인 Cheryl이 그를 사무실로 불러 그의 다음 업무에 대해 논의했다. 그녀는 그에게 고객회사 중 몇몇이 연간 재고조사를 시작할 예정이라고 알려줬다. 재고조사가 진행되면 Meeker의 대표가 병원으로 찾아가서 기한이 지난 제품들을 새것으로 교체해야 한다고 했다.

"우리가 가진 문제들 중 하나는 우리가 공급할 제품들의 유통기한이 경쟁사의 것보다 짧다는 거야. 고객 충성도를 유지하기 위해서 우리는 기한이 지난 제품을 다시 가져올 때, 고객들에게 크레딧을 제공해야할 상황이야. 불행하게도 그렇게 하면 이익을 잃게 될 거야. 이렇게 계속해서 이익을 잃을 수는 없으니 나한테 비용을 줄이면서도 경쟁적 이점을 확보할 방법이 있어" Cheryl이 말했다.

Cheryl은 Randy에게 스티커 라벨 몇 장을 건넸다. 그는 그것들이 새로운 회사의 일반의약품들의 새로운 유통기한 스티커인 것을 알아챘다. Cheryl은 Randy에게 오래된 스티커들을 새것으로 바꿔 놓고 병원 창고에서 나오라고 지시했다. Randy는 불편한 마음이 들기 시작했다.

"하지만 Cheryl, 병원에서 유통기한이 지난 것을 사용하면 위험하지 않나요?"

Cheryl은 고개를 저으며 "걱정할 필요 없어. 경쟁사들도 긴 유통기한을 가진 비슷한 제품을 출시하고 있고, 유통기한 넘어서 사용해도 하나도 피해갈 것 없어. 약효는 조금 떨어지겠지만 피해가 생기지는 않을 거야. 그리고, 슈퍼마켓 체인점의 대표가 유통기한 때문에 생기는 폐기물을 보여주기 위해 기한이 지난 음식, 약품, 화장품을 일 년 동안이나 사용한 것도 봤어. 나는 우리 회사 약품 때문에 쓰레기가 느는 것은 원하지 않아"라고 말했다.

Randy는 스티커를 들고 병원으로 향했다. 운전하는 동안 그의 머릿속에 몇 가지 안내사항들이 스쳤다. 이는 그를 불편하게 했으나 그는 또한 이렇게 스티커를 바꾸는 게 누구에게도 피해를 주지 않을 것이라 생각했다. 실제로 그 자신도 유통기한이 지난 일반의약품들을 사용한 적이 있었고, 피해는 전혀 없었다. 추가적으로, 유통기한을 세 달만 늘릴 것이며 이는 약품의 경우에 그리 긴 시간은 아니었다.

반면, 그는 훈련 도중 기한이 지난 의약품의 위험성에 대해 주의받았던 것이 생각났다. 되짚어보니 Randy는 전문의약품의 경우에만 유통기한을 신경쓰라고 했고 일반의약품에 있어서는 아무런 지시사항이 없다는 것을 생각해냈다. Randy는 또한 병원의 행정 직원들에게 재고조사 보고서에 서명할 때 질문을 받을 수도 있겠다고 생각했다. 그들은 아마 유통기한이 지난 제품을 사용하는데도 크레딧을 주지 않는 것에 대해 의문을 제기할 것이다. 그는 어떻게 부정직하지 않으면서도 "새로운 정책"에 대해 설명할 수 있을까?

[질문]

1. Randy는 그가 겪고 있는 딜레마를 어떻게 처리해야만 할까?
2. Meeker의 관행과 경쟁사의 관행을 비교하는 것이 암시하는 바는 무엇일까?
3. 이 상황에서 Randy가 각각의 이해관계자에게 가지는 책임은 어떤 것들일까? Meeker에 대한 책임은 병원에 대한 책임과 다를까?

기업윤리의 제도화를 이해하기 위해서는 자발적 조직 관행과 법률적으로 강제된 조직 관행의 차이에 대해 이해하는 것이 중요하다. 추가로 책임을 다하는 기업들이 사용하는 "모범 사례"라고 불리는 핵심 사례도 있다. 기업윤리에 대한 효과적인 조직적 관행은 모든 세 가지의 차원들(강제적, 핵심적, 자발적 관행들)이 윤리와 컴플라이언스 프로그램으로 통합을 필요로 한다. 이러한 통합은 부정행위에 대한 위험을 효과적으로 관리하는 윤리적 문화를 창출해낼 수 있다. 제도화는 특정 행위에 대한 이해관계자들의 평가에 근거해 조직에 보상과 처벌을 내리는 법률적 및 사회적 힘과 관련돼 있다. 기업 행동에 대한 제도화는 윤리적 평판을 쌓는 데 있어서 법률, 기업 문화, 업계의 모범 사례와 관련된다. 이는 곧 기대한 행동을 벗어나는 것은 윤리적 이슈로 여겨지며 이해관계자들의 우려사항이 된다는 것을 의미한다. 다양한 단체들은 윤리적 의사결정에 보상을 제공하거나 제재를 가하는 사회적 기대, 구조, 요구사항들을 제시한다. 연방 규제 기관 등의 단체들은 법률적 행동을 위한 규칙 및 절차를 세우며 윤리적 기업 문화를 위한 핵심 관행을 제시하기도 한다.

본 장에서는 윤리적 행동의 경계지점에 대해 살펴보고 자발적 관행과 핵심관행, 법률 준수를 위한 강제적 요구사항이자 윤리적 문화 발전을 위해 필요한 세 가지 중요한 영역을 살펴본다. 특히, 본 장에서는 경쟁, 고객, 안전과 관련된 분야의 규정 준수에 집중한다. 본 장에서는 사베인스-옥슬리법의 요구사항, 미국증권거래위원회의 시행방침, 해당 법률의 시행이 기업들에게 어떻게 영향을 주는지 살펴본다. 또한 도드-프랭크 법과, 이 법이 금융 산업에 미치는 영향에 대해 분석한다. 더불어, 연방양형기준에 대해 개괄적으로 살펴보며, 동시에 윤리적 기업 문화 발전을 위한 제안사항과 인센티브에 대해 분석한다. 연방양형기준, 사베인스-옥슬리 법, 도드-프랭크 법, 그리고 산업 무역 협회들은 핵심 관행 및 모범 사례를 지지한다. 마지막으로, 본 장에서는 자발적 책임에 대해 간략히 다루지만, 기업윤리의 제도화라는 규제적 접근법의 취지와는 본질적으로 다른 성격의 주제이므로, 2장을 비롯한 다른 장에서 자세히 다룬다.

4-1 강제적 및 자발적 프로그램을 통해 윤리적 위험 관리하기

표 4-1에는 제도화의 세 가지 차원인 강제적 경계, 핵심 관행, 자발적 경계에 대한 개괄적 설명이 있다. **강제적 경계**(mandated boundaries)는 법, 규칙, 규제 등 외부적으로 적절한 행동이라고 규정한 것들을 의미한다. 독점금지 및 소비자보호법은 기업들이 존중해야 하는 소유 범위의 경계를 설정하고 있는 대표적 사례이다. 독점금지 및 소비자보호법을 따르지 않는 경우에는 민형사상의 처벌을 받을 수 있다. 일례로, 연방거래위원회(FTC)는 구글, 아마존, 애플, 페이스북 등의 미국 기술 시장 기업들에 대한 감시를 확대하기 위해 특별 전담반을 설립했다. 정보 프라이버시에 대한 공공의 우려가 커짐에 따라 기술 기업들은 철저한 조사를 받게 됐는데, 이는 기술 기업들이 고객들에게 더욱 알맞은 광고를 제공하기 위해 사용자들의 개인적 정보를 수집했기 때문이다. 전담반은 반경쟁적 행동을 모니터링하며 필요한 경우에는 시행명령을 내리게 된다.[1]

강제적 경계
외부적으로 설정된 행동 범위(법률, 규칙, 규제 등의 요구사항들)

법률과 규제는 완벽한 준수를 요구한다는 점에서 기업윤리에 있어서 중요하다. 법률과 규제는 모든 기업 경영의 영역에 규정준수를 강제할 수 있다는 사회의 결정을 드러내기 때문이다. 기업윤리와 컴플라이언스 프로그램은 단지 법률적 또는 윤리적 차원에 집중함으로써 가능한 것이 아니다. 모호한 회색지대와 다양한 사법부의 판단은 어떤 것이 합법적인지에 대해 여러 의견이 교차하게 만들었기 때문에, 높은 수준의 윤리적 행동은 불법적 행동을 피하기 위한 강력한 완충장치로서의 역할을 수행할 수 있다.

핵심 관행
적절하며 일반적인 관행으로서 법적 요건 준수, 업계의 자가규제, 사회적 기대의 만족을 도움

핵심 관행(core practices)은 모범 사례로도 불리며, 법률 및 규제력뿐만

표 4-1 윤리적 의사결정의 강제적, 핵심, 자발적 관행

강제적 경계	외부적으로 설정된 행동 범위(법률, 규칙, 규제 등의 요구사항들)
핵심 관행	적절하며 일반적인 관행으로서 법적 요건 준수, 업계의 자가규제, 사회적 기대의 만족을 도움
자발적 경계	경영관리로부터 시작된 행동 범위(믿음, 가치, 자발적 정책, 자발적 책임)

자료: Based on the "Open Compliance Ethics Group (OCEG) Foundation Guidelines," v1.0, Steering Committee Update, December 2005, Phoenix, AZ: Open Compliance Ethics Group (OCEG), "Compliance Officers, Compliance Professionals Are Part of GRC," https://www.oceg.org/about/people-like-you-compliance/ (accessed November 20, 2019).

경영 개선 협회
고객 불만사항 관리와 광고 관련 사례에 방향을 제공하는 자가 규제 조직

아니라 산업 무역 협회들에 의해서 장려되곤 한다. **경영 개선 협회**(Better Business Bureau, BBB)는 고객 불만사항 관리와 광고 관련 사례에 방향을 제공하는 자가 규제 조직의 대표적 사례이다. 예를 들어, BBB의 미국 광고 심의 협의회(National Advertising Review Council)의 조사부서인 미국 광고 심의기구(National Advertising Division, NAD)는 하기스(Huggies)의 리틀 스너글러 기저귀의 누수방지에 대한 고객의 불만사항에 대한 응답을 보다 구체적으로 수정해 소비자들이 오해하지 않도록 만들었다.[2] 비록 하기스가 해당 결정을 법적인 의무에 기초해 따라야 하는 것은 아니지만, 오해를 불러일으킬 수 있는 광고라고 여겨지는 경우 미디어와 대중의 관심을 받게 될 것이었다.

핵심 관행은 적절하고 일반적인 관행으로써 업계에서 받아들여지며 동시에 사회적 기대를 충족한다. 비록 이러한 관행들은 강제되지 않지만 무시할 경우 부정행위로 이어지게 되는 결과를 낳을 수 있다. 연방양형기준은 관리 책임자(이사회)가 조직의 윤리적 활동 및 규정준수 활동을 평가할 책임이 있다고 규정하고 있다. 정부 규제당국은 보고하거나 조사하지는 않지만 효과적으로 윤리 프로그램 등의 제안사항들을 시행한 기업들에게는 인센티브가 부여된다. 부정행위가 발생한 경우 능동적이며 책임감 있는 태도로 경영했던 기업들은 심각한 처벌을 피할 기회를 갖게 된다. 반면, 이사회가 윤리나 규정준수 감독에 노력을 기울이지 않았다면 기업이 감당해야 할 처벌의 수준이 높아지게 된다. 이러한 방식을 바탕으로 정부는 조직들에게 핵심 관행을 제도화하는 데 있어 자신들만의 접근법을 구성하며 위반사항이 발생한 경우에만 행동을 취하게끔 한다. 핵심 관행을 따르는 또다른 방법으로 규범을 따르는 것이 있다. 규범은 법적으로 요구되지는 않지만 이러한 기대를 위반했을 경우에 이에 맞는 결과가 따라오게 되는 행동적 기대를 의미한다. 승객들에게 안전한 환경을 제공할 것으로 기대되는 항공사의 경우를 생각해보자. 승객들이 부당한 대우를 받거나 형편없는 경험을 하게 될 경우 부정적 평판을 얻게 될 것이다. 핵심 관행은 윤리적 및 법률적 부정행위를 방지하는 완충제의 역할을 하게 된다.

자발적 경계
경영관리로부터 시작된 행동 범위(믿음, 가치, 자발적 정책, 자발적 책임)

자발적 경계(voluntary boundaries)에는 믿음, 가치, 자발적 계약이행 등이 포함된다. 모든 기업들은 내외부적 이해관계자들에게 이익을 주기 위해

일정 정도의 자발적 행동을 한다. 세일즈포스(Salesforce)가 대표적인 사례이다. 세일즈포스는 고객과의 관계를 관리하는 소프트웨어를 개발하는 회사로 샌프란시스코 본사의 각 층에는 명상을 위한 공간인 일명 마음챙김 공간이 있다. 세일즈포스에 따르면 이러한 공간은 직원들이 자신의 마음을 다스릴 수 있도록 도와 결과적으로 혁신을 가속화하고 기업 가치를 높인다고 한다.[3]

대부분의 기업들은 공익을 위해 지역사회에 환원하는 행동인 전략적 사회공헌활동에 참여한다. 자발적 기업의 사회적 책임활동이 이해관계자들에게 이익을 제공하며 성과를 높인다는 강력한 증거가 있다.[4] 대표적 사례인 직원 자원봉사(employee volunteerism)는 직무열의를 높이며 직원 자신과 기업 성과의 향상에 기여한다.[5] 추가적으로, 연구결과에 따르면 직원 자원봉사는 핵심 관행을 통해 윤리적 책임과 법률적 책임 모두 존중되도록 하며, 경제적 성과도 증대된다.[6]

조직은 윤리적 문화를 유지해야 하며 적절한 행동에 대한 이해관계자들의 기대를 관리해야만 한다. 조직은 기업 지배구조, 규정준수, 위험관리, 자발적 행동 등을 통해 이러한 목표를 달성한다. 이러한 윤리적 문화를 위한 동인들의 발전은 정부 추진과제 및 이해관계자들의 요구를 바탕으로 제도적으로 지지됐다. 규정준수 요소는 현재 존재하는 법적 요구사항 및 규제에 따르는 것을 나타낸다. 현재 법률들과 규제 관련 의사결정들은 이러한 기준들을 지키기 위해 유연한 태도를 제한하고 있다. 예를 들어, 규제당국은 재무 보고의 질에 있어서 긍정적인 영향을 주고 있다. 최고 관리자들이 투명성을 제고하고 완전한 정보 공개를 요구받고 있음에 따라 고위층에 대한 요구가 높아져가고 있다.[7] 기업 지배구조(2장에서 논의됐음)는 조직이 윤리적 성과 목표를 달성하도록 감독하거나 견제와 균형을 제공하는 감시당국에 의해 구조화된다. 위험관리는 기업의 본질적 특성이나 위험한 상황에 노출되는 정도에 기반해 부정행위가 발생할 확률을 분석하는 것이다. 자발적 행동들은 이해관계자들의 요구와 기대에 기여하기 위해 기업이 받아들이는 가치나 책임을 대표해서 보여준다.

그림 4-1은 윤리적 문화의 핵심 구성요소를 보여준다. 이러한 구성요소에는 가치, 규범, 인공물(artifact), 행동이 포함된다. 윤리적 문화는 이해관계

그림 4-1 윤리적 문화의 구성요소

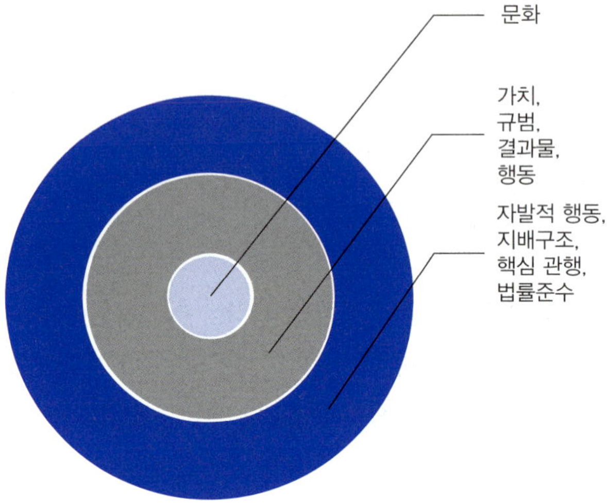

자들에 의해 평가되는 행동을 구성하기 위한 환경을 만들게 된다. 이전 장들에서 언급했듯이 가치는 그 범위가 넓으며 윤리의식, 신뢰, 개방성, 다양성, 개인적 존중 및 책임 등의 장기적으로 지속되는 믿음으로 여겨진다. 규범은 원칙, 규칙, 정책, 과정들을 통해 바람직한 행동을 명확히 규정하며 지시한다. 규범은 뇌물금지, 지속성, 이해 갈등 문제에 안내 역할을 하는 원칙들을 제공해준다. 인공물은 가치와 규범의 눈에 보이는 상징이다. 인공물의 예로서 웹사이트, 윤리강령, 사내 관행, 언어, 물리적 환경을 들 수 있다. 이러한 세 가지 구성요소들은 행동에 각기 다른 영향을 준다. 지배구조, 윤리강령, 윤리훈련, 법적 준수 등의 이슈들에 대한 조직의 의사결정을 통해 기업은 윤리적 문화를 조성한다.

4-2 법률 준수를 위한 강제적 요건

정부의 법률과 규제는 무엇이 옳고 그른지 사회가 정해 놓은 지침이자 책임감 있는 행동의 최소기준이다. 기업 행동을 규제하는 법률은 일부 이해관계자들이 기업들은 소비자 안전과 환경 보호 등의 특정한 영역에 있어서 옳은 행동을 할 것이라고 믿지 않기 때문에 생겨났다. 공공 정책은 역동적이며 기업의 만행과 소비자의 안전과 평등에 대한 요구에 맞춰 변화하기 때문에, 특정한 문제들과 이슈들을 해결하기 위해 여러 법률들이 통과됐다. 그러나 법률 제정으로 표현되는 사회의 의견은 시간이 지남에 따라 변화할 수 있으며 재판부와 주 법령에 따라 다양한 관점을 가질 수 있다. 예를 들어, 대부분의 기업 법령의 요지는 다음과 같이 요약될 수 있다. 심각하게 경쟁을 제한하거나 사회나 소비자에게 피해를 주지 않는 경우 어떠한 관행이라도 용인될 수 있다. 그러나 재판부는 심각한 경쟁의 제한에 대해 저마다 다른 해석을 내놓는다. 법은 특정 시대에 사회가 가지는 믿음에 대해 기업가들이 판단하는 데 도움을 주지만 오늘날 법률적으로 올바르지 않은 것조차 미래에는 받아들여질 수 있으며 그 역의 관계도 성립한다.

직원들에게 법을 준수하라는 지시는 특정한 법률적 위험에 대처하는 방법에 대한 효과적인 훈련과 경험 없이는 큰 의미를 갖지 못한다. 법의 복잡성을 보여주는 영역은 바로 특허이다. 거대한 기술 기업들은 전략적 우위를 유지하기 위해 자신들이 가진 특허를 공격적으로 지키려 한다. 하드웨어와 소프트웨어 업계에서 벌어지는 경쟁사들 간의 소송은 기술 기업들이 모바일 산업에 진출함에 따라 같이 진행됐다. 중국의 화웨이(Huawei)는 자사가 가진 특허에 기반한 통신기술을 사용했다는 이유로 버라이존(Verizon)을 고소했다.[8] 특허 이슈의 중요성이 커져감에 따라 IBM과 퀄컴과 같은 기업들은 특허권 담당 사업을 발족시켰다.[9]

법률은 민법과 형법으로 나뉜다. **민법**(Civil Law)은 개인과 조직(기업을 포함하는)의 권리와 의무를 정의한다. **형법**(Criminal Law)은 사기, 절도, 증권거래위반 등의 행동을 금지하는 것을 포함하여, 법률 위반에 따라 징역이나 벌금을 부과하기도 한다. 민법과 형법의 가장 큰 차이는 형법은 주와 국가에서 강제하는 반면, 민법은 개인이 (주로 재판정 안에서) 강제한다는 것이다. 미국에서 형법과 민법은 미국헌법(The U.S. Constitution), 판사들에 의해 정립된 판례(관습법, Common Law), 연방 및 주 법령(성문법, Statutory Law), 연방 및 주 행정기관(행정법, Administrative Law)으로 총 네 가지의 근원을 가진다. 미국 의회에 의해 설립된 연방 행정기관(Federal administrative agencies)은 경쟁을 장려하고 소비자, 근로자, 환경을 보호하기 위해 법률과 규제를 강제함으로써 기업들에게 영향

민법
개인과 조직(기업을 포함하는)의 권리와 의무를 정의

형법
사기, 절도, 증권거래위반 등의 행동을 금지하는 것 외에도 법률 위반에 따라 징역이나 벌금을 부과

그림 4-2 윤리적 위험을 줄이는 문화

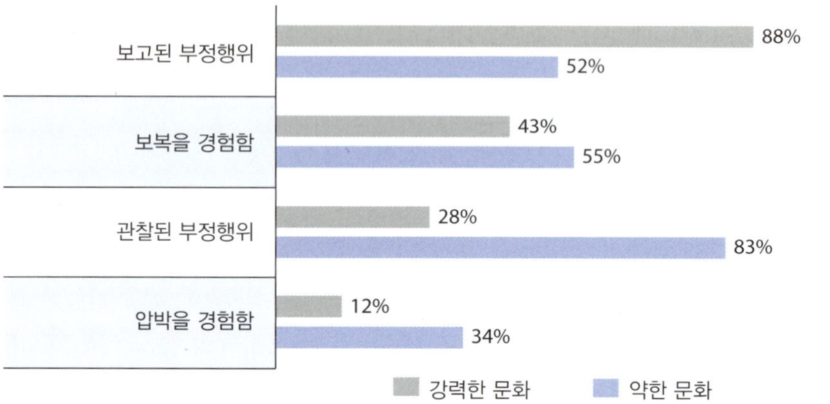

자료: Ethics & Compliance Initiative, Global Business Ethics Survey: The State of Ethics & Compliance in the Workplace, March 2018, (Arlington, VA: Ethics & Compliance Initiative), 10 (accessed March 18, 2021).

을 미치며 통제하기도 한다. 주나 지방 법과 규제기관 또한 이러한 목적 달성을 위해 존재한다. 소비자금융보호국(Consumer Financial Protection Bureau, CFPB)은 많은 사람들이 집을 잃게 만든 최근의 금융 위기 이후 제정된 도드-프랭크 법에 기초해 설립됐다.

이해상충과 심각한 기업윤리 분쟁을 해결하는 첫 번째 방법은 민사소송 또는 한 편이 민법을 이용해 상대방을 법정에 세우는 것이다. 그러나 기업들은 높은 비용 때문에 보통은 소송을 피하고자 한다. 일례로, 캘리포니아 팜스프링스 외곽의 랜초미라지에 사는 주민들은 인앤아웃 버거(In-N-Out Burger)를 상대로 소송을 제기했는데 이에 인앤아웃 버거는 소송 대신 분쟁의 대상인 개발 합의를 철회했다.[10] 소송을 피하고, 위험 감소를 위한 기준을 충족하며, 윤리적 문화를 만들기 위해서는 법률적 및 조직적 표준 모두 적용돼야 한다. 조직 표준을 어기는 사례가 발생할 경우 많은 직원들은 그들의 회사가 정책을 따르지 않는다고 느끼게 될 것이다. 이러한 느낌은 기업이 강력한 윤리 프로그램을 갖고 있는 경우 약해질 것이다. 그림 4-2에는 잘 시행된 윤리 프로그램이 조직 내에서 윤리적 위험을 어떻게 줄이는지 나타나 있다. 따라서 기업에게 있어서 윤리적 및 법률적 재앙이 발생하기 한참 전에 잘 작동하는 윤리 프로그램을 갖고 있는 것은 굉장히 중요하다. 강력한 윤리적 문화가 있다면 직원의 36%나 더 부정행위를 보고하며, 직원의 55%나 적게 부정행위를 한다. 이는 곧 강력한 윤리적 문화는 윤리적 부정 행위를 더욱 많이 보고하게 하며, 부정행위는 줄인다는 것을 의미한다. 부정행위 보고는 부정행위에 대한 보고가 부정행위의 수 자체를 감소시킬 수 있다.

법의 역할은 무엇이 윤리적인지 비윤리적인지 구분하는 것보다는 특정한 행동과 상황이 적합한지 결정하는 것이다. 달리 말하면, 법은 책임감 있는 경영 활동의 기본적 근거 규칙을 만든다. 법은 적합한 행동의 근간이 되는 것이다. 기업 행동을 담당하는 대부분의 법과 규제는 다음 다섯가지 분류에 속한다. (1) 경쟁에 대한 규제, (2) 소비자 보호, (3) 공정과 안전 지향, (4) 자연 환경 보호, (5) 이후에 본 장에서 다룰 부정행위를 막기 위한 조직적 컴플라이언스 프로그램 촉진을 위한 인센티브 등이 있다.

4-2a 경쟁 규제 법안

기업의 사회적 책임에 대한 소비자와 이익을 놓고 싸우는 기업간 경쟁은 기업의 사회적 책임 경쟁으로 발전했다. 기업들이 불공정하게 경쟁하는 경우, 법적 책임과 사회적 책임 이슈가 생겨나게 된다. 극심한 경쟁은 관리자로 하여금 자신들이 속한 기업의 생존이 위협받는다고 느끼게 만든다. 이러한 상황들에서 관리자들은 이전에 용인되지 않던 대안들을 용인된다고 여기기 시작하며, 조직의 생존을 담보하기 위해 미심쩍은 행동을 하기도 한다. 유럽연합은 독점 금지 혐의를 받는 기업들에게 굉장히 엄한 것으로 알려져 있다. 구글은 검색 엔진 시장을 불공정하게 독점하고 있다는 문제제기에 따라 유럽에서의 관행을 바꾸라는 압박을 받았고, 일부는 구글에 전화해 유럽연합 내에서 사업을 중단하라고 요구하기도 했다. 결국 구글은 유럽 연합에 의해서 독점 금지 혐의로 93억 달러의 벌금을 부과받았다.[11] 독점 금지 법안에 대해 잘 인지하는 것은 전 세계의 모든 거대 기업들에게 굉장히 중요한 문제이다.

기업 규모는 다른 기업들과의 경쟁에서 이점을 주곤 한다. 대기업들은 규모의 경제(공급자에게 납품 단가를 낮추라는 압력을 가함으로써)가 가능하며, 이를 통해 규모가 작은 기업들을 따돌릴 수 있다. 규모의 경제를 통해 중소기업이나 지역 영세 업체들이 할 수 없는 낮은 가격을 책정하게 된다. 그 결과 소규모 기업들과 지역사회 전체는 월마트, 홈디포, 달러 제너럴 등의 대기업들이 자신들 부근에 지점을 내는 것에 반대하기도 한다.

일부 기업들의 경쟁전략은 경쟁자를 약화시키거나 없애는 데 집중하는데, 이는 경쟁에 악영향을 주며 궁극적으로 고객들의 선택을 줄이게 된다. 미국 독점금지법의 최우선 목표는 소비자들의 후생을 감소시키는 경쟁전략을 후생을 증대시키는 전략들 사이에서 찾아내는 것이다.[12] 가격 담합(price fixing)은 처방약 시장에서 주목을 끌어왔다. 테바 제약(Teva Pharmaceuticals)과 밀란 제약(Mylan Pharmaceuticals) 등의 스무 곳의 일반제약회사들은 담합해 가격을 인상시켜 소비자들에게 해를 끼쳤다는 이유로 고소됐다.[13] 반경쟁적 전략의 또 다른 예로는 지속적 가격 삭감, 차별적 가격책정, 뇌물 등이 있다. 미국 법무부는 해외부패방지법을 통해 해외 공직자들을 대상으로 하는 뇌물을 막고 있으며, 영국의 뇌물수수법은 보다 광범위하게 이를 방지하고 있다. 뇌물수수법은 영국에서 사업을 하는 모든 기업들에게 적용되며, 외국 공무원들과 개인 사업자들에 대한 뇌물을 금지하고 있다. 미국과 다른 서방 국가들에서 뇌물이 불법적인 것으로 여겨지지만 일부 문화에서는 기업가들과 공직자들에게 뇌물을 주는 것이 일반적 관행으로 여겨지기도 한다. 국제연합에 따르면, 세계적으로 뇌물을 포함하는 부패관련 총 액수는 매년 3조 6천 억 달러의 비용을 초래한다고 한다.[14]

극심한 경쟁은 기업들로 하여금 산업 스파이 행위를 하게 만들기도 한다. 산업 스파이 행위는 기업으로부터 해킹, 절도, 위협, 폐기물로부터 정보 찾기, 조직 구성원 사칭 등의 불법적인 방법으로 지적 재산권, 고객정보, 마케팅 계획 등의 정보를 빼내는 것을 의미한다. 미국 연방 수사국(FBI)에 따르면 위조 상품, 불법 복제한 소프트웨어, 거래기밀 절도만으로도 미국 경제에 매년 2,250억 달러에서 6,000억 달러 가까이의 비용을 유발한다고 한다.[15] 잘 알려진 사례로, Anthony Levandowsky는 구글의 자율 주행 기술을 우버에 공유하여 기밀 유출로 고소당했다.[16] 산업 스파이로 인한 비용은 정확하게 산출하기 어려운데, 이는 대부분의 기업들이 이러한 사실이 널리 알려질 경우 주가가 떨어지거나 더욱 좋지 않은 상황이 생길 것을 두려워하여 그 피해비용을 밝히기를 꺼려하기 때문이다. 산업 스파이는 외부인 또는 임원, 프로그래머, 네트워크 및 컴퓨터 점검 담당자, 엔지니어, 수위 등 시설관리자, 데이터, 컴퓨터, 네트워크에 접근할 합법적 권한을 가진 사람들로부터 발생할 수 있다. 그들은 쓰레기통 뒤지기 또는 해킹 등의 다양한 방법을 활용해 중요한 정보를 얻으려 할 것이다.

독점, 불공정한 가격책정 및 기업들 간의 경쟁을 제한하거나 줄이는 관행들을 막기 위한 법들이 여럿 통과됐다. 이러한 법들은 경쟁을 장려하고 거래를 제한하는 행동을 막기 때문에 경쟁장려 입법(procompetitive legislation)으로 불리기도 한다. 대표적인 사례로 1890년에 제정된 셔먼 반독점법(Sherman Antitrust Act)으로, 조직들이 각 산업에서 독점을 하는 것을 금지한다. 또한 1936년에 제정된 로빈슨–패트만 법(Robinson–Patman Act)은 소매상과 도매상 간의 가격차별을 금지하고 있다.

4–2b 소비자 보호 법안

소비자들을 보호하는 법률은 기업들로 하여금 자신들의 제품이나 서비스에 대해 정확한 정보를 제공하며 안전 기준을 따를 것을 요구한다. 1906년에 처음으로 소비자보호법이 일부 업턴 싱클레어(Upton Sinclair)의 소설의 영향으로 통과됐다. 싱클레어의 정글(The Jungle)은 세기말 시카고의 육류 포장업의 잔혹하고 비위생적인 환경을 잘 보여주고 있다. 책을 읽고 분노한 대중들 때문에 순수식품의약품법(Pure Food and Drug Act)이 통과됐다. 유사하게 랄프 네이더(Ralph Nader)는 《*어떤 속도에서도 위험하다*》라는 책을 통해 소비자보호법에 지대한 영향을 줬다. GM의 콜베어(Corvair) 모델에 대한 그의 비판과 공격은 자동차와 다른 소비재에 지대한 영향을 줬다. 다른 소비자보호법들도 비슷한 과정을 통해 생겨났다.

특별한 약점을 지닌 많은 집단의 사람들은 일반적 시민들에 비해 상대적으로 특별한 수준의 법적 보호를 받았다. 아이들과 노인들은 다른 집단들에 비해 상대적으로 많은 관심을 받았다. 취약한 소비자들에게 제공된 특수한 법적 보호는 공공의 이익에 따른 것으로 여겨졌다.[18] 이러한 보호의 한 사례가 아동 온라인 프라이버시 보호법(COPPA, Children's Online Privacy Protection Act)으로 상업적 인터넷 사이트와 모바일 애플리케이션으로 하여금 개인정보 정책과 관련된 설명을 포함해야 하며, 13살 이하의 어린이들로부터 정보를 얻을 경우 부모의 동의가 필요하고, 그러한 사이트를 이용한 어린이들이 제공한 어떠한 정보의 경우에도 삭제할 기회가 있어야 한다는 내용을 포함하고 있다. 연방거래위원회는 아동들로부터 정보를 얻어 온라인 프라이버시 보호법을 위반했다는 혐의로 유튜브를 고소했다. 유튜브는 새로운 개인정보 규칙을 만들고 시행하는 데 1억 7천만 달러를 사용했다.[19] 어린이들의 인터넷 안전은 또다른 중대한 우려사항이다. 연구 결과에 따르면 필터링과 나이 제한이 인터넷을 안전하게 만드는 데 항상 효과적인 것은 아니다. 기업들, 규제기관들, 그리고 부모들은 사이버 범죄자 및 성인물의 위험으로부터 어떻게 어린이들을 잘 보호할 수 있을지 그 방법을 찾고 있다.[20] 노인들은 또 다른 취약 계층이며 보통 금융 사기의 대상이 된다. 벌금을 높이는 법안 또는 노인들을 대상으로 하는 범죄의 처벌 수위를 높이는 수정안이 있지만 노인들은 은퇴 자금에 의존해 생활하기 때문에 여전히 위험에 노출되어 있다.[21]

소비자보호국
불공정, 기만 및 사기성 관행으로부터 소비자를 보호하는 기관

연방거래위원회의 설문조사에 따르면, 미국 성인의 11% 가량이 사기 피해를 겪은 적이 있다.[22] 오로지 소비자들을 보호하기 위한 목적만을 가진 조직은 연방거래위원회의 **소비자보호국**(Bureau of Consumer Protection)이며, 불공정, 기만 및 사기성 관행으로부터 소비자들을 보호한다. 다양한 소비자 보호법을 집행하는 소비자보호국은 다섯 개의 부서로 나뉜다. 집행부는 법령준수를 감시하고 온라인 쇼핑몰의 휴일 배송조항 위반, 취업 사기, 장학금 사기, 보건의료 제품의 오해를 유발할 만한 광고, 기술 및 전화광고 사기, 정보보안, 금융 관행 등의 법률 위반에 대해 조사한다. 연방거래위원회는 매치닷컴(Match.com)이 허위 만족도 평가를 제공하고, 가짜 관심을 이용한 광고를 이용해 사용자로 하여금 구독비용을 지불하게 만들었다는 이유로 고소했다. 사람들은 매치닷컴으로부터 자신들을 좋아하는 사람들이 보낸 메시지를 읽기 위해서 구독을 해야 한다는 내용의 이메일 광고를 받았다. 연방거래위원회의 소비자보호국은 매치닷컴이 이러한 메시지들이 사기꾼들이 만든 가짜 계정에서 보낸 것임을 인지했을 것이라는 혐의를 제기했다.[23]

미국 식품의약국(Food and Drug Administration, FDA)은 식품 안전, 약품, 담배, 다이어트 보조제, 백신, 동물용 의약품, 의료장비, 화장품, 방

사성제품, 생물학적 제품 등을 규제한다. 미국 식품의약국은 이러한 물품들의 홍보를 관리할 뿐만 아니라 일반인들에게 안전하지 않다고 여겨지는 제품에 대해서는 금지조치를 내린다.[24] 최근에 미국 식품의약국은 지난 30일간 전자담배를 피웠다는 고등학생이 28%나 된다는 정보가 공개된 뒤, 청년층의 전자담배 흡연을 줄이기 위한 노력의 일환으로 과일, 디저트, 민트 향이 나는 전자담배 용기를 금지했다.[25]

4-2c 공정 및 안전 향상 법안

직장 내 공정성 향상을 지향하는 법들은 1960년대와 1970년대에 소수자, 여성, 노인, 장애인 인권 보호를 위해 통과됐으며 그 밖의 법률은 모든 노동자들의 안전을 위해 마련됐다. 이러한 법들 중에 기업에게 가장 중요한 것은 1964년 제정 이후 수차례 수정을 겪은 인권법 제7장이다. 제7장은 인종, 성별, 종교, 피부색, 출신 국가에 따른 고용상의 차별을 금지하고 있다. 인권법은 제7장 적용을 위해 미국 고용평등기회위원회(EEOC, Equal Employment Opportunity Commission)를 설립하기도 했다. 미국 고용평등기회위원회는 우버(Uber)가 성희롱과 그에 따른 보복 문화로 제7장을 어긴 것에 대해 책임을 져야 한다고 주장했다. 우버에서 벌어진 차별과 성희롱 기록들에 대해 자세히 언급한 전직 직원으로부터 조사가 시작됐다. 2019년에 미국 고용평등기회위원회와의 일부 합의 결과로 우버는 피해자들에게 보상하기 위해 440만 달러의 기금을 조성하기 시작했다.[27] 미국 고용

논쟁거리

셔윈-윌리엄스는 페인트가 마르기를 기다린다

대부분의 사람들은 위험한 제품을 광고하는 기업의 경우 이에 대한 책임감을 가져야 한다고 생각하지만 상당한 시간이 지난 경우, 이는 항상 명쾌하게 해답이 나오는 문제가 아니다. 여기 가정에 사용한 납페인트 마케팅 과정에서 생긴 피해에 대해 캘리포니아에서 벌어진 소송을 겪은 한 페인트 회사의 이야기가 있다. 셔윈-윌리엄스는 1900년대 초에 납 기반의 페인트 광고를 만들었고, 1943년에 이르러서는 실내용 백색의 납페인트 판매를 중지했다. 그러나 캘리포니아 법정은 납페인트가 1978년 이전에는 불법이 아니었지만, 셔윈-윌리엄스와 다른 페인트 제조사들은 이러한 제품의 중요성을 알고 있었음에도 사람들에게 홍보했다고 주장했다.

캘리포니아 법정은 셔윈-윌리엄스, 엔엘 인더스트리(NL Industry), 콘아그라(ConAgra)가 사태를 수습할 책임이 있으며, 최대 10억 달러를 지불하라고 명령했다. 이는 추후에 낮아졌으며 엔엘 인더스트리는 6억 달러를 내는 것에 동의했다. 셔윈-윌리엄스와 콘아그라는 미국 연방 대법원에 항소했지만 연방 대법원은 심리를 거부했다. 두 회사는 해당 재판에서 자신들의 자유 발언, 정당한 과정은 침해됐으며, 기업들로 하여금 수십년이나 된 광고에 책임을 지게 만들었다고 주장했다. 당시 두 기업들은 항소심 결정에 따라 4억 달러를 지불해야만 했다.

기업들은 지속적으로 맞서 싸웠다. 20년 가까이의 소송 결과로 최종 판결은 셔윈-윌리엄스, 엔엘 인더스트리, 콘아그라가 6년에 걸쳐 3억 5백만 달러를 내고, 잘못을 인정할 필요가 없다는 것으로 결정이 났다. 셔윈-윌리엄스는 다른 분야의 유사한 소송으로 싸우고 있다. 해당 기금은 페인트로부터 야기된 위험을 줄이고 오래된 집들을 보다 안전하게 만드는 데 사용될 예정이다.[26]

1. 기업들을 수십년 전의 광고로부터 보호하기 위해 시간 제한이나 제한규정이 존재해야 한다.
2. 이전의 기업 관행으로부터 기업들을 보호하기 위한 시간 제한은 없어야만 한다. 왜냐하면 기업들은 수십년이 지난 후에도 해당 행동에 대해 책임을 져야 하기 때문이다.

평등기회위원회는 기업들이 차별철폐 프로그램을 시행하는 것을 지원한다. 차별철폐 프로그램들은 현재 직원 구성을 분석하고, 여성과 소수자들이 적게 분포한 곳을 찾고, 특정한 채용 및 홍보 목표를 세움으로써 여성과 소수자들의 구직 기회를 높이려 한다.

보다 구체적인 고용상 차별 문제를 다룬 법안들도 있다. 1963년 제정된 임금 평등법(The Equal Pay Act of 1963)은 동일 노동을 제공하는 남녀 종업원에게 동일 임금을 지급해야 함을 의무화했다. 임금 차별에 관한 유명한 사례가 있다. 미국 여성 축구팀 사례인데, 미국 남자 축구팀이 월드컵에서 단 한 번의 우승도 하지 못한 사이 미국 여자 축구팀은 4번이나 우승했다. 그럼에도 불구하고, 여성 축구선수들의 임금은 남성 선수들에 비해 현저히 낮았고 근무 조건도 평균 이하였다.[28] 법에서 인정한 임금의 차이는 연공(seniority), 성과(performance) 또는 자격(qualification)상의 차이에 기인해야 한다. 또한, 1990년에 제정된 장애인 차별 금지법(The Americans of Disabilities Act of 1990)은 장애인의 차별을 금지하고 있다. 이러한 차별 금지법의 제정에도 불구하고, 직장 내 차별은 여전히 존재하고 있다. 미국 통계청에 따르면, 미국 여성 근로자는 남성 근로자의 임금 대비 80%만을 지급받고 있다.[29] The American Economic Associated의 조사에 따르면, 여성 이코노미스트의 2/3가 남성 이코노미스에 비해 자신의 업무가 존중받지 못하고 있다고 밝혔다.[30]

미국 의회는 직장 내 안전을 높이기 위한 법을 통과시켰다. 이러한 법들 중 가장 중요한 것은 1970년에 제정된 직업안전보건법(Occupational Safety and Health Act)으로, 고용주로 하여금 모든 근로자들에게 안전하고 건강한 근무 환경을 제공할 의무를 담고 있다. 미국 직업안전보건청(OSHA, Occupational Safety and Health Administration)은 행동을 강제하며 기업들로 하여금 안전한 근무 환경을 유지하게끔 하기 위해 주기적으로 기습 점검을 실시한다. 미국 직업안전보건청에 따르면 최근 들어 화학약품 누출 등의 위험과 관련된 위반사항을 다루는 조사 수가 급격하게 증가했다.[31] 안전법 통과와 강제에도 불구하고 많은 직원들이 여전히 해롭고 위험한 환경에서 근무하고 있다. 안전 전문가들은 기업들이 주 또는 연방 차원의 조사와 규제를 피하기 위해 산업 재해를 축소해서 보고하고 있다고 의심한다.

최근 기업들의 생산성 향상이라는 기조가 이러한 산업 재해 증가의 주요한 원인으로 지적되고 있다. 경쟁적 압력은 제조시설에서 생기는 부상 증가의 원인이라고 여겨진다. 조직 축소로 인한 높은 이직률은 직원들이 현재의 직무에 그다지 많은 경험이 없지만 높은 책임을 갖고 있으며, 이에 따라 사고 가능성이 높아진다는 것을 알려준다. 직원들의 과로는 미국과 다른 나라들에서 부주의로 발생한 사고들의 주요한 원인으로 지목된다. 국제노동기구(ILO, International Labour Organization)에 따르면 전 세계 36%의 종업원들이 1주일에 48시간 이상을 일하며, 초과 근무를 제한하는 것이 산업 사고를 감소시킬 수 있다고 한다.[32]

4-3 사베인스-옥슬리 법[Sarbanes-Oxley(SOX) Act]

2002년 만연한 기업 회계 스캔들의 영향으로 미국 의회는 사베인스-옥슬리 법을 통과시켜 연방이 기업 회계 관행을 감독하는 체계를 세우고자 했다. 거짓 금융 보고를 범죄행위로 규정하는 것과 기업 사기에 대한 처벌을 강화하는 것 외에도, 해당 법률은 기업들로 하여금 재무 보고를 위한 윤리 강령 수립 및 투자자와 다른 이해관계자들을 대상으로 하는 재무 보고의 투명성 향상을 요구한다.

앤론, 월드콤, 그리고 수백 개의 기업들의 회계 부정으로 인해 투자자와 직원들이 많은 예금을 잃게 된 후, 이해관계자 신뢰를 회복하기 위해 공화당과 민주당의 지지를 받아 사베인스-옥슬리 법(SOX)은 시행됐다. 수사 결론에 이르자 대중들은 수백 개의 기업들이 자사의 재무 정보를 정확하게 보고하지 않았다는 것을 알게 됐다. 많은 이해관계자들은 회계법인, 변호사, 고위 임원, 이사회들이 투자자들의 승인을 얻고 경쟁적 이점을 차지하기 위해 속임수가 만연한 문화를 발전시켰다고 믿었다. 회계 스캔들에 대한 대중의 분노의 결과로, 사베인스-옥슬리 법은 의회뿐만 아니라 정부 규제기관, 대통령, 일반 대중들로부터 만장일치의 지지를 얻었다. 조지 부시 대통령은 사베인스-옥슬리 법에 서명하면서 기업들, 특히 최고 관리자와 이사회가 기업 의사결정 및 활동을 감독할 책임을 가지게 되는 기업의 윤리적 행동에 대한 새로운 기준의 필요성을 강조했다.

사베인스-옥슬리 법의 핵심은 미국 회계감독위원회(Public Company Accounting Oversight Board, PCAOB)이다. 미국 회계감독위원회는 기업들을 감사하는 회계법인을 감시하며 회계법인의 감사인들을 위한 기준과 규칙들을 수립한다. 사베인스-옥슬리 법은 미국 회계감독위원회에 감사인과 기업 성과 및 건전성에 대한 보고서를 발행하는 증권 애널리스트를 조사하고 징계할 권한을 부여했다. 사베인스-옥슬리 법은 회계법인으로부터 고객사의 감사위원의 특별 승인 없이는 동일한 고객사에 감사와 컨설팅 서비스를 모두 제공하는 것을 금지함으로써 이해관계를 없애고자 노력했으며, 동시에 특정한 고객을 담당하는 선임감사자의 근무 기간에 제한을 뒀다. 사베인스-옥슬리 법은 기업들로 하여금 자신들의 의사결정에 보다 큰 책임감을 지니고 윤리적 원칙을 기반으로 하는 리더십을 행사할 것을 요구했다. 추가적으로, 변호사들로 하여금 잘못된 행동을 최고 관리자 또는 이사회에 보고하도록 요구해 변호사-의뢰인 간의 관계에 수정을 가했다. 이는 또한 불법적 행동을 당국에 보고하는 일명 내부고발자에 대한 보호조치도 포함하고 있다. 내부고발자 보호는 몇 년 뒤 도드-프랭크 법 통과와 함께 강화됐다.

반면, 사베인스-옥슬리 법은 몇 가지 우려점들을 낳았다. 해당 법률의 복잡성 때문에 관리자들은 추가적인 요구사항과 비용을 감당해야만 했다. 추가적으로, 새로운 법은 많은 기업들로 하여금 처벌을 피하기 위해 새롭게 재무 보고를 하도록 만들었다. 국제재무담당임원단체(Financial Executives International, FEI)에 따르면, 대기업들은 회계 직원의 모든 업무 과정을 감독하기 위한 인원을 고용하기 위해 매년 수백만 달러와 수천 시간을 사용한다. 아마 가장 큰 문제는 사베인스-옥슬리 법에도 불구하고 재무담당 임원들은 새로운 허점을 찾아내 세계적 금융 위기를 야기할 부정행위에 가담한다는 점이다.

해당 법률 특히 최고 재무 및 회계 담당자를 위한 윤리 강령을 요구하는 406항은 많은 이익을 가져다준다. 본 교재의 저자들이 수행한 10년 단위의 연구 결과에 따르면 최고재무담당자를 위한 특별한 행동 강령이 특정한 위험을 다루는 경우 재무제표 재작성 빈도를 감소시킨다. 보통 재무제표 재작성은 수익이 잘못 기재되어 있거나 과장되어 기재된 경우에 수행한다. 따라

서, 개별화된 재무 관련 윤리 강령은 재무 보고에 있어서 윤리의식을 증대시킨다.[33]

4-3a 공개기업회계 감시위원회(Public Company Accounting Oversight Board)

사베인스-옥슬리 법은 투명성을 증대시키고 이해관계의 충돌을 줄이며, 책임을 높이는 데 그 목적이 있다. 이 중에는 투자자의 이익을 보호하고 나아가 유익하고, 정확하며 독립적인 감사 보고서 준비를 통해 공익을 보호하기 위해 기업들의 회계를 감시하는 위원회 설립을 요구하는 항목도 있다. 미국 회계감독위원회는 몇 년 동안 여러 어려움들을 겪었는데, 이 중에는 위원회가 헌법에 위배된다는 소송도 있었다. 대법원을 거쳐 해당 소송은 위원회의 손을 들어주었다. 최근에 들어 미국 증권거래위원회는 미국 회계감독위원회가 하는 일이 잘 이뤄지고 있는지 점검하는 노력을 기울였다.[34] 위원회는 외국 회계법인과 관련된 장애물 또한 극복해야 한다. 비록 사베인스-옥슬리 법은 외국 회계법인을 포함해 미국 증권 시장에 공시된 모든 감사인들로 하여금 등록하기를 요구하고 있지만, 유럽 연합이나 중국과 같은 일부 국가들의 경우 자국의 회계 법인에 대한 조사를 허용하지 않고 있다.[35]

4-3b 회계감사인 및 애널리스트의 독립성

사베인스 옥슬리 법은 감사인, 증권 애널리스트, 중개인, 증권거래인, 고객사 간의 이해관계의 충돌을 없애 기업들의 실제 재무 정보 공개를 요구한다. 감사인 독립성을 이루기 위해 201항은 등록된 회계법인의 경우 고객사에게 비감사 서비스와 감사 서비스를 동시에 제공하는 것을 금지하고 있다. 미국 증권 거래소와 미국 증권업 협회들도 증권 애널리스트, 중개인, 증권거래인 등 보고서에 지분이 있는 사람들로 하여금 유사한 이해관계 상충 방지 규칙을 적용하도록 했다. 이러한 독립성은 사베인스-옥슬리 법으로 하여금 기업의 진짜 상태에 대한 보다 자세한 재무정보 공개를 위한 규정 준수를 가능하게 했다. 예를 들어, 등록된 회계법인들은 이제 모든 재고 수정 조정들이 정확한 재무적 상태를 반영하는지 확인해야만 한다. 또한 현재 혹은 미래의 재무적 상태에 영향을 줄 수 있는 모든 미결산 거래들과 비연결 기업들과의 관계는 연간 및 분기별 재무 보고서에 포함돼야 한다. 추가로, 기업들은 "신속하고 현재 기반"으로 재무적 상태의 변화에 대해 보고해야만 한다.

4-3c 내부고발자 보호(Whistle-Blower Protection)

상장기업의 직원과 회계법인은 비윤리적 행동을 보고할 책임이 있다. 사베인스-옥슬리 법은 특히 사기가 포함된 사법절차에서 고용주의 정보를 당사자에게 합법적으로 공개하는 직원을 보호함으로써 직원들을 동기부여하고자 한다. 내부고발자들은 겪은 피해에 대한 보상과 변호사비용을 받게 된다. 불행하게도 해당 법은 금융 위기 이전에 내부고발자들이 피해를 입는 상황에서 그들을 지켜주지 못했다. 2000년대 초 일부 주요 사건에서 내부고발자들은 감사인과 공무원들에게 회사의 위법행위에 대해 경고했고, 그 중 일부는 해고당하거나, 회사를 상대로 제기한 소송에서 패소한 후 많은 액수의 미지급급여와 변호사 수임료를 지불하도록 강요당했다.[36] 이러한 사례들은 도드-프랭크 법에서 더욱 강력한 내부고발자 보호법의 탄생을 촉진시켰다.

4-3d 규정 준수 비용

사베인스-옥슬리 법 준수에 따른 국가적인 비용은 광범위하며 내부적 비용, 외부적 비용, 감사인 비용 등이 포함된다. 예를 들어, 404항에는 기업들로 하여금 금융 거래 결과와 결과를 만들어 내기 위해 사용한 과정을 문서화할 것을 명시하고 있다. 기업은 성문화하지 않은 수천 개의 과정들을 갖고 있다. 이러한 과정들을 써내려 가는 것은 시간과 비용이 많이 들게 된다.[37] 또한 소규모 기업들에게 규정 준수를 위한 비용은 너무 높기 때문에 일부 기업들은 스스로를 뉴욕증권거래소에서 상장폐지 할 것을 고려하기도 했다. 그러나 연구 결과에 따르면 비록 규정 준수에 따른 비용이 사베인스-옥슬리 법 통과 이후 잠깐 높아졌지만, 몇 년에 걸쳐 점차 내려갔다. 기업들은 법이 시행된 직후에 비해 규정 준수 비용이 50% 가량 감소했다고 보고했다. 비용이 감소하는 이유들 중 하나는 기업들이 사베인스-옥슬리 법에 보다 친숙해졌으며, 이에 따라 이러한 과정들을 마치는 데 더 적은 시간이

소요됐기 때문이다.[38]

4-4 도드-프랭크 월스트리트 개혁 및 소비자보호법 (Dodd-Frank Wall Street Reform and Consumer Protection Act)

도드-프랭크 월스트리트 개혁 및 소비자보호법은 "대공황 이래 가장 큰 규모의 금융 규제 시스템에 대한 전반적 재검토"라는 내용으로 널리 알려졌다.[39] 이 법은 금융 규제를 발전시키고, 산업에 대한 감시를 증대시키며, 위험 감수 및 속임수를 바탕으로 한 관행들을 방지하고, 대침체로 알려진 2008-2009년 금융 위기를 불러일으킨 감독 부재를 보완하고자 했다.[40] 법령에는 16개의 항목이 포함되어 있는데, 이 중 일부는 다음과 같다. 금융기관들의 투명성과 책임성 제고, 소비자 대상 금융 지식 교육을 수행하는 부서 설립 및 속임수 기반 금융 관행으로부터 소비자들을 보호하기, 내부고발자들에게 추가적인 인센티브를 부여하기, 금융 산업에 대한 감독 강화하기, 그리고 복잡한 파생상품 사용 규제하기 등이다.

집단에 따라 법에 대한 반응이 갈렸다. 비판하는 사람들은 파생상품에 대한 규칙이 너무나도 견디기 어렵고, 광범위한 변화는 규제 시스템에 혼란을 가져올 것이며, 정부가 너무 큰 권력을 가지게 될 것이라는 우려사항들을 제기했다.[41] 다른 기업들은 법의 전반적인 내용에는 동의하지만 특정 조항에는 반대했다.[42] 다음 이어지는 내용에는 도드-프랭크 법의 가장 주목받는 조항에 대해 설명한다.

4-4a 도드-프랭크 법에 의해 설립된 금융기관

도드-프랭크 법의 한 항목은 두 개의 새로운 금융기관인 금융연구사무국(Office of Financial Research, OFR)과 금융안정감독위원회(Financial Stability Oversight Council, FSOC)의 설립 근거가 됐다. 금융연구사무국은 정부 관계자들에게 제공하는 금융 정보의 질 향상과 금융 산업을 위한 분석 체계 발전 등을 담당한다.[43] 금융안정감독위원회는 시장을 모니터링하고, 위협을 확인하며, 대중들 사이에서 시장 규율을 세우고, 안정성을 위협하는 중대한 위협에 반응함으로써 미국의 금융 체계의 안정성을 유지할 책임을 갖는다.[44] 금융안정감독위원회는 금융 위험을 가까이서 관리하고 제한할 권한을 가지며, 은행과 비은행 금융 기관들에게 보다 엄격한 표준을 만들어 제공할 수 있으며, 시장 안정성에 심각한 위험을 끼치는 금융 기관들을 해체할 권한을 갖는다.[45] 미국 은행들은 대침체 이후 보다 안전해졌는데, 이에 따라 금융안정감독위원회는 각각의 비은행 금융 기관들의 위험 행동을 없애는 것 대신 금융 시장 전체의 위험 행동을 살펴볼 것이라 공표했다. 이러한 전략적 변화는 감시 위원회의 활동 방식과 스트레스 테스트라고 불리는 보고 방식에도 변화를 줬다.[46] 이처럼 새로운 두 기관들은 정보 수집 향상 및 감독뿐만 아니라 금융 산업이 위험하고 기만하는 행동을 할 수 있게 하는 허점을 없애려는 의도도 갖고 있다.

4-4b 소비자금융보호국(Consumer Financial Protection Bureau)

도드-프랭크 법에 의해 설립된 또 다른 기관은 연방준비제도 아래에 있으면서 "연방 소비자금융법을 바탕으로 소비자 금융 상품 서비스의 제공 및 시행을 규제하는" 역할을 수행하는 소비자금융보호국이다.[47] 일반적 투자자들은 그들이 구매하는 복잡한 금융상품에 대해 이해하지 못하는데, 그것이 소비자금융보호국이 탄생한 이유다. 이 기관은 신용대출시장을 관리할 권한과 대출기관이 법률을 준수하고 있는지 확인할 권한을 가진다.[48] 소비자금융보호국은 또한 불공정한 대출과 신용카드 발급을 억제하고, 소비자금융법을 강제하며, 금융상품이 시장에 나오기 전에 그 안전성을 확인할 책임이 있다.[49]

모든 층위의 부정행위로부터 소비자들을 보호하기 위해 소비자금융보호국은 급여 가불 대출자(Payday lender) 및 추심업자 등 미심쩍은 거래를 하는 것으로 고발된 기관을 감독할 권한을 가진다.[50] 소비자금융보호국의 목표는 소비자들을 위한 보다 공정하고 투명한 재무 환경을 조성하는 것이다. 예를 들어, 소비자금융보호국은 급여 가불 대출자들을 제한하기 위한 연방 규제를 개발하고 있다. 반면 대출기관들은 너무나 많은 규제들 때문에 고위험 고객들에게 대출을 해주기 어려워진다고 주장한다.[51] 소비자금융보호국은 이러한 비판으로부터 자유롭지 않다. 일부 금융 기업들과 의원들은 해당 부서가 너무나도 큰 권력을 갖고 있다고 생각한다. 추가적으로, 금융 기관들은 부서가 가진 권력은 결국 더욱 엄격한 제재 또는 부담스러운 규제를 낳을 것이라 우려한다.[52] 연방준비제도를 비롯한 미국 규제당국은 금융 기관들로 하여금 자사의 자금을 사용해 고위험 주식 및 파생상품에 투자하는 행위를 제한하는 볼커룰(Volcker rule)을 완화하는 정책을 제안하고 있다. 비록 일부는 이러한 움직임이 규칙의 의도를 약하게 한다고 주장하지만, 지지자들은 이러한 움직임을 통해 은행들이 조직적으로 투자할 수 있을 것이라 생각한다.[53]

4-5 윤리적 행동을 장려하는 법안

법률위반은 기업가들이 기업이나 업계의 행동강령에 의해 정의되는 윤리적 표준의 제한선을 늘려서 고의로 혹은 부지불식간에 법을 위반할 때 발생하게 된다. 최근 새롭게 통과된 법들과 규제들은 이러한 의사결정을 막고 기업윤리와 사회적 책임 향상을 목적으로 하는 프로그램들을 양성하고자 한다(표 4-2). 이러한 법들 중 가장 중요한 것들은 연방양형기준(FSGO), 사베인스-옥슬리 법, 도드-프랭크 법이다. 이러한 법들의 목표들 중 하나는 직원들로 하여금 목격한 부정행위를 보고하도록 하는 것이다. 대부분의 기업들은 직원들로 하여금 목격한 부정행위를 보고하도록 하는 방법을 가지고 있으며, 이에 따라 보고체계의 발전은 진보하고 있다. 그러나 상당수의 직원들은 여전히 부정행위를 보고하지 않고 있다.

표 4-2 미국 양형기준을 통한 윤리의 제도화

1991	법: 연방 차원의 기업 기소를 위해 미국 양형기준이 생겨났다. 이러한 가이드라인은 조직들로 하여금 부정행위를 방지하고, 발견하고, 보고하게끔 하는 처벌, 제지력, 인센티브를 제공한다. 조직들은 부정행위에 따른 인센티브를 받기 위해서는 효과적인 윤리 및 컴플라이언스 프로그램을 갖춰야 한다.
2004	개정: 효과적인 윤리 프로그램에는 윤리적 조직 문화의 발전까지 포함된다. 최고경영진과 이사회 구성원들은 위험을 확인하고 윤리 프로그램을 제공하며, 보고체계를 만들고, 윤리 프로그램을 감시하는 사람을 지정할 책임이 있다.
2007–2008	컴플라이언스 및 윤리 프로그램의 추가적 정의: 기업들은 부정행위를 발견 및 방지하고 윤리적 행동을 장려하는 조직 문화를 높이기 위해 기업 실사에 집중해야 한다. 위험평가를 장려하고, 모든 직원들, 최고 관리자들, 그리고 이사회를 포함하는 윤리 프로그램 및 훈련을 만들고, 시행하고, 수정하기 위한 내용들이 추가됐다. 이러한 수정은 부정행위 방지에 있어 윤리적 문화가 가지는 중요성을 강화했다.
2010	이사회 보고 관련 개정: 준법지원인(Chief compliance officer)이 법무자문위원 대신 이사회에 보고를 해야 한다. 기업들은 핫라인을 개설하고, 자체감사를 실시하며, 부정행위를 내부적으로 발견하기 위한 통제장치를 만들어야 한다. 빠르게 부정행위를 보고한다는 문장에서, '*빠르게*'라는 단어에 보다 구체성이 더해졌다. 개정안은 기업의 윤리 및 컴플라이언스 프로그램의 대상인 모든 직원들로 운영상의 책임을 확장시켰다.
2014	위원회는 효과적인 윤리 및 컴플라이언스 프로그램을 권고하는 데 있어 규제기관과 법 집행 기관들이 어떻게 양형기준을 이용할 수 있을지 조사했다. 위원회는 기업, 비영리단체, 정부기관 및 기타 조직들의 부정행위를 방지하는 조직 문화 형성을 장려하기 위해 노력했다.
2015–2020	위원회는 조직 문화의 중요성과 부정행위를 방지하고 발견하기 위해서 표준과 과정이 있어야 한다고 강조했다. 추가로, 부정행위가 있을 경우 이를 회복하기 위해 지역 사회 봉사를 지시할 수 있다.

자료: "U.S. Sentencing Guidelines Change? Become Effective November 1," FCPA Compliance and Ethics Blog, November 2, 2010, www.lexisnexis.com/legalnewsroom/securities/b/securities/archive/2010/11/02/us-sentencing-guidelines-changes-become-effective-november-1.aspx?Redirected=true (accessed December 31, 2019); U.S. Sentencing Commission, *Amendments to the Sentencing Guidelines*, April 30, 2012, www.ussc.gov/sites/default/files/pdf/amendment-process/reader-friendlyamendments/20120430_RF_Amendments.pdf(accessed December 31, 2019); Paula Desio, Deputy General Counsel, *An Overview of the Organizational Guidelines*, www.ussc.gov/sites/default/files/pdf/training/organizational-guidelines/ORGOVERVIEW.pdf (accessed December 31, 2019).

4-6 연방양형기준(Federal Sentencing Guidelines for Organizations)

1장에서 살펴봤듯이, 의회는 윤리 및 법률준수를 높이기 위해 설계된 프로그램들을 개발 및 시행하는 조직들에게 법적 인센티브를 제공하기 위해 1991년 연방양형기준을 통과시켰다. 미국 연방 양형위원회가 개발한 이러한 기준들은 종업원들이 직무상 저지른 모든 중범죄와 A급 범죄에 적용된다. 비윤리적 및 불법적 행동을 막기 위한 효과적인 컴플라이언스 프로그램 개발에 대해 성실히 임했던 조직들은 종업원들이 범죄를 저질렀다고 하더라도 인센티브로서 보다 감형된 조직적 처벌을 받게 된다.[57] 종합적으로 보면 정부 기조는 법률 위반은 윤리적 행동에 대한 조직의 가치와 노력을 통해 방지할 수 있다는 내용이다. 위원회는 효과적인 컴플라이언스 프로그램을 구축하기 위해 필요한 일곱 가지 핵심 기준에 대해 설명했다.

1. 기업은 효과적인 컴플라이언스 기준 및 절차를 개발 및 공표해야 한다.
2. 윤리 담당자와 같이 업계의 법적 및 윤리적 기준을 준수하는 높은 직급의 직원이 프로그램을 감시해야 한다.
3. 부정행위에 참여하는 성향이라고 알려진 사람은 관리 감독직에 임명돼서는 안 된다.
4. 모든 계층의 종업원들에게 기준과 과정에 대해 알리기 위해 윤리 훈련 등의 의사소통 체계가 갖춰져 있어야 한다.
5. 종업원들이 보복을 두려워하지 않고 부정행위를 보고할 수 있도록 조직적 의사소통 체계가 갖춰져 있어야 한다. 부정행위를 발견하기 위해 설계된 모니터링 및 감사 체계도 요구된다.
6. 부정행위가 발견된 경우 기업은 적절하고 공정한 징계를 내려야 한다.
7. 부정행위가 밝혀진 이후, 조직은 유사한 행동이 미래에 발생하는 것을 방지하기 위한 조치를 취해야 한다.[58]

이러한 기준들은 컴플라이언스 프로그램을 강조하고 프로그램의 효과성과 관련해서, 조직과 재판부에 안내사항을 전달할 위원회의 목적을 바탕으로 만들어졌다. 그런데 조직들은 자신들이 개발할 프로그램의 종류에 있어서 유연성을 갖는다. 즉 일곱 가지 체크리스트는 효과적인 프로그램 증명을 얻기 위해 필요한 법률적 절차가 아니다. 조직들은 기업에게 적합한 효과적인 핵심 관행을 바탕으로 위원회가 제시한 기준들에 맞추는 것이다. 조직들이 실시한 프로그램들은 종업원들로 하여금 부정행위에 참여할 기회를 줄일 수 있어야 한다.

연방양형기준의 2004년 개정안에는 기업 지배구조 담당자는 윤리 프로그램의 내용, 시행방안, 효과성에 대해 잘 알고 있어야 한다는 내용이 포함됐다. 이는 이사회 구성원과 같은 기업의 관리층에도 똑같은 책임을 부과했다. 이사회는 윤리 프로그램의 일상적 수행을 감시하는 높은 직급의 관리자가 있도록 해야 하고, 적절한 권한과 자원, 접근권한을 제공하며, 조직의 종업원들이 보복의 위험 없이 잠재적 또는 실질적 부정행위를 보고할 수 있도록 비밀이 보장되는 체계를 구축해야 한다. 마지막으로 이사회는 위험 발견과 위험을 대하는 접근법의 개발, 시행, 수정을 감독해야 한다. 만약 이사회 구성원이 윤리 프로그램을 시행의 본질, 목적, 방법에 대해 이해하지 못한다면 스캔들로 번질 수 있는 윤리적 부정행위와 부적절한 감독을 할 위험에 놓이게 된다.[59]

2005년 대법원은 연방양형기준이 판사들이 의무적으로 따라야 하는 것이 아니라 결정을 내리는 데 있어 참고자료로만 활용돼야 한다는 입장을 내놓았다. 일부 법률 전문가 및 기업 전문가들은 이러한 결정이 연방양형기준의 적용을 약화시킬 것이라고 생각했지만 대부분의 연방양형들은 대법원 판결 이전과 동일한 수준으로 남아있다. 연방양형기준은 여전히 효과적인 윤리 및 컴플라이언스 프로그램 개발에 있어서 중요한 고려사항이다.[60]

2007-2008년에 이뤄진 연방양형기준 개정안은 이사회 구성원, 기업 관리층, 고위급 간부, 종업원, 조직 대리인 등으로 윤리 훈련의 범위를 확장했다. 이러한 변화는 단순히 감독의 역할뿐만 아니라 조직의 모든 계층에서 윤리 훈련을 의무로 만든 것이다. 윤리 강령을 배포하는 것만으로는 훈련 요구사항을 충족할 수 없다. 해당 개정안은 오늘날 모든 정부와의 계약을 진행하는 기업들로 하여금 윤리 및 컴플라이언스 훈련 내역을 제공하도록 요구하고 있다.

새로운 연방양형기준 개정안이 시행됨에 따라 2010년에 있었던 기준안에 대한 네 가지 개정안에 나와 있듯이 조직들은 윤리 및 컴플라이언스 사안을 이사회 구성원들을 포함한 모든 종업원들로 확대 발전시켜야 한다. 첫 번째 개정안은 법무자문위원에게 부정행위에 대해 보고하는 준법지원인에 관한 내용을 포함하고 있다. 기준안은 준법지원인이 직접적으로 이사회 또는 이사회 위원회로 보고하게 만들어 기존의 복잡한 보고체계를 단순화시켰다. 기업들은 또한 핫라인, 자체감사 프로그램 등 기타 체계를 활용해 내부 윤리 통제를 확장시켜 부정행위를 내부적으로 발견하도록 장려된다. 세 번째 개정안에 연방양형기준은 '*빠르게*'라는 단어를 보다 구체화해서 종업원들로 하여금 윤리적 위반사항을 빠르게 보고하는 것의 의미에 대해 보다 깊은 이해를 하게끔 만들었다. 마지막으로, 연방양형기준은 기업 운영상의 책임 범위를 기업의 윤리 및 컴플라이언스 프로그램에 포함되는 모든 직원에게 적용되는 것으로 확장했다.[61]

2010년에 이뤄진 개정안은 기업들이 자사의 윤리 프로그램이 네 가지 조건을 충족할 경우에 한해서 부정행위가 발생하더라도 그에 따른 처벌을 줄여주는 내용을 담고 있다. 네 가지 조건들 중 첫 번째는 조직이 스스로 부정행위가 외부로 발견되기 이전에 발견해야 하는 것이다. 두 번째는 위반 사항이 규제 당국에 빠르게 보고돼야 하는 것이다(빠르게라는 단어의 확장된 정의가 이러한 조건에 대해 보다 명확한 정의를 제공할 것이다). 세 번째는 운영상의 책임이 있는 누구도 부정행위에 관여해서는 안 된다. 마지막으로 준법지원인은 부정행위를 보고하기 위해 경영 권한이 있는 사람과 직접적인 접근 권한을 가져야 한다.[62] 핵심 관행은 개인적 도덕 및 가치의 발전보다는 구조적으로 건전한 조직 관행과 재무적 및 비재무적 성과에 있어서 윤리의식을 개발하는 데 초점을 두고 있다. 비록 사베인스-옥슬리 법과 도드-프랭크 법이 회계 관련 준법과 재무 성과에 있어서 기준을 제공하기는 하지만 대부분의 윤리적 이슈들은 비재무적 영역인 마케팅, 인사관리, 고객관계 등의 영역과 관계를 가진다. 비인격적 행동, 거짓말, 이해충돌은 여전히 세 가지의 중대한 이슈로 여겨진다.

2014년에 연방양형위원회는 규제 기관과 법 집행 기관들 사이에 모범 사례를 공유하는 것에 초점을 맞추기 시작했다. 미국 법무부의 반독점부와 같은 기관들은 연방양형기준에서 제공한 효과적 윤리 프로그램을 위한 일곱 가지 단계에 기초해 컴플라이언스 프로그램을 개발하고 있다. 위원회는 이러한 프로그램의 개발을 장려하며 산업 협회들 간에 모범 사례를 공유하는 것을 지원하고 있다. 이러한 발전과정들을 학습하는 것에 더해서 위원회는 비영리단체, 영리단체, 정부기관 등 기타 조직들이 비윤리적 행동을 방지하는 효과적인 제도적 문화를 만들어내는 노력을 평가하기도 한다.[63]

1999년 법무부장관(deputy attorney general)인 Eric Holder가 작성한 홀더 메모(법무부장관인 Eric Holder가 미국 법조인들에게 작성한 메모)는 법인이나 경영진들이 기소된 경우에 검사들과 판사들에게 도움이 되는 안내사항을 담고 있다. 검사들은 연방양형기준을 포함한 규제 기관 및 관련 부서들이 만든 인센티브 프로그램에 대해 잘 알고 있어야 한다.[64] 법무부는 후속 조치로 톰슨 메모(2003년 법무부장관 Larry Thompson이 미국 법조인들에게 보낸 메모)를 이용해 기업의 불법행위와 관련된 사건에서 고려해야 할 일반 원칙들을 발전시켰다. 해당 메모는 특정한 기업 영업 활동에서 자주 발생할 것으로 예상되는 부정행위를 발견하는 데 있어 윤리 및 컴플라이언스 프로그램이 중요하다는 사실을 명확히 했다. 추가적으로 검사는 일반적으로 연방 법률 위반에 대해서 언제, 누가, 기소할지 여부에 대한 결정의 폭을 넓게 가진다. 미국 변호사들은 특정 역할을 지닌 다수의 종업원들에 의해 위법행위가 지속됐거나, 고위 관리자들이 이러한 행위를 묵과했을 경우에는 사소한 부정행위라도 기소가 적절하다고 지적한다. 부정행위에 관련된 불량 직원을 식별하는 효과적인 프로그램이 없다면 기업은 규제, 법 집행, 판결에 있어서 심각한 문제를 겪을 수 있다.[65] 따라서 부정행위를 방지하고 이것이 발생하더라도 이에 따른 법적 절차를 줄이기 위해 효과적인 윤리 및 컴플라이언스 프로그램이 필요하다는 것이 법률과 행정정책 관련해 일반적인 합의이다.

4-7 기업윤리 제도화의 중요성

제도화에는 조직, 산업, 사회의 가치, 규범, 결과물을 내포하는 것을 포함한다. 미국을 포함한 여러 국가들은 대법원의 최종 결정이 바탕이 되는 법률 제정을 통해 제도화를 시행한다. 본 장에서는 조직의 윤리적 의사결정을 지원하고 통제하기 위해 조직 환경 내외부에서 작동하는 법률 및 문화적 제도에 대한 개요를 포함하였다.

2장에서도 논의했듯 기업지배구조 담당자는 윤리 및 사회적 책임을 지원하는 핵심 관행과 자발적 행동뿐만 아니라 법률준수를 위한 의무 요구사항, 그리고 그러한 기관들에 대해 특히 염두에 두어야 한다. 핵심 관행이라고 불리는 적절한 일반 관행을 이해하는 데 실패한 경우에 비윤리적 행동에 빠지는 선택들을 하게 될 수 있다.

이해관계자들이 기업윤리 발전의 필요성을 인식함에 따라 기업윤리의 제도화는 지난 20년간 빠르게 발전했다는 점을 아는 것은 중요하다. 만약 기업들이 법률준수 체계를 시행하지 않는 경우 정부가 그 역할을 수행하게 된다. 연방양형기준, 사베인스-옥슬리 법, 도드-프랭크 법과 관련된 입법 및 개정 활동은 기업들의 신뢰를 높일 수 있는 윤리적 관행을 개발 및 시행하기 위한 노력의 일환이다.

요약

기업윤리의 제도화를 이해하기 위해서는 조직 관행의 자발적 또는 법적으로 강제된 차원을 이해하는 것이 중요하다. 핵심 관행은 모범 사례로 불리며 산업무역협회나 법률 및 규제 기관에 의해 장려된다. 기업윤리 관련 효과적인 조직 관행은 세 가지 차원을 윤리 및 컴플라이언스 프로그램에 통합하기를 요구한다. 이러한 통합은 부정행위의 위험을 효과적으로 관리할 수 있는 윤리적 문화를 만들어낸다. 기업윤리의 제도화는 현행 법률, 관습, 조직 윤리에 대한 기대, 그리고 평판을 확립하는 데 필수적인 컴플라이언스 프로그램과 관련이 있다. 기관들은 사회적 기대를 구조화하거나 강화함으로써 윤리적 의사결정을 보상하거나 제재한다. 이러한 방법을 통해 사회 전체는 핵심 관행을 제도화하고 조직들로 하여금 위반 사항이 있을 때에만 행동하게 하는 방식 등의 각자의 접근법을 선택할 기회를 제공한다.

정부에 의해 만들어진 법과 규제들은 책임감 있는 행동이자 무엇이 옳고 그른지 사회가 정한 사항에 대한 최소 기준이 된다. 기업 행동을 규제하는 민법과 형법은 고객, 이익단체, 경쟁자, 입법자 등을 포함하는 사회가 기업은 사회의 기준에 순응해야 한다고 믿기 때문에 통과된다. 이러한 법들은 경쟁을 규제하고, 소비자를 보호하며, 직장 내 평등과 안전을 높이고, 부정행위 방지에 따라 인센티브를 부여한다.

만연한 기업 회계 스캔들에 대응해 미국 의회는 사베인스-옥슬리 법을 통과시켜 기업 회계 관행을 감독하는 연방 차원의 체계를 구축하려 한다. 허위 재무 공시를 범죄로 만드는 것에 더해 기업 사기 범죄에 대한 처벌을 강화하는 것에 더해, 사베인스-옥슬리 법은 기업들로 하여금 재무 공시에 대한 윤리 강령을 만들고 투자자를 비롯한 다른 이해관계자들에게 보고하는 데 있어 투명성을 제고할 것을 요구한다. 사베인스-옥슬리 법은 기업들로 하여금 자신들이 내린 의사결정에 보다 큰 책임을 갖고 윤리적 원칙에 기반해 리더십을 발휘하도록 한다. 예를 들어, 사베인스-옥슬리 법은 최고 관리자들로 하여금 기업의 재무 공시가 완전하고 정확하게 이루어졌는지 확인하고, 최고경영자와 최고재무책임자가 개인적으로 기업의 재무상태에 있어서 신뢰도와 정확도에 책임을 지게 한다. 해당 법령은 기업 회계를 감독하기 위한 감시 위원회를 설립하기도 했다.

감시 위원회는 투자자의 이익을 보호하고 유익하며, 정확하고, 독립적인 기업 감사 보고서를 작성함으로써 공익 증진을 목적으로 한다. 세계적인 경제침체를 일으킨 만연한 금융 스캔들의 발생의 결과로 도드-프랭크 월스트리트 개혁과 소비자 보호법이 통과됐다. 이 법의 목표는 금융업계의 부정행위를 방지하고, 복잡한 금융 상품들로부터 소비자들을 보호하며, 시장 안정성을 감독하고, 금융업계의 투명성을 제고하는 데 있다. 이 법들을 통해 금융안정감독위원회(Financial Stability Oversight Council, FSOC), 금융조사국(Office of Financial Research, OFR), 소비자금융보호국(Consumer Financial Protection Bureau, CFPB) 총 세 곳의 금융기관이 설립됐다. 소비자금융보호국은 지나치게 복잡하거나 기만적 금융관행으로부터 소비자들이 보호되고 있는지 확인하고 규제하기 위해 설립됐다. 내부고발자 보호에는 증권거래위원회에 기업 부정행위를 보고하는 사람에게 해당 기소로 인해 백만 달러 이상의 처벌이 이뤄지는 경우 10~30% 가량의 이주비를 지원해주는 현상금 프로그램을 포함하고 있다.

의회는 윤리 및 법률 준수를 높이기 위한 프로그램 개발 및 시행을 하는 조직들에게 인센티브를 부여하기 위해 연방양형기준을 통과시켰다. 이러한 기준안은 미국 양형위원회로 하여금 종업원들이 직장에서 저지른 모든 중범죄와 A급 불법행위에 처벌을 가하는 것을 돕는다. 비윤리적 및 불법적 행동을 방지하는 효과적인 컴플라이언스 프로그램을 개발하려는 기업의 노력이 인정된다면 종업원이 범죄를 저질러 조직이 처벌을 받게 되는 상황에서 처벌 수위가 경감된다. 종합적으로 보자면, 정부의 정책 기조는 법률 위반은 조직 가치와 윤리적 행동에 대한 헌신을 통해 방지될 수 있다는 내용을 담고 있다. 연방양형기준의 2004년 개정안은 기업들의 관리자들로 하여금 윤리 프로그램의 내용, 시행계획, 효과성에 대해 잘 알고 있어야 한다는 내용을 담고 있다. 이러한 개정안은 보통 이사회를 포함한 기업의 리더들에게 동일한 책임을 부여한 것이다. 이사회는 윤리 프로그램의 일상적 수행을 감시하는 높은 직급의 관리자가 있도록 해야 하며, 적절한 권한과 자원, 접근권한을 제공하며, 조직의 종업원들이 보복의 위험 없이 잠재적 또는 실질적 부정행위를 보고할 수 있도록 비밀이 보장되는 체계를 구축해야 한다. 2010년 개정안에는 준법지원인이 법무자문위원 대신 이사회에 보고를 해야 한다는 내용이 포함됐다.

연방양형기준과 사베인스-옥슬리 법은 윤리 및 법률 준수를 보장하는 핵심 관행을 개발하는 데 인센티브를 제공한다. 핵심 관행은 개인의 도덕적 역량에서 구조적으로 건전한 조직적 핵심 관행과 재무적 성과 및 비재무적 성과에 대한 윤리의식을 개발하는 것으로 강조점을 옮겼다.

윤리적 비즈니스 과제 해결하기

Ahmed는 애리조나 주립 대학교 학생으로 대학 도서관에서 매주 20시간씩 일했다. 그는 조용하고 일부 시간에는 개인 공부를 할 수 있어서 도서관을 좋아했다. 더불어, 도서관을 통해 엄청난 양의 데이터베이스에 접근할 수 있었고, 그중 일부는 교수들만 열람할 수 있는 자료였다. 근로학생인 그는 모든 데이터베이스의 비밀번호에 접근할 수 있었고, 캠퍼스 내의 거의 모든 수업 자료를 발견했다.

Ahmed의 동료 근로학생인 Bill은 괴상한 행동을 하고 그것을 유튜브에 올리곤 했다. 어느 저녁, Ahmed가 일을 시작하고 있는 도중에 Bill이 와서는 도서관 시스템을 이용해서 불법 음악, 영화, 책을 다운로드하는 방법에 대해 말해줬다.

"굉장히 쉽고 추적불가능한 방법이야. 나는 방금 내가 보낸 요청을 교수님 IP주소로 보냈다가 다른 교직원들의 IP주소로 보내서 추적하기 어렵게 만들었어. 그리고 도서관에 있는 컴퓨터들 중 하나로 가서 다른 사람으로 로그인 한 다음에 공유폴더에 업로드했지. 내가 이용한 사람의 컴퓨터에는 자신의 아이디가 로그인 됐다는 알림이 가겠지만 IT담당자는 항상 일어나는 대수롭지 않은 일로 넘길거야. IT담당자는 캠퍼스 내의 많은 수의 시스템과 IP주소 때문에 실제로 들여다보지 않아. 내가 아무 음악이나 다운로드 받아줄까?" Ahmed는 이런 짓을 했다가는 퇴학당할 수도 있다는 사실을 알았기에 정중히 거절했다.

몇 달이 지나고 Bill은 유명인사가 됐다. 매일 누군가 Bill의 책상 앞에 와서 잠시 이야기를 나눈 뒤, 도서관 컴퓨터를 사용하고 떠났다. 어느 날 Ahmed는 자신의 자리 위에 자신의 이름이 써진 봉투가 놓여 있는 것을 발견했다. 열어보니 500달러와 함께 "즐겨"라는 내용이 담긴 쪽지가 있었다. 그는 사람들에게 돈의 행방에 대해 물어보기 시작했고, 이내 Bill이 웃고 있는 것을 발견했다. 그 순간, Ahmed는 Bill이 돈을 보냈다고 직감했다. 그는 다시 돌려주려고 했지만 Bill은 자신이 줬다는 사실을 부인했다.

Ahmed는 Bill의 행동에 굉장히 불편해졌다. 그는 Bill이 한 행동이 잘못된 것이며 아마 불법적인 것이라는 사실도 알았다. 그는 이런 식으로 엮이고 싶지 않았지만 동시에 고자질을 하고 싶지도 않았다. 그는 지금 가담한 대가로 돈을 받은 것이다. Ahmed는 상황이 나빠져 무언가 정말 벌어지기 전에 관리자에게 이야기 해야겠다고 생각했지만 Bill이 곤란해지는 것은 원하지 않았다. Ahmed는 Bill이 이런 행동 때문에 퇴학당할 수도 있으며, 이러한 경우 그의 미래가 엉망이 될 것이다. 그러나 Ahmed는 자신의 미래도 걱정해야만 했다. Bill이 무엇을 했는지 알았다는 것만으로도 퇴학조치를 당할까? Bill이 준 돈으로 무엇을 해야만 할까? 그가 고발하지 않는다면 어떤 일이 벌어질까?

[질문]

1. 위의 윤리적 딜레마에 관여된 이해관계자에 대해 논의해보자. 위의 상황에서 어떤 이해관계를 가지고 있을까?
2. Bill의 행동은 윤리적 문제를 가질까, 법적 문제를 가질까, 아니면 모두일까? 이유를 설명하시오.
3. 내부고발자가 되는 경우 Ahmed가 마주하게 될 위험은 무엇일까? 그가 침묵을 지킬 경우 갖는 위험은 무엇일까?

5장 새로이 등장하는 기업윤리 이슈들

학습목표

- 기업윤리의 맥락에서 윤리적 이슈들을 정의한다.
- 정직(honesty), 공정성(fairness) 및 고결성(integrity) 등의 기본 가치들과 관련된 윤리적 문제를 검토한다.
- 회사 자원의 남용, 모욕적이거나 위협적인 행동, 거짓말, 이해 상충, 뇌물, 기업 정보, 차별, 성희롱, 사기, 소비자 사기, 금융 부정행위 및 내부거래에 대해 설명한다.
- 비즈니스에서 윤리적 이슈들을 결정하는 과제를 검토한다.

개요

윤리적 딜레마*

Julius는 몇 년 전부터 지역 회계 법인인 Simple LLP에서 일하기 시작했다. 학사와 석사 학위를 소지한 그는 매력적인 신입사원이었다. Julius는 사원에서 선임 회계사로 승진했다. 그는 매우 카리스마가 있었고, 회사의 모든 사람들과 친구였다. 그는 종종 회사의 동료들과 대화를 나누곤 했다. 회사 내 좋은 친구 중 한 명인 Bobby는 Julius에게 최근 낚시 경험에 대해 이야기했다. 뛰어난 낚시꾼인 Julius는 오랜 시간 동안 Bobby와의 대화에 빠져들었다.

최근에 새 회계사 Samantha가 고용되어 Julius의 후임으로 배치되었다. Samantha는 학교를 갓 졸업했기 때문에 Julius는 그녀를 훈련시키는 데 많은 시간을 할애했다. Julius와 Samantha는 금세 좋은 친구가 되었다. 때때로 Samantha는 사무실에서 Julius에게 장난을 쳤다. 얼마 지나지 않아 사무실 전체 직원들이 합세하여, 계속되는 장난 전쟁(prank war)을 시작했다. Julius와 Samantha는 다른 동료들과 자주 점심을 함께 먹었다. Julius는 Samantha를 좋아하기 시작했고, 단둘이 점심을 먹으러 가자고 제안하기 시작했다. 그러나 Samantha는 항상 다른 동료들을 점심 식사에 초대했다. 때때로 Julius는 Samantha와 함께 그녀의 차까지 걸어가기 위해, Samantha와 동시에 퇴근을 하려고까지 했다. Samantha는 불편함을 느끼기 시작했고, Julius가 없을 때 퇴근하려고 했다.

어느 날 밤, 사무실 전체 직원들은 가장 최근 프로젝트의 완결을 축하하기 위해 시내에 있는 술집에 갔다. Julius는 근무를 마치고 바로 술집으로 갔기 때문에 옷을 갈아입을 틈이 없어서 회사 셔츠(Simple LLP 로고가 있는)를 입고 나타났다. 그의 친구 Bobby는 Julius가 도착했을 때 그에게 다가왔고, Julius에게 나중에 TikTok에 게시하려면 미친 짓(혹은 특이한 행동)을 해야 한다고 말했다. Julius는 트렌드를 따라잡기 위해 TikTok들을 만들고 보는 것을 좋아했다. 그는 직장에서 일을 할 때에도 매 시간 평균 15분 정도를 TikTok 비디오를 보는 데 썼다.

술집에서 Julius는 몇 잔의 술을 마셨다. 그는 모든 동료들과 농담을 하며 함께 웃었는데, 특히 Samantha에게 특별한 관심을 기울였다. 그는 Samantha에게 점점 더 가까이 앉았는데, Bobby가 눈치 채지 않을 수 없을 정도였다. Bobby는 Julius를 옆으로 끌어당기며 Julius에게, Samantha의 뺨에 키스를 하여 그녀가 그를 좋아하는지 확인해보라고 제안했다. Bobby는 비디오로 촬영할 것이라고 했다. 그렇게 하면 Julius는 나중에 그날 밤의 일을 TikTok에 게시할 수 있다. Julius는 그 계획에 동의하고, 다시 Samantha 옆에 앉았던 곳으로 걸어갔다. 엄지손가락을 치켜세운 Bobby를 보며, Julisu는 Samantha의 뺨에 키스를 시도했다. Samantha는 놀라서 재빨리 자리를 떠났다. Samantha는 Julius가 한 일을 이해하거나 좋아하지 않았지만, 만약 자신의 솔직한 생각을 말하면 직장에서 그녀가 얻은 좋은 평판이 영향을 받을까 두려워 웃어 넘겼다.

[질문]

1. 이 사례에서 묘사된 윤리적 이슈들은 무엇인가?
2. Julius가 어떤 방식으로 시간절도 행위를 저질렀는지 설명하시오.
3. Julius의 행위가 성희롱에 해당하는가?

기업의 특정한 활동이나 결정들이 옳거나 혹은 그른 것으로 여겨질지를 대부분 결정하는 것이 바로 이해관계자들의 관심사(stakeholder concerns)이며, 이는 기업이 무엇을 윤리적 혹은 비윤리적인 것으로 정의할지 결정한다. 정부, 지역 공동체, 그리고 사회의 경우, 단순히 기업의 이슈 혹은 문제였던 것이 윤리적 문제가 될 수 있고 나중에는 법적인 문제가 될 수 있다. 또한, 이해관계자들은 특정 의제(안건)들에 부합하는 결정을 내리도록 기업에 압력을 가할 때 종종 문제를 제기한다. 이런 사례는 십대들의 전자담배 사용 증가에 대한 비난을 받아온 기업인 Juul Labs Inc.에서 발생했다. 식품의약품 안전청(Food and Drug Administration, FDA)이 자체 금지령을 내리기 전에, 이 회사는 정부와 대중의 압력에 굴복하여 미국 시장에서 모든 비-담배 및 멘톨 맛 전자담배의 판매를 자발적으로 중단했다.[1]

사람들은 결정들을 내리고 나서, 특정 이슈나 상황에 윤리적인 요소가 있음을 인식한다. 따라서, 기업윤리를 이해하기 위한 첫 번째 단계는 윤리적 이슈 인식(ethical issue awareness)을 발전시키는 것이다. 윤리적 이슈는 일반적으로 개인의 도덕성과 그들이 일하는 조직의 핵심 가치(core values) 및 문화 간의 갈등으로 인해 발생한다. 사회 내 제도들은 개인과 조직 모두에 영향을 미치는 기본 원칙과 가치들을 제공한다. 비즈니스 환경은 많은 잠재적인 윤리적 갈등들을 보여준다. 기업의 목표는 직원들이 자신의 개인적인 목표를 달성하려는 시도와 충돌할 수 있다. 마찬가지로, 안전하고 품질이 좋으며 가격 경쟁력이 있는 제품에 대한 소비자의 욕구는, 64명 이상의 아기가 사망한 후 유아용 인클라인드 침대(inclined sleepers)를 금지하는 소비자 제품 안전 위원회(Consumer Product Safety Commission)의 제안과 같은 소비자 규제에 대한 요구를 만들어 낼 수 있다.[2]

이 장에서 우리는 윤리적 이슈들이 특정한 이해관계자 집단의 요구로부터 어떻게 발생하는지를 포함하여, 오늘날 비즈니스 현장에서 발생하는 여러 윤리적 이슈들을 다룰 것이다. 이 장의 전반부에서, 우리는 도덕성 혹은 고결성(integrity), 정직성(honesty), 공정성(fairness) 등과 같이, 기업윤리 영역에 널리 퍼져 있는 보편적인 개념들을 설명할 것이다. 이 장의 후반부에서는, 회사 시간과 자원의 남용(misuse company time and resources), 학대 및 위협적인 행동(abusive and intimidating behavior), 거짓말(lying),

이해 상충(conflicts of interest), 뇌물(bribery), 기업 정보(corporate intelligence), 차별(discrimination), 성희롱(sexual harassment), 사기(fraud), 재정적 위법행위(financial misconduct), 내부자 거래(insider trading) 같은 최신의 윤리적 이슈들을 탐색할 것이다. 우리는 또한 기업이 고려해야 할 윤리적 요소가 포함된 결정들을 내리는 이슈에 대해서도 검토할 것이다. 다국적 기업의 부상과 수직 시스템 경쟁(vertical systems competition)의 증가로 인해, 윤리적/법적 이슈가 있는 관행과 제품들이 등장하고 있다. 한때 합법적 활동이었던 것이 윤리적인 문제가 될 수도 있고, 잘 알려져 온 관행이 비윤리적이거나 불법이 될 수 있음을 이해하는 것은 중요하다.

5-1 윤리적 이슈 인식(윤리의식)

윤리적 문제를 일으킬 수 있는 여러 관계와 상황에 대해 설명했지만, 실제로는 그것들을 인식하기 어려울 수 있다. 이러한 문제들을 알아차리거나 인식하지 못하는 것은 모든 조직에 커다란 위험이 된다. 어떤 문제들은 탐색하기 어려운 회색 영역에 있기 때문에 알아차리기 어렵다. 예를 들어, 언제 작은 선물이 뇌물이 되는가? 같은 질문이 바로 그것이다. 한편, 직원들은 판매 또는 수익과 관련된 기업의 목표를 달성하기 위해 의문의 여지가 있는(문제가 될 소지가 있는) 행동들을 할 수 있다. 우리의 개인적 도덕성이나 가치들은 정의하고 통제하기가 더 쉽다. 하지만 업무 환경의 복잡성으로 인해 직장에서는 윤리적 문제들을 정의하고 줄이기 더 어렵다.

개인적인 결정과 마찬가지로 비즈니스 결정에는 딜레마가 포함될 수 있다. 딜레마에서 모든 대안들은 부정적인 결과를 가지고 있으므로, '덜 해로운' 선택이 이루어진다. 비즈니스에서 윤리적 이슈는 결정을 내리기 전에 생각, 토론, 혹은 조사 등을 필요로 하는 집단, 문제, 혹은 심지어 기회 등과 관련되어 있다. 비즈니스 세계는 역동적이기 때문에 새로운 윤리적 이슈들이 항상 등장한다. 표 5-1은 윤리 및 컴플라이언스 이니셔티브(Ethics and Compliance Initiative)에 의해 시행된 글로벌 비즈니스 윤리 설문조사(Global Business Ethics Survey)에서 직원들이 응답한 윤리적 문제들을

표 5-1 관찰된 부정행위의 특정 유형

행동
학대 행동
직원에 대한 (관리)거짓말
부적절한 고용 관행들
이익 상충
인터넷 남용
개인 정보의 남용
건강 위반
외부 이해관계자들에 대한 거짓말
성희롱
명세서 위조
절도
뇌물수수

자료: Ethics and Compliance Initiative, Global Business Ethics Survey, The State of Ethics & Compliance in the Workplace, March 2018, (Arlington, VA: Ethics and Compliance Initiative), 6-9.

나열한 것이다. 회사 시간의 남용(Misuse of company time), 학대 행동(abusive behavior), 그리고 직원에 대한 거짓말(lying to employees)은 본질적으로 개인적인 것이지만, 그 행동들은 결국 조직 목표를 달성하기 위함이라는 잘못된 믿음으로 저질러진다. 시간이나 비용의 위조(falsifying), 안전 위반(safety violations), 그리고 회사 자원의 남용(abuse of company resources) 등은 회사에 피해를 줄 수 있는 윤리적 갈등과 직접적인 관련이 있는 문제이다.

기업 내에는 부정행위(misconduct)로 판명될 수 있는 광범위한 문제들이 있다. 그러므로, 많은 직원들이 한 가지 이상의 부정행위를 관찰해 왔다. 상상 혹은 생각할 수 있는 모든 윤리적 문제들을 나열하는 것은 불가능하지만, 모든 유형의 조작(manipulation)이나 속임수(deceit), 심지어 의사 결정상의 투명성 부재(the absense of transparency in decision making) 등은 다른 사람에게 해를 끼칠 수 있다. 담합(collusion)은 사기적(fraudulent), 불법적(illegal) 또는 기만적(deceitful)인 목적으로 둘 혹은 그 이상의 당사자들 간의 비밀 계약(secret agreement)이다. 기만적 목적

(Deceitful purpose)은 속임수(trickery), 허위 진술(misrepresentation) 또는 전체의 진실보다 덜 믿도록 고안된 전략 등을 포함하기 때문에, 기업윤리와 관련되어 있다. 담합은 윤리적 이슈를 식별하는 데 사용되는 세 가지 기본 가치들 중 하나인 '정직성(honesty)'이라는 가치를 위반한다.

5-2 윤리적 이슈를 식별하기 위한 기본적인 가치들

고결성, 정직성, 공정성 등은 어떤 활동들이 윤리적 이슈가 될 수 있는지 평가하기 위해 널리 활용되는 가치들이다. 윤리적 이슈는 조직에서 내려지는 거의 모든 결정들에서 나타날 수 있다. 이러한 기본 가치들을 이해하는 것은, 적절한 행위가 무엇인지에 대한 토론과 건설적인 대화를 식별하고 발전시키는 데 도움이 될 수 있다. 부적절한 행동을 발견하는 것만큼이나, 이런 가치들과 관련된 적절한 행동을 강조하는 것이 중요하다.

5-2a 고결성

고결성(Integrity)은 덕(virtue)의 가장 중요하고 자주 인용되는 요소들 중 하나이며, 온전하고 건전하며 손상되지 않은 상태를 나타낸다. 고결성은 단순히 비즈니스뿐만 아니라 모든 활동들과 관련된 글로벌 가치이다. 고결성은 제품 품질, 열린 의사 소통, 투명성 및 관계들과 관련이 있다. 따라서 윤리적인 내부 조직 문화를 구축하는 것은 관리자의 기본 가치이다. 조직 내에서 고결성은 일련의 가치 또는 집단의 가치에 대해 타협 없이 준수하는 것을 의미한다. 그것은 윤리적으로 행동하는 것과 관련이 있다. 즉, 고결하게 행동한다는 것이 무엇을 의미하는지에 대한 실질적 또는 규범적 제약이 있다. 조직의 고결성은 대개 회사 및 산업계에서 정의한 행동 표준에서 벗어나지 않으려는 의지, 그리고 그것을 지속하려는 가치에 담겨 있다.

고결성
덕(virtue)의 가장 중요하고 자주 인용되는 요소들 중 하나이며, 온전하고 건전하며 손상되지 않은 상태를 나타냄. 고결성은 윤리적인 재무 의사결정을 내릴 뿐만 아니라, 기업 문화의 보다 주관적인 측면에서도 윤리적인, 균형 잡힌 조직 안에 내포되어 있다.

최소한, 기업은 법률(laws)과 규정(regulations)을 준수하도록 요구받는다. 이에 더하여, 기업들은 기만, 허위 진술 또는 강압 등을 통해 고의로 고객, 의뢰인, 직원 또는 다른 경쟁사들을 해쳐서는 안 된다. 비록 기업들은 종종 자신의 경제적 이익을 위해 행동하지만, 비즈니스 관계는 고결성에 바탕을 두어야 한다. 이러한 기대에 부응하지 못하거나 법률 및 규정들을 준수하지 않으면, 신뢰가 무너지고 비즈니스 교류를 지속하기가(불가능하지는 않더라도) 어렵게 된다.[3] 고결성은 정직성(honesty)을 보완하며, 이는 비즈니스 관계를 결합하여 다른 모든 것들을 보다 더 효과적이고 효율적으로 만드는 접착제가 된다.

5-2b 정직성

정직성
정직성은 진실성 혹은 신뢰성을 나타냄

정직성은 진실성 혹은 신뢰성을 나타낸다. 정직하다는 것은 당신이 아는 한에서 그 어떤 것도 숨기지 않고 진실을 말하는 것이다. 공자는 정직한 사람을 군자(君子, junzi), 혹은 인(仁, ren)이라는 미덕을 갖춘 사람이라고 정의했다. '인'은 인간미 혹은 인간성(huminity)을 지닌 사람으로 느슨하게 정의될 수 있다. '의'(義, Yi)는 또 다른 정직함의 한 요소로서, 타인과의 관계에 따라 우리가 어떻게 행동해야 하는지와 관련 있다. 또 다른 유교 개념인 '예'(禮, li)는 정직과 관련이 있지만, 예의범절이나 존경의 미덕을 나타낸다. 마지막으로 '지'(知, zhi)는 정직과 관련하여 사람이 무엇을 말하고 무엇을 해야 하는지 알고 있는지 여부를 나타낸다. 칸트의 황금률(Kant's Golden Rule)의 유교적 버전은, 당신의 윗사람이 당신에게 해주기를 바라는 대로 아랫사람에게 해주라는 것이다. 결과적으로 가족의 명예, 정직에 대한 평판과 같은 미덕들이 가장 중요해진다.

비즈니스가 때로는 사회 전체의 규칙이 아니라 그 자신만의 규칙에 의해 지배되는 게임으로 여겨지기 때문에, 정직성과 관련된 이슈들이 발생한다. 저자 Eric Beversluis는 사람들이 종종 다음과 같이 추론하기 때문에 정직성이 문제가 된다고 제안한다.

1. 비즈니스 관계는 시장 사회(market society)에서 조직 내 경쟁, 이윤 극대화 및 개인의 발전 등과 관련 있는 자체 규칙에 의해 통제되는 인간 관계들의 하위 집합이다.
2. 따라서 비즈니스란 어떤 측면에서는 농구나 권투와 같은 경쟁적인 스포츠와 비견할 수 있는 게임으로 간주될 수 있다.
3. 농구나 권투 같은 경기에서는 일반적인 윤리와 도덕이 지켜지지 않는다(만약 농구 선수가 남이 자신에게 해주기를 바라는 대로 남에게 해

주면 어떻게 될까? 만약 권투 선수가 다른 사람을 다치게 하려는 것이 잘못된 일이라고 판단하면 어떻게 될까?).

4. 논리적으로, 만약 비즈니스가 농구나 권투와 같은 게임이라면 일반적인 윤리적 규칙은 적용되지 않는다.[4]

이러한 유형의 추론은 많은 사람들로 하여금 비즈니스에서는 모든 것이 허용된다는 결론을 내리게 한다. 실제로 여러 책들에서 비즈니스를 전쟁에 비유했다. 예를 들어 "손자(孫子)의 게릴라 마케팅: 관리자를 위한 손자병법"(The Guerrilla Marketing Handbook and Sun Tzu: Art of War for Managers) 같은 책이 그것이다. 그 책들의 공통 주제는, 기습 공격, 게릴라전 및 기타 전쟁 기술들이 돈을 벌기 위한 전투에서 승리하는 데 필요하다는 것이다.

많은 사람들은, 인간이 경제적으로 자급자족할 수 없기 때문에 결국 비즈니스 관계들에서 벗어날 수 없다고 주장한다. 따라서 기업은 어떤 규칙을 적용할지 명확히 해야 할 뿐만 아니라, 많은 참가자들이 그 관계에 비자발적이라는 특성에 적합한 규칙을 개발해야 한다. 그러한 규칙에는 정직성의 가치가 포함되어야 한다.

정직성의 반대는 부정직성(dishonesty)이다. **부정직성**은 고결성의 결여 또는 부재, 불완전한 공개, 진실을 말하지 않으려는 의도 등으로 광범위하게 정의될 수 있다. 거짓말, 속임수, 도둑질 등은 일반적으로 부정직한 행동과 관련된 것들이다. 부정직의 원인은 복잡하며 개인 및 조직의 압력과 관련이 있다. 많은 직원들이 조직의 성과 목표 달성을 돕기 위해 거짓말을 한다. 거짓말은 다음과 같이 정의되거나 분류될 수 있다. (1) 타인에게 피해나 손해를 초래하는 사실이 아닌 진술이다. 그리고 (2) "선의의 거짓말"(white lies)은, 타인에게 피해를 입히지는 않지만, 그 대신 변명이나 다른 사람을 이롭게 하는 수단으로 기능한다. 그리고 (3) 타인에게 관여하거나 타인을 즐겁게 하려는 의도가 분명한, 악의 없는 진술로 정의할 수 있다. 이러한 정의들은 이 장의 나머지 부분에서 중요하다.

부정직성
고결성의 결여 또는 부재, 불완전한 공개, 진실을 말하지 않으려는 의도

5-2c 공정성

공정성
정의롭고(just) 공평하며(equitable) 어느 한 편에 치우치지 않은 특성

평등
혜택과 자원을 공정하고 공평하게 분배하는 것을 의미한다.

호혜성
사회적 관계들 안에서 주고받는 교환

최적화
형평성(혹은 평등)과 효율성(최대 생산성) 사이의 교환(trade-off)

공정성(fairness)은 정의롭고(just) 공평하며(equitable) 어느 한 편에 치우치지 않은 특성이다. 공정성은 정의(justice), 형평성(equity) 및 평등(equality)의 개념과 분명히 겹친다. 사람들이 공정하게끔 동기를 불러일으키는 세 가지 기본 요소에는 평등(equality), 상호성(reciprocity), 최적화(optimization)가 있다. 비즈니스에서, **평등**은 혜택과 자원의 공정한 분배에 관한 것이다. 이 분배는 이해관계자들(stakeholders) 또는 사회에 적용될 수 있다.

호혜성(reciprocity)은 사회적 관계들 안에서 주고받는 교환이다. 호혜성은 다른 사람에게 영향을 미치는 행동이 거의 동일한 효과를 갖는 행동으로 되갚아질 때 발생한다. 호혜성은 가치에 있어서 거의 동등한 호의를 되돌려 주는 것이다. 호혜성은 근로자가 자신의 노력과 거의 동일한 임금으로 보상받는 것을 의미한다. 아마존은 모든 미국 직원들의 최저 임금을 시간당 15달러로 인상하였고, 다른 소매업체들도 이를 따르도록 촉구했다.[5]

최적화(optimization)는 형평성(혹은 평등)과 효율성(최대 생산성) 사이의 교환(trade-off)이다. 성별, 인종 또는 종교에 기반한 차별(discrimination)은 일반적으로 불공정한 것으로 간주되는데, 왜냐하면 이러한 특성들이 직무를 수행하는 능력에 거의 영향을 미치지 않기 때문이다. 최적으로 고용하는 방법은, 가장 재능 있고(talented) 능숙하며(proficient), 잘 교육을 받은(educated) 유능한(able) 직원을 선택하는 것이다. 공정성에 대한 인식은 때때로 기득권에 의해 형성된다. 관계의 한쪽 또는 양쪽 당사자는, 산출물(outcome)이 기대했던 것보다 덜 이득이 되기 때문에 해당 행동을 불공정하거나 비윤리적이라고 여길 수 있다.

5-3 기업의 새로운 윤리적 이슈와 딜레마

윤리적 이슈
개인, 그룹 또는 조직으로 하여금 그것이 과연 '옳고 그른지, 혹은 윤리적/비윤리적인지 평가'되어야만 하는 여러 행동들 중에서 선택하도록 요구하는 문제(problem), 상황(situation), 또는 기회(opportunity)이다.

윤리적 딜레마
윤리적 딜레마는 개인, 그룹 또는 조직으로 하여금 '부정적인 결과를 가져오는' 여러 행동들 중에서 선택하도록 요구하는 문제, 상황 또는 기회이다.

앞에서 언급했듯이, 이해관계자들과 회사는 윤리적 이슈들을 정의한다. **윤리적 이슈**(ethical issue)는 개인, 그룹 또는 조직으로 하여금 그것이 과연 '옳고 그른지, 혹은 윤리적/비윤리적인지 평가'되어야만 하는 여러 행동들 중에서 선택하도록 요구하는 문제, 상황, 또는 기회이다. **윤리적 딜레마**(ethical dilemma)는 개인, 그룹 또는 조직으로 하여금 '부정적인 결과를 가져오는'

여러 행동들 중에서 선택하도록 요구하는 문제, 상황 또는 기회이다. 딜레마에는 옳거나 윤리적인 선택이 없으며, 단지 어떤 혹은 모든 이해관계자들이 인식하기에 덜 비윤리적이거나 덜 불법적인 선택만 있을 뿐이다.

윤리적 이슈를 식별하고 해결하기 위한 건설적인 다음 단계는, 대부분의 비즈니스 조직들과 관련된 이슈들을 분류하는 것이다. 표 5-2는 주주들(shareholders)에게 시급한 몇 가지 윤리적 이슈들을 반영한다. 이러한 이슈들 중 일부는 경제 상황 및/혹은 다른 국가들에서 온 기업들의 위법 행위를 다룬다. 이 섹션에서 우리는 회사 시간과 자원의 남용, 학대 또는 위협적인 행동, 거짓말, 이해 상충, 뇌물, 기업 정보, 차별, 성희롱, 사기, 재정적 위법 행위 및 내부자 거래 등과 관련된 윤리적 이슈들을 분류할 것이다.

표 5-2 주주 이슈

1.	기업 정치 행위(Corporate political activity)
2.	기후 변화(Climate change)
3.	인권(Human rights)
4.	이사회 감독 및 다양성(Board oversight and board diversity)
5.	생산적이고 공정한 업무(Productive and fair work)
6.	지속가능성(Sustainability)
7.	직장 내 다양성(Diversity at work)
8.	환경 경영(Environmental management)

자료: Proxy Previous, “Full Executive Summary,” 2021, https://www.proxypreview.org/2021/report (accessed March 18, 2021)

5-3a 회사 시간과 자원의 남용

시간 절도(time theft)는 측정하기 어려울 수 있지만, 기업들은 직원들의 시간 절도로 인해 연간 수천억 달러의 비용을 지출하는 것으로 추산된다. 평균적인 직원은 늦게 출근하고 일찍 퇴근하며, 긴 점심 식사 시간, 부적절한 병가(sick days), 직원들과의 과도한 친교 시간, 그리고 온라인 쇼핑, 스포츠 관람 또는 문자 메시지와 같은 개인적인 활동에 참여함으로써 일주일에 4시간 이상 시간 절도를 한다고 널리 알려져 있다. 미국 급여 협회(American Payroll Association)에 따르면 시간 절도는 미국 기업의 약

75%에 영향을 미친다.[6]

비록 기업마다 관점과 정책들이 다르지만, Ethics Resource Center(윤리 자원 센터)에 의하면 시간과 자원의 남용은 조직에서 관찰된 대표적인 부정행위이다. 직원들이 업무 시간과 회사 자원을 남용하는 가장 일반적인 방법 중 하나는 회사 컴퓨터를 개인 용도로 사용하는 것이다. 많은 직원들이 회사 내에서 다른 직원들이 개인적인 이유로 컴퓨터를 사용하거나 인터넷 정책을 위반하는 것을 본다. 회사 정책을 느슨하게 집행하면, 직원들은 종종 자신들이 직장에서 시간을 보내는 방법을 포함하여, 회사 자원들을 어떻게 사용할지 결정할 자격이 있다는 인상을 갖는다. 이러한 남용은 승인되지 않은 장비 사용에서부터 재정 자원의 남용에 이르기까지 다양하다.

개인 사업을 위해 회사 컴퓨터 소프트웨어와 인터넷 서비스를 사용하는 것은 직원들이 회사 자원을 남용하는 가장 일반적인 방법 중 하나이다. 직원이 회사 로비에 앉아 자신의 친척이나 개인 투자 어드바이저(자문인)와 잡담을 나누는 것은 허용되지 않을 수 있지만, 바로 이 직원이 온라인에 접속하여 같은 일(친척이나 투자 자문인과의 잡담)을 하는 경우 다른 사람들이 눈치 채지 못할 수 있다. 회사 시간을 남용하기 위해 컴퓨터를 사용하는 일반적인 예들로는, 개인 이메일 보내기, 온라인 쇼핑, 음악 다운로드, 개인적인 금융(은행) 업무, 스포츠 또는 로맨스에 대한 정보를 얻기 위한 인터넷 서핑, Facebook과 같은 소셜 네트워킹 사이트 방문 등이 있다. NCAA 농구 토너먼트인 March Madness는 직원들이 회사 시간을 훔치는데 가장 중요한 기간 중 하나인 것으로 나타났다. 많은 회사들이 직원들이 스포츠 경기를 볼 수 있는 웹사이트들을 차단한다. 그러나 이러한 활동(스포츠 관람)을 하기 위해 직원들이 자신의 스마트폰을 활용하여 회사의 시간을 훔치는 것은 어떻게 생각하는가? 회사는 직원들의 삶 속으로 얼마나 들어가고 있는가?

회사 자원의 남용은 널리 퍼져 있는 문제이기 때문에 Coca-Cola와 같은 많은 회사들은, 회사 자원을 사용하는 데 있어서 허용 가능한 정도를 설명해 주는 정책들을 운영해 왔다. Coca-Cola의 정책에 따르면 업무 활동에 지장을 주지 않거나 과도하지 않는 한, 개인적인 목적을 위해 일부 자원을 사용하는 것은 허용된다. 직원들은 언제 자신의 개인적인 활동이 업무 책임을 너무 많이 손상시킬 수 있는지 적절하게 판단해야만 한다.[7] 또 다른 예로 버진 그룹(Virgin Group)은 직원들이 필요한 만큼 휴가를 낼 수 있도록 허용하는 정책을 채택했다. 이 기업의 CEO인 Richard Branson은 (그 결정을) 직원들의 재량에 맡겼지만 그들이 시스템을 남용하지 않고 적절하게 판단할 것이라고 믿는다.[8]

5-3b 모욕적이거나 위협적인 행동

모욕적(abusive)이거나 위협적(intimidating)인 행동은 직원들이 흔히 경험하는 윤리적 문제이다. 그러나 모욕적이거나 위협적이라는 것은 무엇을 의미하는가? 이 용어들은 신체적 위협(physical threats), 거짓 고발(false accusations), 성가시게 하는 것(being annoying), 욕설(profanity), 모욕(insults), 고함을 지르는 것(yelling), 가혹한 것(harshness), 무시하는 것(ignoring someone), 불합리(unreasonableness) 등 많은 것을 가리키는데, 그 의미는 사람마다 다르다. 이러한 각 용어 혹은 개념들은 연속선상에 존재함을 이해하는 것이 중요하다. 어떤 사람이 소리 지르는 것(yelling)으로 정의할 수 있는 행동은 다른 사람에게는 정상적인 말하기(normal speech)일 수 있다. 예의(civility)의 부족은 우리 사회에서 문제라고 여겨지는데, 이는 다른 곳에서와 마찬가지로 직장에서도 흔한 일이다. 많은 기업들의 생산성 수준은, 직장 내에서 문제가 있는 관계들을 푸는 데 시간을 쓰느라 손상되어 왔다.

모욕적이거나 위협적인 행동
직원들이 흔히 경험하는 윤리적 문제로서, 신체적 위협, 거짓 고발, 성가시게 하는 것, 욕설, 모욕, 고함을 지르는 것, 가혹한 것, 무시하는 것, 불합리 등을 가리킨다.

기업이 위기 상황에 처했을 때, 기업이 직원들에게 가족이나 친척과 함께 있는 것보다 기업의 프로젝트를 완료하도록 요청하는 것은 학대 행위일까? 욕설을 한다는 것은 무슨 뜻인가? 욕설은 실제로 오늘날의 비즈니스 세계에서 일반적으로 사용되는 특정 단어나 용어들과 관련이 있나? 당신은 자신이 받아들일 수 있는 단어들을 사용하고 있지만, 다른 사람들은 그것을 욕설로 간주한다면, 당신은 그들을 모욕하였거나 학대하였거나 혹은 무례하게 군 것인가?

모욕 행동 혹은 위협인지 판단할 때, 의도(intent)를 고려해야 한다. 만약 어떤 직원이 당신에 대한 칭찬을 전달하려고 한 것이라면, 학대 혹은 위협으로 보이는 행동은 단순히 실수를 한 것일 수도 있다. 예를 들어, 만약 남자 상사가 오늘따라 멋지게 차려 입은 여자 부하 직원에게, 오늘 데이트가 있어서 멋지게 입었냐고 묻는다면 그것은 모욕 행동인가? 단어를 말하는 방식(억양 혹은 목소리의 톤)이 언제 중요해지나? 또한 연령과 문화 등의 영향에 의해서 단어의 의미가 달라지는 문제도 있다. 우리가 다문화 환경에서 살아갈 뿐만 아니라, 다양한 문화 그룹 및 국적들과 협력하고 있다는 사실로 인해서, 윤리적/법적 이슈들의 깊이가 더 깊어질 수 있다.

임금 착취(wage theft)는 고용주(employer)가 학대적인 환경을 조성하는 또 다른 방법이다. 직원들은 회사가 추가 근무에 대해 초과 근무(overtime) 수당을 점점 더 지급하지 않고 있다고 주장하고 있다. 연방 및 주 규제 기관(Federal and state regulators)은 고용주가 최저 임금 및 초과 근무 법률을 위반하고 있는지 확인하고자, 늘어나는 임금 절도(wage theft) 혐의에 대해 조사하고 있다.[9] 예를 들어, 일부 Subway 및 맥도날드 프랜차이즈들은 급여 및 시간 규칙 위반으로 유죄 판결을 받았다. 그 결과, Subway 프랜차이즈들은 직원들에게 380만 달러 이상을 상환해야 했다.[10] 직원들에게 초과 근무를 시킬 때 추가 보상을 제공하지 않거나, 법률이 지정한 수준보다 적은 수당을 지급하면, 직원들은 자신이 괴롭힘을 당하거나 착취당하는 부정적인 환경에 있다고 느끼게 된다.

괴롭힘(bullying)은 대상으로 간주되는 누군가(또는 그룹)가 위협(threatedned), 희롱(harassed), 멸시(belittled), 언어 학대(verbally abused) 또는 과도한 비판 등을 받는 적대적인 직장과 관련 있다. 괴롭힘은 이른바 "적대적인 환경(hostile environment)"

논쟁거리

직장 내 괴롭힘이 법적 조치(legal action)를 취할 만큼 충분히 심각한가?

직장 내 괴롭힘은 다른 사람에 대한 자신의 힘을 과시하기 위해 사용되는 학대 행위이다. 한 설문 조사에 의하면, 직원의 3분의 1 이상이 직장 내 괴롭힘 행위의 피해자였다. 많은 경우, 불량배(괴롭히는 사람)는 직장 내 상사이다. 일부 국가들에는 직장 내 괴롭힘을 방지하기 위한 법률이 있지만 미국은 그렇지 않다.

많은 사람들은 괴롭힘이 직원들의 건강에 해롭기 때문에 직장 내 괴롭힘으로부터 직원들을 법적으로 보호해야 한다고 믿는다. 괴롭힘의 피해자들은 우울증, 불안, 낮은 자존감 등의 증상을 겪는다. 괴롭힘은 직장 환경에 침투하여 여러 사람들을 불쾌하게 할 뿐만 아니라 직장을 해롭게 한다. 그러나 한편, 어떤 사람들은 괴롭힘 방지법(antibullying laws)이 관리자의 관리 능력을 제한할 것이라고 믿는다. 왜냐하면, 관리자는 자신의 관리 스타일이 괴롭힘으로 인식될 수 있다는 점을 지속적으로 두려워하기 때문이다. 또한 그러한 법을 비판하는 사람들은 괴롭힘을 정의하기 어렵기에 그 법을 시행하기 어렵다고 주장한다. 대신에 그들은 갈등 해결, 괴롭힘 인식(harassment awareness) 및 감수성(sensitivity) 훈련 등을 포함하여, 직장 내 괴롭힘을 퇴치하기 위한 조직 내부적인(internal) 해결책들을 선호한다.[11]

1. 조직 내 괴롭힘은 직원에게 해로울 수 있으므로 법적 조치가 필요하다.
2. 괴롭힘을 방지하기 위한 법률은 정의하기 어렵고, 관리자의 관리 능력을 제한할 가능성이 있기 때문에 실현 가능하지 않다.

을 만들어 낸다. 그러나 이 적대적 환경이라는 개념은 일반적으로 성희롱(sexual harassment)과 관련이 있다.

괴롭힘은 수면 장애(sleep disturbance)와 같이 대상의 건강을 위협하는 결과를 초래하는 심리적 손상을 일으킬 수 있다. 괴롭힘이 자주 발생할수록 수면 장애의 위험이 높아진다. 다른 신체적 증상으로는 우울증(depression), 피로(fatigue), 병가 증가(increased sick days), 위장 문제(stomach problems) 등이 있다.[12] 표 5-3에서 알 수 있듯이, 직장 내 불량배(다른 이를 괴롭히는 사람)들은 언어적, 비언어적, 혹은 조종하는(manipulative) 위협 표현(threatening expression)을 섞어서 사용함으로써, 작업장 생산성을 손상시킨다. 직장 내 불량배의 약 72%가 피해자보다 직급이 높다.[13] 만약 관리자가 조직 내 괴롭힘 행동을 해결하지 않으면, 한두 명의 괴롭힘으로 시작된 것이 점차 확산될 수 있다. 괴롭힘을 당했던 직원들은, 다른 사람을 괴롭히는 것을 용납할 가능성이 더 높은 것으로 나타났다.[14]

현재 직장 내 괴롭힘을 금지하는 미국 법은 없다. 그러나, 27개 주에서는 직장 내 괴롭힘 문제를 퇴치하기 위해 '건강한 직장 법안'(Healthy Workplace Bill)을 도입했다.[15] 직장 내 괴롭힘은 다른 많은 국가들에서 불법이다. 고용주가 직장 내 괴롭힘을 최소화하기 위해 다음과 같은 조치들을 취할 필요가 있다.

- 그러한 행동들에 대해 견책(reprimand) 및/또는 해고(dismissal)를 부과하는 정책을 만든다.
- 직원 핸드북을 통해 상호 존중을 강조한다.
- 괴롭힘을 당했다고 느끼는 직원들이 핫라인(hotlines)이나 기타 수단을 통해 해당 행위를 보고하도록 권장한다.

언급된 세 가지 항목 외에도 회사는 다음의 질문들을 활용하여, 직원들로 하여금 괴롭힘이 무엇인지 이해할 수 있도록 돕고 있다.

- 상사가 교육 없이 불가능한 일들을 요구하는가?
- 당신의 상사는 항상 당신이 완성한 작업이 결코 충분하지 않다고 말하는가?
- 참석해야 하는 회의가 당신도 모르게 소집되었는가?

표 5-3 괴롭힘과 관련 있는 행동들

1.	타인에게 피해를 주기 위한 루머 유포
2.	직장 내 타인의 커뮤니케이션을 차단하는 행위
3.	다른 사람을 이용하기 위해 지위나 권위를 과시하는 것
4.	다른 사람의 생각과 의견을 폄하하는 행위
5.	이메일을 사용하여 타인을 비하하는 행위
6.	의사소통을 하지 않거나, 의사소통 요청에 응답하지 않는 경우
7.	모욕, 소리치기, 고함지르기
8.	성별, 인종, 연령 등에 따른 차별을 하기 위한 용어 사용
9.	다른 사람이나 그들의 평판을 해치기 위해 눈이나 바디랭귀지(몸짓 언어)를 사용하는 것
10.	다른 사람의 업무나 아이디어에 대한 공헌(credit)을 빼앗는 행위

자료: Based on Cathi McMahan, "Are You a Bully?" Inside Seven, California Department of Transportation Newsletter, June 6, 1999.

- 다른 사람들이 당신에게 자신들과 일, 대화 또는 사교 활동을 중단하라고 말한 적 있는가?
- 당신이 간섭(방해) 없이 업무를 수행할 수 있도록 당신을 혼자 두지 않는가?
- 사람들이 다른 사람들 앞에서 당신에게 소리 지르거나 고함치는 것이 정당하다고 느끼며, 만약 당신이 소리를 질러서 이를 되돌려 주면 처벌을 받는가?
- 인사 담당자가 당신이 경험하는 괴롭힘은 합법적이며, 당신 스스로 해결해야 한다고 말하는가?
- 많은 사람들이 당신의 고통이 진짜 사실이라고 입증하지만, 그것에 대해 아무 조치도 취하지 않는가?[16]

괴롭힘은 치열한 경쟁 환경에 놓여 있는 회사들 사이에서도 발생한다. eBay와 같은 존경받는 회사조차도 독점적인 괴롭힘 혐의(monopolistic bullying)로 기소되었다. 법무부(The Justice Department)는 eBay와 Intuit가 서로의 회사에서 직원을 고용하는 것을 피하기 위해, 비밀 계약을 맺었다고 기소했다. 법무부는 이 합의가 경쟁을 제한하고 고용 기회를 방해하는 역할을 한다고 믿는다. eBay는 법무부에 의해 375만 달러의 벌금을 부과받았다.[17] 많은 경우, 위법행위를 했다는 혐의는 금전적 및 법적인 영향을 미칠 뿐만 아니라 평판, 투자자 신뢰 및 고객 충성도 등을 위협할 수 있다.

5-3c 거짓말

이 장의 앞부분에서 우리는 **거짓말**의 정의와 거짓말이 진실을 왜곡하는 것과 어떤 관련이 있는지 논의했다. 우리는 세 가지 유형의 거짓말에 대해 언급했는데, 그중 하나는 악의 없는 농담이다. 나머지 두 가지는 기업에 골칫거리가 될 수 있다. 의도적인 거짓말과 숨겨진 거짓말(lying by omission) 등이다.

거짓말
진실이 아닌 것으로서, 악의 없는 농담, 의도적인 거짓말, 숨겨진 거짓말 등으로 나눌 수 있음

의도된 거짓말(commission lying)은 메시지를 듣는 상대방(message receiver, 수신자)을 의도적으로 속이려는 말을 함으로써 상대방의 인식이나 믿음을 바꾸는 것이다. 예를 들어, 지금 직장에 있다는 거짓말, 거짓 경비 지출 보고서, 혹은 거짓 업무 수행 보고서 등이다. 의도된 거짓말은 고의적으로 상대방을 혼란스럽게 하거나 기만하려는 커뮤니케이션 과정에서 의도적으로 "잡음(noise)"을 생성한다. "잡음"은 메시지를 받는 상대방이 이해하지 못한다는 것을 알고 있는 상태에서 하는 기술적인 설명(technical explanations)으로 정의될 수 있다. 이는 수신자가 진짜 메시지를 사실상 듣기 어렵게 만드는 의사소통 방식을 의도적으로 사용한다. 업무 상황에서, 수행된 작업들을 설명하기 위해 익숙하지 않은 프로세스 및 시스템과 관련된 용어들이나 법률 용어들을 사용하면 이런 형태의 거짓말이 늘어난다.

의도된 거짓말에는 복잡한 형식, 절차, 계약, 철자는 같지만 의미가 다른 단어들 등을 사용하는 것, 그리고 거짓 진술로 진실을 반박하는 것 등이 포함된다. 과장 광고(puffery in advertising) 역시 의도된 거짓말에 포함된다. 한 가지 예는 "천연"이라는 단어를 사용하여, 성분이 더 건강하고 유기농이거나 유전자 변형이 아님을(non-gentically modified) 암시하는 라벨을 붙인 식품 및 세척 용품들이다. 실제로 "천연"이라는 단어는 규제되지 않으며 이러한 것들을 의미할 필요도 없다. 비록 규제되지는 않지만, "천연"이라는 용어와 관련된 지침 및 집단 소송이 있었다. 피닉스 대학은 사기성

광고 혐의로 인해 FTC와 1억 9,100만 달러에 합의했다. 마치 이 대학 졸업생들을 마이크로소프트, 트위터, 어도비, 그리고 야후 등의 기업에 취업시켰다는 인상을 주기 위한 허위 과장 광고를 했기 때문이다. FTC는 또한 피닉스 대학이 교과 과정을 개발하기 위해 그 회사들과 협력했다고 홍보했지만, 조사 결과 그러한 파트너십은 없다고 밝혔다.[18]

숨겨진 거짓말(omission lying)은 인식, 의도 또는 행동에 중대한 영향을 미치는 제품이나 회사와 관련된 차이점, 문제, 안전 경고 또는 부정적 이슈들을 의도적으로 다른 사람에게 알리지 않는 것이다. 숨겨진 거짓말의 전형적인 예는, 담배 제조업체가 수십 년 동안 담배의 부정적 영향에 대한 연구 내용을 담배와 시가의 포장 라벨에 표시하지 않은 것이다. 그 거짓말로 남에게 피해를 줄 경우, 소송의 대상이 될 수 있다. 검사(prosecutor)와 민사 소송 등이 종종 위법행위를 그저 사실에 대한 거짓말(lying about a fact)로 축소시키는 것은 잠재적으로 타인에게 큰 피해를 줄 수 있다. Ticketmaster는 집단 소송을 당했는데, 그 이유는 고객이 주문 처리와 UPS 배송 수수료라고 생각했던 것을 Ticketmaster가 이익으로 챙겨갔음이 드러났기 때문이다.[19] 수익(earning)을 부풀리기 위해 재무 보고서(financial report)를 조작하는 것 역시 사기라고 간주 될 수 있는, 숨겨진 거짓말의 한 형태이다. 거짓말이 비즈니스에서 비윤리적이 되는 시점은 진술의 '맥락(context)'과 진실을 왜곡하려는 의도에 의해 결정된다. 만약 법원에서 어떤 거짓말이 다른 사람에게 피해를 입혔다고 판단하면 그것은 불법이 된다. 어떤 사업가는 거짓말을 약간은 해야 한다거나, 가끔 거짓말을 하는 것은 조직에서 허용된다고 생각할 수 있다. 당신이 해야 할 질문은, 어떤 거짓말이 윤리적 행동과 관련된 개방성과 투명성 및 기타 가치들을 왜곡하고 있는지 여부이다.

5-3d 이해관계 충돌 혹은 이해 상충

이해 상충
개인이 자신의 이익, 조직의 이익 또는 다른 집단의 이익을 증진(추구)할지 여부를 선택해야 할 때 나타난다.

이해관계 충돌 혹은 **이해 상충**(conflict of interest)은 개인이 자신의 이익, 조직의 이익 또는 다른 집단의 이익을 증진(추구)할지 여부를 선택해야 할 때 나타난다. Moody's, Standard & Poor's, Fitch Ratings 등의 주류(major) 채권 평가 기관들(bond rating agencies)은 금융 거래(financial deals)를 분석하고, 채권(bond) 및 기타 투자의 품질(혹은 등급)을 나타내는 문자(예: AAA, B, CC)를 부여한다. 과거에 이러한 평가 기관은 상당한 이해 상충을 겪었다. 이 평가 기관들은 회사채(corporate bonds)보다 복잡한 상품을 평가할 때 3배나 더 많은 돈을 벌었다. 이 기관들은 또한 평가(rating)를 위해 서로 경쟁하였는데, 그 결과 평가 기준이 낮아졌다. 게다가, 평가를 원하는 회사들은 이 기관들에게 평가 비용을 지불했다. 이 신용평가 기관들은 경쟁이 매우 치열했기 때문에, 투자 회사들과 은행들은 최고의 평가를 받기 위해 서로 다른 평가 기관들을 "쇼핑"했다. 이런 상황이기에, 이해 상충은 불가피했다.

이해 상충을 피하기 위해 직원들은 자신의 개인적인 이익을 비즈니스 거래들과 분리할 수 있어야 한다. 또한 기업들은 제품을 공급할 때 잠재적인 이해 상충(potential conflict of interest)을 피해야 한다. 미국 회계청(The U.S. General Accounting Office)은 미국 정부가 방위 산업 계약들을 입찰시킬 때 이해 상충이 있음을 발견했다. 이해 상충은 대개 기업들이 계약 수주 가능성을 높이기 위해 친구, 친척 또는 퇴역 군인(장성)들을 고용할 때 나타난다.[20]

5-3e 뇌물

뇌물은 권한(authority)을 지닌 누군가로부터 불법적인 이익을 얻기 위해 무언가(종종 돈)를 제공하는 관행이다. 선물, 접대 및 여행도 뇌물로 사용될 수 있다. 어떤 것이 뇌물로 간주될지 여부를 결정하는 중요한 이슈는, 그것이 관계에서 불공정한 이익을 얻는 데 사용되는지 여부이다. 뉴욕의 John F. Kennedy 국제공항에서 British Airlines의 운영을 감독하는 스티븐 클라크는, 어떤 지상 조업 회사(ground handling company)가 이 항공사와의 계약을 수주하는 특혜를 제공하고 뇌물을 받은 혐의로 기소되었다. 뇌물수수에 관여하는 것은, 최고의 계약을 성사시켜 고용주의 최선의 이익 및 그에 대한 책무를 다 하는 것이 아니라, 개인의 이익을 우선시하는 행위이다. 이 조업 회사가 클라크에게 준 돈의 일부에는 회사의 지분 5%가 포함되었는데, 이는 회사의 제품/서비스의 품질을 향상시킬 수 있는 기회와 맞바꾼 것이다(왜냐하면 이 돈으로 제품/서비스 질을 높일 수도 있었기 때문이

뇌물
권한(authority)을 지닌 누군가로부터 불법적인 이익을 얻기 위해 무언가(종종 돈)를 제공하는 관행

다). 이것은 명백한 이해관계 충돌이었다.[21]

뇌물수수는 불법 행위로 정의될 수 있지만, 한편으로는 기업윤리 차원의 문제 혹은 이슈가 될 수 있다. 왜냐하면, 어떤 산업이나 국가 문화에서는 이러한 비용 지출이 표준 관행으로 받아들여질 수 있기 때문이다. 뇌물 수수의 윤리(the ethics of bribery)와 관련하여, 적극적인 부패(active corruption) 혹은 **적극적인 뇌물**(active bribery)이라는 개념이 있다. 적극적인 뇌물이란, 뇌물을 약속하거나 제공하는 사람이 저지르는 위반(범죄)을 의미한다. **수동적 뇌물**(passive bribery)은 뇌물을 받는 공무원이 범하는 위반(범죄)이다. 그러나 판례법(case law)을 포함하여, 외국 공무원이 거주하는 국가의 성문법(written law) 또는 규정(regulation)에 의해 그 이익이 허용되거나 요구된 경우에는 위법이 아니다.

적극적인 뇌물
뇌물을 약속하거나 제공하는 사람이 저지르는 위반(범죄)

수동적 뇌물
뇌물을 받는 공무원이 범하는 위반(범죄)

사업 또는 기타 부적절한 이익을 얻거나 유지하기 위해 제공되는 소액의 **급행료**(facilitation payments)는 일부 상황에서 미국 회사들에 대한 불법 뇌물수수 요건을 구성하지 않는다(불법이 아니다). 이러한 비용 지불은 종종 공무원들이 면허증(licenses) 또는 허가증(permits) 발급과 같은 기능을 수행할 때 나타난다. 영국에서는 이러한 급행료가 불법이다.[22] Ralph Luren의 직원들은 아르헨티나 세관 직원들에게 드레스, 향수, 그리고 현금 등을 주어 상품이 빠르게 통과할 수 있게 만들었다. 현금이 아닌 금액으로 58만 달러 이상이 지급되었다. 이 금액은 급행료로 간주되지 않고 뇌물로 간주되었다. 발각되자 랄프 로렌은 그 뇌물을 신고하고 조사에 협조했다. 협조한 덕분에 그들은 미국 해외 부패 방지법(U.S. Foreign Corrupt Practices Act.)에 의해 기소되지는 않았다. 그러나 그들은 그 혐의를 해소하기 위해 160만 달러를 지불하기로 합의했다.[23]

급행료
사업 또는 기타 부적절한 이익을 얻거나 유지하기 위해 제공되는 소액의 급행료(facilitation payments)는 일부 상황에서 미국 회사들에 대한 불법 뇌물수수 요건을 구성하지 않는다(불법이 아니다).

대부분의 선진국에서는 의사 결정의 결과에 영향을 미치고자 하는 사람들로부터 직원들이 뇌물, 개인 금품, 선물 또는 특별한 호의를 받아서는 안 된다고 일반적으로 인식하고 있다. 그러나 뇌물은 다른 국가들에서는 일종의 비즈니스 방식으로 허용되고 있는데, 이로 인해 글로벌 비즈니스 과정에서 어려운 상황들이 생긴다. 뇌물은 많은 관리자, 국회의원(입법자, legislators), 및 정부 관리들을 몰락시킨다. 또한 이는 불량한 직원들에게만 국한되지 않는다. 보고된 뇌물 사건의 약 53%가 관리자에 의해 승인된

경우이다.[24]

정부 관리가 뇌물을 받는 경우, 대개는 거래를 따내거나 규제를 피할 수 있는 기회를 얻기 위한 이득을 추구하는 기업들에 의한 것이다. 국회의원이나 공무원에게 뇌물을 주는 것은 법적 문제이자 기업윤리 문제이다. 미국 연방 및 주정부의 뇌물 방지법(Federal and State antibribery laws)은 미국 해외 부패 방지법(the U.S. Foreign Corrupt Practices Act, FCPA)에 따라, 외국 공무원에게 뇌물을 주는 것을 불법으로 규정하고 있다. 이 법안은 또한 미국 시장에서 사업을 하는 외국인 개인, 법인, 또는 제3자가 "사업을 따내거나 유지하는 데 도움을 얻기 위해 공무원에게 금전을 지급"하는 것을 불법으로 규정한다.[25] 기업들은 뇌물 위반으로 법무부에 수십억 달러의 벌금을 지불했다. 이 법은 미국에서 사업을 영위하는 모든 회사들에도 적용된다. 이것은 기업들이 미국에서 비즈니스를 하기 위해 뇌물을 제공할 필요가 없다는 것을 의미할 수 있다. 예를 들어, Alcoa는 바레인 국영 제련소(Bahraini state-controlled smelter)에 뇌물을 지급했다는 혐의를 해소하기 위해 3억 8,400만 달러를 지불했다.[26]

5-3f 기업 정보 혹은 기업 인텔리전스

지난 몇 년 동안 기업 정보와 관련된 많은 문제들이 표면으로 드러났다. 광범위하게 정의되는 **기업 정보**(Corporate intelligence, CI)는 시장, 기술, 고객 및 경쟁자들에 대한 정보뿐만 아니라 사회경제적(socioeconomic) 및 외부 정치적 동향(external political trends)에 대한 정보를 수집하고 분석하는 것이다. 인텔리전스 모델에는 세 가지 유형이 있다. (1) 조기 경보(early warning)를 위한 수동 모니터링 시스템(a passive monitoring system), (2) 전략적 현장 지원(tactical field support) 및 (3) 최고 경영진 전략(top-management strategy) 지원 등이다.

기업 정보
시장, 기술, 고객 및 경쟁자들에 대한 정보뿐만 아니라 사회경제적 및 외부 정치적 동향에 대한 정보를 수집하고 분석하는 것

CI는 기업 기록(corporate records), 법원 문서(court documents), 규제 문서(regulation filings), 보도 자료(press releases), 그리고 기업 및 그 임원진에 대한 기타 배경 정보에서 정보를 심층적으로 찾아낸다. CI는 경쟁력을 유지하기 위해 사용되는 의미 있는 정보들을 얻기 위한 합법적인 탐색 작업이 될 수 있다. 예를 들어, 소프트웨어 회사가 경쟁사의 온라인 활동(블

로그 및 Facebook 게시물 같은)을 모니터링하는 것은 합법이다. 만약 이 회사가 경쟁사의 공개 게시물들을 모니터링하여 새로운 제품을 출시할 계획임을 알게 되면, 이 정보를 활용하여 자체 제품을 먼저 출시하고 경쟁자를 이길 수 있다. 그러한 활동은 허용된다.

CI에는 고유한 절차가 있다. 다음 중 CI에서 허용되는 전략 및 관행들을 골라낼 수 있는가?

1. 효과적인 정보 제공자 네트워크(network of informants)를 개발한다. 직원들로 하여금 회사 외부 사람들과 상호 작용함으로써 경쟁력 있는 정보를 수집하도록 권장한다.
2. 모든 영업 사원으로 하여금 경쟁업체들과 대화를 나눈 적이 있는 고객들과 대화를 나누도록 하라.
3. 경쟁사들에서 온 구직자를 인터뷰할 때, 인사부로 하여금 구직자의 사회 연결망 계정을 포함한 중요한 정보들에 대해 묻도록 한다.
4. 구매자들로 하여금 공급자들과 이야기하여 누가 무엇을 언제 필요로 하는지 알아내도록 한다.
5. 모든 직원들과 그들 자신의 지식이나 전문성에 대해 인터뷰하고, 이를 활용하여 업계 내 다른 회사들에 대한 외부 정보를 얻는다.
6. 컨설턴트를 인터뷰할 때, 그들이 수행한 작업의 예들을 공유해 달라고 요청한다.
7. 신규 채용을 발표하는 보도 자료를 사용하여, 어떤 유형의 인재들을 채용할 것인지를 나타내는 지표로써 활용한다.
8. 웹 서비스들을 활용하여, 경쟁 회사 웹사이트에 나타난 변화들을 추적함으로써, 그 경쟁업체가 생각하고 있는 영역과 나아가야 할 방향을 파악한다.
9. 경쟁 회사의 가격 구조, 배송 속도, 처리 시간 및 직원 수에 대해 알아내기 위해, 대리인 또는 다른 회사를 활용하여 그 경쟁업체의 고객인 것처럼 행동한다. 고객인 것처럼 해서 관련 정보를 요청하고 그 회사 사람들에게 전화도 해 본다.

이러한 모든 시나리오들은 합법적이며 기업 정보 부서와 회사들에서 자주 사용된다. 그러나 기업 정보는 비즈니스의 다른 영역들과 마찬가지로 합법적이고 윤리적인 정보 수집 방법을 유지하기 위해 주의를 기울이지 않으면 남용될 수 있다. 휴스턴 애스트로스 야구단은 여러 시즌들 동안 부정행위로 조사를 받았다. 애스트로스는 중견수 뒤에 카메라를 설치하여 상대 팀 포수가 투수에게 보내는 사인(신호)을 알아냈다. 그들은 쓰레기통을 치는 방식으로 투구가 무엇인지에 대한 정보를 타자에게 알렸다. MLB는 전자 기술을 사용하여 사인을 훔치는 것을 금지한다. 이것은 기술을 사용하여 속임수를 사용하는 팀들이 더 많다는 것을 가리킬 수 있다.[27]

컴퓨터, 근거리 통신망(Local-area networks, LAN), 인터넷 등이 기업의 영업 비밀들을 쉽게 훔칠 수 있게 만들었다. 비밀 공식(secret formulas), 제조 설계 도면(manufacturing schematics), 인수 혹은 합병 계획(merger or acquisition plans), 마케팅 전략 등 재산권의 대상이 될 수 있는 정보들(proprietarty information)은 모두 엄청난 가치가 있다.[28] 기업의 영업비밀 도난 사건(theft of corporate trade secrets)이 증가하고 있다. 연방 당국(Federal authorities)은 전 알파벳 엔지니어인 Anthony Levandowski를 33건의 영업 비밀 절도 혐의로 기소했다. FBI는 레반도프스키를 조사하고 있는데, 그는 14,000개의 기밀 파일들을 훔쳐 경쟁사인 우버에게 제공한 혐의로 알파벳의 자율 주행 차 부문(unit)인 웨이모(Waymo)에 의해 기소되었다.[29] 기업 스파이 행위(corporate espionage)로 인해 세계 경제가 매년 6,000억 달러의 손실을 입는 것으로 추산되며, 그 수치는 매년 증가하고 있다. 지난 5년 전과 비교하여, 기업 스파이 사건과 영업 비밀 절도 사건에 대한 기소는 45% 증가했다.[30] 기업 스파이 행위가 적발될 경우 무거운 벌금과 징역형을 받을 수 있다. 보안 및 적절한 교육이 부족하면 누군가 다양한 기술들을 사용하여 회사의 중요한 정보들에 접근할 수 있게 된다. 중요한 기업 정보에 접근하기 위한 몇 가지 기술이 표 5-4에 나와 있다.

표 5-4 기업의 영업 비밀을 훔치는 여러 방법들

절도 방법	정의	예
해킹	정보를 훔치기 위해 컴퓨터 네트워크에 침입	시스템 해킹(system hacking): 공격자가 이미 낮은 수준의(low-level) 권한 있는 사용자 계정(privileged-user account)에 접근할 수 있다고 가정함 원격 해킹(remote hacking): 인터넷을 통해 시스템에 원격으로 침투하려는 시도를 포함함 물리적 해킹(physical hacking): 해커가 시설에 물리적으로 침입하여, 직원의 로그인 및 비밀번호로 보안 설정이 되어 있지 않은 비어있는 워크스테이션(a vacant unsecured workstation)을 찾음
사회 공학	개인을 속여 비밀번호나 기타 중요한 기업 정보를 노출하도록 하는 행위	숄더 서핑(어깨너머로 훔쳐보기, shoulder surfing): 직원이 비밀번호를 입력하는 동안 누군가 어깨 너머로 쳐다봄 비밀번호 추측(password guessing): 직원이 회사 내 누군가의 개인 정보를 알아낸 후, 이를 통해 해당 개인의 비밀번호를 추측할 수 있는 경우
쓰레기통 뒤지기	기업 영업 비밀을 찾기 위해 쓰레기를 샅샅이 뒤지기	직원이 경쟁업체의 쓰레기를 뒤져 그 업체의 여러 조직도(organizational charts)를 얻음
무선네트워크 훔치기	무선 해킹을 사용하여 네트워크에 침입	침입자가 무선을 사용하여 무선 네트워크에 접속하여 암호화되지 않은 데이터(unencrypted data)에 액세스함
전화 도청	디지털 녹음 장치를 사용하여 팩스 회선을 모니터링하고 녹음하기	팩스 회선(fax line)의 메시지를 녹음하고, 녹음 내용을 재생하여 메시지의 정확한 복사본을 다시 만듦

5-3g 차별

개인의 인종 및 성적 편향들(prejudices)은 개인 윤리의 영역에 속하지만, 직장에서의 인종 및 성적 차별은 비즈니스 세계에서 윤리적 문제를 일으킨다. 인종, 피부색(color), 종교, 성별, 결혼 여부, 성적 지향(sexual orientation), 공공 부조 상태(public assistance status), 장애, 연령, 출신 국가 또는 군복무 여부 등을 근거로 한 **차별**은 미국에서 불법이다. 또한 정치적 견해나 노조 가입에 따른 차별도 괴롭힘으로 정의된다. 차별은 이를 불법화하려는 수십 년의 법안 제정 노력에도 불구하고 비즈니스 세계에서 여전히 중요한 윤리적 문제로 남아 있다.

차별
인종, 피부색, 종교, 성별, 결혼 여부, 성적 지향, 공공 부조 상태, 장애, 연령, 출신 국가 또는 군복무 여부 등을 기초로 한 편향 혹은 편견. 미국에서 불법이다.

미국의 회사는 (1) 특정 개인을 고용하는 것을 거부하거나, (2) 특정 개인을 고용에서 부당하게 배제하는 고용 시스템을 유지하거나, (3) 특정 개인을 해고하거나, (4) 채용, 고용 조건, 승진 또는 고용 혜택과 관련하여 특정 개인을 차별하는 경우 소송을 당할 수 있다. 2020년에 거의 68,000건의 차별 협의가 **평등 고용 기회 위원회**(Equal Employment Opportunity Commission, EEOC)에 접수되었다.[31]

평등 고용 기회 위원회 직장에서의 차별을 규제하는 연방 기관

인종, 성별 및 연령에 의한 차별은 직장에서 윤리적 및 법적 논쟁의 주요 원인이다. 한때 유럽계 미국인 남성이 대다수를 차지하던 미국 노동 인구(시장)에는 오늘날 훨씬 더 많은 여성, 아프리카계 미국인, 히스패닉 및 기타 소수 민족과 장애인 및 고령 근로자들이 포함된다. 이 그룹은 전통적으로 차별과 높은 실업률에 직면했으며, 미국 기업들에서 리더십 역할을 맡을 기회를 거부당했다. 예를 들어, Fortune 500대 기업 중 아프리카계 미국인 CEO가 이끄는 기업은 4개에 불과하며 모두 남성이다.[32] 비록 직장 내 성별 격차가 점차 줄어들고 있지만, 여성들은 여전히 일상적으로 성차별에 직면하고 있다. 미국 경제 협회(American Economic Association)의 설문 조사에 의하면, 여성 경제학자의 약 2/3가 자신이 동료들로부터 존중을 받지 못해 왔고, 자신의 일이 남성 동료들만큼 진지하게 받아들여지지 않았으며 현장의 행사들에서 배제되었다고 말했다.[33]

또 다른 형태의 차별은 나이를 근거로 개인을 차별하는 것이다. **고용에 있어서의 연령차별법**(Age Discrimination in Employment Act)은 구체적으로 다음과 같은 고용 관행들을 불법으로 규정하는데, 특히 40세 이상인 사람을 차별하는 고용 관행과 70세 이전에 퇴직을 요구하는 고용 관행들을 금지한다. 이 법은 20명 이상의 직원들을 고용하고 있는 고용주가 고용 종료(the termination of employment)에 대한 고용 결정을 내릴 때, 연령을 기준으로 하거나 40세 이후 은퇴를 요구하는 정책 등을 근거로 하는 것을 금지한다. 이 법안에도 불구하고 직장 내 연령 차별 혐의는 여전히 존재한다. 연령 차별은 EEOC에 접수된 불만의 약 21%를 차지한다.[34] 전국 근로자의 거의 3분의 1이 55세 이상이라는 사실을 감안할 때, 많은 기업들은 고령 근로자에 대한 접근 방식을 바꿔야 한다.[35]

고용에 있어서의 연령차별법 고용에 있어서의 연령차별법은 구체적으로 다음과 같은 고용 관행들을 불법으로 규정하는데, 특히 40세 이상인 사람을 차별하는 고용 관행과 70세 이전에 퇴직을 요구하는 고용 관행들을 금지한다.

고객의 기반을 반영하는 인력 구축을 하기 위해 많은 기업들에서는 인종, 성별 또는 기타 특성들을 이유로 전통적으로 차별을 받아온 그룹들에서, 일정 자격을 갖춘 개인들을 모집, 고용, 교육 및 승진시키는 노력을 포

차별 철폐 조치 프로그램
인종, 성별 또는 기타 특성들을 이유로 전통적으로 차별을 받아온 그룹들에서, 일정 자격을 갖춘 개인들을 모집, 고용, 교육 및 승진시키는 노력을 포함한다.

함하는 **차별 철폐 조치 프로그램**(affirmative action programs)을 시작했다. 이러한 이니셔티브는 주(state) 또는 연방 기관(federal agency)과의 협약(settlement agreement)의 일부로, 또는 법원 명령(court order)에 따라 연방 정부(federal government)와 비즈니스 계약(contracts) 또는 하청 계약(subcontracts)을 체결한 고용주에게 연방법(federal law)에 의해 부과될 수 있다.[36] McCormick & Schmicks Seafood Corporation은 아프리카계 미국인 근로자를 차별한 소송을 해결하기 위해 130만 달러의 합의금을 지불했다. 또한 이 회사는 아프리카계 미국인 구직자를 유치하기 위한 채용 절차를 채택해야 했다.[37] 그러나 많은 기업들은 보다 다양한 인력을 구축하기 위해 자발적으로 이 차별 철폐 조치 프로그램을 시행하고 있다. 비록 많은 사람들이 이 차별 철폐 조치로 고용 결정을 내릴 때 할당량(quotas)을 적용해야 한다고 생각하지만, 20년 동안 대법원 판결(Supreme Court rulings)에서 이 차별 철폐 조치가 할당량 부과, 역차별(reverse discrimination) 또는 자격을 갖추지 못한 여성이나 소수자에 대한 호의적 대우(favorable treatment of unqualified women or minorities) 등을 허용하거나 요구하지 않는다는 점을 분명히 했다는 점에 주목해야 한다. 이 차별 철폐 조치 프로그램의 공정성을 보장하기 위해 대법원은 다음과 같은 이행 기준들을 확립했다. (1) 차별 철폐 조치 프로그램을 개발할 강력한 이유가 있어야 하며, (2) 차별 철폐 조치 프로그램은 자격을 갖춘 지원자들에게만 적용되어야 한다. (3) 차별 철폐 조치 프로그램은 제한적(limited)이고 일시적(temporary)이어야 하므로, "경직되고 융통성 없는 할당량"을 포함해서는 안 된다.[38]

차별은 또한 기업들이 특정 고객 그룹을 차별하기 위해 인종 또는 기타 개인적 요인들을 활용할 때 비즈니스 장면에서 윤리적 문제가 될 수 있다. 많은 회사들이 인종, 장애, 성별 또는 연령을 이용하여 서비스 제공을 거부하거나 특정 민족 그룹들(ethnic groups)에 더 높은 가격을 부과한다는 비난을 받아 왔다. 직원들은 또한 차별로 인해 해고되거나 하던 직무를 더 이상 수행하지 못하게 되었다. Upper Chesapeake Health System이라는 기업은, 어떤 직원이 긍정적인 성과 평가를 받았음에도 불구하고, 장애가 있다는 이유로 합리적인 편의 및 재고용을 제공받지 못했다고 주장하는

EEOC 소송을 해결하기 위해 18만 달러를 지불했다.[39]

5-3h 성희롱

성희롱은 1964년 민권법의 타이틀 VII(Title VII of the Civil Rights Act of 1964)를 위반하는 성차별(sex discrimination)의 한 형태이다. 타이틀 VII는 주 및 지방 정부를 포함하여, 15명 이상의 직원을 고용한 고용주들에게 적용된다. **성희롱**은 한 개인이 다른 개인에게 자행하는 반복적이고 원치 않는 성적 행동으로 정의할 수 있다. 그것은 언어적, 시각적, 서면 또는 신체적일 수 있으며, 다른 성별의 사람들이나 같은 성별의 사람들 사이에서 발생할 수 있다. 성적으로 노골적인 자료들을 내보이는 것은 "이러한 자료의 사적 소유, 읽기 및 합의 공유(consensual sharing) 등이 헌법에 의해 보호된다고 하더라도, 직장 내에서 적대적인 작업 환경을 조성하거나 괴롭힘으로 여겨질 수 있다."[40] EEOC에 접수된 혐의의 거의 30%가 성희롱 또는 임신으로 인한 차별과 관련되어 있다.[41]

성희롱
한 개인이 다른 개인에게 자행하는 반복적이고 원치 않는 성적 행동

성희롱 요건을 구성하려면, 직원들은 **적대적인 작업 환경**(hostile work environment)의 정의를 이해해야 하며, 이에 대한 세 가지 기준이 충족되어야 한다. 행위가 가혹하고(severe), 직장 내에 만연해 있으며(pervasive), 청구인(claimant)이 고용 조건을 변경할 정도로 적대적(hostile)이거나 공격적(offensive)이라고 간주되어야 한다. 그리고 그 행동은 합리적인 사람이 보았을 때도 적대적이거나 공격적이라고 생각할 정도여야 한다. 적대적인 작업 환경이라고 주장하기 위해 직원들은 그것이 자신의 심리적 안녕에 심각한 영향을 미쳤거나 부상을 초래했다는 것을 증명할 필요가 없다. 결정적인 이슈는, 그 행위가 청구인의 업무 성과를 방해했는지 여부이다.[42]

적대적인 작업 환경
행위가 환영받지 못하고 행위가 가혹하고, 직장 내에 만연해 있으며, 청구인이 고용 조건을 변경할 정도로 적대적이거나 공격적이라고 간주되어야 한다. 이 세 가지 기준이 충족되어야 한다. 그리고 그 행동은 합리적인 사람이 보았을 때도 적대적이거나 공격적이라고 생각할 정도여야 한다.

성희롱에는 원치 않는 성적 접근(만지기, 느끼기 또는 더듬기 포함) 및/혹은 그 직원(피해자)을 향한 반복적인 불쾌하거나, 모욕적이거나, 성 차별적인 발언 등이 포함된다. 성희롱 가해자는 대상이 되는 사람(피해자)에게, 피해자의 고용 상태, 승진 또는 호의적인 대우가 그 성적 접근에 대한 피해자의 긍정적인 반응 및 협조에 달려 있다고 암시한다. 이는 개인적인 불쾌함이나 불공정한 노동 관행으로 여겨진다. 한편 일부 주(state)에서 성희롱은 가해자뿐만 아니라 괴롭힘을 중단시키는 조치를 취하지 않은 고용주에 대한

소송(lawsuit)의 근거가 될 수 있는 민사상 권리침해(a civil wrong) 혹은 불법행위(tort)로 간주될 수 있다. 이 법은 행동의 의도가 아니라 행동의 영향(impact)에 주로 관심이 있다. 성희롱 법의 중요한 측면은, 피해자의 합리적인 행동과 기대에 초점을 맞추는 것이다.[43] 그러나 "합리적인"이라는 단어의 정의는 "기대"라는 단어의 개념과 마찬가지로 주(state)마다 다르다. 게다가, 다른 사람들이 성희롱이라고 부르는 것을 옹호하기 위해 일부 사람들이 사용하는 주장은, 수정헌법 제1조(the First Amendment)에 의해 부여된 언론의 자유이다.

이중 관계
이중 관계는 직업적 책임을 공유하는 사람과 맺는 개인적이고, 사랑하는, 또는 성적인 관계로 정의된다.

성희롱과 관련된 주요 윤리적 이슈는 **이중 관계**(dual relationship)이다. 이중 관계는 직업적 책임을 공유하는 사람과 맺는 개인적이고, 사랑하는, 또는 성적인 관계로 정의된다. 이중 관계로 인해 잠재적으로 직간접적인 이해 충돌이 나타날 수 있거나, 또는 전문적 판단에 대한 손상을 입힐 위험이 존재한다면, 이중 관계는 윤리적 또는 법적 이슈가 될 수 있다.[44] 이러한 사례에 있어서 또 다른 중요한 요인은 동의(consent)이다. 예를 들어, 두 사람 사이의 성적인 관계가 어떤 형태로든 상호 합의에 의한 것으로 간주되면, 동의가 생성된다. 그런데 문제는, 그 애로 행위가 시작되기 전에 직원이나 고용주가 서면으로(in writing) 무언가를 남기지 않으면 그 동의는 항상 의심의 여지가 있다는 것이다. 즉, 그것은 성희롱이 될 수 있다. 특히, 성희롱과 관련된 사건에서는 가해자로 추정되는 사람(혹은 가해자)이 반드시 상호 동의를 입증해야 한다. 그 관계가 끝났을 때, 윤리적 갈등의 가능성이 증가한다.

성추행이나 괴롭힘 혐의를 피하기 위해 회사는 최소한 다음의 조치들을 취해야 한다.

1. 회사에서 성희롱을 방지할 궁극적인 책임을 질(ultimately responsible) 누군가를 지정하는 정책 성명을 수립하라.
2. 원치 않는 접근, 성적인 호의 요청 및 기타 성적인 특성을 지닌 언어적, 시각적 또는 신체적 행위를 포함하는 성희롱의 정의를 설정하라(Establish a definition of sexual harassment). 이에 더해 각각의 예를 제공하고, 직원들에게 예시 목록에 있는 내용들이 모든 성희롱 행위들을 다 포함하는 것은 아님(not all-inclusive)을 상기시키라.

3. 고소인(complainants)과 증인(witnesses)을 보호하는 보복 금지 정책을 수립하라.
4. 초기 단계에서 그러한 관행을 방지하기 위한 구체적인 절차를 수립하라. 그러나 회사가 이러한 절차를 서면으로 작성하는 경우에는, 그에 따라 직원을 교육하고 그 효과를 측정하며 정책이 시행되도록 보장하는 것이 법으로 규정되어 있다.
5. 성희롱의 피해자가 권한이 있는 개인(authorized individuals)에게 성희롱 관련 행동, 사건 등을 쉽게 이야기할 수 있도록 회사 내 규정을 수립하고 시행하며 권장하라.
6. 보고 절차를 수립한다.
7. 회사가 적절한 당국(권한을 지닌 주체, proper authorities)에 적시에 요구 사항을 보고해야 한다. 일반적으로, 공식적인 행정적 성추행 혐의에 대해 이의(불만)를 제기하는 데에는 시간 제한(6개월에서 1년 범위)이 있다. 그러나 불만처리 기간 단축(예: 60~90일)을 충족하지 못해 신속한 대응과 교정조치가 이루어질 수 있으며, 괴롭힘 없는 환경을 보장하기 위해 고발에 대한 회사의 방어가 소홀할 수 있다.

이러한 단계가 완료되면 교육 프로그램은 성희롱의 형태들을 식별하고 설명하며, 그 예를 제시하고, 고충 처리 절차를 개략적으로 설명해야 한다. 뿐만 아니라, 절차의 활용 방법과 중요성을 논의하고, 위반에 대한 처벌을 논의하며, 괴롭힘과 공격적 행위, 그리고 위협 등이 없는 직장이 얼마나 중요한지에 대해 직원을 교육해야 한다.

기업의 훈련 프로그램에는 다음과 같은 내용들이 담겨 있어야 한다. 성희롱을 발견하는 방법, 적절한 문서를 포함하여 불만 사항을 조사하는 방법, 신고가 접수되지 않은 경우에도 관찰된 성희롱에 어떻게 대처해야 하는지, 최대한 전문적이고 적대적이지 않게 작업환경을 유지하는 방법, 직원들에게 성희롱의 직업적, 법적 결과에 대해 가르치는 방법, 성적인 사건에 대한 후속 절차(follow-up procedures)를 이해하도록 경영진을 훈련시키는 방법 등이 그것이다.

5-3i 사기

사기
다른 사람을 해칠 목적으로 사실을 속이거나 조작하거나 은폐하는 의도적인 커뮤니케이션

개인이 조직이나 다른 그룹의 이익보다 자신의 이익을 향상시키기 위해 의도적으로 기만 행위에 가담하는 경우 사기를 저지르는 것이다. 일반적으로 **사기**는 다른 사람을 해칠 목적으로 사실을 속이거나 조작하거나 은폐하는 의도적인 커뮤니케이션이다. 사기는 범죄가 될 수 있으며, 유죄 판결을 받으면 벌금, 징역 또는 둘 다에 처해질 수 있다. 글로벌 사기로 인해 조직은 연간 5조 달러 이상의 비용을 지출한다.[45] DC Solar Solutions는 새로운 투자자가 투자한 돈으로 이전 투자자에게 빠른 수익을 지불함으로써 기업의 성공에 대한 믿음을 조장하는 사기의 한 형태인 9억 달러 상당의 Ponzi 사기를 실행한 혐의를 인정했다.[46]

그림 5-1은 사기로 적발되는 주요 방식들 중 일부를 나타낸다. 대부분의 사기 적발은 비밀정보(tips)로 인해 발생하므로, 공식적인 보고(reporting)를 하는 것은 대규모 사기를 예방하고 감지하는 중요한 수단이 된다. 최근 몇 년 동안 회계 사기(accounting fraud)는 주요 윤리적 이슈가 되었지만, 사기는 마케팅 및 소비자 이슈와도 관련될 수 있다.

회계 사기
회계 사기는 회사의 재무 보고서에 부정확한 정보를 제공하는 행위이다. 회사는 투자자 및 기타 이해관계자들이 수백만 달러를 투자할지 결정하는 데 기반이 되는 중요한 정보를 제공한다.

회계 사기(accounting fraud)는 일반적으로 회사의 재무 보고서(financial reports)와 관련되며, 회사는 투자자 및 기타 이해관계자들이 수백만 달러를 투자할지 결정하는 데 기반이 되는 중요한 정보를 제공한다. 재무보고서에 의도적이든 아니든 부정확한 정보가 포함된 경우 소송 및 형사 처벌을 받을 수 있다. Diamond Foods는 전임 임원들이 호두 가격을 조작하여 고의로 투자자들을 오도한 혐의를 해결하기 위해 SEC에 500만 달러를 지불했다. 이러한 조작으로 인해 재무 상태가 실제보다 더 좋아 보였다.[47] 연구에 따르면 최고 재무 책임자(CFO)는 개인적인 이익(personal gain)보다는 CEO의 압력 때문에 회계 제표(accounting statements)를 조작할 가능성이 더 높다.[48] 사기 삼각형(fraud triangle)으로 알려진 세 가지 요인들은 왜 사람들이 사기를 저지르는지를 예측하는 것으로 보인다. 그것은 바로 압력, 기회 및 합리화이다.

회계 분야는 지난 10년 동안 극적으로 변화했다. 오늘날 회계사와 관련된 윤리적 이슈에는 시간, 수수료 감소, 고객의 재정 상태 또는 낮은 세금 납부에 대한 의견 변경 요청, 그리고 경쟁 심화 등이 있다. 회계사들이 매일 직

그림 5-1 직업적 사기 행위의 초기 탐지

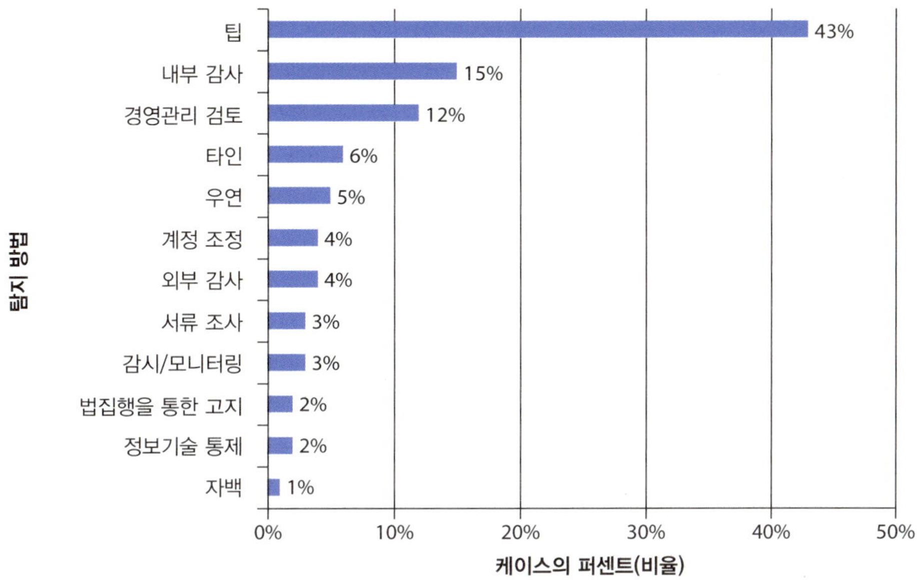

자료: Association of Certified Fraud Examiners, *Report to the Nations: 2020 Global Fraud Study on Occupational Fraud and Abuse*, 19.

면하는 또다른 문제들에는 복잡한 규칙 및 규정 준수, 데이터 과부하, 성공 보수 및 수수료가 포함된다. 회계사의 삶은 올바르게 해석되어야 하는 규칙과 데이터들로 가득 차 있으며, 이러한 압력과 윤리적 어려움으로 인해 회계 업계의 문제가 증가하고 있다. 윤리적 문제의 예로, 회계사가 시간당 요율(hourly rates)이 아닌 성과급 수수료(performance-based fee)를 청구하는 것을 들 수 있다. 이는 일부 대형 회계법인들이, 절약한 의뢰인의 세금액의 10~40%를 성과급으로 청구할 수 있기 때문에 고소득자에 대한 조세회피 전략을 장려하고자 규칙을 바꾼 것이다.[49]

결과적으로, 회계사는 고객과 공익(public interest)에 대한 책임을 정의하는 엄격한 윤리 강령(code of ethics)을 준수해야 한다. 이 강령(code)은 또한 고결성(integrity), 객관성, 독립성 및 주의 의무(due care)의 개념들을 다룬다. 이 강령이 제공하는 표준에도 불구하고 회계 업계는 최근 몇 년 동안 수많은 사기 수사 사건들의 원천이었다. 의회(Congress)는 2002년에 Sarbanes-Oxley 법을 통과시켜, 공기업(public corporations)을 감사하는(auditing) 회계 회사의 이해 상충을 야기하는 많은 문제들을 해결했다. 법은 일반적으로 회계 회사가 동일한 회사에 감사 및 컨설팅 서비스를 동시에 제공하는 것을 금지한다. 또한 이 법은 회사 이사회(corporate boards of directors)는 재무 지식이 있는 사외이사(outside director)를 회사 감사 위원회(company's audit committee)에 포함시켜야 한다고 명시하고 있다.

Sarbanes-Oxley 법의 결과 중 하나는 4장에서 논의된 PCAOB(Public Company Accounting Oversight Board)의 설립이었다. 이 비영리 조직은 공공 기업(public companies)의 감사(audit)를 감독한다. PCAOB의 목적은 투자자를 보호하고, 대중이 정확한 감사 보고서(audit reports)를 받도록 하는 것이다.[50] 따라서 PCAOB는 공공 회계 법인(public accounting firms)을 감사할 권한이 있다. 또한 PCSOB는 컴플라이언스(compliance)를 위해 회계 법인들을 조사하고, 불이행에 대한 징계 절차를 수립한다. 그리고 공기업 감사를 위한 윤리, 감사, 품질 관리 및 기타 표준을 설정할 뿐만 아니라, Sarbanes-Oxley 규정 준수를 시행한다.[51] KPMG의 감사 스캔들(auditing scandal) 이후, 이전에 이 회사의 감사 실무 2인자였던 David Middendorf는 KPMG에서 해고되었고 연방 법원에서 1년 형을 선고받았다. "시험 훔치기(Steal the Exam)" 스캔들로 알려지게 된 이 사건에서, KPMG의 감사관은 PCAOB에 의해 감사를 받을 가능성이 있는 고객들의 명단을 훔치려고 했다. 게다가, 규제 기관을 속여서 빼앗으려는 시도로 인해 KPMG는 SEC(Securities and Exchange Commission)로부터 5천만 달러를 벌금으로 지불해야 했다.[52]

마케팅 사기
부정직하게 제품을 만들고, 배포하고, 홍보하고, 가격을 책정하는 과정

마케팅 사기(marketing fraud) 부정직하게 제품을 만들고, 배포하고, 홍보하고, 가격을 책정하는 과정인 마케팅 사기는 잠재적인 윤리적 문제를 발생시키는 또 다른 비즈니스 영역이다. 허위 또는 잘못된 마케팅 커뮤니케이션은 회사에 대한 고객의 신뢰를 파괴한다. 의사 소통과 관련된 주요 윤리적 문제인 거짓말은 잠재적으로 심각한 문제이다. 외부 및 내부 커뮤니케이션 모두에서 거짓말은 신뢰를 파괴하기 때문에 윤리적 곤경을 초래한다.

허위 또는 기만적인 광고는 마케팅 커뮤니케이션의 핵심 이슈이다. 많은 국가에 공통적으로 적용되는 한 가지 법률은 사기성 광고(deceptive advertising), 즉 광고라고 명확하게 분류되지 않은 광고에 관한 것이다. 미

국의 FTC 법(Federal Trade Commission Act)의 섹션 5에서는 사기성 광고(deceptive advertising)를 다룬다. 광고의 남용은 과장된 주장과 은폐된 사실에서부터 명백한 거짓말에 이르기까지 다양하지만, 광고 주장의 부적절한 분류가 핵심 포인트이다. 법원은 허위 또는 오해의 소지가 있는 광고를, (1) 과장 광고(puffery), (2) 묵시적 허위 광고(implied falsity) 및 (3) 문자 그대로의 허위 광고(literal falsity) 등의 세 가지 범주로 분류한다.

과장 광고(Puffery)는 합리적인 구매자라면 결코 신뢰하지 않을 과장된 광고, 거드름 및 자랑으로 정의될 수 있는데, 이는 Lanham 법에 따라 소송을 당하지는 않을 정도이다. 국가 광고 분과(National Advertising Division, NAD)는 삼성 OLED TV가 "역사상 최고의 TV"라고 홍보한 삼성의 광고가 허위 광고(misleading advertising)라기보다는 과장 광고(puffery)의 예라고 판결했다.[53] 그러나 과장과 기만적인 광고(deceptive advertising) 사이의 경계는 모호할 수 있다. NAD는 Kraft Heinz의 슬로건 "Upgrade Your Mayonnaise"가 Heinz Real 마요네즈를 광고하는 데만 사용되는 경우에는 부적절하지만, 경쟁 마요네즈 제품들의 품질에 대한 뒷받침되지 않는 주장을 하는 비교 광고에 사용되는 경우에는 그렇지 않다고 결정했다.[54]

과장 광고
합리적인 구매자라면 결코 신뢰하지 않을 과장된 광고, 거드름 및 자랑으로 정의

묵시적 허위(implied falsity)란 메시지가 대중을 오도하거나 혼동시키거나 기만하는 경향이 있음을 뜻한다. 묵시적 허위를 사용하는 광고는 문자 그대로는(literally) 사실이지만, 실제로는 거짓인 또 다른 메시지를 암시하는 주장이다. 대부분의 경우, 묵시적 허위 광고에 대한 비난은 시간과 비용이 많이 드는 소비자 설문조사를 통해서만 입증될 수 있으며, 그 결과는 종종 결론이 나지 않는다. 묵시적 허위의 예로는, 제품에 특정 성분이 두 배 더 많이 함유되어 있다는 광고이다. 추가된 두 배의 성분이 실제로 성능에 별 영향을 미치지 않는데도 마치 두 배의 효과가 있는 것처럼 암시하는 것이다.

묵시적 허위
메시지가 대중을 오도하거나 혼동시키거나 기만하는 경향이 있음을 뜻한다.

문자 그대로의 허위(literally false) 광고는 두 가지 하위 범주로 나눌 수 있다. A. 광고의 주장을 입증하는 연구 또는 테스트를 인용하는 경우, test prove(establishment claims)라고 하고, B. 광고가 입증할 수 없는 주장을 할 때 bald assertions(nonestablishment claims)라고 한다. 특히, 광고에서 특정 제품이 시장의 다른 제품보다 우수하다고 명시하는 경우 입증하기

문자 그대로의 허위
광고는 두 가지 하위 범주로 나눌 수 있다. A. 광고의 주장을 입증하는 연구 또는 테스트를 인용하는 경우, test prove (establishment claims)라고 하고, B. 광고가 입증할 수 없는 주장을 할 때 bald assertions (nonestablishment claims)라고 한다.

어려운 bald claims에 해당된다. Chipotle는 자사 레스토랑이 "비 GMO" 식품만을 제공한다는 허위 광고 주장을 해결하기 위해 650만 달러를 지불했다. 3개 주의 소비자들이 GMO 사료를 섭취한 동물을 가공한 식품을 Chipotle에서 구매했다고 주장한 후, 집단 소송이 제기되었다. Chipotle는 합의에 동의하고 이 광고를 중단했다.[55]

광고 남용(advertising abuse)의 또 다른 형태는 모호한 진술을 하는 것이다. 단어가 너무 약하거나 일반적이어서 시청자, 독자 또는 청취자가 광고주의 의도된 메시지를 추론해야 하는 경우이다. 이러한 "얼버무리는 말(weasel words)"은 본질적으로 모호하며 광고주가 속이려는 의도를 부인할 수 있게 만든다. 예를 들어 동사 'help'가 좋은 예이다(예: "방지하는 데 도움이 됨", "싸우는 데 도움이 됨", "느끼게 하는 데 도움이 됨"과 같은 표현).[56] 소비자는 올바른 구매 결정을 내리는 데 필요한 모든 정보를 전달받지 못하거나, 혹은 완전히 속았기 때문에 그러한 광고를 비윤리적이라고 볼 수 있지만, 그것은 불법은 아니다. 라벨링 문제(labeling issue)는 더욱 모호하다. Health-Ade는 콤부차 음료의 설탕 및 알코올 함량 불일치에 대해 400만 달러에 합의했다. 회사는 잘못을 부인하였는데, 콤부차에 박테리아와 효모가 포함되어 있어서 끊임없이 함량이 변화하기 때문이라고 설명했다. 그럼에도 불구하고 Health-Ade는 정기적인 테스트를 수행하고 제품에 추가 면책 조항을 포함할 뿐만 아니라, 보다 일관된 콤부차를 만들기 위해 생산 프로세스를 개선하기로 동의했다.[57]

광고 및 직접 판매 커뮤니케이션(direct sales communication)도 메시지에 사실을 숨김으로써 소비자를 속일 수 있다. 예를 들어, 의료 보험 상품을 판매하고자 하는 영업 사원은 보험에 의해 보장되는 많은 질병들을 나열할 수 있지만, 흔히 보장되는 일부 질병들은 보험에 포함하지 않는다는 사실을 언급하지 않을 수 있다. 불행히도 시카고 대학의 연구에 따르면 거짓말은 영업 직무 수행의 자산(asset)으로 간주된다.[58] 가장 빠르게 성장하는 사기 행위 영역 중 하나는 다이렉트 마케팅(direct marketing)인데, 이는 우편, 전화, 모바일 및 디지털 미디어 등을 사용하여 고객에게 정보를 전달한 다음 제품을 판매하는 행위이다.

5-3j 소비자 사기

소비자 사기는 소비자가 자신의 이익을 위해 기업을 속이려고 할 때 발생한다. 미국 소매 연맹(National Retail Federation)에 따르면 소매 축소(Retail shrinkage, 직원의 절도, 좀도둑, 행정 오류 및 공급업체 사기 등으로 인한 손실)로 인해 미국 소매 업계는 매년 468억 달러의 비용을 지출한다.[59] 소비자는 가격표 변경(tag switching), 제품 변경(item switching), 나이를 속여 받는 할인 및 기타 할인을 받기 위한 거짓말 등을 한다. 뿐만 아니라 관대한 반품 정책을 악용하여 중고 제품, 특히 착용한 의류를 반품함(가격 tag는 여전히 부착되어 있는 상태로)으로써 기업을 대상으로 다양한 형태의 사기를 친다.

소비자 사기
소비자가 자신의 이익을 위해 기업을 속이려고 할 때 발생한다.

대량의 온라인 주문으로 인해, 이른바 우호 사기(friendly fraud)가 나타났는데, 널리 알려진 허위 주장들은 다음과 같다. 예를 들어, 주문이 접수되지 않았다거나, 서비스가 제공되지 않았다거나, 신용 카드 거래를 인식할 수 없다거나, 상품이 손상되었다는 등의 주장이 그것이다. 소비자가 고객 서비스 부서에 문제 제기를 하면, 많은 회사들에서는 불만을 가진 고객을 만족시키기 위해 (명확한) 증거 없이 교체 물품을 배송한다. 이러한 유형의 사기에 가담하는 사람들은 연쇄 사기꾼들이다. 연구에 따르면 최대 80%가 다시 그런 행동을 할 것이라고 한다.[60] 표 5-5는 몇 가지 일반적인 소비자 사기 유형에 대해 보여준다. 소비자의 그러한 행동은 소매점들뿐만 아니라, 이미 누군가가 입었던 옷을 새 옷이라고 생각하고 무심코 구입하는 다른 소비자들에게도 영향을 미친다. Appriss Retail 조사에 따르면, 사기성 상품 반품으로 인해 연간 약 184억 달러의 비용이 발생하는 것으로 추산된다.[61]

소비자 사기는 개인이나 집단이 기업을 대상으로 불공정한 경제적 이익을 얻으려는 의도적인 속임수를 포함한다. 사기 행위의 예로는 좀도둑(shoplifting), 담합(collusion) 또는 이중성(duplicity), 교활함(guile) 등이 있다. 담합에는 전형적으로 사기를 당한 소비자를 돕는 '직원'이 포함된다. 예를 들어, 레스토랑의 서버(server)는 때때로 더 큰 팁(tip)을 받기 위해서, 주문에 대한 품목이나 전체 식사를 바꾸지 않을 것이다. 이중성은 소비자가 식료품 가게에서 사고를 일으킨 다음, 안전에 대한 주의 부족을 이유로 그 가게에 손해 배상을 청구하는 것을 포함한다. 소비자는 의류 제품을 구매하

표 5-5 소비자 사기의 일반적인 종류들

사기의 종류	정의	예시
지불 거절 사기	구매한 상품을 수령한 후, 은행 또는 신용카드사에 상품을 받지 못했다고 분쟁을 제기하는 행위	우편으로 큰 선적물(상품)을 받은 후, Melanie는 그것이 결코 선적되지 않았다고(그래서 받지 못했다고) 신용 카드 회사에 이의를 제기했다.
가격 차익 거래	더 높은 이득을 얻기 위해, 가격은 다르지만 유사한 품목으로 바꿔치기하는 행위	Daniel은 1TB 하드 드라이브를 20TB 하드 드라이브 제품 박스에 넣어서 전액 환불을 받으려고 반품했다.
반품 사기	다른 상품으로 교체하거나 합법적으로 구매하지 않은 상품을 반품하는 등 반품 절차를 통해 소매업체를 기만하는 행위	Joe는 PlayStation 상자를 돌로 채우고 다시 봉인했다. 그리고 점원이 상품을 확인하지 못했을 때 전액 환불을 받았다.
쇼루밍	오프라인 매장에서 제품을 살펴본 후 실제 구매는 더 낮은 가격으로 판매하는 온라인 등 다른 유통 경로로 하는 것	Aliyah는 서점에 가서 어떤 책을 살지 살펴보고 검토한 다음, 온라인으로 가서 더 저렴한 전자책 가격으로 구매한다.
사용 후 환불	상품을 구매하여 착용한 후 환불을 위해 반품하는 경우	소셜 미디어 인플루언서인 Jessica는 인스타그램 사진 촬영을 위해 값비싼 드레스를 사서 입었다가, 촬영 후에 전액 환불을 위해 반품했다.

고 착용한 다음 전액 환불을 위해 반품할 수 있다. 다른 상황에서는, 소비자가 제품의 결함을 주장하여 환불을 요청할 수 있다. 교활한 사람은 옳고 그른 행동을 이해하지만, 부당한 이익을 얻기 위해 교묘한 트릭(trick)을 사용한다. 그 사람은 올바른 행동이나 결과에 반대되는 행동을 할 의도를 지녔기 때문에 그가 얻는 이익은 불공정하다. 비록 이러한 행위들 중 일부는 법적 기소가 가능하지만, 입증하기 어려울 수 있으며, 많은 기업들은 잘못을 입증할 방법이 없을 때 고객을 범죄자로 고발하는 것을 꺼린다. "고객은 항상 옳다(the customer is always right)"라는 철학을 가지고 운영하는 기업들은, 일부 소비자가 이 약속을 악용한다는 사실을 알게 되었고, 이에 따라 불공정 사용을 억제하기 위해 반품 정책을 수정했다.

5-3k 금융 부정행위

윤리적 위험을 이해하고 관리하지 못한 것은 글로벌 금융 위기에서 결정적인 역할을 했다. 잘못된 비즈니스 결정과 비즈니스 부정행위의 차이는 판단하기 어려울 수 있다. 또한 성과를 측정하기 위해 재정적 인센티브(financial incentives)만을 사용하는 윤리와, (이와 대별되는 방식으로) 이해관계자들에 대한 윤리, 투명성 및 책임 등을 포함하는 전체론적 측정 방식을 사용하는 윤리 사이에는 단지 아주 가느다란 구분선만이 있을 뿐이다(구분하기 애매하다). CEO에서 거래인(traders) 및 중개인(brokers)에 이르기까지, 금융 산업에는 성과에 대한 매우 유혹적인 재정적 인센티브가 존재한다. 일본 자동차 회사 닛산의 전 회장이자 한때 존경받았던 Carlos Ghosn은 일본에서 형사 고소에 대한 재판을 피하기 위해 도망자가 되었다. 일본 검찰은 그가 자신의 호화로운 생활을 위해 회사 자금을 사용한 혐의로 그를 기소하였고, 기소의 명목은 재정적 부정행위(financial misconduct)였다.[62]

대공황(The Great recessin)은 부분적으로, 금융 산업이 위험하고 복잡한 금융 상품을 활용하기로 한 결정에 대해 적절한 책임을 지는 데 실패했기 때문에 발생했다. 규제(regulations)의 허점과 규제 기관(regulator)의 실패가 악용되었다. 기업에서는 이해관계자들을 위한 가치 창출에 대해 보상하는 문화가 아니라, 그저 위험을 택하는 행위에 보상을 주는 문화가 널리 퍼졌다. 윤리적인 결정은 무엇이 옳은 일인지보다는 그저 합법적인(legal) 일에만 더 많이 근거해서 이루어졌다. 불행히도 대중(the public), 규제 기관(regulators) 및 대중 매체(the mass media) 등을 포함한 대부분의 이해관계자들은, 이익을 창출하기 위해 은행 및 기타 기관들이 감수하는 재정적 위험의 본질을 항상 잘 이해하는 것은 아니다. 금융 상품은 무형의 속성을 지녔기 때문에, 복잡한 금융 거래를 이해하기란 어렵다. 서브프라임 모기지 시장(subprime mortgage markets)의 문제는 가장 최근의 경기 침체에 대한 경종을 울렸다.

윤리 문제는 서브프라임 대출 초기에 나타났다. 대출 담당자는 차용인에게 대출을 보장해 주고 수수료를 받는데, 이 때 차용인이 채무를 불이행해도 아무런 대가를 치르지 않는다. 이로 인해 "거짓말 대출"이 곧 개발되었는데, 이는 더 많은 대출 상품 판매와 대출 기관(혹은 대출 담당자)에 대한 더 큰 개인적 보상을 창출하기 위한 것이었다. 대출 기관은 서브프라임 차용인들에게 대출 자격을 부여하고 대출을 확보하기 위해 대출 신청서에 허위 정보를 제공하도록 권장했다. 일부 감정인(appraisers)은 대출 금액을 늘리기 위해 주택 가치를 부풀려서 제공했다. 다른 경우에는, 대출 기관으로부터 소비자의 대출 신청을 더 매력적으로 보이게 하기 위해 소득을 위조하라고 요청하기도 했다. 위법행위의 기회는 광범위했다. 최고 경영진과 CEO들은 이익이 잘 나오는 한 그런 잘못된 행위에 대해 만족스러워했다. 2000년대 초반 내내 집값이 급격히 상승하는 경제에서, 비윤리적 행동의 문화는 대부분의 사람들에게 뚜렷하게 나타나지는 않았다. 그러나, 주택 가치가 하락하기 시작했고, 개인들은 집의 자산(equity)보다 더 많은 빚(loans)을 지게 되었다. 이로 인해, 대출 및 대출 기관의 비윤리적 행동들이 결국 실패했음이 명백해졌다.

5-3| 내부자 거래

내부자 거래
아직 공개되지 않은 정보를 소유한 내부자가 주식을 사고파는 행위

내부자(insider)는 회사 증권(securities) 종류의 10% 이상을 소유한 임원(officer), 이사(director) 또는 소유자이다. **내부자 거래**에는 불법과 합법의 두 가지 유형이 있다. 불법 내부자 거래(illegal insider trading)는 아직 공개되지 않은 정보를 소유한 내부자가 주식을 사고파는 행위이다. 내부자가 수탁 의무(fiduciary duty)를 위반하는 이 행위는, 중개인(brokers), 가족, 친구 및 직원 등과 같이 비공개 자료(nonpublic material)에 접근할 수 있는 누구라도 저지를 수 있다.

게다가, 비공개 정보를 가지고 외부인에게 "조언 제공(tipping)"을 하다가 적발된 사람도 책임이 있다. 전 뉴욕 하원의원 Chris Collins가 내부자 거래 혐의로 26개월 형을 선고받았다. Innate 이사회에서 근무한 Collins는 다발성 경화증 치료제(a multiple sclerosis drug)가 임상 테스트에서 잘 작동하지 않는다는 것을 알게 되었고, 아들과 그 정보를 공유했다. 내부자(insider), 특히 이사회 구성원이 대중에게 공개되기 전의 정보를 공유하는 것은 내부자 거래이다.[65] 내부자가 불법적으로 정보(혹은 조언)를 제공했는지 확인하기 위해, SEC는 Dirks 테스트를 활용한다. 이 테스트는 정보 제공자가 그런 정보 공유가 회사에 대한 신뢰를 위반하는 것임을 알고 있는 상태에서 그 행위를 했는지 판단하는데, 이를 통해 그 정보 제공자는 내부자 거래에 대한 책임을 지게 된다.

합법적 내부자 거래에는 내부자 자신의 회사 주식을 합법적으로 사고파

는 것이 포함되지만 항상 성립하는 것은 아니다. 내부자는 거래가 발생한 날로부터 영업일 기준 2일 이내에 내부 거래를 보고해야 한다. 예를 들어, 내부자가 6월 12일 월요일에 10,000주를 매도했다면, 6월 14일 수요일까지 SEC에 매각 사실을 보고해야 한다. 내부자 거래를 방지하기 위해 내부자들은 회사 주식을 6개월 내에 여러 번 사고팔 수 없다. 그러므로 내부자들은 회사가 장기적으로 좋은 성과를 낼 것이라고 판단할 때만 주식을 사는 것이 좋다.

내부자 거래는 시장에서 빠르게 이익을 얻을 수 있는 기회를 잡으려는 개인이 비밀리에 수행하는 경우가 많다. 전 에퀴팩스(Equifax) CEO였던 준잉(Jun Ying)은 내부자 거래 혐의로 징역 4개월을 선고받았다. Ying은 회사의 대규모 데이터 유출에 대해 알게 되었고, 10만 달러 이상의 손실을 피하기 위해 이 유출 사실이 대중에게 알려지기 전에 자신의 모든 스톡 옵션을 매각했다.[66] 설문 조사에 의하면, 이러한 유형의 활동에 참여하는 사람들은 종종 다른 사람들보다 우월감을 느끼는 경우가 많다. 뿐만 아니라 이들은 그런 행위가 발각되거나 그로 인해 부정적 결과를 겪게 될 가능성에 대해 무지한 것으로 나타났다.[67] 검사가 피고인이 내부 정보를 알고 있었다는 것을 증명할 수 있다 하더라도, 피고인이 그 내부 정보를 사용하였다는 것을 입증하는 것은 어려울 수 있다. Ying의 경우, 검사는 컴퓨터 사용 기록을 사용하여 Ying이 데이터 유출이 Experian과 같은 다른 회사에 미칠 영향을 조사했음을 입증했다.[68]

5-4 비즈니스에서 윤리적 이슈를 결정하는 과제

비즈니스와 관련된 대부분의 윤리적 이슈들은 기업의 여러 이벤트, 활동 또는 비즈니스 의사 결정의 결과 등에 대한 이해관계자들의 우려를 통해 드러난다. 블로그, 팟캐스트 및 기타 개인 미디어 등을 통해 대중 매체, 특수 이익 단체 및 개인들은 종종 의사 결정의 윤리적 특성에 대한 토론을 만들어 낸다. 특정 행동이나 상황에 윤리적인 요소가 있는지 확인하는 또 다른 방법은, 비즈니스 영역 안에 있는 다른 개인들에게 이에 대해 어떻게 느끼는지, 그리고 그들이 그것을 윤리적으로 문제의 소지가 있다고 보는지 물어보는 것이다. Better Business Bureau와 같은 무역 협회 및 기업 자율 규제 그룹은 종종 기업이 윤리적 문제를 정의하는 방향을 제시한다. 마지막으로, 조직이 활동에 대한 특정한 정책들을 채택했는지 여부를 결정하는 것이 중요하다. 대부분의 조직 구성원들에 의해 승인된 활동은, 그것이 업계에서도 관행이라면 아마도 윤리적일 것이다. 조직 내부와 외부의 많은 이해관계자들 사이의 공개 토론을 견딜 수 있는 이슈, 활동 또는 상황 등은 아마도 윤리적 문제를 일으키지 않을 것이다.

그러나 시간이 지남에 따라 여러 형태의 문제들은 사회적 가치의 변화로 인해 윤리적 이슈가 될 수 있다. 지난 몇 년 동안 사회적 가치와 기술의 변화는 새로운 윤리적 이슈들을 만들고 있다. 10년간의 급속한 기술 발전에 따라, 전통적인 비즈니스 활동들의 붕괴가 발생하고 있다. 예를 들어, 빅데이터 및 마케팅 분석 등은 직원과 소비자를 정량적 측정(quantitative measurements)의 대상으로 환원시킨다는 새로운 윤리적 문제를 불러일으켰다. 이것이 비즈니스에 있어서는 중대한 영향을 미치지만, 일부 비평가들은 인사 결정(personnel decisions)에 있어서 컴퓨터가 인간을 대체하는 것은 용납될 수 없다고 생각한다.[69] 직원의 고결성과 윤리적 결정 능력을 평가하는 것은 수량화하기 어려운 영역이다. 또한, 인공 지능은, 예측 분석(predictive analytics)을 활용하여 의사 결정을 내리고 직원 및 고객과 상호 작용하기 위해 빅 데이터를 처리하는 플랫폼을 제공한다. 이 기술은 대부분의 인간 능력을 넘어선 청각과 시각, 그리고 감각 등을 만드는 데 사용된다. AI를 통해 직원과 소비자들이 자율적인 의사 결정을 내릴 수 있기 때문에 윤리 문제가 발생한다. AI 시스템은 복잡하며 위험과 문제들을 식별하기 위해 윤리적 규범을 필요로 한다. 인간은 AI 윤리 규정 준수(AI ethical compliance)를 위해 원칙, 가치 및 강령 등을 감독해야 한다.

위기 관리
모호할 뿐만 아니라 잠재적 피해에 신속하게 대응할 필요가 있는, 커다란 영향력을 지닌 사건들을 처리하는 과정

위기의 시대에, 새로운 이슈들에 어떻게 대응해야 하는지 파악하는 것은 특히 어려울 수 있다. **위기 관리**(crisis management)는 모호할 뿐만 아니라 잠재적 피해(potential damage)에 신속하게 대응할 필요가 있는, 커다란 영향력을 지닌 사건들(high-impact event)을 처리하는 과정이다. 위기 때는 잘못된 결정을 내릴 위험성이 있기 때문에, 높은 수준의 불확실성이 있다. 이러한 이유로 위기는 완벽하게 다루어지는 경우가 드물기 때문에, 성

공과 실패가 모두 나타난다. 2020년에 COVID-19가 전 세계적으로 발생하는 동안 여행 금지령이 내려졌고, 영화 개봉이 연기되었으며, 주요 행사들이 취소되었다. 그리고 비필수 사업장(nonessential businesses)이 문을 닫았으며, 여러 주(states)의 시민들에게 집에 머물라는 명령이 내려졌다. 취소된 행사들과 폐업으로 인한 수익 손실은 기업들과 지역 경제에 큰 영향을 미친다. 기업이 공중 보건 위기(public health crisis)에 직면하여 행사 취소 또는 폐업을 고려하는 상황에서, 기업이 사람들의 복지보다 이익을 우선시하기로 선택할 때 윤리적 문제가 나타날 수 있다. 윤리적 위기 관리 및 복구는 11장에서 더 자세히 논의할 것이다.

이해관계자들이 윤리적 문제 의식을 유발하고 개인들이 공개적으로 토론하며 관련된 다른 사람들의 의견을 요청하면, 6장에서 검토하는 윤리적 의사 결정 과정에 들어간다.

요약

이해관계자들의 우려는 비즈니스 행위와 결정들이 윤리적인 것으로 받아들여질지 혹은 비윤리적인 것으로 받아들여질지를 크게 결정한다. 정부, 지역공동체, 그리고 사회가 참여하면 단순히 윤리적인 문제(ethical issue)가 금세 법적 문제가 될 수 있다. 주주들은 경영자에게 단기 수익을 높이기 위한 결정을 내리도록 요구함으로써 기업의 윤리적 행위들을 무심코 복잡하게 만들 수 있다.

기업윤리를 이해하기 위한 첫 번째 단계는 윤리적 문제 의식을 계발하는 것이다. 즉, 윤리적 요소가 포함된 이해관계자들의 이슈를 식별하는 방법을 배우는 것이다. 직업의 특성, 기업 또는 지역의 문화, 비즈니스를 하는 사회 모두가 윤리적 이슈들을 일으킬 수 있다. 윤리적 이슈를 인식하는 것은 기업윤리를 이해하고 비윤리적 행동을 최소화하는 효과적인 윤리 및 준법 감시(compliance) 프로그램을 만드는 데 필수적이다. 기업인들은 정직성(honesty), 공정성, 고결성이라는 보편적인 도덕적 가치들을 이해해야 한다. 이러한 개념을 수용하지 않으면 사업을 운영하기가 어려워진다.

공정성은 정의롭고 공평하며, 치우치지 않은 속성으로서, 정의, 형평성 및 평등 등의 개념과 중복된다. 사람들이 공정하도록 동기를 부여하는 세 가지 기본 요소는 평등, 상호성 및 최적화이다. 평등은 회사, 국가 또는 전 세계적으로 직원들 사이에 부(wealth)의 분배가 어떻게 이루어지는지와 관련이 있다. 호혜성은 거의 동일한 수준의 가치로 상대방의 호의에 대해 보답하는 것이다. 고결성은 한 사람의 인격을 의미하며 두 가지 기본적인 부분으로 구성된다. 즉 자신과의 공식적인 관계와, 개인이 벗어나지 않는 일련의 최종 또는 지속적인 가치로 구성된다.

윤리적 이슈는 개인, 집단 또는 조직이 옳고 그름, 윤리적 또는 비윤리적인 것으로 평가되어야 하는 여러 행동들 중에서 선택해야만 하는 문제, 상황 또는 기회이다. 대조적으로, 윤리적 딜레마에는 선택을 할 권리나 윤리적 해결책이 없다.

회사 시간과 자원, 특히 컴퓨터 자원의 남용은 주요 윤리적 문제가 되었다. 모욕적이거나 위협적인 행동에는 신체적 위협, 거짓 비난, 성가시게 하는 것, 욕설, 모욕, 고함을 지르기, 가혹행위, 누군가를 무시하는 것, 그리고 비합리적인 행위 등이 포함된다. 뇌물(Bribery)은 불법적인 이익을 얻기 위해 무엇인가(보통 금전)를 제공하는 관행이다. 이해 상충은 개인이 자신의 이익을 추구할지, 아니면 조직의 이익 또는 다른 집단의 이익을 추구할지를 선택해야만 할 때 발생한다. 기업 정보(Corporate intelligence)는 시장, 기술, 고객, 경쟁자, 사회경제적, 그리고 외부의 정치 동향에 대한 정보를 수집하고 분석하는 것이다. 기업 정보의 도구는 많다. 기업 정보는 합법적인 비즈니스 활동일 수 있지만, 다른 회사의 영업 비밀을 훔치는 데 속임수를 사용하는 경우 비윤리적인 행위가 된다. 또 다른 윤리적/법적 문제는 인종, 피부색, 종교, 성별, 결혼 여부, 성적 취향, 공적 부조 상태, 장애, 연령, 출신 국가 또는 퇴역 군인 신분 등을 근거로 발생하는 차별인데, 이는 미국에서 불법이다. 또한 정치적 견해나 노조 가입에 따른 차별도 괴롭힘으로 정의된다.

성희롱은 일종의 성차별이다. 고객 기반을 반영하는 인력을 구축하기 위해 많은 기업에서 차별 철폐 조치 프로그램을 시작했다. 일반적으로 사기는 잘못된 인상을 형성하기 위해 사실을 속이거나 조작하거나 은폐하는 의도적인 커뮤니케이션이다. 사기에는 회계, 마케팅 및 소비자 사기 등과 같은 여러 유형들이 있다.

내부자는 회사 증권 종류의 10% 이상을 소유한 임원, 이사 또는 소유자이다. 내부자 거래에는 합법과 불법의 두 가지 유형이 있다. 검사가 피고인이 내부 정보를 알고 있었다는 것을 증명할 수 있다 하더라도, 피고인이 그 내부 정보를 활용했음을 입증하는 것은 어려울 수 있다.

비즈니스와 관련된 대부분의 윤리적 이슈들은, 이벤트, 활동 또는 비즈니스 의사결정 등의 결과에 대한 이해관계자들의 우려를 통해 뚜렷해진다. 시간이 지남에 따라, 사회적 가치의 변화로 인해 여러 문제들은 윤리적 이슈가 될 수 있다. 지난 몇 년 동안 사회적 가치와 기술의 변화는 새로운 윤리적 문제들을 만들어 내고 있다. 10년간의 급속한 기술 발전에 따라 전통적인 비즈니스 활동의 붕괴가 발생하고 있다.

위기의 시대에 새로운 이슈들에 어떻게 대응해야 하는지 파악하는 것이 특히 어려울 수 있다. 위기 관리는 모호할 뿐만 아니라 잠재적 피해에 신속하게 대응할 필요가 있는, 커다란 영향력을 지닌 사건들을 처리하는 과정이다. 경제적인 우려가 인간과 관련된 우려보다 크다면 윤리적인 문제가 있을 수 있다.

윤리적 비즈니스 과제 해결하기

Daniel은 Michigan University를 졸업하고 Young, Olsen, Lindle, and Olson(YOLO) Advertising에서 카피라이터로 일했으며, 그에게 Uber Bacon이라는 기업이 고객으로 배정되었다. 이 대기업은 중서부(Midwest)에 기반을 둔 식품 가공 제조업체로서, 100년 이상 사업을 해 왔다. 전체적으로, 쇠고기, 닭고기, 돼지고기 및 해산물 등의 연간 매출은 7억 5천만 달러 이상이었다. YOLO는 많은 광고 옵션들을 고려하고 더 많은 비즈니스를 유치하기 위해 유명 인사(celebrity)인 모델을 활용하기로 결정했다. 그것은 Daniel이 유명 모델인 Gloria Kunies와 함께 일한다는 것을 의미했다. 널리 알려져 있고 널리 사랑받는 여배우인 Kunies는, Snapchat, Instagram, TikTok 등의 소셜 미디어에서 수많은 젊은 소비자들을 팔로워로 보유하고 있었다.

YOLO의 광고 관리자인 Chloe는 Daniel에게 회의를 요청했다. "Daniel, 이 새 광고는 당신에게 좋은 시작입니다. 우리는 일반적으로 새로운 카피라이터가 독자적으로 광고를 처리하도록 하지 않지만, 당신은 자신이 유능한 직원임을 입증했습니다. 이 광고에서 당신의 임무는 Kunies의 제품 사용 후기 및 추천(testimonial)을 활용하여 광고 카피를 작성하는 것입니다. 광고 문구는 17세에서 30세 사이의 시장을 대상으로 하는 추천으로 제작되어야 합니다. Kunies는 이미 이 제품의 진짜 사용자임을 진술서에 서명했습니다. 대본에는 베이컨의 품질, 가치 및 맛에 대한 그녀의 증언이 포함되어야 합니다. 내일 그녀를 만나서 글쓰기를 시작하고, 그녀의 성격을 이해하여 대본을 작성할 수 있기를 바랍니다. 오늘 하루 동안, 그녀의 이력을 잘 분석하고 인터넷에서 그녀에 대해 조사하는 시간을 보내십시오." Daniel은 Chloe의 사무실을 떠난 후, Kunies가 채식주의자라는 Instagram 게시물을 발견했다.

다음날 모임에서 Daniel은 Kunies에게 실제로 베이컨을 맛본 적이 있는지 물었다. Kunies는 "왜 그래요, 난 사실상 Uber Bacon을 먹어 보았어요. 사실 저는 어렸을 때부터 열렬한 팬이었습니다. 베이컨은 제가 가장 좋아하는 음식입니다. 저는 과거에 여러 평가 및 추천들을 해왔고, 미국 광고 연맹(American Advertising Federation, AAF) 규칙을 잘 알고 있습니다. 내 발언이 검증 가능한 개인적인 이용 경험을 기반으로 하는 한, 그 메시지가 거짓이라고 이의를 제기할 수 없음을 알고 있어요. 사실, Uber Bacon은 제가 어렸을 때부터 가장 좋아했습니다. 채식주의자가 된 지 한 달도 채 되지 않았어요. 수십 년 동안 그 모든 베이컨을 먹어서 내 콜레스테롤 수치가 상당히 높아졌습니다."

"그래서 지금은 Uber Bacon을 먹지 않아도 그것을 추천 및 광고하는 것이 마음이 편하십니까?" 라고 Daniel이 물었다.

"그것에 대해 아무런 의문이 없습니다. 베이컨에 관한 한, Uber Bacon은 맛 면에서 타의 추종을 불허합니다. 사람들이 베이컨을 먹을 예정이라면 왜 가장 좋은 것을 먹지 않겠습니까? 심장마비가 일어나도 먹을걸요?"라고 쿠니스는 농담을 했다.

다음날 Chole는 Daniel에게 어떻게 된 일인지 물었다. 그는 Kunies와의 대화를 설명하고 Kunies가 현재 채식주의자인 사실에 대해 우려를 표명했다. 무엇보다, Kunies는 그녀의 높은 콜레스테롤이 고기 때문이라고 생각하고 있다고 말했다. Daniel은 클로이의 걱정스러운 표정을 보고 다행이라고 느꼈지만, 곧 그녀의 걱정이 Kunies가 광고에서 빠지는 것에 대한 것임을 깨달았다. Daniel은 Kunies가 여전히 제품을 홍보하고 싶어한다고 Chloe를 안심시켰지만, 채식주의자가 베이컨을 홍보하는 것은 모순처럼 보였다. Chloe는 Kunies가 일생의 어느 시점에서 베이컨을 먹어본 적이 있고, 그것을 좋은 제품이라고 생각하기만 한다면 지금 베이컨을 먹든 말든 상관없다고 답했다. 이어서 그녀는 "광고를 하다 보면 전달하고자 하는 메시지에 약간의 변형 혹은 기교를 넣어서 판매하는 제품과 잘 어울리도록 해야 할 때가 있습니다. 제품을 판매하는 것만큼이나 더 중요한 것은, 소비자에게 어필할 수 있는 경험, 느낌 또는 아이디어 등을 판매하는 것입니다."

그날 저녁 Daniel은 집으로 걸어가면서 이 광고를 어떻게 쓸지 고민했다. 그는 자신의 경력을 부정직하게 시작하고 싶지 않았지만, 상사를 기쁘게 하는 작품을 만들고 싶었다. 그는 광고의 모순을 가리기 위한 창의적인 방법을 생각하려고 노력했다. 아마도 유머(humor)로, 그는 생각했다. 그는 이 접근 방식이 여전히 부정직하게 느껴질지 스스로 질문해 보았다. 다음날 아침 Daniel은 Kunies와 Chloe를 만나 지금까지 쓴 내용에 대해 이야기하려고 했다.

[질문]

1. Daniel이 직면하고 있는 윤리적 이슈를 설명하시오.
2. 이 상황이 어떤 식으로든 공정성, 정직성 및 고결성의 개념을 위반하고 있는가?
3. 만약 이 광고가 법에 위배되지 않는다면, 왜 Daniel이 걱정해야 하는가? 이 광고의 가능한 결말은 무엇인가?

6장
윤리적 의사 결정

학습목표

- 기업의 윤리적 의사 결정을 위한 포괄적인 모델을 제공한다.
- 윤리적 의사 결정 과정에서 중요한 요소로서 윤리적 이슈의 강도를 검토한다.
- 기업의 윤리적 의사 결정에 영향을 미치는 중요한 개인(individual) 요인들을 소개한다.
- 기업의 윤리적 의사 결정에 영향을 미치는 중요한 조직(organizational) 요인들을 소개한다.
- 기업의 윤리적 의사 결정 과정에서 기회의 역할을 탐색한다.
- 윤리적 의사 결정 시 규범적(normative) 고려 사항을 이해한다.
- 규범적 의사 결정에서 제도(institution)의 역할을 이해한다.
- 윤리적 의사 결정에 있어 도덕과 가치의 중요성을 검토한다.

개요

6-1 기업의 윤리적 의사 결정을 위한 이론적 틀
- 6-1a 윤리적 이슈 강도
- 6-1b 개인적인 요인
- 6-1c 조직적 요인
- 6-1d 기회
- 6-1e 기업윤리 의도, 행동 및 평가

6-2 윤리적 의사 결정 모델을 사용하여 윤리적 의사 결정을 개선하기

6-3 윤리적 의사 결정의 규범적 고려 사항들
- 6-3a 규범적 가치의 기초로서의 제도
- 6-3b 윤리적 비즈니스 의사 결정의 원칙들과 핵심 가치 이행

6-4 윤리적 의사 결정에 대한 이해

윤리적 딜레마*

Northeast State 대학의 3학년인 Steven은 패스트푸드 체인점에서 파트 타임 직원으로 일하기 시작했다. 비록 그가 꿈꾸던 직업은 아니었지만, 이 직업으로 그는 등록금과 책값을 지불할 수 있었고, 학교에 다니는데 필요한 유연한 스케줄을 제공받았다. 몇 달 후 Steven은 모든 동료들과 잘 지냈지만, 그들이 회사나 경영진을 존중하지 않는다는 것을 알게 되었다. 직원들은 매니저를 놀리고 작업장을 마치 놀이터처럼 대했다. 어떤 면에서 Steven은, 특히 매니저가 하루 종일 자리를 비운 이후에 일하는 것이 재미있다고 생각했다. 동료들은 큰 소리로 음악을 틀며 소셜 미디어에서 시간을 보냈고, 손님이 없는 시간에는 작업 공간을 청소하는 대신에 서로 잡담을 나눴다. 직원들에게 직장에서 어떻게 행동해야 하는지 알려주는 윤리적 정책이 있음에도 불구하고, 이러한 정책은 결코 시행되지 않았다.

어느 날, Steven은 동료 Julie와 함께 음식 조리 테이블에서 일하던 중 Julie가 실수로 고기 패티를 바닥에 떨어뜨리는 것을 보았다. 한 치의 망설임도 없이 그녀는 몸을 굽혀 패티를 집어 빵(bun)에 다시 붙이고 감쌌다. 너무 빨리 일어난 일이어서 Steven은 자신이 제대로 본 것인지조차 확신할 수 없었다. 특히 Julie가 전혀 아무렇지도 않게 그런 행동을 했기 때문이다. Steven은 다른 직원이 고객에게 그 햄버거를 가져가는 것을 당황스럽게 바라보았다.

다음 몇 주 동안, Steven은 교대 근무 감독자를 비롯한 다른 동료들이 햄버거와 다른 제품들에 대해 똑같이 행동하는 것을 보았다. 한번은 치즈버거 전체가 기름기 많은 바닥에 떨어졌지만, 그대로 고객에게로 서빙되었다. 이번에는 고객이 버거 맛이 이상하다며 불만을 제기하며 반품했다. Steven은 직원들의 여러 비위생적인 관행들을 발견했는데, 예를 들어 날고기와 야채를 손질한 후 손을 씻지 않았고, 식기들을 사용하고 세척하지 않았다. 또한 때때로 파리가 앉았던 햄버거가 그대로 고객에게 서빙되기도 했다. 명백하게 이러한 관행들은 회사 정책에 위배되는 행위였고, 만약 보고될 경우 담당 슈퍼바이저는 이 문제에 대한 책임을 져야 하며, 이 식당은 보건 부서(the health department)의 조사를 받게 될 것이다. 직원들을 지켜보는 사람은 아무도 없었고, 교대 감독자도 방관하거나 이 관행대로 행동했다. Steven은 좋은 직원을 고용하는 것은 회사의 책임이라고 생각했고, 그들이 책임을 져야 한다고 생각했다.

어느 날 Steven이 Julie에게 다가가 물었다. "왜 여기의 많은 직원들은 바닥에 떨어진 음식을 손님에게 내놓는 겁니까?" Julie는 마치 한 번도 생각해 본 적이 없다는 듯 짧게 생각하더니 대답했다. "패티를 떨어뜨린 이후에 냉동고에서 소고기 패티를 다시 하나 더 꺼내어 요리해서 손님에게 내놓는 데 시간이 너무 오래 걸릴 것 같아서 그런 것 같아요. 이 곳은 결국 패스트푸드 레스토랑이며, 나는 고객이 음식을 받는데 너무 오래 걸렸다고 불평하는 것을 듣고 싶지 않아요. 게다가 가장 빠른 서비스를 제공하는 레스토랑은 본사에서 보너스를 받습니다. 작년에 슈퍼바이저들은 우리가 음식을 무척 빨리 서빙해서 보너스를 주었습니다."

Steven은 솔직한 대답에 다소 당황해하며 "만약 당신이 식당에서 이렇게 더러운 음식을 먹으면 역겨울 것 같지 않은가요?"라고 물었다. 이번에는 Julie가 빠르게 대답했다. 그녀는 "내가 (음식이 더럽다는 것을) 모른다면, 아무 문제없을 것 같다"라고 말하고는 자리를 떴다.

몇 주가 흘렀고 이 같은 관행이 계속되었다. Steven은 안전과 건강에 대해 이렇게 무관심한 환경에서 일어날 수 있는 (나쁜 혹은 위험한) 결과에 대해 점점 더 걱정하게 되었다. 시간이 지날수록 모두의 태도가 나빠지는 것 같았다.

어느 날, 근무가 시작될 때 Steven은 냉동실이 열려 있는 것을 발견했다. 문을 닫으러 갔을 때 그는 상한 고기 냄새를 맡았고 고기가 상한 것을 발견했다. "어떻게 이런 일이 일어날 수 있을까?" 그는 궁금했다. 그는 슈퍼바이저가 무엇을 하라고 시킬지 두려워서(그냥 그 고기를 쓰라고 할 것이 두려워서), 아무에게도 묻지 않고 그 상한 고기를 버렸다.

상한 고기를 버린 후, Steven은 어떻게 그러한 나쁜 관행들을 허용할 정도로 이 레스토랑의 문화가 나빠졌는지 궁금해지기 시작했다. 그는 겉보기에 사소해 보이는 비위생적인 관행들이 누군가를 다치게 할 수 있는 중대한 문제를 야기할 수 있음을 깨달았다. Steven은 행동을 취해야 한다고 느꼈다. 그는 앉아서 자신이 무엇을 해야 할지 곰곰이 생각했다.

[질문]

1. 이 식당의 조직 문화의 특성을 설명하시오. 비윤리적 행위들이 일어날 수 있는 기회들에는 어떤 것들이 있는가? 윤리적 행동을 할 기회는 있는가?
2. 직원들이 이러한 (비윤리적인) 유형의 행동을 하는 데 어떤 인센티브(incentive)가 있는가?
3. 대부분의 직원들이 정책을 무시할 때, 한 명의 직원이 이런 규칙 위반에 대한 문제를 제기하는 것은 어려울까? 왜 그럴까?

비즈니스에서 윤리적 의사 결정을 개선하려면, 먼저 개인들이 조직에서 의사 결정을 내리는 방식을 이해해야 한다. 조직의 구성원들은 자신이 가정, 가족 또는 개인 생활에서와 똑같은 방식으로 조직에서 윤리적 결정을 한다고 가정하는 경향이 강하다. 그러나 조직 내 작업 집단이라는 맥락(context)에서는 조직 및 이해관계자들과 독립적으로 윤리적 이슈들을 스스로 결정할 자유가 있는 개인은 거의 없다.

이 장에서는 기업의 윤리적 의사 결정에 대한 현재 지식들을 요약하고, 윤리적 의사 결정 과정을 더 잘 시각화할 수 있는 모델을 제공한다. 한 개인이나 작업 집단이 윤리적 결정들을 내리는 방법을 정확히 설명하는 것은 불가능하지만, 조직 내 평균적인 혹은 전형적인 행동 패턴에 대한 일반적인 그림을 제공할 수 있다. 이러한 일반화는 학계와 실무자들에 의해 널리 받아들여진 많은 연구들과, 적어도 6개의 윤리적 의사 결정 모델들을 기반으로 한다.[1] 이 연구를 바탕으로, 우리는 비즈니스 조직의 맥락에서 윤리적 의사 결정을 이해하기 위한 모델을 제시한다. 이 모델은 철학, 심리학, 사회학 및 조직 행동론 등의 개념을 통합한다. 이 이론적 틀(framework)은 조직이 어떻게 윤리 프로그램들을 결정하고 개발하는지 이해하는 데 도움이 되어야 한다. 또한, 조직의 의사 결정이 어떻게 윤리적 이슈들에 접근하는지를 설명하는 몇 가지 규범적 고려 사항들(normative considerations)을 제시할 것이다. 무엇이 적절한 행동인지에 대한 지속적인 신념을 제공하기 위해, 핵심 가치를 수립하기 위한 기초로서 몇몇 원칙들과 가치들이 논의될 것이다.

따라서 우리는 윤리적 결정이 "어떻게 내려지는지"에 대한 기술적인 이해(descriptive understanding)와, 윤리적 결정을 "어떻게 내려야 하는지"에 대한 규범적 이해의 틀(normative framework)을 모두 제공할 것이다.

6-1 기업의 윤리적 의사 결정을 위한 이론적 틀

그림 6-1에서 보는 바와 같이 기업의 윤리적 의사 결정 과정에는 윤리적 이슈 강도(ethical issue intensity), 개인적인 요인들(individual factors), 그리고 기업문화와 기회 같은 조직적 요인들(organizational factors)이 포함된다. 이러한 모든 상호 연관된 요소들은 윤리적 또는 비윤리적인 행동을 낳는 결정들에 대한 평가와 의도에 영향을 미친다. 이 모델은 윤리적 결정을 내리는 방법을 설명하지는 않지만, 윤리적 의사 결정과 관련된 요인들과 과정을 이해하는 데 도움이 된다.

그림 6-1 기업에서의 윤리적 의사 결정을 이해하기 위한 이론적 틀

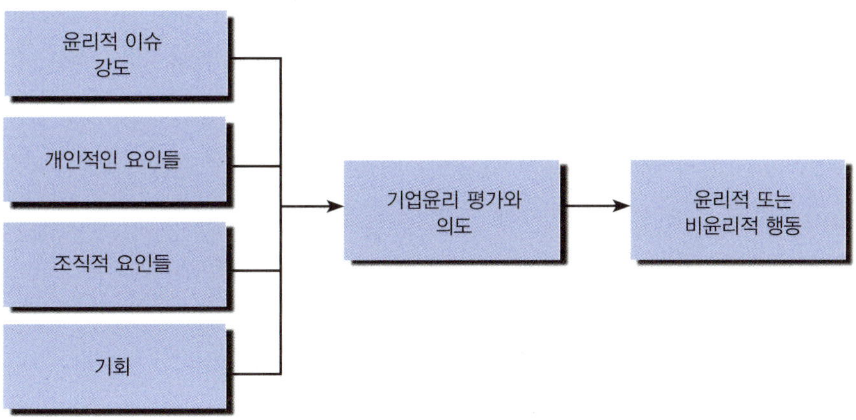

6-1a 윤리적 이슈 강도

윤리적 의사 결정의 첫 번째 단계는 윤리적 문제가 존재한다는 것을 인식하는 것이다. 개인이나 작업 집단은 다양한 이해관계자들이 궁극적으로 무엇을 옳고 그른 것으로 평가할지 여러 행동들 중에서 선택해야 한다. **윤리적**

윤리적 인식
어떤 상황이나 결정이 윤리적 측면을 가지고 있는지 여부를 인식하는 능력

인식(ethical awareness)은 어떤 상황이나 결정이 윤리적 측면을 가지고 있는지 여부를 인식하는 능력이다. 만약 직원들이 직면한 상황에 윤리적 요소가 있는지 여부를 먼저 인식할 수 있다면, 비용이 많이 드는 문제들을 피할 수 있다. 때로는 직무가 너무 세분화 되어서, 직원들이 자신의 결정이 미치는 영향을 잘 모르는 세부 작업들로 나뉘기도 한다. 따라서 직원들이 자신의 결정이 다른 사람에게 어떤 영향을 미칠지 생각하지 않고 자신의 전문 분야에서만 일하는 환경에서는, 윤리 의식은 나타나기 어려울 수 있다. 특히, 어떤 결정이 업무의 일상적인 부분이 되는 경우에는 윤리적 결정이 필요한 특정 이슈들을 간과하기 더 쉽다. 따라서 조직은 직원들에게 자신의 의사 결정의 잠재적인 윤리적 영향을 인식하는 방법을 교육해야 한다. 직원들에게 회사의 가치를 친숙하게 만들고, 일반적인 윤리적 시나리오들을 교육하면, 그들의 윤리 의식을 개발하는 데 도움이 될 수 있다. 직원들은 자신의 결정이 어떻게 윤리적 측면을 가지게 되는지 이해해야 한다.

윤리적 이슈 강도
개인, 작업 집단 및/혹은 조직의 관점에서 볼 때, 사건 또는 결정이 얼마나 관련성 혹은 중요성이 높은지 정도

윤리적 이슈 강도는 의사 결정자가 생각하는 중요성의 정도와 관련이 있다.[2] **윤리적 이슈 강도**(ethical issue intensity)는 개인, 작업 집단 및/혹은 조직의 관점에서 볼 때, 사건 또는 결정이 얼마나 관련성 혹은 중요성이 높은지 정도로 정의할 수 있다. 특정 장소와 시간에 널리 퍼져 있는 가치, 신념, 욕구, 인식, 상황의 특수성, 그리고 개인적 압력 등을 받아들이는 것은 개인적이고 일시적인 특성을 지녔다.[3] 고위 임원들과 행정 권한이 있는 직원들은 일반적으로 윤리적 이슈에 대한 조직의 입장(stance)을 결정하기 때문에, 윤리적 이슈 강도를 결정하는데 실질적으로 기여한다. 잠재적인 윤리적 이슈들은 위험 영역(risk areas)으로 식별되고, 직원들은 이러한 이슈들을 인식하도록 교육을 받는다. 앞서 5장에서 논의한 성희롱, 이해 상충, 뇌물 및 시간 절도 등은 모두 위험 영역으로 식별된 윤리적 이슈들이다. 현행법상, 상사는 부하 직원의 불법 행위에 대해 민사 및 형사 책임을 물을 수 있다. 미국에서는 4장에서 논의된 연방 양형지침(Federal Sentencing Guidelines for Organizations, FSGO)에 판사가 직원을 선고할 때 지침으로 사용하는 준-책임 공식(quasi-liability formula)이 여전히 포함되어 있다.

윤리적 이슈 강도는 윤리적 의사 결정 과정에 직면한 개인 및/또는 작

업 집단의 윤리적 민감성(ethical sensitivity)을 반영한다. 연구에 의하면, 개인은 직장, 가족, 종교, 법률 시스템, 지역 사회 및 직업 등과 같은 윤리적 선택(ethical choices)에 직면할 때, 6가지 "영향의 영역(spheres of influence)"의 영향을 받는다. 기업인들에 대한 각각의 중요성 수준은 의사 결정자가 문제를 얼마나 중요하게 인식하는지에 따라 달라진다.[4] 또한 개인의 도덕적 혹은 가치 강도(moral or value intensity)는 잠재적인 윤리적 문제들에 대한 인식을 증가시켜서 비윤리적으로 행동하려는 의도를 감소시킨다. **도덕적 강도**(moral intensity)는 사회적 압력에 대한 개인의 인식과, 자신의 결정이 다른 사람에게 피해(harm)를 끼칠 것이라 믿는 정도와 관련이 있다.[5] 개인, 조직, 그리고 의도 등을 포함하여 그림 6-1의 다른 모든 요소들은, 개인이 왜 윤리적 이슈들을 서로 다르게 인식하고, 왜 서로 다른 방식으로 윤리적 혹은 비윤리적이라고 정의하는지 결정한다. 조직 내 개인들이 여러 이슈들에 대한 공통된 우려를 공유하지 않는 한, 윤리적 갈등은 시작될 것이다. 윤리적 이슈 강도에 대한 인식은 경영진의 보상 및 처벌 사용, 기업 정책, 그리고 기업 가치 등에 의해 영향을 받을 수 있다. 즉, 관리자는 긍정적 및/또는 부정적인 인센티브를 통해 직원들이 윤리적 이슈의 중요성을 인식하는 정도에 영향을 줄 수 있다.[6]

도덕적 강도
사회적 압력에 대한 개인의 인식과 자신의 결정이 다른 사람에게 피해를 끼칠 것이라 믿는 정도

일부 직원들의 경우, 만약 관리자가 특정 문제 영역을 식별하고 교육하지 않으면 기업윤리 문제를 별로 중요하게 여기지 않을 수 있다. 한 연구에 의하면, 중하위 레벨의 관리자들이 직면하는 비윤리적 상황들의 1/3 이상이 내부 조직 규정/규칙을 둘러싼 내부 압력(internal pressure)과 모호성(ambiguity)에서 비롯된다.[7] Wells Fargo의 직원들은 극심한 압박과 비현실적인 판매 목표로 인해 고객의 동의(consent) 없이 새 계정(account)을 만들었다.[8] 많은 직원들은 이러한 유형의 문제들이 실제로 일어나기 전에 미리 문제를 예상하지 못한다.[9] 이런 준비 부족으로 인해 직원들은 윤리 문제가 발생했을 때 적절하게 대응하기 어렵다. 직원들이 고려해야 할 새로운 이슈의 예로는 인공 지능 윤리[artificial intelligence (AI) ethics]가 있다. AI 기반 시스템의 개발자와 연구원, 그리고 AI 모델과 상호 작용하여 통찰력을 얻거나 결정을 내리는 직원들은, AI 관련 이슈들을 예측하고 윤리적 회색 영역(ethical gray areas, 윤리적인지 판단하기 모호한 영역)을 탐색

하기 위해 윤리 교육을 받아야 한다.[10] AI는 12장에서 더 살펴보기로 한다.

다양한 가치들과 배경들을 가진 직원들로 구성된 기업은, 그 기업이 특정한 윤리적 이슈들을 처리하고자 하는 방식대로 직원들을 교육해야 한다. 직원들이 직면할 수 있는 윤리적 이슈들과 위험을 식별하는 것은 윤리적 결정을 내리는 그들의 능력을 계발하는 데 중요한 단계이다. 많은 윤리적 문제들은 산업 집단이나 회사에서 활용할 수 있는 일반 정보를 통해 식별된다. 기업에서 특정 이슈에 대해 그것의 윤리적 중요성이 높다고 공표하면, 직원들의 윤리적 이슈 강도가 증가할 수 있다. 윤리적 이슈가 얼마나 중요한지에 대한 직원들의 인식은, 그들의 윤리적 판단(ethical judgment)과 행동 의도(behavioral intention) 모두에 강한 영향을 미친다. 다시 말해, 개인이 윤리적 이슈를 중요하게 인식할수록, 의심스럽거나 비윤리적인 행동을 할 가능성은 낮아진다.[11] 따라서, 윤리적 이슈의 강도는 윤리적 의사 결정 과정에서 핵심적인 요인으로 고려되어야 한다.

6–1b 개인적인 요인

사람들은 일상생활에서 문제를 해결해야 할 때, 옳고 그름에 대한 자신의 가치와 도덕에 따라 결정을 내리는 경우가 많다. 그들은 일반적으로 사회화 과정(socialization process), 가족 구성원 및 사회 집단들과의 상호 작용, 종교 및 정규 교육(formal education) 등을 통해 이를 배운다. 좋은 개인 가치들이나 도덕은 비윤리적 관행을 줄이고 긍정적인 업무 행동을 증가시키는 것으로 밝혀졌다. 7장에서 자세히 논의할 개인의 도덕 철학(moral philosophies)은, 개인의 관점에서 도덕적이거나 부도덕한 것을 판단/결정하기 위해 활용하는 원칙, 가치 및 규칙 등을 제공한다. 개인의 가치는 일상적인 결정들에 적용되는 도덕 철학에서 파생될 수 있다. 그러나 이러한 가치들은 주관적일 수 있으며 문화에 따라 크게 다를 수 있다. 어떤 사람들은 다른 사람들보다 약속과 책임을 지키는 것을 더 중요하게 생각할 수 있다. 비즈니스에 적용되는 가치들은, "남들도 다 그렇게 한다." 또는 "비즈니스를 성사시키기 위해서 어쩔 수 없었다." 등과 같은 부정적인 합리화(negative rationalizations)에도 사용될 수 있다.[12] 연구에 의하면, 특정한 성격을 가진 개인들은 기본 핵심 가치를 위반하여, 그런 성격을 가진 직원이 없는 작업 집단에 비해 30~40%의 성과 손실을 초래한다.[13] 자신의 이익만을 추구하거나 법과 사회의 이익을 완전히 무시하는 것처럼 보이는 특정 개인들의 행동은, 종종 그 개인의 성격과 고결성에 대해 의문을 품게 만든다.

비록 윤리적 행동에 참여하려는 개인의 의도는 개인의 가치와 관련이 있지만, 조직 및 사회적 힘/영향력(forces)도 중요한 역할을 한다. 개인의 태도와 사회적 규범들은 그 자신의 의사 결정 과정에서 행동적인 의도를 만드는 데 도움이 된다. 개인이 옳은 일을 하려고 할 수도 있지만, 조직적 또는 사회적인 힘/영향력이 이러한 의도를 바꿀 수 있다. 개인은 동료의 위법 행위를 보고하려고 할 수 있지만, 그렇게 함으로써 사회적 또는 재정적(financial) 결과들을 맞이해야 한다면 그 개인은 무관심한 태도를 유지할 수 있다. 이 경우 사회적 힘/영향력은 적절한 조치를 취하는 데 있어서 개인의 가치 또는 도덕을 압도해 버린다.[14] 동시에, 개인의 가치는 사람들이 어떻게 작업 환경에서 윤리적 책임을 지는지에 큰 영향을 미친다. 그 결과, 개인의 결정들은 회사의 정책과 기업 문화에 크게 좌우될 수 있다.

대중이 기업윤리를 인식하는 방식은 일반적으로 해당 직업에 따라 다르다. Edelman Trust Barometer에 따르면, 금융 서비스는 가장 신뢰도가 낮은 산업 분야이다.[15] 금융 기관(financial institutions)은 종종 가장 낮은 윤리를 지녔다고 인식된다. 윤리적 인식, 판단, 의도 및 행동에 영향을 미치는 개인적인 요인들에 대한 연구에는 성별, 교육, 업무 경험, 국적, 나이 및 통제 소재(locus of control) 등이 포함된다.

성별(gender)과 윤리적 의사 결정 사이의 연관성에 관한 광범위한 연구들은 많은 측면에서 남성과 여성 사이에 차이가 없음을 보여준다. 그러나 굳이 차이점을 이야기하자면, 여성은 일반적으로 남성보다 윤리적 시나리오(ethical scenarios)에 더 민감하고 비윤리적 행동에 덜 관대해 보인다는 점에서 남성보다 더 윤리적이다.[16] 한 연구에 의하면, 여성과 남성은 윤리적 결정을 내리는 기준/기반(foundation)이 다르다. 여성은 보다 관계에 의존하고, 남자는 정의(justice)나 형평성(equity)에 의존한다.[17] 윤리적 의사 결정에 대한 성별의 영향에 대한 또 다른 연구에서, 특히 여성 의사와 변호사들은 남성 의사와 변호사들보다 규정된 프로토콜(established protocols)을 따를 가능성이 더 높았다.[18] 점점 더 많은 여성들이 관리직에서 일함에 따

성별
윤리적 의사 결정 사이의 연관성에 관한 연구들은 많은 측면에서 남성과 여성 사이에 차이가 없음을 보여준다.

라, 이러한 발견은 점점 더 중요해질 수 있다.

교육
윤리적 의사 결정 과정에서 중요한 요소이다. 일반적으로, 교육이나 직장 경험이 많을수록 윤리적 결정들을 더 잘 내릴 수 있다.

교육(education)은 또한 윤리적 의사 결정 과정에서 중요한 요소이다. 기억해야 할 중요한 점은 교육은 경험을 반영하지 않는다는 것이다. 근무 경력(work experience)은 특정 직무, 직업 및/또는 산업에서 근무한 연수로 정의된다. 일반적으로, 교육이나 직장 경험이 많을수록 윤리적 결정들을 더 잘 내릴 수 있다. 어떤 사람이 받는 교육의 유형은 윤리에 거의 또는 전혀 영향을 미치지 않는다. 예를 들어, 경영학과 학생이든 인문학 전공 학생이든 상관이 없다. 윤리적 비즈니스 의사 결정 측면에서는 모두 비슷하다. 그러나 현재의 연구에 의하면, 학생들은 기업에 종사하는 사람들보다 덜 윤리적인 것으로 나타났는데, 이는 직장인들이 학생들보다 윤리적으로 도전적인 상황에 더 많이 노출되었기 때문이라는 점에서 논리적이다.[19] 게다가, 규제 담당자들 및 윤리 연구자들을 포함하여, 기업윤리 지식에 정통한 사람들은 대학원생과 같은 초보자들보다 윤리적 의사 결정 과정에 더 많은 시간을 할애하고, 더 많은 이슈들을 제기할 가능성이 높다.[20] 이는 교육이나 경험으로 인해 윤리적 의사 결정 과정에 익숙한 사람들이 윤리 이슈에 대한 다양한 대안들을 검토하고 선택하는 데 더 많은 시간을 할애할 가능성이 있음을 의미한다.

국적
한 개인과 그 개인이 태어난 국가 사이의 법적 관계

국적(nationality)은 한 개인과 그 개인이 태어난 국가 사이의 법적 관계이다. 21세기에는 유럽 연합(European Union, EU)과 같은 지역 경제 통합(regional economic integration)으로 국적이 재정의된다. 유럽 학생들은 국적에 대한 질문을 받을 때, 출생지보다 현재 거주지를 언급할 가능성이 더 크다. 플로리다에서 태어났지만 현재 뉴욕에 사는 사람들이 스스로를 뉴요커(New Yorkers)로 여길 수 있는 것처럼, 미국에서도 같은 현상이 일어나고 있다. 국적 및 윤리에 대한 연구는 윤리적 의사 결정에 미치는 영향에 있어서 중요해 보이기는 하지만, 국적이 윤리에 미치는 영향을 해석하기는 다소 어렵다.[21] 문화적 차이로 인해 서로 다른 국적의 개인들이 조직 내에서 크게 다른 윤리적 의사 결정을 내릴 것이라고 말하는 것은 적절하지 않다. 오늘날의 현실에서, 다국적 기업들이 국적을 불문하고 훌륭한 의사 결정을 내리는 인재를 찾고 있기 때문이다. 아마도 앞으로 20년 이내에 더 이상 국적이 문제가 되지 않을 것인데, 왜냐하면 개인이 지닌 다국가적 속

그림 6-2 미국의 연령 그룹별 노동력

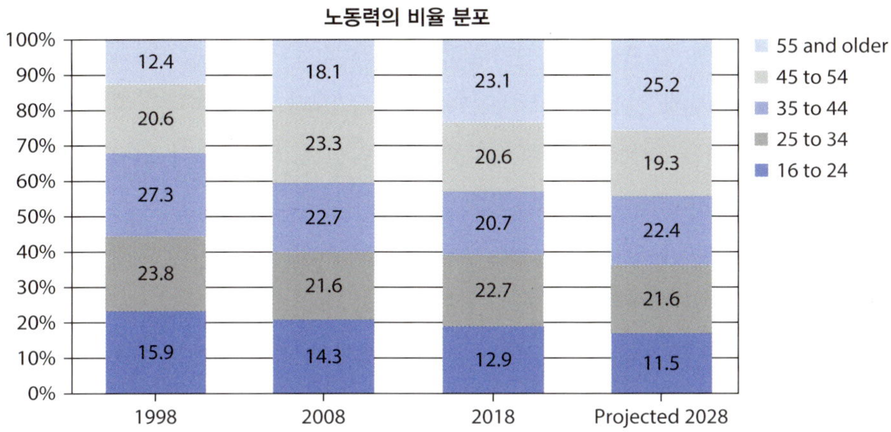

자료: Bureau of Labor Statistics, "Employment Projections," www.bls.gov/emp/graphics/2019/labor-force-share-by-age-group.htm (accessed March 19, 2021).

성이(혹은 다국가적 개인 문화가) 윤리적 의사 결정에서 가장 중요한 요소로서 국가적 위상(혹은 국적)을 대신할 것이기 때문이다.

나이
기업윤리와 복잡한 관계를 지닌 개인적인 요인

나이(age)는 기업윤리의 또 다른 개인적인 요소이다. 수십 년 전, 우리는 나이가 윤리적 의사 결정과 양(+)의 상관관계가 있다고 믿었다. 즉, 나이가 들수록 더 윤리적이라는 것이다. 일반적으로 사람들은 경험이 더 많은 고령 직원들이 복잡한 산업별 윤리적 이슈들을 처리하기 위한 지식을 더 많이 가지고 있다고 믿는다. 그림 6-2는 노동 통계국(Bureau of Labor Statistics)에 의해 제시된, 연령 그룹별 미국 노동력의 변화를 보여준다. 새로운 세대는 직장에 새로운 관점을 제시한다. 미국 인구의 대략 4분의 1을 차지하는 Z세대(Gen Z)는 역사상 가장 민족적으로나 인종적으로 다양한 세대이다. 이 세대의 개인들은 제품이나 서비스 품질보다는 윤리, 관행 및 사회적 영향력 등을 기반으로 회사에 대한 의견을 형성할 가능성이 더 크다.[22]

통제 소재
한 인간이 내부적인 사건이나 강화에 의해 더 큰 영향을 받는지, 아니면 외부적인 사건 또는 강화에 의해 더 큰 영향을 받는지에 대한 일반화된 믿음이고, 이는 사람마다 차이가 있다.

통제 소재(locus of control)는 한 인간이 내부적인 사건이나 강화(reinforcements)에 의해 더 큰 영향을 받는지, 아니면 외부적인 사건 또는 강화에 의해 더 큰 영향을 받는지에 대한 일반화된 믿음이고, 이는 사람마다 차이가 있다. 즉, 이 개념은 사람들이 힘 혹은 권력(power)과 관련하여 어떻게 자

외부 통제
외부 통제를 믿는 사람들은 삶의 흐름을 따라가는 것이(흐르는 대로 살아가는 것이) 자신이 할 수 있는 전부라고 본다.

신을 보고 있는지와 관련이 있다. **외부 통제**(external control)를 믿는 사람들(externals)은 삶의 흐름(flow)을 따라가는 것이(흐르는 대로 살아가는 것이) 자신이 할 수 있는 전부라고 본다. 그들은 삶의 사건들은 통제할 수 없는 힘에 의해 결정된다고 믿는다. 그들은 결과 또는 성과가 회사의 운(luck), 기회(chance) 및 회사의 강력한 사람들에 의해 달려 있다는 것을 받아들인다. 게다가, 자신의 행동과 노력으로 자신의 삶을 통제할 수 있는 가능성이 낮다고 생각한다.

내부 통제
내부 통제를 믿는 사람들은 자신의 노력과 기술로 삶의 사건들을 통제할 수 있고, 자신을 운명의 주인으로 여기며, 자신을 둘러싼 환경에 스스로 영향을 줄 수 있는 자신의 능력을 믿는다.

반대로, **내부 통제**(internal control)를 믿는 사람들은 자신의 노력과 기술로 삶의 사건들을 통제할 수 있고, 자신을 운명의 주인으로 여기며, 자신을 둘러싼 환경에 스스로 영향을 줄 수 있는 자신의 능력을 믿는다. 내부 통제를 하는 사람들은 자신의 선택을 강조하고 이를 확인함으로써 자신의 삶에 더 자주 책임을 지려고 한다. 한 가지 예는, 누군가가 직장에 지각하는 것을 어떻게 보는지에 대한 것이다. 내적 통제가 강한 사람은 늦게 일어나거나 출퇴근 시간에 충분한 여유를 두지 않는 등 제 시간에 출근하지 못하는 요인들을 인식하고, 그 상황에 대한 현실적인 시각을 가질 수 있다. 그런데 통제의 외부 소재를 가진 사람은 교통 체증과 같은 외부 요인들에 집착할 가능성이 높다. 우리는 외부 통제를 지닌 개인들이 내부 통제를 지닌 개인들보다 다른 사람들의 영향을 더 많이 받을 것이라고 추론할 수 있다.

통제의 소재와 윤리적 의사 결정 사이에는 관계가 있는 것으로 밝혀졌다. 내부 통제 소재는 윤리적 의사 결정과 양(+)의 상관관계가 있는 반면에, 외부 통제 소재는 윤리적 결정과 음(−)의 상관관계가 있다.[23] 즉, 자신의 운명이 스스로 결정했다고 믿는 사람들은 자신의 운명이 다른 사람의 손에 달려 있다고 믿는 사람들보다 더 윤리적이었다. 물론 누군가를 완전히 내부 통제적이거나 반대로 완전히 외부 통제적인 것으로 분류하는 것은 아마도 불가능할 것이다. 실제로, 대부분의 사람들은 불확실하고 애매모호한 행동을 할 때나 그들이 올바른 선택이라고 알던 것을 고수해야 할 때, 다른 사람들(특히 권위자)의 영향을 받는 경향이 있다. 이것은 외부 통제를 하는 사람들이 반드시 늘 비윤리적이거나, 반대로 내부 통제를 하는 사람들이 늘 윤리적이라는 뜻은 아니다.

6-1c 조직적 요인

비록 사람들은 비즈니스와 관련된 상황에서 개인적인 윤리적 선택(individual ethical choices)을 할 수 있고 실제로 하기도 하지만, 아무도 진공 상태에서 그런 선택을 하지는 않는다(즉, 외부 요인들의 영향을 받을 수밖에 없다). 실제로 연구 결과에 의하면, 직장에서 조직의 가치는 종종 개인의 가치보다 의사 결정에 더 큰 영향을 미친다.[24] 기업에서 윤리적 선택들은 작업 그룹(work groups)과 위원회(committees)에서 공동으로 이루어지거나, 또는 동료들과의 대화 및 토론에서 가장 자주 이루어진다. 직원들은 자신만의 배경(background)뿐만 아니라 조직의 다른 사람들로부터 배운 것들을 기반으로 윤리적 이슈들에 접근한다. 이 학습 과정의 결과물(outcomes)은 개인 가치의 강도(the strength of personal values), 비윤리적으로 행동할 기회, 그리고 윤리적 또는 비윤리적으로 행동하는 다른 사람들에게 노출되는 정도 등에 달려 있다. 개인의 가치와 조직의 가치가 일치(alignment)하면, 직원들은 긍정적인 업무 태도와 조직 성과를 만들게 된다. 연구에 의하면, 개인 및 조직 가치의 합치(congruence)는 몰입 및 헌신, 만족, 동기 부여, 윤리, 업무 스트레스 및 불안 등과 관련이 있다.[25] 비록 가족이나 친구와 같은 조직 외부의 사람들도 의사 결정자에게 영향을 미치지만, 조직은 무엇이 윤리적이고 무엇이 윤리적이지 않은지를 결정하는 데 도움이 되는 특성들을 계발시켜준다. 가족이 개인을 인도/안내(guide)하는 것처럼, 특정 산업은 기업들에게 행동적인 신호(behavioral cues)를 제공한다. 가족 내에서, 그리고 조직 내에서도 문화(culture)가 발달한다.

기업 문화(Corporate culture)는 조직의 구성원(직원)이 공유하는 문제들을 해결하는 방법을 포함하여 일련의 가치(values), 규범(norms) 및 상징물(artifacts)로 정의할 수 있다. 시간이 흐름에 따라, 이해관계자들은 기업이나 조직을 자신의 생각(mind)과 의지(will)가 있는 살아있는 유기체(living organism)로 본다. 예를 들어 Walt Disney 사는 모든 신입 직원들에게 회사의 윤리적 차원을 포함하여 Disneyland와 Walt Disney의 전통과 역사에 대한 학습 과정을 이수하도록 요구한다. Zappos는 직원들이 문제에 직면한 고객을 돕기 위해 이례적인 조치라도 취하도록 장려하는, 아주 강력한 고객 충성(customer loyalty) 전통으로 잘 알려져 있다. 기업은 직무 명

기업 문화
조직의 구성원(직원)이 공유하는 문제들을 해결하는 방법을 포함하여 일련의 가치, 규범 및 상징물로 정의할 수 있다.

> ### 논쟁거리
>
> **직장 내 개인 정보 보호에 대한 갈등**
>
> 직장 내 개인 정보 보호(privacy)를 둘러싸고 회사와 직원들 사이에 긴장이 있다. 일부 회사들은 회사에서 발급(부여)한 GPS-지원 스마트폰을 통해 직원들을 추적(track)한다. 또한 TikTok, Snapchat, 그리고 Instagram과 같은 소셜 네트워킹 사이트들을 통해 직원들의 행동을 모니터링한다. 현재, 회사가 직원들을 모니터링하고 추적하는 것을 금지하는 법률은 없다. 기업들은 이러한 플랫폼들을 모니터링하지 않으면 직원들이 위법 행위에 취약해진다고 생각한다. 예를 들어, 인터넷은 직장에서 직원들의 주의를 산만하게 하는 횟수를 증가시켰고, 일부 직원들은 업무 외의 목적으로 소셜 미디어(social media) 사이트들을 사용하는 데 근무 시간의 최대 30%의 시간을 보낸다. AI와 어낼리틱스(analytics, 최신의 data 분석 기법) 등을 통해, 기업들은 직원들의 활동에 대해 알아내기 위해 직원들과 그들의 디지털 연결(digital connection)을 모니터링할 수 있다.
>
> 반면에 직원들은 사생활을 보호 받을 권리가 있다고 주장한다. 그들은 기업의 트랙킹(tracking, 디지털을 활용한 모니터링 및 추적을 의미)을 고용주가 자신들을 신뢰하지 않는다는 명백한 신호로 본다. 또 다른 주요 주장은 기업이 직원들의 소셜 미디어 사이트나 스마트폰에 액세스할 수 있다면, 직장 밖에서의 그들의 활동들도 모니터링할 수 있다는 것이다. 직원들이 적절하게 근무하고 있는지 확인하는 것과 개인 정보 보호에 대한 권리를 존중하는 것의 경계는 어디일까?
>
> 1. 회사는 회사의 스마트폰을 통해 직원들을 추적(track)하고 직원들 개인의 Facebook 및 Twitter 계정을 모니터링 할 권리가 있어야 한다.
> 2. 직원들은 개인의 프라이버시를 유지할 수 있어야 하며, 회사 스마트폰이나 Facebook 및 Twitter 계정을 통해 추적되지 않아야 한다.

세서(job descriptions), 교육 훈련(training) 및 일상적인 작업 환경 등을 이끌어 가는 가치들의 목록을 정의함으로써 기업 문화를 강화해 나간다.[26] 직원들은 고객을 도울 때 어느 정도의 위험을 감수해도 된다는 것을 배운다. 이러한 강력한 전통과 가치는 Starbucks, IBM, Procter & Gamble, 그리고 Hershey Foods 등을 비롯한 많은 회사들에서 원동력(driving force)이 되었다.

기업 문화의 윤리성을 증진시킬 수 있는 한 가지 방법은, 기업의 사명 선언문(mission statement)이나 목표 및 목적으로 되돌아가는 것이다. 이러한 목표와 목적은 투자자, 직원, 고객 및 공급업체 등과 같은 다양한 이해관계자들에 의해 개발되는 경우가 많다. Ben & Jerry's는 경제적 번영(economic prosperity), 사회적 이익(social good) 및 제품 품질(product quality) 등을 강조하는 세 부분으로 된 사명(mission)을 가지고 있다.[27] 회사의 활동을 사명 선언문, 목표 및 목적 등과 비교해 보면, 기업이 그 가치들에 충실하게 지키고 있는지 파악하는 데 도움이 된다. 게다가, 대부분의 산업들에는 시간이 지남에 따라 업계의 사람들 혹은 기업들이 개발한 지침(guideline)을 확산시키는 무역 협회(trade association)가 있다. 이러한 규칙은 의사 결정 과정에도 도움이 된다. 회사의 내부 규칙 및 규정과 산업계 지침 사이의 상호 작용은 기업이 과연 윤리적 혹은 비윤리적인 결정을 내리는지 여부를 결정하는 기초를 형성한다. 또한 이 상호 작용은 윤리적 또는 비윤리적인 문화가 어떻게 보일 수 있는지에 대한 아이디어를 기업에게 제공한다. NFIB(National Federation of Independent Business)는 미국에서 가장 큰, 중소기업(small businesses)을 위한 무역 협회이다. NFIB는 소규모 기업들이 전문 행사들에서 네트워킹을 하며 서로 배울 수 있는 기회를 제공할 뿐만 아니라, 기업을 소유, 운영 및 성장시킬 수 있는 권리를 증진하고 보호하는 미션을 수행한다.[28] 직접판매 협회(Direct Selling Association)는 심도 있는 윤리 강령을 가지고 있으며, 더 나은 비즈니스 사무국(the Better Business Bureau)과 협력하여 회원사들의 마케팅 활동을 모니터링한다.

기업 또는 조직 문화의 중요한 구성 요소는 기업의 행위 자체와 그것이 윤리적인지 비윤리적인지 여부이다. 기업 문화(Corporate culture)는 조직 구성원들에 대한 광범위한 행동을 규정하는 가치들과 규범들을 포함하는 반면에, **윤리적 문화**(ethical culture)는 의사 결정의 고결성을 반영하며, 기업 정책, 윤리적 이슈에 대한 최고 경영진의 리더십, 동료들의 영향력, 비윤리적 행동을 할 기회 등 다양한 요인들에 의해 결정된다. 효과적인 윤리적 문화를 형성하기 위해서는 소통도 중요하다. 효과적인 의사 소통과 임파워먼트(empowerment, 권한 이양/권한 위임), 그리고 조직의 윤리적 문화 개발 사이에는 양(+)의 상관관계가 있다.[29] 조직 전체 내에서, 하위 문화들(subcultures)은 개별 부서들 또는 작업 그룹들에서 발전할 수 있지만, 이는 회사의 전반적인 윤리 문화의 강도와 부서들 및 이해관계자들의 기능에 영향을 받는다.[30] 예를 들어, 영업 사원은 영업 부서의 하위 문화에 크게 영향을 받으며, 다른 부서들에서는 일반적이지 않은 영업 부서만의 여러 윤리적 이슈들에 직면한다.[31] 게다가, 영업 사원은 주로 조직 외부에서 활동하는 경향이 있기 때문에, 다른 직원들 및 조직의 윤리적 문화에 의해 같은 방식으로 사회화되지 않을 수 있다.[32]

윤리적 문화
기업과 산업에 의해 받아들여지는 행동들, 의사 결정의 고결성을 반영하며, 기업 정책, 윤리적 이슈에 대한 최고 경영진의 리더십, 동료들의 영향력, 비윤리적 행동을 할 기회 등 다양한 요인들에 의해 결정된다.

기업 문화와 윤리적 문화는 조직 내의 중요한 사람들이 조직 내에서 윤리적 결정을 내리는 데 도움이 된다는 아이디어와 밀접하게 관련되어 있다. 연구에 의하면, 조직 문화 안에 구체화된 윤리적 가치들은, 직원들의 회사에 대한 헌신 및 그들이 회사와 잘 맞는다고 느끼는 감각과 양(+)의 상관관계가 있다. 이러한 결과는 기업들이 직장에서 직원들의 경험을 향상시키기 위해 그들의 가치를 개발하고 홍보해야 함을 시사한다.[33] 직원들이 조직 문화를 더 윤리적으로 인식하면 할수록, 그들이 비윤리적인 결정을 내릴 가능성은 낮아진다.

중요한 타인들
직장 동료, 관리자 및 부하 직원 등을 포함하여 작업 그룹에서 영향력이 있는 사람들을 의미한다.

직장 동료, 관리자 및 부하 직원 등을 포함하여 작업 그룹에서 영향력이 있는 사람들을 **중요한 타인들**(significant others)이라고 한다. 그들은 익숙하지 않은 작업을 수행하는 작업자를 일상의 업무에서 도울 뿐만 아니라, 공식적 및 비공식적인 방식으로 조언과 정보를 제공한다. 많은 회사들에서 신입사원들에게 멘토링(mentoring)을 제공하여 신입사원을 안내하고 회사에 잘 적응할 수 있도록 돕는다. 세계 최대 건설 장비 제조업체인 Caterpillar는 직원 멘토링 분야에서 잘 알려진 리더 기업이다. 신입사원은 첫 3년 동안 멘토링을 받는다. 이를 통해 신입사원들은 다양한 분야에서 경험을 쌓고 다양한 부서의 리더들과 연결될 수 있다. 게다가, Caterpillar 멘토링의 고유한 특성은 바로 역 멘토링(reverse mentorship)인데, 이는 하급 직원이 고위 직원을 멘토링하여 더 많은 성별 이슈, 가치 및 기타 행동적 측면들에 노출시킨다. Caterpillar의 부사장은 "Caterpillar는 사람 사이의 연결(human connection)의 풍부한 원천입니다."라고 말했다.[34]

마찬가지로 관리자는 직원들이 업무에서 수행하는 특정 유형의 활동들에 대한 지시를 내릴 수 있다. 실제로 어떤 직원의 상사는, 직원이 직장에서 사회적으로 적응하고 발전하도록 돕는 데 중심적인 역할을 할 수 있다.[35] 수년에 걸쳐 수행된 수많은 연구들에 의하면, 조직 내 중요한 타인들이 다른 어떤 요인들보다 일상적인 근로자들의 의사 결정에 더 큰 영향을 미칠 수 있다.[36]

권위에 대한 복종
많은 직원들이 단순히 상사의 지시에 따라 기업윤리 이슈들을 다루는 이유

권위에 대한 복종(obedience to authority)은 중요한 타인들(significant others)이 행사할 수 있는 영향력의 또 다른 측면이며, 왜 그렇게 많은 직원들이 단순히 상사의 지시에 따라 기업윤리 이슈들을 다루는지를 설명하는 데 도움이 된다. 상사에 대한 존중을 강조하는 조직에서 직원들은, 상사의 명령이 직원 자신의 도덕(가치)에 어긋나더라도 그 명령을 수행해야 한다고 느낄 수 있다. 관리자가 통제하는 보상과 처벌은 윤리적 결정에 영향을 미친다. 기업들이 재무 성과 같은 '결과'를 중심으로 모든 보상을 한다면, 목표 달성 방법 같은 '과정'은 부차적인 관심사가 될 수 있다. 이러한 상황은 금융 위기 이전에 주요 은행들에서 발생했다. 만약 어떤 직원의 결

정이 비윤리적이라고 판단되면, 그 혹은 그녀는 아마도 “나는 그저 명령을 수행했을 뿐입니다.” 또는 “내 상사가 이렇게 하라고 했습니다.”라고 말할 가능성이 높다. 또한, 기업의 업종과 규모는 관련 있는 요인들로 나타났으며, 규모가 클수록 비윤리적 행위의 위험이 더 큰 것으로 나타났다.[37] 어떤 경우에는, 직원들이 명시적으로 무언가를 요청(명령) 받지 않아도, 스스로 알아서 자신들의 상사의 욕구를 예상할 수 있다. 예를 들어, Toshiba가 수익(earnings)을 부풀리는 비윤리적 행위를 했을 때, 경영진이 직원들에게 암묵적인 압력을 가해서 부서 관리자들이 그 수익을 거짓으로 보고했다. 명령을 기꺼이 따르려는 것은 일반적으로 좋은 일이지만, 지도자가 윤리적 고결성(ethical integrity)이 결여되어 있을 때의 맹목적인 복종(blind obedience)은 나쁜 결과를 초래할 수 있다.[38]

6-1d 기회

기회는 윤리적이거나 비윤리적인 행동을 제한하거나 허용하는 조직 내 조건들을 설명한다. 기회는 내부적이든 외부적이든 어떤 행위에 대해 보상을 제공하거나, 혹은 비윤리적 행동을 미리 방지하지 못하는 조건들에서 비롯된다. 내부 보상의 예로는, 이타적이거나 윤리적인 행동을 함으로써 얻는 선한 느낌과 개인적 가치 등이 있다. 외적 보상은 개인이 그가 속한 사회적 환경 내의 다른 사람들로부터 받기를 기대하는 명백한 사회적 인정(social approval), 지위(status), 존경(esteem) 등을 의미한다.

기회
윤리적이거나 비윤리적인 행동을 제한하거나 허용하는 조직 내 조건들

비윤리적 행동에 대한 장벽(barriers) 혹은 방지책을 세우지 못하는 조건의 예는, 고객들로부터 거액의 선물을 받는 직원을 처벌하지 않는 회사의 정책이다. 처벌의 부재는 개인이 비윤리적 행위로 인한 나쁜 결과를 맞이해야 한다는 두려움 없이, 그러한 행동에 참여할 수 있도록 하기 때문에 본질적으로 비윤리적 행동의 기회를 제공한다. 비윤리적 행동에 대한 보상의 전망(예상)은 또한 직원들로 하여금 의심스러운 결정을 내릴 기회를 만들 수도 있다. 예를 들어, 비윤리적인 영업 전략을 사용하여 많은 물건을 판매해서 큰 보너스를 받고 대중에게 인정을 받은 영업 사원은, 그러한 행동이 그 영업 사원 개인의 가치 체계에 어긋나더라도 그러한 전략을 또 다시 사용할 가능성이 높다. 만약 직원들이 직장에서 약물이나 알코올을 남용하는 다른

사람을 보고 아무도 이 행위를 보고하거나 반응하지 않으면, 다른 사람들이 이러한 활동에 참여할 기회가 늘어난다.[39]

즉각적인 업무 맥락
직원이 일하는 곳, 함께 일하는 사람, 업무의 성격 등

기회는 개인의 **즉각적인 업무 맥락**(immediate job context), 즉 그들이 일하는 곳, 함께 일하는 사람, 업무의 성격 등과 관련이 있다. 즉각적인 업무 맥락에는, 상사가 직원 행동에 영향을 미치기 위해 사용하는 동기 부여적인 "당근과 채찍"이 포함된다. 급여 인상(pay raises), 상여금(bonuses) 및 대중의 인정(public recognition)은 당근 또는 긍정적 강화(positive reinforcements)인 반면에, 강등(demotion), 해고(firings), 견책(reprimands) 및 급여 삭감(pay penalties) 등은 채찍 또는 부정적인 강화(negative reinforcements)의 역할을 한다. 회사에 직원을 도울 당근이나 채찍이 없으면 부정적이거나 비윤리적인 행동이 증가할 수 있다. 한 설문 조사에 의하면, 직원의 절반 이상이 직장에서 물건을 훔친다.[40] 많은 사무용품, 특히 작은 물품들은 직장에서 "사라지는" 경향이 있다. 그림 6-3은 직원이 어떻게 절도를 정당화하는지에 대한 통찰력을 제공한다. 포스트잇 메모지, 복사기 용지, 스테이플, 펜 등과 같은 작은 소모품은 더 일반적인 도난 물품으로 보이지만, 그러나 일부의 사무실 도난은 때때로 더 심각한 지경에 처한다. 텍사스의 한 소년원 직원(juvenile detention center employee)이 9년 동안 130만 달러의 파히타 고기(fajita meat)를 훔쳐 50년형을 선고받았다.[41] 소매 산업은 특히 큰 타격을 입는다. 내부 절도가 재고 감소의 3분의 1을 차지할 정도이다.[42] 만약 이 관행에 대해 강제하는 정책이 없다면, 일부 직원들은 어디에 윤리적인 선을 그어야 할지 배우지 못하고, 개인 용도로 더 비싼 물품들을 가져오는 습관을 들일 것이다.

직원들이 조직에서 비윤리적인 행동을 할 수 있는 기회는, 경영진이 적절하게 집행하는 공식 강령(formal codes), 정책 및 규칙 등으로 억제할 수 있다. 예를 들어, 170개 이상의 회원 조직들로 구성된 글로벌 조직인 국제 회계사 연맹(International Federation of Accountants)은 새로운 위험 영역(risk areas)을 다루기 위해 윤리 기준을 정기적으로 업데이트한다.[43] 은행, 저축 및 대출 협회(savings and loan associations), 증권 회사 등과 같은 금융 회사들은 개별 직원들이 그들이 지닌 신뢰받을 수 있는 위치(trusted positions)를 조작하거나 이용할 기회를 만드는 것을 방지하

그림 6-3 직원들이 물품을 훔쳐도 된다고 생각하는 이유

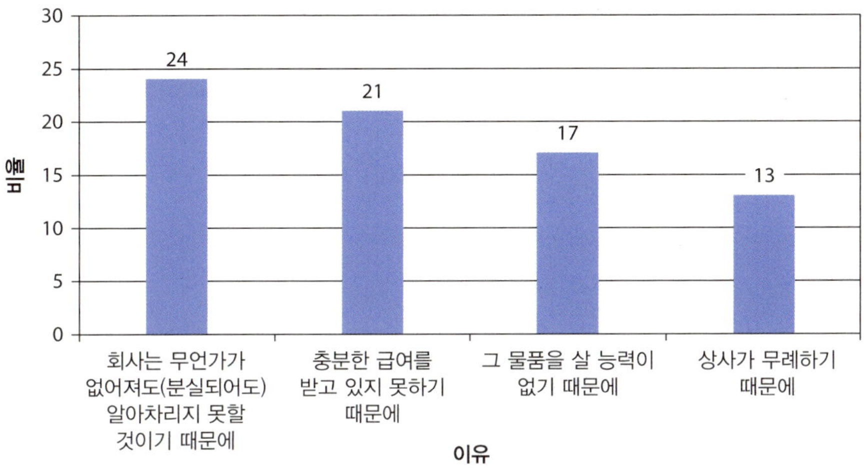

자료: Arianne Cohen, "Companies, This Is Why Your Employees Are Stealing from You," Fast Company, January 28, 2020, www. fastcompany.com/90456810/companies-this-is-why-your-employees-are-stealing-from-you (accessed March 19, 2021).

기 위해 정교한 규칙과 절차를 개발했다. 금융 투자 관리 회사인 Charles Schwab은 법률, 규칙, 규정 및 정책 등의 준수에서부터 모범 비즈니스 관행에 이르기까지 다양한 주제들을 다루는 상세한 비즈니스 행동 및 윤리 강령을 보유하고 있다.[44] 이러한 기준은 직원들에게 회사의 지침 및 원칙들의 예를 제시한다.

규칙이 있음에도 불구하고 적절한 감독 없이는 위법이 발생할 수 있다. 투자 은행 회사인 Morgan Stanley는 은행에 윤리 및 비즈니스 행동 강령이 있음에도 불구하고, 두 명의 고위 직원을 포함한 여러 주식 트레이더들(stock traders)이 큰 손실을 은폐하려고 시도한 것을 발견했다.[45] 이러한 유형의 상황들을 피하기 위해 기업은 투명성을 높이는 동시에 행동 규칙을 강화하는 견제와 균형을 채택해야 한다. 강령과 규칙의 적극적인 시행 없이는 비윤리적 행동의 기회를 제거할 수 없다. 예를 들어, 전국 보석상 체인 사장이 자신이 소유한 한 매장에서 구매자(buyer)가 공급업체(supplier)로부터 뇌물을 받은 것을 발견했을 때, 그는 직원을 해고하고 그 공급업체와의 관계를 종료하면서 다음과 같은 명확한 메시지를 보냈다. "매장의 구매

자와 공급 회사 판매원이 뇌물을 주고받는 행위는 절대로 용납할 수 없다. 그런 행위는 그들의 일자리나 수익을 앗아갈 것이다."

기회는 또한 지식에서 온다. 직장 내 직원들 사이에서 관찰되는 주요 유형의 부정행위(misconduct)는 직원, 고객, 공급업체 또는 대중에게 거짓말을 하거나, 그들에게 필요한 정보를 제공하지 않는 것이다.[46] 경쟁에 대한 전문지식이나 정보를 가진 사람은 이 지식을 활용할 기회가 있다. 개인은 자신이 속한 조직에 익숙하기 때문에 정보의 출처가 될 수 있다. 한 조직에 오랫동안 고용된 사람들은 조직 문화의 "문지기(gatekeepers)"가 되며, 종종 불문 전통 및 규칙(unwritten traditions and rules)과 관련된 결정들을 내릴 기회가 있다. 그들은 새로운 직원들이 회사의 내부 및 외부 비즈니스 방식의 규칙과 규범을 준수하도록 사회화시키고, 그들이 부적절한 선을 넘을 기회가 있을 때 가르친다. 그들은 멘토 역할을 하거나 교육과정에서 관리자를 감독한다. 마치 군대의 훈련 담당 부사관처럼 이 트레이너들은 신입사원들을 회사가 원하는 대로 만들어 주며, 그들의 행동은 신입사원들의 윤리적이거나 비윤리적인 행동에 기여할 수 있다.

이전에 정의한 바와 같이, 이해관계자들은 회사와 직간접적으로 관련된 사람들이며, 투자자, 고객, 직원, 채널 구성원(channel members), 지역 사회 및 특수 이익 단체(special interest groups) 등을 포함한다. 각 이해관계자는 다른 이해관계자들 및 회사와 어느 정도 일치하는 목표와 목적을 가지고 있다. 하지만 이해관계자들끼리, 그리고 이해관계자들과 기업 사이에 마찰이 일어나는 이유는 각 이해관계자들이 서로 다른 목표를 지녔기 때문이다. 모든 이해관계자들은 아니지만 대부분의 이해관계자들은 기업이 존재하려면 매출(revenues)과 이익(profit)을 창출해야 한다는 것을 이해한다. 특수 이익 단체들이나 지역 사회는 자신들에게 중요한 것들에 피해를 받게 될 것이라고 생각하거나, 실제로 피해를 입게 되면, 적극적으로 기업의 파괴(destruction)를 추구할 수 있다. 직원들은 일반적으로 간접적인 방식으로 그러한 이해관계자들의 영향을 받는다. 회사에 대한 인지된 위협 수준에 따라 직원들은 독립적으로 또는 집단으로 행동하여 비윤리적이거나 불법적인 행동을 저지를 수 있다. 예를 들어, 한 신문사에서 발행 부수가 줄어들고 있었고, 그 손실로 인해 회사에 있는 사람들이 실직하게 되었다. 그리고 그 신문사가 구독자들의 마음을 되돌릴 수 없다면 1년 내에 망할 것이라고 예상되었다. 그런 발표를 직원들에게 한 결과, 직원들은 자사 신문 가판대를 끌어올리고 경쟁사의 자동 신문 디스펜서를 손상시키기 시작했다. 두 가지 활동 모두 불법이었지만 직원들은 회사의 생존에 도움이 된다고 믿었기 때문에 그 행동들이 정당하다고 느꼈다.

6-1e 기업윤리 의도, 행동 및 평가

기업윤리 이슈들과 딜레마에는 의사 결정을 지배하는 규칙들이 종종 모호하거나 상충되는 문제 해결 상황들이 포함된다. 결정의 결과는 종종 불확실하다. 결정이 윤리적인지 여부가 항상 즉시 명확하게 드러나는 경우가 거의 없다. 마법의 공식은 없으며, 기업윤리 이슈나 딜레마를 입력하여 즉시 솔루션을 얻을 수 있는 컴퓨터 소프트웨어도 없다. 심지어 좋은 의도를 지녔다고 해도 대부분의 사업가들은 윤리적인 실수를 한다. 따라서, 비판적 사고(critical thinking)와 우리 자신의 결정들에 대해 책임을 지는 능력을 대신할 수 있는 것은 없다.

특정 규칙이나 정책에 관계없이, 직원들이 "현장에서(on the spot)" 올바른 결정을 내릴 수 있도록 교육하고 권한을 부여하는 것이 중요하다. 예를 들어, 어떤 Taco Bell 직원이 청각 장애인 고객의 드라이브 스루 주문(drive-thru order)을 거부하면서 그 이유가 회사 정책에 위배되기 때문이라고 주장하였다. 그리고 그 고객에게 식당으로 들어가 주문을 하라고 안내를 했는데, 이 동영상이 널리 퍼졌다. 사건 이후 해당 직원은 해고됐고, 현장 직원들은 재교육을 받았다. 개인의 의도와 행동에 대한 최종 결정은 윤리적 의사 결정 과정의 마지막 단계이다. 작업 환경 문화(work environment culture)는 직원들의 인식과 판단에 영향을 미친다고 알려져 있다.[47] 의도와 행동이 윤리적 판단과 일치하지 않을 때, 사람들은 죄책감(guilty)을 느낄 수 있다. 예를 들어, 광고 대행사의 임원이 고객으로부터 오해의 소지가 있는 광고를 제작하도록 요청받았을 때, 그 임원은 두 가지 대안이 있다. 따르거나 거부하는 것이다. 만약 그녀가 거절한다면, 그녀는 그 고객으로부터의 비즈니스와, 심지어 그녀의 직업까지도 잃게 될 것이다. 고객으로부터의 압력, 빚과 생활비를 감당하기 위해 직장을 유지해야 할 필요성, 그리고 광고를 성공적으로 제작할 경우 승진할 가능성 등과 같은 여러 다른 요인들이 이 윤리적 딜레마를 해결하는 데 영향을 미칠 수 있다. 이러한 요인들로 인해, 그녀는 그 광고 제작이 옳지 않은 행위라고 믿더라도, 광고를 제작하는 비윤리적 행동을 할 것이다. 이 예에서 그녀의 행동은 그녀의 윤리적 판단과 일치하지 않았다. 즉, 그녀는 아마도 이로 인해 그녀의 결정에 대해 죄책감을 느낄 것이다.

죄책감이나 불편한 마음은 비윤리적인 결정이 발생했을 수 있는 첫 번째 신호(sign)이다. 다음 단계는 그러한 감정들을 줄이기 위해 행동을 바꾸는 것이다. 이러한 변화는 다음번에 유사한 상황이 발생했을 때, 개인의 가치와 도덕을 그 결정과 부합하게 바꾸거나, 혹은 개인의 결정을 바꾸도록 만들 수 있다. 직위(직책)를 사임하면 문제가 되는 상황적 요인들 중 일부를 제거할 수 있다. 가치 변화를 시작하는 사람들에게 다음은 죄책감을 줄이거나 제거하는 일반적인 정당화/합리화 방식(justification)이다.

1. 나는 생계 유지를 위해 급여가 필요하고, 지금 당장 그만둘 수 없어.
2. 내 주변 사람들은 그렇게 하고 있는데 나는 왜 해서는 안 되지? 그들은 괜찮다고 생각할 거야.
3. 내가 이렇게 하지 않으면, 퇴사할 때 상사나 회사로부터 좋은 평판(레퍼런스)을 얻지 못할 수도 있어.
4. 잠재적인 이익들을 고려할 때, 이것은 그리 큰 문제가 아니야.
5. 비즈니스는 비즈니스이며, 규칙과는 달라!
6. 만약 내가 하지 않으면 다른 사람이 그 일을 하고 보상을 받을 거야.

성공으로 가는 길은 사업가가 성공을 어떻게 정의하느냐에 달려 있다. 성공은 암묵적이든 명시적이든 비즈니스의 의도와 행동을 주도적으로 이끈다. 돈, 안전, 가족, 권력, 부, 그리고 개인적 혹은 집단적 만족은 사람들이 사용하는 모든 유형의 성공 척도들이다. 이 목록은 포괄적이지 않으며, 다음 장에서 성공을 어떻게 정의하는지에 대해 더 많이 이해하게 될 것이다. 행동에 영향을 미치는 또 다른 개념은 보상과 처벌의 가능성(확률, probability)이며, 관련된 이슈들은 7장에서 자세히 설명할 것이다.

6-2 윤리적 의사 결정 모델을 사용하여 윤리적 의사 결정을 개선하기

제시된 윤리적 의사 결정 모델(ethical decision-making model)은 비즈니스 결정이 윤리적인지 비윤리적인지 알려줄 수 없다. 대신에, 우리는 여러분들이 정보에 입각한 윤리적 결정들을 내릴 수 있도록 준비시키려고 한다. 비록 이 장은 특정 상황에서 당신이 도덕적으로 무엇을 해야 하는지 알려줄 수는 없지만, 윤리적 결정에 영향을 미치는 전형적인 의사 결정 과정 및 관련 요인들에 대한 개요를 제공한다. 이 모델은 의사 결정 '방법'에 대한 지침이 아니라, 비즈니스 조직의 전형적인 윤리적 의사 결정 '과정'에 대한 통찰과 지식을 제공하기 위한 것이다.

기술적인 모델(descriptive models)을 개발하는 기업윤리 학자들은, 예측 가능한 행동 패턴들을 생성하기 위해 의사 결정의 규칙성과 역동적인 환경에서 상호 작용하는 다양한 현상들에 초점을 맞추었다. 이에 더해서, 윤리적 결정이 어떻게 내려지는지에 대한 철저한 지식만으로 조직의 윤리적 문제가 엄격하게 해결될 가능성은 거의 없다. 본질적으로, 기업윤리는 가치 판단과 수용 가능한 행동 패턴에 대한 집단적 동의(collective agreement)를 포함한다. 다음 섹션에서는 적절한 윤리적 행동을 설명하는 규범적 개념들(normative concepts)에 대해 논의할 것이다.

비즈니스에서 윤리적인 의사 결정을 구성하는 요소들을 이해하면, 당신은 비즈니스 문제가 윤리적 이슈인지 아니면 윤리적 딜레마인지에 대해 보다 민감해질 것이다. 그것은 당신과 다른 사람들의 윤리적 강도의 정도가 얼마나 되는지, 그리고 성별, 도덕 철학, 교육 수준 및 종교와 같은 개인적 요인들이 윤리적 의사 결정 과정에 어떤 영향을 미치는지 알도록 도와줄 것이다. 우리는 당신이 비즈니스 의사 결정들의 윤리에 영향을 미치는 조직적 요소들뿐만 아니라, 기업의 윤리 강령, 문화, 기회, 그리고 다른 직원들의 중요성 등을 통해 무엇을 바라는지, 그리고 그것이 일부 사람들의 의도와 행동을 어떻게 좌우하는지 기억하기를 바란다. 이제 당신은 친구, 가족, 그리고 직원 개인이 처한 상황들의 경제적 현실 등이 비윤리적인 사업 결정으로 이어질 수 있음을 알게 되었을 것이다. 마지막으로, 업종, 경쟁업체, 이해관계자들 모두 일부 직원들이 비윤리적인 결정을 내리게 할 수 있는 요인이라는 점을 기억하기를 바란다. 이후 장에서는, 윤리적 의사 결정 과정의 여러 측면들에 대해 더 깊이 파고들어서, 궁극적으로 더 나은 정보에 입각한 결정을 내리고, 회사가 올바른 이유로 올바른 일을 하도록 도울 것이다.

고려해야 할 한 가지 중요한 결론은, 조직 내의 윤리적 의사 결정이 직원 개인의 가치와 도덕에만 엄격하게 의존하는 것은 아니라는 점이다. 도덕 철학이나 가치에 대한 지식은 '비즈니스 지식' 및 결정을 요구하는 딜레마의 복잡성에 대한 이해와 균형을 이루어야 한다. 예를 들어, 정직, 공정성 및 형평성을 지닌 관리자는 옵션(options)이나 파생 상품(derivatives)과 같은 복잡한 금융 상품과 관련된 다양한 위험(risk)을 이해해야 한다. 윤리적 결정 안에는, 개인의 책임성과 함께 '비즈니스 역량'이 함께 담겨 있어야 한다. 조직은 관리자 및 동료들과 함께, 윤리적 결정에 중요한 영향을 미치는 자신만의 고유한 문화를 형성한다. 공식 강령(formal code), 규칙 및 컴플라이언스 등은 조직에 필수적이지만, 비공식 관계들을 기반으로 하는 회사는 조직 문화 내에서 더 높은 수준의 고결성을 계발할 가능성이 더 크다.[48]

6-3 윤리적 의사 결정의 규범적 고려 사항들

이 장의 첫 번째 부분에서 우리는 조직에서 윤리적 의사 결정이 어떻게 일어나는지 설명했다. 이 설명적/기술적 접근 방식(descriptive approach)은 윤리적인 비즈니스 결정을 내리기 위한 조직적 맥락(organizational context)에서 개인들의 역할에 대한 이해를 제공한다. 윤리적 의사 결정 과정에 영향을 미치는 요인들을 이해하는 것은 조직의 윤리를 관리하는 것뿐만 아니라, 윤리적 이슈들과 딜레마의 강도에 보다 민감하게 반응하는 데 중요하다.

그러나 윤리적 결정들이 어떻게 내려지는지 이해하는 것은 무엇이 그 결정들을 안내하고 이끌어야 하는지 결정하는 것과 다르다. 기업윤리에 대한 규범적 접근(normative approach)은 기업윤리 의사 결정에서 어떤 일이 일어나야만 하는지를 탐구한다. "규범적(normative)"이라는 단어는 이상적인 표준(ideal stadard)과 동일한 의미이다. 따라서 우리가 **규범적 접근** 방식

규범적 접근
조직의 의사 결정자가 윤리적 이슈에 어떻게 접근 "해야만 하는지"에 대해 이야기한다.

을 논의할 때, 조직의 의사 결정자가 윤리적 이슈에 어떻게 접근 "해야만 하는지"에 대해 이야기한다. 규범적인 접근 방식은 조직의 의사 결정자가 윤리적 의사 결정에 어떻게 접근 "하는지"에 대해 탐구하는 기술적/설명적 접근(descriptive approach)과 다르다. 기업윤리의 규범적 접근 방식은 산업계뿐만 아니라 기업 내부의 행동 기준들을 중심으로 이루어진다. 이러한 규범적인 규칙과 기준들은 개인의 도덕적 가치와 조직의 집단적 가치 등을 기반으로 한다. 기업윤리에 대한 규범적 접근은 비즈니스 영역에서 실행되는 일반적인 윤리적 가치들과 관련이 있다. 공정성 및 정의와 같은 개념들은 규범적인 접근에서 매우 중요하다. 조직의 강력한 규범적 구조는 윤리적 의사 결정과 긍정적인 관계가 있다. 규범적 고려들은 또한 다음 장에서 더 자세히 탐구할 공리주의(utilitarianism)와 의무론(deontology)과 같은 도덕 철학들을 다루는 경향이 있다.

대부분의 조직들은 회사 내에서 적절한 행동에 대한 지속적인 신념/믿음을 제공하기 위해 일련의 핵심 가치들을 개발한다. 핵심 가치(core value)는 조직의 중심이며 행동 지침을 제공한다. 대부분의 기업들에서 핵심 가치의 선택은 이해관계자들과의 관계를 관리하는 방식과 직접적으로 관련 있다. 이러한 가치들에는 이 장의 첫 번째 부분에서 다룬 기술적/설명적 접근 방식(descriptive approaches)에 대한 이해가 포함된다. 여기에는 핵심 가치들의 채택을 정당화하는 도구적 요인들(instrumental elements)도 포함된다. **도구적 관심**(instrumental concern)은 회사의 수익성과 사회에 대한 혜택을 포함하는 긍정적인 결과물들에 초점을 맞춘다. 규범적(normative) 비즈니스 차원은 이해관계자들의 주장에 대한 인식뿐만 아니라 사회적, 정치적, 경제적 제도들에 뿌리를 두고 있다.

도구적 관심
회사의 수익성과 사회에 대한 혜택을 포함하는 긍정적인 결과물들에 초점을 맞춘다.

이해관계자들의 목표들을 기업의 핵심 가치에 통합함으로써, 기업은 이해관계자들을 중요한 존재로 여기기 시작한다. 각 이해관계자는 다른 이해관계자들 및 회사와 어느 정도 일치하는 목적과 목표를 가지고 있다. 목표에 있어서의 차이로 인해 이해관계자들과 기업 사이에서 마찰이 일어난다. 임직원들과 같은 내부 이해관계자들(internal stakeholders)과 지역사회와 같은 외부 이해관계자들(external stakeholders) 모두에 대한 윤리적 의무들이 설정되어 있다.[49] 보험 회사인 Allstate의 가치는 정직, 배려

(caring) 및 고결성(integrity), 포용적 다양성(inclusive diversity), 연대(협력, engagement), 우수한 성과, 그리고 책임성(accountability) 등이다.[50] 이 회사는 기업 시민(corporate citizenship)으로서의 모범을 보이고 발전시켰으며, 높은 수준의 윤리 기준들을 유지하는 데 있어 세계에서 가장 윤리적인 기업 중 하나로 거듭 인정받고 있다.[51] 윤리적 결정들은 종종 여러 형태의 경영(managerial) 및 사회적인(social) 조직 의사 결정들에 내재되어 있으므로, 적절한 행동에 대한 이상(ideal)을 제시하는 데 있어 핵심 가치는 매우 중요하다.

6-3a 규범적 가치의 기초로서의 제도

제도 이론
조직들은 당연하게 여겨지는 제도적 규범과 규칙들에 따라 운영된다는 이론

제도(institutions)는 규범적 가치들의 기반을 확립하는 데 중요하다. **제도 이론**(institutional theory)에 의하면, 조직은 당연하게 여겨지는 제도적 규범과 규칙들에 따라 운영된다. 예를 들어, 정부, 종교 및 교육은 조직들과 개인들이 모두 준수해야 하는 가치, 규범 및 관습(혹은 전통) 등의 생성에 영향을 미치는 제도들(institutions)이다.[52] 실제로 많은 연구자들은 규범적 가치들이 주로 가족, 친구, 그리고 종교 및 정부와 같은 제도적 연합(institutional affiliations)에서 비롯된다고 주장한다.[53] 다시 말해, 조직들은 다른 기관들로부터 특정한 방식으로 행동하라는 규범적 압력(normative pressures)을 받고 있다. 이러한 압력은 내부(조직 자체의 내부) 및/혹은 외부(정부 또는 기타 기관들)로부터 발생할 수 있다.[54] 이 장의 학습을 위해, 우리는 제도를 정치(political), 경제(economy), 사회(social)의 세 가지 범주로 분류한다.

정치 제도들이 가치들이 발전하는데 어떻게 영향을 미치는지 잠시 생각해 보자. 만약 당신이 민주적 정부 형태의 국가에 살고 있다면, 언론의 자유와 재산 소유의 권리를 중요한 이상(ideals)으로 생각할 것이다. 조직들은 성공하기 위해 이러한 유형의 제도적 규범들과 신념 시스템을 준수해야 한다. 그렇지 않으면 조직의 실패를 초래할 것이다.[55] 기업들은 경쟁 우위를 확보하기 위해 뇌물을 사용하는 것이 미국 및 영국의 뇌물 방지법에 따라 부적절하다는 점을 인식해야 한다. 정치적 영향력은 조직 내에서도 발생할 수 있다. 윤리적인 조직에는 적절한 행동을 결정하기 위한 정책들과 규칙들이 있

다. 이것은 종종 회사 조직 문화에서 지켜야만 하는 요인들이다. 이러한 규칙들을 준수하지 않을 경우 징계 조치를 받게 된다. 물, 위생 및 에너지 기술 회사인 Ecolab의 행동 강령(code of conduct)에는 동료 직원들이나 제3자들이 회사의 강령을 위반할 경우 반드시 보고하는 것이 모든 직원의 의무라고 명시되어 있다. 보고하지 않을 경우 징계 조치나 해고를 당할 수 있다.[56]

규범적 기업윤리(Normative business ethics)는 산업 표준(industry standards)의 형태로 법적 영역 외부에 압력을 가하는 정치적 현실을 고려한다. 산업 유형에 따라 윤리적 의사 결정의 효과성(effectiveness)을 높이거나 낮추는 표준과 정책들이 다르다. 가격 담합(price fixing), 독점 금지(antitrust) 및 소비자 보호(consumer protection) 등과 같은 법적 이슈들은 공정하고 공평한 시장을 유지하는 데 중요하다. 독점 금지 규제 기관들은 대기업들 간의 인수 및 합병(mergers and acquisitions)을 면밀히 조사함으로써, 이러한 기업들이 너무 많은 권력을 획득하여 경쟁업체들에게 큰 불이익을 가하지 못하도록 하는 경향이 있다. 연방 통상 위원회(Federal Trade Commission, FTC)는 Edgewell Personal Care가 남성 그루밍 회사인 Harry's Inc.를 인수하는 것을 막기 위해 소송을 제기했다. 이는 면도 산업에서 가장 강력한 경쟁 기업들 중 하나를 제거하는 것이기 때문이다. FTC는 Harry's가 독립적인 경쟁자로서의 위치를 잃으면, 가격을 낮추고 산업계의 혁신을 촉발할 경쟁이 사라질 것이라고 말했다.[57]

가격 담합(Price-fixing)은 종종 구매자에게 불공정한 가격을 부과하기 때문에 불법이다. 법무부(the Justice Department)는 StarKist가 참치 가격 담합 계획을 통해 경쟁사들과 담합하여 소비자 가격을 부풀렸다고 단언하였고, StarKist는 1억 달러의 벌금을 선고받았다.[58] 경제에 미치는 커다란 영향 때문에, 이러한 이슈들은 기업이 윤리적 결정을 내릴 때 주요한 고려사항이 되어야 한다.

경쟁은 경제 제도(economic institutions)와 윤리적 의사 결정에도 중요하다. 경쟁의 특성은 특정 국가 또는 사회가 제품 생산에 자원을 분배하는 방법을 결정하는 데 도움이 되는 경제 시스템에 의해 형성될 수 있다. 공산주의(communism), 사회주의(socialism), 자본주의(capitalism) 등과 같은 기본 경제 체제들은 경쟁의 특성에 영향을 미친다. 경쟁은 회사 운영 방식과 직원들이 회사의 이익을 위해 감수하는 위험에 영향을 미친다. 산업에서 경쟁의 정도는 (1) 해당 산업으로의 진입 장벽, (2) 생산한 제품이 산업 경쟁자들이 생산한 제품에 의해 대체될 수 있는 정도, (3) 산업 경쟁자들의 고객에 대한 영향력, 그리고 (4) 산업 경쟁자들의 공급업체들이 다른 경쟁자들에 대해 지니는 영향력 등에 의해 결정된다. 경쟁이 치열한 산업의 예로 스마트폰 제조업을 들 수 있는 반면에, 진공 청소기 산업은 경쟁이 낮다. 다이슨의 진공 청소기는 미국과 영국에서 가장 많이 팔리는 제품이다. 높은 수준의 경쟁은 일반적으로 마진(margin, 수익을 의미)을 낮추기 때문에 회사가 경비를 절감해야 할 가능성을 높인다. 경쟁자들은 시장 점유율(market share), 수익성 및 성장을 높이기 위해, 다른 업체들과의 차별적 우위(differential advantages)를 공격적으로 추구한다. 특허 침해(patent infringement)는 기업들이 지배력을 놓고 경쟁함에 따라 기술 산업(tech industry)의 주요 이슈이다. 이러한 사례 중 하나는 다음과 같은데, Nanoco는 삼성과 계열사들을 상대로 특허 침해 소송(patent infringement lawsuit)을 제기했다. 그 내용은 삼성이 생생한 화면 디스플레이를 위한 향상된 양자점(quantum dots)을 개발하기 위해 Nanoco와 협력한 후, 삼성이 자신들의 특허 기술을 사용한 것이다.[59] 고객의 교섭력(bargaining power of customers)도 경쟁에 영향을 미친다. Uber 및 Lyft와 같은 회사들이 동일한 고객들을 유치하기 위해 경쟁함에 따라, 차량 공유 서비스(Ride-share services)가 점점 인기를 얻고 있다. 사용 가능한 대체품들이 많고 시장 진입 장벽이 낮다. 고객들은 일반적으로 승차당 최저 가격과 가장 짧은 대기 시간을 원하고 있다. 따라서 차별화(differentiation)는 원동력이 아니고, 가격이 특정 서비스를 선택하는 고객의 결정에 영향을 미친다. 이 시장에서 고객은 기업에 대해 높은 교섭력을 가지므로 경쟁이 치열하다.[60]

사회 제도들(social institutions)은 기업의 규범적 가치들에도 영향을 미친다. 여기에는 종교, 교육 및 가족 단위가 포함된다. 조직이 공정하게 행동하도록 하는 법은 있지만, 사람들이 남에게 대접받고 싶은 대로 남에게 해줘야 한다는 법은 없다. 그러나 많은 문화권에서 공정하게 경쟁하고, 소비자에게 투명하며, 직원을 존중하는 등의 윤리 기준들을 기업에 제도화하는 규칙을 채택해 왔다. 이러한 사회 제도는 개인들이 직장에서 개인적인 (도덕) 가치들과 도덕 철학을 형성하고 상기하도록 돕는다. 조직의 맥락에서 사회적 트렌드는 어떤 가치를 채택하고, 언제 새로운 관심사들을 고려하기 위한 결정을 할지에 영향을 미친다. 예를 들어, 비만에 대한 사회문화적 관심의 변화로 인하여, Walmart는 더 건강한 식품을 판매하기 위한 계획을 지원하기로 결정했다.

이해관계자들을 제도로 간주하지 않을 수도 있지만, 많은 이해관계자들이 실제로 가치의 측면에서 제도로서 행동한다는 것은 이제 분명하다. 이해관계자들은 제도들과 긴밀하게 협력한다. 규제 시스템은 정치 제도와 부합하고, 경쟁은 경제 제도와 관련이 깊으며, 개인의 가치와 규범들은 사회 제도에서 파생된다. 따라서 제도 이론(institutional theory)과 경영에서의 이해관계자 지향(stakeholder orientation) 사이에는 분명한 연관성이 있다.

반복해서 말하지만, 조직은 행동의 적절성을 측정하기 위해 제도적 환경(institutional environment)에서 지시하는 규칙을 사용한다.[61] 동일한 환경 규범 또는 규칙들에 직면한 조직들(예: 동일한 산업계의 조직들)은 동형화(isomorphic)되거나 제도화된다(institutionalized).[62] 비록 특정 산업 내의 조직들은 다를 수 있지만, 대부분은 해당 산업(industry)을 특징짓는 특정 가치들을 공유한다. 또한, 윤리적 의사 결정에 제도적 요인들이 겹치는 경우가 많다. 지속 가능한 에너지(sustainable energy)로의 세계 전환을 가속화하는 것을 사명(mission)으로 하는 Tesla는 전기 자동차(electric vehicles, EV)를 설계하려는 모든 사람이 접근 및 활용할 수 있도록 자신들의 특허를 오픈 소스(open source)로 공개하기로 했다.[63] 우리는 이 결정이 정치적, 경제적, 사회적 고려를 한 것이라고 특징지을 수 있다. 정치적으로는, 연료 경제(fuel economy) 및 배출 목표(emissions targets) EV 채택을 장려했으며, 연방 세금 공제(federal tax credits)는 소비자가 EV를 구매하도록 인센티브를 제공했다. 상업적으로 실현 가능한 EV를 최초로 생산한 자동차 제조업체인 Tesla는 자사 제품을 경쟁 제품들과 차별화한다. 재생에너지 기술들에 대한 Tesla의 투자는 보다 지속 가능한 차량(sustainable vehicles)에 대한 사회의 요구가 증가함에 따라 이루어진다.

산업 공유 가치들(industry-shared values)은 목표와 연결될 때 조직의 효과성(effectiveness)을 높이지만, 안정성(stability)을 대가로 조직 및 구조의 보다 효율적인(efficient) 수단을 포기한다면 효과성(effectiveness)을 저해할 수도 있다.[64] 조직은 자신이 더 잘 받아들여지기 위해, 새로운 아이디어나 방법론들을 희생할 위험이 있다.[65] 이는 혁신성(innovativeness)과 생산성(productivity)을 제한할 수 있다. 반면에, 조직이 이해관계자들의 우려를 야기할 정도로 산업계 규범과 가치에서 너무 벗어나지 않는 것도 중요하다. 환경 친화적인 의류를 판매하는 것으로 알려진 회사는 동물 모피로 만든 새로운 의류 라인을 판매해서는 성공하지 못할 것이다. 사회적 및 경영관리의 관점에서, 어떤 제도적 규범들을 준수해야 하는지, 그리고 언제 새로운 규범과 가치들을 탐험하는 것이 더 유익한지를 아는 것은 조직이 고려해야 할 중요한 사항들이다.

제도들은 기업의 규범, 가치 및 행동은 물론, 조직의 장기적인 성공에도 직접적인 영향을 미친다.[66] 정치, 경제, 사회 제도들의 가치들이 조직 문화에 내재되어 적절한 행동에 대한 인센티브를 제공할 때, 기업은 보다 사회적으로 책임감 있게 행동하는 경향이 있다.[67] 조직 보상과 같은 인센티브가 조직의 규범적 가치들 및 사회의 문화 제도들과 일치한다면, 직원들과 조직 전체가 사회적으로 책임 있는 방식으로 행동할 가능성이 더 커진다. 이해관계자들은 상호 관계들(reciprocal relationships)을 통해 윤리적 행동에 대한 규범적 요구들(normative demands)을 경제적 인센티브로 전환할 수 있다.[68] 이러한 상호 행동들은 윤리적 규범 행동에 대한 메커니즘을 제공하기 위해 왜 제재(sanctions)가 있을 수 있는지를 설명할 수 있다. 많은 조직들에서 직원들에게 자신들이 사는 지역 사회에 자원봉사를 할 수 있도록 일정 시간의 휴가를 제공한다. 이 인센티브는 사회에 보답/환원하고자 하는 규범적 제도 가치와 일치한다. 만약 인센티브가 제도적 규범 가치와 일치하지 않거나 이러한 가치들과 모순되는 경우, 위법 행위가 발생할 가능성이 있다.

6-3b 윤리적 비즈니스 의사 결정의 원칙들과 핵심 가치 이행

정치, 경제, 사회 제도들은 조직이 적절한 행동을 하기 위한 원칙과 가치들

그림 6-4 원칙과 가치들

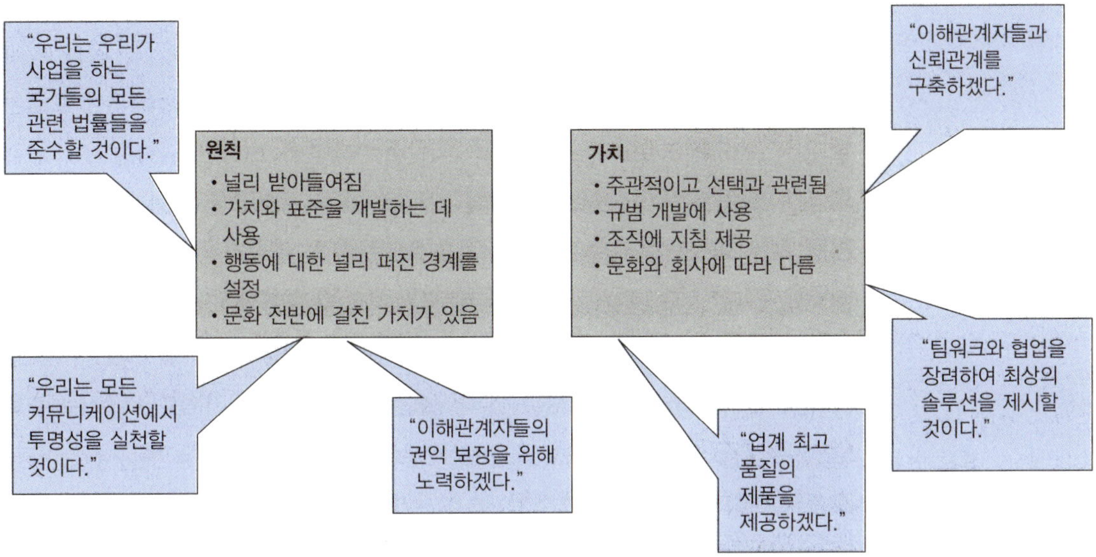

을 결정하는 데 도움이 된다. 원칙과 가치들은 윤리적 의사 결정에서 중요한 규범적 고려 사항이다. 우리는 1장에서, 원칙들이란 위반되어서는 안 되는, 행동에 대한 구체적이고 널리 퍼진 경계(pervasive boundaries)임을 배웠다. 원칙은 조직이 "규칙을 어기는" 것을 방지하는 데 중요하다. 가치는 사회적으로 시행(강제)되는 지속적인 신념과 이상(ideals)이다. 이와 함께, 원칙과 가치들은 조직을 위해 이상적인 표준을 설정한다. 그림 6-4는 원칙과 가치들 사이의 몇 가지 유사점과 차이점들을 보여준다.

John Rawls(존 롤스)는 원칙이 어떻게 정의(justice)란 개념을 지지하는지에 대한 연구에서 가장 영향력 있는 철학자 중 한 사람이다.[69] 롤스는 정의 원칙(justice principles)이 모든 사람이 받아들일 수 있는 신념이자, 우리 자신의 원칙을 정의(define)하는 데 핵심 요소라고 믿었다. 우리의 정의(definition)에 의하면, 원칙은 본질적으로 보편적인 신념이다. 예를 들어, 대부분의 문화권에서 정직과 공정성이 사회가 제대로 기능/작동하기 위해 필수적이라는 데 동의한다. 비록 이 원칙들을 일상생활에서 구현하는 방법에는 차이가 있을 수 있어도 말이다.

그의 실험들에서 롤스는 그가 "**무지의 베일**(veil of ignorance)"이라고 부

무지의 베일
만약 개인이 미래에 사회에서의 자신의 위치가 어떨지 모르는 경우, 어떻게 원칙들을 만들어낼지에 대해 탐구하는 사유 실험

르는 기법을 활용했다. 이 기법은 일종의 사유 실험(thought experiment)인데, 만약 개인이 미래에 사회에서의 자신의 위치(social position)가 어떨지 모르는 경우, 어떻게 원칙들을 만들어 낼지에 대해 탐구한다. 어떤 사람은 무지의 베일에서 부자나 거지로 나타날 수 있다. 개인은 사회에서의 위치에 따라 서로 다른 가치들을 만들어 낼 수 있지만, 롤스는 원칙들이 보편적으로 받아들여지기 때문에 부자와 거지가 모두 그것에 동의할 것이라고 믿었다. 따라서 롤스는 무지의 베일을 사용하여, 누군가의 사회적 지위(social position)에 의해 편향되지 않은 원칙들을 식별해냈다.[70]

평등의 원칙
각 개인이 다른 사람들의 기본적 자유들과 양립할 수 있는 기본 권리들을 가진다고 명시한다.

차등의 원칙
경제적, 사회적 평등(혹은 불평등)이 사회에서 가장 소외된 구성원에게 최대의 이익을 제공하도록 마련되어야 한다고 명시한다.

롤스는 정의(justice)의 두 가지 주요 원칙인 자유의 원칙(liberty principle)과 차등의 원칙(difference principle)을 발전시켰다. **평등의 원칙**(equality principle)이라고도 하는 자유의 원칙은, 각 개인이 다른 사람들의 기본적 자유들과 양립할 수 있는(compatible) 기본 권리들을 가진다고 명시한다. 이것은 모든 사람이 생명, 자유, 행복 추구와 같은 양도할 수 없는(inalienable rights) 권리를 가진다는 미국 헌법의 진술(U.S. Constitution's statement)과 유사하다. **차등의 원칙**은 경제적, 사회적 평등(혹은 불평등)이 사회에서 가장 소외된 구성원(the least-advantaged members of society)에게 최대의 이익(the most benefit)을 제공하도록 마련되어야 한다고 말한다. 이것은 가장 윤리적인 행동이란 가장 덜 부유한 사람들(the least well-off)의 이익을 증가시키는 것임을 의미한다. 사회적 약자에게 피해를 주는 행위는 피해야 한다.[71] 차등의 원칙은 사회 불평등의 완전한 제거를 옹호하는 것이 아니라, 소외된 사람들에게 이익이 되고 동시에 해를 끼치지 않는 것이 가장 윤리적인 결정임을 옹호한다는 점에 주목해야 한다. 기업의 세계에서 차등의 원칙에 따라 운영되는 조직들은 사회의 가장 취약한 구성원들에게 경제적, 사회적 피해를 줄 수 있는 조치를 취하지 않는다. 예를 들어, 차등의 원칙에 의거해 운영되는 기업은 인권 침해 기록이 있는 외국에서 사업을 하는 것을 피할 것이다. 왜냐하면 그 국가가 취약 계층에 대한 착취를 지원(허용)하기 때문이다.[72] 롤스의 정의 원칙들은 모두 정치, 경제 및 사회 제도들과 관련이 있다.

조직은 이해관계자들에 대해 정직하고 투명하며 책임감 있게 행동해야 한다는 원칙들에는 동의할 수 있지만, 이러한 원칙들을 실현하는 방법은 각기 다를 수 있다. 기업은 기본 원칙들을 취하고 이를 핵심 가치(core values)로 변환한다. 핵심 가치는 개인의 가치 및 일상적인 운영 절차들과 구별되는, 추상적인 이상(abstract ideals)을 제공한다. 가치 실천(value practices)은 진화할 뿐만 아니라, 윤리적 또는 비윤리적 규범적 정의(normative definitions)로 번역된다. 그것은 최종 결과(end results)가 되며, 기술적(technical) 또는 효율성 고려 사항들에 의해 주도되는 조직의 관행들과 구별된다.[73]

개인과 조직의 가치들은 개인 간의 윤리적 다양성으로 인해 크게 다를 수 있다.[74] 조직에 합류하기 위해, 구성원들은 어떤 가치들이 보다 우월하다는 것을 받아들이고, 단체 협약(collective agreement)을 발전시키기 위한 조직적 필요를 다루어야 한다. 이로 인해 개인과 조직의 가치들 사이에는 해결해야 하는 긴장들이 생길 수 있다.[75] 조직 내 개인들이 단순히 최고 경영진의 핵심 가치를 받아들이는 것이 아니라, 집단 토론과 협상(negotiations), 그리고 조정(adjustments)을 거쳐 핵심 가치들이 어떻게 실행될 것인지 결정해야 한다.[76]

리더들, 이해관계자들, 그리고 조직문화 등이 핵심 가치들이 개발되는 데 영향을 미친다는 사실을 기억하라. 이러한 핵심 가치들에는 지속 가능한 방식으로 기업을 운영하는 것, 협력 및 팀워크(teamwork), 그리고 뇌물 방지 등이 포함될 수 있다. 원칙들과는 달리, 가치들은 회사별, 산업별 및 국가별 요인들과 글로벌 관심사에 따라 형성된다.[77] 개인주의(individualism)를 강조하는 국가들의 기업들은 독립적으로 일하는 능력을 장려하는 반면, 집단주의 국가들(collectivist nations)의 기업은 팀워크에 더 많은 가치를 부여한다. 또한, 핵심 가치들은 산업에 따라 다르다. 예를 들어 안전(safety)은 많은 기업들의 핵심 가치이지만, 사무실보다는 공장에서 더 강조될 가능성이 높다.

기업의 핵심 가치들은 기업의 목적에 대한 청사진을 제공할 뿐만 아니라, 그 가치들을 통해 기업이 윤리적 의사 결정을 어떻게 바라보고 이해관계자들의 우선순위를 어떻게 정하는지 알 수 있다. 표 6-1은 Marriott International의 핵심 가치들에 대한 예이다. Marriott가 핵심 가치들을 구성한 방법은 회사가 중요하게 생각하는 것에 대한 스냅샷(snapshot)을

표 6-1 메리어트의 핵심 가치들

1.	사람을 먼저(최우선으로) 생각하라
2.	탁월함을 추구하라
3.	변화를 수용하라
4.	고결하게 행동하라
5.	세상을 섬겨라

자료: Marriott, "Core Values & Heritage," www.marriott.com/culture-and-values/core-values.mi (accessed March 19, 2021).

제공한다. 예를 들어, 사람을 최우선으로 하는 첫 번째 가치는 회사의 모든 이해관계자들 사이의 관계들에 대한 지침을 제공한다. 또 다른 핵심 가치를 통해 당신은 Marriot가 우수한 고객 서비스를 제공하고 가장 높은 형태의 고결성을 유지하기 위해 노력하고 있음을 알 수 있다. 메리어트의 5가지 가치들은 모두 세계에서 가장 사랑받는 여행사가 되겠다는 비전(vision)을 강화한다.[78] 이와 같은 조직들의 핵심 가치는 조직의 윤리적 의사 결정에 필수적이다. 가치 지향(values orientation)에 기반한 윤리 프로그램들을 운영하는 기업들은, 단순히 법규(laws and regulations)를 준수하는 기업들보다 더 큰 기여를 하는 것으로 나타났다.[79]

6-4 윤리적 의사 결정에 대한 이해

우리 조직의 윤리적 의사 결정 프레임워크(ethical decision-making framework)는 윤리적 또는 비윤리적인 결정에 영향을 미치는 많은 요인들을 보여준다. 윤리 이슈 강도, 개인적 요인들, 조직 요인들, 기회 등에 따라 기업 윤리 평가 및 결정이 내려진다. 조직의 윤리적 문화는 효과적인 리더십에 의해 형성된다. 윤리적 행동에 대한 최고 경영진의 지원(top-level support)이 없으면, 직원들이 비즈니스 의사 결정에 대해 개인의 이익 혹은 관심에 기반한 자신만의 방식으로 접근할 기회가 더 커질 것이다. 윤리적 기업 문화를 만들기 위해서는, 직원들이 내리는 복잡한 윤리적 결정을 모니터링하기 위한 적절한 감독과 함께 공유된 가치들(shared values)이 필요하다. 이를 위해 규정 준수 정책들(혹은 준법 감시 시스템, compliance)을 교육하고 개발하기 위해서는 강력한 윤리 프로그램들을 수립해야 한다. 수상 경력에 빛나는 윤리 및 규정 준수 프로그램을 보유한 의류 회사 VF Corporation의 예를 고려해 보라. 이 회사는 교육 훈련 및 규정 준수 노력을 알리기 위해, 자체 데이터를 사용하여 고위험 영역을 드러내는 모형들을 만들었다. 이 회사는 한 해 동안 거의 3만 건의 윤리 및 규정 준수 교육 과제들을 발행한다.[80]

반면에 윤리적 행동에 대한 평판이 좋은 일부 기업들은 때때로 그들의 윤리적 문화를 유지하지 못한다. Ethisphere의 '세계에서 가장 윤리적인 기업' 목록(Ethisphere's World's Most Ethical Companies list)에 자주 선정되는 Microsoft는 의심스러운 행위에 대해 면밀한 조사를 받았다. 회사는 해외 부패 방지법(Foreign Corrupt Practices Act)을 위반한 국제 뇌물수수 계획과 관련된 부패 혐의(corruption charges)를 해결하기 위해 2,500만 달러 이상을 지불했다.[81] 게다가, 이 기술 회사는 Microsoft의 업무 문화에 의문을 제기한 여성들로부터 여러 건의 성차별 소송(gender discrimination lawsuits)에 직면해 있다.[82] 이해관계자들 사이의 신뢰를 계속 유지하기 위해, 회사는 실수들에서 배우고 윤리적 행동의 롤 모델이 되는 윤리 강령(code of ethics)의 가치로 되돌아가야 한다.

규범적 차원(normative dimension)은 윤리적 의사 결정에도 중요하다. 규범적 관점은 조직이 열망해야 하는 이상적인 목표를 제시한다. 규범적 고려 사항들은 또한 기업의 윤리적 문화의 구성 요소인 조직 원칙과 가치들을 개발하는 데 필요한 토대를 제공한다. 이러한 기반이 없으면, 기업들은 윤리적 문화를 발전시킬 수 없으며, 윤리적 의사 결정을 할 수 있는 기반도 가질 수 없다. Ford Pinto 사례는 규범적 고려 사항이 어떻게 쉽게 무시될 수 있는지에 대한 흥미로운 예이다. 1970년대에 Ford는 사고가 났을 때 Pinto 브랜드에 폭발이 더 쉽게 발생하는 설계 결함이 있음을 인식했다. 그러나 이 회사는 리콜(recall)을 시작하지 않았다. 이것은 불필요한 죽음을 초래했다. 포드 핀토 사건에 대해 논의할 때, 학생들은 포드의 행동이 그저 회사의 금전적인(monetary), 그리고 명성(평판)에 영향을 미친다는 점만을 지적하는 경향이 있었다. 하지만 나중이 되어서야 비로소 일부 학생들이 포드가 사람들에게 해를 끼칠 수 있는 위험한 차를 고의로 판매하지 말았어야 한다고 주장했다.[83] 규범적 틀(normative frameworks)은 정치, 경제, 사회 제도들의 영향을 크게 받는다. 그러나 규범적 관점은 또한 정직과 정의와 같은 보편적 도덕이나 가치들의 존재를 인정한다.

마지막으로, 기업의 윤리적 의사 결정에 대해 당신이 더 많이 알수록, 당신이 올바른 결정들을 내릴 가능성이 높아진다. 조직에는 한 사람의 개인이 통제할 수 없는 많은 문제들(도전들)이 있다. 당신이 조직 내에서 더 높은 위치(position)로 승진함에 따라, 당신의 윤리적 리더십이 다른 직원들의 롤 모델이 될 기회가 많아진다. 이 장에서 설명하는 윤리적 의사 결정의 틀(framework)은 윤리적 문화에 기여하는 다양한 관계들에 대한 많은 통찰력을 제공할 것이다.

요약

윤리적 의사 결정 프레임워크의 핵심 구성 요인들에는 윤리적 인식, 윤리적 이슈 강도, 개인적 요인들, 조직적 요인들 및 기회 등이 포함된다. 이러한 요인들은 상호 연관되어 있으며 윤리적 또는 비윤리적인 행동을 초래하는 기업윤리 평가 및 의도에 영향을 미친다.

윤리적 의사 결정의 첫 번째 단계는 윤리적 이슈가 개인 또는 작업 집단으로 하여금 궁극적으로 다양한 이해관계자들에 의해 윤리적 또는 비윤리적인 것으로 평가될 여러 행동들 중에서 선택하도록 해야 함을 인식하는 것이다. 윤리적 이슈 강도는 개인 또는 작업 집단에 대한 윤리적 이슈의 인식된 관련성 또는 중요성이다. 이것은 윤리적 의사 결정 과정을 유발하는 개인 또는 작업 집단의 윤리적 민감성을 반영한다. 윤리적 의사 결정 프레임워크의 또 다른 요인들은 이러한 민감성에 영향을 미치므로, 개인마다 윤리적 이슈를 다르게 인식하는 경우가 많다.

성별, 교육, 국적, 연령 및 통제 소재 등과 같은 개인적 요인들은 윤리적 의사 결정 과정에 영향을 미치며, 일부 요소들은 다른 요소들보다 더 중요하다. 조직의 가치와 같은 조직적 요인들은 조직 내 개인의 가치보다 그 개인의 실제 의사 결정에 더 큰 영향을 미치는 경우가 많다. 또한 비즈니스 의사 결정은 작업 집단 및 위원회에서 공동으로, 또는 동료들과의 대화 및 토론에서 가장 자주 이루어진다. 기업 문화와 구조는 조직 구성원들 간의 개인적인 관계들이 그들의 윤리적 결정에 영향을 미칠 수 있는 영향력을 통해 작동한다. 기업 문화는 조직의 구성원(직원)들이 공유하는 가치, 신념, 목표, 규범 및 문제 해결 방법의 집합이다. 기업 문화에는 조직 구성원들에게 광범위한 행동을 규정하는 규범들이 포함된다. 조직의 윤리적 문화는 윤리적 의식 혹은 양심(conscience)이 있는지 여부를 나타낸다. 관리자, 동료 및 부하 직원들을 포함하여 작업 그룹에 영향을 미치는 중요한 타인들은 의사 결정 프레임워크의 다른 요인들보다 직원들의 결정에 일상적으로 더 많은 영향을 미친다. 권위에 대한 복종은 직원들이 단순히 상사의 지시를 따르는 방식으로 여러 기업윤리 이슈들을 다루려는 이유를 설명해 준다.

윤리적 기회는 내부 또는 외부에 관계없이 보상을 제공하거나, 윤리적 또는 비윤리적 행동에 대한 방지책(장벽)을 제한하는 조건들의 결과로 나타난다. 기회에는 상사가 직원 행동에 영향을 미치기 위해 사용하는 동기 부여 기술을 포함하는 개인의 직접적인 직무 상황 혹은 환경이 포함된다. 직원들이 조직에서 비윤리적인 행동을 할 수 있는 기회는 경영진이 적절하게 시행하는 공식 (윤리) 강령, 정책 및 규칙 등을 통해 제거할 수 있다.

윤리적 의사 결정 프레임워크는 의사 결정을 위한 지침이 아니다. 그것은 비즈니스 조직의 전형적인 윤리적 의사 결정 프로세스에 대한 통찰과 지식을 제공하기 위한 것이다. 조직 내 윤리적 의사 결정은 직원들의 개인 가치와 도덕에 엄격하게 의존하지는 않는다. 조직에는 기업 거버넌스 메커니즘과 결합될 때 기업윤리에 상당한 영향을 미칠 수 있는 고유한 문화가 존재한다.

규범적 접근은 조직의 의사 결정자들이 어떻게 윤리적 이슈에 접근해야만 하는지를 설명한다. 제도 이론은 조직이 당연하게 여겨지는 제도적 규범과 규칙들에 따라 운영된다고 설명하는 중요한 규범적 개념이다. 정치, 경제, 사회 제도들은 조직이 적절한 행동을 위한 원칙과 가치들을 결정하는 데 도움이 된다. 원칙들은 조직이 "규칙을 어기는" 것을 방지하는 데 중요하다. 철학자 John Rawls는 원칙, 특히 정의의 원칙에 대한 연구로 이러한 이해에 기여했다. 핵심 가치들은 적절한 행동에 대한 지속적인 신념이며 기업의 윤리적 방향에 대한 지침을 제공한다.

윤리적 비즈니스 과제 해결하기

전 세계에서 석유 시추 부품을 제조하는 주요 에너지 대기업의 자회사인 CrudeOil은 매출 부진을 겪었다. 이사회는 회사를 개편하기 위해 새로운 관리자를 영입했다. 실적에 대한 평판이 좋고 업계 최고 경영자들이 그의 성격을 좋아했기 때문에 Lee를 신임 관리자로 추천했다. 18개월 후, Lee는 회사의 매출과 이익을 높이는 데 성공했다. 그는 자신의 높은 기준에 따라서, 성과를 내지 못한 여러 영업 사원들을 해고함으로써 CrudeOil에서의 임기를 시작했다. 이로 인해 회사에 남아 있던 사람들은 불안해했고, 그들은 서로 다른 방식으로 대응했다. 일부는 Lee와 같은 편에 서려고 노력한 반면에, 다른 일부는 그저 판매 목표를 달성하고 그와의 모든 유형의 상호 작용을 피하는 데 집중했다.

문제는 가혹하고 예측할 수 없는 Lee의 경영 방식이었다. 실수가 발생하면, 그것이 그 영업 사원의 잘못이 아닌데도 그를 싫어하기 때문에 그를 탓했다. 한번은 신입 영업 사원들 중 한 명인 Maria가 비정상적으로 큰 매출을 올렸다. Lee는 그녀에게 긍정적인 피드백을 주기보다는 마치 그런 큰 성취가 당연한 일인 것처럼 행동했다. 아이러니하게도 회사의 핵심 가치들 중 하나는 모든 사람을 존중하는 것이었다. 그것은 매우 중요한 것으로 간주되었기에, 현수막에 인쇄되어 모든 사람이 볼 수 있도록 사무실 앞에 걸었다. Lee가 화를 낼 때는 그 현수막 아래에서 모든 직원들 앞에 서는 경우가 많았다.

그의 진짜 성격은 그가 화가 났을 때 드러났다. 여러 회의에서 그는 영업 사원들을 무작위로 골라서 오랫동안 쳐다보고, 그들의 아이디어를 깎아내리고, 무시하는 등 위협적인 행동들을 했다. Lee는 그가 좋아한다고 주장하는 직원들에게까지도 위협적인 행동으로 대했다. 수시로 Lee는 직원을 골라 며칠 동안 비꼬는 말들을 했다. 그는 자신의 행동에 대해 변명하지 않았다.

어느 날 직원들 중 한 명이 마침내 이 문제에 대해 알리자, Lee는 사무실 전체에 "저는 실적이 저조한 직원을 골라냈었습니다. 내가 사장이고, 직원들이 가능한 한 많은 매출을 올릴 수 있도록 해야 합니다." 그는 잠시 멈춰 직원들의 표정을 살폈다. 이어 "사실, 당신들은 그보다 더 많이 팔아야 합니다."라고 말했다. Lee는 사무실로 돌아선 채 문을 닫으며 웃었다. 발언을 했던 직원은 자회사의 더 작은 매출 계정을 받았다.

Lee가 회사를 장악하기 몇 달 전에 영업 사원으로 고용된 Amy는 계속해서 Lee의 요주의 인물이었다. Lee는 그녀가 비록 판매 할당량을 달성했지만 충분히 만족스럽지 않은 성과라고 말했다. 또한, 그는 회의에서 그녀의 성과에 대한 공로를 가로챘다. 그녀가 할당량을 채우지 못했을 때, 그는 그녀가 개인적인 문제 때문에 그녀의 목표를 달성하지 못했다는 소문을 퍼뜨렸다.

어느 날 다른 영업 사원인 Thomas가 Amy에게 다가가 어떻게 지내는지 물었다. Amy는 당황한 그를 바라보며 "난, 괜찮아요. 왜요?"

이에 Thomas는 "Lee가 당신이 최근에 병원에 입원했는데 심각한 병에 걸린 것 같다고 말했어요." Amy는 깜짝 놀랐다. "Thomas, Lee는 지난 분기에 내 판매량이 적었기 때문에 말하는 것뿐이에요. 날 믿어요, 난 괜찮아요." Amy는 Lee가 자신에 대한 소문을 퍼뜨렸다는 사실에 분노했다.

Amy는 Lee와 대화를 시작하는 것이 이 문제를 해결하는 방법이 아니라는 것을 알고 있었다. 그녀는 그의 행동에 대해 그와 대면하면 다른 직원들처럼 해고되거나 강등될 것이라고 느꼈다. 그녀는 Lee에게 괴롭힘을 당했던 다른 직원들과 대화를 시도했지만, 많은 직원들이 직장을 잃을까 두려워했고, 침묵하기를 선호했다. 그녀는 또한 이사회와의 대화를 고려했지만, 그녀는 그들 중 한 명도 잘 알지 못했고, 그들이 Lee와 좋은 관계라는 것을 알고 있었다. Amy는 그런 환경에서 더 이상 일할 수 없었기 때문에 어떤 조치를 취해야 했다. 게다가, 다른 직원들의 인내심도 곧 한계에 다다를 것이고, 회사 전체는 그 지속적인 악영향을 겪을 수 있다. Amy는 하루 일과를 마치고 현관을 향해 걸어가면서, CrudeOil의 가장 중요한 가치가 적힌 현수막을 쳐다보기를 피했다.

[질문]

1. CrudeOil의 조직 문화를 설명하시오. 그 문화가 현재 상황에 어떻게 기여하는가?
2. CrudeOil은 다른 사람들을 존중한다는 핵심 가치를 어떻게 위반하고 있는가? 이 핵심 가치를 조직 문화에 재통합할 수 있는 방법에는 어떤 것들이 있는가?
3. Amy가 자신의 문제를 직속 상사에게 보고할 수 없는 경우, Amy가 상황을 다룰 수 있는 다른 방법은 무엇인가?

7장

개인적 요인들: 도덕 철학 및 가치

학습목표

- 도덕 철학(moral philosophies)과 가치가 비즈니스에서 어떻게 개인 및 그룹의 윤리적 의사 결정에 영향을 미치는지 이해한다.
- 도덕 철학의 목적론적(teleological), 의무론적(deontological), 미덕(virtue) 및 정의(justice) 관점을 비교 및 대조한다.
- 기업윤리에 대한 철학의 영향력에 대해 논의한다.
- 인지적 도덕 발달 단계를 인식한다.
- 도덕 철학, 가치 및 기업 문화와 관련된 사무직 범죄(white-collar crime)를 소개한다.

개요

7-1 도덕 철학의 정의
7-2 도덕 철학
    7-2a 도구적, 내재적 선함
    7-2b 목적론
    7-2c 의무론
    7-2d 상대주의적 관점
    7-2e 덕 윤리
    7-2f 정의
7-3 윤리적 의사 결정에 도덕 철학 적용하기
7-4 인지도덕 발달과 한계
7-5 화이트칼라 범죄
7-6 기업윤리의 개인적 요인들

윤리적 딜레마*

Jon은 군대 배치에서 돌아온 후 운영 및 물류 학위(degree in operations and logistics)로 대학을 졸업했다. 군대에서의 그의 작업 경험은 그를 운영 및 물류 관리자로서 잘 준비시켰고, 그는 자신이 미 육군을 위한 다양한 탱크 부품을 생산하는 제조 시설인 AlumaArc에 고용되었을 때 이를 잘 보여주었다. Jon의 동료들과 회사의 동료 관리자들은 그가 일에서 보여준 능숙함 때문에 그를 존경했다. 18개월 만에 Jon은 물류 부서의 핵심 인물이 되었고, 그로부터 몇 달 후 그는 3교대를 담당하는 20명의 관리자들 중 한 명이 되었다. 그의 위에는 2명의 부단장(assistant general manage, AGM)과 단장(general manager)이 있었다. 공장에는 2,000명의 일반 근로자들과 수백 명의 전문가가 고용되어 있었다.

최근 미 육군은 AlumaArc에 생산량을 늘려달라고 요청했다. 이는 기존 인력에 또 다른 교대 근무를 더하고, 생산성 향상을 위한 다양한 인센티브를 추가하는 것을 의미했다. 처음에 Jon은 AlumaArc가 얻게 된 새로운 비즈니스에 만족했다. 그러나 그는 육군의 기대에 부응하기 위해 필요한 생산량을 조사하기 시작하면서 걱정이 되기 시작했다. 초과 근무를 하더라도, 공장을 최대 용량으로 가동하는 산출 목표를 달성하는 것이 여전히 어려운 상황이었다. 그는 또한 많은 노동자들이 지쳐 있음을 알아차렸다.

공장에는 작업자가 안전 예방 조치를 취해야 하는 중장비가 있었기 때문에, 작업자가 기계 작동을 시작하기 전에 태블릿에서 체크리스트를 검토하고 다양한 안전 절차를 표시하는 것이 표준 절차였다. 어느 날 Jon은 근무조에 대한 체크리스트가 작성되지 않은 것을 발견했다. 그는 직원 중 한 명인 Jasmine에게 왜 그것을 하지 않았는지 물었다.

"오, 우리는 최근 생산 할당량을 맞추기 위해 너무 바빠서, George가 우리에게 그냥 건너뛸 수 있다고 말했습니다." Jasmine이 설명했다. George는 AGM 중 하나였다.

"하지만 이 체크리스트는 모든 것이 안전하게 작동하고 있는지 확인하는 데 사용됩니다."라고 Jon이 대답했다. Jasmine은 우울해 보였다. "글쎄요, 우리가 그 체크리스트를 기입해서 채워 넣으면 어쨌든 그저 거짓말을 하는 것입니다." 그녀는 시간을 절약하기 위해 작업자들이 표준 안전 절차를 우회하도록(눈속임하도록) 권장되고 있다고 Jon에게 알렸다. 또한 Jon은 많은 근로자들이 생산량 증가에 대한 보상을 더 많이 받기 위해, 자신들에게 반드시 요구된 휴식(required breaks)을 취하지 않는다는 사실을 알고 소름이 돋았다.

그날 늦게 Jon은 George와 대면했다. "George, 이러한 인센티브는 부주의하고 안전하지 않은 행동들을 조장합니다. 직원들은 작업을 완료하기 위해 안전 절차와 휴식을 건너뛰고 있습니다. 누군가가 중상을 입는 것은 시간 문제일 뿐입니다."

George는 Jon을 빤히 쳐다보았다. "나는 잠재적인 위험들이 있다는 것을 알고 있지만, 지금은 추가 직원을 고용할 여력이 없습니다. 만약 우리가 이 산출량을 충족시킬 수만 있다면, 비즈니스가 10배 증가할 것입니다. 우리는 새로운 직원들을 고용하고 현재 직원들에게 더 많은 급여를 줄 수 있을 것입니다."

Jon은 너무도 놀라서 멍해졌다. "하지만 우리가 이들을 위험에 빠뜨리고 있습니다!"

George는 한숨을 쉬었다. "Jon, 각 근로자는 이러한 인센티브를 활용할지 여부를 선택할 수 있습니다. 그들은 하기 싫은 일을 억지로 하지 않습니다. 게다가 이것들은 내 규칙이 아닙니다. GM은 이러한 인센티브를 마련했습니다. 이건 정말 제 통제 밖입니다. 생각해보세요. 우리는 회사와 직원들의 더 큰 이익을 위해 그렇게 하고 있습니다."

이에 Jon은 "하지만 그들은 추가 근무를 거절하면 실직할까봐 두려워서 그렇게 하는 것 같습니다. 그리고 심지어 그들이 위험을 감수할 가치가 있다고 느끼더라도 그들이 안전한 작업 환경에서 일하도록 하는 것이 우리의 임무가 아닙니까?"

George는 계속해서 그를 안심시켰지만, Jon은 모든 안전 프로토콜을 시행하고 직원들이 필요한 휴식을 취하도록 하기로 결심하고 George의 사무실을 떠났다. Jon은 만약 최고 경영진이 직원들의 복지를 고려하지 않는다면, 자신이 할 수 있는 모든 일을 하여 자신의 권한 아래 있는 사람들을 보호할 것이라고 생각했다.

그 주 후반에 George가 Jon에게 다가와 말했습니다.

"이런 말을 해서 유감이지만, 당신의 교대 근무 팀은 요구된 산출량 수준을 충족하지 못하고 있습니다. 우리는 이러한 마감일을 빠르고 정확하게 충족해야 하며, 과거에 당신의 교대 근무 팀이 항상 가장 빨랐습니다. 당신이 없으면 우리는 제 시간에 작업을 끝내지 못할 것입니다. 즉, 기대에 미치지 못하는 직원들을 해고해야 합니다." Jon은 George의 숨겨진 위협을 알아차렸지만, 직원들의 안전을 타협(양보)하는 것을 거부했다. 한편, 그는 직원들이 다른 교대 근무 중에 부상을 당했다는 이야기를 듣기 시작했다.

Jon은 총관리자(general mangager, GM)인 Allie와 이야기하기로 결정했다. 그는 그녀가 자신을 좋아하지 않을 수도 있다는 것을 알았지만, 회사가 하는 일의 위험성에 대해 그녀를 설득할 필요가 있다고 느꼈다. Jon은 Allie에게 어떻게 접근해야 하는지 궁금했다. 만약 그가 조심하지 않으면 그녀는 그를 해고할 수 있었다. 그는 무례한 행동을 하고 싶지 않았지만, 그렇다고 해서 고의로 직원들을 위험에 빠뜨리고 싶지도 않았다.

[질문]

1. Jon의 도덕적 딜레마를 설명하시오.
2. AlumaArc의 추론에 의하면, 생산량 증가의 이점이 직원들의 잠재적인 부상의 위험보다 크다. 이 접근 방식이 어떻게 잠재적으로 역효과를 낼 수 있는가?
3. Jon은 이 문제에 어떻게 접근해야 하는가?

기업윤리에 대한 대부분의 논의는 의사 결정에 있어 개인의 도덕 철학(moral philosophies)을 다루고 있으며, 우리가 6장에서 제공한 모델은 개인의 도덕적 관점을 중심 구성 요인(central component)으로 설명한다. 이 장에서는 어떻게 개인의 배경과 철학이 그들의 의사 결정에 영향을 미치는지에 대한 자세한 설명과 분석을 제공할 것이다. 사람들은 종종 자신의 결정을 정당화하거나 자신의 행동을 설명하기 위해, 개인의 도덕 철학을 사용한다. 사람들이 윤리적 결정들을 내리는 방법을 이해하려면, 주요 유형의 도덕 철학들을 이해하는 것이 좋다. 이 장에서 우리는 이러한 도덕 철학과 관련된 인지 발달 단계에 대해 논의할 것이다. 또한, 개인의 도덕 및 철학과 관련된 사무직 범죄를 탐구할 것이다.

7-1 도덕 철학의 정의

도덕 철학
사람들이 옳고 그름을 결정하는 데 사용하는 특정한 원칙이나 가치들

사람들이 철학(philosophy)에 대해 이야기할 때, 대개 그들이 살아가는 일반적인 가치 체계를 언급한다. 반면에 **도덕 철학**(Moral philosophy)은 사람들이 옳고 그름을 결정하는 데 사용하는 특정한 원칙이나 가치들을 나타낸

다. 도덕 철학과 기업윤리의 차이를 이해하는 것이 중요하다. 도덕 철학은 개인에 따라 다른(person-specific) 반면에, 기업윤리는 기업의 목표를 달성하기 위한 작업들을 수행할 때 집단에 의해 내려지는 결정을 기반으로 한다. 도덕 철학은 개인의 원칙과 가치들이다. 기업의 맥락에서 윤리는 그룹, 회사 또는 조직이, 비즈니스 운영 및 수익 목표, 주당 순이익 혹은 기타 성공의 재무적 측정 목표 등과 관련하여 무엇이 옳고 그른지 정의하는 것을 의미한다. 이에 대한 예는, 근로자가 제조 중인 제품에 대해 가능한 한 많이 알도록 장려해야 한다는 일반 경영 철학에 따라 행동하는 생산 관리자이다. 그러나 이 관리자의 도덕 철학은 곧 있을 정리해고(layoffs)를 직원들에게 미리 알릴지 여부와 같은 결정을 내려야 할 때 작동한다. 비록 근로자는 사전 경고를 선호하지만, 경고를 발령하면 생산의 품질과 수량을 위태롭게 할 수 있다. 그러한 결정은 개인이 자신의 원칙과 가치 측면에서 그 선택이 "옳은지" 혹은 도덕적 결정인지 평가하도록 요구한다.

도덕 철학은 "인간의 이익에 대한 갈등을 해결하는 방법을 결정하고 집단으로 함께 사는 사람들의 상호 이익을 최적화하기 위한" 지침이다.[1] 이러한 철학은 사람들이 비즈니스 전략을 수립하고 특정 윤리적 이슈들을 해결할 때 방향을 제시한다. 그러나 모든 사람이 수용하는 단일한 도덕 철학은 없다. 도덕 철학은 종종 특정 유형의 경제 시스템과 이러한 시스템 내에서 개인의 행동을 방어(변호)하는 데 사용된다. 그러한 경제 체제 중 하나는 자본주의(capitalism) 이론이다. Adam Smith(아담 스미스)는 자유 시장 자본주의(free-market capitalism)의 아버지로 간주된다. 그는 논리학과 도덕 철학 교수였으며 《도덕 감정론(The Theory of Moral Sentiments, 1759)》이라는 논문과 《국부론(Inquiry into the Nature and Causes of the Wealth of Nations, 1776)》이라는 책을 저술했다. Smith는 사업은 선량한 사람들의 도덕에 의해 인도되며, 또 그래야만 한다고 믿었다. 그러나 18세기에 Smith는 현대 시장의 복잡성, 다국적 기업들의 규모, 4~5개 기업들이 세계 자원의 대부분을 통제할 수 있다는 사실 등을 상상할 수 없었다. 그의 생각은 민주주의의 완전한 힘(the full force of democracy)이나 일부 기업이 국가 내에서 휘두를 수 있는 막대한 부와 권력을 상상하지 못했다.

자본주의하에서, 일부 경영자들은 이윤극대화를 기업의 궁극적인 목표로 보고, 기업의 결정들이 사회에 미치는 영향에 대해서는 관심을 갖지 않을 수 있다. 경제학자 밀턴 프리드먼(Milton Friedman)은 정부 규제 없이도 비윤리적 행위에 대해 '시장(market)'이 기업에 보상하거나 처벌할 것이라고 주장하면서 이러한 관점을 지지했다.[2] 이러한 프리드먼 유형 자본주의의 출현은 지배적이며 가장 널리 받아들여지는 경제 체제로서 전 세계적으로 시장 중심 사회(market-driven societies)를 만들었다. 미국은 자유 시장 자본주의(free-market capitalism)의 보이지 않는 손(the invisible hand)이 상품의 가용성(availability)을 높임에 따라, 인류의 문제들을 해결하고 사회를 더 큰 행복과 번영으로 인도할 수 있다는 생각을 전 세계에 퍼뜨렸다. 마케팅은 소비자들이 이러한 상품들을 이해하고 비교하고 획득할 수 있도록 도와줌으로써 교환의 효율성과 효과성을 높인다. 그러나 자유 시장이 환경에 부정적인 영향을 미치며 심리적, 영적, 육체적으로 건강하지 않을 수 있는 과도한 소비와 같은 모든 문제를 해결하지는 않는다.[3] 더 많은 것이 모든 상황에서 반드시 최선은 아니다.

프리드먼(Friedman)은 자본주의가 민주 정부(democratic government)를 지원할 수 있다고 주장했다. 암묵적으로, 법치에 의해 공식화된 사회 규범들은 수용 가능한 관행들과 용납할 수 없는 관행들을 정의한다. 프리드먼은 또한 정부가 기업의 규칙을 정하는 주체라고 주장했다. 중국과 같은 많은 국가들은 다양한 형태의 자본주의를 채택했다. 러시아는 1990년대 이후로 개인과 기업들이 재산을 소유할 수 있다는 점에서 더욱 자본주의적이 되었다. 표 7-1은 CATO Institute에 의해 순위가 매겨진 가장 경제적인 자유를 누리는 국가들을 나타낸다. **경제적 자유**(economic freedom) 개념은 자기 소유, 선택할 권리, 자발적인 교환, 공개 시장, 그리고 명확하게 정의되고 집행되는 재산권 등에 기반한다. 정부는 자발적 교환을 위한 기반 시설들을 제공하고, 침략자로부터 개인들과 그들의 재산을 보호할 때 경제적 자유를 향상시킨다.[4]

경제적 자유
자기 소유, 선택할 권리, 자발적인 교환, 공개 시장, 그리고 명확하게 정의되고 집행되는 재산권 등에 기반한 개념

경제 시스템은 사회 내에서 자원과 상품을 분배(할당)할 뿐만 아니라, 개인(도덕)과 사회(법률) 전체의 행동과 신념에 영향을 미치고 동시에 그것들의 영향을 받는다. 경제 시스템의 성공은 철학적 틀(philosophical framework)뿐만 아니라, 협동적이고 효율적이며 생산적인 시장에서 사람들을 하나로

모으는 도덕 철학과 가치를 유지하는 시스템 내 개인들에 의해 달려 있다. 시장 경제와 개인의 도덕적 행동이 양립 가능한지에 대한 의문은 아리스토텔레스까지 거슬러 올라가는 서양의 오랜 전통에서 시작되었다. 현대 사회의 개인은 사회적, 정치적, 경제적 제도들의 틀 안에 존재한다.

윤리적 이슈들에 직면한 사람들은 종종 자신의 도덕, 가치 또는 옳고 그름에 대한 원칙들에 따라 결정을 내린다. 그리고 대부분의 사람들은 가족, 사회 집단들, 종교 및 정규 교육의 도움으로 사회화 과정을 통해 그것들을 배웠다. 의사 결정에 영향을 미치는 개인적 요소들에는 개인의 도덕 철학이 포함된다. 윤리적 딜레마는 의사 결정을 지배하는 규칙이 모호하거나 충돌하는 문제 해결 상황(problem-solving situations)에서 발생한다. 실제 상황에서, 개인의 비판적 사고와 자신의 결정에 대한 책임을 받아들이는 능력 등을 대신할 수 있는 것은 없다.

표 7-1 경제적 자유 순위

순위	국가
1	홍콩
2	싱가포르
3	뉴질랜드
4	스위스
5	호주
6	미국
7	모리셔스(Mauritius)
8	조지아(Georgia)
9	캐나다
10	아일랜드
11	덴마크
12	리투아니아(Lithuania)
13	영국
14	칠레
15	에스토니아(Estonia)

자료: James Gwartney, Roberto Lawson, Joshua Hall, and Ryan Murphy, with Daniel L. Bennett, Rosemarie Fike, Fred McMahon, Boris Nikolaev, "Economic Freedom of the World Report," CATO Institute, 2019, www.cato.org/sites/cato.org/files/pubs/efw/efw2019/efw-2019-chapter-1.pdf (accessed March 12, 2020).

도덕 철학은 개인들에게 사회적 존재가 되기 위한 지침을 제공하는 추상적 원리들을 제공하는 이상적인 관점이다. 폐기물을 재활용하거나 재활용 또는 재활용 가능한 제품을 구매 또는 판매하기로 한 사람의 결정은 도덕 철학과 재활용에 대한 개인의 태도에 의해 영향을 받는다.[5] 기업 조직의 복잡한 환경 내에서, 개인의 도덕 철학을 구현하는 것은 종종 어려운 일이다. 한 가지 예는 비닐 봉지에 관한 것이다. 기업에서 이것을 제조해야 하는가? 27개국 이상이 비닐 봉지의 사용에 세금을 부과하거나 금지하고 있음에도 불구하고, 매년 전 세계적으로 거의 1조 개에 달하는 비닐 봉지가 사용된다.[6] 일부 수명 주기 관점(a life-cycle perspective)에서는 비닐 봉지의 대안이 될 수 있는 종이 봉투가 환경에 더 해를 끼친다고 주장한다.[7] 이 예는 겉보기에 단순한 비즈니스 이슈들의 복잡성을 잘 보여준다. 우리의 경제 시스템은 시스템이 작동할 수 있도록 하는 가치, 신뢰 및 기대 등을 창출하기 위해 함께 모여 철학을 공유하는 개인들에게 달려 있다. 비즈니스 조직 내의 대부분의 직원들은 윤리적 이슈에 직면했을 때, 자신이 사용하는 특정 도덕 철학에 대해 생각하지 않는다.

도덕과 관련된 많은 이론들은 경제학, 이상주의(idealism) 및 상대주의(relativism) 등과 같은 가치 지향성(value orientation) 및 개념들을 나타낸다. **경제적 가치 지향성**(economic value orientation)의 개념은 금전적 수단(monetary means)으로 수량화된(quantified) 가치들과 관련이 있다. 이 이론에 의하면, 만약 어떤 행위가 그 노력에 대해 더 많은 경제적 가치를 창출한다면, 그것은 윤리적인 것으로 받아들여야 한다. 반면에, **이상주의**(Idealism)는 생각과 이상을 마음의 산물(products)로서 특별히 강조하는 도덕 또는 가치 철학이다. 이상주의는 자연과 경험의 모든 대상들을 설명하고, 그것들에 더 높은 수준의 질서(order)를 부여하는 데 필요한 노력들을 말한다. 연구에 의하면, 이상주의적 사고와 윤리적 의사 결정 사이에는 긍정적인(+) 상관 관계가 있다. **현실주의**(Realism)는 외부 세계가 우리의 인식과 독립적으로 존재한다는 견해이다. 현실주의자들은 인간이 결코 선천적으로 자비롭거나 친절하지 않으며, 본질적으로 자기중심적이고 경쟁적이라고 가정한다. 현실주의자에 의하면, 각 사람은 궁극적으로 자신의 이익에 따라 움직인다. 연구에 의하면, 현실적인 사고와 윤리적 의사 결정 사

경제적 가치 지향성
금전적 수단으로 수량화된 가치들과 관련이 있음. 이 이론에 의하면, 만약 어떤 행위가 그 노력에 대해 더 많은 경제적 가치를 창출한다면, 그것은 윤리적인 것으로 받아들여야 한다.

이상주의
생각과 이상을 마음의 산물로서 특별히 강조하는 도덕 또는 가치 철학

현실주의
외부 세계가 우리의 인식과 독립적으로 존재한다는 견해

이에는 부정적인(–) 상관 관계가 있다. 모든 행동들이 궁극적으로 스스로 동기 부여된다는 신념은 비윤리적인 결정을 내리는 경향으로 이어질 수 있다.

7-2 도덕 철학

많은 도덕 철학들이 있지만, 이들 모두를 자세하게 연구하는 것은 이 책의 범위를 벗어나므로, 우리는 우리의 논의를 기업윤리 연구에 가장 적합한 것들로 제한할 것이다. 우리의 접근 방식은 기업의 윤리적 의사 결정 과정을 이해하는 데 필요한 가장 기본적인 개념들에 중점을 둔다. 우리는 특정 도덕 철학의 사용을 정해 놓지 않는다. 왜냐하면 기업에서 윤리적 이슈들을 해결하는 올바른 방법이 단 한 가지만 있는 것은 아니기 때문이다.

이 장에서 논의된 도덕 철학들이 의사 결정에 어떻게 적용될 수 있는지 이해하는 데 도움을 제공하기 위해서, 가상의 상황을 예시로 사용하려 한다. 영업 담당자인 Nia가 너트와 볼트를 제조하는 회사인 Midwest Hardware의 영업 프레젠테이션을 준비하고 있다고 가정하자. Nia는 미주리주 세인트루이스 인근 미시시피 강을 가로지르는 다리를 건설하고 있는 건설 회사에 대규모 판매를 희망하고 있다. Midwest Hardware에서 제조한 볼트의 결함률은 3%로 업계에서는 허용되는 수준이지만, 갑작스럽고 심한 스트레스를 받을 수 있는 특정 유형의 프로젝트들에서는 사용하기에 부적합하다. 새 다리는 1811년 미국 최대 지진의 발원지인 뉴 마드리드 단층선(New Madrid Fault Line) 근처에 위치할 예정이다. 막대한 피해를 일으키고 미시시피 강의 흐름을 변화시킨 해당 지진의 진원지는 새로운 다리 건설 예정 지역으로부터 200마일 미만의 거리에 있다. 지진 전문가들은 2030년까지 뉴 마드리드 단층을 따라 어딘가에서 진도 7 이상의 지진이 발생할 확률이 25%라고 생각한다. 그러나 이 지역의 교량 건설은 지진 규정에 의해 규제되지 않고 있다. 만약 Nia가 판매에 성공하면 그녀는 정규 급여 외에 25,000달러의 커미션을 받게 된다. 그러나 만약 그녀가 계약자(contractor)에게 볼트의 결함률에 대해 말하면, Midwest는 결함률이 낮은 볼트를 판매하는 경쟁업체들에게 제품 판매를 빼앗길 수 있다. Nia의 윤리적 이슈는 지진이 발생할 경우 일부 Midwest Hardware 볼트가 망가져서 다리가 붕괴될 수 있다는 점을 교량 계약자에게 말해야 하는지 여부이다.

우리는 특정한 도덕 철학들에 대해 논의하면서 이 예시로 다시 돌아와서, Nia가 자신의 윤리적 이슈를 해결하기 위해 각 도덕 철학을 어떻게 사용할 수 있는지 질문할 것이다. 우리는 Nia의 결정의 질(quality)을 판단하지 않으며, 어떤 하나의 도덕 철학만을 옹호하지도 않는다. 그러나 뉴 마드리드 단층과 그 역사는 허구가 아니다. 이 예시와 Nia의 결정 근거(논리)는 필연적으로 가설적(hypothetical)일 뿐만 아니라 단순하다(simplistic). 실제로, 의사 결정자는 선택을 할 때 고려해야 할 더 많은 요소들이 있을 수 있으므로, 서로 다른 결정에 도달할 수 있다. 우리는 선(goodness)의 개념과 목적론(teleology), 의무론(deontology), 상대주의적 관점(the relativist perspective), 덕 윤리(virtue ethics), 정의론(justice) 등과 같은 여러 유형의 도덕 철학들을 소개할 것이다(표 7-2 참조).

표 7-2 비즈니스 의사 결정에 사용되는 철학의 비교

목적론	행위가 자기 이익이나 효용의 실현과 같은 원하는 결과를 낳는 경우 도덕적으로 옳거나 수용할 수 있다고 규정함
이기주의	특정한 사람이 자신이 정의한 자기 이익을 극대화하는 행위이면 그것이 옳거나 수용 가능하다고 정의함
공리주의	최대 다수의 사람들을 위한 전체 효용의 극대화 또는 최대 선(the greatest good)을 옳거나 수용 가능한 행위라고 정의함
의무론	결과보다는 개인 권리의 보호 및 특정 행동과 관련된 의도에 초점을 맞춤
상대주의	개인과 집단의 경험을 바탕으로 주관적으로 윤리성을 평가함
미덕 윤리	주어진 상황에서 도덕적인 것은 관습적 도덕이 요구하는 것일 뿐만 아니라 "좋은" 도덕성을 가진 성숙한 사람이 적절하다고 생각하는 것이라고 가정함
정의론	분배적, 절차적, 상호작용적 공정성을 기반으로 윤리성을 평가함

7-2a 도구적, 내재적 선함

도덕 철학을 이해하려면, 선 혹은 선함(goodness)의 개념에 대한 다양한 관점들을 이해해야 한다. "좋음(good)"과 "나쁨(bad)" 사이에 명확하고 확고한 구분 선(line)이 있는가? "좋은" 결과와 "나쁜" 결과를 만들어 낼 때, 목적(ends)과 수단(means) 사이의 관계는 무엇인가? 어떤 목적이 좋은지 나쁜지 독립적으로 결정할 수 있는 방법이 있는가? 이에 대한 답변들이 복잡하고 혼란스러울 수 있으므로, 우리는 논의를 단순화하고자 한다. 아리스토텔레스(Aristotle)는 행복은 본질적으로(내재적으로, intrinsically) 좋은 결과(good end)이며 그 선함(goodness)은 상대성(relativity)이 없는(상대적이지 않은) 자연적이며 보편적이라고 주장했다. 반면에 철학자 임마누엘 칸트(Immanuel Kant)는 성취(accomplishment)를 위해 진지하게 적용되는 선의(goodwill)만이 그 자체로 선한 것이라고 주장했다.

선함의 두 가지 기본 개념은 일원론(monism)과 다원주의(pluralism)이다. **일원론자**(Monists)는 오직 하나의 것만이 본질적으로(내재적으로) 선하다고 믿고, 다원론자(pluralists)는 둘 또는 그 이상의 것들이 본질적으로 선하다고 믿는다. 일원론자들은 종종 **쾌락주의**(hedonism)로 특징지어진다. 이 쾌락주의는 쾌락(pleasure)이 궁극적인 선(ultimate good)이거나, 최상의 도덕적 목적(best moral end)은 고통에 대한 쾌락의 극대화된 균형(the greatest balance)을 포함한다는 생각이다. 쾌락주의는 개인의 쾌락을 최대화하는 행위로 옳거나 용인되는 행위를 정의한다. 도덕 철학자들은 쾌락이란 많을수록 좋다고 믿는 이들을 **양적 쾌락주의자**(quantitative hedonists)라고 명명하고, 쾌락과 같은 좋은 것(good thing)을 아주 많이 얻을 수 있다고 믿는 사람들은 **질적 쾌락주의자**(qualitative hedonists)라고 이야기한다.

종종 비쾌락주의자(nonhedonists)라고 불리는 **다원주의자**(Pluralists)들은 일원론자들과는 반대로, 오직 하나만이(only one thing) 본질적으로 좋은 것(good)일 수는 없다는 입장을 취한다. 예를 들어, 다원주의자는 아름다움, 미적 경험, 지식 및 개인적인 애정 등을 궁극적인 선(goods)으로 볼 것이다. 플라톤(Plato)은 좋은 삶(good life)이란 (1) 절제와 건강(moderation and fitness), (2) 균형과 아름다움(proportion and beauty), (3) 지성과 지혜(intelligence and wisdom), (4) 과학과 예술(sciences and arts), (5) 영혼의 순수한 기쁨(pure pleasures of the soul) 등이 혼합된 것이라고 주장했다.

일원론자
오직 하나의 것만이 본질적으로(내재적으로) 선하다고 믿음

쾌락주의
쾌락이 궁극적인 선이거나, 최상의 도덕적 목적은 고통에 대한 쾌락의 극대화된 균형을 포함한다는 생각

양적 쾌락주의자
쾌락이란 많을수록 좋다고 믿는 이들

질적 쾌락주의자
쾌락과 같은 좋은 것을 아주 많이 얻을 수 있다고 믿는 사람들

다원주의자
종종 비쾌락주의자라고 여겨지며, 둘 또는 그 이상의 것들이 본질적으로 선하다고 믿음

비록 모든 다원주의자가 비쾌락주의자이지만, 모든 일원주의자가 반드시 쾌락주의자는 아니다. 어떤 개인은 쾌락 이외에 단 하나의 본질적인 선을 믿을 수 있다. 마키아벨리와 니체(Machiavelli and Nietzsche)는 권력(power)이 유일한 선이라고 주장했고, 오직 단 하나의 덕으로서의 선의지(single virtue of goodwill)에 대한 칸트의 믿음으로 인해 그는 일원론적 비쾌락주의자(monistic nonhedonist)로 분류되었다.

도구주의자
(1) 목적이 그것을 생산하는 수단과 분리될 수 있고, (2) 목적, 목표 또는 결과 등이 그 자체로 본질적으로 좋다는 생각 등을 거부한다.

보다 현대적인 견해는 도구주의적 입장에서 나타난다. 때때로 실용주의자(pragmatists)라고 불리는 **도구주의자**(instrumentalists)들은 (1) 목적(ends)이 그것을 생산하는 수단(means)과 분리될 수 있고, (2) 목적(ends), 목표(purposes) 또는 결과(outcomes) 등이 그 자체로 본질적으로 좋다는 생각 등을 거부한다. 철학자 존 듀이(John Dewey)는 목적과 수단의 차이는 단지 개인의 관점의 문제라고 주장했다. 따라서 거의 모든 행동이 목적이 될 수도 있고 수단이 될 수도 있다. 듀이는 사람이 일하기 위해 먹고, 또한 먹기 위해 일한다는 예를 든다. 실용적 관점에서 보면, 목적은 먼 수단에 불과하고 수단은 앞의 단계에서 본 일련의 행위들에 불과하다. 이 결론에서, 단일한 그리고 보편적인 목적과 같은 것은 없다는 결론이 나온다.

선함에 대한 이론들
일반적으로 행동의 최종 결과와 그 행동으로 인해 만들어진 선함 또는 행복에 초점을 둔다.

의무 이론들
행동이 정당화되는 수단과 동기를 강조하며, 목적론과 의무론 등의 범주로 나뉜다.

도덕적 가치에 대한 논의는 종종 "선함의 본질(the nature of goodness)은 무엇인가?"라는 질문을 중심으로 이루어지지만, 도덕적 의무 이론들(theories of moral obligation)은 그 질문을 "무엇이 행동을 옳거나 의무적인 것으로 만드는가?"로 바꾸어 버린다. **선함에 대한 이론들**(Goodness theories)은 일반적으로 행동의 최종 결과(end result)와 그 행동으로 인해 만들어진 선함 또는 행복(goodness or happiness)에 초점을 둔다. **의무 이론들**(Obligation theories)은 행동이 정당화되는 수단(means)과 동기(motives)를 강조하며, 목적론과 의무론 등의 범주로 나뉜다.

목적론
행위가 쾌락, 지식, 경력 성장, 자기 이익의 실현, 효용성, 부 혹은 명성 등과 같은 원하는 결과를 산출하는 경우에 비로소 도덕적으로 옳거나 수용 가능한 것으로 간주된다는 도덕 철학

7-2b 목적론

목적론 행위가 쾌락, 지식, 경력 성장, 자기 이익의 실현, 효용성, 부 혹은 명성 등과 같은 원하는 결과를 산출하는 경우에 비로소 도덕적으로 옳거나 수용 가능한 것으로 간주된다는 도덕 철학이다. 목적론적 철학은 행동의 결과를 살펴봄으로써 행동의 도덕적 가치를 평가하므로, 오늘날 도덕 철학

자들은 종종 이러한 이론을 **결과주의**(consequentialism)라고 부른다. 개인의 비즈니스 결정에서 종종 의사 결정을 안내(인도)하는 두 가지 중요한 목적론적 철학은 이기주의(egoism)와 공리주의(utilitarianism)이다.

결과주의
행동의 결과를 살펴봄으로써 행동의 도덕적 가치를 평가하는 목적론적 철학

이기주의(Egoism)는 개인을 위한 결과의 관점에서, 옳거나 수용 가능한 행동을 정의한다. 이기주의자들은 각자가 다르게 정의하는 그들 자신만의 이익(their own self-interest)을 극대화하는 결정을 내려야 한다고 믿는다. 이기주의자(egoist)에 의하면, 자기 이익(self-interest)은 신체적 웰빙, 권력, 쾌락, 명성, 만족스러운 직업(경력), 좋은 가정 생활, 부 또는 다른 것들 등으로 해석될 수 있다. 윤리적 의사 결정 상황에서, 이기주의자는 아마도 자신의 이익에 가장 큰 기여를 하는 대안을 선택할 것이다. 많은 사람들은 이기적인 사람과 기업들이 본질적으로 비윤리적이고 단기 지향적이며, 이익을 위해 모든 기회를 기꺼이 이용한다고 믿는다. 일부 텔레마케터들은 외로움을 느끼거나, 재정적 독립을 잃을지 모른다는 두려움을 느끼기 때문에 심리적으로 취약한 고령 소비자들을 먹잇감으로 노릴 때 이기주의를 보인다. 매년 수천 명의 노인들이 사기성 텔레마케터들의 희생양이 되며, 많은 경우에 모든 저축과 때로는 그들의 집까지 잃게 된다.

이기주의
개인을 위한 결과의 관점에서, 옳거나 수용 가능한 행동을 정의한다.

그러나 **계몽된 이기주의**(enlightened egoism)도 있다. 계몽된 이기주의자는 장기적인 관점을 취하고, 비록 자신의 이익이 가장 중요하지만 다른 사람의 행복을 허용(고려)한다. 계몽된 이기주의의 예는 고속도로를 건너는 거북이를 돕는 사람들이다. 이들이 이렇게 하는 이유는 만약 거북이가 죽으면 그들이 고통을 느낄 것이기 때문이다.[8] 계몽된 이기주의자들은 전문 윤리 강령들을 준수하고, 오염을 통제하며, 세금 부정행위를 피하고, 일자리를 창출하며, 지역 커뮤니티 프로젝트를 지원할 수 있다. 이러한 행동이 다른 사람들에게 도움이 되기 때문에 하는 것이 아니라, 회사에서 승진을 하는 등 궁극적인 자신의 개인 목표를 달성하는 데 도움이 되기 때문이다. 계몽된 이기주의자는 경영진들에게 거짓 회계 보고를 하는 동료에 대해 주의를 환기시킬 수(보고할 수) 있지만, 이는 단지 회사의 평판을 보호하고 결국 이기주의자 자신의 직업 안정성을 보호하기 위한 것이다. 또한 계몽된 이기주의자는 내부 고발자(whistle-blower)가 되어 규제 기관에 부정행위를 보

계몽된 이기주의
장기적인 관점을 취하고, 비록 자신의 이익이 가장 중요하지만 다른 사람의 행복을 허용(고려)한다.

고할 수도 있는데, 이런 행동을 함으로써 부정행위를 폭로한 것에 대한 보상을 받을 수 있기 때문이다.

Midwest Hardware의 Nia의 가상 사례(Midwest Hardware의 볼트 중 3%가 결함이 있을 가능성이 있음을 교량 계약자에게 고지(warn)할지 여부를 결정해야 하는)로 돌아가 보자. 만약 그녀가 이기주의자라면 그녀는 자신의 이익을 극대화하는 대안을 선택할 것이다. 만약 그녀가 자신의 이익을 개인적인 부의 관점에서 정의한다면, 그녀의 개인적인 도덕 철학은 그녀로 하여금 다리 붕괴 위험을 줄이는 기회보다 25,000달러의 수수료를 더 가치 있게 여기게 만들 수 있다. 결과적으로, 이기주의자는 대량의 볼트 판매와 그로 인한 25,000달러의 수수료를 받기 위해 볼트의 결함률에 대해 침묵을 지킴으로써 이 윤리적 딜레마를 해소할 것이다. 그녀는 지진의 가능성이 희박하고, 볼트가 지진의 주요한 요인이 아니며, 심지어 결함이 있는 볼트가 교량 붕괴의 요인이라 할지라도, 다리가 붕괴된 원인을 실제로 증명할 수 있는 사람이 아무도 없을 것이라고 스스로 합리화할 것이다.

공리주의
최대 다수의 사람들을 위한 최대 선을 추구한다.

이기주의와 마찬가지로 **공리주의**(utilitarianism)는 결과에 관심을 갖지만, 이기주의와 달리 공리주의는 최대 다수의 사람들을 위한 최대 선(the greatest good for the greatest number of people)을 추구한다. 공리주의자들은 그 결정의 영향을 받는 모든 사람들에게 최대의 총 효용(utility)이나 최대의 이익을 가져다주는 결정을 내려야 한다고 믿는다. 예를 들어, 담배, 총기 또는 알코올과 같은 유해한 상품들을 합법적으로 판매하는 회사들을 옹호하기 위해 공리주의적 관점을 사용할 수 있다. 여러 단점들에도 불구하고 그 상품들을 합법적으로 판매되도록 허용하는 것이, 규제되지 않고 불법적으로 판매되는 것보다 덜 해롭다는 주장이 제기되어 왔다.[9] 이러한 접근 방식은 많은 주(state)들에서 오락용 마리화나(recreational marijuana)를 합법화하는 기반이 된다. 주 정부는 합법적인 오락 및 의료용 마리화나 판매를 통해 총 71억 달러의 세수(tax revenue)를 얻었다고 보고했다. 공리주의적 의사결정은 영향을 받는 모든 당사자들에 대한 비용(cost)과 이익(benefits)의 체계적인 비교에 의존한다. 그러한 비용 편익 분석(cost-benefit analysis)을 활용하여 공리주의적 의사 결정자는 가능한 모든 대안들의 결과들의 효용성을 계산한 다음, 가장 큰 편익을 가져오는 하나를 선택한다. 미국 대법원(The U.S. Supreme Court)은 심지어 고용주가 직원들의 성희롱 행위에 대해 전혀 알지 못하더라도, 그 고용주가 직원의 성추행에 책임이 있다고 판결함으로써 직장 내 괴롭힘에 대한 엄격한 기준을 설정했다. 판사 중 한 명은 괴롭힘을 방지해야 하는 고용주의 부담이 "사업을 수행하는 비용들 중 하나"라고 썼다.[10] 그 법원은 기업들이 괴롭힘을 방지하도록 강제하는 것이 사회에 가장 큰 효용이 될 것이라고 결정했다.

행동의 결과를 평가할 때, 공리주의자들은 그 결정의 영향을 받는 모든 사람들의 잠재적인 비용과 이익을 모두 고려해야 한다. 예를 들어, Boeing의 737 MAX 출시는 Airbus의 A320neo 항공기의 경쟁 압력(competitive pressure)의 결과였다. 엔진을 이전 737 버전 기종보다 더 앞쪽에 장착해야 했기 때문에, 조종사를 돕기 위해 새로운 소프트웨어 패키지(MCAS)가 추가되었다. 조종사를 돕기 위해 설계된 자동화 시스템은 비행기를 잘못된 방향으로 강제로 몰 수 있었고, 보잉은 그러한 상황에 대한 적절한 조종사 체크리스트가 없었다. 조종사 오류와 MCAS 소프트웨어로 인한 두 번의 충돌로 모든 737 MAX 항공기들이 이륙 금지되었다. 만약 보잉이 공리주의적 원칙을 사용했다면, 모든 737 MAX 항공기의 이륙금지와 그 비용을 고려했을 것이다.[11]

공리주의자들은 행동의 도덕성을 평가하기 위해 다양한 기준들을 사용한다. 일부 공리주의 철학자들은 어떤 행동이 최선인지 결정하기 위해 일반적인 규칙들을 따라야 한다고 주장한다.[12] 이러한 **규칙 공리주의자들**(rule utilitarians)은 개인들이 직면하는 각 상황에 대한 개인적/개별적인 검토가 아니라, 최대의 효용성(the greatest utility)을 촉진하도록 설계된 원칙이나 규칙에 따라 행동을 결정한다. 그러한 규칙들 중 하나는 "뇌물은 잘못된 것이다"일 수 있다. 만약 사람들이 뇌물이 유용할 때마다 자유롭게 뇌물을 제공한다면, 세상은 혼란스러워질 것이다. 따라서 뇌물을 금지하는 규칙은 효용성을 증가시킬 것이다. 규칙 공리주의자들은 직원들의 일자리를 지키기 위해서라도 공무원에게 뇌물을 주지 않는 대신에 규칙을 엄격하게 준수할 것이다. 그러나 규칙 공리주의자들은 전통적인 도덕 규칙들을 자동적

규칙 공리주의자들
어떤 행동이 최선인지 결정하기 위해 일반적인 규칙들을 따라야 한다고 주장한다.

으로 받아들이지는 않는다. 만약 대안적인 규칙들이 더 큰 효용성을 촉진할 것이라고 생각한다면, 그들은 뇌물의 사용을 옹호할 것이다.

다른 공리주의 철학자들은 각 개별 행동의 올바름 혹은 정당성은 최대 다수의 사람들에게 최대의 효용을 제공하는지 여부로 판단되어야 한다고 주장해왔다.[13] 이러한 **행위 공리주의자들**(act utilitarians)은 그것이 가장 큰 효용성을 가져올지 여부를 평가하기 위해, 행위를 지배하는 일반적인 규칙들보다는 '구체적인 행위들'을 검토한다. "뇌물은 잘못된 것이다"와 같은 규칙은 행위 공리주의자들에게는 그저 일반적인 지침일 뿐이다. 그들은 뇌물이 본질적으로 잘못된 것이 아니라, (뇌물로 인한) 한 개인의 이익이 사회 전체의 이익보다 앞설 때 총 효용(total utility)이 감소하기 때문에 뇌물이 일반적으로 잘못된 것이라는 데 동의할 것이다. 그러나 특정한 경우에 행위 공리주의자들은 뇌물이 용인될 수 있다고 주장할 수 있다. 이런 상황을 상상해 보자. 영업 관리자는 지방 공무원이 뇌물을 받지 않는 한 회사가 건설 계약을 체결하지 못할 것이라고 생각할 수 있으며, 만약 회사가 계약을 체결하지 못하면 그 회사는 100명의 직원을 해고해야 할 것이다. 따라서 영업 관리자는 100개의 일자리를 살리는 것이 법을 준수하는 것보다 더 큰 효용성을 창출하기 때문에 뇌물이 정당화된다고 주장할 수 있다. 미국 통신장비 회사인 Ericsson은 지부티(Djibouti), 사우디아라비아, 중국 등에 있는 제3자들(third parties, 예를 들어 컨설팅 회사들이나 브로커들)을 통해 5개국에 뇌물을 제공한 혐의로 이들 나라로부터 10억 달러 이상의 벌금을 부과받았다. 의심되는 위법 행위에는 지부티의 국영 통신 회사(a state-owned telecom company)로부터 계약을 따내기 위해 뇌물을 승인하고 지시한 Ericsson의 중동 지역 책임자의 뇌물수수 계획이 포함되었다. 그 컨설팅 회사(앞에서 이야기한 third party에 해당됨)는 지부티 고위 외국 관리의 아내가 소유하고 있었다.[14]

행위 공리주의자들
각 개별 행동의 올바름 혹은 정당성은 최대 다수의 사람들에게 최대의 효용을 제공하는지 여부로 판단되어야 한다.

이제 Midwest Hardware의 볼트 판매 영업직원인 Nia가 공리주의자라고 가정해 보자. 그녀는 결정을 내리기 전에, 비용-편익 분석을 수행하여 어떤 대안이 가장 큰 효용성을 창출하는지 평가할 것이다. 한편으로, 다리를 건설하면 도로가 개선되고 더 많은 사람들이 미시시피 강을 건너 세인트루이스에서 일자리를 찾을 수 있다. 이 프로젝트는 수백 개의 일자리를 창출하고 지역 경제를 활성화시키며, 강 양쪽의 커뮤니티를 통합할 것이다. 게다가, Midwest Hardware의 수익을 증가시켜서 이 회사가 미래에 생산하는 볼트의 결함률을 낮추기 위한 연구에 더 많은 투자를 할 수 있게 만들 것이다. 반면에 다리가 무너지면 100명 이상이 사망하거나 부상을 입을 수 있다. 그러나 볼트의 불량률이 3%에 불과하고, 단층선을 따라 어딘가에 지진이 발생할 확률은 50%에 불과하며, 재난 발생 시 그 다리에 차량이 몇 대 밖에 없을 수도 있다.

이 상황의 비용과 편익을 분석한 후, Nia는 회사의 볼트로 다리를 건설하는 것이 그 교량 계약자에게 지진으로 볼트가 고장날 수 있다고 말하는 것보다 더 많은 효용성(일자리, 통합, 경제 성장 및 회사 성장)을 창출할 것이라고 합리화할 수 있다. 만약 그렇다면 공리주의자는 아마도 교량 계약자에게 볼트의 결함률을 알리지 않을 것이다.

7-2c 의무론

의무론(Deontology, "윤리"라는 뜻의 그리스어에서 유래함)은 특정 행위의 결과보다는 그 행위와 관련된 개인의 권리와 그 의도에 초점을 맞춘 도덕 철학을 의미한다. 의무론적 이론의 기본은 모든 사람에게 동등한 존중(equal respect)이 주어져야 한다는 생각이다. 공리주의자와 달리, 의무론자들은 아무리 효용(utility)이 극대화되더라도 우리가 절대로 하지 말아야 할 몇 가지 일들이 있다고 주장한다. 예를 들어, 의무론자들은 무고한 사람을 죽이거나, 누군가에게 심각한 불의를 저지르는 것은 그로 인해 사회적 효용이 아무리 더 크다고 해도 그것은 개인의 권리를 침해할 것이기 때문에 잘못이라고 생각할 것이다. 그러나 공리주의자는 심지어 그 행동이 더 큰 이익으로 이어질 수 있다면, 사람의 죽음을 초래하는 행동마저도 용납할 수 있다고 생각할 것이다. 의무론적 철학은 어떤 행위들은 본질적으로 옳다고(inherently right) 여기며, 이러한 정당성의 판단은 사회가 아닌 개인 행위자(individual actor)에 초점을 맞춘다. 따라서 이러한 관점은 때때로 인간 존중(respect for persons)에 기반한 윤리 시스템(체계)인 **비결과주의**(nonconsequentialism)라고 한다.

의무론
특정 행위의 결과보다는 그 행위와 관련된 개인의 권리와 그 의도에 초점을 맞춘 도덕 철학을 의미한다.

비결과주의
어떤 행위들은 본질적으로 옳다고 여기며, 이러한 정당성의 판단은 사회가 아닌 개인 행위자에 초점을 맞춘다.

현대의 의무론은 독일 철학자 임마누엘 칸트(Immanuel Kant)에 의해

정언 명령
만약에 세상 모든 사람들이 보기에 당신이 어떤 행동을 하는 것이 편안하게 여겨지고, 만약 당신이 특정한 방식으로 행동하는 이유(논리, rationale)가 행동을 이끄는 보편적인 원칙이 되기에 적합하다면, 그 행동을 하는 것이 윤리적이다.

크게 영향을 받아 왔는데, 그는 소위 **정언 명령**(categorical imperative)을 발전시켰다. 즉, "당신의 행동의 준칙이 당신의 의지에 따라 자연의 보편적 법칙(a universal law of nature)이 되는 것처럼 행동하십시오."[15] 간단히 말해서, 만약에 세상 모든 사람들이 보기에 당신이 어떤 행동을 하는 것이 편안하게 여겨지고, 만약 당신이 특정한 방식으로 행동하는 이유(논리, rationale)가 행동을 이끄는 보편적인 원칙이 되기에 적합하다면, 그 행동을 하는 것이 윤리적이다. 돈을 빌리며 갚겠다고 약속하면서 속으로는 그 약속을 지킬 생각이 없는 사람들은 그들의 행동을 "보편화(universalize)"시킬 수 없다. 만약 모든 사람들이 돈을 갚을 의사가 없이 빌린다면, 아무도 그러한 약속을 진지하게 받아들이지 않을 것이며, 결국 모든 대출이 중단될 것이다.[16] 그런 행동의 이유(논리, rationale)는 적절한 보편적 원칙이 아니며, 그래서 그 행동은 윤리적이라고 간주될 수 없다.

자연(nature)이라는 용어는 의무론자에게 매우 중요하다. 일반적으로 의무론자들은 도덕 원칙들의 본질을 영구적이고 안정적인 것으로 간주할 뿐만 아니라, 이러한 원칙의 준수가 윤리성(ethicalness)을 정의한다고 믿는다. 의무론자들은 개인이 양심의 자유(freedom of conscience), 동의의 자유(freedom of consent), 사생활의 자유(freedom of privacy), 표현의 자유(freedom of speech), 적법 절차(due process) 등을 포함한 특정한 절대적 권리들(absolute rights)을 가지고 있다고 믿는다.[17]

어떤 행동이 윤리적인지 결정하기 위해, 의무론자는 그 행동이 도덕적 원칙들과 일치(conformity)하는지 알아본다. 만약 제조 근로자가 작업장 조건의 결과로 아프거나 사망하는 경우, 의무론자는 비용이 얼마나 들든지(심지어 회사가 파산하여 모든 노동자들이 일자리를 잃더라도) 생산 공정을 교정하고 작업 조건을 개선해야 한다고 주장할 것이다. 이와 대조적으로, 공리주의자는 생산 공정을 수정할 때 나타나는 모든 비용과 이익을 분석하고 이를 기반으로 결정을 내릴 것이다. 물론 이 예는 지나치게 단순화되었지만, 목적론과 의무론의 차이점을 명확히 하는 데 도움이 된다. 간단히 말해서, 목적론적 철학은 행위와 관련된 목적(ends)을 고려하는 반면, 의무론적 철학은 수단(means)을 고려한다.

볼트 판매원의 사례로 다시 돌아가서 의무론적 입장의 Nia를 살펴보자.

그녀는 지진으로 인한 교량 붕괴로 인해 발생할 수 있는 잠재적인 인명 손실(potential loss of life) 때문에, 결함률(defect rate)에 대해 교량 계약자에게 알려야 한다는 의무감을 느꼈을 것이다. 비록 다리를 건설하면 주민들에게 이익이 되고, Nia가 상당한 수수료를 받을 수 있지만, 지진 중 볼트가 고장 나서 교량이 붕괴되는 순간에 다리를 건너는 사람들의 권리가 침해될 것이다. 따라서 의무론의 입장을 취한 Nia라면, 비록 결과적으로 판매 기회를 놓칠 수 있지만, 교량 계약자에게 결함률에 대해 알리고 지진 위험을 지적할 가능성이 높다.

공리주의자와 마찬가지로, 의무론자는 도덕적 규칙들에 중점을 두는 사람과, 행위 자체의 본질에 중점을 두는 사람으로 나눌 수 있다. **규칙 의무론자들**(Rule deontologists)은 논리에 기반한 일반 도덕 원칙들의 준수가 윤리성을 결정한다고 믿는다. 칸트의 정언 명령(Kant's categorical imperative)과 유대-기독교 전통의 황금률(the Golden Rule of the Judeo-Christian tradition) 등에서 이야기하는 "남에게 대접을 받고자 하는 대로 남을 대접하십시오."가 그 예이다. 윤리적 행동을 인도하는 그러한 규칙 또는 원칙들은 "특정 상황 혹은 맥락(context)"에서 나오는 명령(imperative)보다 우선한다. 고용주인 Brown & Williamson Tobacco에 대한 내부 고발(whistle blowing)을 통해 담배 산업의 이면을 폭로한 Jeffery Wigand가 그러한 규칙 의무론자였다고 말할 수 있다. 비록 재정적으로나 사회적으로 비용이 많이 들었지만, Wigand는 담배 마케팅의 현실과 사회에 미치는 영향에 대해 의회에 증언했다.[18]

규칙 의무론자들
논리에 기반한 일반 도덕 원칙들의 준수가 윤리성을 결정한다고 믿는다.

규칙 의무론(Rule deontology)은 개인의 기본 권리와 행동을 규율하는 일련의 규칙들 사이의 관계에 의해 결정된다. 외설적인 자료들을 배포한 혐의를 받는 상점 주인은 규칙 의무론적 관점에서, 표현의 자유에 대한 기본 권리가 그러한 사업의 외설적인 측면보다 우선한다고 주장할 수 있다. 실제로, 표현의 자유 주장(논리)에 대해서 많은 미국 법원들에서 논쟁이 계속되고 있다. 칸트와 규칙 의무론자들은 기업의 사명 및 목표와 관련된 도덕적 이슈들을 식별하고 발견 절차에 도움이 될 것이다. 그런 다음, 그들은 규칙에 기반하여 해당 사명(mission) 또는 목표를 정당화하는 절차를 따를 것이다.[19] 규칙 의무론의 예는 JP모건 체이스(JPMorgan Chase)

의 전 거래 관리자인 Alayne Fleischmann일 수 있다. Fleischmann은 GreenPoint 거래로 알려진 일련의 부실 대출에 반대했지만, JP모건 체이스는 어쨌든 이를 밀어붙였다. Fleischmann은 JP모건 체이스가 유가 증권 사기(securities fraud)를 저질렀다는 증거를 법무부에 제공한 내부 고발자(whistleblower)였고, 이로 인해 JP모건은 90억 달러의 합의금을 냈다.[20]

행위 의무론자들
행위가 도덕성이나 윤리성을 판단하는 적절한 근거라고 주장한다.

이와 대조적으로 **행위 의무론자들**(Act deontologists)은 행위가 도덕성이나 윤리성을 판단하는 적절한 근거라고 주장한다. 행위 의무론(Act deontology)은 사람이 결정을 내리고 이를 실행할 때, 형평성, 공정성 및 공평성을 적용할 것을 요구한다.[21] 행위 의무론자에게는 과거 경험이 규칙보다 더 중요하다. 규칙은 그저 의사 결정의 지침으로만 사용될 뿐이다. 실제로, 행위 의무론자들은 사람들이 결과에 관계없이 특정 행위가 옳고 그른지 알 수 있다고 제안한다. 또한 행위 의무론자들은 특정 행위 또는 순간의 고유한 특성들을 모든 규칙들보다 우선적으로 고려한다. 예를 들어, 많은 사람들이 인터넷 사이트의 데이터 수집을 개인 사생활 침해로 본다. 웹사이트에 명시된 규칙이나 정책들에 관계없이, 많은 인터넷 사용자들은 그들이 온라인 상태에서 추적당하도록 스스로 허용하지 않는 한 혼자 있기를 원한다. 개인 정보 보호는 정부가 온라인 사용자들을 보호하기 위한 규정들을 만들고 있는 것과 같은 이슈가 되었다.[22] 연구에 의하면, 규칙과 행위 의무론적 원칙들은 목적론적 철학보다 개인의 의사 결정에 더 큰 역할을 한다.[23]

지금까지 살펴본 바와 같이 윤리적 이슈들은 다양한 관점에서 평가될 수 있다. 여기에서 논의된 각 유형의 철학들은 특정 행동이 옳고 그른지를 결정하기 위한 명확한 근거를 제공한다. 서로 다른 개인의 도덕 철학을 지지하는 사람들은 주어진 행동에 대한 그들의 평가에 동의하지 않을 수 있지만, 그러나 모두가 자신의 기준에 따라 윤리적으로 행동하고 있다. 상대주의적 관점(relativist perspective)은 사람들이 실제로 그러한 결정을 내리는 방법을 이해하는 데 도움이 될 수 있다.

상대주의적 관점
윤리적 행동의 정의는 개인과 집단의 경험으로부터 주관적으로 도출된다.

7-2d 상대주의적 관점

상대주의적 관점(Relativist Perspective)에서, 윤리적 행동의 정의는 개인과 집단의 경험으로부터 주관적으로 도출된다. 상대주의자들(Relativists)

은 자신이나 주변 사람들을 기준으로 윤리적 기준을 정의하며, 상대주의(relativism)에는 기술적(descriptive), 메타-윤리적(meta-ethical), 규범적(normative) 상대 중의 등 다양한 형태들이 있다.[24] **기술적 상대주의**(Descriptive relativism)는 다른 문화들에 대한 관찰과 관련이 있다. 다른 문화들은 서로 다른 규범, 관습 및 가치들을 나타내지만(보여주지만), 이러한 관찰은 윤리적 정당화(ethical justification)에 대한 더 높은 차원의 질문들에 대해서는 아무런 대답을 하지 않는다. 이 시점에서 메타 윤리적 상대주의가 작동한다. **메타 윤리 상대주의**(Meta-ethical relativism)는 사람들은 자연적으로 상황을 자신의 관점에서 볼 뿐만 아니라, 서로 다른 가치 체계와 개인들 사이의 윤리적 논쟁을 해결할 객관적인 방법(objective way)이 없다고 제안한다. 간단히 말해서 한 문화의 도덕 철학은 비교를 위한 의미 있는 근거가 없기 때문에 논리적으로 다른 문화의 도덕 철학보다 선호될 수 없다. 윤리적 규칙들은 특정한 문화에 내재되어(embedded) 있기 때문에, 한 문화에 속한 사람들의 가치와 행동들은 일반적으로 다른 문화에 있는 사람들의 행동에 영향을 미치지 않는다.[25] 마지막으로, 개인 수준의 논리(reasoning)인 **규범적 상대주의**(normative relativism)가 있다. 규범적 상대주의자는 한 사람의 의견이 다른 사람의 의견만큼 좋다고 가정한다.[26]

기술적 상대주의
다른 문화들에 대한 관찰과 관련이 있다.

메타 윤리 상대주의
사람들은 자연적으로 상황을 자신의 관점에서 볼 뿐만 아니라, 서로 다른 가치 체계와 개인들 사이의 윤리적 논쟁을 해결할 객관적인 방법이 없다고 제안한다.

규범적 상대주의
한 사람의 의견이 다른 사람의 의견만큼 좋다고 가정한다.

기본 상대주의(Basic relativism)는 사람들이 도대체 무엇으로부터 특정 결정이 옳고 그른지 정당화하는 '다양한 관점과 근거들'을 갖고 있는 세상에 살고 있음을 인정한다. 상대주의자는 상호작용하는 집단들을 살펴보고, 집단의 합의(group consensus)에 따라 가능한 해결책들을 결정하려고 한다. 비즈니스 전략과 계획을 세울 때 상대주의자들은 조직의 구성원들, 공급업체들, 고객 및 커뮤니티 전체가 보유한 서로 다른 철학들 사이에 발생할 수 있는 갈등을 예상하려고 한다.

상대주의자는 관련된 집단 구성원들의 행동을 관찰하고, 주어진 행동에 대한 해당 집단의 합의를 끌어내려고 시도한다. 긍정적인 합의는 집단이 해당 행동을 윤리적으로 간주한다는 것을 의미한다. 그러나 그러한 판단은 영원히 유효하지 않을 수 있다. 상황이 변화되거나 집단의 구성이 변경됨에 따라, 이전에는 받아들여진 행동들이 이제는 잘못되거나 비윤리적인 것으로 간주될 수 있다. 그 반대의 경우도 마찬가지이다. 그들의 의견은 회사 내에서 상대주의자의 의견과 행동들을 수정할 것이다. 그러한 철학 유형들의 의도는 그들의 행동에 대한 집단의 정의(definition)를 기반으로 한다는 것을 인식하는 것이 중요하다. SpineFrontier, LLC는 안전하고 신뢰할 수 있는 척추 수술용 장치를 제조하지만, 시장에 진입하기 위해 외과의사들에게 800만 달러 이상의 리베이트(kickbacks)를 지불함으로써 결국 1억 달러 이상의 수익을 창출했다. 이 회사의 의도는 환자들, 의사들 및 철학 그 자체(즉, 규범적 상대주의)를 위한 좋은 결과를 생성하는 것이었다. 법무부는 SpineFrontier의 리베이트에 동의하지 않고 이 회사를 고소했다.[27] 예를 들어, 회계 전문가들 사이에서, 광고를 하는 것은 전통적으로 비윤리적인 것으로 간주되었다. 그러나 광고는 이제 회계사들 사이에서 받아들여지고 있다. 이러한 윤리적 관점의 변화는 회계사 수의 증가로 인해 심화된 경쟁의 결과일 수 있다. 게다가 연방정부는 회계 단체들이 회원들에게 가한 제한을 조사한 결과, 그 제한이 자유 경쟁을 저해한다는 결론을 내렸다. 결과적으로 이 이슈에 대해 회계 업계가 제기한 비공식 합의 및 소송(informal consensus and lawsuit)으로 인해 이제 광고가 허용된다.

상대주의의 한 가지 문제는 사람들의 기본적인 유사성을 무시하고, 차이점을 강조한다는 것이다. 근친상간, 살인, 절도 등이 나쁘다는 신념이나, 노인에 대한 호혜주의와 존중이 좋다는 신념 등과 같이 다양한 사람들과 문화들에서 나타나는 유사성은 상대주의적 관점에서 설명하기 어려울 수 있다. 또한 연구에 따르면, 상대주의는 윤리적 이슈에 대한 개인의 민감성과 음(−)의 상관 관계가 있다. 따라서 만약 누군가가 상대주의자라면, 그 사람은 윤리적 요인과 관련된 이슈들을 감지해 낼 가능성이 적다.[28] 반면에 높은 수준의 상대주의를 지닌 관리자는 프로젝트를 마치는데 더 많은 헌신 혹은 몰입을 보일 수 있다. 이것은 상대주의가 집단의 가치와 목표에 대한 헌신과 관련되어 있어서, 개인이 집단으로부터 덜 독립적인 윤리적 의사 결정을 유도한다는 것을 나타낸다.[29]

만약 Midwest Hardware 영업 사원인 Nia가 상대주의자라면, 잠재적 고객에게 볼트의 결함률에 대해 말할지 여부를 결정하기 전에 합의를 도출하려고 시도할 것이다. 상대주의자인 Nia는 회사의 정책뿐만 아니라 공개(disclosure)에 대한 일반적인 업계 표준을 살펴볼 것이다. 그녀는 또한 비공식적으로 동료와 상사를 대상으로 설문 조사를 하고, 업계 무역 저널과 윤리 강령을 참고할 수도 있다. 그러한 조사는 그녀가 다양한 도덕 철학들을 반영해야 하는 집단 합의를 도출하는 데 도움이 될 것이다. 만약 그녀가 회사 정책 및 업계 관행이, 결함이 있는 볼트로 인해 심각한 문제가 발생할 가능성에 대해 고객을 위해서 고객과 논의할 것을 제안한다는 것을 알게 되면, 그녀는 문제에 대한 합의가 있다고 추론할 것이다. 상대주의자로서, 그녀는 아마도 일부 볼트가 고장 날 수 있고 지진이 발생하면 다리가 붕괴될 수 있음을 교량 계약자에게 알릴 것이다. 반대로, 만약 그녀가 회사와 업계의 일반적인 관행이 고객에게 결함률에 대해 알려주지 않는다고 판단하면, 교량 계약자와 볼트 결함률에 대해 논의하지 않을 것이다.

7-2e 덕 윤리

덕 윤리(Virtue Ethics)는 윤리적 행동이 전통적인 도덕 표준을 준수하는 것뿐만 아니라, "좋은" 도덕적 성격을 가진 성숙한 사람(mature person)이 주어진 상황에서 적절하다고 간주하는 것을 윤리적인 것이라고 주장한다. 미덕(a virtue)은 개인의 성격의 일부로 여겨지는, 획득된 성향(acquired disposition)을 나타낸다. 개인은 사회적으로 발전함에 따라, 도덕적이라고 생각하는 방식으로 행동하게 된다.[30] 정직의 미덕을 지닌 사람은 정직이 인간의 의사 소통 측면에서 올바른 접근 방식이라고 여기기 때문에 진실을 말하는 경향이 있다.

덕 윤리
윤리적 행동이 전통적인 도덕 표준을 준수하는 것뿐만 아니라, "좋은" 도덕적 성격을 가진 성숙한 사람이 주어진 상황에서 적절하다고 간주하는 것을 윤리적인 것이라고 주장한다.

미덕은 개인이 실천과 헌신을 통해 계발한 성취이기 때문에, 칭찬할 만한 것으로 여겨진다.[31] 덕 윤리의 지지자들은 기본적 선함(basic goods)을 긍정적이고 유용한 정신 습관(mental habits)이나 잘 가꾸어진 성격 특성(cultivated character traits)으로 나타나는 덕이라고 설명한다. 아리스토텔레스는 충성(loyalty), 용기(courage), 재치(wit), 공동체, 판단(judgment)을 사회가 요구하는 "탁월함(excellences)"이라고 이름 붙였다. 가장 중요한 덕목들을 나열하는 것은 대중적인 이론적 과제이지만, 철학자 존 듀이는 덕들을 따로따로 봐서는 안 된다고 경고하였고, 덕들 사이의 상호작용을 탐구하면 실제로 한 사람의 성품의 완전성 혹은 고결성에 대해 가장 잘 알 수 있다고 지적했다.

기업에 대한 덕 윤리적 접근은 다음과 같이 요약될 수 있다.

- 훌륭한 기업윤리 프로그램들은 개인의 덕과 고결성을 장려한다.
- 직원들의 지역 사회(혹은 조직)에서의 역할에 따라, 이러한 덕목들이 좋은 사람을 만든다.
- 개인의 궁극적인 목적은 사회의 요구와 공익에 봉사하고, 자신의 경력을 통해 보상받는 것이다.
- 지역 사회의 웰빙은 개인의 탁월함과 밀접한 관련이 있다.[32]

의무론, 목적론 및 덕 윤리의 차이점은 처음 두 가지(의무론과 목적론을 의미함)가 문제에 연역적으로(deductively) 적용되는 반면에, 덕 윤리는 귀납적으로(inductively) 적용된다는 것이다. 덕 윤리는 사회적 도덕 규칙들이 미덕의 기초를 형성한다고 가정한다. 우리의 정치, 사회, 경제 시스템들이 성공적으로 기능하기 위해서, 시민들 사이에 어떤 미덕들이 존재하는지 반드시 알아야 한다.[33]

실제로 덕 윤리는 비즈니스 활동들을 수행하는 방법에 대한 동적 이론(a dynamic theory)으로 생각할 수 있다. 덕 윤리학자는 성공적인 시장 경제는 덕을 키울 수 있는 가족, 학교, 교회, 지역 사회와 같은 사회 제도들(social institutions)에 달려 있다고 믿는다. 정직, 신뢰, 관용, 절제 등을 포함한 이러한 미덕들은 협력을 가능하게 하는 의무를 형성한다. 미덕에 기반한 시장 경제에서 개인은 일반적으로 널리 퍼져 있는 행동 기준들을 따르려는 강력한 유인을 갖게 된다. 일부 철학자들은 사회적 미덕이 시장에 의해 망가질 수 있다고 생각하지만, 미덕 윤리학자들은 경제 제도가 다른 사회 제도들과 균형을 이룰 뿐만 아니라 그것들을 지원한다고 믿는다.[34] 시장 경제를 이끄는 것으로 볼 수 있는 몇 가지 덕목들은 표 7-3에 나열되어 있다. 비록 포괄적이지는 않지만, 이 목록은 비즈니스 수행을 지원하는 미덕 유형들의 예를 제공한다.

비즈니스 거래에서 가장 중요한 덕의 요소들은 신뢰, 자제, 공감, 공정성, 진실성 등이다. 비도덕적인 특성에는 거짓말, 속임수, 사기 및 부패 등이 포함된다. 가장 넓은 의미에서 미덕의 개념은 모든 문화권에 걸쳐 나타난다. 덕 윤리의 문제는 문화 내부와 문화들 사이에서 구현된다. 만약 회사가 암

표 7-3 비즈니스 거래를 지원하는 미덕

덕	정의	상황 혹은 맥락
신뢰	기대한 행동이 이루어지지 않을 위험을 감수하면서도, 다른 사람들의 행동을 신뢰하는 경향	약속이나 계약을 신뢰할 수 있다는 기대가 있기 때문에, 약속(동의), 계약 및 상호 약속(동의) 준수를 모니터링하기 위해 필요한 관련 비용을 제거함
자제	즉각적인 이익이나 만족을 포기하려는 성향, 개인적 이득을 위해 주어진 기회를 이용하는 것을 포기할 수 있는 능력	장기적인 이익을 위해 단기적인 이기심을 포기함
공감	다른 사람의 기분이나 감정을 공유하는 능력	시장에서의 성공은 자신의 경쟁자들을 선택할 수 있었던 사람들의 친절한 대접 덕분이라고 믿기 때문에 정중함을 장려함. 고객과 직원들의 요구를 예측하고 만족시킴으로써, 결국 이들이 기업의 경제적 성공에 기여하게 됨
공정성	다른 사람들이 부당하다고 인식하는 것들을 공정하게 처리하려는 경향	종종 장기적인 비즈니스 관계를 발전시키기 위해, 작은 문제들과 관련하여 올바른 일을 하는 것
진실성	개인이 알고 있는 사실 또는 정확한 정보를 제공하려는 경향	속임수를 피하고 비즈니스 관계에서의 신뢰에 기여함
학습	산업, 기업 문화, 기타 사회에 대한 지식들을, 기업 내외부에서 지속적으로 습득하려는 경향	더 나은 정보에 입각한 결정을 내리기 위한 지식 습득
감사	정중함과 품위의 기초가 되는 성숙함의 표시	사람이 혼자 성공하지 못한다는 인식
정중함	다른 사람에 대한 예의, 공손함, 존중, 배려의 경향 또는 핵심	문화적으로 올바른 방식으로 비즈니스를 수행함으로써, 의사 소통 오류를 줄이고 신뢰를 높이는 과정과 관련됨
도덕적 리더십	삶의 행복으로 이끄는 강인한 성품, 심신의 평화	미덕에 기반한 일관된 행동 패턴을 나타내는 리더의 특성들

자료: Adapted from Ian Maitland, "Virtuous Markets: The Market as School of the Virtues," Business Ethics Quarterly (January 1997): 97 and Gordon B. Hinckley, Standing for Something: 10 Neglected Virtues that Wiii Heai Our Hearts and Homes (New York: Three Rivers Press, 2001).

목적으로 부정부패를 인정한다면, 신뢰와 진실성의 덕목을 고수하는 직원들은 조직이 승인했음에도 불구하고 불필요한 수리 부품을 판매하는 것은 잘못이라고 여길 것이다. 불필요한 부품을 판매하는 다른 직원들은 이 정직한 직원을 매우 윤리적인 사람으로 볼 수 있지만, 자신들의 행동을 합리화하기 위해 이 정직한 직원의 윤리가 직업이나 사회에서 요구하는 것 이상이라고 판단할 수 있다. 덕 윤리 비평가들은 진정한 덕은 도달할 수 없는 목표라고 주장하지만, 덕 윤리학자들에게 이러한 상대주의적 논증은 덕 요소의 보편성(the universality of the elements of virtue)을 믿기 때문에 무의미하다. 한 연구에서는 덕 윤리가 윤리적 위험성(ethical risks)을 완화시키는 데 있어서, 의무론적이고 공리주의적인 윤리적 관점보다 더 효과적이라는 것을 발견했다.[35]

만약 볼트 판매원 Nia가 미덕 윤리학자라면, 미덕의 요소들(예: 정직 및 신뢰)을 고려하여, 잠재 고객에게 결함률과 다리 건설에 대한 그녀의 우려에 대해 말할 것이다. Nia는 제품이나 그 위험성을 설명하기 위해 허풍을 떨지 않을 것이며, 심지어 다리가 무너질 확률을 낮추는 대안 제품들이나 회사들을 소개해 줄 수도 있다.

7–2f 정의

정의
타인들이 당하는 불의에 대처하는 경향성을 포함하여, 윤리적 또는 법적 기준에 따른 공정한 대우와 정당한 보상

정의(Justice)는 타인들이 당하는 불의(injustice)에 대처하는 경향성을 포함하여, 윤리적 또는 법적 기준에 따른 공정한 대우와 정당한 보상(due reward)이다. 상황의 정의는 개인의 인지된 권리와, 비즈니스 상호작용(a business interaction)에 관련된 사람들의 의도를 기반으로 한다. 다시 말해, 정의는 개인이 직장에서 자신의 권리와 성과에 기반해서 무엇을 정당하다고 느끼는지와 관련이 있다. 이러한 이유로 정의는 목적론적(teleological) 또는 공리주의적 철학(utilitarian philosophies)보다 의무론적 도덕 철학(deontological moral philosophies)에 기초할 가능성이 더 크다.

분배 정의
비즈니스 관계의 성과 또는 결과에 대한 평가를 기반으로 한다.

세 가지 유형의 정의는 다양한 상황들을 평가하기 위한 프레임워크(framework, 이론적 틀)를 제공한다(표 7–4 참조). **분배 정의**(Distributive justice)는 비즈니스 관계의 성과(outcomes) 또는 결과(results)에 대한 평가를 기반으로 한다. 만약 일부 직원들이 동일한 작업을 하면서 동료들보다 적은 급여를 받는다고 느낀다면, 여기에는 분배 정의와 관련된 우려가 있는 것이다. 분배 정의는 비즈니스 교환(거래)의 한 구성원이 관계를 이용하려는 경우에도 문제가 된다. 자신이 더 많은 시간을 쉬기 위해 부하 직원들에게 더 많은 일을 하도록 강요하는 상사는 자신의 지위를 이용하여 타인을 이용한 것이기 때문에 부당하다. 이와 같은 상황은 분배 정의의 불균형을 초래한다.

표 7-4 정의의 유형

정의 유형	강조영역
분배적 정의: 비즈니스 관계의 성과 또는 결과에 대한 평가를 기반으로 함	파생된 이익, 보상의 형평성
절차적 정의: 성과 또는 결과를 생성하는 과정들 및 활동에 기반함	의사결정 과정, 접근/개방성/참여 등의 수준
상호작용적 정의: 타인들과의 관계와 대우(treatment, 대접)에 기반함	정보의 정확성, 진실성, 존중, 그리고 그 과정에서의 예의

절차적 정의(Procedural justice)는 특정 성과(outcomes)를 산출하는 과정과 활동들을 고려한다. 절차적 정의를 강조하는 분위기는 작업 집단 응집성(work-group cohesion)에 대한 직원들의 태도와 행동에 긍정적인 영향을 미친다. 감독자의 가시성(visibility)과 작업 집단에 속한 멤버들이 자신의 집단에 대한 응집력이 높다는 인식은 절차적 정의 분위기(a climate of procedural justice)의 산물이다.[36] 의사 결정, 의사 결정자, 조직 및 성과에 대한 직원들의 강력한 지원이 있을 때, 절차적 정의는 개인에게 덜 중요하다. 반대로 의사 결정, 의사 결정자, 조직 또는 성과에 대한 직원의 지원이 그다지 강력하지 않은 경우 절차적 정의가 더 중요해진다.[37] 예를 들어, 손해보험사 Acuity는 직원에 중점을 둔 기업 문화를 가지고 있다. Acuity는 등록금 환급(reimbursement), 무제한 병가(sick days), 강력한 401(k) 계획 등을 포함하여 다양한 직원 인센티브를 제공한다. 장기 근속 직원들은 위원회에서 활동하며 회사의 전략 계획 프로세스에 참여한다. 강력한 직원 문화의 결과로, 회사의 직원 이직률은 겨우 1%에 불과하다.[38] 따라서 Acuity는 절차적 정의와 관련된 기법들을 사용하여, 의사 결정 과정에 대한 이해와 포함을 촉진함으로써 이해관계자들과 긍정적인 관계를 구축하였다. 유엔 소비자 보호 지침(The United Nations consumer protection guidelines)은 안전, 들을 권리, 사생활 보호에 대한 우려 등과 함께 고도의 절차적 정의 관점을 채택한다.[39] 성과 평가 기법들이 일관되게 개발 및 적용되지 않으면, 절차적 정의에 문제가 발생할 수 있다. 직원들이 높은 수준의 절차적 정의를 기대하면, 직원들은 회사의 고결성이 낮다고 인식을 할 수 있을 뿐만 아니라, 직무 긴장을 증가시킬 수 있다.[40] 예를 들어, 불평등한 보상에 대한

절차적 정의
특정 성과를 산출하는 과정과 활동들을 고려한다.

직원들의 우려는, 그들로 하여금 회사의 정의(justice)와 관련된 프로세스가 일관되지 않다고 느끼게 만들 수 있다.

상호작용적 정의
직원들과 경영진이 서로를 대하는 방식을 포함하여, 조직 구성원들 사이의 관계들을 기반으로 한다. 상호작용적 정의는 구성원 상호작용 내의 공정성과 연결된다.

상호작용적 정의(Interactional justice)는 직원들과 경영진이 서로를 대하는 방식을 포함하여, 조직 구성원들 사이의 관계들을 기반으로 한다. 상호작용적 정의는 구성원 상호작용 내의 공정성과 연결된다. 여기에는 종종 비즈니스 조직이 제공하는 정보의 정확성과 개인의 관계가 포함된다. 비록 상호작용적 정의는 종종 관리자가 부하 직원들을 대하는 방식을 나타내지만, 직원들은 상호작용적 정의 분쟁(interactional justice disputes)을 일으키는 주체가 될 수도 있다. 많은 직원들은 실제로 아프지 않을 때에도 병가를 내고 집에 머문다는 사실을 인정한다. 이러한 직장 결근(workplace absenteeism)으로 인해 기업은 매년 수백만 달러의 비용을 지출한다.

분배, 절차 및 상호작용의 세 가지 유형의 정의(justice)들은 모두 단일 비즈니스 상황과 관련된 조직 및 개인의 공정성을 측정하는 데 사용할 수 있다. 한 연구는 분배적 정의가 정의에 대한 전체적인 인식을 형성하는 데 더 중요하다는 것을 발견했다.[41] 이는 분배적 정의가 급여 만족도와 같은 중요한 요인과 관련이 있기 때문일 수 있다. 일반적으로 정의에 대한 평가(justice evaluations)는 배상 추구(restitution seeking), 관계 구축 및 비즈니스 관계의 공정성 평가로 이어진다. Midwest Hardware의 Nia의 예를 적용해 보면, Nia는 공정한 거래 과정을 구축하기 위해서, 이 거래에 영향을 받는 모든 당사자들에게 볼트 결함률과 그로 인해 나타날 수 있는 결과에 대해 알려야 할 의무가 있다고 느낄 것이다.

7-3 윤리적 의사 결정에 도덕 철학 적용하기

사람들은 개인적인 결정을 내리는지 혹은 업무와 관련된 결정을 내리는지에 따라 다른 도덕 철학을 사용한다.[42] 다음의 두 가지가 이 행동을 설명할 수 있다. 첫째, 비즈니스 영역에서의 성공을 위한 몇몇의 목표와 압력들은 직장 밖에서의 개인의 삶의 목표 및 압력과 다르다. 결과적으로 직원은 특정 행동에 대해서 비즈니스 부문에서는 좋은(good) 것으로 여기지만, 직장 환경 밖에서는 그것을 용납하지 않을 수 있다. 일부는 비즈니스 관리자들이 다른 사람들과 도덕적으로 다르다고 제안한다. 어떤 면에서 이 주장은, 비즈니스가 다른 비즈니스가 아닌(non-business) 상황들에는 없는 하나의 변수를 포함한다는 점에서 정확하다. 바로 이윤 동기(profit motive)이다. 개인의 도덕 철학을 구성하는 다양한 요소들은 비즈니스(이익) 상황에서는 다르게 가중치가 부여된다. "그것은 개인적인 것이 아니다. 그것은 비즈니스일 뿐이다"라는 말은 기업인들이 그들의 개인적인 가치가 공리주의적이거나 이익 지향적인(profit-oriented) 결정과 부합하지 않을 때 경험할 수 있는 갈등을 보여준다. 만약 기업이 이익을 내지 못하면 망하는 것이 현실이다. 그러나 이러한 사실이 기업의 과도한 이익 추구나 과도한 임원 급여 등을 정당화하는 근거가 되어서는 안 되며, 이는 현재 이해관계자들이 의문시하고 있는 이슈들이다. "그냥 비즈니스일 뿐이다"라는 접근 방식은 우리의 결정들에서 인간적인 요소를 제거하고, 어려운 요청을 더 쉽게 합리화하게 만든다.

사람들이 도덕 철학을 바꾸는 두 번째 이유는 그들이 일하는 기업 문화(corporate culture) 때문이다. 아이들은 학교에 입학해서, 수업 중에 손을 들어 말하거나 화장실 사용을 허락 받는 것과 같은 특정 규칙들을 배운다. 신입사원도 마찬가지이다. 규칙들, 성격들 및 선례들은 직원이 회사 문화에 순응하도록 압력을 가한다. 이러한 과정이 진행되면서, 개인의 도덕 철학이 업무 환경과 조화를 이루기 위해 변화할 수 있다. 가정이나 지역 사회에서는 선(goodness)하다고 존경을 받지만, 직장에서는 비윤리적인 결정을 내리는 사람들이 많다. 역사상 가장 큰 폰지 사기(Ponzi scheme)의 가해자인 버나드 매도프(Bernard Madoff)조차도 그의 사기가 밝혀지기 전에는 선량한 시민으로서의 명성을 얻었다.

분명히, 도덕 철학의 개념은 정확하지 않다. 그렇기 때문에 도덕 철학은 정적인 실체(static entities)가 아니라 연속체(continuum)로서 평가되어야 한다. 각 철학은 이상적인 관점을 제시하며, 대부분의 개인은 윤리적 딜레마를 경험하고 해석할 때 서로 다른 도덕 철학들을 바꿔가며 사용한다. 다시 말해, 개인의 관점에서 도덕 철학을 실행하려면, 자신이 스스로 받아들인 가치 체계를 실제 상황 혹은 세계에 적용할 수 있어야 한다. 개인으로서의 인간은 자신이 옳거나 그르다고 믿는 것에 대해 판단을 내리지만, 비즈니스 세계에서는 최소한의 피해로 최대의 이익을 창출하는 방법을 고려하여 결정을 내린다. 그러한 결정들은 근본적인 도덕적 권리와 공정성, 정의(justice) 및 공동선(common good) 등에 대한 관점을 존중해야 하지만, 이러한 문제들은 현실 세계에서 매우 복잡해진다.

직원들이 해결할 수 없는 윤리적 상황에 직면할 때 문제가 발생한다. 그들의 의사 결정의 근거(rationale)를 더 잘 이해하면, 직원들이 올바른 솔루션을 선택하는 데 도움이 된다. 그렇기 때문에 직원들은 합리성(reasonableness)을 훈련할 필요가 있다. 개인의 도덕성은 다른 이해관계자들의 기대를 충족시키기 위한 윤리적 추론을 훈련하는 데 도움이 된다.[43] 예를 들어, 대규모 계약을 체결하기 위해 잠재 고객에게 뇌물을 제공해야 하는지 여부를 결정하려면, 영업 사원은 자신의 개인 도덕 철학과 회사의 핵심 가치 및 관련 법률들을 이해해야 한다. 만약 회사 정책이나 법적 요구 사항들을 준수하는 것이 개인에게 중요한 동기인 경우, 그 영업 사원이 뇌물을 제공할 가능성은 낮다. 반면에, 영업 사원의 궁극적인 목표가 성공적인 경력이고 만약 뇌물 제공이 승진으로 이어질 가능성이 있는 것처럼 보인다면, 뇌물 제공 행위는 그 영업 사원 개인의 비즈니즈 도덕 철학과 어긋나지 않는다. 심지어 뇌물수수는 미국 법에 따라 불법이지만, 그 직원은 "다른 사람들이 다 그렇게 하기 때문에" 뇌물이 필요하다고 스스로 합리화할 수 있다.

앞서 논의한 바와 같이 기업윤리에 대한 덕 윤리적 접근은 사회의 최대 복지와 행복을 달성하기 위해 모든 사람들이 추구해야 하는 특정 이상(ideals)과 가치가 있다고 가정한다.[44] 이러한 이상과 가치들의 측면은 개인의 특정 도덕 철학을 통해 나타난다. 매일 직장에서 직원들은 옳고 그름을 판단하고, 그에 따라 행동해야 한다. 동시에, 직원들은 더 큰 조직의 구성원으로서, 자신의 개인적인 관점을 단순하게 실행할 수 없다. 특히 만약 그들이 하나의 도덕 철학을 협소하게 혹은 좁은 시야로 고수하는 경우에는 더욱 그렇다. 개인은 자신이 처한 작업 환경에서 대부분의 결정을 통제할 수 없기 때문에, 다른 사람에게 자신의 개인적인 도덕적 관점을 적용할 수 있는 권한(특히 초급 및 중간 관리자 직위에서)이 거의 없다. 사실, 비록 그들(초급 및 중간 관리자들)은 항상 자신의 행동들에 대한 책임이 있지만, 신입

사원들은 다양한 직무 책임들에 대해 독립적인 결정을 내릴 자유가 없다.

때로 회사는 개인의 가치와 도덕 철학의 관점에서 볼 때 의심스러운 결정들을 내린다. 일부 이해관계자들은 그들의 개인적인 관점에서, 양조장(brewery)이나 음란 영화의 배급업체를 비윤리적이라고 생각할 수 있다. 기업의 핵심 가치는 도덕 철학들이 상충되는 결정을 어떻게 내리는지, 그 방식을 결정한다. 대부분의 기업들은 사명 선언문(mission statement), 기업 문화뿐만 아니라, 고객, 직원, 법률 시스템 및 사회를 포함한 이해관계자들과 어떤 관계를 맺고 싶은지를 표현하는 일련의 핵심 가치들을 개발했다. 일반적으로 모든 이해관계자들을 한 번에 만족시키는 것은 불가능하다.

7-4 인지도덕 발달과 한계

많은 사람들은 개인의 지식이 발전하고 사회화가 진행됨에 따라, 도덕적 발달 단계(stages of moral development)를 통해 발전한다고 믿는다. 이 섹션에서는 이러한 인지적 도덕 발달 과정(cognitive moral development process)을 설명하는 모델을 검토할 것이다. 인지 도덕 처리(cognitive moral processing)는 아동 및 인지 발달 연구에 초점을 둔 심리학의 문헌을 기반으로 한다.[45] 인지적 도덕 처리는 윤리적 비즈니스 의사 결정의 요소이기도 하며, 많은 모델들이 인지적 도덕 발달(이론)을 사용하여 개인의 윤리적 행동을 설명, 예측 및 통제하려고 시도한다. 우리가 이전에 설명했듯이, 도덕 철학들은 좋은 것(good), 더 나은 것(better), 가장 좋은 것(best)으로 정의되지 않는다. 오히려 그것들은 동등하게 가장 좋은 것으로 간주된다. 어떤 정도는, 이것으로 인해 Kohlberg의 인지적 도덕 발달(Kohlberg's cognitive moral development) 연구에 이론적 문제가 발생한다. 만약 모든 도덕 철학들이 동등하게 최상이라면 사업가들이 어떻게 발달 단계들을 밟을 수 있겠는가? 부분적인 대답은 Kohlberg가 도덕이 아닌 사업가의 비즈니스 가치들의 변화를 측정했다는 것이다. 아이들이 배우고 성장하는 것처럼, 사업가들도 나이, 업계에서의 연한, 다양한 회사들에서의 연한, 다양한 멘토들, 그리고 그들이 노출된 비즈니스 문화들과 같은 요인들에 따라

진화한다.

Kohlberg는 인지 발달의 6단계 모델(a six-stage model of cognitive development)을 개발했다. **Kohlberg의 인지 도덕 발달 모델**(Kohlberg's model of cognitive moral development, CMD)에 따르면, 사람들은 유사한 비즈니스 상황에서 서로 다른 결정을 내린다. Kohlberg가 확인한 6단계는 다음과 같다.

Kohlberg의 인지 도덕 발달 모델
사람들은 유사한 비즈니스 상황에서 서로 다른 결정을 내리는데, 이는 그들이 서로 다른 도덕 발달 단계에 있기 때문이라는 이론

1. 형벌과 순종의 단계

Kohlberg의 첫 번째 단계에서 개인은 옳음(right)을 규칙과 권위에 대한 문자 그대로의 복종(literal obedience)으로 정의(define)한다. 이 단계의 사람은 그러한 규칙들을 결정하는 사람들의 물리적 힘의 관점에서 그런 규칙들에 반응하고, 그 힘의 관점에서 그 규칙들의 "좋음(good)"과 "나쁨(bad)"을 규정한다(이름 붙인다, label). 옳고(right) 그름(wrong)은 더 높은 질서나 철학과 관련이 있는 것이 아니라, 권력을 가진 사람과 관련이 있다. 1단계는 일반적으로 어린 아이들과 관련이 있지만, 1단계 발달의 징후는 성인 행동에서도 분명하게 나타난다. 예를 들어, 일부 회사들은 바이어(buyer)가 영업 사원들로부터 선물을 받는 것을 금지한다. 1단계에 있는 바이어(buyer)는 회사의 규정을 고려하여 영업 사원의 선물을 거부하는 행위를 정당화할 수 있으며, 반대로 바이어는 적발 및 처벌의 가능성이 없다고 판단되는 경우 선물을 수락할 수도 있다.

2. 개인의 도구적 목적과 교환의 단계

2단계의 개인은 옳음(right)을 자신의 필요/욕구들을 충족시켜 주는 그 무엇으로 정의(define)한다. 이 단계에서, 개인은 더 이상 특정 규칙이나 권위있는 인물(authority figures)에만 근거하여 도덕적 결정을 내리지 않는다. 그들은 그들에 대한 공정성에 근거하여 행동을 평가한다. 외국에서 처음으로 사업을 하는 도덕 발달 2단계 영업 사원은 관습(custom)에 따라 고객에게 선물을 제공해야 할 수도 있다. 비록 선물을 주는 것은 미국에서 회사 정책에 위배될 수 있지만, 영업 사원은 미국에서 설계된 특정 회사 규칙들이 해외에서는 적용되지 않는다고 결정할 수 있다. 일부 외국의 문화들에서는 선물이 급여의 일부로 간주될 수 있다. 따라서 이 경우 선물을 주

지 않으면 영업 사원이 불이익을 받을 수 있다. 일부에서는 2단계를 호혜성의 단계(the stage of reciprocity)라고 부르는데, 그 이유는 실무적인 관점에서 볼 때, 윤리적 결정들은 충성(loyalty), 감사(gratitude) 또는 정의(justice) 등의 원칙이 아닌 "당신이 내 등을 긁어주면 나 역시 당신의 등을 긁어줄게요."라는 합의(agreement)에 기반하기 때문이다.

3. 상호간의 기대, 관계, 순응의 단계

3단계의 개인은 비록 윤리적 동기가 여전히 규칙에 대한 복종(obedience to rules)에서 파생되지만, 자신의 이익보다 다른 사람들의 이익을 더 강조한다. 이 단계의 생산 관리자는 조립 라인의 속도를 높이는 것이 회사에 더 많은 이윤을 창출하고, 직원들의 일자리를 지킬 수 있다고 믿는다면 고위 경영진의 명령에 따를 수 있다. 이 관리자들은 명령을 따를 때 자신의 웰빙을 고려할 뿐만 아니라, 고위 경영진과 동료 직원의 입장에 서게 된다. 따라서 3단계는 타인에 대한 공정성이 개인의 윤리적 동기 중 하나라는 점에서 2단계와 다르다.

4. 사회체제와 양심 유지의 단계

4단계의 개인은 특정 타인에 대한 의무가 아닌, 사회에 대한 의무를 고려하여 옳은 일을 판단한다. 의무(duty), 권위에 대한 존중(respect for authority), 사회 질서 유지(the maintenance of the social order) 등이 이 단계에서 초점이 된다. 일부 관리자들은 개인 정보(privacy)를 보호하는 것이 사회에 대한 의무라고 생각하기 때문에, 직원들의 대화를 모니터링하지 않는다.

5. 사전 권리, 사회적 계약 또는 효용의 단계

5단계의 개인은 사회의 기본권, 가치 및 법적 계약(basic rights, values, and legal contracts of society) 등을 수호하는 데 관심을 갖는다. 이 단계의 개인은 다른 집단에 대한 의무감이나 헌신감(a sense of obligation or commitment)을 느낀다. 즉, 자신이 사회 계약(social contract)의 일부라고 느끼며, 어떤 경우에는 법적, 도덕적 관점들이 충돌할 수 있음을 인식한다. 이러한 갈등을 줄이기 위해 5단계의 개인은 전반적인 효용성을 합리적으로 계산하여 결정을 내린다. 기업의 사장은 윤리 프로그램들이 법적 문제들에 대한 완충 장치(buffer)로서의 기능을 할 뿐만 아니라, 그 기업이 사회 책임을 다 하는 기여자로 인식되는데 도움이 될 것이기 때문에 그 윤리 프로그램들을 확립할 것이다.

6. 보편적 윤리 원칙의 단계

이 단계의 사람은 모든 사람들이 따라야 하는 보편적인 윤리 원칙들에 따라 옳음이 결정된다고 믿는다. 6단계의 개인은 양도할 수 없는(inalienable), 그리고 보편적인 특성을 지닌 특정한 권리들이 존재한다고 믿는다. 이러한 권리, 법률 또는 사회적 합의 등은 특정한 사회의 법률이나 관습 때문이 아니라, 보편성(universality)을 전제로 하기 때문에 유효하다. 정의(justice)와 평등(equality)은 개인과 사회가 본질적으로 보편적이라고 여기는 원칙의 예들이다. 이 단계의 사람은 사회적, 윤리적 이슈들에 더 관심을 가질 수 있으므로, 윤리적 방향을 정하기 위해 비즈니스 조직에 의존하지 않을 수 있다. 이 단계의 사업가는, 양도할 수 없는 생명권(the inalienable right to life)이 존재하기에 이유를 불문하고 살인은 옳지 않다고 여기기 때문에, 사망과 상해를 일으키는 제품들을 단종시키자고 주장할 수 있다. 따라서 이 관점에 의하면, 회사가 이익을 낼 수 있다고 해서 그 제품들을 지속적으로 판매하자는 주장은 정당화될 수 없다.[46]

Kohlberg의 6단계는 윤리적 관심(ethical concern)의 3단계로 축소할 수 있다. 첫 번째 수준(the first level)에서, 사람은 자신에게 주어지는 즉각적인 이익과 외부 보상 및 처벌에 관심이 있다. 두 번째 수준(the second level)에서의 개인은 더 큰 사회 집단이나 다른 중요한 준거 집단(significant reference group)들이 좋은 행동이라고 기대하는 규범이나 가치에 순응하는 것을 "옳다(right)"고 여긴다. 마지막으로 세 번째 또는 "원칙에 기초를 둔" 수준(the third or "principled" level)에서 개인은 집단이나 개인의 규범, 법률 및 권위 등의 너머를 바라본다. 이 수준의 직원들은 부정적인 외부 압력에도 불구하고, 윤리적인 비즈니스 결정을 내린다. 그러나 연구에 따르면, 도덕적 딜레마를 식별하고 해결하는 능력에 있어서 대부분의 직장인들은 이 세 번째 수준에 있지 않으며, 그들의 동기 안에는 대개 사심 없음(selflessness), 자기 이익(self-interest), 그리고 이기심

(selfishness) 등이 혼합되어 있다.

시간, 교육, 그리고 경험 등은 CMD 및 행동을 변화시킬 수 있다. 또한 기업 문화, 특히 윤리 훈련(ethics training)의 영향을 받을 수도 있다. 윤리 훈련 및 교육은 관리자들의 인지 발달 점수를 향상시키는 것으로 나타났다.[47] 기업 개혁(corporate reform)으로 인해, 오늘날 Fortune 1000대 기업들의 직원 대부분은 일종의 윤리 교육을 받는다. 교육 및 훈련은 조직에 대한 연방 선고 지침(Federal Sentencing Guidelines for Organizations)의 요구 사항이기도 하다.

일부 전문가들은 도덕적 갈등들을 해결해 본 경험이 개인의 도덕 발달 발전을 가속화시킨다고 믿는다. 특정 가치들 또는 규칙들에 의존하는 관리자는 결국 그러한 규칙 및 가치들이 적용되지 않는 상황에 직면할 수 있다. 다음의 예를 함께 생각해 보자. Sarah는 4개월 연속으로 생산성이 떨어지는 직원들을 해고하는 정책을 지닌 기업의 관리자이다. Sarah에게는 우울증때문에 생산성이 떨어진 George라는 직원이 있지만, George의 동료들은 Sarah에게 George가 회복되어 곧 다시 최고의 성과를 낼 것이라고 말한다. 상황과 직원이 인식하고 있는 가치 때문에, Sarah는 규칙을 어기고 George를 해고하지 않을 것이다. 도덕 발달 과정의 가장 높은 단계에 있는 관리자들은 독재적(autocratic)이기보다는 더 민주적(democratic)이며, 하위 단계들에 있는 관리자들보다 윤리적 의사 결정 상황에서 이와 관련된 다른 사람들의 견해를 고려할 가능성이 더 크다.

CMD의 몇 가지 문제들은 그 철학적 원천 혹은 기원과 관련이 있다. 이러한 문제들을 삼진 이론(the three strikes theory)이라고 한다. Kohlberg의 CMD에 대한 독창적인 업적은, 심리학자이자 철학자인 Jean Piaget가 어린이를 대상으로 지능의 본질과 발달에 관해 수행한 연구에서 비롯되었다. Kohlberg는 Piaget의 이론을 성인들에게 적용할 때, 성인 뇌의 완전한 기능과 발달(full functioning and development)을 고려하지 않았다(Strike One). 철학적 관점에서 CMD는 도덕 철학들이 가장 낮은 수준에서 시작하여 가장 높은 수준으로 가는 위계적 또는 단계적 진행(hierarchical or steplike progression)을 주장한다. 그러나 이것은 위계가 존재하지 않는다는 기본적인 도덕 철학(basic moral philosophy)의 관점과 모순된다. 기본적인 도덕 철학의 관점에 의하면, 각 도덕 철학은 다른 것과 동일해야 한다(Strike Two). 마지막으로, 연구에 따르면 CMD는 신뢰도(reliability)는 높지만 타당도(validity)는 낮다. 만약 사람이 과녁에 화살을 쏘고 그 화살들이 모두 가까이 붙어 있으면, 신뢰도가 높다고 말할 수 있다. 그러나 목표가 중앙을 맞추는 것이었는데 화살들이 모두 오른쪽 아래에 있다면 이는 타당도가 낮은 것이다(Strike Three). 결국, CMD를 사용하여 좋은 사람들이 나쁜 결정을 내리는 이유를 설명할 때는 주의해야 한다.

7-5 화이트칼라 범죄

많은 사람들에게, 범죄(crime) 혹은 범죄의(criminal)라는 용어들은 강간, 방화(arson), 무장 강도 또는 살인 등을 떠올리게 만드는 경향이 있다. 이러한 폭력 범죄들은 파괴적이지만, 비폭력 비즈니스 범죄자들(nonviolent business criminals)이 매년 저지르는 범죄보다는 덜 파괴적이다. 소위 **화이트칼라 범죄**(White-Collar Crime, WCC)는 폭력 범죄가 몇 년 동안 합친 것보다, 1년 동안 더 많은 금전적, 정서적 손실을 끼친다.[48]

화이트칼라 범죄
매년 비폭력 비즈니스 범죄자들에 의해 저질러지는 범죄들

화이트칼라 범죄자들은 기업이나 조직 내에서 권력, 신뢰, 존경, 책임의 직위(position)에 있는 고등 교육을 받은 사람들인 경향이 있다. 그들은 대개 직위와 관련된 신뢰와 권위를 남용하여, 개인 및/또는 조직의 이익을 위해 불법적인 행위를 한다. WCC의 피해자들은 종종 소비자들을 신뢰한다.

얼핏 보면, 무엇이 화이트칼라 범죄를 구성하는지를 결정하는 것은 매우 간단해 보인다. 미국 법무부에 따르면, WCC는 "기만(deceit), 은폐(concealment), 속임수(subterfuge) 및 기타 사기 행위(other fraudulent activity) 등을 포함하는 비폭력 범죄 행위(nonviolent criminal act)"이다. 주식 시장을 조작하는 기업 간부, 세금 사기, 의료 보험을 허위로 청구하는 의사 등은 모두 명백한 화이트칼라 범죄자이다. 불법적인 금품을 받는 공무원들도 마찬가지로 공직자 부패를 저지르는 화이트칼라 범죄자이다. 또한 유독성 폐기물의 불법 처리를 승인하여 환경 규제를 위반함으로써 유죄 판결을 받은 기업 임원 역시 화이트칼라 범죄자이다.

온라인 화이트칼라 범죄(Online white-collar crime)는 전 세계적으로 증가하고 있는 문제이다. 많은 회사들이 첨단 기술 시스템에 의존하기 때문에, 시스템을 해킹할 수 있는 능력이 있는 사람이라면 누구나 화이트칼라 범죄를 저지르는 데 필요한 매우 민감한 정보들에 접근할 수 있다. 신분 도용(identity theft) 및 온라인 사기(online fraud)와 같은 사이버 범죄(Cybercrime)는 연방 거래 위원회(Federal Trade Commission)의 주요 관심사이다. 랜섬웨어를 사용하여 회사 자체 파일 데이터를 암호화한 다음에, 그 암호를 해독하는 대가로 비용을 요구하는 범죄자들도 있다.[49] 표 7-5는 가장 일반적인 사이버 범죄들의 목록을 제시한다.

화이트칼라 범죄는 금융계의 주요 문제이다. 예를 들어, 11명의 사기꾼들이 모여 4천만 달러의 폰지 사기(Ponzi scheme)를 일으켰다. 이 계획의 배후인 Keith Franklin Simmons는 외화를 다루는 헤지 펀드(hedge fund)처럼 보이는 것을 개발했다. 그는 보험회사 경험이 있는 많은 개인들을 지역 관리자로서 모집했으며, 이들은 차례로 자신들의 친구와 이전 고객들을 모집하여 이 사기성 펀드에 투자했고, 많은 투자자들이 고령이어서 더 취약했다. 실제로 투자된 금액은 전혀 없었지만, Keith Franklin Simmons는 40년형을 선고받았다.[50]

화이트칼라 범죄의 또 다른 사례에는 잘 알려진 금융가도 포함된다. SAC Capital Advisor's hedge fund 회사의 포트폴리오 매니저인 매튜 마토마(Matthew Martoma)는 내부자 거래 혐의로 9년형을 선고받았으며, 이는 지금까지 부과된 내부자 거래 중 가장 긴 형량 중 하나이다. 마토마는 비공개 내부 정보를 획득하고, 이 정보를 거래하여 SAC Capital에 2억 달러의 불법적 이익을 안기고, 자신은 900만 달러의 보너스를 받은 혐의를 받았다.[51] 비즈니스에 종사하는 많은 사람들은 이런 금융 범죄가 범죄 당사자의 평판에 영구적인 손상을 입힐 뿐만 아니라, 비폭력 범죄이기에 그러한 형량이 과도하다고 생각한다. 하지만 반면에 이런 금융 범죄가 권총 강도보다 더 파괴적이라고 주장하는 이들도 있다. 왜냐하면, 평생 동안 일하고 저축한 수고 및 희생을 한순간에 무의미하게 만들기 때문이다.

표 7-6에서 알 수 있듯이 이러한 상위 10가지 유형의 사기는 종종 화이트칼라 범죄에 참여하는 개인과 관련이 있다. 우리는 개인에 초점을 맞추고

표 7-5 가장 흔한 사이버 범죄

범죄	설명
신분 도용	해커가 귀하의 이름, 사회 보장 정보 또는 운전 면허증과 같은 식별 가능한 정보를 통해 당신의 신원을 도용함
사회공학	개인이나 기업의 금융 데이터, 돈 및 기타 중요한 정보를 훔치기 위해, 네트워크 및 시스템에 로그인하는 데 필요한 정보를 얻기 위해 사람들을 조작하는 것
봇넷	네트워크에 연결되어 유해한 소프트웨어와 파일을 유포하여 사이버 공격을 시작하고, 사설 시스템들을 감염시키며 스팸 캠페인을 퍼뜨리고 정보를 훔치는 제어된 컴퓨터
홍수 공격	DDoS(distributed denial of service, 분산 서비스 거부) 및 DoS(denial-of-service, 서비스 거부) 공격을 시작하는 봇넷에 의해 전달됨. IP 주소와 도메인 이름을 공격하여 시스템에 악의적인 요청들이 넘쳐나며, 이는 종종 시스템의 합법적인 사용자에게 연결 문제와 서비스 실패로 이어짐
사이버스토킹	누군가가 자신의 정체를 숨기고 익명의 메시지를 통해 누군가를 괴롭히는 경우
피싱	암호, 로그인 세부 정보 및 기타 민감한 정보를 입력하도록 속여 개인 정보를 훔치는 사회 공학의 한 형태
잠재적으로 원치 않는 프로그램(PUP)	사용자가 설치한 적이 없는 소프트웨어(예: adware 및 malware)로, 종종 사용자가 설치하기로 동의한 다른 소프트웨어에 포함됨
온라인 사기	개인이 자선 사기, 온라인 티켓 사기, 도박 사기, 가짜 기프트 카드 등과 같은 보상과 상품을 받을 것이라고 믿도록 속이는 것
익스플로잇 킷(kits)	원격 소프트웨어의 취약점을 조작하는 소프트웨어
불법 콘텐츠	법에 위배되는 콘텐츠(예: 저작권이 있는 자료, 아동 포르노, 불법 약물을 판매하고 매춘 서비스를 제공하는 사이트)

자료: Matt Powell, "Most Common Cybercrimes and What to Expect in 2020," CPO Magazine, August 28, 2019, www.cpomagazine.com/tech/most-common-cybercrimes-and-whatto-expect-in-2020 (accessed March 11, 2021).

있지만, 화이트칼라 범죄는 종종 사기에 가담하기 위해 협력하는 수많은 개인들의 부패와도 관련이 있다. 사기 계획을 기획하는 많은 사람들이 사기를 개발하고 구현하기 위해 직원들이나 다른 사람들을 끌어들인다. 종종 부하 직원들에게 사소한 역할이 주어지며, 그들은 자신들이 사기에 가담했음을 인식하지 못할 수 있다. 직원들이 자신들의 일자리를 지키기 위해, 이미 잘 알려진 사기에 참여하기도 하는 부패한 조직 문화도 있다.

화이트칼라 범죄가 급증하자, 미국 정부는 이에 대응하기 위한 노력을 강화했다. 정부는 화이트칼라 범죄가 미국 가계(households)와 경제 전반을 불안정하게 만드는 악영향에 대해 우려하고 있다. 정부는 화이트칼라 범죄 위반에 대해 개인과 기업을 기소할 수 있다. 처벌에는 벌금(fines),

표 7-6 사기의 상위 10가지 유형

순위	유형	보고된 건수	보고된 비율
1	신분 도용	1,387,615	29.39%
2	사기꾼 사기	498,278	10.56%
3	온라인 쇼핑과 부정적 리뷰	353,509	7.49%
4	신용 조사 기관, 정보 제공자 및 보고서 사용자	316,521	6.70%
5	은행 및 대출 기관	170,958	3.62%
6	인터넷 서비스	140,435	2.97%
7	자동차 관련	120,474	2.55%
8	부채 추심	120,190	2.55%
9	상품, 경품 및 복권	116,205	2.46%
10	의료	83,472	1.77%

자료: Federal Trade Commission, "Consumer Sentinel Network Data Book 2020," https://www.ftc.gov/system/files/documents/reports/consumer-sentinel-network-data-book-2020/csn_annual_data_book_2020.pdf (accessed March 19, 2021).

가택 구금(home detention), 기소 비용 지불(paying for the cost of prosecution), 몰수(forfeitures) 및 징역형(prison time) 등이 포함된다. 그러나 피고인(defendant)이 범죄에 대한 책임을 지고 당국의 수사에 협조하는 경우 형량(혹은 제재)이 완화되는 경우가 많다. 많은 사람들은 정부가 화이트칼라 범죄 퇴치를 위해 충분한 자원을 투입하고 있지 않다고 느낀다. 다른 사람들은 정부가 아무리 많은 규제와 통제를 시행하더라도, 그 안에 담긴 허점을 찾아내는 악한 개인이 항상 있을 것이라고 생각한다. 따라서 기업들은 사기 및 기타 유형의 화이트칼라 범죄와 싸우기 위해 자체적인 규율 및 통제를 시행해야 한다. 예를 들어 Capital One은 사기가 발생할 잠재적 가능성이 보일 경우, 의심스러운 활동들을 조사하고, 수상한 활동 보고서(Suspicious Activity Reports, SAR)를 제출하는 공인 사기 조사관(certified fraud examiners)을 고용한다. 화이트칼라 범죄는 지속적으로 진화하고 있기 때문에, 사기 조사관들은 비즈니스에 영향을 미칠 수 있는 새로운 사기 계획에 대해 최신 정보를 유지하기 위해 지식과 경험을 기꺼이 공유해야 한다.[52]

개인들이 화이트칼라 범죄를 저지르는 이유는 무엇인가? 조직 일탈 관점(organizational deviance perspective)의 옹호자들은, 기업이 집단적으로 일탈을 저지를 수 있는 살아 숨쉬는 유기체라고 주장한다. 기업이 생물학적인 사람들과 분리되고 구별되는 삶을 살 때, 그 기업의 기업 문화는 각자의 위치들을 차지하는 개인들의 영향력을 초월한다(영향력 보다 훨씬 커진다). 시간이 지남에 따라 활동 패턴들은 조직 내에서 제도화되고, 이러한 패턴들은 때때로 비윤리적 행동들을 조장한다.

화이트칼라 범죄의 또 다른 공통적인 원인은 조직 내 구성원의 지인들 혹은 동료들의 견해와 행동들이다. 직원들은 적어도 부분적으로는, 조직 내에서 그들이 연관되는 사람들을 스스로 선택한다. 윤리적이거나 비윤리적인 직원들이 많은 회사의 경우, 자신의 윤리적/비윤리적 행동에 대해 결정을 내리지 못한 사람들(직장인의 약 40%)은 동료들의 윤리적/비윤리적 행동을 따라 할 가능성이 더 크다.

또한 화이트칼라 범죄의 발생률은 경기 침체(economic recessions) 이후 몇 년 동안 증가하는 경향이 있다. 기업들이 고용 조정(downsizing)을 하면, 기업 분위기는 스트레스로 가득 차고, 이는 일부 직원들을 화나게 할 뿐만 아니라 어떤 직원들로 하여금 필사적으로 행동하도록 강요할 수 있다. 더 나아가, 기업이 확장 및 성장하기 시작하면, 사기범들은 기업 프로세스상의 격차(gaps in corporate processes)를 발견하고 성장 기회들을 착취 혹은 악용(exploit)한다.[54]

마지막으로, 일반 대중의 범죄자들과 마찬가지로 일부 사업가들은 생득적으로(혹은 본성적으로, inherently) 범죄적 성격을 가지고 있을 가능성이 있다.[55] 기업 사이코패스(Corporate psychopaths, 비폭력적이고 이기적이며 무자비한 관리자)는 많은 대기업들에 존재한다. 기업 사이코패스는 특정 윤리적 기준들이 자신에게는 적용되지 않는다고 스스로를 확신시키기 위해, 특정 상황의 개인들이나 행동들을 재구성(reframe, 혹은 재조종)하는 도덕적 해이(moral disengagement)를 저지를 가능성이 높다.[56] 기업 사이코패스의 부하 직원들은, 자신들의 조직이 사회적 책임을 수행하거나, 직원들에 대한 헌신(commitment)을 보여주거나, 자신들의 업무에 대한 인정을 받을 것이라고 믿지 않을 가능성이 크다.[57] 일부 조직들에서는 성격 테스트들을 사용하여 행동을 예측하지만, 이러한 테스트들은 개인의 가치와 철학이 일정하다는 혹은 일관된다는 것을 전제로 한다. 따라서 그들은 화이트칼라 범죄자들의 동기를 이해하는 데 효과적이지 않은 것 같다.[58]

화이트칼라 범죄가 증가하는 이유들은 정확히 짚어내기 어렵다. 왜냐하면, 많은 변수들로 인해서 좋은 사람들이 잘못된 결정들을 내릴 수 있기 때문이다. 일부 비즈니스 리더들은 오로지 기업의 윤리적 성과에만 초점을 맞추는 경우가 있다. 예를 들어, 목적론(teleology)에만 치우쳐서, 화이트칼라 범죄들을 정상화시킬 수 있는 문화를 만드는 것에만 초점을 맞춘다. 조직에 대한 연방 선고 지침(The Federal Sentencing Guidelines for Organizations)은 모든 기업들이 효과적인 윤리 및 컴플라이언스 프로그램들(ethics and compliance programs)과 화이트칼라 범죄를 방지하기 위한 내부 통제 장치(internal controls)를 개발해야 한다고 명시하고 있다.

7-6 기업윤리의 개인적 요인들

물론 조직 내 모든 사람들이 윤리적 의사 결정 과정에서 집단 도덕 철학(collective moral philosophies)의 역할에 동의하는 것은 아니다. 학자들은 직관(intuition)이 도덕적 판단을 결정한다고 주장해 왔다.[59] 직관적인 결정(intuitive decisions)은 감정(emotions)에 의해 촉발될 수 있지만, 도덕적 추론을 결정(moral reasoning)할 수 있는 인지적 과정도 있다. 따라서 개인의 도덕적 결정은 다양한 도덕 철학들에 대해 배우는 것보다 훨씬 더 복잡하다.[60] 개인이 지닌 가치들이 기업에서 윤리적 행동을 결정하는 유일한 주요 동인(main driver)은 아니다. 이러한 믿음은 윤리적 위험을 평가하고 조직 맥락에서 위법 행위를 방지하는 데 걸림돌이 될 수 있다. 가족 내에서 그리고 종교와 교육을 통해 배운 도덕적 가치들은 확실히 의사 결정에 영향을 미치는 핵심 요소이지만, 이러한 가치들은 6장의 윤리 모델들에서 알 수 있듯이 단지 하나의 요소일 뿐이다. 주로 개인의 성격이나 개인의 도덕 발달에 초점을 맞추는 것은 직원들이 자신의 작업 환경을 통제할 수 있다는 개념을 제안한다. 비록 개인의 도덕적 나침반(personal moral

논쟁거리

사람들은 왜 화이트칼라 범죄에 가담하는가?

화이트칼라 범죄는 고도로 신뢰받고 교육을 받은 개인들이 범죄 행위를 저지를 때 발생한다. 화이트칼라 범죄자의 두 가지 예는 사상 최대 규모의 폰지 사기(Ponzi schemes) 중 하나를 저지른 Bernard Madoff와, 비현실적으로 높은 이율을 약속하는 80억 달러 예금 증서 사기 프로그램을 개발한 R. Allen Stanford이다. 개인이 화이트칼라 범죄자가 되는 이유에 대한 이론들은 다양하다. 연구에 의하면, 기업 경영진의 1%는 거짓말을 하고, 속임수를 쓰고, 앞서 나가기 위해 필요한 다른 조치들을 취하는 경향이 있는 기업 사이코패스(corporate psychopaths)일 수 있다. 이 가능성은 많은 화이트칼라 범죄자들이 기업가가 되어 다른 사람들을 통제할 수 있는 위치에 있다는 사실을 설명할 수 있다. 이 이론은 Bernard Madoff와 같은 나쁜 개인을 설명할 수 있다.

많은 사람들은 개인의 행동에 대한 효과적인 감독과 통제가 기업 문화에 포함되어 있지 않을 때 화이트칼라 범죄가 진화한다고 믿는다. 이러한 조직 문화는 비윤리적인 활동들을 간과하거나 심지어 조장할 때 발생한다. 예를 들어, Countrywide Financial이라는 기업에서는 많은 직원들이 추가 이익을 가져다주는 보상을 받았기 때문에, 허위 대출에 참여했다. 그들 모두가 심리적인 질병을 가지고 있었던 것 같지는 않다.[53]

1. 화이트칼라 범죄자들은 성공의 지름길로 가기 위해 위법 행위를 조장하는 심리적 장애(psychological disorders)가 있는 경향이 있다.
2. 화이트칼라 범죄는 조직의 행동을 효과적으로 통제하지 못하는 조직 문화의 결과로 발생한다.

compass)도 중요하지만, 조직 맥락에서 윤리적 부정행위를 예방하기에는 충분하지 않다. 윤리 컨설턴트 David Gebler에 의하면, "대부분의 비윤리적 행동은 개인적인 이득을 위해 하는 것이 아니라, 성과 목표(performance goals)를 달성하기 위해 하는 것이다."[61] 성과 목표 달성에 대한 보상, 그리고 이런 보상 기법이 널리 퍼진 기업 문화는 특히 동료와 관리자들이 윤리적 의사 결정을 하는 데 있어서 가장 중요한 동인인 것으로 밝혀졌다.[62]

윤리적 추론 능력을 강력하게 개발하는 작업은 아마도 각 직원에 대한 개별화된 인성 교육보다, 미래에 더 윤리적인 비즈니스 결정을 하는 데 도움이 될 것이다.[63] 직원들이 복잡한 기업 문화들 안에서 직면하는 복잡한 윤리적 딜레마를 이해하고 해결할 수 있는 지적 기술을 갖추면, 그들이 더욱 올바른 결정을 내리는 데 도움이 된다. 이 접근 방식은 직원들이 동료 압력에 의해 부정적인 영향을 받고, 비윤리적인 관리자에 의해 회유되지 않도록 한다.[64] 인성 개발을 위한 웨스트포인트 모델(West Point model)은 능력과 인격(competence and character)이 동시에 개발되어야 한다는 사실에 초점을 맞춘다. 이 모델은 윤리적 추론은 특정한 직업의 맥락에서 접근해야 한다고 가정한다. 군대는 군인이 직면하는 대부분의 상황들에서 사용할 수 있는 기술들을 가르치고, 원칙과 가치들을 계발하는 데 효과적이었다. 유사한 방식으로, 회계사, 관리자 및 마케팅 담당자는 자신의 직무와 관련하여 윤리적 추론을 계발해야 한다. 그러나 좋은 규범이나 도덕은 언제나 폐기될 수 있다.

요약

도덕 철학들은 사람들이 옳고 그름을 결정하는 데 사용하는 일련의 원칙이나 규칙들을 말한다. 이러한 원칙이나 규칙들은 갈등을 해결하고 집단 생활을 하는 사람들의 상호 이익을 최적화하기 위한 지침을 제공한다. 기업인은 심지어 자신이 깨닫지 못하더라도, 비즈니스 전략을 수립하고 특정 윤리적 이슈를 해결할 때 도덕 철학에 따라 움직인다.

목적론적 또는 결과주의 철학은 만약 어떤 행위가 이기심이나 효용의 실현과 같은 원하는 결과들을 낳는 경우, 그 행위는 도덕적으로 옳거나 수용 가능하다고 규정한다. 이기주의는 개인에 대한 결과의 관점에서 옳거나 수용 가능한 행동을 정의한다. 윤리적 의사 결정 상황에서, 이기주의자는 자신의 이익에 가장 큰 기여를 하는 대안을 선택한다. 이기주의는 다시 쾌락주의와 계몽된 이기주의로 나눌 수 있다. 공리주의는 전체 효용을 극대화하거나 최대 다수의 사람들에게 최대 이익을 제공하는 것과 관련이 있다. 윤리적 결정을 내릴 때, 공리주의자들은 종종 영향을 받는 모든 당사자들의 비용과 편익을 고려하는 비용-편익 분석을 수행한다. 규칙 공리주의자들은 특정 상황을 탐구하는 것보다, 최대의 효용을 증진하도록 설계된 규칙들에 따라 행동을 결정한다. 행동 공리주의자는 행동을 지배하는 규칙보다, 행동 자체를 검토하여 그것이 최대의 효용을 가져오는지 결정한다.

의무론적이거나 결과론적이지 않은 도덕 철학은 결과보다는 개인의 권리와 개인의 특정 행동 이면에 있는 의도에 중점을 둔다. 일반적으로 의무론자는 도덕적 원칙의 본질을 영구적이고 안정적인 것으로 간주하며, 이러한 원칙의 준수가 윤리적 행동을 정의한다고 믿는다. 의무론자들은 개인이 존중받아야 하는 특정한 절대적 권리를 가지고 있다고 믿는다. 규칙 의무론자들은 일반 도덕 원칙에 대한 준수가 윤리적 행동을 결정한다고 믿는다. 행위 의무론자들은 행동이 도덕성이나 윤리성을 판단하는 적절한 근거이며, 규칙은 지침으로만 작용한다고 주장한다.

상대주의적 관점에 의하면, 윤리적 행동의 정의는 개인과 집단의 경험에서 주관적으로 파생된다. 상대주의자들은 관련 집단 내의 행동을 관찰하고, 주어진 이슈에 대해 집단 구성원들이 합의에 도달하는 것을 추구한다.

미덕 윤리는 주어진 상황에서 도덕적인 것은 관습적 도덕이나 현재의 사회적 정의(definition)에 의해 요구되는 것일 뿐만 아니라, "좋은" 도덕적 성격을 가진 사람이 적절하다고 간주하는 것이다. 덕 윤리를 옹호하는 사람들은 어떤 상황에서도 목적이 수단을 정당화한다고 믿지 않는다.

비즈니스에서 정의(justice)의 개념은 윤리적 또는 법적 기준에 따른 공정한 대우 및 정당한 보상과 관련이 있다. 분배 정의는 비즈니스 관계의 성과나 결과에 대한 평가를 기반으로 한다. 절차적 정의는 성과나 결과를 산출하는 과정과 활동을 기반으로 한다. 상호작용적 정의는 비즈니스의 의사소통 과정에 대한 평가를 기반으로 한다.

도덕 철학의 개념은 정확하지 않다. 도덕 철학은 연속성 상에서만 평가될 수 있다. 개인은 자신이 개인적인 결정을 내리는지, 아니면 직장에서 결정을 내리는지에 따라 서로 다른 도덕 철학을 사용한다. 도덕 철학 이론은 Kohlberg가 사용하는 좋은, 더 나은, 최상의 개념을 거부한다. Kohlberg의 인지적 도덕 발달 모델에 따르면 개인은 도덕 발달의 다른 단계에 있기 때문에 유사한 윤리적 상황에서 서로 다른 윤리적 결정을 내릴 수 있다. Kohlberg의 모델에서 사람들은 6단계의 도덕 발달 단계를 거친다. (1) 처벌과 복종 (2) 개인의 도구적 목적 및 교환 (3) 상호 대인 관계상의 기대, 관계 및 순응 (4) 사회 시스템 및 양심 유지 (5) 사전 권리, 사회 계약 또는 효용 (6) 보편적 윤리 원칙 등이 그것들이다. Kohlberg의 6단계는 윤리적 관심의 세 가지 수준, 즉 즉각적인 이기심, 사회적 기대, 그리고 일반 윤리 원칙으로 더 축소될 수 있다. 인지 도덕 발달은 사람들이 한때 믿었던 것만큼 설명하지 못할 수도 있다.

화이트칼라 범죄는 권력, 신뢰, 존경, 책임 등의 위치에 있는 교육 수준이 높은 개인들이 자신의 직위와 관련하여 불법적인 행위를 할 때 발생한다. 또한 화이트칼라 범죄는 대개 개인적 및/또는 조직 수준의 이익을 얻을 수 있는 위치에 있는 사람들이 그 위치로 얻은 신뢰와 권위를 남용할 때 발생한다. 화이트칼라 범죄는 사람들이 이러한 유형의 행동들에 대해 대개 마음에 잘 떠올리지 못하기 때문에 많이 연구되지 않았다. 왜냐하면, 화이트칼라 범죄자(혹은 범죄 조직)들은 신뢰와 존경을 받는 위치에 있기 때문이다. 그래서 범죄학 및 형사 사법 시스템은 화이트칼라 범죄를 보통의 범죄들과 다르게 바라보며, 많은 연구자들이 화이트칼라 범죄의 정의 이슈를 중요하게 여긴다. 기술의 새로운 발전은 더 적은 위험으로 화이트칼라 범죄들을 저지를 기회를 증가시키는 것 같다.

종교, 도덕적 강도 및 개인의 전문적 소속 등과 같은 개인적 요소들은 직원의 의사 결정 과정에 영향을 미칠 수 있다. 윤리적 인식, 편견, 갈등, 성격 유형 및 지능이 윤리적 행동에 미치는 영향은 아직 명확하지 않다. 우리가 알고 있는 한 가지는 도덕 철학, 가치 및 비즈니스 사이의 상호 관계가 매우 복잡하다는 것이다.

윤리적 비즈니스 과제 해결하기

Roberto Hernández 박사는 최고의 성적으로 졸업한 후, 뉴욕에서 심장 흉부외과(cardio thoracic surgery) 펠로우십을 수여받았다. 그는 그곳에서 몇 년을 보냈고 심장 외과 의사가 되려는 꿈을 이루기 위해 순조롭게 진행 중이었다. 그러나 이 시기에 그의 아버지께서 병에 걸리셨다. Hernández 박사는 아버지를 돌보기 위해 고향으로 돌아가기로 결정했다. Hernández 박사의 보살핌 아래, 그의 아버지는 개선의 징후를 보이기 시작했다. 그가 직장에 복귀하기로 예정되어 있던 날, 그의 어머니께서 예기치 않게 병이 드셔서 며칠 후 돌아가셨다. 이 커다란 재앙은 가족에게 큰 타격을 주었다. Hernández 박사의 여동생 Alicia는 아직 대학에 다니고 있었고, 그의 아버지는 항상 그와 함께 할 누군가가 필요했다. Hernández 박사는 아버지를 돌보기 위해 고향에 머물기로 결정했다. 그는 마을에 가정 의원을 열어 심장 외과 의사의 꿈을 무기한 보류했다.

Hernández 박사는 20년 이상 가정 의원을 운영했다. 그의 여동생 Alicia는 몇 년 동안 자신의 회계 회사를 운영했지만, 최근에 회사를 적당한 금액에 매각한 후 Hernández 박사와 함께 일하게 되었다. 수십 년 동안 Hernández 박사는 마을 의사로서의 역할을 완수해 왔지만, 심장 외과 의사가 되려는 꿈을 이루지 못한 것에 대해 후회했다. 이제 Alicia는 그와 함께 일하면서 사업을 돕고 있었고 이것은 그의 일을 훨씬 더 쉽게 만들었다. 어느 날 Alicia가 Hernández 박사의 문서와 환자 관리 시스템을 정리할 때, 그녀는 그의 모든 환자들이 Medicaid(저소득자에 대한 의료 보장 제도)에 가입되어 있음을 알게 되었다. 대부분의 마을 인구가 Medicaid 자격을 갖추었지만, 모든 환자들에게 해당되는 것은 아니었다. 그녀는 정기적으로 병원을 방문하여 Medicaid에 없는 수표나 신용 카드로 지불하는 많은 가족들을 알고 있었다. Alicia는 Hernández 박사의 행정 업무 능력이 형편없다고 생각하고, 그것을 고치려고 했다. 그러나 Alicia가 서류를 정리하고 파일들을 확인하면서, Medicaid에 대한 전체 청구액이 최소한 5년 전부터 증가하고 있음을 알게 되었다. Alicia는 Hernández 박사에게 다가갔다. "오빠, Bennett 부부가 Medicaid를 청구했었다는 사실을 알고 있어?"

"흠. 문서를 보자." Hernández 박사가 말했다. Alicia는 그에게 태블릿을 건넸다. 그는 숫자와 도표를 보고, "그래, 그들이 65세 이상이어서 Medicaid에 청구했어."라고 말했다.

"하지만 우리는 그들이 오빠에게 현금으로 지불한 기록이 있어." Alicia가 대답했다. 그녀는 영수증을 보여주기 위해 화면을 두드렸다. "그리고 오빠의 다른 환자들에게도 비슷한 사례가 있어. 게다가 Medicaid는 고령자를 위한 것이 아니라, 소득이 한정된(부족한) 환자를 위한 것이야. 오빠도 알다시피 Bennett 부부는 저소득 환자가 아니야."

Hernández 박사는 약간 당황한 표정으로 대답했다. "Alicia, 너는 내가 얼마나 자잘한 많은 일들을 처리해야 하는지 잘 알잖아. 그리고 나는 그것을 잘하지 못해. 그것이 내가 너를 고용한 이유야. 내 실수를 잡아줘서 고마워."라고 말하고, 그는 자신의 사무실로 돌아가 문을 닫았다. Alicia는 파일 더미와 함께 복도에 서 있었다.

Alicia는 오빠가 이 작은 마을에서 가족을 위해 무엇을 포기했는지, 그리고 그가 이 마을의 가족들을 위해 한 선행들을 알고 있었다. 하지만 이러한 혐의가 우발적인 것은 아니라고 확신했다. 그런 문제의 수가 너무 많았고, 청구된 금액이 연간 75,000달러를 넘었을 뿐만 아니라, Medicaid와 관련된 문제도 있었다.

"그 많은 돈은 어떻게 된 거야?" Alicia는 궁금했다. 그녀는 또한 이 상황을 잘 처리할 수 있는 방법을 고민했다. 그녀는 속으로 "오빠를 감옥에 보내지 않고, 어떻게 이것을 신고할 수 있을까? 만약 내가 이 상황을 보고하지 않고 Medicaid에서 알게 되면, 나는 감옥에 갈 뿐만 아니라 회계 자격증을 잃을 수도 있어. 여기는 아주 작은 마을이라서 만약 누군가 그 사실을 알아낸다면, 우리는 결코 명예를 되찾을 수 없어(오점을 지울 수 없어)."

[질문]

1. Alicia의 윤리적 딜레마를 설명하시오.
2. 메디케어 사기(Medicare fraud)가 화이트칼라 범죄가 되는 이유는 무엇인가?
3. Alicia는 어떻게 이 상황에 접근해야 할까?

8장

조직 차원의 요인들: 윤리적 문화와 관계의 역할

학습목표

- 기업 문화의 개념을 이해한다.
- 기업 문화가 기업윤리에 미치는 영향을 탐구한다.
- 조직 구조 및 기업윤리와의 관계를 평가한다.
- 작업 그룹이 윤리적 결정에 어떻게 영향을 미치는지 탐색한다.
- 개인과 집단의 윤리적 의사 결정 사이의 관계에 대해 논의한다.

개요

8-1 기업 문화의 정의

8-2 윤리적 의사 결정에서 기업 문화의 역할

- 8-2a 윤리적 체계 및 기업 문화 평가
- 8-2b 기업 문화의 구성 요소로서의 윤리
- 8-2c 규정 준수 문화 대 가치 기반 윤리 문화
- 8-2d 차별적 접촉
- 8-2e 내부 고발

8-3 조직구조

8-4 기업 구조 및 문화의 집단(그룹) 차원

- 8-4a 집단(그룹)의 유형
- 8-4b 집단(그룹) 규범

8-5 직원 행동의 다양성

8-6 사람들은 기업 문화 안에서 자신의 행동을 통제할 수 있을까?

윤리적 딜레마*

Mohammed가 KR전자의 인사 관리 부서(human resources department)에서 일하기 시작했을 때, 그는 그 직무가 제공하는 많은 승진 기회들에 깊은 인상을 받았다. 그의 첫 번째 임무는 회사의 윤리를 위해 마련한 핫라인(ethics hotline)을 통해 직원들로부터 온 제보를 모니터링하는 것이었다. 그것은 단순한 일이었지만, Mohammed는 이 업무가 그를 HR 부서에서 더 높은 위치로 이끌 것이라고 느꼈다. 그는 이틀 동안 고결성과 기밀 유지(confidentiality)의 중요성 등과 같은 회사의 윤리 정책과 가치들에 대해 배웠다. Mohammed는 자신의 경력을 시작하기에 좋은 회사를 선택했다고 안심했다.

KR전자는 경쟁력 있는 기업이었고, 6개월마다 직원들의 성과를 평가했다. 가장 높은 성과를 낸 직원은 상당한 보너스를 받았지만, 가장 낮은 성과를 낸 15%의 직원들은 그 해에 지속적으로 해고되었다. 이것은 Mohammed를 크게 힘들게 하지 않았다. 그는 다른 많은 유명 회사들에도 이와 유사한 시스템이 있다는 것을 알고 있었다. 다만 Mohammed를 괴롭히는 것은 상사가 성과가 좋지 않은 직원들을 대하는 방식이었다. 여러 직원들이 Mohammed에게 다가와서 그에게, 다른 동료들 앞에서 직원들에게 종종 소리를 지르는 학대적인 관리자에 대해 말했다. Mohammed는 그 상사가 "난 올해가 될 때까지 기다려 줄 수 없으며, 당신은 직업을 잃을 수도 있어요. 사실 이 일은 반쪽자리 두뇌(지능)를 가진 사람에게 맡겨도 되는 일이잖아요."라고 말했다는 보고를 들었다.

Mohammed가 자기 부서의 인사 담당 관리자인 Emma에게 그가 들은 내용에 대해 이야기했을 때, Emma는 Mohammed의 우려를 무시했다. "당신은 이해해야 해요, Mohammed." 그녀가 설명했다. "우리는 경쟁이 매우 치열한 분야에서 활동합니다. 직원들은 경쟁 우위를 유지하기 위해 신속하고 효율적으로 일해야 합니다. 이것은 종종 상사로 하여금 강경(tough)해질 것을 요구합니다. 게다가, 이 부서의 상사는 우리의 최고 성과자들 중 한 명입니다. 분명히, 그가 하는 것은 무엇이든 효과가 있습니다." 이 말은 Mohammed를 불편하게 만들었지만, 그러나 그는 그것에 대해 자신의 상사(Emma)와 논쟁하고 싶지 않았다.

어느 날 Mohammed는 회사 영업 부서의 한 여성으로부터 전화를 받았다. 그녀는 회사의 많은 영업 사원들이 전자 제품의 품질에 대해 과장된 주장을 한다고 Mohammed에게 알렸다. 그는 또한 영업 사원들이 제품의 사용 기간 같이, 진실이 아닌 정보를 기반으로 품질에 대한 보증을 하고 있다는 것도 알게 되었다.

"영업 사원은 할당량을 초과하면 상당한 보너스를 받기 때문에, 많은 사람들이 판매를 늘리기 위해 무엇이든 약속합니다."라고 그 여성이 설명했다. 윤리 이슈에 대해 제보를 할 때 자신의 이름을 밝힐 필요는 없었지만, Mohammed와 대화한 그 사람은 자신의 이름이 Sarah라고 했다. 그녀는 Mohammed에게 그녀의 영업 관리자인 Rick이 그녀가 핫라인에 전화했다는 사실을 알지 못했는지 확인해 달라고 요청했다. Mohammed는 추가 조사를 위해 상사에게 그 내용에 대한 보고서를 제출했다.

2주 후, Mohammed는 Sarah가 실적 부진으로 해고되었다는 소식을 들었다. 그는 Emma에게 가서 이 상황에 대해 물어보았고, Sarah 부서의 영업 관리자가 그녀의 제보에 대해 들었다는 사실을 알고 겁에 질렸다.

"하지만 Emma, 이것은 우리의 기밀 코드(confidentiality code)를 위반한 것입니다! 나는 Sarah에게 이 문제를 조사할 때 그녀의 이름을 익명으로 유지하겠다고 약속했습니다. 만약 Rick이 보복으로 그녀를 해고했다면 어떻게 하시겠습니까?" Mohammed가 물었다.

Emma는 화난 표정으로 Mohammed를 바라보았다. "Mohammed, 당신은 이 이슈를 너무 크게 만들고 있습니다. 아무도 Sarah에게 핫라인을 통해, 우리에게 그녀 자신의 이름을 알려달라고 강요하지 않았습니다. 그리고 날 믿어요, Rick은 좋은 사람입니다. 그는 단순히 무언가를 보고했다는 이유로 누군가를 해고하지 않을 것입니다. 이 보고서는 어쨌든 신빙성이 없는 것 같습니다. Sarah가 자신의 실적 부진을 숨기기 위해 이런 의혹을 제기했을 가능성이 큽니다."라고 말했다.

Mohammed는 화가 난 상태로 Emma의 사무실을 떠났다. 그는 심지어 Sarah의 실적이 좋지 않았더라도, 그녀의 영업 관리자가 그녀의 제보에 대해 듣는 것은 옳지 않다고 생각했다. 그는 자신의 (책상)자리로 돌아가면서, 그 영업 관리자 Rick과 Emma가 좋은 친구였으며 종종 함께 점심을 먹으러 간다는 말을 들은 기억이 떠올랐다.

[질문]

1. 회사의 조직 문화(organizational culture)가 회사의 윤리 정책(ethical policies)과 어떻게 충돌하는 것처럼 보이는가?
2. 이것이 보복이라면 Sarah는 어떤 선택을 할 수 있을까?
3. Mohammed는 다음에 무엇을 해야 하는가?

회사는 우리가 일하는 건물(structures) 그 이상이다. 비록 그것이 살아 있지는 않지만, 우리는 그것들에게 인간의 특성들을 부여한다. 시기(상황)가 좋을 때, 우리는 회사가 "좋다"고 말한다. 상황이 좋지 않을 때 우리는 회사를 "구하려고" 할 수 있다. 이해할 만하게도, 사람들은 수입(income)과 혜택(benefits), 도전, 만족, 자존감(self-esteem), 그리고 종종 평생의 우정 등을 제공하는 장소인 회사에 대해 강렬한 감정(strong feelings)을 가지고 있다. 사실, 잠자는 시간을 제외하고, 우리 삶의 거의 50%는 이 두 번째 "가족"과 함께 이 두 번째 "집"에서 보낸다. 그래서 이러한 조직의 문화와 구조가 조직 내 구성원들의 윤리적 결정에 어떻게 영향을 미치는지 알아보는 것이 중요하다.

6장에서 설명한 윤리적 의사 결정 틀(ethical decision-making framework)에서, 우리는 조직적 요인들과 대인 관계가 윤리적 의사 결정 과정에 영향을 미친다는 개념을 소개했다. 또한 조직의 핵심가치들과 같은 윤리적 의사 결정의 규범적 기반(normative foundation)을 설명했다. 이 장에서는 기업 문화와 기업의 가치 및 전통 등이 직원들의 윤리적 행동에 미치는 영향에 대해 자세히 살펴볼 것이다. 다음으로, 우리는 두 가지 조직 구조들을 설명하고, 그것들이 어떻게 윤리적 결정에 영향을 미칠 수 있는지 알아보려고 한다. 우리는 직원들 및 기타 이해관계자들에 대한 기업의 사회적 책임을 다루기 위해 만들어진 새로운 조직 구조들에 대해 논의할 것이다. 그런 다음 조직 내 집단들의 영향을 고려하려고 한다. 마지막으로 윤리적 의사 결정을 위한 조직 관계(organizational relationships)의 의미를 탐구할 것이다.

8-1 기업 문화의 정의

조직 문화에는 조직의 구성원들(직원들)이 공유하는 문제를 해결하는 방법을 포함하여, 직원들에게 영향을 미치고 그들의 행동을 결정하는 공유된 가치, 규범 및 상징물(shared values, norms, and artifacts) 등이 포함된다. 기업 문화는 "회사의 최고 경영진이 자신과 다른 직원들을 어떻게 관리해야 하는지와, 어떻게 비즈니스를 수행해야 하는지에 대해 공유한 신념"이다.[1] 윤리적 이슈들을 해결하는 방법은 기업 문화의 일부이다. 핵심 가치는 조직이 비전을 실현하고 목표를 달성할 수 있도록 돕는 기업 문화의 기반(foundation)을 형성한다. 기업 문화는 조직에서 나타나는 행동 패턴들, 개념들, 윤리 강령(codes of ethics)과 같은 문서들 및 의식들(rituals)을 통해 나타난다.[2] 이 문화는 조직 구성원들에게 의미와 목적 의식을 부여하고, 그들이 조직의 내부 행동 규칙들에 익숙해지도록 만든다.[3] 한 가지 예는 위탁 소매업체인 thredUP이다. 이 회사의 사명은 "새로운 세대의 쇼핑객들이 중고 제품을 먼저 생각하도록 영감을 주는 것"이다. 이 회사는 목소리를 내는 것(speak up), 크게 생각하는 것(think big), 결과에 영향을 주는 것, 무한한 배움과 투명성을 실천하는 것(practice infinite learning & transparency), 진실을 추구하는 것(seek the truth) 등의 6가지 핵심 가치를 가지고, 그 문화를 지켜나갈 인재를 찾는다.[4]

조직 전체에 걸쳐 수용되고 공유되고 유통되는 가치, 신념, 관습(customs), 규칙 및 의식(ceremonies) 등은 그 조직의 문화를 나타낸다. Southwest Airlines는 핵심 설립자인 Herb Kelleher 시대로 거슬러 올라가는, 강력하고 친근하며 재미있는 "luv" 조직 문화를 가지고 있다. Kelleher는 고객 서비스와 직원 참여의 가치를 수용하고, 직원을 가족처럼 대했다. 오늘날 Southwest Airlines는 문화 서비스를 담당하는 전무 이사(Managing Director of Culture Services)를 임명했다. 이 중요한 직책은 65,000명 이상의 직원들을 인식(recognition)하고 진가를 인정(appreciation)하며 축하(celebration)할 뿐만 아니라, Southwest와 함께 일하는 모든 사람들을 존중하는 문화를 책임지고 있다.[5] 기업들뿐만 아니라 모든 조직에는 일종의 문화가 있으므로 조직 문화(organizational culture)와 기업 문화(corporate culture)라는 용어를 혼용하여 사용한다.

기업의 역사와 불문율(unwritten rules)은 기업 문화의 일부이다. 수년 동안, IBM 영업 사원은 고객을 상대하기 위해 일련의 문서화되지 않은 표준(unwritten standards)을 고수했다. 조직 내에서 대대로 전해지는 역사나 이야기들은, 사회 전반에 걸쳐 영속화되는 전통과 같다. Ford Motor Co.의 설립자 Henry Ford는 개인 직원의 중요성을 강조하는 유산을 남겼다. 그는 20세기 초반에 하루에 5달러라는 전대미문의 고임금(high wage)을 지급하는 선구자였다. Wm. Wrigley Jr. Company(1891)는 비누와 베이킹 파우더를 판매하기 시작했다. 제품들에 대한 구매를 장려하기 위해 껌을 증정했다. 회사 문화가 높은 품질과 서비스에 기반을 두고 있었기 때문에, Wrigley는 이해관계자 지향(stakeholder orientation)과 창립자의 5가지 원칙(founder's five principles)인 품질, 책임, 상호성(mutuality), 효율성(efficiency) 및 자유 등에 대한 헌신을 기반으로 강력한 기업 문화를 유지하였다. 회사 직원들은 매일 이러한 원칙들에 따라 생활한다.[6]

리더는 부하직원들의 행동에 책임을 져야 하고, 기업은 윤리적인 기업 문화를 가져야 한다. 이러한 이유로 기업 문화의 정의(definition)와 측정(measurement)은 중요하다. Enron, Tyco International 및 WorldCom 스캔들 이후에 제정된 Sarbanes-Oxley 법에 정의되어 있다. 윤리적 기업 문화의 특성들은 **Sarbanes-Oxley 404** 규정 준수 섹션(compliance section)에 성문화되어 있다. 이 섹션에는 경영진이 재무제표(financial statements) 감사(audit)와 함께, 조직의 내부 통제(internal controls) 및 이러한 통제에 대한 외부 감사인(external auditor)의 위탁 감사의 효율성을 평가해야 한다는 요구사항이 포함되어 있다. 섹션 404는 기업들이 기업 문화의 일부를 형성하는 일련의 가치들을 채택할 것을 요구한다. 조직 문화에 대한 평가는 조직의 성격, 윤리, 그리고 투명성에 대한 통찰력을 제공하기 위한 것이다.

Sarbanes-Oxley 404 기업들이 기업 문화의 일부를 형성하는 일련의 가치들을 채택할 것을 요구한다.

Sarbanes-Oxley 404 규정을 준수하려면 단순히 회계뿐만 아니라, 기업 문화의 변화도 필요하다. 이 의도는 잘못된 경영, 사기, 절도 및 남용을 폭로하고, 이러한 조건들과 행동들이 존재하지 않는 기업 문화를 유지하는 것이다. 섹션 406은 최고 재무 책임자에 대한 윤리 강령을 요구한다. 기존에 기업들의 요구를 충족시켰던 많은 컨설턴트들은 Sarbanes-Oxley 법을 준수하고자 하는 기업들의 경우에 있어서는 "문화(culture)"가 의미하는 바에 대한 이해가 부족했다. 그들은 윤리(ethics)가 아니라 조직의 위험 관리 능력을 개선하기 위한 방향과 기준을 제공하고자 했다. 많은 기업들에서 윤리적 기업 문화는 다음과 같은 방식으로 측정된다.

- 경영진(management)과 이사회(board)는 커뮤니케이션과 행동을 통해 고결성, 핵심 가치 및 윤리 강령에 대한 헌신을 나타낸다.
- 모든 직원들은 규정 준수(compliance), 특히 내부 통제 시스템(internal control systems) 및 보고 시스템(reporting systems)에 직접 참여하도록 권장되고 요구된다.
- 윤리적 리더십은 경영진의 어조 혹은 톤(tone)에서 시작해야 한다.
- 직원들은 윤리적 이슈들과 관련된 해결 및 시정 조치(resolutions and corrective actions) 등을 통한 커뮤니케이션을 받아야 한다.
- 직원들은 CEO, 기타 경영진 및 이사회를 포함하여 조직의 모든 구성원들에게, 예외 정책(policy exceptions)을 익명으로 보고할 능력이 있다.[7]

이러한 측정 표준들(measurement standards)의 문제는 그것들이 위험, 규정 준수(compliance) 및 보고(reporting) 등에 더 중점을 둔다는 점이다. 그것들은 기업의 윤리적 문화를 구성하는 기업의 모든 측면들에 대한 완전한 척도가 아니다. 그러나 많은 사람들이 앞서 언급한 다섯 가지 항목이 윤리적 기업 문화를 정의한다고 가정한다. 가치, 규범 및 상징물 등은 직원들의 행동에 영향을 미치는 문화의 세 가지 주요 구성 요소이므로, 이러한 요소들은 모두 윤리적 문화를 측정하는 데 중요하다.

지난 50년 동안 학자들은 문화에 대해 최소 164개의 서로 다른 정의들을 개발하고 측정하려고 시도해 왔다. 이는 정의들의 수가 증가하고 있음을 나타내는 최근 리뷰(review)를 통해 알 수 있다.[8] 문화에 대한 이러한 정의들은 매우 다양하지만, 세 가지 공통 요소들을 공유한다. (1) "문화는 집단 또는 사회에 속한 개인들 사이에 공유됨", (2) "문화는 비교적 오랜 기간에 걸쳐 형성됨", (3) "문화는 비교적 안정적(stable)이다."[9]

다양한 문화 모델들과 그에 따른 다양한 측정 도구들은 다양한 수준(level, 국가, 조직, 그리고 개인 레벨로 나뉨)과 측면(가치, 관행, 관찰 가능한 상징물 및 의식, 기본 암묵적 가정)에 초점을 맞춘다. 개인과 조직의 가치들은 국가적 가치보다 윤리적 행동을 더 잘 설명한다.[10] IBM의 기업 문화는 기업 내 다양한 수준들을 나타내는 여러 층이 있는 양파로 설명되어 왔다.[11] 오늘날 IBM은 자사의 문화를 신뢰(trust)의 문화로 묘사하면서, 윤리 및 규정 준수 이슈를 심층적으로 설명하며, 직원들에게 관찰된 위법 행위를 처리하는 방향(direction)을 제공하는 지침들을 보유하고 있다.[12] 많은 기업들에서 윤리를 '사회가 옳거나 그른 것으로 간주하는 어떤 것'으로 정의하고, 위법 행위의 위험을 관리하는 수단들을 개발한다. 위험 관리(managing risk)는 기업 문화를 구성하는 요소를 이해하는 것과는 다르다. 우리는 문화가 비즈니스에 종사하는 사람들의 윤리적 의사 결정 과정에 중대한 영향을 미친다는 것을 확실히 알고 있다. 윤리 감사(ethical audits), 윤리 규정 준수(ethical compliance) 및 위험 문화 조사(risk culture survey) 등은 좋은 도구일 수 있지만, 그 자체로는 조직 문화를 정의하거나 특정 조직 문화를 더 윤리적이거나 비윤리적으로 만드는 이유를 설명하는 데 유용하지는 않다.

8-2 윤리적 의사 결정에서 기업 문화의 역할

기업 문화는 기업의 성공 또는 실패와 관련이 있다. 일부 문화들은 너무 강해서 외부인들이 보기에 전체 조직의 성격을 대표하게 된다. 예를 들어 Spotify, Ben & Jerry's Homemade Ice Cream, Hershey Foods 등은 강력한 윤리적 문화를 지닌 캐주얼한 조직(casual organization)으로 널리 인식되는 반면에, Lockheed Martin, Procter & Gamble 및 Texas Instruments는 보다 공식적인 윤리적 문화를 지녔다고 여겨진다. 조직의 문화는 명시적으로 표현되거나(explicitly articulated) 무언의 상태(left unspoken)로 남을 수 있다.

가치, 신념, 관습 및 예상되는 행동에 대한 명시적 진술들은 일반적으로 고위 경영진에서 나온다. 메모, 서면 행동 강령(written codes of conduct), 핸드북, 매뉴얼, 양식 및 의식(ceremonies) 등은 조직 문화의 공식적인 표현이다. 이러한 진술들의 대부분은 Bristol-Myers Squibb의 웹사이트와 같이, 기업의 웹사이트들에서 찾을 수 있다(표 8-1). 회사는 특히 그들의 문화에 영향을 미치기 위해, 규정 준수(compliance)와 원칙들을 통합하는 데 중점을 둔다.

기업 문화는 종종 경영진의 기대를 전달하는 직간접적인 진술들을 통해, 비공식적으로 표현된다. 일부 회사들에서는 비공식적인 복장 규정(informal dress codes)을 제정하고, 늦게까지 일하고, 과외 활동들에 참여함으로써 공유 가치를 표현한다. 온라인 신발 및 의류 소매업체인 Zappos는 기발한 기업 문화로 널리 알려져 있다. 회사의 복장 규정은 직원들이 원하는 대로 입을 수 있도록 함으로써, 자유롭게 자신을 표현할 수 있게 한다.[13] 기업 문화는 제스처(gestures), 외모(looks), 레이블(labels), 프로모션(promotions), 프로그램(programs) 등을 통해 표현될 수 있다. 많은 재앙적인 사건들은 윤리적 결핍에서 비롯되며, 그 결과 다양한 기업 문화들의 영향을 받는 인간다운 가치 판단과 행동들이 부족해진다. 조직의 리더가, 부하 직원들에게 윤리적 문화를 형성하고 유지하는 데 있어서 의미 있는 역할을 부여할 때, 그들은 그 문화를 강한 것으로 인식할 뿐만 아니라, 리더

표 8-1 Bristol-Myers Squibb 고결성 원칙

환자를 우리가 하는 모든 일의 중심에 두십시오
환자들이 심각한 질병들을 극복하는 데 도움이 되는 혁신적인 의약품을 발견, 개발 및 제공하려는 우리의 사명(mission)을 가치 있게 여기고, 서로 존중하고 공유합니다.
시장 안팎에서 정직하고 고결(integrity)하게 행동합니다.
우리의 고결성(integrity) 원칙들이, 우리가 매일 하는 일들에 녹아들어 있는 환경을 조성합니다.
우리가 하는 모든 일들에서, 회사 정보 및 기타 자산들을 정확하고 수준 높은 품질을 유지하며 적절한 방식으로 사용합니다.
모든 비즈니스 비용들을 정확하게 보고합니다.

자료: Bristol-Myers Squibb, "Principles of Integrity: The Bristol-Myers Squibb Standards of Business Conduct and Ethics," www.bms.com/assets/bms/us/en-us/pdf/principles-of-integrity.pdf (accessed March 20, 2021).

그림 8-1 21세기 리더의 요건

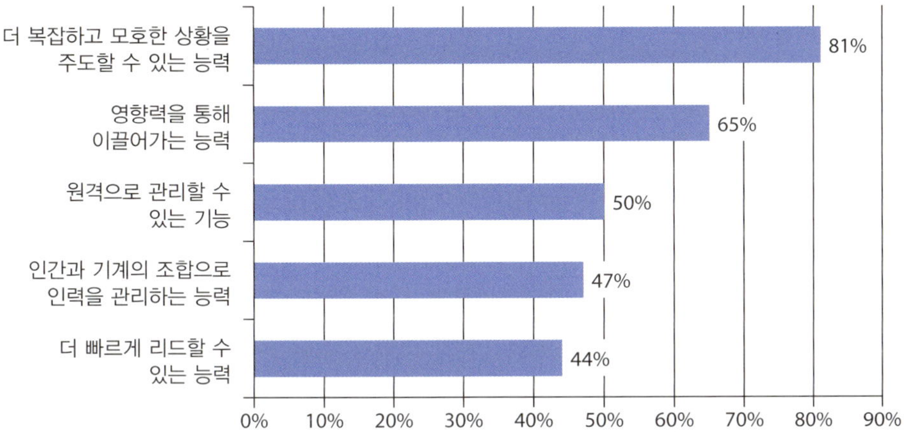

자료: Erica Volini, Jeff Schwartz, Indranil Roy, Maren Hauptmann, Yves Van Durme, Brad Denny, and Josh Bersin, "Leadership for the 21st Century: The Intersection of the Traditional and the New," Deloitte, April 11, 2019, https://www2.deloitte.com/us/en/insights/focus/humancapital-trends/2019/21st-century-leadership-challenges-and-development.html (accessed March 20, 2021).

가 보는 방식과 유사하게 볼 가능성이 더 커진다.[14]

윤리와 사회적 책임의 중요성을 강조하는 문화는, 금융 분야에서 나타나는 이익 조작(earnings manipulation)과 같은 부정행위를 줄일 수 있다.[15] "경영진의 어조 혹은 톤"은 고결성이 높은 조직을 만드는 데 결정적인 요소이다. 리더가 신뢰할 수 있는 사람으로 인식되면, 직원들의 신뢰가 높아진다. 일반적으로 리더는 윤리적이며 더 높은 수준의 의무들을 수행한다고 여겨진다.[16] Deloitte의 연구에 의하면, 직원들이 21세기 리더에게 가장 중요하다고 믿는 특성들은 그림 8-1과 같다.

8-2a 윤리적 체계 및 기업 문화 평가

기업 문화는 다양한 방식으로 개념화되었다. NK Sethia와 Mary Ann Von Glinow는 조직의 문화를 설명하기 위해 두 가지 기본 차원들을 제안했다. (1) 사람에 대한 관심(concern for people)-직원들의 웰빙을 보살피려는 조직의 노력들, 그리고 (2) 성과에 대한 관심(concern for performance)-조직 성과와 직원 생산성에 집중하려는 조직의 노력들 등이 바로 그것이다.[17] 그림 8-2는 이러한 네 가지 조직 문화의 요소들을 표시하는 회사들의 예를 제공한다.

네 가지 조직 문화는 냉담(apathetic), 배려(caring), 엄격(exacting), 그리고 통합(integrative) 등으로 분류할 수 있다. 모든 분류 체계들과 마찬가지로 이 4개의 문화들 역시 연속선(continuum)상에 있다. 또한 극단적인 하나의 문화만을 지닌 회사는 사실 드물다.

냉담한 문화
사람이나 성과에 대해 최소한의 관심을 보인다.

냉담한 문화(apathetic culture)는 사람이나 성과에 대해 최소한의 관심을 보인다. 이 문화에서 개인들은 자신의 이익에만 집중한다. 이런 문화에서 나타나는 행동들에는 위험 회피, 실패에 대한 처벌, 놓쳐버린 목표에 대한 미련(fixating on missed goals), 직원 노력에 대한 과소 평가, 내부 의사 소통 제한, 기대치는 높이면서 투입 자원 및/또는 인력은 감소 등이 포함될 수 있다. 냉담한 경향성(Apathetic tendencies)은 거의 모든 조직에서 발생할 수 있다. 철강 회사들과 항공사들은 사업 운영을 유지하기 위해, 직원 연금(employee pensions)을 동결한 최초의 기업들 중 하나였다. 미국 기업의 대대적인 변화는 직원 보상 및 퇴직 계획에 영향을 미친다. 기념일 시계, 반지, 저녁 식사 또는 가족을 위한 생일 카드 등과 같은 간단한 감사의 제스처는 사라지고 있다. 많은 회사들에서 오래 근무한 직원들을 마치 죽은 나무인 것처럼 바라보며, 그들의 과거 실적을 고려하지 않는다. 이러한 태도는 기업의 냉담한 문화를 나타낸다.

배려(돌봄)의 문화
사람들에 대한 높은 관심을 나타내지만, 성과 이슈에 대한 최소한의 관심을 나타낸다.

배려(돌봄)의 문화(caring culture)는 사람들에 대한 높은 관심을 나타내지만, 성과 이슈에 대한 최소한의 관심을 나타낸다. 윤리적인 관점에서 보더라도, 배려의 문화는 매력적으로 보인다. 그러나 성과에 대한 관심이 거의 또는 전혀 없으면서 국가적으로 인정받는 기업을 찾기는 매우 어렵다. 서두에서 언급했듯이, 문화를 담당하는 고위직을 두고 있는 사우스웨스트항공(Southwest Airlines)은 배려하는 문화를 대표한다. 대조적으로, **엄격한 문화**(exacting culture)는 사람에 대한 관심은 적고 성과에 대해서는 높은 관심을 보인다. 이 문화에서는 조직의 이익에 중점을 둔다. 엄격한 문화는 사람보다 성과에 더 많은 관심을 보일 수 있지만, 성공적인 회사는 직원들의 필요/요구(needs)를 무시할 수 없다. 사실, 사람과 이익이 모두 기업의 장기적인 생존에 필요하기 때문에, 그 어떤 성공적인 조직이라도 100% 배려의 문화를 가지고 있거나, 100%의 엄격한 문화를 지니고 있을 가능성은 거

엄격한 문화
사람에 대한 관심은 적고, 성과에 대해서는 높은 관심을 보인다.

의 없다. 엄격한 문화와 관련된 개념에는 쿼디티(quiddity)가 있다. 이 개념은 누군가 또는 무언가의 핵심 또는 본질을 의미한다. QUIDDity의 개념은 조직의 역사와 창립 원칙들을 나타내는 데 도움이 된다. 기업이 quiddity를 받아들일 때, 안정적인 문화를 만들 수 있다.[18]

통합 문화(integrative culture)는 사람과 성과에 대한 높은 관심을 동시에 지니고 있다. 상사가 직원들이 대체할 수 있는 존재 이상(더 나아가, 말로 표현할 수 없을 정도로 기업의 성과 기준을 충족시키는데 커다란 도움을 주는 존재)이라는 것을 인식할 때, 조직은 통합적인 문화를 지니게 된다. Google과 같은 많은 회사들에는 이러한 문화가 있다. Google은 재정적으로 성공한 글로벌 기술 대기업이다. 이 회사는 인재들을 소중히 여기며 유연한 스케줄, 창의력을 발휘할 수 있는 자유, 재미있는 작업 환경, 무료 음식, 회사에 상주하는 의사, 그리고 이외에 많은 것들을 제공한다.[19] 좋은 문화를 가진 회사들은 대부분 통합 문화를 지닌 경우가 많다. 구직자들은 직원들이 익명으로 회사를 평가하는 웹사이트인 Glassdoor를 사용하거나 고용 검색 엔진인 Indeed를 통해서 회사에 대한 리뷰(혹은 평가)를 읽을 수 있다.

통합 문화
사람과 성과에 대한 높은 관심을 동시에 지니고 있다.

기업들은 **문화 감사**(cultural audit)를 수행함으로써, 자신들의 기업 문화를 분류하고 특정 가치, 규범, 신념 및 관습들을 파악할 수 있다. 문화 감사는 조직의 가치를 평가하는 작업이다. 감사(audit)는 일반적으로 외부 컨설

문화 감사
조직의 가치를 평가하는 작업

그림 8-2 4대 조직 문화의 기업 사례

Ben & Jerry's – 배려 문화. Ben & Jerry's는 지역 사회의 문제들을 받아들이고, 직원들을 공정하게 대우하며, 고객의 웰빙을 향상시키기 위해 수많은 자원을 사용한다.	Starbucks – 통합 문화. Starbucks는 항상 성과를 확장하고 개선할 수 있는 방법을 모색한다. 또한 지역 사회의 문제들, 지속 가능성 및 직원 건강 관리 등을 통해 사람들에 대한 높은 관심을 나타낸다.
Countrywide 금융 – 냉담한 문화. Countrywide는 직원과 고객에 대해 거의 관심을 보이지 않는 것 같다. 회사의 문화는 이익을 대가로, 비윤리적인 행위를 조장하는 것처럼 보였다.	United Parcel Systems – 엄격한 문화. 직원들은 최고의 성과, 일관성 있는 배송 및 효율성을 보장하기 위해 높은 기준을 준수해야 한다.

턴트들에 의해 수행되지만, 내부적으로도 수행될 수 있다. 윤리적 기대치에 대한 커뮤니케이션과 최고 경영진의 지원은 윤리적 행동을 장려하거나 혹은 윤리적 갈등을 유발하는 기업 문화를 파악하는 데 도움이 된다.[20]

8-2b 기업 문화의 구성 요소로서의 윤리

6장에서 제시한 틀(framework)에서 알 수 있듯이, 기업 문화의 윤리적 구성 요소인 윤리적 문화(ethical culture)는 윤리적 의사 결정에 있어 중요한 요소이다. 만약 기업 문화가 비윤리적 행동을 조장하거나 그런 행동에 대해 보상하는 경우, 직원들이 비윤리적으로 행동할 수 있다. 만약 문화가 특정하고 유사한 가치를 가진 사람들을 고용하도록 지시하고, 그러한 가치가 사회에 의해 비윤리적인 것으로 인식되면, 사회는 그 조직과 그 구성원들을 비윤리적이라고 여길 것이다. 이러한 패턴은 마케팅의 특정 영역에서 자주 발생한다. 영업 사원은 고객이 물건을 사도록 만들려고, 때때로 고객의 감정적 반응에 기반하여 호소하는 공격적인 판매 전략(aggressive selling tactics)을 쓴다. 만약 회사의 주요 목적이 수단과 방법을 가리지 않고 최대한 많은 이익을 내는 것이라면, 그 기업의 문화는 아마 다른 이해관계자들의 윤리적 가치와 상충되는 행동들을 조장할 수 있다. 예를 들어, 조사에 따르면 Walmart Mexico는 건축 허가를 얻기 위해서, 해당 국가의 관리들에게 뇌물을 제공했다. 그로 인해 Walmart는 2억 8,200만 달러 이상의 벌금을 내야만 했다. 이 회사는 멕시코, 브라질, 중국 및 인도의 제3자 회사들(third-party companies)을 조사하고 통제할 수단이 없었다.[21] Walmart의 고위 경영진은 이러한 뇌물 사건이 발생했음을 알았거나 혹은 의심한 것으로 보인다. 그렇기 때문에 이는 뇌물에 대한 Walmart의 입장을 포함하여, Walmart의 글로벌 기업 가치가 진정성(authenticity)이 있는지 아니면 단순히 눈속임(window dressing)에 불과한 것인지에 대한 심각한 의문을 제기한다.

반면에, 만약에 조직이 윤리적 행동을 가치 있게 여긴다면, 조직은 그에 대해 보상한다. 일관되고 균형 잡힌 방식으로, 직원들에게 적절한 행동들에 대한 인정(recognition)과 포상(awards)을 제공하는 것이 중요하다. 모든 직원들은 인정을 받을 자격이 있어야 한다. 성과의 임계점

(threshold)에 있는 모든 성과를 인정해야 하고, 가능한 한 성과에 근접한 칭찬이나 보상을 제공해야 한다.[22] FedEx는 직원들을 인정(employee recognition)하기 위한 다양한 보상들(awards)을 가지고 있다. 예를 들어 Bravo Zulu Award는 "일을 잘했다(job well done)"라는 의미를 지닌 미 해군 신호(U.S. Navy's signal)에서 파생되었다. 이 상은 직무 기대(job expectations) 이상으로 뛰어난 성과를 보이는 직원들에게 수여된다. 받는 사람에 대한 보상에는 현금 보너스, 극장 티켓, 상품권 등이 포함될 수 있다. FedEx는 정상적인 업무 수준을 초과하는 직원들에 대한 보상을 통해, 다른 직원들이 우수한 업무 수행을 위해 노력하도록 동기를 부여한다.[23]

조직 문화에 대한 경영진의 감각은 실제로 직원들을 이끌어가는 가치 및 윤리적 신념들과 일치하지 않을 수 있다. 표 8-2는 기업 문화 윤리 감사(corporate culture ethics audit)의 예를 제공한다. 문화 평가에 관심이 있는 회사들은 이 도구를 사용하여 전년도 결과와 비교함으로써 조직의 개선 정도를 측정할 수 있다. 경영진이 인식하는 문화적 가치들과 조직에서 실제로 일하는 직원들의 가치들 사이에서 나타나는 갈등으로 인해서, 윤리적 문제가 발생할 수 있다. 관리자는 회사의 조직 문화가 동료들 및 부하 직원들에 대한 존중을 장려한다고 생각할 수 있다. 다양한 행동과 관련된 보상들이나 제재들을 기반으로, 직원들은 회사가 조직 구성원들 사이의 경쟁을 조장한다고 느낄 수 있다. 경쟁 지향성(competitive orientation)은 기업 문화를 덜 윤리적으로 만들 수 있다.

반면에 직원들은 단순히 이윤 극대화 이상의 것들을 포함하는 목표들을 추구함으로써 직원 경험(employee experiences 혹은 EX)이 향상되도록 설계된 환경에서 일하는 것을 바랄 뿐만 아니라 높이 평가한다.[24] 따라서 최고 경영진은 조직의 문화를 결정하고, 조직의 가치, 전통 및 신념 등을 모니터링하여, 직원들이 원하는 문화를 지니고 있는지 확인하는 것이 중요하다. 또한 기업의 사회적 책임(CSR) 수행 및 윤리 수준 개선을 위한 기업 커뮤니케이션(corporate communication)이, 그저 사후 대응적(reactive)이거나 부정적인 결과를 피하는 데 중점을 둘 경우, 윤리적 문화를 형성하는 데 큰 기여를 못할 수 있음을 유념해야 한다. 따라서 헌신(commitment) 혹은 진

표 8-2 기업 문화 윤리 감사

다음 각 질문에 예 또는 아니오로 답하세요.*		
예	아니오	회사의 설립자 또는 최고 경영진이 조직에 윤리적 유산을 남겼는가?
예	아니오	조직 내부와 외부에서 윤리적 문제를 감지하는 방법이 회사에 있는가?
예	아니오	조직 내에서 무엇이 적절한 행동을 구성하는지에 대한 공유된 가치 시스템과 이해가 있는가?
예	아니오	적절한 윤리적 행동에 대한 일상적인 대화들 안에, 조직의 스토리와 신화(stories and myths)들이 내재되어(뿌리를 내리고) 있는가?
예	아니오	윤리 강령이나 윤리 정책들이 직원들에게 전달되는가?
예	아니오	윤리적 규칙이나 절차에 대한 교육 매뉴얼(training manuals)이나 기타 회사 출판물이 있는가?
예	아니오	윤리적 위반에 대한 처벌이 공개적으로 논의되는가?
예	아니요	좋은 윤리적 결정들이 항상 수익(profit)으로 이어지지는 않더라도, 그에 대한 보상이 있는가?
예	아니오	회사는 비즈니스에서 사람들과 그들에 대한 투자에 관심을 갖는 문화를 조성하는 것이 중요하다는 것을 인식하고 있는가?
예	아니오	회사는 고객에 대한 공정하고 정직한 가치 체계를 가지고 있는가?
예	아니오	직원들은 서로를 존중하고, 정직하고 공정하게 대하는가?
예	아니오	직원들은 조직이 가치 있게 여기는 것에 대해 응집력 있는 방식으로 일하면서 시간을 보내고 있는가?
예	아니오	회사에서 성공하는 방법에 대한, 윤리에 기반한 신념과 가치가 있는가?
예	아니오	어떤 긍정적인 윤리적 가치들이 중요한지에 대한 보편적인 이해를 전달하는 영웅이나 스타가 조직에 있는가?
예	아니오	윤리 문제들에 대한 방향을 제시하고, 혼란하거나 엇갈린 신호를 방지하는 일상적인 의식(day-to-day rituals)이나 행동 패턴이 있는가?
예	아니오	회사는 단기적인 측면보다 장기적인 측면에 더 집중하는가?
예	아니오	작업 환경의 복장, 언어, 물리적 측면들(dress, speech, and physical aspects)이, 무엇이 옳은 것인지에 대한 일관성을 유지하는 데 기여하는가?
예	아니오	역할 갈등과 모호성(role conflict and ambiguity)에 대한 감정적 폭발(emotional outbursts)이 거의 없는가?
예	아니오	차별 및 또는 성희롱(discrimination and/or sexual harassment)이 제거되었나?
예	아니오	공개적인 적대감과 심각한 갈등(open hostility and severe conflict)이 없는가?
예	아니오	사람들이 윤리적이라고 말하는 것과 일치하는 방식으로 업무를 수행하는가?
예	아니오	기업은 자신의 이익보다 고객, 환경, 사회복지 등에 더 초점을 맞추고 있는가?
예	아니오	윤리적 딜레마에 대해, 상사와 부하직원들 사이에 열린 의사 소통이 있는가?
예	아니오	직원이 윤리적 행동을 개선하는 방법에 대한 조언을 받거나 비윤리적 행위에 대한 훈육을 받은 적이 있는가?

*"예"라고 답한 수를 더하세요. "예"라는 대답이 많을수록 조직에서 윤리적 갈등이 발생할 가능성이 줄어듭니다.

정성이 없는 발빠른 의사소통은 기업윤리 수준을 향상시키지 못한다.[25] 그러나, 윤리와 CSR을 중시함으로써, 조직은 직원들과 긍정적인 관계를 형성하고 직무 만족을 높이면서, 좋은 비즈니스 이미지를 얻을 수 있다. 조직 내에서 CSR을 실행함으로써, 일부 조직들이 얻을 수 있는 또 다른 이익(alternative benefit)은 제품에 대해 프리미엄 가격을 부과할 수 있다는 것이다.[26]

조직이 부과하는 보상과 처벌(rewards and punishments)은 최고위 경영진이 만들고자 하는 문화를 반영해야 한다. 두 명의 윤리경영 전문가들은 "직원들은 보상받을 수 있는 활동들을 가치 있게 여기고 그것을 행동의 지침으로 삼을 것이다. 보상을 받는 행동이, 명시되지 않고 모니터링되지 않는 윤리적 가치(unstated and unmonitored ethical value)와 충돌할 때, 일반적으로 보상을 받는 행동이 승리한다."[27] 예를 들어, 만약 가장 중요하고 보상받는 가치가 판매 실적이라면, 직원들은 그 성과를 달성하기 위한 활동을 최우선으로 한다.

8-2c 규정 준수 문화 대 가치 기반 윤리 문화

20세기 후반에는 기업 문화의 유형들 사이에 구분이 뚜렷해지기 시작했다. 전통적인 윤리 기반 문화는 규정 준수에 초점을 맞추었다. 규정들에 대한 회계 전문 모델(The accounting professional model of rules)은 위험(risk)을 중심으로 조직화된 **규정 준수 문화**(compliance culture)를 만들었다. 규정 준수 기반 문화(compliance-based culture)는 윤리에 대해 법적 접근 방식(a legalistic approach)을 사용한다. 법과 규제 규정들을 사용하여, 강령(code)과 요구 사항들(requirements)을 만든다. 행동 강령(codes of conduct)은 규정 준수(compliance)에 중점을 두고, 경영진이 시행하는 규칙과 정책들에 의해 수립된다. 윤리적인 문화가 아니라, 리스크 관리를 중심으로 기업이 돌아가고 있다. 규정 준수 접근 방식(compliance approach)은 경영진과 이해관계자들 및 법률 기관들(legal agencies)이 지닌 법률, 규칙 및 규정 준수(compliance) 의도가 달성되도록 돕기 때문에 단기적으로는 좋다. 그러나 규정 준수 접근 방식의 문제는 가치들과 고결성(integrity)에 장기적으로 초점을 맞추지 않는다는 것이다. 또한, 직원

규정 준수 문화
윤리에 대한 법적 접근 방식

들에게 윤리적 회색 지대(ethical gray areas)에 대해 깊이 탐색하도록 장려하지 않는다.

가치 기반 윤리 문화 접근 방식은 회사의 핵심 가치들을 어떻게 정의(define)하고, 고객 및 직원들을 어떻게 대해야 하는지를 설명하는 명확한 사명 선언문(explicit mission statement)에 의존한다.

또 다른 접근 방식은 가치에 중점을 둔다. 윤리적 기업 문화에 대한 "**가치 기반 윤리 문화**(values-based ethics culture)" 접근 방식은 회사의 핵심 가치들을 어떻게 정의(define)하고, 고객 및 직원들을 어떻게 대해야 하는지를 설명하는 명확한 사명 선언문(explicit mission statement)에 의존한다. 이사회(board of directors)와 고위 경영진은 전략 사업부(strategic business units, SBU)에 대한 '특정 가치 선언문(specific value statements)'을 공식적으로 만듦으로써, '일반적인 가치 선언문'(general value statements)에 추가할 수 있다. 이 전략 사업부는 회사의 관리 구조 내에서 제품, 지역 또는 기능별로 조직화할 수 있기 때문이다. 특정 영역에는 명시된 가치들과 관련된 규칙들이 있어서, 직원들이 그 둘 사이의 관계를 이해할 수 있다. 이러한 유형의 기업 문화는 직원들이 윤리적 이슈들을 식별하고 처리하는 데 도움이 되는 신뢰, 투명성 및 존중과 같은 가치들에 초점을 맞춘다. 가치 기반 접근 방식을 사용할 때는 규칙이 존재하는 이유가 무엇인지, 그리고 만약 규칙을 위반할 경우에 어떤 처벌을 받게 될지, 또한 직원들이 회사 윤리를 개선하는 데 어떻게 도울 수 있는지 등에 대해 설명하는 것이 중요하다. 모든 윤리적 문화의 핵심은 공유된 가치와 규범들을 가진 하향식 고결성 접근(top-down integrity approach) 방식이다. 이 공유된 가치 및 규범들은 행동 표준을 제공하는 윤리 강령과 같은 가시적 상징물(visible artifacts) 뿐만 아니라, 행동의 방향을 제공한다. 가치 기반의 윤리 문화를 발전시키는 데 있어서도, 규정 준수 요인(compliance element)이 필요하다. 왜냐하면 모든 조직에는 만약 적발될 위험이 낮으면 그 상황을 악용하려고 하는 직원들이 있기 때문이다. IKEA는 "많은 사람들을 위한 더 나은 일상을 만든다."는 미션을 가지고, 가치 기반 문화(a values-based culture)를 추구하고 실행한다. 이 회사는 최고의 비즈니스 관행, 윤리적 행동 및 환경 이니셔티브(environmental initiatives)에 대한 강한 몰입 및 헌신을 지속하고 있다. IKEA는 친환경 제품들을 판매하고, 대체 에너지를 사용하여 매장들에 전력을 공급할 뿐만 아니라, 여성 역량 강화, 유엔 난민 기구(the United Nations' refugee agency), 유니세프

(UNICEF), 세이브 더 칠드런(Save the Children) 등 다양한 활동들을 지원한다.[28]

8–2d 차별적 접촉(혹은 연합)

차별적 접촉(Differential Association)은 사람들이 자신의 역할 집합(role-sets)의 일부이거나, 친밀한 개인 집단들에 속한 다른 사람들과 상호 작용하면서, 윤리적이거나 비윤리적인 행동들을 배운다는 아이디어이다.[29] 만약 개인이 주로 비윤리적으로 행동하는 사람들과 어울리는 경우, 학습 과정에서 비윤리적 행동이 발생할 가능성이 더 높다. 비윤리적인 사람들과의 어울림에, 비윤리적으로 행동할 수 있는 기회까지 더해지면, 6장의 의사 결정 프레임워크에 설명된 대로, 윤리적 의사 결정에 큰 영향을 미친다.[30]

차별적 접촉
사람들이 자신의 역할 집합의 일부이거나, 친밀한 개인 집단들에 속한 다른 사람들과 상호 작용하면서, 윤리적이거나 비윤리적인 행동들을 배운다는 아이디어

영업 사원에게 매주 출장 경비를 지출하는 회사를 생각해 보라. 새로운 영업 사원이 회사에 입사했을 때, 경험 많은 영업 사원은 그 신입 영업 사원에게 자신의 비용 계정을 채우라고 독려한다. 왜냐하면 일부 비용들은 회사에 청구할 수 없기 때문이다. 신입 사원은 비용 계정을 어떻게 채우는지 보게 되고, 이 행동에 참여하지 않으면 다른 직원들의 계정 보고가 너무 높아 보인다는 말을 듣게 된다. 즉, 신입사원에게 부당한 행위를 하도록 압력을 가하는 것이다.

다양한 연구들은 차별적 접촉이 윤리적 의사 결정에 영향을 미치고, 특히 상사가 부하 직원들의 윤리에 강한 영향을 미친다는 주장을 지지한다. NASA의 Michoud 조립 시설에서 근무했던 Mark Hernandez가 우주 왕복선의 외부 연료 탱크에 절연성 폼(insulating foam)을 적용한 행동은 대체 어떻게 동료의 영향력이 비극적인 결과를 낳을 수 있는지 보여준다. 직장에 들어온 지 몇 주 만에, 동료들은 Hernandez에게 수리 사실을 보고하지 않고, 단열재의 흠집을 수리하도록 가르쳤다. 상사들은 우주 왕복선 프로그램의 빡빡한 생산 일정을 맞추기 위해, 작업자들에게 수리에 필요한 서류 작업을 하지 않도록 권장했다. Columbia 셔틀이 재진입 중 고장이 났고, 그로 인해 7명의 우주비행사 전원이 사망하였다. 그 후 조사관들은 이륙 중 연료 탱크에서 떨어진 폼(foam) 조각 때문에 셔틀이 회복할 수 없을 정도로 손상되었다는 것을 발견했다.[31]

여러 연구 조사들에 의하면, 직원들 특히 젊은 관리자들은 자신의 충성도를 나타내기 위해 상사의 도덕적 판단에 따르는 경향이 있다. 한 실험 연구에서, 가상의 이사회(hypothetical board of directors)가 회사에서 가장 수익성이 높은 약물들 중의 하나에 대한 마케팅에 어떻게 반응하는지 알아보았다. 이 약물은 높은 수익성을 회사에 안겨 주었지만, 연간 14~22명의 불필요한 사망을 초래한다고 밝혀졌다. 때마침, 이 가상의 이사회는 부작용이 없는 경쟁사의 약이 시장에 나온다는 사실을 알았다. 이 때 이사회의 80% 이상이 약을 계속 판매하자고 결정했을 뿐만 아니라, 약물 판매 금지를 막기 위해 법적, 정치적 조치를 취하는 것을 "지지"했다. 그런데 이 상황에 대한 "개인적인 견해"를 물었을 때, 이사회의 97%가 약물을 계속 판매하는 것은 무책임하다고 "믿었다."[32] 이 연구를 통해 우리는 사람들이 일반적으로 윤리적 결정을 '내리는' 방식("how")이, 이러한 결정을 '내려야만' 하는 방식("should")과 반드시 같지는 않다는 점을 분명히 알 수 있다(즉, 실제 행동과 옳다고 믿는 것이 다를 수 있다는 뜻이다–역자 주). 친밀한 작업 집단에 속한 사람들과의 상호 작용이 당신의 윤리적 의사 결정에 미치는 잠재적인 영향을 이해하면, 당신은 보다 나은 의사 결정을 내릴 수 있을 것이다.

8–2e 내부 고발

직원들이 특정 상황에서 올바른 행동 방침이 무엇인지 알고 있다고 스스로 생각하지만, 작업 집단이나 회사가 비윤리적인 결정을 조장하거나 요구할 때 대인 관계 갈등이 발생한다. 만약 어떤 직원이 동료 그룹 내에서 공개 토론을 할 수 없다고 생각할 뿐만 아니라, 그 문제의 해결책이 고위 경영진이 지원하지 않을 만한 재정적 악영향을 미칠 것이라고 생각하면, 그 직원의 내적 갈등이 급격히 증가할 것이다. 이 경우, 직원들은 자신의 가치를 따르고, 비윤리적이거나 불법적인 행위에 참여하기를 거부할 수 있다. 만약 그들이 동료나 직속 상사와 자신이 무엇을 하고 하는지, 그리고 자신이 무엇을 해야만 하는지에 대해 논의할 수 없다고 결론을 내리면(심지어 익명의 제보에 대해 보호받을 방법조차 없다면), 해당 직원들은 조직 외부로 나가 그 비윤리적인 상황을 공론화하고 시정할 것이다. 내부 고발자를 보호하기 위한 여러 법률들이 있다. **내부 고발**(Whistle-blowing)은 언론(media)이나 정부 규제 기관들과 같은 외부자들에게 고용주의 잘못을 폭로하는 것을 의미한다. 내부 고발이라는 용어는 특히 종종 핫라인(hotline)이라고 불리는 익명의 보고 메커니즘을 통해 경영진의 위법 행위를 내부적으로 보고하는 것을 지칭하는 데 사용된다. 내부 고발자에 대한 법적 보호는 부정행위에 대한 보고를 촉진하기 위해 존재한다. 내부 고발자 법률들에는 보복에 대한 조항이 있으며, 여러 정부 기관들에서 시행한다. Sarbanes-Oxley 법에 따라, 미국 노동부(U.S. Department of Labor, DOL)는 법률 위반 행위를 보고하고, 불법적인 행위에 참여하기를 거부하는 내부 고발자들을 직접 보호한다. CCFA(Corporate and Criminal Fraud Accountability Act, 기업 및 형사 사기 책임법)는 상장 기업이 주주들에게 사기를 치는 경우와 같이 연방 법(federal law)을 위반했을 때, 그 기업의 직원들이 이 위법 행위를 증권 거래 위원회(Securities and Exchange Commission)에 보고하는 경우, 그들을 회사의 보복으로부터 보호한다. 또한 변호사 역시 내부 고발자가 되어야 한다. 그러나 근로자가 관찰한 회사의 위법 사항에 대해 언제 말해야 하는지에 대한 안전한 로드맵은 없다. 대부분의 직원들은 기업의 불법 행위를 파악하더라도, 그 상황에 적용되는 법률에 익숙하지 않은 경우가 많다. 다양한 보상 및 보호 시스템들이 내부 고발을 촉진하지만, 이러한 시스템들이 직원들이 느끼는 위험(혹은 위협)을 없애지는 못할 것이다.

내부 고발
언론이나 정부 규제 기관들과 같은 외부자들에게 고용주의 잘못을 폭로하는 것

Dodd-Frank 법은 내부 고발자에 대한 추가 인센티브를 제안했다. 새로운 규정에 의하면, 100만 달러 이상의 회수(recovery)에 도움이 되는 정보를 제공하는 내부 고발자는 해당 금액의 10~30%를 받을 수 있다. 금전적 인센티브는 기업의 위법 행위를 관찰한 사람들이 전면에 등장하여 관찰한 내용들을 보고하도록 유도할 것이다. 2011년부터 시작된 이 프로그램은 현재까지 67명의 개인들에게 3억 8,700만 달러를 수여했다. 정보 제공자(tipsters)는 조사관에게 해당 범법 행위 관련자의 이름, 문서 또는 거래에 대한 구체적인 설명 등을 포함한 정보를 제공한다. 인센티브를 받은 사람들의 대다수(69%)는 부정행위로 기소된 회사의 내부자 또는 전 내부자(former insiders)이다. 보고된 위반 행위의 유형에는 폰지 사기

(Ponzi schemes), 회사 제안서(offering memoranda)의 허위 진술, 암호화폐 사기, 허위 가격 정보, 허위 재무 문서, 내부 통제 위반, 그리고 기타 위법 행위 등이 있다.[33] 그림 8-3은 내부 고발자가 보고하는 가장 흔한 위법 행위들을 보여준다. 다양한 위법 행위들이 있을 뿐만 아니라, 보고된 위법 사항들 중에서 '기타' 범주가 가장 큰 비율을 차지한다는 것을 기억하라.

Sarbanes-Oxley 법과 조직에 대한 연방 양형 지침(Federal Sentencing Guidelines for Organization, FSGO)은 기업의 위법 행위에 대한 제보를 장려하기 위해 조직 내 내부 고발(internal whistle-blowing)을 제도로 만들었다. 내부 고발이 이루어진 후에 규제 기관이 아무런 조치를 취하지 않으면, 이에 따르는 비용은 아주 높아질 수 있다. Harry Markopolos는 수년 동안 Bernie Madoff의 Ponzi 사기에 대해 SEC에 경고하려고 시도했다. 이 사기로 인해 투자자들은 약 500억 달러의 엄청난 손실을 입었다. 만약 이러한 내부 고발자의 제보에 귀를 기울여서 더 빨리 해결했더라면, 투자자들이 입은 큰 손실을 막을 수 있었을 것이다.[34]

그림 8-3 내부 고발자가 보고한 위법 행위의 범주들

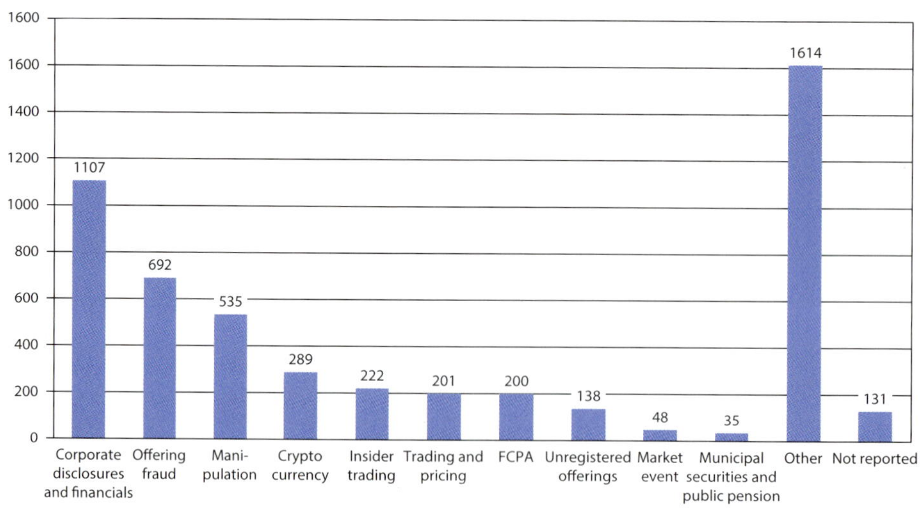

자료: U.S. Securities and Exchange Commission, "Whistleblower Program," 2019, www.sec.gov/files/sec-2019-annual-report-whistleblowerprogram.pdf (accessed March 20, 2021).
Note: Data reflects FY 2019; the breakdown reflects categories selected by whistleblowers.

많은 직원들이 기업의 잠재적인 위법 행위를 외부에 보고하기로 결정할 때, 그들은 보복을 걱정한다. 수백만 개의 가짜 계정이 만들어졌던 Wells Fargo의 가짜 계정 스캔들 사태가 벌어지는 동안, 이 회사는 회사의 잘못된 영업 관행에 대해 윤리 핫라인(ethics hotlines)에 전화를 한 직원들에 대해 조사했다. 그런데 이 직원들은 해고당했다. 내부 조사를 통해, 이 내부고발 직원들에 대한 회사의 보복의 증거가 드러났다.[35] 내부 고발자는 같은 업계에서 더 이상 직업을 찾는 것이 불가능할 수 있기 때문에, 내부 고발자에 대한 보상이 그렇게 높을 수밖에 없는 것이다. 만약 직원이 연방 허위 청구법(Federal False Claims Act)에 따라 회사의 위법 행위에 대해 정부에 정보를 제공하는 경우, 내부 고발자는 **qui tam relator**가 된다. 이는 라틴어로 "이 문제에 대해 스스로뿐만 아니라 왕을 위해 고소하는 자"라는 뜻이다. 미국 법무부(U.S. Department of Justice)가 해당 문제를 조사한 후, 내부 고발자는 자신의 제보가 회사의 잘못에 대한 책임을 묻는 데 얼마나 도움이 되었는지에 따라, 회수된 금액의 10~30%를 받을 수 있다.[36] 대부분의 내부 고발자들은 기업의 부정행위를 지적한 것에 대해 긍정적인 인정을 받지 못하지만, 일부 내부 고발자는 법원으로 향하여 상당한 합의를 얻어냈다. Barclay PLC 사례는 만약 당신이 내부 고발 사건을 경험할 때, "하지 말아야 할 것"의 예로 사용된다. 회사의 CEO는 내부 고발자의 신원을 찾기 위한 시도를 승인했다. 이는 회사에 광범위한 부정적인 결과를 초래할 수 있는데, 왜냐하면 내부 고발자들은 결국 어떤 형태로든 보복 당한다는 것이 알려지기 때문이다. 또한, 회사의 문화 역시 손상될 수밖에 없는데, 왜냐하면 '공식적으로는' 윤리 핫라인에 제보가 익명이며 보복이 없다고 표시되어 있기 때문이다.[37]

qui tam relator
연방 허위 청구법에 따라 회사의 위법 행위에 대해 정부에 정보를 제공하는 직원

진정으로 효과를 내기 위해서는 각각의 내부 고발자들이 회사가 저지르는 범죄가 사회에 어떤 피해를 줄 수 있는지 잘 알고 있어야 한다. 이 정보는 사기 및 부패는 물론, 회사 정책, 법률 또는 규정을 위반하거나 공익/국가 안보(public interest/national security)에 대한 위협 등으로 분류될 수 있다. 내부 고발자들은 내부적 또는 외부적으로 정보 또는 주장(혐의 의혹에 대한)을 가져올 수 있다. 내부적이라는 뜻은 정보가 조직 내 사람들의 주의를 끌게 된다는 것이다. 외부적이라는 뜻은 언론, 정부 또는 법 집행 기

관 등과 같은 조직 외부의 제3자에게 연락하는 것을 말한다.[38] 윤리적 이슈들을 처리하는 동안 내부 고발자가 겪는 위험을 최소화하는 것이 중요하다.[39] 표 8-3은 직원들이 외부 원천들(sources)로 이동하기 전에, 질문해야 하는 사항들의 체크리스트를 제공한다.

만약 내부 고발자들이 조직의 부정행위에 대한 정확한 그림을 제시한다면, 자신의 직업을 잃을 것에 대해 두려워해서는 안 된다. 실제로 Sarbanes-Oxley와 Dodd-Frank는 내부 고발자를 "해임, 강등, 정직, 위협, 희롱 또는 어떤 식으로든 차별(discharge, demote, suspend, threaten, harass, or in any manner discriminate against)" 하는 것을 불법으로 규정한다. 또한 내부 고발자들을 보복하는 임원들에 대해서는 최대 10년의 징역형을 선고한다. 법에 따라, 상장 기업들은 직원들이 기업의 결정 및 행위가 사기 또는 기타 위법 행위라고 생각하는 경우, 의문을 제기할 수 있는 익명의 보고 시스템 혹은 메커니즘을 갖추어야만 한다.[40] 또한, FSGO는 비윤리적이거나 불법적인 활동을 체계적으로 감지하고 해결하는 기업들에 대해 보상을 제공한다. 연방 경기 부양 기금(federal stimulus funds)을 통해서, 주(state) 및 지방 정부 직원, 계약자, 하청 계약자 및 수혜자 등에 대해 새로운 내부 고발자 보호 및 지원 제도가 실행되었다. 이 법은 해고 또는 강등(termination or demotions)과 같은 "부정 조치(adverse actions)"에 대해, 연방 감찰관에게 조사 및 검토를 요청할 권리를 포함하여, 구체적인 보호 장치들을 제공한다.[41]

대부분의 공공 기업들은 '내부적 내부고발'이라고 부르는 내부적으로 위법 행위를 보고하도록 장려하는 컴퓨터 시스템을 만들고 있다. 최근 연구에 따르면, 규정 준수를 위한 내부 핫라인 시스템을 보다 적극적으로 사용하는

표 8-3 외부적인 내부 고발에 참여하기 전에 해야 할 질문

1. 조직 내에서 내부 익명 보고(internal anonymous reporting) 기회를 모두 다 썼는가?
2. 허용되는 행동과 표준에 대한 위반을 설명하는 회사 정책과 강령(company policies and codes)을 검토했는가?
3. 다른 수단(other means)으로 해결해야 하는 개인적인 문제인가?
4. 회사의 잠재적인 잘못된 행동을 노출시킴으로써, 조직 내에서 발생할 수 있는 스트레스를 감당할 수 있는가?
5. 윤리적 또는 법적 갈등을 해소한 이후에 그 결과를 조직 내에서 잘 다룰 수 있는가?

기업들은 더 높은 ROA(return on assets, 자산 수익률)를 나타냈다. 또한 이 연구에 의하면, 직원들이 나쁜 기업 행동들을 더 많이 제보할수록 기업들이 법적 조치를 당할 가능성이 적어졌다. 내부적 내부 고발로 인해, 기업에 대한 미결 소송(pending lawsuits)이 6.9% 줄어든 것이다. 문제들에 대한 공개를 적극적으로 장려한 기업들은 보고 절차가 미비한 (혹은 평균 이하의) 기업들에 비해서 합의 비용이 20.4% 줄었다.[42]

Sarbanes-Oxley 법이 통과되기 전에도, 점점 더 많은 회사들에서 익명 보고 서비스를 시행했다. 직원들은 무료 전화번호를 통해 위반이 의심되는 상황이나 모호한 상황에 직면했을 때 어떻게 대처할지에 대해 의견을 구할 수 있다. 이러한 내부 보고 서비스는, 윤리 핫라인을 전문적으로 다루는 외부 기관에서 관리할 때 가장 효과적이다. 직원들이 항상 기업의 위법 행위를 정확하게 감지하는 것은 아니기 때문에, 대부분의 보고는 광범위한 조사가 필요하지 않다. 많은 보고서들이 개인적인 갈등 같은 덜 중요한 이슈들과 관련되어 있다.

표 8-4는 직원들이 조직 내에서 잠재적인 위법 행위를 보고할 수 있는 방법들을 보여준다. 핫라인 및 기타 메커니즘들은 상사에게 보고하는 것이 불편하다고 느끼는 직원들에게 좋은 솔루션이 될 수 있다. 직원들이 자신의 내부 고발 행동에 대한 시정 조치가 없거나, 보복이 있을 것이라고 느끼는 정도는 관찰된 위법 행위를 보고하지 않기로 결정하는 데 영향을 미치는 주요한 요인이다.

표 8-4 부정행위 신고 접수자

보고 위치
직속 상사
최고 경영진
인적 자원 관리
핫라인/헬프 라인
윤리담당자
회사 외부(정부 또는 규제 기관 아님)
법적인

논쟁거리

외부적 내부 고발(External Whistle-Blowing)에 대한 정부 지원은 효과적인가?

조직 구성원들이 위법 행위를 보고하도록 장려하기 위해, 여러 법률들이 제정되었다. 대부분의 기업들이 익명의 핫라인을 통해 부정행위에 대한 내부 보고를 지원하지만, 많은 조직들에서는 직원들이 기업의 부정행위를 대중들이나 정부에 보고하는 것을 우려하고 있다. 내부 고발자들은 Sarbanes-Oxley 법과 사기, 주식 거래 및 부패 관행 등을 다루는 여러 정부 기관들에 의해서 보호된다. 2010년에 Dodd-Frank 월스트리트 개혁 및 소비자 보호법(Dodd-Frank Wall Street Reform and Consumer Protection Act)은 내부 고발자들에게 추가적인 인센티브를 제공했다. 내부 고발자들은 만약 자신이 부정행위에 연루된 팀 또는 그룹의 일원인 경우, 그 부정행위에 대해 제보할 것을 권장받는데, 이들은 이로 인해 금전적인 보상을 받을 수 있다. 이러한 인센티브에도 불구하고 내부 고발자들은 일반적으로 좋은 대우를 받지 못하고, 위법 행위를 신고한 후에 종종 (새로운 직장) 취업에 어려움을 겪는다. 또한 내부 보고 시스템이 우수한 회사들은 보상을 받기 위해 외부에 보고하는 내부 고발자가 적은 것으로 나타났다. 이는 직원들이 자신의 우려가 회사로부터 심각하게 받아들여질 뿐만 아니라, 회사의 부정행위가 심각한 문제가 되기 전에 중단될 것이라고 믿기 때문일 수 있다.

1. 조직 내 부정행위 보고에 대한 재정적 인센티브를 통한 정부 지원(Government support)은 효과적이고 사회에 도움이 된다.
2. 내부 고발에 대한 정부의 지원은 개인과 조직에 해를 끼칠 수 있는 외부적인 고발이 아니라, 내부적인 보고에 대한 더 강력한 인센티브로 바뀌어야 한다.

8-3 조직구조

조직의 구조는 기업윤리 연구에서 중요하다. 왜냐하면 그 구조를 구성하는 다양한 역할들과 직무들이, 비윤리적 행동을 할 기회를 만들 수 있기 때문이다. 조직의 구조는 여러 가지 방식으로 설명할 수 있다. 단순하게 설명하기 위해, 우리는 두 가지 광범위한 범주들, 즉 중앙 집중식 및 분산식(centralized and decentralized) 조직 구조 등에 대해 논의하려고 한다. 이들은 상호 배타적인(mutually exclusive) 구조가 아니다. 현실 세계에서 조직 구조는 연속선상에(on a continuum) 존재한다. 표 8-5는 중앙 집중식 구조와 분산 구조의 강점과 약점을 비교한다.

중앙집권화된 조직(centralized organization)에서는 의사 결정 권한이 최고위급 관리자들에게 집중되어 있고, 하급관리자들에게는 거의 권한이 위임되지 않는다. 내부적 및 외부적인 책임은 모두 최고 수준의 관리자들에게 있다. 이 구조는 고위험 의사결정을 내려야만 할 뿐만 아니라, 의사 결정에 고도로 숙련되지 않은 하위 관리자들이 있는 조직에 특히 적합하다. 또한 생산 프로세스가 반복적이고(routine), 효율성(efficiency)이 가장 중요한 조직에 적합하다. 이러한 조직은 일반적으로 관료적(bureaucratic)이며, 분업은 일반적으로 잘 정의되어 있다. 모든 근로자들은 자신의 직무와 자신에게 기대되는 것이 무엇인지 잘 알고 있다. 각자는 자신에게 할당된 작업을 수행하는 방법을 명확하게 이해하고 있다. 중앙 집중식 조직은 정교한 제어 시스템으로 뒷받침

중앙집권화된 조직
의사 결정 권한이 최고위급 관리자들에게 집중되어 있고, 하급관리자들에게는 거의 권한이 위임되지 않는다.

표 8-5 조직 유형의 구조적 비교

특성	중앙 집중화	분산화
권한(권위)의 계층	중앙 집중식	분산형
유연성	낮음	높음
적응성	낮음	높음
문제 인식	낮음	높음
실행	높음	낮음
변화에 대한 대처	환경 복잡성이 나쁨	좋음
규칙 및 절차	다수 및 공식적	소수 및 비공식적
분업	명확	모호
통제 범위	많은 직원	적은 수의 직원
관리 기법의 사용	광범위	최소
조정 및 통제	공식 및 비개인적	비공식적 및 개인적

되는 공식 규칙, 정책 및 절차 등을 강조한다. 윤리 강령은 의사 결정에 사용되는 기법들을 지정할 수 있다. 제너럴 모터스, 국세청, 미 육군 등은 중앙 집중식 조직의 예들이다.

하향식 접근 방식(top-down approach)과 관리자와 의사 결정자 사이의 거리 때문에, 중앙 집중식 조직 구조는 비윤리적 행위로 이어질 수 있다. 만약 공식적인 규칙과 정책들이 부당하게 집행되면, 그 타당성(validity)이나 효과성(efficacy)을 상실한다. 심지어 규칙들이 공식적으로 집행되더라도, 그 부당함으로 인해서 어느 정도는 그 타당성이나 효과성이 비활성화될 수 있다.[43] 만약 중앙집권화된 조직이 관료적이라면, 일부 직원들은 정신(spirit)이 아닌 법조문(the letter of law)에 따라 행동할 수 있다.

중앙 집중식 구조에서는 일반적으로 상향 커뮤니케이션(upward communication)이 거의 없기 때문에, 다른 윤리적 문제들이 발생할 수 있다. 고위 관리자들은 문제들과 비윤리적인 활동을 인식하지 못할 수 있다. 일부 회사가 착취 노동을 활용하는 것은 이런 상향 커뮤니케이션 부족의 한 표현일 수 있다. 착취 노동은 노동력을 고용하여 의류와 같은 제품을 생산하는데, 때로는 강제 혹은 미등록 이민자 노동을 통해 거의 또는 전혀 급여를 지불하지 않고 12시간에서 16시간 교대로 일하게 만든다. 국제노동기구

(International Labor Organization, ILO)는 최소 1억 5,200만 명의 아동 노동자가 있다고 보고한다. 이들은 노동력 착취를 당하는 이주 노동자들인데, 농장에서 일하거나 집을 짓는 일을 하며, 자신이 선택하지 않은 상황을 강요당하고 있다.[44] 중앙 집중식 조직에서 발생할 수 있는 또 다른 윤리적 문제는 책임 전가(blame shifting) 또는 희생양 만들기이다. 사람들은 자신의 행동에 대한 비난을, 책임이 없는 다른 사람에게 전가하려고 한다. 일련의 전자담배 관련 질병들에 대한 반응은 책임 전가의 한 예이다. 시민들은 380명의 폐 질환과 6명이 사망한 사건과 관련해서 정치인들을 비판하였는데, 이 정치인들이 Juul Labs와 같은 전자 담배 제조업체를 희생양으로 삼았기 때문이다. 시민들은 해당 장치들의 생산 및 판매 금지를 요구했다. 얼마 후에, 폐 질환 등의 건강 문제들이 니코틴이 아닌, 암시장 THC 전자담배와 관련이 있었음이 밝혀졌다.[45] 중앙 집중식 조직의 전문화와 엄격한 분업은 또 다른 윤리적 문제들을 일으킬 수 있다. 직원들은 훨씬 더 큰 전체 퍼즐 중에서 한 조각에 대해서만 작업하기 때문에, 자신의 행동이 전체 조직에 어떤 영향을 미치는지 이해하지 못할 수 있다. 이러한 연결성 부족으로 인해 직원들은 자신의 행동의 전반적인 결과를 이해하지 못하기 때문에 결국 비윤리적인 행동을 하게 될 수 있다.

분산된 조직
의사 결정 권한은 명령 사슬 혹은 체인의 가능한 한 가장 아래로 위임된다.

분산된 조직(decentralized organization)에서, 의사 결정 권한은 명령 사슬 혹은 체인의 가능한 한 가장 아래로 위임된다. 이러한 조직에는 공식적인 규칙들이 상대적으로 적으며, 조정 및 통제는 일반적으로 비공식적이고 개인적으로 이루어진다. 대신에 이 조직은 양방향으로 정보의 흐름을 증가시키는 데 초점을 맞춘다. 그 결과, 분산된 조직의 주요 강점들 중 하나는 적응성과 외부 변화에 대한 빠른 인식이다. 이렇게 유연성이 향상되기 때문에, 관리자들은 환경 변화에 신속하게 대응할 수 있다. Google은 분산되고 (decentralized), 직원에게 권한을 부여하는(empowering) 것으로 유명하다. 그런데, 역설적으로 분산된 조직의 약점은 유사한 이유에서 온다. 다시 말해, 분산된 조직에서는 최고 경영진이 수립한 정책 및 절차의 변화에 대해, 조직이 신속하게 대응하는 데 어려움을 겪는다는 것이다. 또한, 분산된 조직 내의 독립적인 수익 센터들(independent profit centers)은 조직 전체의 목표에서 벗어날 수 있다. 분산된 조직 구조를 지닌 기업들은 내부 통제가 적고, 윤리적 기준에 대한 공유된 가치에 의존하는 경향이 있다. 만약 기업이 구체적인 행동 규칙들 없이 그저 추상적 가치들에 의존한다면, 직원들은 서로 다른 다양한 방식으로 행동할 것이다. 또한, 부정행위를 하는 불량 직원들을 통제하기가 더 어려울 수 있다. 표 8-6은 중앙 집중식 조직과 분산형 조직의 예를 보여주고, 서로 다른 기업 문화를 설명한다.

중앙 집중식 조직에서는 윤리 정책 및 절차에 대해 엄격한 공식화 및 실행을 하기 때문에, 분산된 조직보다 실무를 하는 과정에서 더 윤리적인 경향이 있다. 중앙 집중식 조직에서는 조직이 윤리 행동 강령과 핵심 정책(central core of policies and codes of ethical conduct)을 가지고 있기 때문에, 직원들에게 더 커다란 영향을 미칠 수 있다. 분산된 조직에서는 경영진이 직원들에게 권한을 부여(혹은 위임, empower)하기 때문에, 직원들은 광범위한 의사 결정 자율성을 가진다. 문자 그대로의 규정들과, 규정들 안에 담긴 정신 간의 관계에서 나타나는 모호성(Ambiguity in the letter versus the spirit of rules)은 특히 신임 관리자들에게 윤리적인 도전 혹은 어려움으로 작용할 수 있다.[46] 그러나 분산된 조직 역시도 중앙 집중식 조직과 마찬가지로, 윤리 행동 강령을 효과적으로 활용함으로써, 윤리적 딜레마를 피할 수 있는 것도 사실이다. 물론 분산된 조직에 널리 공유된 가치들과 효과적인 윤리 프로그램들이 마련되어 있다면, 과도한 규정 준수 시스템에 대한 필요성이 줄어들 것이다. 그러나 실제로 분산된 조직에서 가치들이 공유되기란 쉽지 않다. 회사 내 서로 다른 부서들은 윤리적 의사 결정 과정에서 다양한 가치 시스템들과 접근 방식들을 활용하며 발전할 것이기 때문이다. 예를 들어, 마케팅 부서는 신제품 개발, 서비스, 판매, 판촉, 가격

표 8-6 중앙 집중식 및 분산형 기업 문화의 예

기업	조직문화	특징
Nike	분산화	창의성, 자유, 비공식성
Southwest Airlines	분산화	재미, 팀워크 지향성, 충성
General Motors	중앙 집중식	조합, 작업 할당 준수, 구조화됨
Zappos	분산화	창의적, 혁신적, 기업가적임
Procter & Gamble	중앙 집중식	숙련된, 신뢰할 수 있는, 제품의 풍부한 역사와 전통, 강한

결정 등을 통해 실제 수익 창출을 담당한다. 만약 판매에 있어서의 하위 윤리 문화(subculture in ethics)가 조직의 전반적인 윤리적 문화와 일치하지 않는다면, 분산된 조직에서는 어떤 하위 부서나 팀의 부정행위를 발견하기 어렵다.

비윤리적 행동은 중앙 집중식 구조나 분산형 구조 모두에서 나타날 수 있다. 어떤 구조에서라도, 기업 문화가 직원들에게 기업의 법적 및 윤리적 책임 및 기준들을 무시해도 된다고 허용하거나 심지어 장려한다면 그렇다. 중앙 집중식 기업은 분산형 조직보다 비윤리적 활동을 근절하는 데 더 어려움을 겪을 수 있다. 왜냐하면 분산형 조직은 변경 사항들이 회사의 작은 부분에만 영향을 미칠 수 있는 보다 유동적인 구조(fluid structure)를 가지고 있기 때문이다. 그래도 중앙 집중식 기업에서 조직 내 비윤리적 활동이 널리 퍼져 있다면, 리더가 바뀌게 되어 오래된 비윤리적 문화가 뿌리 뽑히고 더 윤리적인 문화로 대체될 수 있다.

8-4 기업 구조 및 문화의 집단(그룹) 차원

기업 문화에 대해 이야기할 때, 우리는 조직 전체에 초점을 맞추는 경향이 있다. 그러나 기업 가치, 신념, 패턴 및 규칙 등은 종종 조직 내의 소규모 집단(group)들을 통해 드러난다. 또한, 조직 내의 개별 집단들은 종종 자체 규칙과 가치들을 채택하는 경향이 있다.

8-4a 집단(그룹)의 유형

공식 그룹
그룹에서 명시적으로 받아들인 조직화된 구조를 가진 개인들의 모임

비공식 그룹
공통의 관심사 혹은 이해를 갖고 있지만, 명확한 조직 구조가 없는 둘 이상의 개인들

두 가지 범주의 그룹들이 기업의 윤리적 행동에 영향을 미친다. **공식 그룹**(formal group)은 그룹에서 명시적으로(explicitly) 받아들인 조직화된 구조(organized structure)를 가진 개인들의 모임으로 정의된다. **비공식 그룹**(informal group)은 공통의 관심사 혹은 이해(common interest)를 갖고 있지만, 명확한 조직 구조가 없는 둘 이상의 개인으로 정의된다.

공식 그룹 공식 그룹은 위원회(committees), 작업 그룹(work groups) 및 팀(teams)으로 나눌 수 있다. 위원회는 특정 과업(task)을 할당받은 개인들의 공식 집단이다. 위원회는 한 명의 관리자가 작업을 완료할 수 없거

나, 혹은 경영진이 판단하기에 위원회가 다른 구성원들을 더 잘 대표하고, 의사 결정의 조정 및 실행(coordination and implementation) 수준을 더 높일 수 있을 때 나타난다. 위원회는 성과를 검토하고, 계획을 세우거나, 결정을 내리기 위해 정기적으로 만난다. 대부분의 공식 위원회들(formal committees)은 지속적으로 운영되지만, 구성원 자격(membership)은 시간이 지남에 따라 변경될 수 있다. 위원회는 동료들과 조직 내 중요한 타인들(significant others)이 윤리적 결정에 영향을 미칠 수 있는 훌륭한 예이다. 위원회 결정은 합의 또는 다수결(agreement or majority rule)에 의해 부분적으로 정당화된다. 이런 점에서 윤리와 같은 이슈들에 대한 소수의 견해(minority views)는 다수의 권위(majority's authority)를 통해 밀려날 수 있다. 위원회는 윤리적 의사 결정 과정에 다양한 개인들의 도덕적 가치를 활용하게 만들 뿐만 아니라, 고려되는 대안들의 수를 늘릴 수 있다. 또한 위원회 구조에는 개인적인 책임이 적다는 특성이 내재되어 있다. 위원회는 다양한 사람들로 구성되어 있기 때문에, 개인은 집단의 결정에 홀로 책임을 지거나 지나치게 얽히지 않을 수 있다. 집단 사고(Groupthink)가 나타나서, 대다수의 위원회 구성원들로 하여금 윤리적 고려 사항들을 홀로 설명하지 않아도 되도록 만든다.

비록 많은 조직들에 재정, 다양성, 인사 또는 사회적 책임 위원회(financial, diversity, personnel, or social responsibility committees)가 있지만, 윤리만을 전담하는 위원회가 있는 조직은 소수에 불과하다. 많은 회사들에서 회사의 강령과 윤리 이니셔티브를 해석하고, 분류하며, 전달 및 실행하는 '윤리 및 규정 준수 위원회(ethics and compliance committee)'를 운영한다. 윤리 위원회는 회사 관행들이 윤리적인지 파악하기 위해서, 비즈니스의 여러 기능 영역들에 대한 정보를 수집할 뿐만 아니라, 제조 관행, 인사 정책, 공급업체와의 거래, 재무 보고 및 영업 기술 등을 검토한다. 비록 기업 문화의 대부분은 비공식적으로 작동되지만, 윤리 위원회는 윤리적 이슈들을 처리하기 위한 고도로 형식화된 접근 방식의 한 예이다. 또한 윤리 위원회는 옳은 일을 하려는 사람들과, 그저 회사 내에서 기회주의적으로 행동하는 사람들 사이의 완충 장치(buffer) 역할을 한다.

작업 집단(Work groups)은 회사의 특정 기능 영역 내에서 업무를 세분화(subdivide duties)하는 데 사용된다. 작업 집단은 자신들의 성취에 있어서 상호 의존적이며, 같은 부서에서 일할 수도 있고 그렇지 않을 수도 있는 둘 이상의 개인들로 정의된다. 예를 들어, 자동차 조립 라인에서 한 작업 집단은 차량의 시트와 인테리어 디자인 요소들을 설치하고, 다른 작업 집단은 모든 대시보드 계기판을 설치할 수 있다. 이를 통해 생산 감독자는 특정 영역만을 전문으로 삼을 수 있어서, 작업 집단에 전문적인 조언을 제공할 수 있게 된다.

작업 집단이 단일 기능 영역 내에서 운영되는 반면에, 팀은 재무, 마케팅 및 생산 등과 같은, 조직 내 여러 다른 영역들에 있는 직원들의 전문 지식을 하나의 프로젝트에 통합해서 활용한다. 예를 들어, 신제품 개발과 같은 단일 프로젝트가 바로 그것이다. 팀에는 비즈니스의 최종 결과물(end result)을 만들어내기 위해, 구체적이고 공통적인 목표에 대해 상호 의존적으로 일하는 구성원들이 있다. General Motors, Westinghouse 및 Procter & Gamble 등을 포함한 많은 제조 회사들은 팀 개념을 사용하여 참여 관리(participative management)를 개선한다. 팀 구성원들이 서로 다른 기능 영역들에서 왔기 때문에, 팀에서는 윤리적 갈등이 발생할 수 있다. 팀의 각 구성원은 특정한 역할을 수행해야 하며, 팀의 다른 구성원들과의 상호 작용이 제한적일 수 있다. 서로 다른 집단 혹은 부서에서 온 구성원들이 상호 작용할 때, 갈등들이 종종 발생한다. 그러나 각 기능 영역들을 대표해서 온 직원들의 생각을 툭 터놓고 털어놓게 하는 방식(airing viewpoints)은 팀이 선택할 수 있는 더 많은 옵션들을 제공한다.

작업 집단과 팀은 집단 의사 결정을 위한 조직 구조를 제공한다. 팀과 그룹의 주요한 차이점은 다음과 같다. 팀의 강점이나 초점은 목적의 공통성과 개인들이 서로 연결되는 방식에 달려 있는 반면에, 작업 집단의 강점은 많은 수의 사람들을 갖거나, 또는 목표 행동을 수행하려는 응집력 있는 의지에서 나올 수 있다. 표 8-7은 이 둘의 차이점을 보여준다. 개인들이 조직에서 자신의 윤리적 신념을 실현할 수 없는 이유들 중 하나는 작업 집단이 너무 많은 결정들을 집단적으로 내리기 때문이다. 그러나 11장에서 논의된 것처럼, 합법적인(정당한) 권한을 가진 사람들은 윤리와 관련된 활동들에 영향을 미칠 수 있는 위치에 있다. 작업 집단과 팀은 종종 특정 활동들을 윤

표 8-7 작업 집단과 팀의 차이

팀	그룹
리더는 촉진자 역할을 한다.	리더는 그룹을 지배하고 통제한다.
구성원들은 토론과 최종 결과에 적극적으로 참여한다.	리더가 누구인지 분명하며, 그가 회의를 진행할 것이다.
팀 구성원들은 작업을 어떻게 할당할지 결정한다.	리더가 대개 구성원들에게 작업을 할당한다.

리적인 것으로 승인하거나, 혹은 다른 특정 활동들을 비윤리적인 것으로 정의한다.

비공식 그룹 위원회, 작업 집단 및 팀과 같이 기업이 공식적으로 조직하고 인정하는 그룹들 이외에도 대부분의 조직에는 많은 비공식 그룹들이 있다. 이러한 그룹은 일반적으로 조직의 목표와 관련이 있을 수도 있고 아닐 수도 있는 목적을 위해서, 또는 동료 관계를 위해서 함께 뭉칠 뿐만 아니라, 비슷한 관심사 및 이해관계를 가진 개인들(종종 같은 부서 출신)로 구성된다. 예를 들어, 야외 활동과 음악 취향 등이 비슷한 4~5명의 사람들이 일하면서 자신들의 관심사에 대해 이야기 나누며, 저녁 식사, 콘서트, 스포츠 행사 또는 기타 활동 등을 함께 하고자 회사 밖에서 만날 수 있다. 다른 비공식 그룹은 노조(union)를 결성하거나, 근무 조건이나 혜택을 개선하거나, 또는 관리자를 해고시키거나, 부당하다고 생각하는 업무 관행에 대항하는 방향으로 발전할 수 있다. 비공식 그룹은 불일치와 갈등을 일으킬 수도 있고, 반대로 사기(morale)와 직무 만족도를 높일 수도 있다.

비공식 그룹은 모든 조직에서 중요한 비공식 커뮤니케이션 채널[때로는 소문 혹은 그레이프바인(grapevine)이라고도 함]을 개발하는 데 도움이 된다. 비공식적인 커뮤니케이션은 위, 아래, 대각선, 수평 방향 등으로 흐른다. 그리고 이 비공식 커뮤니케이션은 반드시 회사 조직도(organizational chart)의 공식적인 커뮤니케이션 라인을 따라갈 필요도 없다. 소문(그레이프바인)을 따라 전달되는 정보는 직무, 조직, 윤리적 이슈 등과 관련되어 있을 수도 있고, 단순히 가십(gossip) 및 루머(rumors)일 수도 있다. 그레이프바인은 직원들을 위한 조기 경보 시스템(early warning system) 역할을 할 수 있다. 만약 직원들이 회사가 매각될 수도 있다는 사실을 비공식적으로 알게 되거나, 혹은 특정 행동이 최고 경영진이나 지역사회로부터 비윤리적이라고 비난받을 경우에, 직원들은 이에 어떻게 대응할지 생각할 시간을 얻을 수 있게 된다. 가십은 조직에서 드문 일이 아니기 때문에, 그레이프바인을 따라 전달되는 정보가 항상 정확한 것은 아니지만, 그레이프바인이 어떻게 작동하는지 이해하는 관리자는 이를 사용하여 직원들이 받아들일 수 있는 가치와 신념들을 강화시킬 수 있다.

그레이프바인은 개인이 조직 내에서 윤리적 행동을 하고 있는지 평가할 수 있는 중요한 정보 원천이다. 어떤 직원이 특정 행동이 조직 내에서 수용 가능한지 알아 볼 수 있는 한 가지 방법은, 비공식 그룹의 친구 및 동료들에게 그 특정 행동의 결과에 대해 물어보는 것이다. 예를 들어, 제품 안전 문제에 대해 고객에게 거짓말을 할 경우 어떤 결과가 나타날지에 대한 것이다. 기업 문화는 직원들에게 행동을 지배하는 일반적인 패턴과 규칙들에 대해 이해할 수 있게 만들 수 있다. 그런데 비공식 그룹은 이러한 기업 문화를 보다 생생하게 만들뿐만 아니라, 직원들의 일상적인 선택들에 방향을 제공한다. 예를 들어, 만약 신입 사원들이 조직이 윤리적 위반에 대해 처벌하지 않는다는 것을 그레이프바인을 통해 배우게 된다면, 그들은 비윤리적인 행동을 할 기회를 엿보게 될 것이다. 또 다른 예로, 동일한 형태의 비윤리적인 판매 행동을 하더라도, 판매 실적이 우수한 직원(top sales performers)은 판매 실적이 낮은 직원(poor sales performers)보다 더 관대하게 징계하는 경향이 일반적으로 존재한다. 조직 정책을 어기더라도, 우수한 판매 기록은 보다 관대한 형태의 징계를 유도하는 것으로 보인다.[47] 이 경우 그레이프바인은 조직이 추구하는 목표를 달성하기 위해 윤리적 규칙을 어기더라도, 최고의 성과를 낸 직원에게는 징계가 아니라 보상을 한다는 것을 분명히 전달한 셈이다.

8-4b 집단(그룹) 규범

집단 규범
집단이 구성원들에게 기대하는 행동의 표준

집단 규범(Group Norms)은 집단이 구성원들에게 기대하는 행동의 표준이다. 기업 문화가 조직 구성원들을 위한 행동 지침을 확립하는 것처럼, 집단 규범은 그룹 내에서 수용 가능한 행동과 수용할 수 없는 행동을 정의하는 데 도움이 된다. 특히, 집단 규범은 집단의 기대치에서 어디까지 벗어나도 되는지 그 허용되는 한계를 정의한다. 규범은 명시적인 윤리적 지침을 제공한다. 예를 들어, 개인 휴대폰을 직장에 가져올 수 없다는, 일종의 행동적 기대가 있을 수 있다. 많은 집단 규범들은 경영상의 결정들과 직접적으로 관련이 있다. 광고에서 하는 모든 주장들이 사실일 것이라는 기대가 있을 수 있다. 그러므로 영업 사원은 고객에게 절대 거짓말을 해서는 안 된다.

대부분의 작업 조직들은 집단 내에서 옳고 그름, 윤리적 또는 비윤리적인 것으로 간주되는 행동들에 대해 집단 구성원들을 이해시키려고 한다. 뿐만 아니라 작업 조직들은 직원들이 경영진과 어떻게 의사 소통을 하며, 집단의 생산 속도를 어떻게 조정할지에 대한 규범을 만든다. 예를 들어, 그룹 구성원들은 동료가 심각한 생산 오류를 은폐했다고 상사에게 보고(제보)하는 직원을 (비공식적으로) 처벌할 수 있다. 집단의 다른 구성원들은 그 제보자를 빤히 쳐다보기도 하고, 대화를 거부하거나 심지어 옆에 앉기를 거부할 수도 있다.

규범은 집단 구성원들 사이에서 강한 수준의 순응을 강요할 수 있는 힘이 있다. 동시에 규범은 조직 내 다양한 직책들에 대해 서로 다른 역할들을 정의한다. 집단에서 직급이 낮은 구성원은 다른 사람의 윤리적 실수에 대해 책임을 떠안는 것과 같은 불쾌한 일을 하도록 기대(요구)될 수 있다. 비공식 그룹에서는 신입 직원이나 낮은 직급의 직원들에 대해 모욕적인 행동을 하는 것이 집단의 규범이 될 수도 있다.

때로는 집단 규범들이 조직 문화에 의해 규정된 가치 및 규칙들과 충돌하기도 한다. 조직은 근무 시간 중 개인 소셜 네트워킹 사이트(페이스북이나 인스타그램 같은) 사용을 금지하는 정책을 가지고 있으며, 이러한 문화를 장려하기 위해 보상과 처벌을 사용할 수 있다. 특정한 비공식 그룹에서는 근무 시간 동안 개인 소셜 네트워킹 사이트를 사용하는 것을 허용하면서 그저 경영진의 눈을 피하기만 하라고 하는 규범이 있을 수도 있다. 만약 어떤 집단이 다른 집단에게는 적용되지 않는 정책을 자신들만 따르도록 부당하게 강요받았다고 생각하는 경우, 형평성 문제가 발생할 수 있다. 이러한 직원들은 경영진이나 문제를 일으킨 집단에 불만을 제기할 수 있다. 만약 경영진이 시정 조치를 취하지 않고 있다고 생각한다면, 그들도 소셜 네트워킹 사이트를 개인적인 용도로 사용하기 시작해서 결국 조직의 생산성을 저하시킬 수 있다. 이러한 이유로 경영진은 기업 문화뿐만 아니라 조직 내 모든 다양한 집단들의 규범을 주의 깊게 모니터링해야 한다. 전체 기업 문화에서 크게 벗어나는 규범을 지닌 집단들을 바로 잡기 위해 제재가 필요할 수 있다.

8-5 직원 행동의 다양성

비록 기업은 비즈니스를 윤리적으로 수행할 책임을 져야 하지만, 상당한 양의 연구들에 의하면, 개별 직원들이 지닌 가치와 철학들에 상당한 차이가 있기 때문에 이들이 윤리적 이슈들을 처리하는 방법은 무척 다르다.[48] 사람들은 문화적으로 다양하고 가치관도 다르기 때문에, 상황을 서로 다르게 해석할 뿐만 아니라, 같은 이슈에 대해 내리는 윤리적 결정도 서로 다르다.

표 8-8은 직원들의 약 10%가 자신의 개인적 이익을 높이기 위해서, 상황을 이용한다는 것을 보여준다. 이러한 개인들은 그렇게 함으로써 얻는 이익이 그 위법 행위에 대한 처벌보다 클 때, 타인을 조종하고 속이며, 이기적인 방식으로 행동할 가능성이 커진다. 이러한 직원들은 만약 개인적인 용도로 사무실의 사무용품들을 가져가서 적발되더라도, (회사에서 훔친) 사무용품에 대한 비용을 지불하는 것이 유일한 불이익일 경우에는 그 행동을 할 것이다. 적발될 위험이 낮을수록, 회사를 이용할 가능성이 가장 높은 바로 그 10%의 직원들이 비윤리적 행동을 할 가능성이 높아진다.

또 다른 40%의 근로자들은 대부분의 문제에 대해 작업 집단의 뜻에 따른다. 이 직원들은 자신의 행동이 사회적으로 미치는 영향에 대해 가장 걱정할 뿐만 아니라, 조직에 잘 적응하기를 원한다. 비록 이들에게 개인적인 의견들이 있지만, 주변 사람들의 행동에 쉽게 영향을 받는다. 이 사람들은 사무용품을 개인적인 용도로 사용하는 것이 부적절하다는 것을 알지만, 동료들이 그렇게 하기 때문에 그것을 용인할 수 있다고 생각한다. 이러한 직원들은 사무용품을 사적인 용도로 사용하는 것이 특정 회사에서 일하는 이점이라고 하면서 자신의 행동을 합리화한다. 뿐만 아니라 이들은 회사에서 해당 행동을 금지하는 정책을 시행하지 않기 때문에, 그런 행동을 받아들여야 한다고 합리화한다. 이들은 만약 다른 모든 사람들이 그런 행동을 하면, 나 역시 그런 행동을 해도 문제가 없을 것이라는 신념, 철학을

표 8-8 직원 행동의 다양성

10%	40%	40%	10%
자신의 가치와 신념을 따름. 자신의 가치가 회사의 다른 사람들보다 우월하다고 믿음	항상 회사 정책을 따르려고 노력함	작업 집단의 뜻과 함께 함	만약 처벌이 이익보다 적고 적발될 위험이 낮으면, 그 상황을 이용함

지니고 있다.

표 8-8에서 볼 수 있듯이 회사 직원의 약 40%는 항상 회사 정책과 규칙들을 따르려고 노력한다. 이러한 근로자들은 수용 가능한 행동이 무엇인지 기업 문화에서 정의한 내용들을 잘 이해하고 있을 뿐만 아니라, 윤리 강령, 윤리 교육 및 기타 적절한 행동에 대한 의사 소통 등을 잘 따르려고 노력한다. 만약 회사에 사무용품을 회사 밖으로 가져가는 것을 금지하는 정책이 있다면, 이 직원들은 아마 그것을 준수할 것이다. 그러나 그들은 작업 집단과 함께하기로 선택한 40%의 직원들에 대해서 이야기하지는 않을 것이다. 왜냐하면 이러한 직원들은 자신의 업무에 집중하고, 조직의 부정행위를 피하는 것을 선호하기 때문이다. 하지만, 만약 회사가 적절한 행동의 기준을 전달하지 못하면, 이 그룹의 구성원들이 자체적으로 그것을 고안해 내라고 할 것이다.

직원의 마지막 10%는 권리, 의무 및 규칙 등에 중점을 둔 공식적인 윤리 기준을 유지하려고 노력한다. 그들은 인간이 양도할 수 없는(inalienable) 특정한 권리와 행동을 지녔다는 가치를 지녔을 뿐만 아니라, 항상 자신들이 윤리적으로 옳다고 믿는 행동을 하고자 한다. 일반적으로 이 그룹의 구성원들은 윤리적 갈등이 발생했을 때, 자신의 가치가 회사 내 다른 사람들의 가치들 또는 심지어 회사의 가치 체계보다 옳고 우월하다고 믿는다. 이러한 개인들은 다른 사람의 부정행위를 보고하거나, 그들이 보기에 회사 내 활동이 비윤리적일 때 목소리를 내는 경향이 있다. 결과적으로, 이 그룹의 구성원들은 사무용품을 가져가는 동료들을 제보할 것이다.

개인의 윤리적 행동에서 나타나는 이런 다양성의 중요성은 직원들이 윤리적 결정을 내릴 때 서로 다른 접근 방식을 사용한다는 사실에서 드러난다. 어떤 작업 집단에 속한 상당 비율의 구성원들이 상황을 이용하거나, 혹은 적어도 작업 집단 동료들과 뜻을 함께 할 가능성이 높기 때문에, 회사는 윤리적 문화를 유지하기 위해 커뮤니케이션 및 통제 메커니즘을 확립하고 제공해야 한다. 조직 내 직원들의 활동을 모니터링하하거나 윤리 정책을 시행하지 못한 회사들은 상황을 이용하여 개인적이고 때로는 비윤리적인 목표를 달성하려는 직원들에게 그렇게 행동해도 별 위험이 없는 환경을 제공하는 것이다.

좋은 비즈니스 관행들과 법에 대한 관심은 조직으로 하여금 직원들의 윤리적 욕구가 상당히 다양하다는 것을 인식하도록 요구한다. 표 8-8에 인용된 비율은 추정치일 뿐이며, 각 유형의 직원들의 실제 비율은 개인 및 기업 문화에 따라 조직마다 크게 다를 수 있다. 특정 비율의 정확한 수치보다는 대부분의 조직들에 윤리적으로 다양한 인식을 지닌 집단들이 존재한다는 사실이 더 중요하다. 조직은 직원들의 일상적인 운영을 감독하는 관리자들에게 특별한 주의를 기울여야 한다. 조직은 또한 비즈니스가 윤리적으로 운영되도록 직원들에게 교육 훈련과 소통을 제공해야 한다. 그래서 직원들이 사기나 절도의 피해자가 되지 않도록 해야 한다. 그리고 조직은 직원, 고객 및 기타 이해관계자들이 비윤리적 행동 패턴을 가진 사람들의 부정행위로 인해 학대를 받지 않도록 해야 한다.

이 책 전체에서 볼 수 있듯이, 윤리적 행동에 대한 별 관심이 없더라도 기업에 고용되어 신뢰받는 위치(position)에 있는 직원 및 관리자들이 적지 않다. 일부 기업들은 환경 문제, 열악한 근무 조건, 혹은 제품 결함 등을 무시하거나 회계 사기를 치는 등의 비윤리적 경영을 하는 경영진(executives)을 계속해서 지원하기도 한다. 그 이후의 나타나는 상황에 대한 고려를 하지 않고, 그저 기업의 수익을 높이기 위한 경영을 하는 경영진은 특히 비즈니스 언론(business press)에서 종종 존경과 찬사를 받는다. 그러나 그들의 비윤리적이거나 심지어 불법적인 행동이 대중에게 알려지면, 그들은 단순히 직업 및 직위(position)를 잃는 것보다 더 큰 위험을 겪게 된다.

8-6 사람들은 기업 문화 안에서 자신의 행동을 통제할 수 있을까?

많은 사람들은 조직 문화가 조직 내에서 개인의 행동에 그렇게 강력한 영향을 미칠 수 있다는 사실을 믿기 어려워한다. 우리 사회에서, 우리는 개인이 자신의 운명을 통제한다고 믿고 싶어 한다. 일반적으로 기업윤리에 대한 대중들의 관점은 다음과 같다. 기업윤리에는 직원 개인이 자신의 도덕적 딜레마를 해결하기 위해 사용하는 대안적 도덕 철학들이 반영되어 있다는 것이다. 이 장에서 알 수 있듯이, 조직 내의 윤리적 결정들은 종종 직원 개인이 아니라 위원회와 공식 및 비공식 집단이 내리는 경우가 많다. 재무 보고, 광고, 제품 디자인, 판매 관행 및 오염 통제 이슈 등과 관련된 결정들은 종종 개인 수준의 영향력을 넘어선다. 또한 이러한 결정들은 대개 개인적인 목표가 아니라 비즈니스에 기반해서 내려진다.

고도로 관료적인 조직들의 대부분의 신입 직원들은 업무를 수행하기 위한 기본 운영 규칙과 절차들에 대해 미칠 수 있는 영향력이 제한적이다. 영업 전략 및 회계 절차를 배우는 것처럼, 직원들은 윤리적인 측면에 대해서도 배우게 되는데, 이 때 사용자에게 위험할 수도 있는 제품의 설계 결함을 무시하도록 배울 수도 있다. 비록 많은 개인 윤리 이슈들이 간단하고 해결하기 쉬운 것처럼 보일 수 있지만, 비즈니스 영역에 진입하는 개인들이 윤리적인 위기(ethical close calls)를 해결하는 방법을 이해하기 위해서는 특정 산업에서 수년간의 경험이 필요하다. 개인과 조직의 윤리는 모두 직원들의 윤리적 의도에 영향을 미친다. 만약 개인의 윤리와 조직의 윤리 문화가 일치하면, 조직의 의사결정에 있어 윤리적 선택을 할 가능성이 높아진다. 많은 연구들에 의하면, 젊은 관리자들과 교육 수준이 낮은 관리자들은 조직의 윤리적 이슈들을 처리하는 방법에 대한 경험과 이해가 부족하기 때문에, 조직의 더 많은 지원과 지침이 필요하다. 또한 연구에 따르면, 개인의 가치와 조직의 가치 사이의 일치(congruence) 정도는 민간 부문에서 더 크다고 한다. 한편, 연령 및 조직 유형을 제쳐두고, 개인의 가치는 개인 가치와 조직 가치의 일치 정도에 비해서 비윤리적 관행을 감소시키고 적절한 업무행동을 증가시키는 강력한 요인이라고 알려져 있다.[49]

기업윤리 이슈들에 대해서, 경영진이나 집단의 뜻에 맞추어 행동해야 한다고 제안하는 것은 우리의 목적이 아니다. 윤리적 이슈들에 대한 정직하고 공개적인 토론은 성공적인 윤리적 의사 결정에 중요하다. 우리는 대부분의 회사들과 기업가들이 윤리적인 결정을 내리려고 노력한다고 믿는다. 그러나 개인들 사이의 차이가 워낙 크기 때문에, 윤리적 갈등은 불가피하다. 만약 당신이 다른 사람을 관리하고 감독하는 경우, 조직의 윤리 정책들을 유지해야 할 뿐만 아니라 조직 내에서 발생하는 부정행위를 보고해야만 한다. 기업윤리는 단순히 개인의 성격의 문제가 아니다.

개인이나 조직이 특정 활동의 수용 가능성(acceptability)을 어떻게 보는지에 관계없이, 만약 사회가 해당 활동을 옳지 않거나 비윤리적이라고 판단한다면, 사회의 이 더 큰 관점이 조직의 목표 달성 능력에 직접적인 영향을 미친다. 사회에서 비윤리적이라고 간주하는 모든 행위들이 불법은 아니지만, 그러나 특정 행위에 대해 여론이 비판하거나 소비자가 항의할 경우에는 그 특정 사업을 제한하거나 금지하는 입법이 될 수 있다. 예를 들어, 어린이의 건강에 해로운 제품을 홍보하는 것에 대한 사회적인 우려로 인해, 일부 정부는 이에 대한 제한 조치를 취했다.

만약 사람들이 자신의 개인 윤리가 작업 집단 및 조직의 상사들의 윤리와 심각하게 충돌한다고 여기는 경우, 그들의 유일한 대안은 조직을 떠나는 것일 수 있다. 경쟁이 치열한 21세기 고용 시장에서, 윤리적 갈등으로 인해 직장을 그만두려면 용기가 필요하며, 아마도 직업 없이도 생존할 수 있는 능력이 필요하다. 물론, 조직과 개인 사이의 윤리적 갈등을 해결하기 위한 쉬운 답은 없다. 우리의 목표는 당신이 무엇을 해야 하는지 알려주는 것이 아니다. 그러나 우리는 당신이 조직 내 윤리적 의사 결정이 어떻게 일어나는지에 대해 더 많이 알수록, 당신이 더 긍정적인 윤리적 결정을 내리게 될 뿐만 아니라 윤리적 갈등을 더 효과적으로 해결할 수 있는 기회가 더 많아질 것이라고 믿는다.

요약

기업 문화는 조직의 구성원들(직원들)이 공유하는 일련의 가치, 신념, 목표, 규범 및 문제 해결 방법 등을 의미한다. 이 공유된 가치들은 공식적으로 표현될 수도 있고, 반대로 무언의(unspoken) 것일 수도 있다. 기업 문화는 여러 가지 방법으로 분류할 수 있으며, 문화 감사는 조직의 문화를 식별한다. 만약 조직의 문화가 비윤리적인 행동을 보상하면, 회사 내 사람들이 비윤리적으로 행동할 가능성이 높아진다. 기업이 기업 문화를 모니터링하거나 관리하지 않으면 의심스러운 행동들이 조장될 수 있다.

조직의 구조는 비윤리적 행동에 가담할 기회를 만들 수 있다. 중앙집권화된 조직에서는 의사결정 권한이 최고 경영자의 손에 집중되어 있고, 낮은 직급의 직원들에게 권한이 거의 위임되지 않는다. 분산된 조직에서 의사 결정 권한은 가능한 한 명령 체인 아래 방향으로 위임된다. 중앙 집중식 조직은 분산형 조직보다 더 윤리적인 경향이 있는데, 왜냐하면 중앙 집중식 조직이 윤리 강령 및 기업 정책들과 같은 더 엄격한 통제를 시행하기 때문이다. 그러나 비윤리적 행위는 두 가지 유형의 구조 모두에서 발생할 수 있다.

조직의 문화를 나타내는 가치와 관습 이외에도, 조직 내의 개별 집단들은 종종 자신만의 규칙과 가치를 채택할 뿐만 아니라 심지어 하위 문화를 만들기까지 한다. 주요 유형의 집단에는 위원회, 작업 집단 및 팀을 포함하는 공식적 그룹과 비공식적 그룹 등이 있다. 비공식 그룹에는 종종 그레이프바인이라는 비공식 커뮤니케이션 채널이 있다. 집단 규범은 집단이 구성원들에게 기대하는 행동의 표준이다. 이는 집단 내에서 허용 가능한 행동과 허용되지 않는 행동, 특히 그룹 기대에서 벗어나는 한계를 정의하는 데 도움이 된다. 때로는 집단 규범이 조직 문화에서 규정한 가치 및 규칙과 충돌한다.

때때로 직원의 개인 윤리 기준은 조직 문화에 의해서, 그리고 조직 구성원으로서 기대되는 윤리 기준과 충돌할 수 있다. 조직의 윤리적 결정이 종종 개인이 아닌 위원회, 공식 그룹 및 비공식 그룹에서 해결되는 경우가 많다는 점을 고려할 때, 특히 그렇다. 그러한 윤리적 갈등이 심할 때, 개인은 조직을 떠날지 여부를 결정해야 할 수도 있다.

윤리적 비즈니스 과제 해결하기

Imani는 항상 옳은 일을 하려고 했지만, 이 딜레마에서 무엇을 해야 할지 몰랐다. 그녀는 누군가가 다칠 것이라는 것을 알고 있었다. 그녀는 슬픈 마음으로, 모든 것은 바로 그 지나치게 열성적인 감독관(overzealous supervisor) 때문이라고 생각했다.

2년 전, Imani는 ABCO Corporation의 홍보 부서에 취직했다. 비록 Imani는 비즈니스 세계에 익숙하지 않았지만, 고도로 관료적인 조직(highly bureaucratic organization)에서 필요한 요령들을 빨리 배웠고, 결국 많은 프로젝트에서 뛰어난 성과를 보였다. 그 결과, 그녀의 상사들은 그녀에게 더 이득이 되는 책임들을 할당했다. Imani가 생각하는 자신의 직업의 유일한 단점은, 많은 사람들이 자신의 장점(혹은 능력)보다는 상사와의 관계를 기반으로 승진하는 것처럼 보인다는 것이다. Imani는 자신의 일이 멋지다는 것을 알고 있지만, 그녀의 직속 상사들과 다정하게 대화를 나눈 것이 자신의 지금까지의 성공과 어떤 관련이 있는지 궁금했다.

몇 달 전에, Imani는 그녀의 부서에 새로운 상사인 Sophie가 합류할 것이라는 사실을 알게 되었다. Sophie는 조직의 운영 효율성을 개선하고 조직화하는 능력을 입증했기 때문에, 회사의 다른 자회사에서 이 회사의 유사한 직책에서 옮긴 것이다. 어리석은 행동을 허용하지 않는 유형의(no-nonsense type) 관리자인 Sophie는 경험이 풍부했을 뿐만 아니라, 이 부서의 업무에서도 역시 성공하기로 결심했다. Imani는 Sophie의 명성을 통해, 그녀의 성공이 모든 사람들을 열심히 일하도록 만드는 그녀의 노력과 헌신에 있었다는 것을 알고 있었다.

Sophie가 새로운 사업부 매니저로 취임한 날, 회사는 Sophie가 직원들을 만날 수 있도록 리셉션을 열어 주었다. 리셉션에서 Sophie는 방 전체를 돌아다니며 사람들에게 자신을 소개하였고, 사람들에게 그 부서를 더 나은 직장으로 만들 수 있는 제안 사항이 있는지 물었다. 그녀가 Imani에게 다가갔을 때, Imani는 무엇이 그녀를 괴롭히는지 Sophie에게 알리기로 결정했다.

"조직에 풍파를 일으키고 싶지는 않지만, 최근에 일어난 일 중 하나는, 업무의 성과 혹은 질(quality)이 아니라 상사가 좋아하는 사람에게 승진과 초과 근무 기회가 주어졌다는 것입니다." Imani가 그녀에게 말했다. 그녀는 재빨리 말을 이어갔다. "여기 사람들이 일을 안 하거나 열심히 안 한다는 것은 아니에요. 주요 인사 결정들 중 일부가 편파적이었음을 알게 되었다는 것뿐입니다."

Sophie는 걱정스러운 표정을 지었지만 Imani에게 미소를 지었다. "말해줘서 고마워요, Imani. 이 문제가 계속되지 않도록 최선을 다할 것임을 약속드립니다. 내가 이끌 팀에 이런 일은 있을 수 없어요."라고 말했다.

다음날, Sophie는 Imani에게 자신과 만나자고 요청했다. Imani가 회의실에 들어서자, Sophie는 그녀의 얼굴을 똑바로 바라보며 말했다. "나는 이 조직에서 팀 플레이어가 아닌 개인을 용납하지 않을 것입니다. 어제 오후에 당신은 내가 이 사무실에 회사의 최선의 이익을 위해 행동하지 않는 사람들이 있다고 믿게 했으며, 나는 그들이 누구인지 알고 싶습니다. 그 사람들은 이 부서에서 설 자리가 없습니다."

Imani는 매우 당황했다. 그녀는 누구에게도 상처를 주고 싶지 않았다. 그녀는 단지 특정한 부정적 관행이 바뀔 것이라는 희망으로, 자신의 걱정을 표현하고 싶었을 뿐이다.

그녀가 바로 대답하지 않자, Sophie는 짜증스럽게 그녀를 쳐다보았다. 그녀가 말했다. "나는 당신이 지금 그 관리자들의 이름을 말해 주고, 만약 이 회사에 피해를 주는 사람이 보이면 나에게 알려주기를 원해요. 만약 그렇지 않다면, 나는 아마도 당신이 이 문제의 일부라고 가정해야 할 것입니다."

Imani는 설명하려고 노력했다. "미안해요." 그녀가 말했다. "저는 특별히 누군가를 연루시키고 싶지는 않았어요. 나는 단지 내가 가지고 있는 몇 가지 우려 사항에 대해 알리고 싶었을 뿐입니다."

Sophie는 Imani의 말을 끊었다. "Imani, 당신은 똑똑한 사람 같군요. 난 여기에서 선례를 만들려고 합니다. 이 작업에는 지름길이 없습니다. 당신은 열심히 일하거나, 아니면 나가야 합니다. 여기에는 직무태만자들(slackers)을 위한 공간은 없어요. 이제 다시 한 번 말해봐요, 당신이 말한 관리자들은 누구입니까?"

Imani의 가슴은 쿵쾅쿵쾅 뛰었고 눈물이 날 것 같았다. Sophie는 Imani가 화가 난 듯 크게 한숨을 쉬었기 때문에 알아차렸다. "알았어요. 여기에 바로 내가 할 일이 있습니다. 우리는 내일 또 다른 회의를 열고 이야기할 것입니다. 그 사이에 당신이 어디에 우선순위를 두어야 할지 생각해 보세요."

Imani는 책상에 앉았고, 자신의 업무를 잊어버렸다. 그녀는 자신이 이 혼란을 만들어 냈다는 사실을 믿을 수 없었다. 만약 그녀가 Sophie에게 하고 싶은 말을 하면, 특정 관리자들은 징계를 받거나 심지어 해고될 수도 있다. Imani는 자신이 제보를 하면, 동료들에게 자신이 그저 문제를 일으키려는 사람으로 찍힐 위험에 처할 것임을 알았다. 그녀가 제보를 했기 때문에 적어도 그녀가 지명한 관리자들은 그녀를 싫어할 것이다. 그러나 반대로 그녀가 Sophie의 제안(지시)을 거부한다면, Imani는 그녀의 새 상사의 분노를 감수해야만 한다.

[질문]

1. ABCO Corporation의 조직 구조를 설명하시오.
2. 이러한 상황에서 Sophie의 리더십이 효과적이라고 생각하는가?
3. Imani는 그녀가 고려하고 있는 두 가지 외에 다른 대안은 무엇인가?

9장

효과적인 윤리 프로그램의 개발 및 시행

학습목표

- 이해관계자에 대한 기업의 책임을 이해한다.
- 기업에 윤리 프로그램이 필요한 이유를 이해한다.
- 윤리 프로그램의 최소요구사항을 나열해 본다.
- 기업의 주요 위험 영역을 식별하는 데 있어 윤리 강령의 역할을 설명한다.
- 윤리담당자의 역할을 이해한다.
- 성공적인 윤리 교육, 프로그램 유형 및 목표의 요인을 확인한다.
- 윤리적 기준이 모니터링, 감사 및 시행되는 방식을 검토한다.
- 윤리감사의 역할을 검토한다.
- 윤리감사 프로세스의 단계를 탐색한다.
- 윤리의식 측정 프레임워크를 파악한다.

개요

윤리적 딜레마*

Yang은 두 해 여름 동안 Jennings 백화점에서 인턴 생활을 하였다. 이 인턴 경험은 그가 졸업 후 섹션 매니저로 승진하는 것에 도움이 되었다. Yang이 젊은 탓에 그가 관리하는 직원 대부분이 그보다 나이가 많았지만, 직원들은 Yang이 가진 전문성과 동료 및 고객들과 좋은 관계를 형성할 수 있는 능력을 존경했다.

몇 주 전, Yang은 유닛 매니저 중 한 명인 Zara에 대한 소문을 듣게 되었다. Yang은 Zara의 과거 재무 보고서를 통해 그녀가 뛰어난 매니저임을 확인하였다. 그녀의 유닛은 최고 판매량과 성장률을 기록했고, 고객들로부터 긍정적인 피드백을 받았으며, 뛰어난 비용관리 능력을 선보였다. 그녀의 부하직원들 또한 지속적으로 점검을 잘 해왔다. 사실 Zara는 지난 2년 내내 다른 모든 매니저보다 높은 평가를 받았다. Yang은 어째서 그녀가 승진하지 않았는지 궁금해져 이에 대해 더 조사해보기로 하였다.

이후 몇 주 동안 Yang은 Zara를 아는 사람들과 비공식적으로 이야기를 나누기 시작했고, 같은 이야기를 반복해서 들었다. Zara는 친절하고, 확실하며, 고객들을 잘 대했고, 부하직원도 잘 보살피는 사람이었다. 심지어 소셜미디어에는 Zara를 팔로우하는 열성적인 고객들도 있었다. 비록 Zara는 대학을 졸업하지 않았지만, 야간 대학에서 수강하고 있었으며 약 1년 내에 경영학 학위를 받게 될 터였다.

다음으로, Yang은 Zara의 소매 고객 몇 명과 이야기를 나누었다. 고객들은 신발과 드레스, 장신구에 대한 Zara의 조언을 높이 평가하였다. 일부 고객들은 Zara에게 명절 선물을 주기 위해 정기적으로 방문한다고 말했다. Yang은 단 한 명의 직원, 바로 Zara가 고객과 직원들을 잘 돌보았기 때문에 매장이 대체로 잘 운영되고 있다는 것을 알게 되었다. 하지만 더 많은 고객들에게 질문을 하면서 Yang은 다소 이상한 사실을 발견했다. 몇몇 고객들이 작은 품목의 경우 이를 현금으로 구매한 뒤 Zara에게 거스름돈은 그냥 두라고 한 적이 있다고 이야기한 것이다. Yang은 곧 이러한 판매가 반영되어 있지 않음을 확인했다. 다음으로 그는 매장의 감소량 조치(도난이나 파손 가능성이 있는 품목)를 확인하였다. 기록상 약간의 감소량이 있었으나 크게 지나친 것은 아니었다.

몇 주간의 조사 후, Yang은 Zara가 돈이나 현금을 기록하지 않고 매장 직원들에게 지급한 것이 아닌지 의심하게 되었다. Zara는 성과급이나 초과근무수당, 시간외 근무 등의 형태로 돈을 주었다. 그는 이것이 회사의 절차상 위배된다는 것을 알았지만, Zara가 실제로 그녀의 트레이드마크가 된 고성과를 달성하기 위해 감소량으로 기록된 돈을 챙겨 사용하고 있다는 것을 확실하게 증명할 수는 없었다. 최고 경영진과의 소득 격차가 700:1인 것에 비하면 직원들에게 과도한 임금을 주고 있는 것 같지는 않았다. 회사의 높은 이직률에서 알 수 있듯 대부분의 직원들은 근근이 살아가고 있을 뿐이었다. 그러나 Zara의 이직률은 항상 낮았다.

Yang은 Zara가 절도를 저질렀다고 확실하게 말할 수는 없었지만, 제대로 기록되지 않은 현금구매가 있었다는 것은 알게 되었다. 그러나 절도에 의해서든 아니면 단순히 고객들이 구매하면서 준 거스름돈을 받는 것에 의해서든 Zara는 표면적으로 돈을 받고 있었다. 그는 이러한 자금이 소득으로 기재되지 않았기 때문에 Zara의 부하직원이 받은 추가 임금에 대한 급여세가 원천징수되지 않는 것을 알고 있었다. 그리고 이는 Jennings 백화점이 국세청(IRS)으로부터 납세 의무에 대한 법적 조치를 당할 수 있는 위험에 처했다는 것을 의미했다.

Yang은 어떻게 해야 할지 생각해보았다. 회사의 윤리강령을 훑어보았지만 가이드라인은 모호할 뿐이었다. 규정 자체도 2페이지에 불과했으며 관련 질문을 할 수 있는 연락처 정보도 없었다. Yang은 "왜 이런 골치 아픈 일을 시작했을까? 그냥 내버려둘 걸"이라고 중얼거렸다. 그는 회사에서 그 어떤 비밀도 오래가지 않는다는 사실을 알고 있었으며, 그가 제기한 의문들은 곧 다른 사람들 역시 의문을 가지도록 경각심을 불러 일으킬 것이다. 다른 한편으로 그는 이러한 행태가 꽤 오랫동안 지속되어 왔음을 알았다. 왜 이전에는 아무도 알아차리지 못한 것일까?

[질문]

1. Jennings 백화점의 윤리 프로그램의 몇 가지 취약점에 대해 설명하시오.
2. Yang이 취할 수 있는 대안을 논하시오.
3. Zara는 어떻게 위법행위를 할 기회를 가질 수 있었는가?

오늘날 대부분의 기업들은 비즈니스에서 윤리적 의사결정을 촉진하기 위해 고안된 프로그램을 채택하고 있다. 윤리 프로그램은 중대한 부정행위를 방지하도록 잘 설계되고 효과적이어야 한다. 그러나 일부 비즈니스 리더들은 윤리 이니셔티브가 기업 문화에서 자연스럽게 발생해야 하며 단순히 좋은 직원을 채용하는 것으로 비윤리적 행위가 발생하는 것을 억제할 수 있다고 믿는다. 뿐만 아니라 기업의 경영진은 어떻게 조직 윤리가 체계적으로 시행될 수 있는지 잘 이해하지 못하고 있는 경우가 많다. 비즈니스에서 대부분의 윤리적 이슈는 복잡하고, 조직은 이에 대한 적절한 조치가 무엇인지 합의를 이끌어내야 한다. 최고 경영진과 이사회는 이러한 이슈들을 해결하기 위해 리더십과 시스템을 제공해야 한다. 법률과 규제는 효과적인 윤리 프로그램을 개발하고 실행하는 리더십을 요구한다. 이러한 요구사항은 정부에서 위법행위에 대한 조사가 이루어질 때 적용된다. 맞춤형 윤리 및 컴플라이언스 프로그램은 다양한 배경을 가진 직원들이 조직 내에서 어떤 행동이 허용되는지(그리고 허용되지 않는지)에 대해 이해할 수 있도록 지침을 제공하는 데 도움을 줄 수 있다.

기업의 윤리 프로그램은 최고 경영자들이 윤리 문화를 확립하고 비윤리적 행위를 할 기회를 제거하는 데 도움을 줄 수 있다. 이번 장에서는 6장에 기술된 연구, 모범사례, 의사결정과정과 더불어 연방양형기준(Federal Sentencing Guidelines for Organizations, FSGO), 사베인스-옥슬리법(Sarbanes-Oxley Act), 그리고 4장에 기술된 도드-프랭크 법(Dodd-Frank Act)과 일치하는 윤리 프로그램을 개발하기 위한 프레임워크를 제공한다. 이러한 법률들은 경영진과 이사회가 책임을 지고 윤리 기준이 일상적으로 적절하게 이행되도록 보장할 것을 요구한다.

본 장에서는 먼저 사회적 실체로서의 기업을 조망한 후 기업이 조직윤리 프로그램을 개발해야 하는 이유에 대해 개괄적으로 설명한다. 다음으로, 이러한 프로그램에 반드시 포함되어야 하는 요소인 행동강령, 윤리담당자 및 적절한 권한위임, 효과적인 윤리 교육 프로그램, 윤리 컴플라이언스 감시 및 지원 시스템, 그리고 지속적인 윤리 프로그램 개선 활동 등에 대해 살펴본다. 마지막으로 윤리감사의 역할과 감사 단계를 검토하고, 조직의 경제적, 윤리적, 사회적 책임 성과보고를 위한 진정성(integrity) 측정 프레임워크를 확인한다.

9-1 이해관계자에 대한 기업의 책임

점차 기업들은 단지 이익을 창출하는 존재를 넘어, 직원, 투자자, 공급자, 정부, 그리고 소비자를 포함하는 이해관계자들에게 그들의 행위에 대한 책임을 지는 도덕적 행위자로 여겨지고 있다. 기업은 단순히 구성원들의 합 또는 부문의 합이 아닌 그 이상이다. 기업은 법인격을 가진 국가의 시민으로서 인정받기 때문에 일반적으로 개인(자연인)과 동일한 권리와 책임을 갖는다. 우리 사회는 법률과 판례를 통해 기업으로 하여금 직원들의 행동 뿐만 아니라 그들의 의사결정, 그리고 의사결정의 결과에 대해서도 책임을 지도록 하고 있다. 직원의 복리후생, 경영진에 대한 보상, 불량 제품, 경쟁 관행, 재무보고와 같은 특정 이슈에 대한 뉴스미디어의 보도는 도덕적 행위자로서의 기업 평판에 영향을 미친다.

도덕적 행위자로서 기업은 허용되는 비즈니스 행위를 정의하는 법률과 규정을 준수해야 한다. 그러나 기업은 도덕적 이슈들을 스스로 생각할 수 있는 인간이 아님을 인정하는 것이 중요하다. 기업은 인간이 아니기 때문에 공식적인 구조적 제약과 지침을 제공하기 위한 법률과 규정이 필요하다. 따라서 인간인 구성원들이 기업 전체의 윤리적 행동에 기여하기 위해 복잡한 윤리적 문제들을 책임감 있게 고민해야 할 윤리적 의무가 있다.[1] 다국적 항공우주 기업인 Airbus는 항공기 판매를 확보하기 위해 제3자의 컨설턴트들에게 불법적인 금품을 지불하며 이러한 윤리적 의무를 이행하지 않았다. Airbus는 심각한 부정적인 여론에 직면했고, 경영진이 물러나게 되었다. 이후 위법행위를 초기 단계에서 예방하고 감지하도록 설계된 새로운 윤리 및 컴플라이언스 시스템을 포함하여 새로운 시스템이 도입되었다.[2]

명백하게 사람은 아니지만, 기업은 사회에서 특정한 사회적 기능을 수행하기 위해 만들어진 도덕적 행위자로 여겨질 수 있다. 그러므로 기업은 사회에 자신의 행위에 대한 책임이 있다. 기업이 가지는 행위자라는 특성으로 인해 윤리적 행동에 대한 책임은 법적 실체로서 기업 뿐만 아니라 기업이 고용한 개인이나 집단에도 부여된다. 윤리에 대한 가치와 적절한 의사소통이 부재한 기업 문화는 위법행위를 조장할 수 있다. 일부 기업의 결과는 한 개인이나 집단에 결부시킬 수 없으며, 위법행위는 기업 문화가 뒷받침하는 집단적 의사결정 패턴의 결과일 수 있다. 그러므로 기업이 주요 법적 요구사항에 어긋나는 방식으로 운영되고 있음이 확인되면 그 기업에게 책임을 물을 수 있다. 엄청난 벌금과 부정적 여론으로 인해 많은 기업들이 문을 닫았다. 반면 진정성을 보여준 조직은 고객의 신뢰를 높이고 실적을 향상시킬 수 있었다. 예를 들어, 선한 기업시민으로 널리 알려진 Procter & Gamble은 십대들이 Tide PODs(캡슐형 세탁세제)를 먹는 영상을 올리는 "Tide POD 챌린지"에 직면했을 때, 신속하게 대응하여 경고성명을 발표하고 소셜미디어에 널리 알린 바 있다. 또한 NFL 선수인 Rob Gronkowski와 협력하여 이러한 메시지를 더욱 증폭시켰으며, 소셜미디어 사이트와 함께 Tide PODs 챌린지 영상을 삭제하기도 하였다. 이러한 소셜미디어 현상을 무시해버릴 수도 있었지만, Procter & Gamble은 문제상황에서 주인의식을 가졌고, 이에 더해 상황을 바로잡는 데 적극적인 역할을 함으로써 자사의 강력한 윤리 원칙을 준수하였던 것이다.[3]

많은 경우 일관성 있는 윤리적 기업 문화는 독자적인 개인이나 대인 관계를 통해 발전되지 않는다. 윤리가 흔히 개인의 문제로 여겨지나, 많은 사람들이 윤리적 기업 문화를 발전시키기 위한 가장 좋은 방법은 기존 직원에게 인성교육을 제공하거나 좋은 인성을 가진 사람을 고용하여 윤리적 문제에 민감하게 만드는 것이라 믿는다. 이러한 이론은 윤리적 행위가 전사적 동의와 합의를 통해서 발전됨을 가정한다. 비록 이러한 가정은 훌륭하고 어느 정도 사실을 포함하고 있지만, 세계 경제 활동의 대부분을 책임지고 있는 기업들은 문화적으로 다양한 수천 명의 사람들을 고용하고 있어 사실상 이들이 모든 윤리적 이슈에 대해 합의에 이르는 것은 불가능하다. 많은 경우 윤리적 비즈니스 이슈들은 상당히 위험하거나 애매한 영역에 있으므로, 모든 이해관계자의 이익을 대변하는 일관된 의사결정을 보장할 수 있는 유일한 방법은 윤리 정책을 요구하는 것이다. 이 장에서는 중앙화된 기업윤리 프로그램을 시행함으로써 도덕적 행위자로서의 기업을 나타내는 응집력 있고 내부적으로 일관된 성명과 정책을 제공할 수 있다는 견해를 뒷받침한다.

9-2 조직윤리 프로그램의 필요성

기업이 윤리 프로그램을 개발해야 할 필요성을 이해하기 위해 다음의 각 행위들이 비윤리적인지 아니면 불법인지 판단해 보자.

- 야구 경기에 가기 위해 회사를 결근하고 싶지만 그러기 위해선 의사의 진단서가 필요하다. 그리하여 증상이 있는 것처럼 꾸미고, 보험회사가 이 진료비를 지불하도록 한다.
- 동네 카페에서 라떼를 마시고 있는데 경쟁사에서 세일즈맨으로 일하는 지인을 우연히 만나 향후 제품 가격에 대해 잡담을 나누었다. 이후 사무실로 돌아가 자신이 들은 내용을 상사에게 말한다.
- 회사에서 해고되었으나 다른 회사로 이직하기 전에 이전 회사에서 수집한 고객 이름과 전화번호가 담긴 기밀 목록을 복사한다.
- 첫 주택 계약금을 지불하기 위해 부모님으로부터 돈을 빌렸지만, 주택담보대출 신청서에 계약금의 출처를 선물이라 기재한다.
- 매니저가 회사의 목표 매출액을 달성할 수 있도록 다음 분기 판매 수익의 일부를 이번 분기의 매출 보고서에 기입해 달라고 요청했고, 그렇게 하는 데 동의한다.

아마도 여러분은 위의 다섯 가지 상황 중 하나 이상은 불법이라기보다는 비윤리적이라고 판단했을 것이다. 사실 모든 상황이 비윤리적이고 불법일 가능성이 있지만, 이러한 상황들과 관련된 매우 복잡한 법률의 모든 세부사항을 아는 것은 거의 불가능하다. 햄버거 한 개를 만들어 판매하는 것과 관련하여 10,000개의 법률과 규제가 있다는 것을 고려해보면, 특정 영역을 전문으로 하는 변호사가 아닌 이상 자신의 직업과 관련한 모든 법률을 아는 것은 어려운 일이다. 하지만 어떤 경우에 비윤리적인지 혹은 불법인지에 대해서 더 민감해질 수는 있다. 어떠한 형태로든 윤리 프로그램이 필요한 이유 중 하나는 직원들이 근무환경 내에서 발생할 수 있는 잠재적인 법적, 윤리적 문제에 대해 민감해질 수 있도록 하기 위해서이다. 연구들은 윤리 프로그램이 직원들의 윤리적 경각심이나 윤리적 의사결정에 대한 참여도, 그리고 윤리적 행동을 향상시킨다는 것을 보여준다.[4]

앞서 논의한 바와 같이, 미국 기업에서 발생한 윤리 스캔들은 최고 경영진에 대한 직원들의 신뢰를 무너뜨리고 기업에 대한 대중의 신뢰 역시 크게 떨어뜨렸다. 심지어 정부 관료나 의사와 같이 상당히 존경을 받았던 개인조차도 신뢰를 잃었다. 한 예로, eBay는 글로벌 보안을 담당하는 특별 운영 책임자를 포함한 몇몇 고위급 임원들을 e커머스 기업과 관련한 온라인 뉴스레터를 운영하던 한 커플을 괴롭히고 사이버스토킹했다는 이유로 해고한 바 있다. 해당 직원들은 eBay에 대해 쓴 한 기사를 문제 삼아 피해자의 집으로 살아있는 벌레와 장례식 화환 및 돼지의 태아와 같은 불온한 택배를 보낸 혐의로 기소되었다.[5] 이처럼 특히 하나의 결정이 소비자 후생에 중대한 영향을 미칠 수 있는 영역에서 윤리적 이슈를 감지하기 위해 적절한 통제가 이루어지도록 하는 것이 중요하다.

6장에서 논의한 바와 같이 윤리적 의사결정 과정에 영향을 미치는 요인들을 이해하는 것은 기업의 윤리적인 행동을 장려하고 바람직하지 않은 행동을 단념하도록 하는 데 도움이 된다. 조직 내에서 윤리적 의사결정을 증진시키기 위해서는 비윤리적인 직원을 해고하고 회사의 윤리 기준을 개선하는 것이 필요하다. "썩은 사과–썩은 바구니(bad apple–bad barrel)" 비유를 생각해보자. 어떤 사람들은 조직의 목표나 일반적으로 허용되는 행동기준에 관계없이 항상 자신의 이익을 위해 행동하는 "썩은 사과"일 뿐이다.[6] WeWork의 창립자 중 한 명인 Adam Neumann은 CEO로 재직하는 기간 동안 자신의 이익만을 추구하는 행동을 보인 썩은 사과의 예이다. Neumann은 그가 사적으로 투자한 건물을 WeWork에 임대해 회사 비용으로 수익을 내며 이해 상충을 빚었다. 뿐만 아니라 자신이 소유한 법인을 통해 "We" 상표를 보유하고 그 권리를 590만 달러 상당의 주식을 받고 WeWork에 매각했다.[7] 선별 기법이나 회사의 윤리 기준 시행을 통해 썩은 사과들을 제거함으로써 기업의 전반적인 행위를 개선할 수 있다.[8]

조직 또한 "썩은 바구니"가 될 수 있는데, 이는 개개인이 나쁘기 때문이 아니라 성공에 대한 압박이 비윤리적인 결정을 보상하는 기회를 만들 수 있기 때문이다. 이렇게 썩은 바구니에 해당하는 경우, 기업은 업계 및 사회적으로 허용가능한 행동 기준에 부합하도록 이미지와 문화를 재설계해야 한다.[9] 대부분의 기업은 조직윤리를 개선하기 위한 전략적 접근법을 수립하고 실행함으로써 윤리적 의사결정을 증진시키고자 한다. Texas Instruments, Starbucks, Ford Motor Co., Whole Foods와 같은 여러 다양한 기업들은 조직윤리에 대한 전략적 접근법을 택한 바 있다. 이들은 지속적으로 자사의 프로그램을 모니터링하고 문제가 발생하는 경우 조정을 하고 있다.

합법적이고 윤리적인 행위를 장려하기 위해 조직은 조직의 역사, 문화, 산업 그리고 경영환경의 특성을 반영한 윤리적 가치 및 법적 요건을 수립하고, 소통하고, 모니터링하여 프로그램을 개발해야 한다. 이러한 프로그램, 통합된 기준, 행동방침이 없다면 사내에서 어떤 행동이 허용되는지 직원들이 판단하기 어렵게 된다. 7장 및 8장에서 논의한 바와 같이, 이러한 프로그램과 기준이 없는 경우 직원들은 보통 동료직원이나 상사가 어떻게 행동하는지에 대해 스스로 관찰한 것을 토대로 의사결정을 하게 된다. 강력한 윤리 프로그램에는 행동강령, 윤리담당자, 세심한 권한위임, 공식적인 윤리 훈련, 그리고 프로그램 기준에 대한 철저한 감사, 모니터링, 집행 및 개선이 포함된다. 강력한 프로그램 없이는 문제가 발생하기 마련이다. Allstate는 Ethisperhe에서 선정하는 세계에서 가장 윤리적인 기업(World's Most Ethical Companies)에 계속해서 이름을 올렸다. Allstate는 강력한 윤리 프로그램을 지원하기 위해 글로벌 비즈니스 행동강령, 개별 정책(내부자 거래, 지적 재산 및 소셜미디어 정책 등), 윤리 및 의사결정 교육, 부정행위의 문서화, 공급업체 행동강령, 그리고 수신자부담 윤리 핫라인을 포함하는 다양한 정책과 절차를 가지고 있다.[10]

조직윤리 프로그램에 적용될 수 있는 보편적 기준은 존재하지 않지만, 대부분의 기업은 비즈니스수행에 필요한 지침을 위한 규칙, 가치관, 또는 정책을 개발한다. 예를 들어, 미국공인회계사협회 직업 행동강령 및 내규(American Institute of CPAs Code of Professional Conduct and Bylaws)는 186페이지에 달하는 회계 원칙, 다양한 이해관계자에 대한 책임, 직업행위 원칙과 같은 내용을 담고 있다.[11] 단순히 윤리강령을 가지고 있다고 해서 회사가 직면할 수 있는 모든 윤리적 딜레마를 해결할 수 있다고 하는 것은 지나치게 순진한 생각일 것이다.[12] 그도 그럴 것이 최근 윤리적, 법적 문제를 겪은 대부분의 회사들은 공식적인 윤리강령과 프로그램을 이미 가지고 있었다. 문제는 바로 최고 경영진이 일상적인 의사결정에 효과적인 지침을 제공하는 기업 문화에 이러한 행동강령, 가치 그리고 기준을 통합시키지 않았다는 것이다. 조직 내에서의 높은 지위로 인해 다른 구성원들로부터 경험하게 되는 사회적 고립(social isolation)은 윤리적 무관심을 야기하고 윤리적 행위를 관철시킬 동기를 저하시키기 때문에 고위 임원들이 비윤리적 조직 행위에 더 많이 관여하는 경향이 있다.[13] 관리자들이 윤리적 이슈를 간과하는 경향을 규범적 근시안(normative myopia)이라고 하며, 이에 대해서는 11장에서 다루게 될 것이다. 최고 경영자들은 그들의 직무와 개인의 정체성이 회사의 분기별 수익과 밀접하게 관련되어 있기 때문에 재무적 성과에 치중하는 경향이 있다. 단기성과를 최우선으로 두는 기업 문화는 윤리적 의사결정을 저해할 수 있다. 한편, Burlington Northern Santa Fe 및 GEICO와 같은 Warren Buffett의 Berkshire Hathaway corporations는 Wall Street의 분기별 수익률에 크게 영향을 받지 않으며 이례적으로 장기적인 성과와 책임 있는 행동에 중점을 두고 있다.[14]

회사의 지도층이 윤리적 행위에 필요한 비전과 지원을 제공하지 못하면, 윤리적 프로그램은 효과적이지 못할 것이다. 윤리적 책임은 낮은 직급의 직원들에게 위임될 수 있는 것이 아니다. 윤리적 의사결정과 관련해서 점차 확대되는 공공의 요구를 충족시키기 위해 기업은 윤리적 문제를 다루는 계획과 체계를 발전시킬 필요가 있다. 기업 내 윤리를 개선하기 위한 방침 중 일부는 규정으로서 관철될 수 있겠지만, 기업에게 필요한 최소한도를 뛰어넘는 가치와 윤리를 구현하기 위한 시스템을 작동시킬 의지가 반드시 있어야 한다.

9-3 효과적인 윤리 프로그램

본 교재 전반에서 우리는 관리자와 직원들이 점점 더 복잡한 의사결정에 직면함에 따라 윤리적 이슈가 조직의 가장 중요한 관심사임을 강조하였다. 이러한 의사결정은 종종 부정행위나 그 기회에 기여하는 서로 다른 가치체계, 경쟁압력, 그리고 정치적 관심사로 이루어진 집단 환경 내에서 이루어진다. 기업 내에서 부정행위가 더 많이 발생할수록 직원들이 느끼는 조직에 대한 신뢰도는 떨어지고, 이직률이 크게 증가할 것이다. 신뢰는 직원들이 직무에 열의를 갖게 하는 핵심 요소이다. 직원들이 리더, 관리자, 그리고 동료직원들을 신뢰할 수 있는 작업환경을 조성하는 것이 관리자들에게 중요하다.[15] 비윤리적 행위에 가담할 기회가 주어졌을 때 직원들이 올바른 결정을 내리는 방법을 모른다면 기업은 윤리문제와 법률위반에 대해 취약해질 것이다.

모든 직원이 기업의 가치를 이해하고 정책과 행동강령을 준수할 수 있도록 하기 위해서 기업은 반드시 효과적인 윤리 프로그램을 갖춰야 한다. 그러나 기업이 윤리지침을 갖추고 있더라도 부정행위는 여전히 발생할 수 있다. John F. Kennedy 공항에서 British Airways의 운영을 감독했던 Steve Clark의 사례를 보자. British Airways는 행동강령을 가지고 있었지만, Clark는 지상작업 계약의 대가로 뇌물을 받은 혐의로 기소되었다.[16] 우리는 다양한 업무, 교육, 집안 배경을 가지고 있기 때문에 새로운 조직이나 직장에 들어갔을 때 어떤 행동이 알맞은지 알고 있다고 단정할 수 없다. 효과적인 윤리 프로그램은 조직의 부정행위를 억제하는 수단으로써 요긴하게 작동한다. 윤리 프로그램이 잘 시행되는 조직에서는 비윤리적 행동이 더 적게 일어난다는 사실을 뒷받침하는 연구결과가 있다. 윤리 프로그램에서 부정행위를 억제하는 가장 중요한 요소는 책무성 정책(accountability policies)이다.[17]

9-3a 법적 문제를 방지하는 윤리 프로그램

8장에서 언급하였듯이, 경영진이 윤리에 대한 충분한 관심이 없거나 기업이 연방양형기준(Federal Sentencing Guidelines for Organizations, FSGO; 표 9-1)의 최소요구사항을 따르지 않은 경우, 이로 인해 일부 기업 문화는 비윤리적 행위에 가담할 기회를 제공하거나 그러한 행위에 대한 보상을 제공하게 된다. 직원 중 한 명이 법을 어기게 되면, 기업은 법적인 처벌이나 대중의 신뢰 상실이라는 문제를 맞닥뜨릴 수 있다. 연방양형기준은 기업이 이러한 위험요소에 대처하고 주요 효과성 기준을 충족시키기 위해 위험영역을 평가하고 컴플라이언스 프로그램을 맞춤화할 것을 장려한다. 기업은 조직에 미칠 잠재적 영향을 기반으로 이러한 위험요소의 우선순위를 정하고 비교 검토해야 할 것이다. 그런 다음 기업은 내부통제 메커니즘을 변경하거나 고도화 하는 데 이러한 위험평가를 사용할 수 있을 것이다.

표 9-1 윤리 및 컴플라이언스 프로그램을 위한 최소요구사항

1.	범죄행위를 예방하고 감지하기 위한 기준과 절차를 세울 것
2.	기업의 이사회, 최고 경영진, 그리고 고위 임원이 이러한 기준과 절차를 합리적으로 감독하도록 할 것
3.	조직이 인지하고 있든 인지했어야 하였든 불법행위에 가담한 사실이 있는 인원을 요직에서 배제하는 데 합리적인 노력을 기울일 것
4.	임원, 직원 그리고 적절한 책임자를 통해 기준 및 절차를 전달할 것
5.	범죄행위를 감지하기 위해 프로그램을 모니터하고 감사하며(audit), 주기적으로 프로그램을 평가하고, 위반 의심 사례 신고체계를 갖출 것
6.	적절한 보상과 징계를 통해 프로그램을 활성화하고 집행할 것
7.	범죄행위가 발각된 경우, 이에 적절하게 대응하고 향후 유사범죄행위를 막기 위해 윤리 및 컴플라이언스 프로그램에 필요한 수정조치를 포함하는 합리적인 조치를 취할 것

자료: United States Sentencing Commission, Guidelines Manual, §3E1.1

공급망에서 발생하는 부정행위로 인해 기업이 피해를 입을 수도 있으므로 제3의 공급업체 또는 협력업체로부터 발생하는 위험요소를 모니터링하고 비교 검토하는 것 또한 중요하다. 매년 약 30억 개의 의류품목을 판매하는 H&M은 40개국 275개 공장에 달하는 광범위한 공급망을 면밀히 조사해오고 있다. 투명성 제고를 위해 H&M은 소비자들이 H&M 애플리케이션을 통해 온라인으로 제품의 원산지를 볼 수 있도록 하고 있다. 최근에는 애플리케이션의 제품 페이지에 원산지, 공장의 위치와 직원 정보, 재질과 재활용법, 그리고 공급업체와 하청업체의 이름까지 포함되기 시작했다. 이에 더해 H&M은 지속가능성 실적이 저조한 공급업체와의 협력을 단계적으로 중단한 바 있다.[18]

연방양형기준의 핵심은 "채찍과 당근" 철학이다. 윤리적, 법적 컴플라이언스 프로그램을 시행해 부정행위를 예방하고자 하는 기업들은 "당근"을 받고 위반사항이 발생했을 때 벌금을 피할 수 있다. 궁극적인 "채찍"은 유죄로 판명 날 경우 벌금을 물거나 집행유예에 처해지는 것이다. 예를 들어, 펜실베니아의 두 기업은 스위스 치즈와 모짜렐라 치즈를 파마산 치즈와 로마노 치즈로 속여 판매한 죄로 처벌받은 적이 있다. 연방판사는 Universal Cheese & Drying과 International Packing 두 회사에 50만 달러의 벌

금형과 집행유예 처분을 선고하였다. 전직 임원은 3년의 집행유예 처분과 5천 달러의 벌금형을 선고받았다.[19] 기업에 대한 집행유예 처분에는 준법 활동을 관찰 및 추적하고 부정행위 예방책의 진행상황을 미국양형위원회(U.S. Sentencing Commission)에 보고하기 위해 기업에 현장 컨설턴트를 파견하는 것이 포함된다. 반대로, 윤리기준을 잘 따르는 직원들을 위한 인센티브를 조직차원에서 생각해보는 것도 중요하다. 해외부패방지법(Foreign Corrupt Practices Act)의 지침은 윤리적 행동을 독려하기 위해 인센티브를 기업 문화에 포함시킬 것을 권장하고 있다.[20]

연방양형기준은 연방판사로 하여금 부정행위를 계속해서 묵인하는 기업에 대해서는 벌금을 증액하고, 광범위한 컴플라이언스 프로그램을 통해 법적, 윤리적 기준을 준수하기 위해 상당한 주의를 기울이는 기업에 대해서는 벌금을 감액하거나 면제해줄 것을 권하고 있다. 이러한 지침이 만들어지기 전까지 부정행위에 대한 기업의 사용자 책임(responsible for employee misconduct)에 대한 법원의 태도는 일관적이지 않았다. 직원들의 윤리적이고 합법적인 의사결정을 장려하기 위한 효과적인 프로그램을 구축할 인센티브가 부재했던 것이다. 현재는 기업들이 엄격한 기준에 부합하는 윤리 프로그램을 구축하는 것을 인정해주고 있다. 프로그램의 효과는 그것의 설계와 구현에 의해서 좌우된다. 다시 말해, 프로그램은 해당 비즈니스와 연관된 위험요소를 효과적으로 처리해야 하고 반드시 기업 문화의 일부가 되어야 한다.

윤리 프로그램을 가지고 있는 것이 민사상 책임을 감면해주기는 하지만 효과적인 프로그램을 가지고 있다는 것의 증명책임은 여전히 기업에 있다. 스캔들이나 고발에 대응하기 위해 도입한 프로그램보다 부정행위가 발생하기도 전에 개발된 프로그램이 더 효과적일 것이다. 직원 개인이 부정행위로 기소된다면 기업의 윤리 프로그램에 대한 법적 심사가 진행될 수 있다. 사법체계 또는 미국양형위원회는 수사과정에서 기업의 사용자책임을 판단한다. 만약 기업이 부정행위에 기여했거나 부정행위 예방에 세심한 주의를 기울이지 않은 사실을 법원이 밝혀내면 기업은 유죄판결을 받고 형을 선고 받을 수 있다. 스웨덴 통신회사인 Ericsson은 해외부패방지법 위반 사례에서 가장 큰 금액에 해당하는 10억 달러의 사법합의금을 지불하였는데, 이는 미국증권거래위원회(SEC)에 납부해야 하는 5억 2천만 달러의 벌금이 포함된 것이다. Ericsson은 수천만 달러 상당을 부당하게 지불하였는데, 이는 17년 동안 5개국의 고위 임원들이 연루된 사건이었다.[21]

9-3b 가치 프로그램 vs 컴플라이언스 프로그램

컴플라이언스 지향
직원에게 구체적인 지시사항에 동조하고 충실할 것을 요구하여 질서를 만드는 통제시스템

가치 지향
공통의 가치 형성을 위해 노력하는 통제시스템

최종목표가 무엇이든 간에 윤리 프로그램은 직원 행동에 대한 예측가능성을 갖추기 위한 조직통제시스템으로서 개발된다. 두 가지 유형의 통제시스템이 가능하다. **컴플라이언스 지향**은 직원에게 구체적인 지시사항에 동조하고 충실할 것을 요구하는 방식의 유형이다. 법률용어, 법령, 계약을 통해 직원들에게 규정 위반에 대한 처벌과 규칙을 알려준다. 또 다른 유형은 **가치 지향**으로, 공통의 가치를 형성하기 위한 노력을 기울이는 시스템이다. 비록 처벌이 결부되어 있기는 하지만, 책임이나 헌신과 같은 추상적인 핵심 이상에 더 초점이 맞춰져 있다. 연구에 따르면 개인의 가치와 조직의 가치가 서로 양립할 때 직장 윤리에 긍정적인 영향을 미치는 경향이 있다.[22]

가치 지향의 장점은 직원들이 의사결정을 내리는 데 필요한 토대를 제공한다는 것이다. 공정(fairness), 연민(compassion), 존중(respect), 투명성(transparency) 등과 같은 가치는 이러한 토대의 중추가 된다. 그와 동시에 직원들이 겪은 경험과 가치관에서의 차이는 재무 보고, 회사 자원의 사용, 지적 재산과 같은 주제에 대한 명확한 소통과 훈련의 필요성을 제기한다. 윤리규정 준수 기준의 확립은 위험요소가 식별된 경우에 직원들이 행동규칙을 이해할 수 있게 도와준다. 예를 들어, 신입사원의 채용과 고용에 관한 규칙은 회사정책의 실현과 법률위반의 예방에 도움이 될 것이다. 어떤 직원이 새롭고 모호하며 윤리규정 준수 요구사항에 없는 예상치 못한 이슈에 직면했을 때, 조직이 추구하는 가치는 이 윤리적 문제를 해결할 수 있게 해준다. 즉, 윤리적 딜레마에 봉착했음에도 사안에 적용할 수 있는 구체적인 행동규칙이 부재하는 경우, 책임(accountability)과 헌신(commitment)이라는 가치관으로부터 딜레마에 대한 확신을 얻어 즉시 해당 이슈를 경영진에게 보고할 수 있게 되는 것이다.

컴플라이언스 기반 및 가치 기반 접근 방식에 대한 연구는 두 가지 유형의 프로그램이 상호작용하거나 동일한 목적을 위해 작동할 수 있음을 밝혀

냈지만, 가치관 지향은 직원들의 윤리적 추론을 촉진시킨다는 추가적인 이점을 가지고 있다. 가치 기반 프로그램은 직장 내 윤리에 대한 직원들의 인식, 청렴, 상사에게 정보를 전달하려는 의지, 보고 메커니즘의 사용 그리고 윤리적 의사결정이 행해지고 있다는 것에 대한 인식을 높인다. 컴플라이언스 기반 프로그램은 직원들의 직장 내 윤리적 위험에 대한 인식과 의사결정을 용이하게 하는 규정 및 기대에 대한 직원들의 명확한 이해와 연결된다. 최종 분석에서는 두 가지 유형 모두 직원과 관리자에게 유용한 것으로 나타났지만, 가치 기반 프로그램이 조직윤리 문화의 근간이다.

9-4 행동강령

해가 지날수록 경영책임에 대한 인식은 빠르게 변화하고 있으며, 조직의 윤리강령에 대한 기대도 높아지고 있다. 오늘날 사회는 직원들이 기업의 윤리 프로그램에 의해 구체화된 윤리원칙과 기준을 준수할 것을 요구한다.[23] 대부분의 기업들은 조직이 직원들에게 기대하는 바를 설명하는 **행동강령** 또는 공식 성명서를 개발함으로써 조직의 윤리 프로그램을 수립하는 과정에 착수했다. 이러한 성명서는 윤리강령, 행동강령, 그리고 가치 성명서의 세 가지 형식을 취할 수 있다. 이 중 가장 포괄적인 **윤리강령**은 행동규칙의 원칙이자 기초가 되는 일반적인 서술로 구성되는데, 간혹 이타적이고 사람을 감화하는 내용이 포함되기도 한다. 윤리강령은 일반적으로 위반사항 보고 방법, 위반에 대한 징계, 그리고 적법절차의 구조를 포함한다. 표 9-2는 광범위한 윤리강령을 갖출 경우 얻게 되는 몇 가지 이점을 설명하고 있다. 행동강령도 감화하는 내용을 일부 포함할 수 있지만 주로 허용되거나 허용되지 않는 행동을 명시한 문서이다. 이 행동강령은 일련의 규칙 및 규정의 집합과 유사하므로 특정한 행동에 대한 논쟁을 덜 유발하는 경향이 있다. 윤리강령이 실패하는 주요 원인은 (1) 강령에 대한 홍보가 부족해 직원이 이를 읽지 않거나, (2) 강령을 쉽게 구할 수 없거나, (3) 강령이 지나치게 많은 법률용어로 작성되어 보통의 직원은 이해할 수 없거나, (4) 강령이 너무 모호하게 작성되어 정확한 지침을 제공하지 못하거나, (5) 최고 경영진이 강령을 머리로든 마음으로든 아예 따르지 않는 경우이다.[24] 윤리성명서의 마지막 형

행동강령
조직이 직원들에게 기대하는 바를 설명하는 공식 성명서

윤리강령
때로 이타적이고 사람을 감화하는 일반적인 진술로 구성되며, 이는 원칙과 해동 규칙의 기초 역할을 함

표 9-2 윤리강령 보유의 이점

	광범위한 윤리강령은
1.	현 직원과 채용 후보자들에게 기업이 책임감이 있고 윤리적임을 보여준다.
2.	기업이 윤리의식을 소중하게 여기고 있음을 소비자에게 증명한다.
3.	기업이 직원에게 기대하는 바를 소통할 수 있게 해준다.
4.	징계처리가 공정하다는 것을 보여준다.
5.	기업 문화의 윤리적 근간을 마련한다.

자료: Fraser Sherman, "What Are the Benefits of a Code of Conduct," Bizfluent, July 29, 2019, https://bizfluent.com/facts-5701613-benefits-code-conduct-.html (accessed March 29, 2021).

가치 성명서
일반 대중에게 제공하고 이해관계자와 같은 별개의 집단을 다루는 조직의 최우선 순위에 대한 선언

식은 **가치 성명서**인데 이는 일반 대중 뿐만 아니라 이해관계자와 같은 별개의 집단까지도 대상으로 한다. 본 교재에서 윤리강령과 가치 성명서를 구분했음에도 불구하고 이 개념들이 종종 같은 의미로 혼용되고 있음을 유념할 필요가 있다.

윤리강령은 그것이 얼마나 광범위한지와 상관없이 윤리 문화를 뒷받침하는 가치, 규칙, 그리고 정책을 준수하고자 하는 상급 관리자의 의도를 반영해야 한다. 윤리강령의 개발과정에는 그 강령의 시행주체인 이사회, 최고경영자와 경영진이 참여해야 한다. 법률 팀 또한 윤리강령이 핵심 위험영역을 올바르게 평가하고 잠재적인 법률문제에서의 완충장치로 작동할 수 있도록 하기 위해 필요하다. 직원 참여는 조직의 모든 구성원들이 공유된 가치를 창출할 수 있는 권한을 부여하고 윤리적 의사결정을 발전시키는 데 체계적이고 광범위한 영향을 미친다.[26] 일상 업무 범위 내에 있는 특정한 고위

표 9-3 윤리강령의 개발 및 시행

1.	위험영역을 고려하여, 법률과 규제를 준수하기 위해 필요한 행동 뿐만 아니라 가치 또한 명시하라. 가치는 심각한 부정행위를 방지하는 데 중요한 완충장치이다.
2.	현존하는 윤리적 이슈를 구체적으로 다루는 가치를 파악하라.
3.	조직을 이해관계자 지향으로 이을 수 있는 가치를 고려하라. 조직의 가치와 이해관계자의 가치가 겹치는 부분을 찾아보라.
4.	해당 가치를 반영하는 사례를 제공하여 강령을 이해할 수 있게 하라.
5.	직원들이 알아들을 수 있는 언어로 강령을 자주 알려라.
6.	매년 조직 구성원과 이해관계자의 의견을 수렴해 강령을 개정하라.

험 행위를 다루지 않는 윤리강령은 위법행위를 방지하는 기준을 유지하기에 적절하지 않다. 표 9-3은 윤리강령을 개발하고 실행할 때 고려해야 할 사항들을 보여준다.

윤리강령은 내부 운영에서 영업 프레젠테이션 및 재무 공개 관행까지 다양한 상황을 다룰 수 있다. 연구결과에 따르면 많은 경우에 기업 윤리강령은 적절한 행동에 대한 자세한 설명 및 예시에 더해 여섯 가지 핵심 가치 또는 원칙을 포함한다.[27] 윤리강령에 적합한 것으로 제시된 여섯 가지의 가치는 (1) 신뢰(trustworthiness), (2) 존중(respect), (3) 책임(responsibility), (4) 공정(fairness), (5) 배려(caring), (6) 시민의식(citizenship)이다.[28] 이러한 가치는 전파, 훈련 및 이를 기업 문화의 일부로 만들기 위한 최고 경영진의 지지 없이는 효과적이지 못할 것이다. 75개의 미국기업을 대상으로 한 연구에서 이들 기업이 비슷한 윤리강령을 가지고 있지만 그 내용이 종종 모호하다는 사실이 밝혀졌다.[29] 이는 기업이 속한 특정 분야나 산업에서 흔히 발생할 수 있는 이슈에 대처할 수 있는 강령의 개발이 필요함을 보여준다. 직원들은 이러한 가치가 어떻게 실현될 수 있는지에 대한 구체적인 예시가 필요하다.

연구결과에 따르면 효과적인 행동강령을 보유한 조직의 직원들은 그렇지 않은 경우보다 이해관계자에 대한 비윤리적 행동을 용인하는 경향이 덜한 것으로 나타난다.[30] 윤리강령이 일상 업무에서 마주치는 모든 윤리적 이슈를 해결해 주는 것은 아니지만, 특정 행동을 지시하거나

논쟁거리

올바른 윤리가 좋은 성과로 이어지는가?

신뢰는 윤리의 근간이며 관계를 끈끈하게 유지해준다. 이 같은 사실은 최신 Edelman Trust Barometer에서 명백하게 드러났는데, 직원의 75%가 자신의 고용주가 가장 신뢰할 수 있는 기관(NGO, 기업, 정부, 미디어보다 높음)이라고 응답했다. Edelman Trust Barometer는 33,000명 이상의 응답자를 대상으로 다양한 기관에 대한 신뢰도를 평가하는 연례 설문조사이다. 기업이 수익성 뿐만 아니라 사업을 영위하고 있는 지역사회의 경제적, 사회적 대의명분에 대한 지원을 통제하고 관리해야 한다는 사실은 점점 더 많은 데이터들이 보여주고 있다.

Edelman의 연구에 따르면 높은 신뢰도를 보이는 기업(능력, 윤리의식, 신뢰 및 목적의식을 가진)들은 해당 분야에서 주가 실적이 5% 앞서는 것으로 나타났다. 이는 Ethisphere 매거진이 세계에서 가장 윤리적인 기업의 실적을 평가한 결과를 뒷받침하는 것으로, 이 기업들은 지난 3년간 미국 대형주 지수를 거의 5% 초과하는 성과를 보였다. 그 이유는 소비자들이 신뢰할 수 있는 기업에서 구매하기를 원하기 때문이다. 소비자들은 신뢰가 깨진 경우 구매를 중단하고 신뢰할 수 있는 다른 기업을 찾는다. 연구결과에 따르면 기업윤리에 대한 평판은 브랜드 선호도에 직접적인 영향을 미친다고 한다. 기업의 사회적 책임은 브랜드에 대한 태도에 긍정적인 영향을 미치지만, 비윤리적 행위는 브랜드에 대한 신뢰 자체를 무너뜨릴 수도 있다. 기업 행동에 대해 훨씬 더 많은 정보를 이용할 수 있기 때문에 좋은 평판은 고객이 제품을 구매하도록 할 수 있지만, Edelman의 연구에서 보여주듯이 고객과의 관계를 유지하려면 지속적인 신뢰가 필요하다(응답자의 67%가 이에 동의함). 직원들이 가지고 있는 사회에 대한 불신은 회사와 리더 및 열정적인 직원들이 그들의 지역사회와 사회적 영향을 통제하고 "일을 잘 하면서도 선행을 하는(do good while doing well)" 진정한 기회를 만들어냈다.[25]

1. 기업은 직원에게 강력한 윤리적 문화를 조성해줄 책임이 있다.
2. 기업 문화보다 중요한 것은 직원과 관리자 개개인의 가치관을 일치시키는 것이다.

또는 제한함으로써 직원 및 관리자로 하여금 윤리적 딜레마에 대처할 수 있게 한다. 많은 기업들이 강령을 가지고는 있지만, 이를 제대로 전달하고 있지는 않다. 웹사이트나 교육 매뉴얼에 있는 강령은 그것이 매일 보강되지 않는 한 무용지물이다. 직원들에게 요구되는 사항과 규칙을 어겼을 경우에 어떠한 처벌을 받을 수 있는지를 전달함으로써, 행동강령은 비윤리적 행위의 기회를 줄이고 윤리적 의사결정을 향상시킨다. 예를 들어, 미국토목기사협회(American Society for Civil Engineers, ASCE)의 윤리강령은 토목기사들이 자신이 참여한 토목 및 건설 프로젝트에서 뇌물, 사기, 부패를 결코 용인해서는 안 된다는 것을 명시하고 있다.[31] 행동강령이 모든 상황을 설명할 수 있을 만큼 아주 자세할 필요는 없지만, 직원들이 조직의 윤리목표를 달성하고 허용되는 방식으로 위험요소에 대처할 수 있는 지침과 원칙을 제공해야만 한다.

인디애나에 본사를 둔 제약회사인 Eli Lilly and Company는 선도적인 윤리 프로그램으로 명성을 얻고 있다. Ethisphere가 선정한 세계에서 가장 윤리적인 기업으로 지명된 이 회사는 윤리 및 청렴성에 극도로 집중하고 있다. 이 회사는 상설 생명윤리위원회 및 프로그램을 설립한 최초의 제약회사 중 하나이기도 하다.[32] 이에 더해 감독, 서면 표준, 교육 및 훈련, 개방적인 의사소통, 감사 및 모니터링, 그리고 잠재적 위반행위 조사를 포함하는 윤리 및 컴플라이언스 프로그램을 가지고 있다.[33] Lilly와 같은 대기업에게 윤리 프로그램은 필수적이다. 하지만, 대기업 뿐만 아니라 중소기업 또한 윤리 및 컴플라이언스 프로그램을 개발할 필요가 있다.

9-5 윤리담당자

조직윤리 프로그램은 법적, 윤리적 기준을 준수하는 고위 임원의 감독을 필요로 한다. 이처럼 조직의 윤리 및 법률 컴플라이언스 프로그램 관리에 책임이 있는 개인을 보통 **윤리담당자**라 일컫는다. 이들은 대개 (1) 조직 전체 윤리 프로그램이 다루어야 할 필요성 및 위험성 평가, (2) 행동강령 또는 윤리강령의 개발과 배포, (3) 직원 대상 훈련 프로그램의 실시, (4) 윤리적 이슈에 관한 직원들의 질문에 답변 및 비밀유지, (5) 기업의 정부규제 준수 확

윤리담당자
조직의 윤리 및 법률 컴플라이언스 프로그램 관리에 책임이 있는 고위 임원

인, (6) 윤리적 행위에 대한 모니터링과 감사, (7) 강령 위반 가능성에 대한 조치, (8) 강령의 검토 및 갱신을 담당한다. 이들은 또한 윤리적 기업 문화를 쌓아 올리는 가치에 대해 소통하고 보강하는 것은 물론, 수천 페이지에 이르는 관련 법규를 알고 있어야 한다. Ethics & Compliance Initiative(ECI)에 따르면, 효과적인 윤리와 컴플라이언스 프로그램을 가지고 있는 대기업의 경우 부정행위 비율이 33%에 그친 반면, 그렇지 못한 대기업은 부정행위 비율이 62%에 이르렀다.[34] 기업의 범법행위와 기업스캔들을 폭로하는 뉴스 헤드라인은 대중의 신뢰에 커다란 악영향을 미친다. 주 및 연방 규정을 확실하게 준수하기 위해서 많은 기업이 최고 준법 책임자(chief compliance officers)와 윤리 및 기업 행동 전문가(ethics and business conduct professionals)를 임명해 기업의 컴플라이언스 프로그램을 개발하고 감독하도록 하고 있다.[35]

Ethics & Compliance Initiative(ECI)는 37개가 넘는 국가에서 윤리 프로그램의 실무책임자로 활동하는 회원을 보유하고 있다.[36] 이 윤리담당자들 중 대부분은 사내 다른 부서에서 옮겨왔으며, 법률, 재무, 그리고 인적자원 관리 분야에 대한 배경지식을 가지고 있다. 사베인스–옥슬리(Sarbanes–Oxley)법과 연방양형기준(FSGO) 개정안은 재무보고 감독에 대한 윤리담당자와 이사회의 책임을 강화시켰다. 윤리담당자의 직위는 상대적으로 최근 들어서 생긴 것이고 그것이 무엇인지 불분명하기도 하다. 경제가 어려울 때에는 모든 지출이 문제시되지만, 경제적 불확실성은 조직 내의 윤리와 규정 준수를 담당하는 직위의 공식화 및 이에 대한 투자의 필요성을 일깨웠다. 경제적으로 어려운 시기는 중대한 조직적·개인적 범법행위를 발생시키는 경향이 있기 때문이다.[37]

윤리담당자가 이사회에 직접 보고하는 것은 모범적인 관행으로 권장되고 있지만, 일반적인 것은 아니다. 대개 윤리담당자는 최고 경영자에게 직접 보고하며 이사회와는 어느 정도 접촉할 뿐이다. 윤리담당자는 또한 새롭게 부상하는 위험영역에 대처할 준비가 되어 있어야 한다. Deloitte의 설문조사에 따르면, 기업 경영진의 1/3이 인공지능(AI)에 대한 가장 큰 우려사항 중 하나로 윤리적 위험을 꼽았다. 윤리담당자는 인공지능(AI) 및 다른 새로운 첨단기술과 관련된 윤리적 이슈를 다룰 준비가 되어 있어야 한다.[38] 윤리 및 컴플라이언스 부서에서 계획, 감독, 모니터링 그리고 운영 절차 및 결과 검토를 통해 이러한 불시의 상황을 미연에 방지할 수 있다.[39]

9-6 윤리 교육과 소통

기업의 윤리 기준을 직원에게 교육하기 위한 훈련 프로그램과 소통 시스템을 도입하는 것은 효과적인 윤리 프로그램 구축의 주요 단계이다. Global Business Ethics Survey에 따르면 1/5 이상의 직원이 직장 내 괴롭힘이나 협박을 목격했고, 12%는 성희롱과 성차별을 목격한 적이 있는 것으로 나타났다.[40] 상당수의 직원들이 윤리 교육이 유용하다고 답했다. 훈련을 통해 직원들은 회사의 정책과 요구사항, 관련 법률과 규제, 그리고 일반적인 사회적 기준을 교육받을 수 있다. 또한 교육 프로그램은 직원으로 하여금 가용자원, 지원 시스템, 그리고 윤리 및 법적 조언의 제공을 담당하는 직원이 누구인지 알 수 있게 해준다. 직원들이 어려운 질문을 던지고 윤리적 의사결정을 하도록 힘을 실어주는 것도 훈련을 통해 가능하다. 오늘날 많은 조직에서 직원 및 경영 개발 교육에 윤리 교육을 포함시키고 있다. 미국변호사협회(The American Bar Association)는 기술 및 아웃소싱 사용 시 고객 기밀보호와 같은 이슈를 다루는 직무행위표준규칙(Model Rules of Professional Conduct)에 대한 6가지 권장사항을 채택한 바 있다.[41] 마찬가지로 정부도 종종 공무원들에게 이러한 훈련을 의무화한다. 예를 들어, 미국 국립보건원(National Institutes of Health, NIH)에서 일하는 공무원들은 매년 반드시 윤리 훈련을 이수해야만 한다.[42]

6장 및 8장에서 강조했듯이, 윤리적 의사결정은 기업 문화, 동료직원 및 상사, 그리고 비윤리적 행위에 가담할 수 있는 기회 등에 의해 영향을 받는다. 윤리 교육은 다시 이 세 가지 요소 모두에 영향을 줄 수 있다. 기업의 경영 철학, 규칙, 절차에 대한 완전한 인식은 기업 문화 뿐만 아니라 동료직원과 상사의 윤리적 태도를 강화할 수 있다. 또한 이러한 인식은 직원들이 비윤리적 행위에 가담할 기회에 대해 저항할 수 있도록 대비시켜주므로 부정행위의 발생가능성을 줄여준다. 따라서 기업 규칙 및 절차의 마련과 시행은 조직 내 비윤리적 행동 및 관행을 제한한다. 적절하고 면밀하게 설계된 윤리 교육은 직원들로 하여금 윤리적 이슈를 인식하게 하고, 윤리 교육의 중요성을 일깨우며, 윤리적 딜레마에 직면했을 때 올바른 의사결정을 할 수 있다는 자신감을 고양시켜준다.[43] 가치, 윤리강령, 윤리적 문제의 전파 절차, 집행부의 참여, 그리고 윤리에 대한 경영진의 명확한 우선순위를 토대로 하는 이론적 기반으로부터 시작해야 윤리 훈련이 효과적일 수 있고, 위 사항은 모두 직원들과 반드시 소통해야 한다. 윤리 교육 프로그램의 개발에는 모든 부서의 관리자들이 반드시 참여해야 한다. 교육 및 소통 이니셔티브는 규모, 문화, 가치관, 경영스타일 등 조직의 고유한 특성을 반영해야 한다. 비즈니스 윤리 프로그램이 성공적이기 위해서는 공식적인 윤리 프레임워크와 기업윤리 이슈 분석을 위한 모델을 직원들에게 교육시켜야 한다. 이렇게 한다면 직원들이 감정에 따르기보다 주어진 선택지에 대한 지식을 바탕으로 윤리적 의사결정을 할 수 있을 것이다.

기업의 가치관, 문화 그리고 윤리적 이슈에 대처하는 기업의 정책을 명확하게 소통할 수 있는 기술을 확고히 하는 것은 효과적이고 효율적인 윤리 및 컴플라이언스 프로그램의 운영에 있어서 핵심 요소이다. 많은 사람들은 직원들이 실제 혹은 가상의 윤리적 딜레마에 직면했을 때 "실습" 교육을 통해 조직이 잠재적 문제를 어떻게 다루기를 원하는지 이해하는 데 도움이 된다고 생각한다. 예를 들어, Lockheed Martin은 팀에서 해결할 수 있는 딜레마를 포함한 훈련용 게임을 개발한 바 있다. 각 팀 구성원은 자신의 관점을 제시하여 다른 팀 구성원들이 동료와 조직에 대한 의사결정의 파급효과를 완전히 이해할 수 있도록 돕는다.

또 다른 훈련 장치는 행동 시뮬레이션으로, 참가자에게 짧은 가상의 윤리적 이슈 상황을 제시한다. 각 참가자에게는 가상조직 내에서 역할이 배정되고, 시나리오에 대한 다양한 수준의 정보가 주어진다. 참가자들은 서로 소통하여 단기, 중기 및 장기 고려사항을 반영해 행동방침을 만들어 내야 한다. 이러한 시뮬레이션은 조직 관계의 복잡성은 물론 불완전한 정보를 바탕으로 어려운 상황에 대처해야 하는 현실을 재현한다. 이러한 훈련은 참가자들이 비즈니스 의사결정의 윤리적, 법적, 사회적 측면을 인식하고, 윤리적 이슈의 해결을 위한 분석 역량을 개발하며, 조직 내 윤리적 의사결정의 복잡성에 대해 경험을 쌓게 해준다. 관련 연구에서는 "시뮬레이션은 윤리의

표 9-4 성공적인 윤리 훈련 프로그램의 핵심 목표

1.	직원들이 마주할 핵심 위험영역을 파악한다.
2.	미니 케이스, 온라인 챌린지, DVD 또는 기타 체험학습 기회를 통해 산업 내에서 드러나지 않은, 혹은 가상의 윤리적 이슈를 해결하는 경험을 제공한다.
3.	직원들에게 조직에서 범법행위를 지지하는 일은 절대로 없으며, 이러한 행위는 직원평가에서 고려되는 사항임을 알린다.
4.	직원들에게 자신의 행동에 대해 개별적인 책임이 있음을 알린다.
5.	직원들이 조직의 명성과 브랜드에 맞는 품행을 갖추도록 한다.
6.	직원들이 윤리적 이슈를 처리하는 방법에 대해 지속적인 피드백을 제공한다.
7.	직원들이 익명으로 우려 사항을 표명할 수 있는 메커니즘을 허용하되, 중요한 질문에 대해서는 답변을 제공한다. (24시간 핫라인)
8.	직원들이 해결 방법을 알지 못하는 윤리적 딜레마에 직면했을 때 연락할 수 있는 리더십 보고체계를 알려준다.

중요성 뿐만 아니라 윤리적 문제와 갈등을 다루는 과정에 대해서도 교육시킨다"고 밝히고 있다.[44]

최고 경영진은 각 운영 단계(예를 들어 생산, 영업 및 재무)의 관리자들과 소통하고 조직 내에서 총체적인 윤리 기준을 시행해야 한다. 표 9-4는 성공적인 윤리 훈련을 위한 목표를 나열하고 있다. 어떠한 윤리 훈련 프로그램이든지, 직원들로 하여금 자신의 직무 및 전문 분야의 핵심 위험영역을 인지하도록 하는 것은 매우 중요하다. 또한 조직의 가치관, 규칙, 정책 그리고 훈련이 적당한 방침을 제공해주지 못하는 애매한 영역에 맞닥뜨렸을 때 직원들은 누구에게 연락하여 도움을 받을 수 있는지 알고 있어야 한다. 반면에 직원들이 의견을 개진할 수 있도록 해주지만 그들의 충고를 진지하게 받아들이지 않는 기업의 경우에는 집단내부 갈등이 증가할 수 있다.[45] 그러므로 기업은 조직 내 피드백 메커니즘과 의사소통에 대한 강한 의지를 보일 필요가 있다.

비록 훈련 및 소통 프로그램이 가치관을 강화하고 직원들에게 규칙을 학습할 기회를 주지만 이는 효과적인 윤리 프로그램의 한 측면에 불과하다. 게다가 단순히 그래야만 해서, 또는 경쟁기업을 따라 한다는 이유만으로 도입된 윤리 훈련은 효과적일 수 없다. 오하이오에 본사를 둔 Cardinal Health는 윤리 프로그램을 시행하고 있는 회사이다. 그럼에도 불구하고

Cardinal Health는 해외부패방지법(FCPA)을 위반하였다는 의혹에 대응하기 위해 8백만 달러가 넘는 합의금을 지불하기로 했다. 미국증권거래위원회(SEC)에 따르면, Cardinal Health의 중국 자회사가 부적절한 자금집행을 하였을 뿐만 아니라 Cardinal의 내부 회계 통제가 불충분하여 이를 탐지해 내지 못했다.[46]

윤리 프로그램의 효과를 측정할 때 중요한 것은 직원들의 의견을 수렴하는 것이다. 직원 설문조사, 그리고 성과평가시스템으로의 윤리 측정도구 통합은 기업의 윤리 훈련 효과를 판단하는 두 가지 방법이다. 윤리적 성과가 정기적 성과평가의 일부가 되지 못한 경우, 직원들은 회사가 윤리를 의사결정의 중요한 요소로 보고 있지 않다는 신호를 받게 된다. 윤리 훈련이 의미가 있으려면, 직원들이 그것이 왜 만들어졌는지, 그것이 어떻게 조직에 들어맞는지 그리고 그것을 시행하는 데 자신이 어떤 역할을 하고 있는지 이해해야 한다.

9-7 윤리 기준의 모니터링과 시행을 위한 시스템

효과적인 윤리 프로그램은 윤리적 행위를 감시하고 프로그램의 효과성을 측정하기 위해 다양한 방법을 활용한다. 직원 관찰, 내부감사와 조사 실행, 설문조사 배포, 신고 시스템의 도입은 자사의 윤리강령과 기준에 대한 준수를 평가할 수 있는 방법이다. 기업 활동에 대한 외부 감사 및 심의는 때때로 컴플라이언스 벤치마크를 개발하는 데 도움이 될 수 있다.

관찰자는 직원이 윤리적으로 부과된 상황을 어떻게 처리하는지 살피는 데 집중함으로써 그가 자신의 직무를 적절하고 윤리적으로 수행하고 있는지 확인할 수 있다. 많은 기업이 영업사원과 관리자를 교육할 때 역할극을 활용하고 있다. 토론에 윤리적 이슈가 제기될 수 있고, 그 결과를 영상으로 촬영하여 참가자와 상사들이 윤리적 딜레마의 결과를 평가할 수 있다.

설문지는 회사, 상사, 동료 및 자신에 대한 직원들의 윤리적 인식을 측정함으로써 윤리 성과에 대한 지속적인 평가의 벤치마크로 활용될 수 있을 뿐만 아니라, 회사 및 산업 내에서 윤리적 혹은 비윤리적 관행에 대한 등급을 개발하는 수단이 될 수 있다. 그렇게 되면 비윤리적인 행위가 증가하고 있는 것으로 보이는 상황에서 경영진은 어떤 유형의 비윤리적인 관행이 왜 일어나고 있는지 더 잘 이해할 수 있다. 그러면 회사의 윤리 교육에 변화가 필요할 수 있다.

직원들이 부정행위를 신고할 수 있는 내부시스템의 존재는 윤리 성과를 모니터링하고 평가하는 것에 특히 유용하다. 많은 기업들이 직원들의 질문과 신고를 접수하고 그들을 지원하기 위한 윤리 핫라인을 설치해 놓고 있다. 윤리 핫라인은 익명기반으로 운영되고 연중무휴 24시간 지원될 때 가장 효과적이다. P&G는 익명성을 제공하기 위해 독립적인 제3자가 상주하는 방식으로 여기에 꼭 들어맞는 연중무휴 핫라인을 운영 중이다.[47] 직원들이 잘못 신고하거나 동료에게 보복하기 위해 핫라인을 악용할 수 있다는 우려는 늘 제기되어 왔지만, 핫라인은 널리 사용되고 있으며 직원들도 실제로 이를 이용하고 있다. 이용하기 쉬운 핫라인이나 지원 부서(help desk)는 비윤리적 행위를 시기적절하게 파악하고 대응할 수 있는 안전망 역할을 할 수 있다. 핫라인은 문제가 제기된 특정 케이스를 처리하는 데 가장 적합한 사람에게 할당될 수 있도록 하는 중심 연락 창구로서의 역할을 수행한다.[48] 많은 경우 직원들은 핫라인과 같은 신고체계를 활용하기 전에 자신의 상사나 관리자를 통해 문제를 해결하거나 직접 해결하는 것을 선호한다.[49]

전문적인 사례 관리 서비스와 소프트웨어를 제공하는 컨설턴트를 활용하는 기업이 점점 늘어나고 있다. 소프트웨어는 추적하고 관리할 수 있는 직원의 우려 및 불만사항, 또는 위법행위에 대한 관찰 보고서를 제공하기 때문에 점점 더 인기를 얻고 있다. 따라서 회사는 부정행위 보고서의 조사, 분석, 해결 및 문서화 과정을 추적할 수 있다. 이 시스템은 소송을 예방하고, 기업이 윤리적 과실을 깨닫고 분석하는 데 도움을 준다. 그러나 기업의 필요에 맞는 올바른 소프트웨어를 선택하는 것이 중요하다. 많은 기업들이 기술과 소프트웨어가 제공하는 자동화된 프로세스로 전환하고 있다.

어떤 기업이 윤리적 문화를 조성하고 유지하는 데 진전이 없다면 그 원인을 파악하여 현행 기준을 보다 엄격하게 시행하거나 더 높은 기준을 설정하는 방법으로 시정조치를 취할 필요가 있다. 시정조치에는 회사 정책과 기준을 따르는 직원을 보상하고, 따르지 않는 직원을 처벌하는 것이 포함될 수 있다. 직원들이 조직의 기준을 준수한 경우, 그들의 노력은 공식적인 인정이나 보너스, 임금 인상 등 어떠한 수단으로든 인정받아야 한다. 반대로 직원이 조직의 기준을 위반한 경우에는 그들에 대한 견책, 전근, 임금삭감, 정직, 심지어는 해고의 조치까지 취해져야 한다. 비윤리적 혹은 불법적 행동에 대한 기업의 시정조치가 이루어지지 않으면 그와 같은 부적절한 행위가 계속될 가능성이 높다. National Business Ethics Survey에 따르면, 직원들이 부정행위를 목격하고도 신고하지 않는 두 가지 주요 이유는 보복행위를 두려워하기 때문이거나, 해당 부정행위가 신고할 정도의 것인지에 대해 개인적인 가치판단을 하였기 때문인 것으로 밝혀졌다.[50]

윤리 프로그램 또는 컴플라이언스 프로그램이 제 기능을 다하기 위해서는 일관된 시행과 필요한 경우에 징계 조치가 필수적이다. 기업 윤리기준 위반에 대한 징계 조치는 보통 윤리담당자가 책임지고 있다. 많은 기업들이 직원 성과 평가에 윤리규정 준수를 포함시키고 있다. 성과 평가 기간 동안 직원들에게 회사의 현행 윤리 지침을 숙지하고 있음을 확인하는 서명이 요구될 수 있다. 이에 더해 기업은 이미 드러났거나 혹은 의심스러운 부정행위에 대해 즉각적으로 반응해야 한다. 임원 중 적임자, 일반적으로 윤리담당자는 고위 경영진에게 특정한 윤리 위반에 대한 대처 방안을 권고해야 한다. 기업은 입증된 부정행위에 대한 보고서를 지정된 정부기관이나 규제당국에 제출하고 신용을 얻을 수 있다. 연방양형기준(FSGO)에 의하면 효과적인 컴플라이언스 프로그램을 가지고 있는 경우 이러한 신용을 통해 벌금을 줄일 수 있다.[51]

비윤리적 행위를 막기 위한 노력은 기업과 직원, 소비자 그리고 지역사회와의 장기적 관계에서 중요하다. 윤리강령은 그것이 적극적으로 시행되어 기업 문화의 일부가 된 경우 조직 내 윤리적 행동을 효과적으로 개선할 수 있다. 그러나 강령이 적절하게 시행되지 않는다면, 단순한 겉치레에 불과할 뿐 윤리적 행동과 의사결정의 개선에 별 도움이 되지 않을 것이다. 모니터링 및 시행 메커니즘의 결핍은 기업이 프로그램으로 인해 선의를 가지기는 하지만 선의에 따른 이점은 누리지 못하는, 피상적인 개선만을 가져올 뿐이다.[52]

9-7a 윤리 프로그램의 지속적인 개선

직원들이 더 많은 윤리적 의사결정을 내리도록 장려하는 시스템을 개선하는 것은 다른 유형의 비즈니스 전략을 실행하는 것과 큰 차이가 없다. 실행에는 가용자원과 주어진 제약조건을 사용하여 조직목표를 달성하기 위한 설계활동이 필요하다. 실행계획은 운영상의 용어로 변환돼야 하며 조직의 윤리 성과를 모니터링, 통제 및 개선할 수 있는 수단을 마련해야 한다.

윤리적 비즈니스 기준을 계획하고 실행할 수 있는 기업의 역량은 부분적으로 그 기업이 윤리적 목표를 달성하기 위해 자원과 활동을 어떻게 구조화하느냐에 달려있다. 사람들의 태도와 행동은 전통적인 경영자 권위에 대한 복종에 의해서가 아니라 비즈니스에 대한 공동의 헌신에 의해서 이끌어져야 한다. 다양한 관점과 의견 차이를 장려하고 직원의 권한을 강화하는 것은 회사의 리더십을 직원과 융화시키는 데 도움이 된다.

기업의 윤리적 성과가 만족스럽지 못하다고 판단되는 경우, 경영진은 특정 유형의 의사결정이 내려지는 방식을 변경하고자 할 것이다. 예를 들어, 분권화된 조직은 적어도 한동안 핵심 의사결정을 중앙 집권화할 필요가 있고, 이를 통해 상위 관리자가 이 의사결정이 윤리적인 방식으로 이루어질 수 있도록 할 수 있다. 중앙 집권화는 하급 관리자와 직원들이 비윤리적 의사결정을 내릴 기회를 감소시킨다. 그러면 경영진은 긍정적 행동에 대해 보상하고 부정적 행동을 제재함으로써 기업 문화를 개선하고 기업 전체에 윤리적 가치관을 주입하기 위한 이니셔티브에 집중할 수 있다. 다른 기업에서는 중요 의사결정을 분권화하는 것이 윤리적 문제를 해결하는 더 좋은 방법일 수 있으며, 이로써 현지 비즈니스 환경, 현지 문화 및 가치관에 익숙한 하급 관리자가 더 많은 의사결정을 내릴 수 있다. 윤리 기능을 중앙 집권화 혹은 분권화하는 것에 관계 없이, 조직이 윤리적 성과를 달성할 수 있는 방향으로 권한을 위임하는 것이 핵심이라 할 수 있다.

9-7b 윤리 프로그램의 설계 및 시행에서 흔히 발생하는 실수

첫째로, 많은 비즈니스 리더들이 윤리 프로그램의 필요성을 인지하고 있지만, 이 프로그램의 목표가 무엇인지에 대한 근본적인 의문에 답을 찾기 위해 시간을 쏟는 사람은 거의 없다. 앞서 언급한 바와 같이 프로그램 목표에서 가장 흔한 것은 법률위반과 비윤리적 행동을 억제하고 탐지하는 것, 소비자와 공급자 및 직원과의 관계개선을 통해 경쟁에서 우위를 확보하는 것,

그리고 특히 다국적 기업에 있어서 통합된 공동의 기업 문화를 통해 직원들의 유대를 강화하는 것이다. 이러한 목표를 이해하고 제대로 인식하는 데 실패하는 것이 많은 기업들이 윤리 프로그램을 설계할 때 저지르는 첫 번째 실수이다.

두 번째 실수는 현실적이고 측정 가능한 프로그램 목표를 설정하지 않는 것이다. 일단 목표에 대한 합의가 이루어지면 기업은 인터뷰, 포커스 그룹 및 설문도구를 이용해 관련 정보를 획득해야 한다. 직원들이 특정 상황에서 어떻게 반응할지 알아내는 것은 기업이 비윤리적이거나 불법적인 행동에 사후적 또는 사전적으로 시정하는 방법을 더 잘 이해하는 데 도움이 될 수 있다. 연구에 따르면 직원 및 고위 관리자들은 종종 자신들이 비윤리적인 행동을 하고 있다는 사실을 알고 있으나 자신의 행동을 "회사를 위한 것"으로 합리화한다고 한다. 결과적으로 윤리 프로그램 목표에는 측정 가능한 요소가 포함되어야 한다.[53]

세 번째 실수는 고위 경영진이 윤리 프로그램에 주인의식을 가지지 않는 것이다. 최고경영자 및 고위 임원이 윤리적 문화를 지지하지 않는다면 그것을 유지하는 것이 불가능할 수 있다. 앞서 본 장의 도입부에서 논의한 바와 같이, 최고 재무책임자를 비롯한 상위 관리자들은 재무성과에 대한 압박감 때문에 이해관계자 모두의 요구에 더 크게 무감각해질 수 있다. 최고 경영자들은 직원들에게 비윤리적으로 행동할 것을 강요하여 경쟁력을 높여야 한다는 압박에 더 취약할 수도 있다. 이 때문에 최근 연방양형기준(FSGO) 개정안은 윤리담당자가 법률 자문위원이 아닌 이사회에 보고해야 한다고 권하고 있다. 이사회는 조직윤리 문화를 조성하기 위한 궁극적인 책임과 감독을 부담해야 한다.

네 번째 실수는 일반 직원의 요구에 부합하지 못하는 프로그램 자료를 개발하는 것이다. 많은 컴플라이언스 프로그램은 기업에 대한 법적 보호를 위해 변호사가 설계하는 것이 일반적이다. 이러한 프로그램은 조직 내에서 거의 아무도 이해할 수 없는 복잡한 "법률용어"를 포함하게 된다. 이러한 문제를 피하기 위해서는 행동강령 및 교육자료를 포함하는 윤리 프로그램이 법률부서 뿐만 아니라 회사 전체에 걸친 직원들의 피드백을 반영하도록 해야 한다. 프로그램에 질의응답 섹션을 포함시키는 것, 핵심 윤리적 이슈에 대한 지침을 제공할 수 있는 추가적인 방안에 대한 참조표시를 제공하는 것, 체크리스트, 일러스트에 더해 삽화까지 활용하는 것을 통해 프로그램 자료를 보다 사용자 친화적으로 만들 수 있다.

다섯 번째 실수는 다국적 기업이 본국에서 사용하던 프로그램을 현지 사업부에 그대로 이전하는 것이다. 다국적 기업의 경우, 회사가 추구하는 가치에 대한 이해를 높이고 오해에서 비롯되는 부정행위의 가능성을 최소화하기 위해 경영진이 가능한 빨리 현지 인력을 프로세스에 참여시켜야 한다. 이러한 목표는 일반적인 글로벌 관리 관행 및 프로세스 목록을 개발하고, 이를 국제 표준에 비추어 기업의 행동 표준을 검토함으로써 달성할 수 있다.

여섯 번째이자 마지막 실수는 그저 강의에 지나지 않는 윤리 프로그램을 설계하는 것이다. 이러한 경우 참가자는 교육 다음 날만 되어도 거의 기억하지 못한다. 보다 실용적인 해결책은 직원들이 사례연구 혹은 소그룹 활동을 통해 학습한 기술을 활용할 수 있도록 해주는 것이다.

윤리에 대해 "법적 준수"라는 방식으로 접근하는 기업은 성공할 수 없다. 최고 경영진은 불법행위에 대해 장벽 역할을 하는 높은 윤리 기준을 개발하기 위해 노력을 기울여야 한다. 비록 윤리 프로그램이 위법행위에 대한 처벌 가능성과 부정적인 여론을 줄이는 데 도움이 될 수 있지만, 기업은 훌륭한 기업 시민이 되는 것을 추구하고 사업 성공에 있어서 윤리의 중요성을 인식해야 한다.

9-8 윤리감사

윤리감사
조직의 윤리 프로그램 및 성과의 효과성을 판단하기 위한 체계적 평가

윤리감사(Ethics audit)는 조직의 윤리 프로그램 및 성과의 효과성을 판단하기 위한 체계적 평가이다. 윤리 프로그램의 주요 구성요소인 윤리감사는 "기업의 공개된 정책 및 절차의 준수에 대한 정기적이고, 완전하며, 문서화된 측정"을 포함한다.[10] 그렇기 때문에 윤리감사는 기업이 바라는 윤리 기준에 대한 순응도를 측정할 수 있는 기회를 제공한다. 기업의 윤리 기준, 기존 정책 및 위험 영역을 식별하기 때문에 윤리감사는 윤리 프로그램을 수립하기 위한 선행 요소가 될 수 있는 것이다.

윤리감사는 기업이 자신의 이해관계자에 대한 윤리적 헌신을 식별하고 측

정하는 데 사용하는 도구이다. 직원, 고객, 투자자, 공급자, 지역사회의 구성원, 활동가, 언론 및 규제당국은 기업들이 윤리적으로 행동하고 자신의 행위에 대해 책임을 지도록 점점 더 요구하고 있다. 윤리감사는 법적, 윤리적 기준 및 사회적 책임의 기준에 대한 준수를 비롯한 전략적 계획을 개선하기 위한 기업의 노력을 증명할 수 있는 객관적인 방법을 제공한다.

윤리감사는 자발적으로 이루어지는 제도이기 때문에 보고의 빈도, 공개를 위한 요건, 그리고 감사의 결과에 따라 취해야 할 개선조치에 관해 기업이 기준으로 삼을만한 것이 거의 존재하지 않는다. 이러한 상황은 규제기관이 이사회의 윤리 감독을 요구 및 지원하고 있는 현행 규제환경에서 더 많은 기업들이 윤리 프로그램을 개발함으로써 변화할 수 있다. 이사회가 윤리 프로그램의 성과를 추적하려면 윤리감사가 필요하다. 더 나아가 기업의 비재무적 윤리 성과를 자사의 과거 성과 및 타사의 성과와 비교하고 벤치마킹할 수 있는 데이터를 제공하는 비재무감사 기준이 개발되고 있다.

윤리감사 프로세스는 동향을 강조하고, 조직 학습을 개선하며, 소통 및 업무 관계를 용이하게 할 수 있다.[54] 또한 기업으로 하여금 프로그램과 정책의 성과를 평가할 수 있도록 하는데, 이는 업무효율성을 높이고 비용을 절감한다. 감사결과 및 보고서에서 얻을 수 있는 정보를 이용해 기업이 가용자원으로 최대한의 성과를 달성할 수 있는 것이다.[55]

윤리감사 프로세스는 또한 조직이 잠재적 위험요소와 책임요소를 식별하고 법률준수를 개선하는 데 도움이 된다. 더 나아가 감사 보고서는 기업의 법적 요구사항 준수를 문서화하는 것 뿐만 아니라, 예를 들면 부정행위의 재발가능성을 줄이기 위해 시행 중인 시스템을 서술함으로써, 과거 준수하지 않았던 분야에서의 진척상황을 입증하는 데 도움이 될 수 있다.[56]

조직에 있어서 윤리감사 프로세스가 가지는 최대 이점 중 하나는 보다 높은 투명성을 원하는 이해관계자와의 관계 개선이다. Wells Fargo의 인센티브 프로그램이 2백만 개의 가짜 은행 계좌를 만드는 데 일조한 괴물이 되었을 때 윤리감사가 있었다면 이를 막을 수 있었을 것이다. 기업과 직원, 공급자, 그리고 투자자가 서로를 신뢰하면 이러한 관계를 모니터링하고 관리하는 비용은 낮아진다.

윤리감사는 개별 기업의 규모, 산업, 기업 문화, 식별된 위험요소 및 업무

분야의 규제환경에 따른 고유한 것이어야 한다. 그러므로 은행의 윤리감사는 자동차 제조업체나 식품 가공업체의 그것과 다르다. 각 기업은 서로 상이한 규제상의 우려와 그들의 비즈니스 특성에서 파생되는 고유한 위험요소를 가진다.

9–8a 윤리감사 프로세스

윤리감사를 실시하기 위한 첫 단계는 최고 경영진 그리고/또는 이사회의 헌신을 확보하는 것이다. 윤리감사의 추진은 특정 관계자의 우려, 기업 지배구조 개선, 또는 윤리 성과를 추적 및 개선할 방법을 모색하는 최고 경영진에 대응하여 이사회에서 직접 이루어질 수 있다. 윤리감사의 근원이 무엇이든, 이 감사의 성공 여부는 최고 경영진의 전적인 지원에 달려있다. 표 9–5는 다소 일반적이고, 대부분의 기업들이 자체 윤리감사 수행 시 확대할 수 있는 프레임워크를 보여준다.

두 번째 단계는 감사 프로세스를 감독할 위원회나 팀을 구성하는 것이다. 이사회의 재무 감사 위원회가 윤리감사를 감독하는 것이 이상적이겠지만, 대부분의 기업에서 관리자 또는 윤리담당자가 감사를 수행한다. 이러한 위원회는 기업 내부에서 인력을 모집하거나 또는 외부 컨설턴트를 고용하여 감사를 조정하고 결과를 보고하도록 한다.

세 번째 단계는 윤리감사의 범위를 정하는 것인데, 이는 비즈니스 유형, 기업이 직면한 위험요소, 주어진 윤리 관리 기회에 따라 달라진다. 이 단계에는 윤리감사에 중요한 주요 주제 또는 위험영역을 정의하는 것이 포함된다.

표 9–5 윤리감사를 위한 프레임워크

1.	최고 경영진과 이사회의 지지를 이끌어낼 것
2.	윤리감사를 감독할 위원회를 구성할 것
3.	감사 프로세스의 범위를 정할 것
4.	기업의 미션, 가치관, 목표 및 정책을 검토할 것
5.	진행상황을 측정할 수 있는 도구나 방법을 파악하고 관련 정보를 수집 및 분석할 것
6.	감사결과를 독립된 제3자로부터 검증받을 것
7.	감사결과를 최고 경영진과 이사회에 보고할 것

네 번째 단계는 기업의 미션, 가치관, 목표 및 정책을 검토하는 것이다. 이 단계에는 윤리적, 법적 또는 사회적 책임 이슈에 대한 헌신을 명시한 공식 문서를 검토하는 것과 마케팅 자료, 사업장 정책, 윤리 정책, 그리고 공급자 또는 판매자를 위한 기준 등과 같은 비공식문서를 검토하는 것이 포함된다. 이 단계에서 기업은 윤리적 우선순위를 정하고 이를 객관적, 정량적으로 평가할 수 있는 일련의 척도 또는 성과지표로 분명하게 나타내어야 한다.

다섯 번째 단계는 진행상황을 측정할 수 있는 도구나 방법을 파악하고 관련 정보를 수집 및 분석하는 것이다. 증거수집 기법에는 내부 및 외부 문서의 검토, 데이터수집 프로세스(이해관계자와의 논의 등)의 관찰, 조직 회계 기록에 있는 정보의 확인 등이 있다. 이 단계에서는 기업의 이해관계자가 정해져야 하고 그들이 기업을 어떻게 인식하는지 인터뷰를 통해 파악해야 한다. 이는 표준화된 설문조사, 인터뷰, 그리고 포커스 그룹으로 달성될 수 있다. 일단 정보가 수집되면 이를 분석하고 요약해야 한다. 분석에는 지정된 주제 영역에서 업계의 다른 조직들은 어떤 성과를 내고 있는지에 대한 검토가 포함되어야 한다.

여섯 번째 단계는 사회적 감사 서비스를 제공하는 사회/윤리감사 전문가, 재무 회계 회사 또는 감사경험이 있는 비영리 특수 이익 단체와 같이 독립된 제3자를 두어 데이터 분석의 결과를 검증하도록 하는 것이다. 검증은 기업의 감사 프로세스의 질, 정확성, 완전성에 대한 독립된 평가이다. 이러한 검증은 이해관계자들이 기업의 윤리감사를 신뢰하게 하며 감사 보고서에 신뢰성과 객관성을 부여한다. 감사 결과에 대한 검증에는 정보의 신뢰성과 유효성을 검사하는 표준절차가 포함되어야 한다.

윤리감사 프로세스의 마지막 단계는 감사결과를 최고 경영진과 이사회, 그리고 승인된 경우 외부 이해관계자에게 보고하는 것이다. 보고서에는 감사의 목적과 범위, 감사 프로세스(증거 수집 및 평가)에 사용된 방법, 감사자의 역할, 감사자가 따른 감사 지침, 그리고 기업이 따르는 보고 지침이 명시되어야 한다.

윤리감사는 정기적으로 실시돼야 한다. 사회 감사(Social auditing)는 문제를 드러내기도 하지만, 많은 이점을 가지고 있기도 하다. 감사 프로세스를 통해 기업은 윤리적 행위와 사회적 책임 이니셔티브가 순이익에 미치는 긍정적 영향을 증명할 수 있는데, 이를 통해 윤리적, 사회적 책임을 지는 비즈니스 관행을 채택하는 것의 가치를 이해관계자에게 납득시킬 수 있다. 윤리감사는 기업이 우선 순위와 행위에 대한 의문을 갖거나 어떤 문제에 맞닥뜨린 다음 실시되기보다는 정기적으로 실시되어야 한다. 비록 윤리감사가 잠재적 문제 영역을 정확하게 집어내고 위기 상황에서 해결책을 도출할 수 있도록 한다 하더라도, 위기상황 중에 사용될 수 있는 통제절차는 아니다.

9-8b 비공식적 윤리감사

감사라는 개념에는 윤리 성과에 대한 공식적인 검토라는 의미가 함축되어 있지만, 많은 조직들이 비공식 감사를 진행하고 있다. 직원 및 경영진에 대한 인터뷰를 수행하는 것은 조직의 윤리 프로그램을 자체적으로 감사하는 방법이 될 수 있다. 이는 개선을 위한 핵심적인 부분을 알려주는데, 경영진은 이 부분에서 자사 윤리에 관해 직원을 더 잘 지도하고 교육할 수 있다. 표 9-6에서 확인할 수 있는 것과 같이, 직원을 대상으로 하는 질문은 행동강령 정책, 핫라인 보고 메커니즘, 그리고 윤리 훈련과 같은 영역에 집중되어야 한다. 경영진을 대상으로 하는 질문은 그들의 리더십과 윤리 및 컴플라이언스 프로그램에 대한 헌신을 다뤄야 한다. 이러한 질문들은 경영진이 자신의 역할을 무엇이라 믿는지 그리고 윤리 문화를 증진시키기 위해 적극

표 9-6 자체감사를 위한 인터뷰 질문

직원 대상
• 직원들이 행동강령에 따라 수립된 기준을 준수하기 위한 자신의 역할을 이해하고 있습니까? • 직원들이 회사가 윤리 및 준수를 심각하게 여기고 있다고 생각하고 있습니까? 아니라면 왜 그렇습니까? • 직원들이 생각하기에 윤리 및 준수에 관련된 회사의 위험요소는 무엇입니까? • 직원들이 윤리담당자 또는 부정행위를 신고할 수 있는 사람의 이름과 연락처를 알고 있습니까? • 직원들이 자신의 우려사항을 제보할 수 있는 핫라인 번호가 있다는 사실을 알고 있습니까? 직원들이 그 번호를 어디서 찾을 수 있는지 알고 있습니까? • 직원들이 우려사항을 제보한다고 해서 보복을 받지 않는다는 사실을 알고 있습니까? 어떤 직원이 보복을 두려워한다면 왜인지 물어보십시오. 보복의 증거가 있습니까?
경영진 대상
• 윤리적 문화를 조성하기 위한 자신의 역할이 무엇이라고 생각합니까? • 조직 내 윤리적 문화를 증진하기 위해 구체적으로 어떤 일을 하였습니까? • 직원들이 보복의 두려움 없이 우려사항을 표명할 수 있도록 하기 위해 어떻게 하고 있습니까?

표 9-7 고효율 윤리감사를 위한 권고사항

- **자세한 토대에서부터 시작한다.** 상세하고 구체적인 정책과 절차를 두어 감사에서의 대조가 더 쉽게 하라.
- **척도를 개발하라.** 윤리 측정이 가시적이게 하고 이러한 목표를 연간 성과 평가에 추가할 것을 고려하라.
- **교차 기능적 팀(cross-functional team)을 구성하라.** 윤리감사 팀에는 윤리 및 컴플라이언스 매니저, 인사부 직원, 그리고 가능하다면 내부 감사와 법무 매니저가 포함되어야 한다.
- **감사는 효율적으로 하라.** 조직에 끼치는 방해를 제한하기 위해 같은 영역에 대한 감사는 함께 실시하라.
- **별개의 이슈를 찾아보라.** 거듭되는 개선 기회를 인식하고 이를 동료와 공유하라.
- **일관되게 대응하고 소통하라.** 윤리 위반에는 항상 행동강령에 명시된 적절한 징계가 뒤따라야 한다. 그리고 어떠한 이슈든 윤리 관련 소통과 훈련에서 예시로 쓰일 수 있다.

자료: Society for Human Resource Management, "How to Conduct an Ethics Audit," https://www.shrm.org/hr-today/news/hr-magazine/pages/0410agenda_social.aspx (accessed April 1, 2020).

적으로 무엇을 하고 있는지를 가늠해야 한다.

인적자원관리협회(Society for Human Resource Management, SHRM)는 윤리적 롤모델로 여겨지는 인적자원 관리자가 언제나 조직의 윤리감사의 중심에 있다고 지적한다. SHRM은 표 9-7에서 보는 것과 같이 기업에 효과적인 윤리감사를 실시할 수 있는 조언을 제공한다. 윤리감사는 실제 직원들의 행동과 정책 및 절차에 따라 지침상 제공되는 행동을 대조한다. 첫 번째 조언은 정책과 절차를 상세하게 기술하여 감사에서의 대조와 평가가 좀 더 쉽게 이루어질 수 있도록 하라는 것이다. 윤리감사는 많은 수의 구체적인 목표를 대상으로 실시되기 때문에 재무 및 경영 감사처럼 흑백으로 나눌 수는 없다. 그러므로 기업 내 윤리수준을 평가할 수 있는 가시적 척도를 정해 윤리감사를 복잡하지 않게 만들어야 하는 것이다. 감사는 보통 기업의 정상적인 업무를 방해하는 경향이 있으므로, SHRM은 이를 최소화하기 위해 내부감사나 재무팀이 윤리감사에도 포함되는 분야를 검토하는 시점을 파악하고 이들과 함께 실시할 것을 조언한다. 추가적으로, 효율성을 제고하기 위해 감사계획에는 인터뷰 대상 직원, 검토되어야 할 정보, 그리고 관찰이 필요한 절차의 윤곽이 드러나야 한다.

윤리감사는 재무감사보다 정량적인 접근이 덜 할 것으로 생각되지만, 윤리감사를 평가하는 기준은 정성적이면서 동시에 정량적일 수 있다. 정성적으로는 윤리담당자의 보유여부, 직원들을 위한 윤리 훈련 제공여부, 위반사항을 조치할 문서화된 절차가 있는지 여부 등이 심사될 수 있다. 정량적 측정에는 훈련 세션 참가자 수, 규정 위반의 수, 그리고 윤리 핫라인으로 신고된 사건의 수 등이 포함된다. 최종 윤리감사 보고서에는 발생한 사실에 대한 검토와 개선을 위한 권고사항이 제시된다. 감사팀이 보고서를 검토한 후에는 행동강령에 필요한 수정이 이루어져야 한다.

9-8c 윤리의식 측정 프레임워크

경제적, 윤리적, 사회적 책임에 대한 조직 성과를 나타내는 윤리의식 측정 프레임워크가 있다. 이는 널리 사용되는 측정 방식으로, 여기에는 표 9-8에 제시된 바와 같이 균형성과표(Balanced scorecard, BSC), TBL(Triple bottom line), ESG(Environmental, social, and governance), 그리고 국제표준화기구(International organization for Standardization, ISO)의 ISO 19600 등이 있다. 이들은 모두 조직의 환경 및 지배구조 성과 뿐만 아니라 경제적, 사회적, 윤리적 성과까지 보고하고자 하는 평가시스템이다. 각각의 프레임워크가 서로 다른 요소를 강조할 수는 있지만, 모두 조직과 사회의 공유영역에서의 윤리의식에 대한 전체적 평가에 주안점을 둔다. 이는 조직의 성공에 중요한 내부 및 외부 이해관계자들을 모두 고려하는 측정 방식이기도 하다.

균형성과표(BSC)
BSC는 재무 및 비재무적 관점에서 기업의 성과를 세부적으로 파악하여 경영진이 비즈니스를 종합적으로 조망할 수 있게 해주는 성과 관리 도구

균형성과표 BSC는 재무 및 비재무적 관점에서 기업의 성과를 세부적으로 파악하여 경영진이 비즈니스를 종합적으로 조망할 수 있게 해주는 성과 관리 도구이다. 일반적으로 BSC는 "소비자들이 우리를 어떻게 보는가?", "우리는 무엇을 하려고 하는가?", "개선을 위해 필요한 것이 무엇인가?", 그리고 "주주들은 우리를 어떻게 보고 있는가?"와 같은 질문에 대답하고자 한다. 이는 조직이 큰 틀에 초점을 맞추도록 하는 측정 방식이다. BSC는 사람의 인생목표와 연관 지어 생각해 볼 수 있다. 사람들은 가족을 부양하고, 만족스러운 수준으로 업무를 수행하며, 건강한 생활방식을 유지하고, 인간관계를 발전시키기 위해 노력할 수 있다. 이러한 인생목표를 달성하고 있는지, 또는 달성하기 위해 무엇을 해야 하는지 판단하기 위해 사람들은 내부 및 외부의 정보를 이용할 수 있다.[57] Philips Electronics는 자사 직원들이 회사의 미래 전략 정책을 이해하도록 하기 위한 근간으로써 BSC를 오랜 기간 이용하고 있다. Philips는 회사역량, 내부 프로세스, 소비자, 재무적 측

표 9-8 측정 도구에 대한 설명

측정 시스템	설명
BSC	BSC는 비재무적 성과 지표를 평가 시스템에 통합하여 조직 성과에 대한 좀 더 "균형"잡힌 관점을 제공한다. 이 시스템은 재무, 고객/이해관계자, 내부 프로세스 그리고 조직역량의 네 가지 척도를 사용하여 회사의 전반적인 성과를 측정한다.
TBL	이 접근 방식은 사회적, 재무적, 그리고 환경적 요소(또는 사람, 이윤, 지구)를 측정하고, 기업이 소비자, 직원, 주주, 지역사회와 자연환경 등 다양한 이해관계자에게 긍정적인 영향을 미칠 책임이 있음을 인정한다. 여기서 어려운 점은 기업의 사회적, 환경적 영향을 어떻게 평가하느냐인데, 이러한 기준을 측정할 보편적인 표준형이 없기 때문이다.
ESG	ESG는 환경, 사회, 지배구조 영역에서 기업 성과를 평가하기 위한 프레임워크이다. 이는 기업이 업계, 투자자, 동종 기업, 그리고 조직 문화 및 리더십과 관련하여 위 세 영역에서 우선순위를 평가할 수 있는 틀을 제공한다.
ISO 19600	호주의 준법경영표준을 기반으로 한 ISO 19600은 준법경영에 대해 헌신, 구현, 모니터링 및 측정, 그리고 지속적인 개선에 근거한 "원칙"으로서 접근을 강조한다.

자료: "Balanced Scorecard Basics," Balanced Scorecard Institute, balancedscorecard.org/BSCResources/AbouttheBalancedScorecard/tabid/55/Default.aspx (accessed November 1, 2017); "Triple Bottom Line," The Economist, November 17, 2009, http://www.economist.com/node/l4301663?story_id=14301663 (accessed May 14, 2013); Betty Moy Huber and Michael Comstock, Davis Polk & Wardwell LLP, "ESG Reports and Ratings: What They Are, Why They Matter," Harvard Law School Forum on Corporate Governance, July 27, 2017, https://corpgov.law.harvard.edu/2017/07/27/esg-reports-and-ratings-what-they-are-why-they-matter/ (accessed April 2, 2020); CompliSpace, "A New Global Standard for Compliance:ISO 19600," September 15, 2014, https://complispace.wordpress.com/2014/09/15/a-new-global-standard-for-compliance-iso-19600/ (accessed April 2, 2020).

정을 사용하여 BSC의 기본을 구성한다. 회사의 목표는 BSC의 측정값과 동조화되며, 목표를 달성하기 위해 직원들이 취할 수 있는 행동들은 전략 검토, 업무 검토, 비즈니스 단위, 그리고 개별 직원으로 구성된 4개 카드 레벨로 세분된다. 이러한 분석은 조직 전체가 볼 수 있으며 각 레벨에 속한 직원들로 하여금 결과에 긍정적인 영향을 미치기 위해 무엇을 할 수 있는지 알게 해준다.[58]

Triple Bottom Line TBL은 조직 내에서 이루어지는 의사결정의 사회적, 환경적, 재무적 영향을 고려하는 관점을 제공한다. TBL은 세 개의 P(profit, people, planet), 즉 이익, 사람, 지구로 이루어진다. 이익은 기업의 성과를 숫자를 통해서만 세부적으로 파악하는 전통적인 회계 데이터를 나타낸다. 사람은 평등한 임금 지급, 고급 교육 지원, 또는 자선기부를 통한 사회환원을 통해 사회를 더 나은 곳으로 만들기 위한 기업의 내외부적 노력을 나타낸다. 지구는 기업의 행동 및 관행이 환경에 미치는 영향을 나타낸다.[59] 사회적 책임, 지속가능성, 또는 윤리에 좀 더 헌신하고자 할 때 기업은 자신들

TBL
조직 내에서 이루어지는 의사결정의 사회적, 환경적, 재무적 영향을 고려하는 관점

의 투자와 이니셔티브가 조직의 가치관과 전체적 성공을 뒷받침하는지 확인하는 방법으로써 TBL 리포팅의 도입을 고려한다. 아웃도어 의류 기업인 Patagonia는 TBL에 기초하여 경영을 하고 있다. Yvon Chouinard는 산악 등반가 시절 Patagonia를 창업하여 등반 환경을 해치지 않는 등반장비의 제작에 착수하였다. 이후 지속가능한 재료와 방법으로만 만들어진 제품을 출시함으로써 의류 시장으로 사업을 확장하였다. Patagonia는 또한 환경을 생각하는 직원을 고용하고 소매업계에서 최고의 혜택을 제공하는 것에 초점을 두고 있다.[60]

ESG
환경, 사회, 지배구조 영역에서 기업 성과를 평가하기 위한 프레임워크

ESG 환경, 사회, 지배구조 영역에서 기업 성과를 평가 하기 위한 프레임워크로 가장 널리 사용된다. 환경적 고려사항에는 기후변화, 천연자원, 오

그림 9-1 ESG 프레임워크 예시

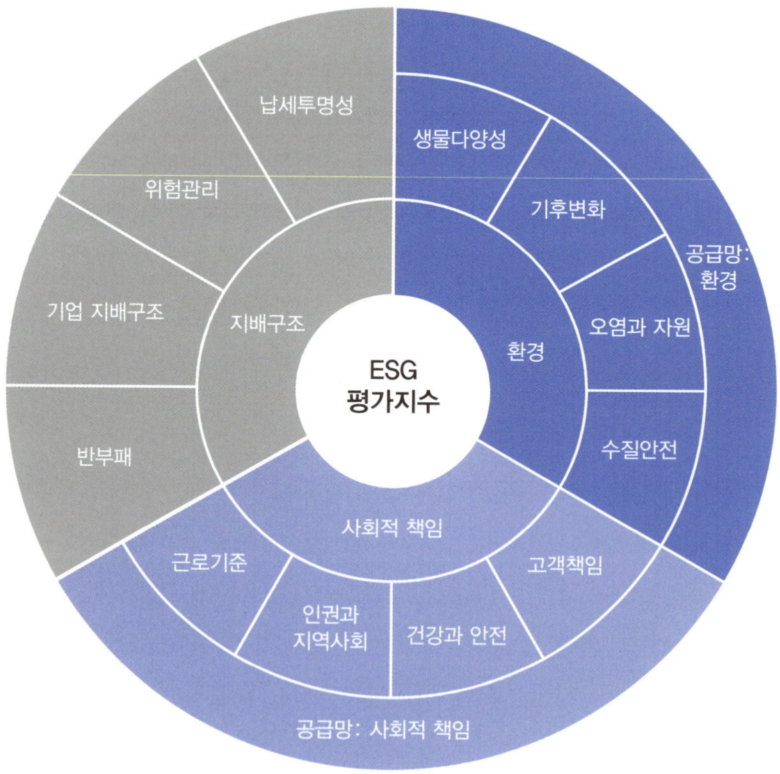

자료: FTSE Russel, "ESG Ratings," ftserussell.com/data/sustainability-and-esg-data/esg-ratings (accessed March 12, 2021).

염 및 폐기물에 관련된 이슈 등이 있다. 사회적 고려사항에는 핵심 이해관계자(인적 자본)에 대한 대우, 제품 책임, 잠재적인 이해관계자의 반대, 다양한 사회적 기회 등이 있다. 지배구조는 기업 지배구조와 기업의 긍정적 행동(예를 들어, 기업윤리 프로그램과 투명성)과 부정적 행동(예를 들어, 반경쟁적 행동과 부패)과 관련이 있다. 그림 9-1은 이러한 프레임워크가 어떻게 하나로 작동할 수 있는지 보여준다. 이는 기업이 업계, 투자자, 동종 기업, 그리고 조직 문화 및 리더십과 관련하여 위 세 영역에서 우선순위를 평가할 수 있는 틀을 제공한다. ESG 프레임워크는 윤리적이고 사회적 책임을 다하는 것으로 평가되는 투자상품과 연관되고는 한다. ESG 프레임워크는 위험관리도구이기도 한데, 이를 활용하면 비윤리적이거나 불법적 행위에 관여하는 기업에 투자하는 것을 피할 수 있다. 이미 많은 주식 애널리스트들이 투자결정을 할 때 ESG 지수를 활용하고 있다. ESG는 아마 업계 내 동종기업 또는 유력기업을 대상으로 성과 벤치마킹을 할 때 가장 유용할 것이다. Bloomberg는 기업의 지속가능성 보고서, 연간 보고서 그리고 공공 소스를 통해 공개된 ESG 정보를 수집하고 ESG 데이터 서비스를 통해 매년 기업들을 평가한다.[61] Microsoft는 자신의 비즈니스모델에 ESG를 통합시킨 것으로 유명하다. 몇 가지 예시로 데이터 개인정보보호 개선, 탄소배출량 감축, 직원을 위한 저렴한 주택(affordable housing)에 대한 투자 등이 있다.[62] **GRI**(Global Reporting Initiative)는 기업이 사회 및 지속가능성의 진전을 보고하고자 채택하는 또 다른 프레임워크로, 환경, 사회, 지배구조라는 ESG와 동일한 변수에 초점을 두고 있다.[63]

> **GRI**
> 기업이 자신들의 사회적 책임 및 지속가능성 진행과정을 보고하기 위해 채택한 주요 프레임워크

ISO 19600 국제표준화기구(ISO, International Organization for Standardization)는 **ISO 19600**을 출간하여 준법경영을 위한 국제적 지침을 제공하고 있다. 이 조직은 독립적인 비정부기구로, 기업이 국제적으로 공인된 표준을 준수하는 제품을 전 세계 소비자들에게 보장해주기 위해 채택할 수 있는 표준을 개발한다.[64] ISO 표준은 다양한 비즈니스 기능 및 운영이 모범사례를 따르고 있음을 보증하는 가장 널리 인정되는 인증방법이다. 준법표준(compliance standard)의 도입은 비즈니스에서의 윤리와 준수에 대한 국제적으로 증가하고 있는 관심을 방증한다. ISO 19600은 호주의 준법경영표준을 기반으로 하며, 헌신, 실행, 모니터링 및 측정, 그리고 지속적

> **ISO 19600**
> 헌신, 실행, 모니터링 및 측정, 그리고 지속적인 개선을 기반으로 컴플라이언스 경영에 대한 "원칙"적 접근을 강조하는 프레임워크

그림 9-2 ISO 19600의 구조

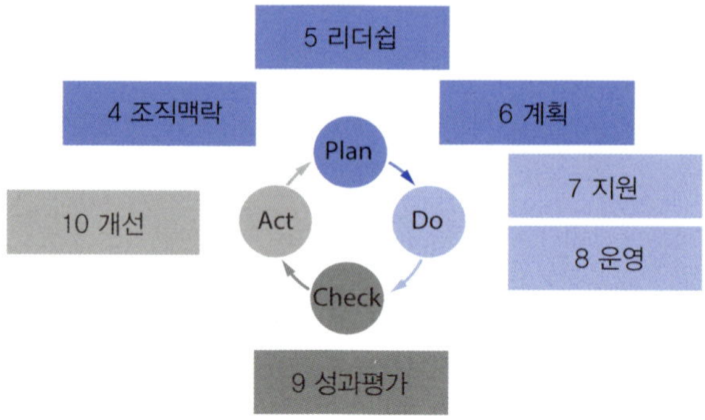

자료: ISO, "ISO 19600:2014: Compliance management systems – Guidelines," https://iso.org/standard/62342.html (accessed March 29, 2021).

인 개선에 근거하여 컴플라이언스 경영에 대한 "원칙"적 접근을 강조한다.[65] 원칙은 위반해서는 안 되는 행동의 구체적인 경계이다. 이들은 규칙의 기초가 된다. 지중해 동부 Cyprus에 위치한 Cyprus Bank는 ISO 37001 (반뇌물수수)에 더해 ISO 19600을 수용하여 그 모든 표준을 채택하고 있다. 이 기업은 2012년에 있던 자국의 금융위기 이후 신용도를 올리기 위해 ISO 표준을 도입했다.[66] 다른 ISO 표준과 마찬가지로 ISO 19600도 가이드라인에 지나지 않기 때문에 이를 도입한 기업들이 공식 인증을 받을 수는 없다. 그러나 ISO 표준은 다양한 국가에서 변화하는 규제환경에 적응하는 능력을 길러야 하는 글로벌 비즈니스에서 매우 유용하다. ISO 19600의 핵심적인 부분은 윤리 준수 목표의 채택과 조직 전체에 책임을 부여하는 것인데, 이는 윤리적 문화의 발전과 연계되어 왔다. 그림 9-2는 ISO 19600의 핵심 조항과 그것이 어떻게 구조화되었는지를 나타내고 있다.

9-8d 윤리적 문화의 지속을 위한 프로그램, 감사, 측정의 도입

기업은 윤리적 문화를 발전시키고 관리할 책임이 있다. 윤리 프로그램은 직원과 관리자들이 부정적인 윤리적 이슈를 인식할 수 있도록 민감하게 만드는 것에 필수적이다. 조직마다 위험영역은 다르며, 윤리적 의사결정을 이끌어내기 위해 윤리적 리더십이 필요하다. 윤리 프로그램의 개발은 점점 더 복잡해지는 윤리적 의사결정을 다루는 것에 도움이 될 것이다. 직원들은 서로 다른 가치체계와 윤리적 이슈를 인식하고 해결할 수 있는 능력을 가지고 있다. 경영진은 일관된 의사결정을 통해 윤리적 문화를 유지해야만 한다. 효과적인 윤리 프로그램은 법률위반 부정행위를 방지하는 완충 역할을 할 수도 있다.

윤리강령은 강력한 윤리적 문화를 발전시킬 영감을 주는 행동과 요구되는 행동 모두에 대한 방향을 제시한다. 윤리 담당관은 프로그램의 실행에 필요한 감독을 제공한다. 윤리감사는 프로그램이 순조롭게 진행될 수 있도록 하고, 조직학습의 기회를 제공한다. 윤리감사 내 의사소통 시스템은 지속적인 개선을 위해 중요한 정보를 제공한다. 비공식감사는 직원 모두가 계속해서 윤리 프로그램에 대해 인식하고 있고 윤리적 문화를 유지할 필요성을 느끼도록 하는 자체감사 유형일 수 있다. BSC, TBL, ESG, ISO 19600과 같은 경영 프레임워크는 성공을 창출해낼 수 있는 중요한 국면에 걸쳐 성과에 도달할 수 있는 벤치마크이자 외부 측정 도구를 제공한다.

요약

윤리 프로그램은 직원들을 작업환경 내에 잠재한 법적, 윤리적 이슈에 민감하게 만드는 데 도움이 된다. 윤리적이고 합법적인 행위를 장려하기 위해서 조직은 기업의 역사, 문화, 산업 그리고 경영환경의 특징을 반영한 윤리적 가치 및 법적 요건을 수립하고, 소통하며, 모니터링하여 윤리 프로그램을 개발해야 한다. 이러한 프로그램과 통합된 기준, 행동방침이 없다면 조직 내에서 허용될 만한 행동이 무엇인지 직원들이 판단하기 어렵게 된다.

기업은 효과적인 윤리 프로그램을 가지고 직원들이 확실하게 기업의 가치를 이해하고 기업의 정책 및 행동강령에 따르도록 해야 한다. 윤리 프로그램은 부정행위에 대해 법적으로 부과되는 벌금과 부정행위에 반응하여 나타나는 부정적인 여론을 줄여줄 것이다. 연방양형기준(Federal Sentencing Guidelines for Organizations, FSGO)의 핵심목표는 기업들로 하여금 위험요소를 평가하고 자가진단하여, 비윤리적 행위를 적극적으로 방지하고 비윤리적인 직원들을 처벌하도록 하는 것이다. 윤리 프로그램은 직원행동을 예측 가능하게 만들어주는 조직적 통제시스템이다. 이러한 통제시스템은 법률용어, 법령, 계약을 통해 직원들에게 규정 위반에 대한 처벌과 규칙을 알려주는 컴플라이언스 지향일 수도 있고, 공통의 가치관을 형성하려고 하는 가치 지향일 수도 있다.

대부분의 기업들은 조직윤리 프로그램을 수립하기 위한 첫 단계로 조직이 직원들에게 기대하는 바를 설명하는 공식 성명서, 즉 행동강령을 개발한다. 행동강령에는 기업의 윤리강령 그리고/또는 기업의 가치관에 대한 서술이 포함될 수 있다. 윤리강령은 기업이 윤리적 문화를 뒷받침하는 가치, 규칙, 정책을 준수하도록 하려는 고위 경영진의 바람의 일환으로 개발되어야 한다. 통합된 정책과 기준이 없다면 직원들은 사내에서 어떤 행동이 허용되는지 판단하기 어려울 것이다.

고위경영자 또는 위원회로 하여금 윤리 컴플라이언스 프로그램에 책임을 지도록 함으로써 그 프로그램의 관리 및 감독을 대폭 강화할 수 있다. 이러한 윤리담당자들은 일반적으로 전사적 윤리 프로그램이 다루어야 할 필요성 및 위험성 평가, 행동강령 또는 윤리강령의 개발 및 배포, 직원 대상 훈련 프로그램의 실시, 윤리적 이슈에 관한 직원들의 질문에 답변 및 비밀유지, 기업의 정부규제 준수 보장, 윤리적 행위에 대한 모니터링과 감사, 강령 위반 가능성에 대한 조치, 강령의 검토 및 갱신을 담당한다.

성공적인 윤리 훈련은 직원들이 윤리적 이슈를 식별할 수 있게 하고, 직원들에게 그러한 윤리적 이슈에 대처하고 해결할 수 있는 방법을 제공한다는 점에서 중요하다. 훈련으로써 직원들은 관련된 법률 및 규제와 사회적 기준 뿐만 아니라 기업의 정책과 기대사항, 가용자원, 지원 시스템, 지정된 윤리 담당자에 대해 교육받을 수 있다. 최고 경영진은 경영단계별 관리자들과 의사소통하여 조직 내에서 총체적인 윤리 기준을 구현해 내야 한다.

효과적인 윤리 프로그램은 윤리적 행위를 모니터링하고 프로그램의 효과를 측정하기 위해 다양한 방법을 활용한다. 직원감독, 내부감사와 조사, 설문조사의 배포, 신고 시스템의 도입은 자사의 윤리강령과 기준에 대한 준수를 평가할 수 있는 방법이다. 시정조치에는 회사 정책과 기준을 따르는 직원을 보상하고, 따르지 않는 직원을 처벌하는 것 등이 있다. 윤리 컴플라이언스 프로그램이 제 기능을 다하기 위해서는 일관된 시행과 징계조치가 필수적이다.

윤리 준수는 가용 자원과 주어진 제약조건을 이용해 조직목표를 달성하기 위한 활동을 설계함으로써 확보할 수 있다. 기업이 윤리적 비즈니스 기준을 계획하고 구현할 수 있는 능력은 부분적으로 그 기업이 윤리적 목표를 달성하기 위한 자원과 활동을 어떻게 구조화 하느냐에 달려있다.

윤리 및 컴플라이언스 프로그램을 시행함에 있어서 많은 기업이 저지르는 흔한 실수로 프로그램의 목표가 무엇인지에 대한 근본적인 의문에 답하지 않는 것, 현실적이고 측정 가능한 프로그램 목표를 설정하지 않는 것, 고위 경영진이 윤리 프로그램에 주인의식을 갖지 않는 것, 일반 직원의 요구에 부합하지 못하는 프로그램을 개발하는 것, 본국에서 사용하던 프로그램을 기업의 현지국 사업부에 이전하는 것,

강의 시리즈에 지나지 않는 윤리 프로그램을 설계하는 것 등이 있다. 윤리 프로그램이 벌금부과와 부정행위에 대한 부정적인 여론의 가능성을 줄여주긴 하지만, 기업은 훌륭한 기업시민이 되고자 해야 하며 성공적인 비즈니스 활동을 위해 윤리의 중요성을 인식하는 것이 필수다.

윤리감사는 조직의 윤리 프로그램과 성과의 효과를 밝혀내기 위한 체계적 평가이다. 이는 기업이 자신의 이해관계자에 대한 윤리적 헌신을 식별하고 측정할 수 있는 도구이다. 윤리감사 프로세스는 조직이 잠재적 위험요소와 책임요소를 식별하고 법률준수를 개선하는 데 도움이 된다. 윤리감사의 최대 이점 중 하나는 투명성 제고이다. 윤리감사는 개별 기업의 규모, 산업, 기업 문화, 식별된 위험요소 및 업무분야의 규제환경을 반영한 고유한 것이어야 한다.

윤리감사 실행의 첫 번째 단계는 최고 경영진 그리고/또는 이사회의 헌신을 확보하는 것이다. 두 번째 단계는 감사 프로세스를 감독할 위원회나 팀을 구성하는 것이다. 세 번째 단계는 윤리감사의 범위를 정하는 것인데, 이는 비즈니스 유형, 기업이 직면한 위험요소, 주어진 윤리 관리 기회에 따라 달라진다. 네 번째 단계는 기업의 미션, 가치, 목표 및 정책을 검토하는 것이다. 다섯 번째 단계는 진행상황을 측정할 수 있는 도구나 방법을 평가하고 관련 정보를 수집 및 분석하는 것이다. 여섯 번째 단계는 독립된 관계자를 두어 데이터 분석의 결과를 검증하도록 하는 것이다. 프로세스의 마지막 단계는 감사 결과를 최고 경영진과 이사회, 그리고 승인된 경우 외부 이해관계자에게 보고하는 것이다. 이러한 윤리감사는 정기적으로 실시되어야 한다.

감사라는 개념에는 윤리 성과에 대한 공식적인 검토라는 의미가 함축되어 있지만, 많은 조직들이 비공식 감사를 진행하고 있다. 직원 및 경영진에 대한 인터뷰를 수행하는 것은 조직의 윤리 프로그램을 자체적으로 감사하는 방법이 될 수 있다. 윤리감사는 실제 직원들의 행동과 정책 및 절차에 따라 지침상 제공되는 행동을 대조한다. 윤리감사는 재무감사보다 정량적인 접근이 덜 할 것으로 생각되지만, 윤리감사를 평가하는 벤치마크는 정성적이면서 동시에 정량적일 수 있다. 감사팀이 보고서를 검토한 후에는 행동강령에 필요한 수정이 이루어져야 한다.

BSC, TBL, ESG, ISO 19600 등 윤리의식 측정 프레임워크는 경제적, 윤리적, 사회적 책임에 대한 조직 성과를 나타낸다. 각각의 프레임워크가 서로 다른 요소를 강조할 수는 있지만, 모두 조직과 사회의 공유영역에서의 윤리의식에 대한 전체적 평가에 주안점을 둔다. 기업은 윤리적 문화를 발전시키고 관리할 책임이 있다. 윤리 프로그램은 직원과 관리자들이 윤리적 문제를 인식하고 탐색하도록 민감하게 만들기 위해 반드시 필요하다.

윤리적 비즈니스 과제 해결하기

최근 대학을 졸업한 Nevaeh는 비즈니스 매매에 관심이 있는 고객들을 대리하는 부동산 회사인 JSYK 주식회사에서 일하고 있다. "비즈니스 중개인"으로서 Nevaeh의 일은 일반 부동산 중개업자와 마찬가지로 부동산 매물의 거래를 주선하는 것이었다. 시 외곽에는 제조업체가 사용하던 작은 건물이 1년 넘게 방치되어 있었다. 가격이 너무 높거나, 건물이 구매자의 요구에 맞지 않아서 아무도 이를 살 사람을 찾지 못하고 있는 상태였다. 수십 명의 잠재적 구매자들이 오고 갈 뿐이었다. 그 건물이 일생을 그 동네에서 살아온 65세 구두쇠 Ted St. Clair의 소유라는 사실은 도움이 되지 않았다. Ted는 마지막 단 한 푼까지도 모으는 것으로 유명했다. JSYK 주식회사 측에서는 Ted에게 건물을 팔고 싶다면 가격을 낮추라고 말했지만 Ted는 항상 거절해 왔다.

어느 더운 날 은퇴한 목사인 Smith는 JSYK에 연락하여 그 건물을 볼 수 있겠느냐고 물었다. 마침 Nevaeh가 사무실에 있었으므로 그녀가 이를 담당하게 되었다. 건물을 둘러볼 동안 Smith 목사가 건물로 무엇을 할 것인지에 대한 대화가 오가게 되었다. Smith 목사는 최근 곤란한 처지의 청소년들을 돕기 위해 비영리 단체를 설립하였고 이 건물을 레크리에이션 센터로 쓰고 싶어했다. Nevaeh는 Smith 목사의 교회를 다녔기 때문에 그를 알고 있었다. 그녀는 그의 정직함과 성실함 뿐만 아니라 수십 년간의 봉사에 대해서도 알고 있었다.

Nevaeh가 사무실로 돌아왔을 때 목사는 그 건물에 대해 진지하게 이야기하고 있었고, 자신의 목적에 맞게 그 건물을 수리하는 방법에 대해 이야기하고 있었다. 이야기가 진행되면서 목사는 건물에 남아있던 기계에 대해 물었다. 제조 공장에 있는 기계 중 일부는 상태가 좋지 않아 수리하는 데 약 100,000달러가 필요했다. Smith 목사는 그것들이 필요하지 않아 치워지길 바랐다.

사전 논의 후 Nevaeh는 주인에게 연락해보겠다고 말했다. "목사님, 소유자는 1,000,000달러라는 판매금액에 대해 250,000달러의 계약금을 요구하고 있어요."

"그렇게 많이는 안 될 것 같은데요." 목사가 대답했다. "몇 년 동안 기부금을 모아왔는데 150,000달러밖에 안 되거든요."

"괜찮으시다면 잔금은 어떻게 치르실 건지 물어봐도 될까요?" Nevaeh가 물었다.

"원로 교인 몇 분과 이야기해봤는데, 제가 계약금만 낼 수 있다면 나머지는 내주시겠다 하셨어요." 목사가 대답했다.

"제가 한 번 처리해볼게요. 며칠만 시간을 주시면 전화 드리겠습니다." Nevaeh가 말했다.

Smith 목사가 떠나자 JSYK의 오너이자 최고경영자인 George가 사무실로 찾아왔다. "목사님이 뭐라 하시던가요?"

"목사님은 Moby Dick에 관심이 있어요. 제 생각에는 이게 목사님의 필요에 딱 맞을 것 같아요."

"잘됐네요!" George가 답했다. 이윽고 Nevaeh의 표정을 봤다. "그래서 문제가 뭔데요?"

"Ted가 가격을 내리지 않을 거라는 걸 우리 모두 알잖아요." Nevaeh는 상황을 빠르게 설명하였고, George는 주의 깊게 들었다. 그녀가 말을 끝낸 후 George가 말하였다. "Nevaeh 씨가 할 일을 알려줄게요. 그 기계들을 수리하는 것이 구매자에게 중요하다는 점을 Ted에게 납득시켜 주었으면 합니다. 구매자가 누구인지는 절대 말하지 말고요. Ted에게 구매자가 그 기계들을 원하지만 계산해보니 수리비용 견적이 150,000달러가 나왔다고 하세요. Ted한테 계약금을 150,000달러로 낮추고 매매 가격을 950,000달러로 하면 구매자가 구매하도록 할 수 있다는 사실도 알려주세요. 그리고 마지막으로 Ted에게 기계들을 당신이 직접 수리하지 않아도 되니까 50,000달러를 버는 셈이 아니냐고 하세요."

"전 모르겠어요." Nevaeh가 말했다. "이래도 되는 건가 싶고, 거기다 Smith 목사님은 아직 계약을 승인하지 않았고 제가 목사님을 대신해서 거짓말하기를 원하지도 않으실 걸요."

George가 대답했다. "Nevaeh 씨, 목사님은 그 건물로 좋은 일을 하실 분이에요. 우리는 Ted가 이것보다 더 받을 순 없을 거라는 걸 알고 있잖아요. 이건 그냥 목사님이 최선의 계약을 하도록 돕는 것일 뿐이에요."

Nevaeh는 아직 확신하지 못했다. Ted는 구두쇠였지만 그에게 거짓말을 하는 것은 옳지 않은 것 같았다. 게다가 그녀는 Ted가 목사님이 그 기계들을 사용하지 않는다는 걸 알게 되면 어떻게 할 것인지도 걱정이었다.

[질문]

1. 최고 경영진은 어떻게 윤리적 또는 비윤리적 행동 문화를 뒷받침하고 있는가?
2. Nevaeh가 구매자와 판매자 모두의 대표자로서 가지는 대안과 의무에 대해 논하시오.
3. 부동산 중개업자에게 진실하고 투명한 정보를 요구하는 윤리강령이 있다면, Nevaeh는 JSKY의 오너인 George에게 뭐라 말해야 하는가?

10장

글로벌 기업윤리 이슈

학습목표

- 윤리에서의 글로벌 가치, 목표 그리고 비즈니스 관행에 대해 논의한다.
- 기업윤리의 한 요소로서 경제의 역할을 이해한다.
- 기업윤리에서 다국적 기업의 역할을 평가한다.
- 기업의 책임을 지원하는 다양한 글로벌 조직의 역할을 평가한다.
- 글로벌 기업윤리 이슈에 대해 파악한다.

개요

윤리적 딜레마*

Dun and Ready(D&R) 컴퍼니는 영국에 본사를 둔 유통업체이다. 이 회사는 최근 4개의 새로운 국가로 확장했다. D&R은 각 국가에서 매장을 여는데 필요한 허가를 받기 위한 계약의 협상을 위해 Oliver를 고용했다. Oliver의 매니저인 Liam은 Oliver에게 회사가 매장을 짓기 시작할 수 있도록 가능한 빨리 새로운 장소의 승인을 받는 것이 중요하다고 강조했다.

Oliver는 필요한 4개의 허가 중 3개를 얻을 수 있었지만, 한 국가에서 필요한 기간 내에 허가를 받는 데 어려움을 겪었다. Oliver가 Liam에게 건축 과정이 지연될 것이라고 설명했을 때 Liam은 달가워하지 않았다. "Oliver, 우리는 지켜야 할 일정이 있어요. 본사 직원들은 일정이 지연되는 것을 결코 용납하지 않을 거예요."

"하지만 제가 어떻게 해야 할까요, Liam?" Oliver가 물었다.

"그 허가를 얻기 위해 필요한 것은 무엇이든 해요."라고 Liam은 말했다.

그 뒤 Oliver는 지역 허가 승인을 담당하는 그의 주요 정부 담당자인 Naomi에게 전화를 걸었다. Oliver는 자신의 상황을 설명했다. Naomi는 이를 듣고 마침내 말했다.

"당신의 고충은 이해했습니다. 그리고 정책에 위배되는 일이긴 하지만 저는 당신이 그 허가를 받을 수 있도록 도울 수 있을 것 같습니다. 하지만 일을 마치려면 약간의 보수가 필요합니다."

Oliver는 그 이야기에 불편함을 느꼈다. 그래서 다시 한번 런던에 있는 Liam에게 전화를 걸었다. Oliver는 상황을 설명했다.

"안타깝지만 이것이 이 프로세스를 신속하게 완료할 수 있는 유일한 방법이에요."

Liam은 잠시 침묵했다. 그리고 말했다.

"돈은 그렇게 중요하지 않아요. 그녀가 약간의 수수료를 요구하는 것처럼 들리는군요. 어서 지불하도록 하세요."

"하지만 Liam, 만약 회사의 누군가가 알게 된다면요?"

Liam은 "우리가 사업을 하는 곳의 다른 문화들을 존중하는 것이 우리의 정책입니다. 우리의 핵심 가치 중 하나라고 할 수 있죠. 약간의 금액을 지불하는 것이 일을 빨리 끝낼 수 있는 유일한 방법이라면, 그게 바로 우리가 해야 할 일이에요."라고 대답했다.

Oliver는 이에 동의했고, Naomi에게 돈을 지불했다. 허가는 곧 승인되어 매장이 세워졌다. 이 매장의 성공으로 회사는 이 지역의 더 많은 장소로 매장을 확장하고자 했다. D&R은 이전에 한번 빠르게 승인을 받았기 때문에 다시 한번 빠른 승인을 받을 수 있을 것이라고 생각했다. Oliver는 이제 고민조차 하지 않았다. Naomi가 약간의 돈을 받는 대가로 프로세스를 빨리 진행하겠다고 제안할 때마다 Oliver는 동의했다.

Oliver의 성공으로 그는 승진했으며 영국의 회사 사무실로 이동했다. 그의 보수는 처음 고용되었을 때보다 3배나 올랐다. Oliver는 런던에서의 생활을 즐겼고, 그의 새로운 담당 직무에 만족했다. 모든 것이 잘 되어가고 있는 것 같았다.

그러던 어느 날, Oliver는 Liam으로부터 다급한 전화를 받았다.

"문제가 생겼어요. 어떻게 했는지 누군가가 건축 허가를 받기 위해 지불한 돈에 대해 알아냈어요. 현재 조사에 착수했고요."

Oliver는 긴장했지만, Liam이 왜 이렇게 허둥지둥하는지 이해할 수 없었다.

"하지만 우리가 지불한 금액은 그렇게 많지 않았어요. 그것이 그 나라에서 일이 진행되는 방식인걸요. 다 괜찮을 거라고 하셨잖아요."

Liam의 목소리는 날카로웠다. "영국 뇌물수수법에 따르면 어떤 종류의 뇌물로도 기소될 수 있어요. 뇌물이 다른 나라에서 발생했는지는 중요하지 않아요. 영국에서 사업을 하는 회사라면 모두 법적인 책임을 져야 할 수 있어요." Oliver는 침을 삼켰다. "그러면 우리는 뭘 해야 하죠?" 그가 물었다.

"내가 하는 말 잘 들어요." Liam이 말했다. "유죄를 입증할 수 있는 서류들을 모두 찾아내서 파기해 주길 바라요. 누가 와서 요구하더라도 절대 주어선 안 됩니다. 그리고 돈을 주었던 사람에게도 연락해서 D&R이 부적절한 돈을 지불했다는 사실을 부인하도록 조치하세요."

Oliver는 전화를 끊었다. 그는 이 일이 발각된다면 회사가 엄청난 벌금을 물게 될 수 있다는 사실을 알았다. 그리고 아마 자신과 Liam은 법적인 문제에 휘말리게 될 수도 있다. 그러나 그는 또한 뇌물수수를 은폐한 사실이 적발되는 경우에는 모든 사람들에게 더 큰 피해를 줄 수도 있다는 것을 알았다. 그러나 한편으로 Oliver는 그 지불금에 대해 눈치채지 못할 가능성이 높다고 생각했다. 그는 거의 모든 기업들이 다른 국가에서 거래를 성사시키기 위해 이러한 지불을 해야 하고, 이러한 사실은 대부분 적발되지 않았다는 것을 알고 있었다.

[질문]

1. 이 상황에서 윤리적 문제는 무엇인가?
2. 윤리적 문제를 유발시킨 압력이 무엇인지 확인한다.
3. Oliver가 내릴 수 있는 각 결정의 장점과 단점에 대해 논의한다.

글로벌 비즈니스
서로 다른 문화, 가치, 법률 및 윤리적 기준을 가진 국가의 사람들을 한데 모으는 관행

통신, 기술 및 운송의 발전은 세계의 국경을 최소화했으며, 점점 더 많은 국가들이 산업화되고 국제적으로 경쟁하는 새로운 글로벌 경제를 탄생시켰다. 국경을 넘나드는 이러한 거래는 서로 다른 문화, 가치, 법률 및 윤리적 기준을 가진 국가의 사람들을 한데 모으는 관행인 **글로벌 비즈니스**를 정의한다. 따라서 국제 경영인들은 그들의 국가 및 산업의 가치, 문화, 그리고 윤리적 기준을 이해하고 또한 다른 문화의 것들에도 민감해야 한다.

이 장에서는 국제적으로 운영하는 기업이 직면하는 윤리적 복잡성과 도전 과제들에 대해 살펴본다. 이는 여러분들이 글로벌 기업윤리가 국내 기업윤리보다 얼마나 더 복잡한지 이해하는 데 도움을 준다. 글로벌 기업 환경을 잘 이해하지 못한다면 기업이 성공하는 데 필요한 신뢰가 무너질 것이다. 잘 알고 있는 하나의 문화 혹은 국가에서 글로벌 무대로 전환하기 위해서는 추가적인 지식이 필요하다. 이 장의 목표는, 여러분들이 국제 비즈니스 영역에 도사리고 있는 몇 가지 윤리적 곤경을 인식하거나 피할 수 있도록 돕는 것이다. 기업윤리의 글로벌 환경에 윤리적으로 민감해지도록 돕기 위해 먼저 기업이 비즈니스 관행을 수정하는 데 사용하는 글로벌 가치와 문화적 차원에 대해 논의하는 것으로 시작한다. 다음으로 비즈니스의 경제적 토대를 살펴본다. 아울러 자국의 세계관이나 특정 비즈니스 방식에 반드시 부합하지 않는 글로벌 실체가 있음을 이해할 수 있도록 한다. 또한 우리는 다국적 기업과 그들이 직면한 윤리적 문제를 살펴본다. 그

리고 UN 글로벌컴팩트에 대해 논의한다. 다음으로 회계, 재무, 경영, 마케팅에 관한 다양한 윤리강령을 검토한다. 글로벌 윤리적 위험, 뇌물수수, 독점 금지 활동, 인터넷 보안 및 개인정보보호, 인권, 의료, 노동 및 노동권 문제, 보상 및 소비주의를 포함하여 글로벌 비즈니스가 직면한 현재와 미래의 윤리적 문제에 대한 분석으로 결론을 맺는다. 우리의 목표는 여러분이 국제 비즈니스 활동이 어떻게 윤리적 갈등을 야기할 수 있는지 이해하고 윤리적 의사결정 능력을 향상시킬 수 있도록 돕는 것이다.

10-1 글로벌 문화, 가치 그리고 관행

한 국가의 문화는 사회적, 경제적 제도를 기반으로 하는 주관적인 가치들로 구성되며, 사회적 그리고 법적으로 강제되는 규범들을 마련하는 데 사용된다. 정부 및 종교와 같은 기관들이 규범, 관습, 그리고 문화의 다른 측면의 발전에 영향을 미치기 때문에 가치는 특정 국가, 지역, 종파, 또는 집단마다 달라질 수 있다. **국가 문화**는 조직 문화보다 훨씬 더 광범위한 개념으로 사람이 만들어내는 우리 주변의 모든 것, 즉 인공물과 같은 유형의 항목과 개념 및 가치와 같은 무형의 개체를 모두 포함한다. 언어, 법률, 정치, 기술, 교육, 사회 조직 및 일반 가치가 모두 이 정의에 포함된다. 각 국가는 비즈니스 활동이 합법적이고, 허용되며, 비윤리적인지 또는 불법인지에 대한 고유한 신념과 문화를 가지고 있다. 많은 국가와 민족, 종교 집단에는 하위 문화 또한 존재한다. 따라서 국제 비즈니스 거래 시 개인은 자신이 가진 것과 다른 가치와 신념, 아이디어를 접하게 된다. 다른 한 문화의 누군가가 "청렴" 또는 "민주주의"를 언급할 때, 많은 미국인들은 이것이 친숙한 개념이라고 확신하게 될 것이다. 그러나 이러한 개념들은 문화에 따라 사람들에게 다른 의미를 가질 수 있다. 더욱이 조직 문화는 종종 국가 문화에서 파생되고 영향을 받지만, 국가 문화와는 다르다는 것을 명심해야 한다. 그림 10-1에서 볼 수 있듯이, 직원들이 직장에서 느끼는 조직의 윤리 기준이나 정책 또는 법률과 타협하도록 하는 압력은 전 세계적으로 다양하다. 이는 국가 문화의 영향을 받을 수 있다.

국가 문화
조직 문화보다 훨씬 더 광범위한 개념으로 사람이 만들어내는 우리 주변의 모든 것, 즉 인공물과 같은 유형의 항목과 개념 및 가치와 같은 무형의 개체를 모두 포함

대부분의 다국적 기업(multinational corporations, MNCs)은 조직 운

그림 10-1 직장에서 규정 위반에 대한 압력을 느끼는 직원 비율

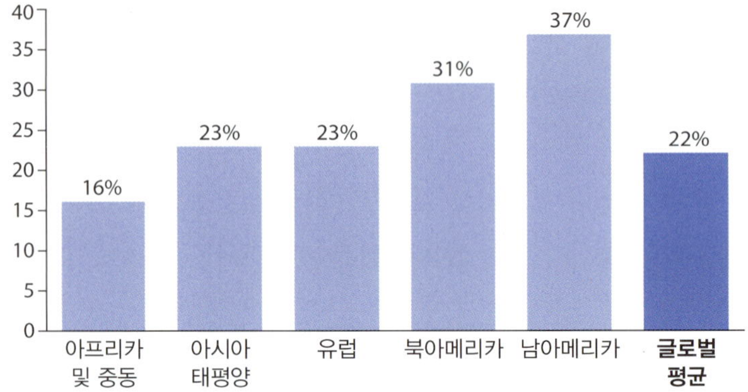

참고: "규정 위반"은 조직의 윤리적 기준이나 정책, 법률에 타협하도록 하는 압력을 의미한다.
* 글로벌 평균은 설문한 총 18개 국가의 평균을 가리킨다.
자료: Ethics & Compliance Initiative, "Global Business Ethics Survey — Pressure in the Workplace: Possible Risk Factors and Those at Risk," 2020, https://www.ethics.org/wp-content/uploads/Global-Business-Ethics-Survey-2020-Report-1-Final.pdf (accessed November 2, 2020).

영에 대해 독립적으로 감독하기 위해서 기업 지배구조와 관련된 감사나 이사 또는 기타 실체가 필요하다. 그러나 "독립적인 감독"과 같은 단순한 개념에도 국가 문화가 작용할 수 있다. 예를 들어, 일본 은행 시스템에서는 은퇴한 일본 관료들이 종종 감사나 이사에 선임되는 경우가 있기 때문에 "독립적인 감독"의 개념이 모호하다. 이들은 단지 그들의 지위로 인해 신뢰를 받는다. 이 감독자들이 또한 기업 내부에 관계를 가지고 있거나 회사의 성공에 대해 이권을 가지고 있는 경우, 진정한 의미의 독립적 관계는 존재하지 않으며, 이는 이해 상충이나 기업 지배구조 감독의 실패를 초래할 수 있다.

다양한 국가 및 조직의 문화적 가치와 이것이 비즈니스에 미치는 영향은 오랜 기간 동안 경영관리 전문가들의 관심을 불러일으켰다. 많은 전문가들이 다른 국가에서 활동하는 경영자들에게 유용하게 사용될 수 있는 행동 패턴을 분류하는 프레임워크를 개발했다. 가장 잘 알려진 프레임워크 중 하나는 네덜란드 조직관리 교수인 Geert Hofstede가 제안한 것이다. Hofstede는 비즈니스 환경에 중대한 영향을 미칠 수 있는 개인주의/집단주의, 권력거리, 불확실성 회피, 남성성/여성성이라는 네 가지 문화적 차원들을 밝혀냈다.[1] 이 중 처음 세 가지 차원에 대해 이어지는 단락에서 논의하고자 한다.

문화의 **개인주의/집단주의 차원**은 한 문화의 자기 지향적 구성원들의 행동 방식과 관련이 있다. 개인주의 문화에서는 개인의 성취와 자기 이익에 높은 가치를 둔다. 미국은 개인주의 문화의 전형적인 예다. 집단주의 문화는 공동의 목표와 집단 화합을 향한 노력을 중시한다. 멕시코와 아시아의 여러 국가들은 보다 집단적인 원칙을 고수한다. 집단주의 문화는 공개적인 대립이나 불일치를 피하는 경향이 있다.[2] 예를 들어, 태국에서는 비즈니스 상황에서 "아니오"와 같은 부정적인 표현은 피하는 경향이 있다. 이 문화적 차원을 이해함으로써 다양한 문화적 비즈니스 상황에서 적절한 행동을 취할 가능성이 높아진다.

개인주의/집단주의 차원
한 문화의 자기 지향적인 구성원들의 행동 방식과 관련

권력거리 차원은 상사와 부하 간의 권력 불평등을 의미한다. 미국은 높은 권력거리 문화와 낮은 권력거리 문화 요소를 모두 가지고 있다. 수 년에 걸쳐 미국의 비즈니스 환경은 관리자와 부하 직원을 보다 동등한 위치에 두는 참여형 관리(participative management)와 같은 관리 방식을 채택했다. 일부 기업에서는 직원이 상사를 이름으로 부르고, 일반적으로 경영진에게 주어지는 의사결정에 대한 권한을 갖는다. 아랍 국가들은 권력거리 차원에서 더 높은 점수를 기록했다. 권력거리가 높은 문화는 더 위계적인 경향이 있으며, 상사에 대한 존경심(또는 두려움)이 지나치게 큰 나머지 경영상의 부정행위에 대해 정확하게 지적하는 것이 어려울 수 있다.[3]

권력거리 차원
상사와 부하 간의 권력 불평등

불확실성 회피는 한 사회의 구성들이 불확실성이나 모호함에 대해 어떻게 반응하는지를 의미한다. 영국과 같이 불확실성 회피 차원에서 높은 점수를 보이는 문화는 위험을 감수하는 것을 피하려는 경향이 있다. 이러한 문화에 속한 조직들은 직원들이 허용되는 기준에서 벗어나지 않도록 하기 위해 더 많은 규칙들을 마련해 놓을 수 있다. 캐나다와 같이 불확실성 회피 수준이 낮은 문화에서는 위험 감수와 혁신이 성공적인 결과를 달성하는 데 중요하다고 믿는다.[4] 각 문화의 기업들은 특정 문화에서 불확실성 회피를 어떻게 바라보는지 알고 있어야 한다. 예를 들어, 미국 사업가가 보다 높은 불확실성 회피 문화에 속하는 우루과이에서 영업 프레젠테이션을 하는 경우에 관련된 위험을 완화시킴으로써 우루과이 기업을 안심시킬 수 있다.

불확실성 회피
한 사회의 구성원들이 불확실성이나 모호함에 대해 어떻게 반응하는지를 의미

Hofstede의 차원이 시사하는 것과 같이 다른 국가로 이동하는 경영자들은 다른 비즈니스 문화는 곧 다른 운영 방식을 가진 것으로 인식한다. 흥미

그림 10-2 다른 국가들의 미국에 대한 인식

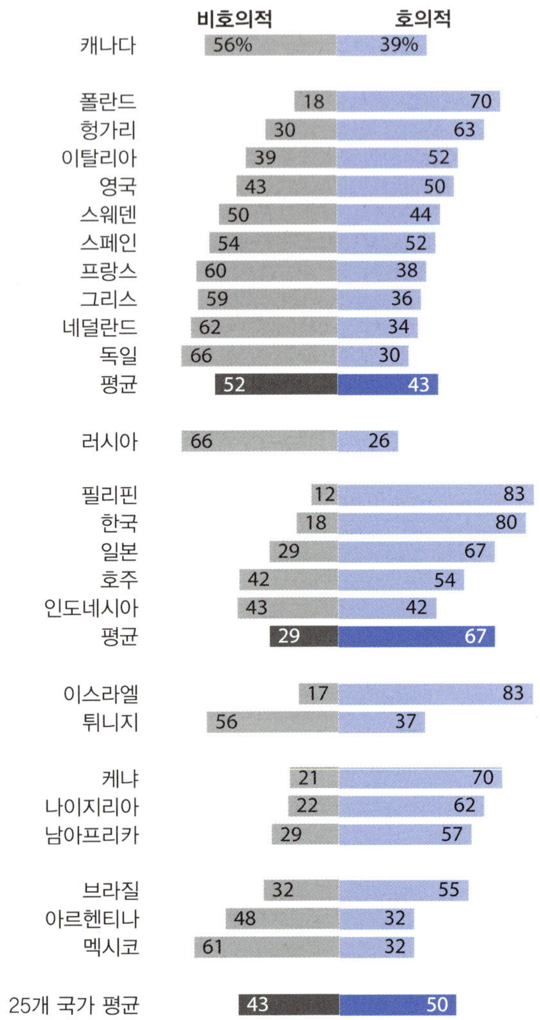

자료: Pew Research Center, Spring 2018 Global Attitudes Survey, Q17a.

롭게도 연구에 따르면 집단주의와 불확실성 회피에서 높은 점수를 받고 남성성과 권력 거리에서 낮은 점수를 받은 소비자들은 정반대의 점수를 받은 소비자보다 의심스러운 활동에 더 참여하지 않으려는 경향이 있다. 이는 국제 관리자들이 다른 국가의 소비자들을 대할 때 중요한 의미를 갖는다.[5]

미국 기업이 다른 국가의 기업들과 다르다는 인식이 존재하고 있고, 일부에서는 미국 기업이 다른 외국 기업보다 우월하다고 생각한다. 그림 10-2

는 미국에 대한 국가들의 태도를 보여준다. "우리" 대 "그들"과 같은 윤리적 우월성에 대한 암묵적인 관점은 다른 국가에서도 흔히 볼 수 있다. 비즈니스에서 "우리"는 "그들"과 다르다는 생각을 **자기준거기준**(Self-Reference Criterion, SRC)이라 한다. 자기준거기준은 무의식적으로 자신의 문화적 가치, 경험 및 지식을 기준 삼는 것이다. 어떤 상황에 직면했을 때, 우리는 보통 출신 문화에 기반을 두고 일생 동안 축적한 지식을 바탕으로 반응한다. 우리의 반응은 특정한 방식으로 우리 문화와 관련이 있지만 다른 문화의 사람들과는 동일한 관련성이 없는 의미, 가치, 상징을 기반으로 한다.

자기준거기준
비즈니스에서 "우리"는 "그들"과 다르다는 생각 그리고 무의식적으로 자신의 문화적 가치, 경험 및 지식을 기준 삼는 것

Uber는 전 세계적으로 확장함에 따라 어떻게 자기준거기준이 잠재적인 문제들을 야기시킬 수 있는지를 보여주는 한 예이다. 승차공유 서비스를 운영하는 Uber는 택시업계에 도전장을 내밀면서 미국 내 반발을 예상했다. 그러나 국제적으로 사업을 확장하면서 회사는 그들의 앞길에 더 큰 장애물이 되는 법률들을 직면했다. EU는 Uber가 전문 자격이 없는 기사를 이용하여 "불법적인" 택시 서비스를 운영했기 때문에 프랑스가 UberPOP 서비스에 대해 형사 고발을 할 수 있다고 결정했다.[6] Uber는 독일과 스페인을 비롯한 여러 국가에서 비슷한 반발에 직면했다. 이 사례는 기업이 사업을 운영하는 국가의 관련 법률을 이해하는 것이 얼마나 중요한지를 보여준다. 이에 더해 일부 이해관계자들은 윤리적 관점에서 이 비즈니스 모델의 기반에 의문을 제기하고 있다.

문화적 차이와 연관된 한 가지 중대한 윤리적 비즈니스 이슈는 국제 협상이나 비즈니스 거래에서 누구의 가치와 윤리적 기준이 우선시 되는지에 대한 문제이다. 본국 밖에서 비즈니스를 할 때 경영자는 다른 문화의 구성원들에게 자신들의 가치와 윤리적 기준, 법률을 적용해야 할까? 그들이 사업을 하는 국가의 가치, 윤리적 기준 그리고 법률에 적응해야 할까? 많은 윤리적 이슈들과 마찬가지로 이러한 질문들은 쉽게 답할 수 없다.

"로마에서는 로마법을 따라야 한다" 그리고 "비즈니스를 하는 현지 국가의 문화적 관행에 적응해야 한다"는 것은 경영자들이 해외에서 사업을 하며 때때로 자신의 윤리적 가치에서 벗어난 경우에 대한 합리화이다. 이러한 방식으로 뇌물수수 혹은 "비즈니스를 위한 윤활유(greasing the wheels of business)" 및 기타 의심스러운 관행들을 옹호함으로써 그들은 도덕이 문

문화적 상대주의
도덕이 문화마다 다르고, "옳음"과 "그름"이 다르게 정의된다는 개념

글로벌 공통 가치
전 세계적으로 널리 수용되는 특정 가치

화마다 다르고, "옳음"과 "그름"이 다르게 정의된다는 **문화적 상대주의** 개념에 의존하고 있다.

국가 간 다양한 가치 차이에도 불구하고 전 세계적으로 널리 수용되는 특정 가치들이 있다. 이러한 **글로벌 공통 가치**는 대부분의 문화권에서 공유된다. 대부분의 법은 힌두교, 불교, 유교, 유대교, 이슬람교, 기독교와 같은 주요 종교에서 파생된 가치들의 직접적, 간접적인 결과이다. 이 종교들의 대부분은 유사한 핵심 덕목을 가지고 있지만 이러한 덕목에 부여되는 중요성은 다를 수 있다. 예를 들어, 힌두교 문화는 주로 비폭력, 정신과 감각의 통제, 금욕을 중시하며,[7] 중국 전통문화는 존경, 정의, 충성을 존중한다. 이슬람 문화는 지혜, 관용, 자제, 자비를 중요시하며,[8] 유대교는 친절, 평화, 환대의 미덕을 장려한다. 기독교 문화는 주로 용서, 자비, 믿음을 소중히 여기며,[9] 불교문화에서는 평온, 기쁨, 자애, 연민이라는 사무량심(four immeasurables)을 매우 중요하게 여긴다.[10] 다양한 문화적 가치를 이해함으로써 글로벌 비즈니스는 해당 문화의 개인 및 조직과 관계를 형성할 수 있는 더 많은 기회를 얻을 수 있다. 뿐만 아니라 특정 국가의 시민들에게 모욕적인 행동을 하는 것을 피할 수 있다(예: 이슬람 국가에서 왼손으로 악수하는 것). 이 모든 미묘한 차이들을 설명하는 것은 우리의 범위를 벗어나지만, 이와 관련한 연구는 확약, 공정, 청렴, 자선/연민, 환경, 관용, 희생과 같은 바람직한 공통 가치에 관한 전 세계적인 합의를 시사한다.[11] 이러한 가치들이 모두 비즈니스 범위에 포함되는 것은 아니지만 어떤 국가 혹은 문화에 속해 있는지에 관계없이 이 가치들이 공통된 가치라는 것을 아는 것이 중요하다.

10-2 기업윤리의 경제적 토대

자연재해뿐 아니라 경제적, 정치적 사건들도 글로벌 윤리적 의사결정을 위한 환경을 반영하고 영향을 미친다. 먼저 최근의 경제 발전이 비즈니스 세계를 구성하는 글로벌 시스템에 어떻게 영향을 미치는지 살펴보도록 한다.

지난 경기 침체는 기업들이 극단적인 위험을 감수하고 규칙을 어기며 비윤리적인 활동을 하고 있다는 사실을 부각시켰다. 문제의 주요 부분은 세

계 금융산업에 만연한 보상과 수익에 대한 지나친 집중이었다. 세계 금융시장은 의사결정과 책임 그리고 회계 방식에 있어 투명성이 결여될 수 있음을 보여주는 고도로 상호 연결된 시스템이다. 이 시스템은 만연한 활용과 여러 전문가들조차 완전히 이해하지 못한 매우 복잡한 금융 컴퓨터 모델의 광범위한 사용이 결합하여 글로벌 금융 위기를 초래했다.

우리의 금융 시스템은 복잡하며, 이러한 복잡성은 과도한 위험을 감수하고 다양한 이해관계자들을 조종할 수 있는 충분한 기회를 제공한다. 이와 같은 위험성을 알고 있어야 했던 많은 사람들은 위험 구획화로 인해 무지한 상태였다. **위험 구획화**(risk compartmentalization)는 기업 내 손익 센터가 회사 전체에 대해 그들이 취한 조치의 전반적인 결과를 통합적으로 인식하지 못할 때 발생한다. 그 결과 어느 한 사람이나 회사, 또는 기관을 탓할 수 없었고, 문제는 전체 시스템이었다. 금융 위기 이전에 대부분의 기업들은 법률 시스템을 준수했지만, 다른 일부 기업들은 이윤과 재정적 보상을 극대화할 수 있는 법적 허점과 규제 받지 않는 수단을 찾았다. 많은 기업들이 윤리적인 기업이 되고자 노력했지만 모두가 손익에 집중했기 때문에 세계 경제의 복잡한 특성은 그들이 임박한 재앙을 알아차리지 못하게 했다.

위험 구획화
기업 내 손익 센터(손익의 발생, 측정, 관리하는 최소 단위를 의미하는 조직)가 그들의 조치가 회사에 미치는 전반적인 결과를 통합적으로 인식하지 못할 때

경제적, 사회적 재난과 국가 갈등은 글로벌 기업들이 직면하는 위험과 도전을 심화시켰다. 예를 들어, 시리아, 이라크, 이란 그리고 터키의 정치적, 경제적 혼란은 중동 지역으로 확장하고자 하는 기업들에게 우려를 불러일으켰다. 이 국가들 중 일부의 경제적, 정치적 불안정은 비즈니스 관계에 부담을 줄 수 있다. 반면에 두바이/아랍에미리트에서는 강화된 보안과 비탄화수소 부문의 실질 GDP 성장률을 2.2% 이상으로 향상시키고자 하는 계획으로 인해 비즈니스 기회가 증가하고 있다.[12] 이와 같은 정치적 사건으로 인한 공급 및 원자재 가격의 변동은 경제적 안정성에 영향을 미친다. 정부의 변화는 새로운 사회적, 법적 프로세스와 글로벌 경제에 적합한 윤리적, 법적 시스템을 지원하는 프로세스의 필요성을 초래한다. 그림 10-3은 사업가, 리스크 분석가 및 일반 대중이 가장 부패했거나 덜 부패했다고 인식하는 국가를 나타낸다. 지난 10년 동안 오직 22개 국가만이 부패 점수가 상당히 향상된 반면 21개 국가는 점수가 크게 떨어졌고, 나머지 137개 국가의 점수는 거의 변화가 없었다. Volkswagen과 같은 글로벌 기업들은 비즈니

그림 10-3 공공부문 부패 인식 수준

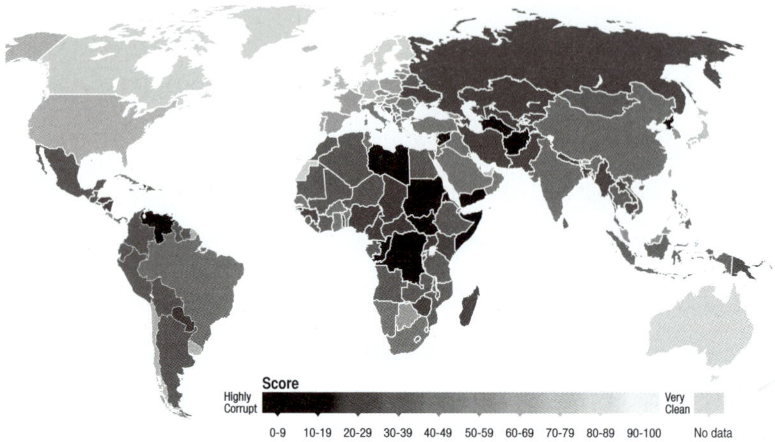

자료: Transparency International, "Corruption Perceptions Index," https://www.transparency.org/en/cpi/2020/index/nzl (accessed March 26, 2021).

스를 하는 여러 국가에서 서로 다른 법률의 적용을 받는다. 전 세계적인 배기가스 부정행위 스캔들을 해결하는 과정에서 Volkswagen은 미국보다 독일에서 훨씬 적은 법적 비용을 부담하였는데, 독일에서 12억 달러, 미국에서 250억 달러의 벌금을 부과받았다.[13] 독일 시스템은 미국에 비해 원고측 변호사들에게 비우호적이다.[14]

마지막으로, 세계는 여전히 개인과 기업, 국가의 자금 관리를 담당하는 기관은 물론이고 정부 기관의 안정성에 대한 국민의 불신을 일으킨 대공황의 여파에 대처하고 있다. 우크라이나, 그리스, 베네수엘라, 벨리즈, 벨로루시, 아르헨티나와 같은 일부 국가는 경기 침체의 결과로 파산을 선언했다.[15] 영국, 중국, 미국과 같은 다른 나라들은 브렉시트(Brexit), 환태평양경제동반자협정(Trans-Pacific Partnership), 북미자유무역협정(NAFTA) 그리고 COVID-19 팬데믹 등에 의한 불확실성으로 인해 사업에 차질을 빚고 있다. 브렉시트는 영국이 주로 이민자 증가와 정체성 상실감으로 인해 EU를 탈퇴하기로 투표한 것을 말한다. 환태평양경제동반자협정(Trans-Pacific Partnership)은 정치 문제로 어려움을 겪은 환태평양 11개국과 미국이 체결한 무역협정이다. 미국이 협정에서 탈퇴한 후, 나머지 국가들은 포괄적·점진적 환태평양경제동반자협정(Comprehensive and Progressive Agreement for Trans-Pacific Partnership)을 결성했다. 미국, 캐나다, 멕시코 간의 NAFTA 무역 협정은 자동차, 노동 및 환경 기준, 지적 재산권 보호, 디지털 무역 규정에 대한 새로운 정책과 주요 변경 사항을 포함하는 미국–멕시코–캐나다 협정(USMCA)으로 대체되었다.[16] 뿐만 아니라 국가들은 세계 경제를 거의 마비시킨 COVID–19 팬데믹의 영향을 많이 받았다. 신뢰, 정직, 공정성의 결여로 인해 주요 투자자들은 규제 기관의 역량에 의문을 제기하였으며, 이는 결국 전체 금융 시스템의 불안정과 대중의 불신으로 이어졌고 많은 사람들이 자본주의의 기초와 이를 작동시키는데 필요한 정책에 의문을 갖게 했다. 오늘날 사람들은 자본주의의 기본 개념과 가정을 논의하고 심지어 수정하기까지 한다. 여러분이 이 새로운 현실에 들어가게 될 것이기 때문에 글로벌 경제 논쟁에 대해 간략히 설명하고자 한다.

10–2a 경제 시스템

비즈니스 경제학을 이해하기 위해서는 자본주의와 사회주의의 기초에 대해 학습할 필요가 있다. 경제 이론이나 경제 시스템은 비즈니스에서 정부의 역할과 비즈니스를 규제하는 법률의 유형, 그리고 기업이 활동하는 데 있어서 갖는 자유의 정도를 결정하기 때문에 기업윤리에 중요한 영향을 미친다. 자본주의와 사회주의의 주요 형태는 아담 스미스(Adam Smith), 존 메이너드 케인스(John Maynard Keynes), 밀턴 프리드먼(Milton Friedman)의 연구에 기반을 두고 있다.

아담 스미스(Adam Smith)는 앞서 언급한 바와 같이 18세기 후반의 논리 및 도덕 철학 교수로, 오늘날에도 여전히 중요하게 여겨지는 비판적 경제 사상을 발전시켰다. 스미스는 영국 내 여러 회사의 수요와 공급, 계약상의 효율성, 분업을 관찰하고 그가 본 것에 대해 집필했다. **자유방임**(laissez-faire), 혹은 "보이지 않는 손(invisible hand)"에 대한 그의 아이디어는 시장이 자체의 고유한 메커니즘을 통해 상업을 균형 상태로 유지한다고 가정하기 때문에 자본주의에서 매우 중요하다. 스미스는 또한 시장이 올바르게 작동하기 위해서는 윤리적인 경영자들이 기업을 이끌어야 한다고 믿었다.

> **아담 스미스**
> 오늘날 여전히 중요하게 여겨지는 비판적 경제 사상을 발전시킨 18세기 후반의 논리 및 도덕 철학 교수

> **자유방임주의**
> 시장이 자체의 고유한 메커니즘을 통해 상업을 균형 상태를 유지한다고 가정하기 때문에 자본주의에서 매우 중요한 Adam Smith의 "보이지는 손"에 대한 개념

자본주의의 두 번째 형태는 대공황 초기에 지지를 얻었다. 1930년대 **존 메**

존 메이너드 케인스
1930년대 국가가 예를 들어 금리, 세금, 공공 프로젝트를 통제함으로써 경제 성장을 촉진하고, 민간 부문의 안정성을 향상시킬 수 있다고 주장한 경제학자

이너드 케인스(John Maynard Keynes)는 국가가 예를 들어 금리나 세금, 공공 프로젝트를 통제함으로써 경제 성장을 촉진하고, 민간 부문의 안정성을 향상시킬 수 있다고 주장했다.[17] 케인스는 정부 정책을 활용하여 총 수요를 증가시킬 수 있으며, 따라서 경제 활동을 증가시키고 실업과 디플레이션을 감소시킬 수 있다고 보았다. 그는 금리 인하와 인프라에 대한 정부 투자의 조합을 통해 경제를 부양하는 것이 해결책이라고 믿었다. Franklin D. Roosevelt 대통령은 재임기간 동안 미국을 대공황으로부터 구출하기 위해 Keynesian 경제 이론을 채택했다.

밀턴 프리드먼
시장이 효율적으로 기능하기 위해 때때로 개입이 필요하다는 Keynesian의 결론을 거부하고 정부의 개입 없이 규제완화를 통해 균형에 도달할 수 있게 한다고 믿었던 경제학자

세 번째이자 가장 최근의 자본주의 형태는 **밀턴 프리드먼**(Milton Friedman)의 주장과 관련이 있으며, 미국 정치 스펙트럼상의 우경화를 상징한다. Friedman은 대공황을 겪었음에도 시장이 효율적으로 기능하기 위해 때로 정부의 개입이 필요하다는 Keynesian의 결론을 거부했다. 그는 규제 완화를 통해 정부의 개입 없이 균형에 도달할 수 있다고 믿었다.[18] 프리드먼의 아이디어는 20세기 후반을 시작으로 미국과 점점 더 전 세계적으로 정부 정책 수립을 위한 기본 원칙이 되었다.

케인스와 프리드먼 모두 다음의 가정에 대해 동의한다. (1) 사람은 가치를 매길 수 있는 결과에 대해 합리적인 선호도를 가진다. (2) 개인은 효용을 극대화하고, 기업은 이윤을 극대화한다. (3) 사람은 완전하고 적절한 정보에 기초하여 독립적으로 행동한다.[19] 그러나, 오늘날 이러한 가정에 의문이 제기되고 있다.

사회주의
생산에 투입된 노동량에 따라 부와 권력이 균등하게 분배되는 사회 건설을 주창하는 경제 이론을 말함

사회주의는 생산에 투입된 노동량에 따라 부와 권력이 균등하게 분배되는 사회 건설을 주창하는 경제 이론을 말한다. 근대 사회주의는 19세기 후반에 시작되었으며 산업화와 사유권의 영향을 비판하는 노동계급의 정치운동이었다. Karl Marx는 사회주의의 가장 저명하고 강력한 지지자 중 한 사람이었다. Marxism은 사회주의에 대한 Marx 자신의 해석으로, 구소련, 쿠바, 북한 등의 국가에서 공산주의로 변형되었다. 역사는 엄밀히 해석하면 공산주의가 경제를 실패하게 만든다는 것을 보여주었다. 예를 들어, 쿠바는 전통적으로 자본주의와 민간 기업에 대해 적대적인 시각을 가지고 있었다. 그 결과 대부분의 사람들은 공공부문에 고용되었다. 그러나 가장 최근의 경기 침체 동안 쿠바 정부는 정부가 많은 노동자들을 지원할 수 없다는 것

을 알아차렸다. 극심한 어려움을 겪는 경제를 살리기 위해 정부는 민영화를 위한 더 많은 조치를 취했다.[20] 미국과 쿠바의 무역 관계가 개선되고 있고, Netflix는 인터넷을 통해 쿠바까지 진출했다.[21] 쿠바는 또한 미국의 도구 및 장비, 물품에 대해 더 많은 거래를 허용하고 있다.[22]

1860년대부터 **사회민주주의** 형태가 등장했다. 사회민주주의는 재산의 사적 소유를 허용하고 시민들에게 교육 및 의료와 같은 서비스를 제공할 수 있는 큰 정부를 특징으로 한다. 사회민주주의 국가는 질병, 무지, 불결, 게으름 등의 문제를 짊어지고 정부의 개입을 옹호한다. 덴마크, 스웨덴, 노르웨이와 같은 스칸디나비아 국가들이 사회민주주의의 예이다. 연구에 따르면 세계에서 가장 행복한 사람 중 일부는 이 작은 유럽 민주주의 국가의 사람들인 것으로 나타났다.[23]

사회민주주의
재산의 사적 소유를 허용하고 시민들에게 교육 및 의료와 같은 서비스를 제공할 수 있는 큰 정부를 특징으로 함

과거 경제학자들은 다국적 기업이나 세계의 에너지 자원이 소수의 기업들에 집중될 것이라고 상상하지 못했다. 우리의 세계는 부의 분배 측면에서 점점 더 양극화되어 왔다. **양극화된 부의 분배**(bimodal wealth distribution)는 중산층이 줄어들 때 발생하며, 부유층 사이에 부의 집중도가 높아지고 자원이 거의 없는 빈곤층의 수가 증가하는 결과를 가져온다. 이는 바람직한 시나리오라 할 수 없으며 정치적 불안정을 초래할 수 있다. 오늘날 다국적 기업은 거대한 규모와 세력을 가지고 있기 때문에 그들의 전략적 이점을 위해 정부가 다른 정부에 맞서도록 할 수 있다. USMCA(미국-멕시코-캐나다 협정), EU(유럽연합), ASEAN(동남아국가연합) 등의 무역 블록에서 국가 그룹별로 동일한 전략을 확인할 수 있다. 이 무역 블록은 국가 그룹에 경제적 영향력을 제공하고 다국적 기업과 동일한 경제 원칙을 사용한다. 미래의 글로벌 관점을 이해하기 위해 이어서 합리적 경제학과 행동 경제학의 차이점에 대해 논의한다.

양극화된 부의 분배
중산층이 줄어들 때 발생하며, 부유층 사이에 부의 집중도가 높아지고 자원이 거의 없는 빈곤층의 수가 증가하는 결과를 가져옴

합리적 경제학은 사람은 예측가능하며, 자신의 필요와 욕구 대비 효용을 극대화하는 선택을 할 것이라는 가정에 기초한다. 예를 들어, 배가 고픈 상태에서 10달러가 있다면 합리적 경제학에서는 배고픔에 대한 필요와 욕구를 충족시켜주는 음식에 돈을 쓸 것이라고 본다. 그러나 사람들은 항상 합리적이지 않다. 어떤 사람도 감옥에 가고 싶어하지 않는다. 심지어 수백만 달러를 훔친 사람들조차 그 돈이 처벌을 받을 만큼의 가치는 없었다고 인

합리적 경제학
사람은 예측가능하며, 자신의 필요와 욕구 대비 효용을 극대화하는 선택을 할 것이라는 가정에 기초함

정한다. 그러나 이것이 단기적인 이익을 얻기 위해 범죄에 연루되는 사람들을 막지는 못한다. 전직 사업가이자 사기범죄 조사관인 Barry Minkow는 Lennar Corp.의 주식을 조작한 결과 증권 사기에 대한 유죄를 인정했다. 그는 25년 형을 선고 받았으나 복역 후 7년 만에 풀려났다. 석방된 후 Minkow는 책을 쓰고 San Diego의 목사가 되었지만 그의 사기는 계속되었다. 그는 2011년에 다시 선고를 받고 2019년에 석방되었다.

두 번째 가정은 사람들이 완전하고 적절한 정보에 근거하여 독립적으로 행동한다는 것이다. 일반적으로는 범죄자가 자신의 행동에 대한 모든 정보 또는 관련 정보를 가지고 있지 않다고 가정할 수 있다. 그러나 Minkow는 이미 교도소 생활을 경험했고, 사기 조사관으로서 자신이 잡히면 어떠한 처벌을 받게 될 것인지에 대해 이미 알고 있었을 것이다. Minkow의 사례는 몇몇 개인들은 자신의 행동이 가져올 잠재적인 결과에 대해 명확한 생각이 있음에도 불구하고 비합리적으로 행동할 가능성이 있음을 보여준다. 목표를 달성하기 위해 기꺼이 위험을 감수하려는 개인과 조직이 많이 있다. 이렇게 높은 위험을 추구하는 접근 방식은 종종 조작이나 부정행위로 이어진다.

행동 경제학
유전, 감정, 학습된 행동, 휴리스틱 또는 경험 법칙으로 인해 인간이 비합리적으로 행동한다고 가정함

행동 경제학은 인간이 유전, 감정, 학습된 행동, 휴리스틱 또는 경험 법칙으로 인해 비합리적으로 행동한다고 가정한다. 휴리스틱은 과거의 경험을 기반으로 하며, 항상 합리적인 반응을 이끌어내지는 않는다. 행동 경제학은 경제적 의사결정이 인간의 행동에 의해 영향을 받는다고 가정한다. 그림 10-4는 국가가 경제 철학을 발전시키는 과정에서 어느 위치에 있는지를 보여주는데 이는 각 국가들의 지향점을 이해하는 데 도움이 된다. 중국, 스웨덴, 구소련은 왼쪽 아래 사분면에 위치하고 있으며 행동 경제학을 행복의 수단으로 보는 사회로서 사회주의에 해당한다. 이미 언급했듯이, 이들 국가의 행복에 대한 정의는 각각 사회민주주의적 목표에서 파생된 개념이다. 그들은 자유방임을 거의 믿지 않기 때문에 행동주의적이다. 함께 표기된 시기는 국가들이 시간이 지남에 따라 그들의 입장을 바꿀 수 있다는 것을 보여주기 때문에 중요하다. 오른쪽 위 사분면은 특정 국가의 경제가 행복과 정부의 역할을 어떻게 정의하는지 보여준다. 마지막으로 왼쪽 위 사분면에 미국과 또 다시 스웨덴이 위치하고 있는데 이는 스웨덴의 자본주의 및 자유방임 경제로의 전환과 미국의 자유방임 경제로의 전환을 나타낸다.

그림 10-4 경제적 자본주의 차원에서 국가별 차이

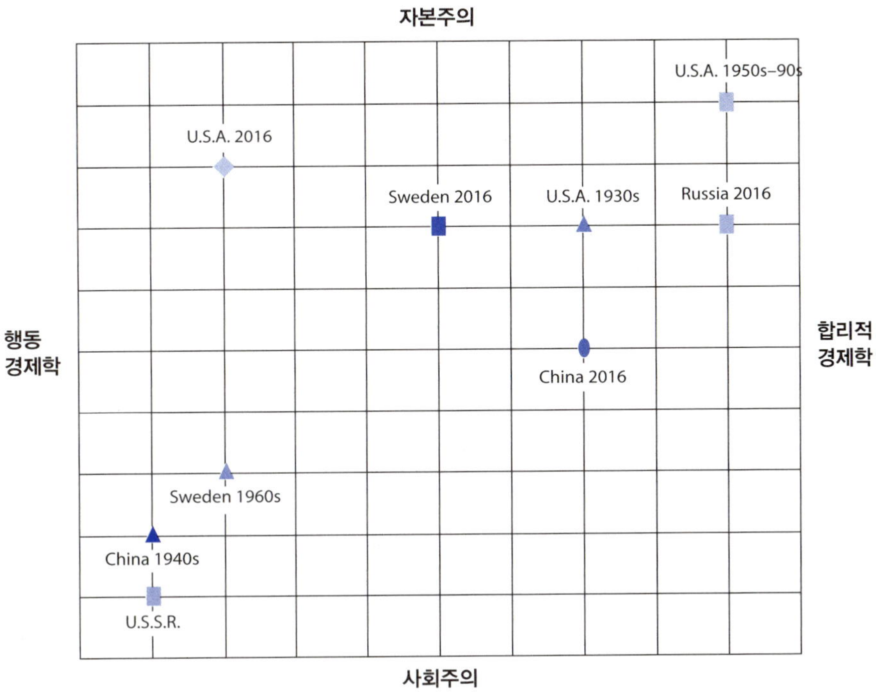

자본주의와 사회주의 사이의 갈등은 부분적으로 대공황과 냉전에서 비롯되었다. 다수의 미국인들이 사회주의를 마르크스주의로 인식하지만, 이는 그렇지 않다. 미국 밖에서 사회주의는 사회 문제와 관련되어 종종 집단 지향적으로 인식된다. 사회주의는 정부가 경제 개입을 통해 사람들을 돕는 등 공동체의 이익을 주장한다. 미국식 자본주의는 개인주의에 바탕을 두고 있는데, 개인주의에서 정부는 행복을 추구하는 데 있어 방해물로 인식되고 있다.

오늘날 자본주의는 미국의 수많은 문화 수출품 중 하나이다. 그러나 미국이 어느 한 가지 유형의 자본주의를 실행했다고는 하나, 실상 다른 많은 유형의 자본주의가 존재하고 있다. 1990년대와 2000년대에 미국 자본주의 모델의 성공은 많은 기업과 국가들이 최고의 경제 모델로서 자본주의 모델을 지지하도록 이끌었다. 그러나 COVID-19 팬데믹의 경제적 효과와 결합된 극심한 불황은 이 자본주의 모델에 대한 전 세계적인 열광을 한풀 꺾어놓

았다. 향후에는 다른 형태의 자본주의와 사회주의에 더 많은 관심을 기울일 것으로 예상된다.[24]

스웨덴은 1880년대에 서유럽에서 가장 가난한 국가 중 하나였다. 1890년대 동안 이 국가는 점차 노동자 친화적이 되었으며, 그 결과 1918년부터 1970년까지 스웨덴의 생활수준은 대부분의 국가들보다 더 빠르게 향상되었다.[25] 1970년 이후, 스웨덴은 보다 기업친화적인 노동 정책으로 바꾸었지만, 여전히 세계에서 가장 높은 생활 수준을 누리는 국가 중 하나이다. 이는 사회주의와 자본주의가 혼합된 형태의 예라 할 수 있다.

인도와 중국은 비록 모델은 다르지만 자유 시장을 국가 시스템에 도입했다. 인도는 정부와 자본주의에 대항할 수 있는 권한을 부여 받은 적극적인 시민 사회가 있는 민주주의 국가이다. 인도의 주 정부는 더 많은 지역 이익을 수용하기 위해 경제 시스템을 조정할 수 있다. 중국의 거대한 공산 정부는 조직, 기업, 정부 사이의 경계를 허물어 국가 자본주의를 형성했다. 이 두 국가는 세계 인구의 3분의 1을 차지하며 떠오르는 신흥 강국으로 간주되지만 자본주의/사회주의의 형태는 근본적으로 차이가 있다. 중국 정부의 비즈니스 개입은 중국 경제가 급속한 성장을 이루면서 많은 사람들로 하여금 큰 정부는 비즈니스 성공에 걸림돌이 된다는 관념에 의문을 제기하도록 하였으며, 사실 중국 정부는 종종 최고의 기업가처럼 보이기도 한다.[26] 중국은 세계 2위의 경제 대국이다.[27] 중국 경제의 성장은 주로 민간 기업에 의해 촉진되었으나, 최근에는 점차 국유기업들이 주도하고 있다.[28]

최소한의 정부와 국가 간 자유로운 상품과 서비스의 흐름을 가진 자본주의가 최선인가? 아니면 정부가 국내 기업들이 더 우위를 점할 수 있도록 보호주의적이어야 하는가? 경제학자들은 여전히 그 답을 찾고 있다. 한편에서 기업들은 정부의 입법이나 경쟁 관리를 위한 과점구조 형성 담합을 통해 경쟁 장벽을 구축할 수 있다. 정부의 개입이 없으면 국내 기업이 쇠퇴할 수 있다는 주장이다. 반면, 다른 한편에서는 특정 형태의 자본주의는 기업이 주주에게 가능한 많은 이윤을 돌려주어야 하며 그 외 다른 이해관계자의 중요성은 부차적이라 주장한다.

이러한 다양한 관점에도 불구하고 전문가, 학자 및 경영자들은 사회적 책임을 염두에 두고 운영하는 기업들은 그들이 활동하는 사회의 규범과 관습을 고려해야 한다는 점에 대해 전반적으로 일치된 견해를 보이고 있다. 기업은 기업의 사회적 책임(Corporate Social Responsibility, CSR)에 대해 다양한 관점을 가지고 있다.[29] 폭넓은 관점에서는 그들의 행동이 광범위한 이해관계자들에게 미치는 결과에 대해 생각하고 기업을 공공 정책의 도구로 사용하는 것이 포함되는 반면, 보다 좁은 견해에서는, 예를 들어, 오직 기업이 창출한 일자리의 수만 고려하는 것을 의미한다. 이는 기업이 글로벌 범위에서 운영함에 따라 기업과 정부가 고심해야 하는 윤리적 문제이다. 자유시장 시스템의 형태가 다른 시장 시스템보다 더 윤리적이라는 것에 대해 합의된 바는 없다. 윤리적 비즈니스 시스템은 자본주의 시스템뿐만 아니라 사회주의 시스템에서도 발견된다. 국가, 제도, 사회 시스템, 기술 그리고 다른 문화적 요인들이 조직윤리에 상당한 영향을 미친다. 글로벌 윤리를 이해하기 위해서는 다국적 기업을 둘러싼 윤리적 차원들에 대해 살펴볼 필요가 있다.

10-3 다국적 기업

다국적 기업은 어떠한 국가 혹은 지역과 특별한 연관성 없이 전 세계적인 규모로 운영하는 상장기업이다. 다국적 기업은 국제 비즈니스에 최대한으로 전념하며, 세계 시장에서 주어지는 기회에 초점을 두고 글로벌 전략을 추구하는 것이 특징이다. 미국에 기반을 둔 다국적 기업에는 Nike, Walmart, Cisco Systems 등이 있다. 이러한 기업 중 일부는 지나칠 정도로 거대하게 성장한 결과, 표 10-1에서 보여주는 것처럼 이들이 비즈니스를 하는 몇몇 국가의 국내 총 생산(1년 동안 한 국가에서 생산된 모든 재화와 서비스의 합계)인 GDP 보다 더 높은 수준의 매출을 창출했다.

다국적 기업(MNCs)
어떠한 국가 혹은 지역과 특별한 연관성 없이 전 세계적인 규모로 운영하는 상장기업

GDP 대비 매출을 기준으로 했을 때 Walmart는 이스라엘이나 콜롬비아, 남아프리카 그리고 아일랜드보다 더 큰 경제적 규모를 가진다. 다국적 기업은 규모와 그들이 가진 재정적인 힘으로 인해 많은 윤리적 논쟁의 대상이 되며, 그들이 비즈니스를 하는 국가에 미치는 영향에 대해서도 논란의 여지가 있다. 미국과 유럽의 노동조합 모두 다국적 기업이 임금이 낮은 해외로 일자리를 옮기는 것이 불공정하다고 주장한다. 다른 비판론자들은 다국

표 10-1 국내 총생산 및 매출 측면에서의 국가와 기업 간 비교

국가	GDP(백만 달러)	기업	매출액(백만 달러)
아르헨티나	515,350	Walmart	514,405
아일랜드	405,190	Sinopec Group	414,649
말레이시아	401,990	Royal Dutch Shell	396,556
싱가포르	391,880	China National Petroleum	392,976
필리핀	389,050	State Grid	387,056
칠레	303,560	BP	303,738
핀란드	289,240	ExxonMobil	290,212
베트남	282,370	Volkswagen	278,341
루마니아	263,130	Toyota Motor	272,612
체코	259,740	Apple	265,595

자료: "Top 10 Most Profitable Companies in the World in 2020, FXSSI, February 13, 2020, https://fxssi.com/top-10-profitable-companies-world (accessed April 15, 2020); World Population Review 2020, https://worldpopulationreview.com/countries/countries-by-gdp/ (accessed April 15, 2020).

적 기업이 그들의 생산기지 국가에서 실업을 증가시키는 노동력 절감 장치(labor-saving devices)를 사용하고 있다고 비난한다. 다국적 기업은 부유한 국가와 빈곤 국가 사이의 격차를 증가시키고, 희소한 자원을 오용하고 잘못 분배하고 있다는 비난을 받아왔다. 다국적 기업은 그들이 가진 상당한 규모와 재정적 영향력으로 인해 저개발 국가의 돈, 공급, 고용 및 경제적 복지까지도 통제할 수 있다. 예를 들어, 스웨덴 가구 회사인 IKEA는 30년 전 독일에서 발생했었던 의심스러운 노동 관행의 결과들을 수습했다. 이들의 혐의는 공산주의 정권하에서 동독 정치범들에게 회사의 다양한 가구 부품을 생산할 것을 강요했다는 것이다. 수감자들은 주어진 생산 목표를 달성하지 못하면 가혹한 처벌을 받았다. 오늘날 IKEA는 공급망을 면밀하게 모니터링하여 생산 과정에서 강제적인 노동이 발생하지 않도록 하고 있다. 그러나 과거에 있었던 이러한 혐의는 최고경영진이 강제노동에 대해 알고 있었음에도 이 문제에 대해 안일하게 대처했음을 보여준다. 일부 사람들은 IKEA가 자신들의 과거 행위에 대한 책임을 지는 것에 대해 칭찬을 했지만 다른 사람들은 IKEA의 평판에 심각한 손상을 준 사건이라 보고 있다.[30]

비판론자들은 다국적 기업의 규모와 힘이 천연 자원과 인적 자원의 착취

와 관련된 윤리적 문제를 야기한다고 믿는다. 한 가지 의문은 다국적 기업이 낮은 비용으로 광물, 목재, 석유 및 기타 천연 자원을 고갈시키고, 이 자원들로 만든 제품들을 훨씬 더 높은 가격에 팔 수 있는 권리를 가질 수 있는가 하는 것이다. 많은 경우에 이 자원들의 최종 판매 가격 중 일부만이 원산지 국가에 이익으로 돌아온다. 이러한 불만으로 인해 대부분의 산유국들은 1960년대에 석유수출국기구(OPEC)를 결성하여 해당 지역에서 생산된 석유의 수익을 통제하고자 하였다.

비판론자들은 또한 다국적 기업이 현지국의 노동 시장을 착취한다고 비난한다. 앞서 언급했듯이 다국적 기업은 임금을 충분하게 지급하지 않는다는 비난을 받아왔다. 때로는 다국적 기업들이 현지 고용주가 감당할 수 있는 수준보다 더 높은 수준의 임금을 지불하기 때문에 현지 기업들은 가장 생산성이 높고 숙련된 노동자들은 다국적 기업에서 일하게 된다며 불평했다. 이러한 관행을 줄이기 위한 조치들이 행해졌는데, 예를 들어 현지 정부는 다국적 기업의 제품 가격을 높이고 이익은 감소시키는 수입세를 부과할 수 있다. 이 수입세는 현지에서 운영하는 다국적 기업에게 공급처로서 현지 산업을 선호하도록 하기 위한 것이다. 세금은 다국적 기업의 비용을 증가시킴으로써 다국적 기업이 더 높은 가격을 부과하거나 혹은 더 낮은 이익을 수용하도록 할 수도 있지만 이러한 효과는 법의 근본적인 목표는 아니다. 현지 정부는 또한 다국적 기업들이 이익의 더 많은 부분을 공유하도록 하기 위해 수출세를 부과했다.

다국적 기업의 활동은 또한 불공정한 경쟁의 문제를 제기한다. 다각화된 특성으로 인해 다국적 기업은 소규모의 현지 기업보다 훨씬 큰 규모로 현지의 자본 시장에서 자금을 조달할 수 있다. 다국적 기업은 또한 사회 발전 비용의 적절한 분담금을 부담하지 않는다는 비난을 받아왔다. 이들은 자격을 갖춘 인력의 부족으로 인해 현지 기업들이 감당할 수 없거나 실행할 수 없는 첨단의 높은 생산성을 가진 기술을 자주 적용하고 있다. 따라서 다국적 기업의 생산성은 더욱 높아지게 되고 직원들에게 더 높은 임금을 지불할 여유가 있다. 그러나 이 첨단 기술 덕분에 동일한 제품을 생산하기 위해 현지 회사가 고용하는 것보다 적은 수의 직원만을 필요로 한다. 또한 규모의 경제를 감안했을 때 다국적 기업은 더 낮은 세율에 대한 협상도 가능하며,

계열사 간 송금 지불을 조작하여 세금을 덜 내기도 한다. 이러한 모든 이점은 일부 사람들이 다국적 기업이 불공정한 경쟁을 하고 있다고 주장하는 이유를 설명한다.

때때로 국가들은 다국적 기업이 자국에 들어오는 것을 전면적으로 거부한다. 예를 들어, 선진국의 중장비 회사들은 그들의 장비가 인프라 관련 프로젝트를 더 빨리 완료할 수 있도록 하기 때문에 저개발국가의 경제를 활성화시키는 데 도움이 될 수 있다고 주장한다. 그러나 인도 같은 국가에서는 건설 작업에 참여할 노동자를 고용하는 쪽이 필요한 일자리를 제공하고 지역 경제 내에서 통화를 유지시켜 주기 때문에 장기적인 측면에서 더 낫다고 생각한다. 따라서 그들은 종종 외국에서 장비를 구입하는 대신 현지 노동자를 활용하는 것을 선택한다.

세계의 헤드라인을 장식하는 것은 대개 다국적 기업의 비윤리적이거나 불법적인 행위이지만, 많은 다국적 기업들은 강력한 윤리적 가치를 지닌 훌륭한 글로벌 시민이 되기 위해 노력한다. Texas Instruments(TI)는 다음과 같은 윤리적 진정성에 대한 3단계 글로벌 접근 방식을 채택했다. (1) 현지 수준의 모든 법적 요구사항을 준수하고 있는가? (2) 전 세계 다른 지역의 동료들과 상호작용하는 방식에 영향을 미치는 현지 수준의 비즈니스 관행이나 요구 사항이 있는가? (3) 우리의 관행 중 일부는 특정 지역의 현지 법률 및 고객을 기반으로 조정될 필요가 있는가? 모든 TI 직원에게 적용되는 보편적 기준은 무엇을 기준으로 정의할 것인가? Texas Instruments가 이러한 접근법을 실행하는 방법 중 하나는 과도한 선물 제공에 대한 규칙을 지정하는 것이다. "과도한" 것으로 간주되는 기준은 국가마다 다르기 때문에 Texas Instruments는 "사업을 성사시키도록 지나치게 압력을 행사하거나 대가성을 암시하는" 선물을 주는 것을 금지하는 방법을 채택했다.[31]

Coca-Cola, DuPont, Hewlett-Packard, Levi Strauss & Co., Walmart를 포함한 많은 기업들이 해외에서 책임 있는 비즈니스 관행을 추구하는 것을 지지하고 있다. 이 기업들은 미국 비영리단체인 **사회적 책임 기업**(Business for Social Responsibility, BSR)이라는 글로벌 기반의 자원 시스템을 지지한다. BSR은 새로운 문제와 트렌드를 추적하고, 기업 리더십과 모범 사례에 대한 정보를 제공하며, 교육 워크숍과 훈련 실시 및 실용적인

사회적 책임 기업(BSR) 해외에서 책임 있는 비즈니스 관행을 추구하는 것을 지지하는 글로벌 기반의 자원 시스템

기업윤리 도구를 개발하는 조직들을 지원한다. 그리고 지역 사회에 대한 투자나 기업의 사회적 책임, 환경, 거버넌스 및 책임과 같은 문제들을 다룬다. 또한 BSR은 브라질, 이스라엘, 영국, 칠레 및 파마나에서 기업 책임에 초점을 둔 다른 조직들과 공식적인 파트너십을 구축했다.[32]

비록 다국적 기업이 본질적으로 비윤리적인 것은 아니지만, 그들의 규모와 영향력은 종종 저개발 국가의 국민들과 기업들을 위협하는 것처럼 보인다. 다국적 기업이 직면하는 윤리적 문제는 다문화 상황에 내재된 본질적으로 상반된 관점으로부터 발생한다. 문화적 관점의 차이는 경제적 이해관계에서의 차이만큼 중요할 수 있다. 다국적 기업은 그들의 규모와 권한을 고려하여 자신의 목표 달성뿐만 아니라 그들의 제품을 제조하거나 판매하는 국가에도 이익이 될 수 있는 윤리적 의사결정을 내릴 수 있도록 각별한 주의를 기울여야 한다. 심지어 가장 존경 받는 다국적 기업들 조차도 때로 윤리적 갈등을 겪고, 그 결과 책임에 직면한다. 최근 들어, 다국적 기업들이 후퇴하는 양상을 보이는데, 이들의 절반은 투자 수익률이 하락한 것이 목격되었다.[33] 문화, 보호주의, 정치 및 경제적 안정성의 차이가 다국적 기업의 성장에 걸림돌이 되고 있다.

중국, 인도, 브라질, 한국과 같은 국가들이 제휴, 합작투자 및 완전 자회사의 형태로 다국적 기업을 형성하면서 미국식 다국적 기업 모델은 퇴색하고 있다.[34] 미국식 모델에서 벗어난다고 해서 윤리와 사회적 책임에 대한 관심이 줄어든 것은 아니다. 기업이 국제적으로 확장함에 따라 윤리와 사회적 책임은 기업의 자원이 될 수 있는 기업 고유의 역량으로 기업의 성장과 이익 측면에서 유리하게 작용할 수 있다. 신뢰와 기업 시민의식의 발전은 기술이나 마케팅과 마찬가지로 필수 역량이다. 많은 중국 기업들은 안전하지 않거나 품질이 낮은 제품을 판매해서는 장기적인 성공을 달성할 수 없다는 것을 배웠다. 윤리적이고 책임 있는 비즈니스 활동은 글로벌 비즈니스에서 장기적인 성공을 위한 필요조건이다. 기업의 세계화가 증가함에 따라 이익에 이끌린 기회주의적인 기업 활동에 대한 불관용이 커지고, 경제적, 사회적 향상에 기여할 수 있는 다국적 기업에 대한 수용도는 높아졌다.[35] 그 결과, 많은 다국적 기업들은 UN과 긴밀한 관계를 맺고 있다.

10-4 책임 있는 비즈니스를 지원하는 글로벌 조직

10-4a UN 글로벌컴팩트

유엔글로벌컴팩트
인권, 지속가능성 및 반부패를 장려하는 10가지 원칙

긍정적인 변화의 원동력으로서 기업을 지원하기 위해 UN은 인권, 지속가능성 및 반부패를 장려하는 10가지 원칙인 **유엔글로벌컴팩트**(United Nations Global Compact)를 창설했다. 표 10-2는 이러한 원칙들에 대한 간략한 설명을 보여준다. 무엇보다도 UN은 글로벌컴팩트가 기업, 정부, 비정부기구 및 사회 간의 협력적인 협정을 이끌어 내어 문제를 극복하고 경제적, 사회적, 정치적으로 긍정적인 변화를 지지하기를 기대한다.

글로벌컴팩트는 조직의 자발적 참여로 이루어진다. 참여하는 조직은 책임을 가지고 글로벌컴팩트 목표와 관련하여 조직의 진행 상황을 매년 게시하고, UN의 지침 원칙에 대한 헌신을 보여야 한다. 글로벌 회원들은 그들이 사업을 하는 개발도상국 내에서 이루어지는 사회 프로젝트 진행을 위해 UN과 협력해야 하며, 14,000개 이상의 단체가 유엔글로벌컴팩트에 참여하고 있다.[36]

표 10-2 유엔글로벌컴팩트

인권
• 원칙1: 기업은 국제적으로 선언된 인권 보호를 지지하고 존중해야 한다. • 원칙2: 기업은 인권 침해에 연루되지 않도록 적극 노력한다.
노동
• 원칙3: 기업은 결사의 자유와 단체교섭권의 실질적인 인정을 지지한다. • 원칙4: 모든 형태의 강제노동을 배제한다. • 원칙5: 아동노동을 효과적으로 철폐한다. • 원칙6: 고용 및 업무에서 차별을 철폐한다.
환경
• 원칙7: 기업은 환경문제에 대한 예방적 접근을 지지한다. • 원칙8: 환경적 책임을 증진하는 조치를 수행한다. • 원칙9: 환경친화적 기술의 개발과 확산을 촉진한다.
반부패
• 원칙10: 기업은 부당취득 및 뇌물 등을 포함하는 모든 형태의 부패에 반대한다.

자료: "The Ten Principles," United Nations Global Compact, https://www.unglobalcompact.org/what-is-gc/mission/principles (accessed April 15, 2020).

글로벌 기업윤리는 기업들에게 필수적인 지식인 동시에 경영학 전공 학생들에게도 중요한 지식이다. 약 1,200여 명의 회원들을 대표하는 조직인 국제경영대학발전협의회(AACSB)는 경영대학을 위한 6가지 원칙에 영감을 주기 위해 유엔글로벌컴팩트에 합류했다. 이러한 원칙은 "책임경영 교육 원칙(Principles for Responsible Management Education)"하에 있다.[37] 첫 번째 원칙은 학생들이 기업, 사회 및 세계 경제를 위한 지속가능한 가치를 창출해내는 미래의 리더가 되도록 장려하는 것이다. 다른 원칙에는 글로벌 사회적 책임을 교과 과정에 통합하고, 책임감 있는 리더 양성을 위한 교육 자료 개발, 사회적 책임과 지속가능성 문제를 다루기 위해 교육자, 학생, 기업 및 기타 이해관계자 간의 대화를 장려하는 것이 포함된다. 이 책임경영 교육 원칙은 지속가능한 개발과 기업의 사회적 책임이라는 개념으로부터 큰 영향을 받았다.[38]

10-4b 윤리적 행동에 영향을 미치는 글로벌 비즈니스 조직

앞서 언급한 바와 같이, 사람은 이웃이나 가족, 종교, 자신이 성장한 문화, 혹은 사회 전체로부터 자신의 가치와 도덕을 발달시킨다. 그러나 기업은 반드시 수익과 이윤을 창출해야 하며, 이는 개인의 도덕이나 가치를 변화시킬 수 있다. 우리는 조직 내에서 기업의 행동강령과 개인의 가치가 충돌함에 따라 이러한 변화가 어떻게 일어나는지에 대해 논의했다. 기업은 직원들을 지원하기 위해 행동강령을 마련하지만, 동시에 규율과 관련한 행동강령도 함께 존재한다. 다음은 정부 관련 혹은 특정 분야의 행동강령들에 대한 설명이다.

회계 윤리강령 수년간, 규칙 중심 회계 표준과 원칙 중심 회계 표준 중 어떤 유형의 일반 회계 표준을 주로 사용할 것인지에 대한 논의가 진행되어 왔다. 규칙 중심 표준(rule-based standards)은 포괄적이고 정확하며, 규칙의 모든 단어에 대해 따라야 하는 구체적인 지침을 제공한다. 예를 들어, LEGO 세트를 조립하기 위한 단계별 설명서를 떠올려볼 수 있다. 이와 유사하게 규칙 중심 표준은 사용자에게 특정 문제에 표준을 적용하는 과정을 처음부터 끝까지 안내해 준다. 규칙 중심 표준을 채택하는 것의 장점은 기업 간 재무제표 데이터의 단순 비교가 가능하고, 회계 관련 소송 가능성을 줄이며, 향후에 사용할 수 있는 안정적인 지침이라는 점이다. 미국 일반회계 원칙(U.S. Generally Accepted Accounting Principles) 및 미국공인회계사협회(the American Institute of Certified Public Accountants)가 규칙 중심 표준의 대표로 여겨진다.

반면, 원칙 중심 표준(principles-based standards)은 사용자에게 정확한 규칙 대신 일련의 중요한 원칙을 준수하도록 요구하는 간결하고 보다 유연한 표준이다. 모든 표준에 통합된 몇 가지 기본 원칙에는 투명성(transparency), 책임(accountability) 및 효율성(efficiency)이 있다. 이러한 표준은 문제를 해결하기 위한 다양한 방법이 있다는 점에서 복잡한 대수 방정식과 같다고 할 수 있다. 기본 원칙이 준수되는 한 전문적인 판단을 사용하여 다양한 방법으로 재무 데이터를 보고할 수 있다. IFRS(International Financial Reporting Standards)는 원칙 중심 표준을 채택하였으며, 현재 전 세계 대다수의 국가들이 이 표준을 준수하고 있다. 국제윤리기준위원회(International Ethics Standards Board for Accountants) 역시 원칙 중심 강령으로 간주된다. 원칙 중심 표준을 채택하는 것의 장점에는 유연성 향상과 문제를 해결하기 위해 새롭고 창의적인 방법을 찾기 위한 전문적 판단의 허용, 그리고 이 표준원칙에서 지나치게 복잡한 표현이 제거된다는 점이 있다.

각 표준은 장점과 단점을 가지고 있지만 가장 좋은 방법은 보다 복잡한 문제에 대한 지침으로서의 규칙과 각각의 규칙을 검토하는 기본 원칙을 통합하는 것이다. 최근 몇 년 동안 미국은 규칙 중심 표준(US GAAP)을 다른 많은 국가에서 채택한 원칙 중심 표준인 IFRS와 통합하려는 시도를 하였으며, 상당한 진전을 이루었다. 이러한 목표를 달성하기에 두 표준 사이에 꽤 많은 장애물이 있었지만, 희망적인 것은 두 기준을 통합하기에 충분한 공통점을 찾을 수 있다는 것이다.

재무 윤리강령 재무 분야 내에 회계 기관들도 혼재되어 있으나 주요 재무관리기관은 공인재무협회/분석사협회(Chartered Financial Institute/Analyst Association, CFAI/CFA)이다. CFA 협회(CFA Institute)의 사명은 핵심 투자 관리 전문가를 위한 가치를 창출하고, 투자 관리 산업과 협력하여 사회의 궁극적인 이익을 위한 가치에 공동으로 기여하는 윤리와 시장 고결성, 그리고 전문적인 실무 기준을 향상시키는 것이다. CFA 인증은 전 세계적으로 170,000명 이상의 전문가에 의해 이루어진다. 그들은 몇 가지 행동강령을 가지고 있는데, CFA 윤리강령 및 전문가행위기준은 전문성, 자본 시장의 고결성, 고객에 대한 의무, 직원에 대한 의무, 투자분석, 추천 및 투자행위, 이해상충, 회원으로서의 책임 등의 분야에 대한 지침을 제공한다.

매니지먼트 윤리강령 AOM(Academy of Management) 윤리강령은 관리자를 위한 유일한 일반 강령으로, 회원들이 반드시 조직의 모든 이해관계자들의 권리와 복지에 주의를 기울일 것을 보장한다. 회원들은 시민권, 인권, 그리고 연구, 교육 및 출판에서의 탐구와 표현의 자유가 가지는 중요성을 존중하고 보호해야 한다. 또한 회원들은 관리자, 고용주 및 공무원이 비즈니스 관행이 국가적으로 혹은 전 세계적으로 개인 직원과 사회에 미치는 영향에 관한 정보에 입각하여 판단하고 선택권을 개발할 수 있도록 돕는다. 그렇게 함으로써 AOM 회원들은 연구원, 교사, 컨설턴트, 진단 전문가, 감독자, 관리자, 논평가 및 사회적 개입주의자로 활동하는 등 다양한 역할들을 수행한다.

마케팅 윤리강령 마케팅에는 AMA(American Marketing Association)와 ANA(Association of National Advertisers)에서 비롯되는 두 가지 주요 윤리강령이 있다. AMA는 3만 명 이상의 학계 및 비즈니스 전문가 출신 회원을 보유하고 있다. 그들의 윤리강령은 해를 끼치지 않고, 마케팅 시스템에 대한 신뢰를 구축하며, 윤리적 가치를 수용하는 것이다. 제시된 윤리적 가치는 정직, 책임, 공정, 존중, 투명성, 시민의식 또는 이해관계자에게 제공할 경제적, 법적, 자선적 그리고 사회적 책임을 다하는 것이다.

ANA는 1,000개 이상의 기업 회원을 보유하고 있으며, 이외에도 법률 회사, 광고 대행사, 홍보 대행사 및 벤더 등과 같은 비마케터인 준회원도 포함되어 있다. ANA에는 마케팅 오퍼에 대한 수천 건의 소비자 불만 사항을 처리하는 대규모 소비자 담당 부서가 있다. ANA는 DMAchoice.org를 통한 마케팅 오퍼 혹은 Digital Advertising Alliance를 통해 온라인 관심분야를 기반으로 하는 광고에 대해 소비자 선택권을 제공한다. ANA는 자율규제를 통해 소비자의 선택을 존중한다. 매년 ANA에서는 위원회의 업무와 규정을 준수하지 않은 불법 행위자들에 대한 설명을 담은 연례 보고서를 발행한다. 예를 들어, 최근 한 해 동안 ANA는 13,971건의 소비자 불만과 665건의 디지털 광고 불만 사항을 접수했다.[39] ANA 직원과 윤리운영위원회는 기업들과 협력하여 소비자 불만 사항을 해결하고 기업이 규정을 준수하도록 하고 있다. 위원회는 규정을 준수하게 된 기업들을 공개하지 않지만 관련 정부 당국(FTC, FCC, State Attorney Generals)에 회부하고 있다.

10-5 글로벌 기업윤리 이슈

이 절에서는 글로벌 윤리 위험, 뇌물수수, 독점금지 활동, 인터넷 보안 및 개인정보보호를 포함하여 글로벌 비즈니스에 극적인 영향을 미치는 이슈들을 중점적으로 다룬다. 또한 인권, 의료, 노동, 보상과 같은 기본권과 소비주의 이슈에 대해 논의한다. 뇌물수수와 독점금지 문제는 전 세계 정부에서 가장 우려하는 이슈 중 하나이며, 인권과 노동권은 글로벌 비즈니스 환경에서 특히 흔하게 남용되는 부분이다. 비록 세계화는 많은 이점을 가지고 있지만 위험이 없는 것은 아니다. 위험은 글로벌 기업이 관리해야 하는 윤리적 이슈를 야기한다. 이러한 위험 중 많은 부분은 전 세계적으로 비즈니스를 수행하는 조직들이 윤리적 비즈니스 결정을 내릴 것을 요구한다. 이러한 위험 중 일부는 다음과 같이 설명될 수 있다.

- 부패는 지속적으로 가장 눈에 띄는 세계적, 경제적 위험 중 하나이다. 예를 들어, 철도 운송 시장의 프랑스 다국적 기업인 Alstom SA는 부패와 관련된 지분이 있다. Alstom의 전 수석 부사장은 인도네시아 공무원들에게 뇌물을 지급하는 계획과 관련된 자금세탁 혐의로 15개월 형을 선고받았다. 또한 Alstom은 이 인도네시아 계획과 기타 관련 혐의를 해결하기 위해 미국 당국에 7억 7,200만 달러를 지급했다.[40]
- 국제 규제의 변화는 글로벌 기업들이 다양한 법률을 준수하기 위해 그들의 비즈니스 전략을 조정해야 하므로 문제를 일으킬 수 있다. Apple은 유럽에서 이러한 문제에 직면하였는데, 미국과 달리 EU는 Apple이 경쟁법을 위반한 혐의에 대해 반독점 위반 혐의로 기소하기로 결정한 바 있다.[41]

- 인권침해와 관련된 공급망 이슈는 다양한 국가들을 포괄하는 글로벌 공급망에서 발견하기 어려울 수 있다. 예를 들어, Human Rights Watch의 연구에서는 두바이 정유 공장과 관련된 아동 노동을 발견했다. 가나의 아동 노동이 흔하게 이루어지는 무허가 광산에서 무역업자들이 어떻게 금을 구입하여, 이를 아동이 채굴한 금을 식별하고 걸러낼 수 있는 안전장치가 미흡한 수출 회사들에게 판매하였는지에 대해 입증했다.

전 세계 기업들은 준법경영 활동에서 보다 글로벌화되었다. 표 10-3은 미국과 EU에 기반을 둔 글로벌 기업들의 주요 컴플라이언스 이슈들을 정리한 것이다. EU는 글로벌 경쟁법, 부패방지 요구사항, 윤리와 가치, 수출 통제를 기밀 유지나 기록 관리, 노동 및 고용법 보다 더 높은 관련성이 있는 것으로 간주한다. 이러한 차이점은 정부가 미래에 제정할 법률 유형에 대한 단서를

표 10-3 글로벌 기업윤리와 법적 이슈들

중요 이슈
행동강령
미국 독점금지법
상호존중
미국 해외부패방지법(FCPA)
이해상충 및 선물
컴퓨터의 올바른 사용
내부 거래
재무 건전성
비밀 준수
기록물 관리
노동 및 고용법
지적재산권
글로벌 독점규제법
글로벌 부패 방지 요구사항
윤리와 가치
수출 규제

제공해 준다.

10-5a 뇌물수수

뇌물수수는 뇌물에 대한 허용과 법적인 정의가 국가마다 다르기 때문에 어려운 주제이다. 미국과 같은 국가에서는 기업 간 뇌물이 불법적인 반면, 다른 국가에서는 비즈니스 관행으로써 수용된다. BRIC(브라질, 러시아, 인도, 중국) 국가의 관리자들에게 경영 목표를 달성하기 위해 호의를 제공하는 것은 생소한 일이 아니다. 이러한 "호의"는 최소한의 가치이며, 뇌물로 여기지 않기 때문에 이들 문화에서는 윤리적인 것으로 여겨진다.[43] 오늘날 대부분의 선진국에서는 소비자와 경쟁에 피해를 줄 가능성이 있기 때문에 뇌물수수 행위가 책임 있고 공정한 비즈니스 수행 방식이 아니라는 것을 인식하고 있다. 그러나 기업은 무엇을 뇌물로 여길 것인지 결정해야 한다. 일본에서는 비즈니스를 하기 전에 작은 선물을 주는 것이 예의로 여겨진다. 이러한 선물은 뇌물인가 아니면 단순한 감사의 표시인가? 뇌물수수에 대한 원칙은 충분히 부정행위가 발생할 수 있을 정도로 명확한 가이드라인 없이 모호한 채로 남아있다. 이러한 이유로 미국과 영국은 뇌물수수를 정의하는 규정을 통과시켰고, 이러한 상황에 직면한 기업에 대한 법적 선례들을 마련했다.

미국 해외부패방지법 미국 해외부패방지법(U.S. Foreign Corrupt Practices Act, FCPA)은 미국 기업이 사업을 취득하거나 유지할 목적으로 외국의 공무원에게 뇌물을 제공하는 행위를 금지하고 있다. 1988년 미국 의회는 정부가 뇌물을 허용하는 외국 기업들에 비해 미국 기업들이 불리한 상태로 운영되고 있다는 점을 우려하게 되었다. 이에 1998년에 미국과 기타 33개 국가들은 일상적인 정부 활동을 촉진시키거나 원활하게 진척시킬 목적으로 지불하는 비용(이른바 급행료 혹은 윤활성 금품)을 제외하고 국제 비즈니스 거래에서 외국 공무원에게 뇌물을 지급하는 관행을 근절하기 위한 협정에 서명했다. 미국 법무부가 해외부패방지법(FCPA) 위반을 최우선 과제로 삼으면서 뇌물수수에 대한 기소가 증가했다.

일부 주요 기업들의 경우 뇌물수수가 문제가 되었다. 예를 들어, Walmart는 해외부패방지법(FCPA)을 위반한 혐의에 대한 해결을 위해 1억 3,800만 달러를 지불했다. 브라질에 있는 Walmart 자회사는 모기업이 회사 기

표 10-4 컴플라이언스 가이드라인을 위한 FCPA 모범 사례

표 10-4 컴플라이언스 가이드라인을 위한 FCPA 모범 사례
해외부패방지법 위반을 금지하는 명확한 정책 마련
기업의 컴플라이언스 정책에 대한 고위 경영진의 지지
선물, 접대, 문화접대, 비용, 고객 여행, 정치 기부금, 자선 기부금 및 후원금, 급행료, 요청 및 강요와 관련된 기준 및 정책 개발
위험 평가 및 내부 통제를 포함하는 컴플라이언스 절차 개발
컴플라이언스 절차에 대한 연례 검토 및 필요한 경우 업데이트
적절한 재무 및 회계 절차 개발
이사, 임원, 직원 그리고 기타 관련 이해관계자들에게 절차를 적절하게 전달하기 위한 정책 실행
관련 이해관계자들에게 법적 지침을 제공하는 시스템 구축
부패방지규정 위반에 대한 징계절차
반부패 정책 준수를 위한 실사 실행
공급업체, 대리인 및 기타 파트너와의 협정 및 계약에 부패방지 조항 포함
FCPA 규정 준수 확인을 위한 강령 및 절차의 주기적 검토
증권거래위원회(SEC)에 위반 사항에 대한 신속 보고

자료: Based on "U.S. Securities and Exchange Commission and Department of Justice Clarify 'Best Practices' for FCPA Compliance," *Mayer Brown*, January 11, 2011.

록을 위조하도록 했고, 새로운 매장을 더 빨리 열 수 있도록 하기 위해 50만 달러 이상의 뇌물을 지급했다. 내부 회계와 반부패 관행을 담당하는 Walmart의 경영진들은 이미 수년 동안 이러한 사실에 대해 알고 있었다. 이러한 부패는 궁극적으로 Walmart의 비윤리적인 관행이 멕시코, 중국, 인도와 같은 다른 국가들에서도 만연하게 했다.[44] 이는 비윤리적 관행에 대한 관용이 기업에게 세계적인 영향을 미친다는 것을 보여준다. 때때로 최고 경영진의 전폭적인 준수로 뇌물수수 문제가 처리될 수도 있으나 여러 지사나 글로벌 사업부 및 많은 직원을 거느린 대기업들의 경우는 이러한 비위행위를 감지하는 데 더 큰 어려움을 겪고 있다. FCPA는 최근 개정되었으며, 현재 미국 법무부(DOJ)와 증권거래위원회(SEC)에서 규정 준수 여부를 평가하는 데 사용하는 기업에 대한 "모범 사례(best practices)"와 가이드라인을 제공한다. 이 가이드라인은 기업들이 FCPA를 준수하도록 하는 데 도움이 될 수 있다. 이 가이드라인은 표 10-4에 요약되어 있다.

이 법을 위반할 경우 개인에게는 십만 달러의 벌금과 징역형이 선고될 수

있으며, 기업에 대한 처벌은 수백만 달러에 달할 수 있다.[45] 일부 FCPA 위반 여부는 다른 위반보다 감지하기 쉽다. 가장 위험한 관행에는 항공권, 여행 중인 외국 공무원의 호텔 및 식사 비용 지불, 역외 조세 피난처 계좌로 지불 송금, 정부 관료가 컨설팅 서비스 수행을 위해 추천한 대리인 고용 등이 있다.[46] 현재 집행 기관들은 이러한 제3자를 통한 뇌물수수를 주요 표적으로 삼고 있다.

영국 뇌물수수법 많은 국가들이 뇌물에 대해 더욱 강경한 입장을 취하고 있다. 영국은 현재까지 가장 전면적인 뇌물수수 금지 법안을 제정하였다.[47] 영국의 뇌물수수법(U.K. Bribery Act)은 미국의 해외부패방지법(FCPA)과 중복되지만 뇌물수수를 억제하기 위해 추가적인 조치를 취하고 있다. 이 법에 따라 영국 거주자 및 기업뿐만 아니라 영국에서 사업을 영위하는 외국 기업들은 뇌물 그 자체가 영국과 어떠한 연관이 없다 하더라도 이 행위가 어디에서 일어났는지 혹은 회사 내 누가 범죄를 저질렀는지에 관계없이 뇌물수수에 대한 책임을 질 수 있다. 해외부패방지법(FCPA)과는 달리, 기업들은 뇌물에 대한 명시적인 지식을 갖고 있지 않아도 형사상 책임이 발생한다.[48] 또한 이 법은 민간 사업자 간의 뇌물수수도 불법으로 분류하며, 지연될 수 있는 서비스를 가속화하기 위한 급행료(grease payments)에 대해서도 불법으로 간주한다. 이 법에서는 기업이 자회사 혹은 합작투자 파트너가 모든 수준의 뇌물수수에 연루되어 있는지 확인할 것을 요구한다.[49] 마지막으로 이 법안은 뇌물수수에 대한 최대 징역형을 7년에서 10년으로 늘렸다.[50] Airbus는 항공기 판매를 위해 정부 관료들에게 뇌물을 지급하고자 제3자 비즈니스 파트너를 이용한 것에 대해 FCPA와 영국 뇌물수수법 그리고 기타 법률을 위반한 혐의로 조사를 받았으며, 벌금으로 총 40억 달러를 지불했다.[51]

이 같은 뇌물수수에 대한 포괄적인 조항은 영국에서 운영하는 기업들에게 우려를 불러일으켰다. 어떤 사람들은 고객을 저녁 식사에 데려가는 것과 같은 단순한 일이 영국 법에 따라 뇌물로 간주될까 두려워한다. 그러나 영국 관리들과 법률 전문가들은 접대 행위가 불법으로 간주되지는 않을 것이라고 말한다. 또한 기업은 경영진이 지원하는 효과적인 컴플라이언스 프로그램을 도입함으로써 중징계로부터 스스로를 보호할 수 있다. 관리자는 적절한 보고 절차, 회사의 행동강령 및 컴플라이언스 프로그램에 대한 정기적인 검토, 위험 평가 및 이 책에서 논의되고 미국 연방 양형 지침(U.S. Federal Sentencing Guidelines)에 요약된 기타 정책들을 실행하는 것과 함께 조직 상층부에 적절한 분위기를 조성해야 한다.[52] 법률 전문가들은 영국 중대비리조사청(Serious Fraud Office, SFO)이 소액의 급행료를 지불한 사건을 기소할 지 혹은 영국 밖에서 발생하는 사건을 기소할 지에 대해 의문을 제기한다.[53] 공식적으로 SFO는 선의의 접대 및 판촉비 지출은 비즈니스 수행상의 정상적인 부분이므로 뇌물로 간주되지 않을 것이라고 명시하고 있다. 그러나 기업은 종종 뇌물을 선물이나 합법적인 사업 지출의 형태로 위장해왔다.[54] 전 SFO 이사는 최고 수준의 뇌물수수 발생 여부를 결정하는 데 사용할 수 있는 기준으로 (1) 영국 금융회사(U.K Financial PLC) 및 런던시(City of London)에 대한 신뢰를 해치는 경우 (2) 공정한 경쟁의 장을 훼손하는 경우 (3) 심각한 뇌물수수 및 부패가 발생한 경우 (4) 공익적 측면이 강한 경우를 제시했다.[55]

10-5b 독점금지 활동

공정한 경쟁은 최고의 제품을 최적의 가격으로 생산할 수 있도록 해준다는 믿음으로 인해 많은 국가에서 호의적인 평가를 받고 있다. 그러나 이러한 자본주의의 기본 개념이 바뀌기 시작했다. 19세기와 20세기 초반, 미국 기업들은 시장을 지배하기 위한 시도로 경쟁자들에 대해 높은 진입장벽을 구축하면서 오늘날 반경쟁적 관행으로 간주되는 방식을 사용하기 시작했다. 이러한 관행은 가격 인상과 소비자의 선택권 감소로 이어졌다. 1890년 미국은 이러한 반경쟁적 행위를 막기 위해 셔먼 독점금지법(Sherman Antitrust Act)을 통과시켰으며, 다른 국가들도 이와 유사한 법을 마련하였다. 기업이 서로 다른 법을 가진 국가에서 비즈니스를 할 때 이러한 경쟁의 문제는 더욱 복잡해진다. 예를 들어, EU는 미국보다 더욱 엄격한 독점금지법을 가지고 있기 때문에 일부 다국적 기업들은 EU에서 경쟁하기가 더 어렵다. Google, Microsoft, IBM을 비롯한 여러 기업들을 상대로 EU의 반독점 조사가 시작되었다. 표 10-5는 셔먼 독점금지법에 따라 벌금을 부과받은 기업 중 일부를 보여준다.

표 10-5 셔먼 독점금지법(1890) 위반 상위 10대 기업

피고(연도)	품목	벌금(백만 달러)	지리적 범위	국적
Citicorp(2017)	외환거래	925	국제	미국
Barclays, PLC(2017)	외환거래	650	국제	영국
JPMorgan Chase & Co.(2017)	외환거래	550	국제	미국
AU Optronics Corporation of Taiwan(2012)	LCD패널	500	국제	대만
F. Hoffmann-La Roche, Ltd.(1999)	비타민	500	국제	스위스
Yazaki Corporation(2012)	자동차 부품	470	국제	일본
Bridgestone Corporation(2014)	자동차용 진동방지 고무제품	425	국제	일본
LG Display Co., Ltd(2009)	LCD패널	400	국제	한국
Royal Bank of Scotland(2017)	외환거래	395	국제	스코틀랜드(영국)
Société Air France 및 Koninklijke Luchtvaart Maatschappij, N.V.(2008)	화물운송료	350	국제	프랑스 및 네덜란드

자료: The U.S. Department of Justice, "Sherman Act Violations Yielding a Corporate Fine of $10 Million or More," https://www.justice.gov/atr/sherman-act-violations-yielding-corporate-fine-10-million-or-more (accessed April 15, 2020).

수직적 시스템
소유권이나 계약 또는 구매 능력을 통해 채널 구성원(제조업체, 판매업체, 유통업체 또는 소매업체)이 전체 비즈니스 시스템을 통제하는 것

거대 다국적 기업들은 규모의 경제와 진입장벽을 조성하기 때문에 전반적인 경쟁을 감소시키는 경향이 있으며, 소규모 기업이 문을 닫게 할 수 있다. 이러한 기업들이 규제를 받지 않으면 수직적 시스템 접근 방식을 통해 독점을 할 수 있다. **수직적 시스템**(vertical system)은 채널 구성원(제조업체, 판매업체, 유통업체 또는 소매업체)이 소유권이나 계약 또는 구매 능력을 통해 전체 비즈니스 시스템을 통제할 때 형성된다. 수직적 시스템은 관성을 유발하기 때문에 경쟁사가 더 나은 제품과 가격을 가지고 있더라도 채널 구성원들이 기존의 여러 소매업체 및 유통업체와 관계를 유지하도록 한다. 때때로 다국적 기업은 다른 기업들이 자신들과 독점적으로 거래하도록 강요하기 위해 그들의 규모를 이용한다. EU에서 Google을 상대로 다수의 반독점 혐의가 제기되었다. 2019년 Google은 경쟁업체들이 제3자의 웹사이트에 광고를 게재하는 것을 제한한 혐의로 17억 달러의 벌금을 부과받았으며, 지난 몇

년 동안 EU에서만 총 90억 달러 이상의 벌금을 부과받았다.[56]

10-5c 인터넷 보안 및 개인정보보호

오늘날 컴퓨터 해커들은 인터넷과 컴퓨터 바이러스 같은 도구를 사용하여 기업 스파이 행위를 저지르거나 정부 인프라에 대한 사이버 공격을 가하고 기밀 정보를 훔칠 수 있다.[57] 그림 10-5는 최근 경영진과 이사회 및 투자자들이 중요하게 여기는 주요 이슈들 중 일부를 보여준다. 지금까지 인터넷 보안은 기업윤리에서 중요한 부분이 아니었으나 심각한 인터넷 범죄로 인해 대중들의 관심을 받게 되었다. 컴퓨터 해커는 특히 미국과 중국에서 문제가 되었는데, 더욱 충격적인 것은 이들의 공격이 기업과 그들의 영업 기밀을 향할 뿐만 아니라 국가의 전력망 시스템이나 금융 시스템, 군사 정보 시스템을 겨냥한 것이라는 점이다. 미국도 중국과 마찬가지로 사이버 해킹을 국가 안보의 한 기능으로 인정하고 있다. 그러나 미국은 중국 해커들이 미국 기업

그림 10-5 비즈니스를 위협하는 글로벌 도전

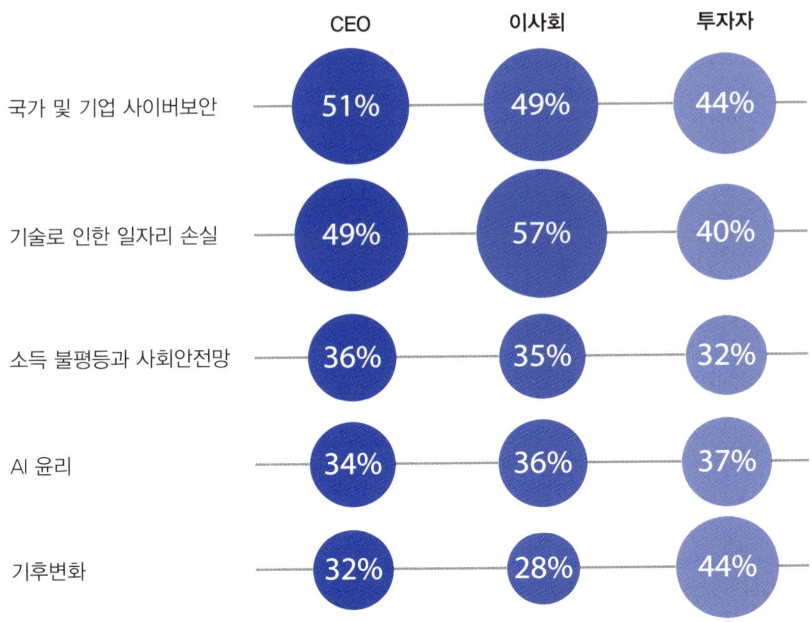

자료: EY, "For CEOs, Are the Days of Sidelining Global Challenges Numbered?" July 8, 2019, https://www.ey.com/en_us/growth/ceo-imperative-global-challenges (accessed October 28, 2020).

의 기밀을 훔치고 있다는 사실을 인정하도록 중국에 점차 압력을 가하고 있다. 중국 통신 회사 Huawei는 개인정보보호와 관련한 우려의 주요 대상이다. 많은 국가들은 Huawei의 제품과 서비스가 자국민을 감시하고 사이버 공격을 가능하게 하는 데 사용될 수 있음을 우려한다. AT&T와 Verizon 등에서는 Huawei의 스마트폰 사용이 금지됐고, 미국, 스웨덴, 호주 등은 5G 네트워크용 장비를 제공하지 못하도록 이 기업을 블랙리스트에 올렸다. 이러한 금지조치는 Huawei의 공급자인 미국 기업들(예: Intel)에 부정적인 영향을 미쳤다.[58]

인터넷 특성상 해커와 기타 사이버 범죄자들은 전 세계 모든 기관에 접근할 수 있다. 전 세계적으로 중요한 데이터를 암호화하고 이 파일의 암호를 해독하는 키를 제공하는 대가로 몸값을 요구하는 해커와 바이러스, 악성 프로그램 및 랜섬웨어의 위협이 증가하고 있다. 이러한 모든 행위들은 비윤리적이고 대부분 불법임에도 글로벌 법적 환경에서 해결할 수 없는 경우가 있다. 미국과 유럽의 규제 당국은 인터넷 기업과 사이버 범죄자의 법적 면책 특권을 철폐하고 있다. 국가와 규제 당국들은 이러한 사이버 범죄자들을 단속하는데 협력하고 사이버 범죄에 이용당한 기업과 소비자들을 지원할 필요가 있다.[59]

사용자계정에 침입하고 금융 정보를 도용하는 것과 같은 일부 인터넷 개인정보보호 위반은 명백히 비윤리적이지만, 다른 많은 상황들은 더욱 어려운 윤리적 이슈를 야기할 수 있다. 예를 들어, 모바일 광고 네트워크는 모바일 애플리케이션 사용자에게 광고를 표시하는 방식으로 인해 정보보호 문제에 직면하게 된다. 기업은 광고 네트워크를 이용하여 인터넷 페이지와 모바일 애플리케이션에 광고를 게시한다. 기업들은 모바일이나 웹사이트 페이지에서 일정량의 공간을 구입하지만 광고 네트워크가 그들의 광고를 어떻게 표시하는지에 대해 늘 알고 있는 것은 아니다. 광고 네트워크는 각 개인과 관련된 광고를 표시하기 위해 사용자의 위치와 선호도를 파악하기 위한 모바일 장치 내 추적 방법을 사용하기 시작했다. Apple은 이러한 방법을 발견한 후, 광고 네트워크가 광고를 위해 개인정보를 사용하는 것을 금지했다. 광고 네트워크는 개인 신원을 추적할 수 없는 임의의 숫자 집합에 의해 사람들이 식별된다고 설명하지만, 다른 사람들은 이 정보가 결국 개인 식별 특성으로 추적될 수 있는 특정한 프로필에 저장된다고 주장한다. 현재 이 문제와 관련된 법률은 없지만 연방거래위원회(Federal Trade Commission)는 소비자 개인정보보호 위반 여부를 판단하기 위해 이 문제를 조사하고 있다.[60]

개인정보보호와 관련된 또 다른 윤리적 딜레마는 기업의 개인정보 사용이다. 전 세계적으로 가장 인기 있는 소셜 네트워킹 사이트인 Facebook은 느슨한 개인정보 보호정책과 회원 정보를 지나치게 공개한다는 사실에 대해 비판을 받아왔다. 여러 정부들이 인터넷에서의 정보 수집을 규제하는 새로운 법안을 고려하기 시작했을 정도로 개인정보보호는 큰 우려의 대상이 되었다. 미국 정부는 웹사이트가 추적하는 정보 유형을 제한하기 위해 인터넷을 규제할지에 대해 논쟁을 하고 있다.[61] EU는 잊혀질 권리 및 일반 데이터 보호 규정(General Data Protection Regulation, GDPR)과 같은 법률을 통과시켰고, EU 소비자의 개인정보 권리를 강화하기 위한 권고안을 제안했다. 또한 EU 데이터 보호 지침은 EU 시민들의 개인정보를 보호하기 위한 원칙을 제시하고 있다. 이러한 원칙에 따라 데이터가 수집되는 사람에게 이 사실을 알리고, 데이터를 보호해야 하며, 데이터의 부정확성을 확인하기 위해 수집 대상에게 개인 데이터에 대한 접근 권한을 부여해야 한다.[62]

사우디아라비아와 중국 같은 국가에서 인터넷 개인정보보호는 단지 기업 차원의 이슈가 아니다. 정부는 시민들의 인터넷 사용을 검열하는 데 적극적인 역할을 한다. 이란에서 Facebook과 Twitter가 인기 있음에도 정부 검열로 인해 많은 외국 기업들이 이란 버전의 웹사이트를 개발하지 못하게 되었고, YouTube는 금지되어 있다. 이런 상황은 이란의 기술 기업들이 우위를 점할 수 있는 길을 열었다. Google Play와 유사한 이란 사이트인 Café Bazaar는 현재 외국 기업과의 경쟁이 거의 없다.[63]

중국 정부는 인터넷 사이트를 검열하기 위해 일상적으로 "Great Firewall"이라는 인터넷 필터링 시스템을 사용한다. 종종 자료가 검열된 것에 대해 시민들에게 알리지 않기 때문에 이러한 필터링은 기술적 결함처럼 보이게 된다. YouTube 및 Facebook과 같은 네트워크는 완전히 차단된다. 중국 정부는 최근 필터링 시스템을 변경하여 금지된 사이트에 우회하여 접속하는 것을 더 어렵게 만들었다.[64] 이러한 검열은 외국 기업들이 중국과 비즈니스

하는 것을 정당화하기 어렵게 만든다. 그러나 Google의 "Don't Be Evil"이라는 모토는 기업이 중국 시장에 진입하기 위해 사이트의 일부 측면을 검열하고자 Dragonfly라는 비밀 프로젝트에서 중국 정부와 협력한 이후 문제가 되었다. 비록 Dragonfly 프로젝트는 중단되었다 하더라도, Google의 공공 정책 부사장이 미 상원에서 향후 중국의 검열에 참여하지 않겠다는 약속을 하지는 않을 것이다.[65]

10-5d 인권

인권
UN은 천부의 존엄성과 동등하고 양도할 수 없는 권리 그리고 세계의 자유, 정의 및 평화의 기초로 정의함

인권(human rights)이라는 용어의 의미는 UN 세계인권선언문에 성문화되어 있으며, 천부의 존엄성과 동등하고 양도할 수 없는 권리 그리고 세계의 자유, 정의 및 평화의 기초로 정의된다.[66] 인권이라는 개념은 비즈니스에서 새로운 것은 아니다. 수십 년 전부터 마련되어 있었지만 최근까지 이를 고려한 회사는 거의 없었다. 표 10-6은 UN 세계인권선언문에 있는 3개 조항을 보여준다. 비즈니스 세계에서 이 조항들의 이행은 심각한 윤리적 파급효과를 가져왔다. 제18조는 종교의 자유에 관한 것이다. 서구의 관점에서 이것은 간단하다. 그러나 일부다처제가 허용이 되는 국가의 직원에 대해 기업이 어떻게 대응해야 하는가? 이들 모두에게 의료보험을 제공해야 하는가? 이러한 문제에 대응하기 위해 Ford Motor Co.는 직원들에게 다양한 종교에 대해 교육하고 전 세계의 다양한 직원들의 신념에 대한 존중을 장려하기 위해 Ford Interfaith Network를 시작했다.[67]

한편, FTSE 100대 기업에 대한 연구에 따르면 많은 대기업들이 차별금

표 10-6 UN 세계인권선언의 주요 조항

제18조 사상, 양심 및 종교의 자유 … 단독으로 또는 다른 사람과 공동으로 … 공적으로 또는 사적으로
제23조 일과 … 정당하고 유리한 노동 조건, 실업에 대한 보호의 권리 … 동일한 노동에 대하여 동등한 보수 … 자신과 가족에게 인간의 존엄에 부합하는 생존을 보장 … 노동조합을 결성하고 가입할 권리 …
제25조 건강과 안녕에 적합한 생활 수준을 누릴 권리 … 어머니와 아동은 특별한 보호와 지원을 받을 권리를 가진다.

자료: United Nations, "Universal Declaration of Human Rights," https://www.un.org/en/universal-declaration-human-rights/index.html (accessed October 28, 2020).

지, 노조 가입 권리 등과 같은 기본적인 인권 정책을 마련하고 있으나 UN 인권선언에 있는 사생활 보호에 대한 권리, 일할 권리 그리고 동일 임금에 대한 언급은 훨씬 적은 것으로 나타났다.[68] 아동 노동은 큰 문제가 되었다. 아동 노동에 반대하는 많은 움직임이 있었고, 특별이익단체들은 아동 노동을 이용해 생산된 것으로 밝혀진 제품에 대해 적극적으로 보이콧하며 공개하고 있다.[69] 삼성은 16세 미만의 아동 7명을 고용한 혐의를 받은 중국의 한 공급업체와의 거래를 중단했다.[70]

10-5e 의료 서비스

또 다른 중요한 윤리적 이슈는 의료 서비스이다. 전 세계적으로 10억 명의 사람들이 의료 시스템에 접근하지 못하고 있으며, 매년 약 920만 명에 달하는 5세 미만 어린이들이 영양실조와 예방 가능한 질병으로 인해 사망한다.[71] 그 결과, 제약 회사의 우선 순위에 대한 세계적인 우려가 증가하고 있다. 이 윤리적 딜레마는 수익과 의료에 관한 것이다. 제약회사들이 본질적으로 비윤리적이라고 믿는 사람들은 이윤 추구로 인해 이 회사들이 말라리아, HIV, AIDS와 같이 널리 퍼진 치명적인 질병에 대한 치료법에 초점을 두기 보다는 탈모나 발기부전 치료제 같은 사치품을 감당할 여유가 되는 시장을 겨냥한 약을 연구하게 되었다고 말한다.

특허는 또 다른 도전 과제이다. 특허는 제약회사에 특정 기간 동안 제품에 대한 독점권을 부여하기 때문에 회사는 종종 신흥 국가가 감당할 수 없는 높은 가격을 책정할 수 있다. 이는 의료 활동가와 제약 회사들 간의 분쟁은 물론 국가 간 분쟁으로도 이어졌다. 예를 들어, 브라질과 남아프리카 공화국은 의약품의 가

논쟁거리

의료는 권리인가 특권인가?

1948년 UN이 채택한 세계인권선언문은 "모든 사람은 의식주, 의료 및 필요한 사회복지를 포함하여 자신과 가족의 건강과 안녕에 적합한 생활 수준을 누릴 권리가 있다."고 선언했다. 열심히 일하는 것과 건강한 생활이 건강을 보장해주지 않는다. 높은 의료 비용으로 인해 많은 소비자들이 건강보험을 감당할 여유가 없다. 미국 정부는 다른 산업화된 국가들을 따라 보편적 건강보험 제도를 채택하는 것처럼 보인다.

비판론자들은 개인의 건강을 보장하는 것은 정부가 아닌 개인의 책임이라고 주장한다. 비만이나 당뇨병과 같은 많은 건강문제들은 종종 개인들이 더 건강한 생활 방식을 선택함으로써 예방할 수 있다. 또 다른 문제는 의료 비용과 관련이 있다. 비판론자들은 더 많은 사람들이 의료 서비스를 정부에 의존할 것이기 때문에 보편적 건강보험 제도가 비용을 증가시킬 것이라고 믿는다. 이는 결과적으로 비용을 소비자에게 전가시키고 정부가 특정 유형의 보장을 제한하도록 할 수 있다. 모두를 위한 의료보험은 사람들이 부상을 당할 경우 의료 보장이 된다는 것을 알기 때문에 더 위험한 결정을 내리게 할 수 있다.

1. 의료는 생명을 보호하는 것이기 때문에 기본적인 권리이므로 연방정부가 보장해야 한다.
2. 의료는 특권이며 높은 비용이 수반될 수 있기 때문에 정부가 제공해서는 안 된다.

격을 더 저렴하게 하는 개혁을 고려 중에 있는 반면, Eli Lilly는 경쟁자들이 복제약품을 판매할 수 있도록 허용한 것은 미국–멕시코–캐나다 협정(USMCA)의 전신인 북미자유무역협정(NAFTA)을 위반하는 것이라며 캐나다를 상대로 소송을 제기했다.[72] Eli Lilly와 같은 제약 회사들은 의약품을 개발하는 데 드는 비용을 회수하기 위해서는 높은 가격이 요구될 수 밖에 없으며, 이익이 없다면 회사가 제 기능을 할 수 없을 것이라고 주장한다. 또 다른 주장은 다른 산업의 기업들은 그들의 제품에 대한 특허가 허용되기 때문에 마찬가지로 제약 회사도 동일한 권한을 허용해야 한다는 것이다. 그러나 생사가 걸린 문제라면 기업은 수익성과 인간의 필요 사이에서 균형을 이루는 방법을 찾아야 한다.

개발도상국과 선진국 모두에 영향을 미치는 관련 이슈는 의료 서비스 비용의 적정성(affordability)이다. 의료 비용의 증가는 특히 미국에서 지속적으로 심각한 문제를 야기하고 있다. 연구에 따르면 미국은 다른 산업화된 국가보다 1인당 의료비 지출이 더 많은 것으로 나타났지만, 더 좋은 결과를 얻지는 못하고 있다. 의료 제품 및 절차에 드는 비용은 국가 내에서도 큰 차이가 있다.[73] 의료 비용이 너무 비싸면 기업은 직원에게 제공하는 의료 패키지를 중단하거나 혹은 저렴한 대신 보장하는 항목이 적은 패키지로 하향 조정하는 경향이 있다. 예를 들어, 일부 노조, 기업 및 보험사는 정신 건강 관리가 제공되는 경우에 다른 의료 혜택만큼 "강력"해야 한다는 법률로 인해 정신 건강 관리 계획을 중단하기 시작했다. 더 비용이 많이 드는 정신 건강 혜택을 제공하는 대신 일부 회사는 이러한 혜택을 완전히 중단하기로 선택했다.[74]

글로벌 의료 부정행위는 기업과 정부에게 수백만 달러의 손실을 가져오고, 개인으로부터 중대한 질병 치료에 필요한 자금을 박탈하는 심각한 윤리 이슈이다. 세계보건기구(WHO)는 전 세계적으로 의료 부정행위 및 과실로 인해 발생하는 손실이 연간 4,150억 달러에 이르는 것으로 추산하고 있다.[75] 의료 부정행위에는 동일한 가격 패키지에 더 적은 약을 제공하거나 허위 메디케어 청구서를 제출하고, 추천에 대해 리베이트를 제공하는 것이 포함되며 이러한 부정행위는 개인, 회사, 의사, 약사들에 의해 이루어진다. 의사, 약사, 마케팅 담당자는 허위 청구서 작성과 약물 유용의 방식으로 저지른 의료 부정행위에 대해 유죄 판결을 받았다. 약사는 자신의 약국에서 비싼 약을 구매하도록 처방을 내리게 하기 위해 의사들에게 뇌물을 제공했다. 또한 이 처방전은 메디케어(미국에서 저소득자에게 제공하는 공공 의료서비스)와 메디케이드(미국에서 65세 이상 고령층을 대상으로 제공하는 공공 의료서비스)에도 청구되었으나 환자에게 조제되는 대신 거리에서 판매되었다.[76]

전 세계의 몇몇 기업들을 윤리적, 법적 문제로 끌어들이는 근본적인 이슈는 의료 서비스가 권리인지 특권인지에 대한 문제이다. 미국의 많은 사람들은 의료 서비스를 권리가 아닌 특권으로 여기기 때문에 자신을 부양하는 것은 개인의 책임이라고 본다. 독일과 같은 다른 국가의 사람들은 이를 권리로 생각한다. 1883년 이래로 독일 직원들은 고품질의 포괄적인 의료 서비스를 받을 수 있도록 보장받아왔다.[77] 많은 국가들은 의료 서비스가 생산성을 증가시키기 때문에 중요하며, 따라서 정부가 이를 제공해야 한다고 믿는다. 의료 비용이 계속 증가함에 따라 의료 서비스를 제공해야 하는 부담은 기업, 국가, 직원 또는 셋 모두에게 돌아오게 된다.

10-5f 공급망

전 세계적으로 우리는 적시(just-in-time) 재고의 세계에 살고 있다. 이는 대부분의 기업들이 총 자산 수익률(ROA)을 높이기 위해 최소한의 재고만을 보유하고 있음을 의미한다. 재고는 적지만 동일한 이윤을 낼 수 있는 제품을 더 많이 납품하게 되면 기업은 ROA를 자동적으로 증가시킬 수 있다. 불행하게도 대부분의 기업들은 쓰나미나 지진, 대규모 화재, 전염병의 글로벌 리스크를 고려하지 않는다. 글로벌 공급망의 차질은 윤리적, 사회적, 경제적 문제를 발생시킬 수 있다. COVID-19 팬데믹이 이렇게 발생하는 파급효과의 전형적인 예이다. 예를 들어, 캐나다와 미국의 낙농업자들은 제품이 필요한 곳으로 공급망의 방향을 즉시 변경할 수 없었기 때문에 우유를 가공업자들에게 운송하는 대신 폐기하였다. 이는 우유의 부패성과 특정 제품 채널 공급망의 배타성 그리고 채널 구성원의 위치로 인해 악화되었다.

중국에서 시작된 COVID-19는 2020년 3월 미국을 강타했고, 우리의 삶은 극적으로 바뀌었다. COVID-19 노출을 최소화하기 위해 착용하는 의료용 개인보호구(PPE)의 필요성이 절실해졌다. 수요가 급격히 증가하면서 가격이 급등했다. 한달 만에 수술용 마스크의 경우 가격이 600% 증가했으며, N95 호흡기는 300%, 가운은 200%가 인상됐다. 재고 물량은 거의 없었고 최고가 입찰자에게 판매되는 품목의 시장 조작이 만연했다. 3월 한달 동안 세계보건기구(WHO)는 47개국에 거의 50만 개의 PPE를 공급했다. 매월 COVID-19에 필요한 의료용 마스크는 8,900만 개로 추산됐다.[78] 공급망 상에 해당 제품이 없었고, 국가들이 원하는 만큼 신속하게 공급망을 변경할 수 없었기 때문에 많은 사람들이 생명을 잃었다.

글로벌 윤리 이슈는 PPE의 분배를 두고 서서히 나타났다. 예를 들어, 공급 부족으로 인해 통제와 분배에 대한 갈등이 발생했다. 일부 미국 기업들은 동일한 전염병에 직면한 다른 국가에 물품을 공급하지 말 것을 요구 받았다. 팬데믹의 심각성에 대한 정보를 공개하는 것과 관련한 윤리적 우려도 있었다. 중국은 다른 국가들이 대응 전략을 준비하고 수립할 수 있을 만큼 충분히 일찍 사건을 보고하지 않았다는 비난을 받았다.[79] 반면에 Apple 및 Google과 같은 글로벌 기업들은 세계적인 팬데믹과 맞서 싸우기 위해 물품들을 기증했다.[80] 한 때 중국은 인공호흡기를 가득 채운 비행기를 급히 뉴욕으로 보냈다.[81] 이번 팬데믹은 글로벌 공급망의 중요성과 국가 간 상호 협력 및 존중의 필요성을 보여주었다.

10-5g 노동과 노동권

기업이 직면하는 또 다른 글로벌 이슈는 노동이다. 오늘날 많은 사람들이 고국이 아닌 다른 나라에 거주하며 일을 하고 있다. EU에서는 근로자들이 어떠한 감소나 변화 없이 역내 국가들에서 동이한 혜택을 받을 수 있다. 따라서 많은 근로자들이 "나는 첫 번째로 다국적 기업의 직원이고 그 다음이 한 국가의 시민인지 아니면 시민이 먼저이고 직원이 두 번째인가?"라는 질문을 던진다. 기업은 이익을 창출해야 하기 때문에 국적이 더 이상 결정 요인이 아닌 경우가 증가하고 있다. 비즈니스 세계에서 우리는 글로벌 시민이 되고 있다. 그 결과 기업들은 한 국가에 국한되었던 특정 직원의 문제가 글로벌화되었음을 이해해야 한다.

글로벌 노동 이슈의 한 가지 예는 성별에 따른 임금 불평등 문제이다. 이 논쟁은 개발도상국과 선진국 모두에서 전 세계적으로 확산되었다. 평균적으로 EU의 여성은 남성들보다 16% 적은 임금을 받고 있다.[82] 이러한 격차에도 불구하고 동일 임금은 UN 인권선언에 의해 기본권으로 인정되고 있으며 많은 국가에서 성별에 따른 임금 불평등은 불법이다. 기업, 특히 다국적 기업은 이 문제를 신중하게 고려해야 한다. 그렇게 하지 않으면 소송을 당하거나 기업의 평판이 손상될 수 있다. Walmart는 수백 명의 여성 직원들이 급여와 승진에서 차별을 받았다고 주장하는 집단 소송에 대응하는 데 수년의 시간을 쏟았다. 조직 내에서 성별 임금 불평등을 없애기 위해 노력하는 기업은 윤리적으로 행동하고 그들 스스로를 법적으로 보호하게 될 것이다.

동일임금 외에도 UN 인권선언문 제23조는 일과 노동조합에 가입할 권리에 대해 언급한다. EU 내에서는 노동조합이 허용되지만 북한, 쿠바, 이란을 비롯한 여러 다른 국가에서는 노동 조합원이 투옥될 위험이 있다.[83] 이들 국가에 직원이 있는 유럽 기업은 윤리적 책임이 결부된 많은 결정에 직면한다. 미국에서도 노동조합은 한 가지 쟁점이다. McDonald와 Walmart는 미국에서 노동조합을 결성하려는 시도를 막았지만 중국의 노동자들이 노조를 만드는 것을 묵인하고 허용했다. 두 회사 모두 중국의 모든 시설에 노조를 두고 있지만 본국에서는 노조에 맞서 계속 투쟁하고 있다.[84]

UN 인권선언문 제25조는 생활 수준 및 임신과 관련한 특별권을 언급하고 있다. 미국은 임산부에 대한 대우에서 다른 선진국들에 비해 뒤쳐져 있다. 다른 국가에서는 여성 직원에게 특정 금액의 유급 출산 휴가를 허용하지만 미국은 12주의 무급 휴가만을 보장한다.[85] 일부 국가에서는 남성에게도 동일한 기간의 휴가(유급 또는 무급)를 허용해야 한다고 주장해 왔다. 그러나 스웨덴에서는 100%의 급여로 부모들 간에 나눠 가질 수 있는 480일의 휴가를 받기 때문에 이러한 논쟁은 일어나지 않는다.[86]

10-5h 보상

지난 세계적인 경기 침체는 전 세계 직원들이 다른 직원들과 비교하여 자신의 보상에 대해 의문을 품게 하는 불씨를 일으켰다. 특히 강력한 고용 보호 장치가 없는 곳의 직원들은 자신들의 수입은 그대로 유지되거나 감소한 상태에서 왜 고위 경영진들은 그렇게 많은 혜택을 받는지에 대해 의문을 갖기 시작했다. 이러한 질문은 비즈니스에 중대한 영향을 미치는 두 가지 임금 문제인 생활임금과 경영진 보상 관련 이슈를 부각시켰다.

생활임금 생활임금(Living Wage)은 근로자가 기본적인 필요를 충족하기 위해 요구되는 최저임금을 의미한다. 많은 국가에서 최저임금법을 통과시켜 근로자들에게 생활임금을 제공했다("최저임금"이 실제로 근로자의 기본적 필요를 충족하기에 충분한지 여부는 상당한 논쟁의 여지가 있음). 이러한 법률은 국가마다 다르다. 미국 연방 최저임금법에서는 시간당 7.25달러인 반면 프랑스의 최저임금은 시간당 11.66달러이며, 영국의 최저임금은 21세 이상 근로자의 경우 시간당 10.34달러이다.[87] 이들 국가 내의 지역에서는 더 높은 생활비를 책임지기 위해 보다 높은 수준의 지역 최저임금법을 채택할 수 있다. 생활임금 이슈는 다국적 기업들에게 논란의 여지가 있는 주제이다. 산업화된 국가의 법률에 따라 고용주는 최저임금을 지불해야 하기 때문에 일부 다국적 기업은 최저임금이 없는 다른 국가에 인력을 아웃소싱하는 것을 선택한다. 그 자체로는 반드시 비윤리적인 것이라 할 수 없지만 대중들이 해당 조직이 외국인 노동자에게 부당한 임금을 지급하는 것으로 인식하면 이러한 관행은 심각한 윤리적 딜레마가 될 수 있다. 다국적 기업이 직면한 문제는 회사 전체의 이익과 직원 및 기타 이해관계자의 이익이 균형을 이루는 해결책을 찾는 것이다. Nike는 다른 나라의 공장 근로자들에게 지급되는 임금 때문에 지속적으로 비난을 받고 있다. Nike는 이 국가의 근로자들에게 해당 국가의 최저임금보다 더 높은 급여를 지급한다고 주장하지만 비평가들은 그 금액이 근로자와 그 가족의 생활비를 충당하기에 적합하지 않다고 지적한다. Nike는 다른 국가와의 거래에서 "공정한" 임금을 결정하는 것이 어렵다고 주장하는데 이러한 입장에 대해 많은 다국적 기업들이 동의할 것으로 보인다.[88] 그러나 글로벌 환경에서 성공적으로 비즈니스를 하기를 기대하는 기업이라면 생활임금의 개념은 반드시 인지해야 할 문제이다.

경영진 보상 경영 성과와 보상 간의 더 적절한 연계에 대한 전 세계적인 요구가 있다. Economic Policy Institute에 따르면, 상위 350개 기업의 CEO 평균 급여는 1,400만 달러 이상이다. 1978년 이후 CEO 보상은 940%

증가했지만 일반 근로자의 보상은 12% 증가에 그쳤다.[89] 경영진 급여는 특히 이익을 내지 않는 회사의 경우 논란의 여지가 있는 주제가 될 수 있다. 예를 들어, Uber는 5명의 고위 임원에게 총 1억 4,300만 달러의 현금과 스톡 옵션을 지급했다. Uber는 수익성을 고심하고 있었고 운전자들은 종종 낮은 임금에 대해 불평하고 있었기 때문에 이에 대해 면밀한 검토가 이루어졌다.[90]

스위스 정부는 몇몇 조직을 긴급 구제한 이후 연례 주주 투표를 통해 임원 보수를 결정하는 "say-on-pay" 제도를 국민투표에서 통과시켰다.[91] 흔히 "주주 행동주의"라고 불리는 임원 급여에 대한 이러한 사고방식은 미국 기업 사이에도 확산되고 있다.[92] 한편 중국 정부는 국가 간부와 노동자 간의 격차가 지나치게 크다는 판결을 내렸다. 따라서 국영 은행 및 보험사의 고위 임원 급여를 삭감했다.[93] 경영진과 근로자 간의 보상 격차는 경영진이 보상을 받는 것에 대해 이해관계자들이 만족할 때까지 주요 기업윤리 이슈로 남을 것으로 보인다.

10-5i 소비주의

소비주의
생산자의 이해보다 소비자의 이해가 사회경제구조를 결정해야 한다는 믿음

소비주의(consumerism)는 생산자의 이해(interests)보다 소비자의 이해가 사회경제구조를 결정해야 한다는 믿음이다. 이는 점증하는 재화의 소비가 경제적으로 바람직하다는 이론으로 개인의 행복은 물질적 소유물의 구매 및 소비와 동일시 된다. 그러나 지난 50년 동안 소비는 환경에 상당한 부담을 주었다. 많은 과학자들은 인적 요인(산업화 및 삼림 벌채로 인한 화석 연료 배출 증가 등)이 지구 온난화를 유발했다고 주장한다. 여러 국가들은 소비자의 선택이 도덕적 선택이며, 높은 소비율의 선택은 빈곤층과 같은 취약 계층에 영향을 미치고, 만약 사람들이 자신의 행동을 바꾸기를 거부하면 세상은 더 살기 힘든 곳이 될 것이라 주장한다.[94]

국가의 부가 증가함에 따라 소비자들은 삶의 편안함, 편리함 그리고 효율성을 향상시키는 사치품과 기술 혁신으로 삶의 질을 높인다. 기본적인 필요 이상의 소비가 반드시 나쁜 것은 아니다. 그러나 더 많은 사람들이 이러한 유형의 행동에 동참함에 따라 폐기물과 오염이 증가한다. 소비주의와 관련하여 해결해야 하는 몇 가지 중요한 이슈들이 있다. 예를 들어,

- 생산이 환경, 사회 그리고 개인에게 미치는 영향은 무엇인가?
- 특정 형태의 소비가 환경, 사회 그리고 개인에게 미치는 영향은 무엇인가?
- 누가 소비에 영향을 미치며, 재화와 서비스는 어떻게 그리고 왜 생산되는가?
- 필수품은 무엇이며 사치품은 무엇인가?
- 우리가 소비하는 것의 얼마나 많은 부분이 우리의 필요가 아닌 기업의 영향을 받는가?
- 부유한 국가의 소비 패턴이 빈곤한 국가에 미치는 영향은 무엇인가?[95]

중국이 제조업과 세계 무역에서 우위를 점하게 되면서 소비자로서 미국을 앞지르게 되었다. 이제 곡물, 육류, 석탄, 철강과 같은 기본 상품의 소비에서 미국을 넘어섰다. 중국은 온실가스 배출에서도 미국을 능가했다. 일부 사람들은 중국의 새로운 소비주의가 세계 상품의 가격을 상승시킬 뿐만 아니라 다른 국가들이 이를 막기 위한 조치를 취하더라도 지구 온난화를 가속화할 것이라고 우려한다. 중국 소비자들은 그 어느 때보다 더 많은 자동차, 가전제품 및 기술을 요구하고 있으며, 거의 14억 명에 이르는 소비자들은 환경에 큰 부담을 준다. 중국은 환경에 대한 부정적인 영향을 억제하기 위해 풍력 터빈의 세계 최대 투자자가 되는 등 몇 가지 조치를 취했다. 비록 중국에서 에너지 수요의 대부분은 여전히 이산화탄소 배출량을 증가시키는 화석 연료에 의해 생산되지만, 재생 에너지도 증가하고 있다.[96]

인구 13억의 인도는 중국과 서구 국가들을 따라 소비주의의 길을 걷고 있다. 인도는 세계에서 가장 빠르게 성장하는 정보 기술 시장을 보유하고 있으며, 소프트웨어 엔지니어, 비즈니스 프로세스 전문가 및 콜센터 직원을 위한 숙련직, 고임금 일자리를 창출하고 있다. 이 국가는 상품에 대한 수요의 대부분이 국내이기 때문에 글로벌 경기 침체를 잘 견뎌낼 수 있는 위치에 있다. 인도는 세계에서 두 번째로 큰 상품 내수 시장을 가지고 있다.[97] 이러한 수요는 성장을 부추겼지만 온실가스 배출량 역시 심각하게 증가시켰다. 인도는 세계 최악의 대기질로 고통 받고 있다.[98]

이러한 소비주의 윤리 이슈는 많이 있다. 거대 신흥 경제국은 미래 이윤 창출의 중심지이다. 대부분의 기업들은 소비자의 요구와 욕구가 결코 완전히 혹은 영구적으로 충족되지 않음으로써 소비자들이 소비 과정을 반복하고 더 많은 제품을 구매할 수 있다는 것이 기업에게 이익이라는 것을 이해하고 있다. 예를 들어, made-to-break 혹은 계획적 진부화(planned obsolescence)는 소비자들이 더 많이 재구매하도록 하기 때문에 비즈니스에 더 좋다. 지속적으로 변화하는 패션 시장의 일부 제품을 생산하는 것 또한 수익성이 있다. 따라서 여전히 상태가 양호하고 수년간 지속된 아이템들은 패션 트렌드를 따라가기 위해 지속적인 교체가 필요한 것으로 여겨진다. 이러한 방식으로 꾸준한 수익과 낭비가 이어진다.

점점 더 많은 사람들과 국가에 의해 제기되는 윤리적 질문 중 한 가지는 "소비주의가 행복으로 이어지는가?"이다. 소비 반대론자들은 전 세계적으로 입지를 굳히고 있으며, 지속 불가능한 소비의 본보기로 미국을 언급한다. 그들은 가장 부유한 국가들이 세계에서 가장 가난한 국가들보다 10배나 더 많은 천연 자원들을 소비한다는 점에 주목한다.[99] 미국은 또한 자국에서 생산하는 식품의 최대 40%를 낭비한다.[100]

소비주의 이슈에는 고품질의 충분한 글로벌 식품 공급에 대한 열망과 동물성 제품의 대안, 그리고 세계 인구의 증가에 따라 국가의 식량 공급에 더 많은 영양분을 더하기 위해 야채와 심지어 곤충으로 만든 "고기"가 포함된다.[101] 또한 중국에서는 항생제 사용과 기타 의심스러운 관행과 관련하여 건강에 대한 우려가 있었다. 항생제가 포함된 중국산 해산물이 미국의 식당과 식료품점에 등장하고 있다. 비윤리적인 해산물 회사들은 규제를 교묘히 회피하여 제품을 공급망으로 들여왔다.[102]

이러한 소비 통계자료는 미래의 다른 라이프스타일을 시사하며, 글로벌 기업들이 이를 주도하게 될 것이다. 국가 간 특히 미국과 개발도상국 사이의 도덕적 갈등은 기업과 관련한 윤리적 도전과 함께 증가할 것이다. 미래는 기업이 대응해야 하는 국제적 충돌로 가득찬 미래일 수도 있고, 혹은 글로벌 기업들이 내전 및 글로벌 전쟁을 피하기 위해 만들어 내놓은 라이프스타일로 특징지어질 수도 있다. 이를 결정하는 것은 당신과 다른 사람들의 몫이다.

10-6 글로벌 비즈니스에서 윤리적 의사결정의 중요성

글로벌 비즈니스 환경에서 기업을 성공적으로 운영하기 위해서는 윤리적 의사결정이 필수적이다. 글로벌 윤리의 복잡성에 대한 명확한 이해가 없다면 기업은 재앙적 결과를 초래할 수 있는 다양한 법적, 정치적 함정에 직면하게 될 것이다. 이 장에서 논의한 다양한 이슈들이 국내 시장에도 동일하게 적용될 수 있다는 것을 깨닫는 것이 중요하다. 예를 들어, 인터넷 보안은 국제적으로 운영되는 회사에서와 마찬가지로 국내에서도 윤리적인 문제가 될 수 있다. 따라서 기업은 글로벌 및 국내 윤리 이슈들을 모두 위험 관리 전략에 통합시켜야 한다.

전 세계로 확장하고자 하는 기업들이 고려해야 하는 수많은 윤리적 문제들은 벅차 보인다. 많은 기업들이 국제 운영에 대한 지침을 제공하기 위해 글로벌 비즈니스 윤리강령을 채택하고 있다. 이를 위해 몇몇 조직에서는 기업들이 자체 글로벌 윤리강령을 제정할 때 채택할 수 있는 윤리적, 사회적 프레임워크를 만들었다. 윤리, 지속가능성, 사회적 책임과 같은 이슈들을 다루기 위해 국제표준기구(International Organization for Standardization)는 여러 지침들 중에서 ISO 19600(준법경영시스템), ISO 14000(지속가능성) 및 ISO 26000(사회적 책임)을 개발했다. 또 다른 글로벌 원칙은 apartheid 이후 남아프리카에서의 차별을 극복하기 위한 방법으로 Leon Sullivan 목사에 의해 개발되었다. Sullivan 목사는 UN 사무총장과 협력하여 국제적 필요에 맞게 원칙을 수정했다. 그 이후 대기업과 중소기업 모두 전 세계적으로 사회적 책임을 장려하는 글로벌 Sullivan 원칙을 준수하기로 합의했다. 글로벌 Sullivan 원칙, 글로벌 콤팩트, UN 인권선언 등은 글로벌 기업의 기본 행동 원칙을 장려한다. 표 10-7은 대표적인 기본 성명들을 종합적으로 보여준다.

다국적 기업의 경우 위험 관리와 글로벌 윤리는 해외 사업의 안정성에 매우 필수적이므로 글로벌 컴플라이언스 이슈들을 감독하기 위해 특별 감시인 또는 위원회를 구성했다. Walmart는 회사의 가치를 전달하고 전 세계 매장에서 윤리적 의사결정을 장려하기 위해 글로벌 윤리 사무소를 설립했다.[103] General Motors 이사회 내 감사위원회(Audit Committee)는 미국

표 10-7 윤리경영을 위한 글로벌 원칙

글로벌 원칙은 기업이 전 세계적으로 운영되는 동안 변함없이 유지되어야 하는 기본 신념에 대한 청렴 성명이다. 이러한 원칙은 책임, 투명성, 신뢰, 자연환경, 안전, 직원 처우, 인권, 재산권의 중요성 및 모든 법적 요건 준수와 같은 문제들을 다룬다. 이 원칙은 글로벌 비즈니스의 윤리적 행동에 문제가 될 수 있는 영역에 초점을 맞추도록 설계되었다.

1. **모든 관계에서 책임과 투명성을 요구한다.** 책임을 위해서는 이해관계자에게 정확한 보고를 해야 하며, 투명성을 위해서는 모든 거래 및 운영에서 개방성과 진실성이 요구된다.
2. **모든 법률의 정신과 취지를 준수한다.** 모든 국가에서 법률, 표준 및 규정을 준수해야 하며, 국가 간 수립한 글로벌 협약 및 협정도 존중되어야 한다.
3. **윤리적 행동에 대한 약속을 통해 모든 이해관계자 관계에 신뢰를 구축한다.** 신뢰는 높은 수준의 진정성 있는 관계를 위한 기반을 마련하기 위해 필요하다. 이를 위해 조직 구성원은 뇌물수수 및 이해 상충과 같은 주요 국제적 위험을 피해야 한다. 이 원칙을 지지하는 법률에는 미국 해외부패방지법(U.S. Foreign Corrupt Practices Act), 영국 뇌물수수법(U.K Bribery Act), OECD 협약 및 U.N. 부패방지 협약 등이 있다.
4. **사업을 운영하는 지역의 커뮤니티와 관련하여 신중하고 책임감 있게 행동해야 한다.** 기업이 운영되는 지역사회는 직원, 공급업체, 고객 및 지역사회 전체에 이익이 되도록 최대한 지원하고 개선해야 한다.
5. **자연환경을 보호하기 위해 지속가능한 실천에 참여한다.** 이를 위해서는 자연, 개인, 조직 및 사업 전략 간의 상호작용뿐만 아니라 모든 생물학적 개체를 포함한 자연환경의 장기적인 안녕(wellbeing)을 위한 보호가 필요하다.
6. **직원들에게 동등한 기회, 안전, 공정한 보상을 제공한다.** 특히 개발도상국의 직원들은 착취되거나 이용되어선 안 되고 공정하게 대우받아야 한다. 이 원칙을 뒷받침하는 법률에는 전 세계의 기회균등제정법(equal opportunity legislation)이 있다.
7. **안전한 제품을 제공하고 고객을 위한 가치를 창출한다.** 다양한 정부와 법률 시스템이 기업들이 안전을 경계할 수 있는 기회를 제공하기 때문에 제품안전은 세계적인 이슈이다. 모든 제품은 표시된 가치(represented value)와 성능을 제공해야 한다.
8. **UN 글로벌컴팩트에 정의된 인권을 존중한다.** 인권은 UN 글로벌컴팩트 및 국제 비즈니스에서 가장 존중받는 원칙들의 선언문의 주요 관심사이다.
9. **모든 이해관계자의 경제적 생존 가능성을 지원한다.** 경제적 생존 가능성은 비즈니스 운영의 모든 참여자를 지원한다. 공정 거래와 생활임금 지급과 같은 문제가 이 원칙에 내재되어 있다.
10. **타인의 재산을 존중한다.** 재산과 이를 소유한 사람들에 대한 존중은 경제 시스템 운영을 위한 윤리적 기반이 되는 광범위한 개념이다. 재산에는 물리적 자산과 지적 재산 보호가 포함된다.

자료: O.C. Ferrell and Linda Ferrell

연방 양형 가이드 라인(U.S. Federal Sentencing Guidelines) 개정안이 시행된 이후 글로벌 윤리 및 규정 준수 부서를 신설하였다. GM은 이러한 가이드라인을 준수하길 원했을 뿐만 아니라 전 세계 모든 GM 지사에 적용될 중앙집중식 컴플라이언스 시스템을 마련하고 싶어했다.[104]

글로벌 윤리 프로그램의 성공적인 실행에는 글로벌 윤리 위원회 이상의 것이 필요하며, 직원들을 위한 광범위한 교육 또한 필요로 한다. 이 장에서 설명했듯이 다른 국가의 문화와 기업들 사이에는 다양한 차이가 존재한다.

글로벌 기업의 직원들, 특히 글로벌 운영에 직접 관여하는 직원들은 이러한 차이를 이해하고 존중하도록 교육을 받아야 한다. Ford Motor Co.는 직원을 위한 온라인 글로벌 윤리 교육 프로그램을 14개 언어로 제공한다. 또한 이 회사는 24개국의 직원들에게 핫라인을 제공하고 전 세계의 불만 사항들을 처리하는 방법을 기업의 법무 담당 부서에 교육시킨다.[105] 글로벌 윤리강령과 글로벌 윤리 교육, 그리고 직원들이 위법 행위에 대해 소통할 수 있는 글로벌 채널은 글로벌화된 윤리적 의사결정 문화를 만드는 데 중요한 메커니즘이다.

글로벌 기업은 단순히 국내 윤리 프로그램을 다른 글로벌 환경에 적용하는 것만으로는 성공할 수 없다. 기업들은 사회에서 공공 이슈로서 그들이 책임을 져야 한다고 기대하는 사회적, 환경적 문제들을 점점 더 직면하고 있다.[106] 정직, 청렴과 같은 윤리적 이슈들은 대부분의 사회에서 공통적이지만 법률이나 정치 시스템, 그리고 문화의 차이로 인해 윤리적 의사결정에 대한 보다 구체적인 접근 방식이 필요하다. 글로벌 윤리는 "일률적인(one size fit all)" 개념이 아니다. 그렇다 하더라도 기업이 특정 윤리적 주제에 대한 법률이 느슨한 국가에서 비즈니스를 할 때에도 청렴하게 행동하는 것이 중요하다. 국제 사업 전반에 걸쳐 글로벌화된 윤리적 의사결정을 통합한 기업은 그들의 명성을 높일 뿐만 아니라 직원과 문화에 대한 존중을 보여주고 더불어 종종 부정행위에 수반되는 값비싼 소송을 피할 수 있다.

요약

이 장에서 우리는 여러분에게 국제적 맥락에서 윤리적 의사결정이라는 중요한 주제에 대해 일깨워주고자 했다. 우리는 가치와 문화를 살펴보는 것으로 시작했다. 한 국가의 가치는 민족 집단, 사회 조직 및 기타 문화적 측면의 영향을 받는다. Hofstede는 개인주의/집단주의, 권력거리, 불확실성 회피, 남성성/여성성이라는 비즈니스 환경에 중대한 영향을 미칠 수 있는 네 가지 문화적 차원을 확인했다. 자기참조 기준은 자기 자신의 문화적 가치, 경험 및 지식에 대한 무의식적인 참조이며 기업에게는 흔한 장애물이다. 조직이 택하는 또 다른 접근 방식은 문화상대주의, 혹은 도덕성이 문화마다 각기 차이가 있으며 비즈니스 관행의 옳고 그름이 다르게 정의된다는 생각이다.

위험 구획화는 중요한 윤리적 이슈이며 기업 내 다양한 손익 센터가 그들의 조치가 회사에 미치는 전반적인 결과를 통합적으로 인식하지 못할 때 발생한다. 지난 금융 붕괴는 부분적으로는 위험 구획화의 결과였다. 합리적 경제와 시스템에 대한 이해는 기업윤리를 이해하는 중요한 기반이다. 합리적 경제학은 사람들이 효용, 가치, 이윤 극대화 및 관련 정보 등을 기반으로 합리적인 의사결정을 한다고 가정하며, 자본주의는 이러한 가정들에 기반을 둔다. 반면 행동 경제학은 인간이 유전성, 학습된 행동, 감정, 휴리스틱 또는 경험 법칙의 결과로 합리적으로 행동하지 않을 수 있다고 주장한다. 사회주의의 한 형태인 사회민주주의는 재산의 사적 소유를 허용하고 시민에게 교육 및 의료와 같은 서비스를 제공할 수 있는 큰 정부를 특징으로 한다. 스웨덴, 덴마크, 핀란드가 사회민주주의 국가이다.

다국적 기업은 어느 한 국가나 지역과 특별한 관련 없이 세계적인 규모로 운영되는 상장기업이다. 이들은 글로벌 경제 성장에 기여했지만 비판에서 자유로울 수 없다. UN 글로벌컴팩트는 인권, 지속가능성 및 부패 근절을 위한 10가지 원칙으로 구성되어 있다. 회계, 재무, 관리 및 마케팅 윤리와 같이 특정 분야와 관련된 행동강령이 있다.

글로벌 기업들이 인지해야 하는 몇 가지 중요한 윤리적 이슈들이 있다. 글로벌 위험은 기업이 관리해야 하는 윤리적 이슈들을 낳는다. 뇌물수수는 미국 해외부패방지법(U.S. Foreign Corrupt Practices Act) 및 영국 뇌물수수법(U.K. Bribery Act)과 같은 법안을 촉발시킨 주요 윤리적 이슈이다. 반독점 행위는 대부분의 산업화된 국가에서 불법이며, 미국보다 EU에서 더욱 적극적으로 조사하는 문제이다. 인터넷 보안은 하나의 윤리적 이슈로, 해킹과 사생활 침해가 증가하고 있다. UN은 인권을 고유한 인간 존엄성의 기능으로 성문화했으며, 세계의 자유, 정의, 평화의 기초와 같은 평등하고 양도할 수 없는 권리를 포함하고 있다. 의료 및 노동 문제는 중요한 윤리적 문제이지만 국가마다 다른 경향이 있다. 생활임금, 경영진 보상과 같은 임금문제는 다양한 글로벌 이해관계자들에게 영향을 미치는 논란의 여지가 있는 주제이다. 소비주의는 생산자 이해보다 소비자 이해가 사회의 경제 구조를 결정해야 한다는 믿음이다. 이는 재화의 소비가 증가하는 것이 경제적으로 바람직하며, 물질적 소유물의 구매 및 소비와 개인의 행복을 동일시하는 이론을 말한다.

윤리적 비즈니스 과제 해결하기

Raj Gupta는 자신이 모든 것을 다 가졌다고 생각했다. 미국 최고의 공과 대학에서 5년 전액 장학금을 받은 후, 그는 같은 프로그램을 졸업한 Aashna와 결혼했다. Raj는 5년만에 학사 학위와 MBA를 취득했으며, Aashna와 동시에 졸업하여 가장 큰 다국적 광산 회사 중 하나인 Rio Bravo Inc.에서 일자리를 얻었다.

회사에서의 첫 해는 빠르게 지나갔다. Raj는 구리 채굴 및 생산 담당이었고, Aashna는 광물 탐사 및 폐기물 처리 담당이었다. 그들은 운이 좋게도 불과 50마일 떨어진 다른 광산에 배치되었지만, 12시간 교대 근무를 하며 점차 밤낮을 구분할 수 없었다. 그들은 이 작은 글로벌 광산 세계에서 성공할 수 있을지 확인하기 위한 상사의 테스트를 거치고 있었다. 회사가 고용한 엔지니어 100명 중 오직 10명만이 첫 해에 살아남았다.

그들은 둘 다 18개월 동안 Rio Bravo에서의 극심한 압박과 고된 노동을 견뎌냈다. 보상은 칠레, 페루, 멕시코, 인도네시아 중에서 그들이 선택한 지역으로 배치되는 것이었다. 해외로 이주하는 경우, 그들의 급여는 두 배로 늘어나고 그 외 몇 가지 추가 특전이 주어졌다. 모든 변수들을 고려한 뒤, Raj와 Aashna는 다른 부서이긴 하지만 같은 지역에서 일할 수 있는 멕시코를 선택했다. 회사에서 제공한 넓은 집은 건물 내 경비 시설을 갖춘 현대식이었고, 운전사부터 요리사에 이르는 모든 관리인들을 포함하고 있었다. 그 나라, 생활 방식, 광산의 동료들, 복합 건물에 사는 것 등에 적응하기까지 시간은 좀 걸렸지만, 한 통의 전화가 걸려오기 전까지 곧 6개월만에 그들은 함께 하는 일상을 가지게 되었다.

Raj는 그의 부모님이 방문할 것이라는 사실을 알게 되었다. 부모님이 방문하면 최소 6~9개월 동안 머무르게 된다. Aashna는 Raj의 부모님을 캘리포니아에서 있었던 결혼식에서 딱 한 번 만났다. 그의 부모님은 두 분 모두 다 약간의 영어를 구사했지만 Raj의 어머니는 오로지 방언만 사용했다. 두 달 후, Aashna는 그녀의 집에서 자신이 외국인이 된 것처럼 느껴지기 시작했다. 그녀는 인도인이기 때문에 그들의 문화의 많은 부분에 익숙했지만, 캘리포니아에서 태어나고 자랐으며 방언을 구사하지 못했다. 그녀는 또한 Raj와 Aashna에게 아이를 가지도록 반복적으로 강요하는 듯한 Raj의 아빠에게 부담을 느끼지 않을 수 없었다. Raj와 그의 가족은 Aashna에 대해 다소 부정적으로 들리는 듯한 이야기를 했지만, 확신할 수는 없었다. Aashna의 불편함에도 불구하고 Raj는 가족들이 영구적으로 머물도록 하는 것에 대해 논의하기 시작했다.

Raj는 Rio Bravo에서 일하는 것에 집중했기 때문에 Aashna가 처한 곤경에 대해 알아차리지 못했다. 구리 가공 시설은 보통 채굴장 근처에 위치하고 있다. 구리 생산에는 일반적으로 침출, 용매 추출, 제련 및 대량 폐기물 처리와 같은 환경문제가 포함된다. Raj가 일하는 광산에는 24시간 내내 돌아가는 두 개의 작업장이 있었다. 지난 한 달 동안 광산의 계약 노동자들은 광산과 제련소의 안전 문제 때문에 화가 나 있었다. Raj는 인접한 마을 시장과 멕시코 연방 정부를 포함하여 모두를 만족시키기 위해서는 "la mordida"(뇌물을 뜻하는 속어)가 관례라는 것을 알고 있었다. 인도에서도 동일한 시스템이 사용되고 있었으므로 Raj는 이를 수용할 수 있다고 생각했다. 그러나 문제는 계약이 지연되면서 시작되었다. 광산 외부에서 위험한 화학 물질을 운반하는 작업을 담당하는 노동자들이 이를 여러 곳에 버리고 있었고, 이 주변 지역의 일부 어린이들에게서 비소, 납, 우라늄 중독과 관련된 징후들이 나타났다. 이 지역의 시장들은 침묵할 수 없었고, 국제 언론들이 이 상황에 뛰어들었다.

또한 제련소의 일부 노동자들이 엉망으로 일을 하면서 부상과 사망률이 급격하게 증가했다. 계약 노동자들은 광산의 병원을 이용하고 싶어도 광산 프로토콜에 따라 민간 보안회사에서 이들의 접근을 거부했기 때문에 결국 이 노동자들은 낙후된 시설의 지역 병원까지 30~50km를 운전해서 가야만 했다. 이 때문에 모두가 크게 분노했다. 그러나 이것이 바로 민간 보안대를 가지고 있는 이유였고, 이러한 상황 때문에 모든 광산이 민간 보안회사와 계약을 맺었다. Raj는 곧 있을 대립 상황을 위해 시위대와 보안 문제를 처리하기로 결정했다. 그는 보안 책임자와 함께 다음의 항목들을 강조하면서 보안 및 인권에 관한 자발적 원칙 문서를 신속하게 검토했다.

- 배치된 보안대의 유형은 위협에 비례해야 한다.
- 보안대는 필요한 경우에만 사용한다.
- 회사는 공안 및 다른 이해관계자와 자주 회의를 가져야 한다.
- 예방 및 방어 서비스만 제공되어야 한다.
- 회사는 지역 주민들 중에서 사설 보안 업체를 고용할 수 있도록 해야 한다.

"이게 무슨 의미인지 설명해 주세요." Raj가 보안 담당자에게 말했다.

그는 "우리는 필요한 일을 하기 위해 지방 정부와 연방정부로부터 암묵적인 승인을 받았고, 최전선에서 일할 카르텔 현지인을 고용했습니다. 규정에 따라 철퇴로 시작해서 최루탄, 고무탄 그리고 지역 사령부의 명령에 따라 실탄을 사용하게 됩니다. 최후에, 그 여파가 너무 클 경우에는 광산 프로토콜에 따라 Rio Bravo이 권한을 포기하고 이 나라를 떠날 수 있는 자원이 마련되어 있습니다."

그날 밤 Raj는 Aashna에게 내일의 상황을 말했다.

"농담하는 거지!"라고 그녀가 말했다.

"아니, 많은 나라에서 이런 식으로 일을 해."라고 Raj가 말했다.

"나는 이것이 옳지 않다고 생각해." 그녀가 퉁명스럽게 말했다.

"Aashna, 이건 정확히 수십 년 전 웨스트 버지니아 탄광에서도 있었던 일이야. 저개발 국가들은 이 학습곡선을 거쳐야만 해. 그리고 만약 내가 해야 하는 일을 하지 않는다면? 그건 곧 내가 해고되고 전 세계의 다른 광산회사들에서도 퇴출 당하게 될 수 있다는 거야. 게다가 우리 부모님과 이야기를 해보니, 우리에겐 당신 일 만큼 내 일도 필요해. 우리 가족이 있으면 네가 직장으로 돌아갔을 때 그들이 아기를 돌볼 수 있을 거야." 그가 설명했다.

"하지만 내가 당신 가족이 영원히 여기에서 지내는 걸 원치 않는다면?" 그녀가 물었다.

"하지만 당신은 우리 가족과 결혼했고, 이건 그들이 바라는 일이야. 그리고 내가 바라는 것이고."

[질문]

1. 과제에서 개인, 비즈니스 및 법적(local, country) 문제를 설명한다.
2. 서로 다른 사회적 규범이 직원(도덕적/비도덕적), 비즈니스(윤리적/비윤리적), 국가(합법적/불법적)에 미치는 영향과 현재 실현 가능한 해결책에 대해 논의한다.
3. 지속가능성과 관련하여 정부가 시민들의 부에 이익을 주지만 전 세계적인 결과를 초래하는 오염 산업에 어떻게 대처해야 하는지에 대해 논의한다.

11장
윤리적 리더십

학습목표

- 윤리적 리더십을 정의한다.
- 윤리적 리더십을 위한 요구사항을 검토한다.
- 효과적인 윤리적 리더십을 통해 얻을 수 있는 이점을 이해한다.
- 리더십, 권력, 동기가 조직의 윤리적 의사결정과 어떤 관련이 있는지 확인한다.
- 다양한 갈등관리 방식에 대해 학습한다.
- 윤리적 위기 관리의 중요성을 이해한다.
- 직원들이 윤리적 리더십에 대해 책임질 수 있는 권한을 확보하는 방법을 이해한다.
- 윤리적 리더십 의사소통 능력을 점검한다.
- 리더-구성원 관계를 검토한다.
- 리더십 스타일에 대해 학습하고 윤리적 리더십에 미치는 영향에 대해 알아본다.
- RADAR 모델을 바탕으로 윤리적인 리더들이 위법행위 상황에 어떻게 대처했는지 검토한다.

개요

11-1 윤리적 리더십의 정의
11-2 윤리적 리더십의 필요요건
11-3 윤리적 리더십의 이점
11-4 윤리적 리더십과 조직문화
  11-4a 권력
  11-4b 윤리적 행동에 대한 동기부여
11-5 윤리적 비즈니스 갈등 관리하기
  11-5a 갈등관리 스타일
11-6 윤리적 위기 관리 및 회복
11-7 윤리적 리더의 직원 권한위임
11-8 윤리적 리더십 소통
  11-8a 윤리적 리더십 소통 기술
11-9 리더-구성원 관계
  11-9a 윤리 프로그램과 소통
  11-9b 권력 차이와 사내 정치
  11-9c 피드백
11-10 리더십 스타일과 윤리적 의사결정
11-11 RADAR 모델

윤리적 딜레마*

성장하고 있는 지역 CPA 회사인 Dewey, Cheatume, and Howe에 최근 고용된 Stacy는 CPA 시험 네 과목을 모두 통과했다. 파트너들은 Stacy가 졸업반에서 최상위권에 가까운 점수를 받았기 때문에 그녀에게 큰 기대를 가지고 있었다. 그 결과 Stacy는 고속 승진 코스를 밟게 되었고, 일부 직무에서는 상위 직급의 업무를 수행하게 되었다. 이는 그녀가 뛰어난 실력을 갖고 있기 때문이기도 했지만 동시에 고위층의 높은 이직률 때문이기도 했다.

오랜 시간과 경험 부족으로 인해 Stacy는 시간 일정을 맞추지 못하는 등의 사소한 실수를 저지르기 시작했다. 그녀는 자신의 업무량을 처리하는 데 어려움을 겪고 있다는 사실을 경영진에게 알리고 싶지 않았기 때문에 시간외 근무를 하기 시작했다. 몇 달 후, 그녀는 동료에게 무심코 추가 근무 시간을 언급했는데, 동료는 초과근무는 비윤리적인 것으로 여겨지며, 회사에 초과근무를 규제하는 엄격한 정책이 있다고 말했다. Stacy는 당황스러우면서도 동시에 회사와 특히 그녀의 직속 상사는 그녀가 초과근무를 하는 것을 알았을 텐데도 이에 대해 말해주지 않았다는 사실에 화가 났다. Stacy는 더 이상 초과근무를 하지 않았고 주어진 시간 안에 일을 끝내기 위해 더욱 빨리 일을 하기 시작했다.

몇 주 전, Stacy는 최근에 처리한 세금 보고 건에서 엉뚱한 고객에게 잘못 요청했기 때문에 다시 작업해야 한다는 것을 알게 되었다. 파트너 중 한 명인 Enzo는 그녀에게 "다음 번에는 네 월급에서 나갈 줄 알아."라며 공개적으로 질책했다.

같은 주 후반에 Stacy는 회계 직무 선발 인터뷰 진행을 돕는 가운데 실수로 회의실의 유리탁자를 깨뜨렸다. 이 소식을 들은 Enzo는 "비서와 이야기해서 네 돈으로 고쳐놔." 라고 말했다.

그 후 몇 달 동안 회사는 계속해서 높은 이직률을 경험했다. 점점 문제가 심각해지자 선임 이사회는 전 직원을 대상으로 심리학자 인터뷰를 진행했다. Stacy는 인터뷰에서 직원에 대한 형편없는 대우와 불합리한 기대에 대해 이야기했다. 분명 다른 직원들도 같은 불만을 가지고 있는 것 같았다. 컨설턴트의 결과 보고서는 회사의 수많은 관리상의 문제점들을 지적했다. 얼마 지나지 않아 파트너들은 직원들이 예상하지 못한 방식으로 대응했다. 그들은 보고서를 개인적으로 받아들였다. 그 결과 회사가 매각될 것이라는 소문이 표면화되기 시작했다. 그래도 직원 선발 면접은 계속되었다. 어느 월요일 아침, 신입사원 면접을 하는 모든 직원은 "회사를 긍정적이고 호의적으로 소개하라"는 지시가 담긴 메모가 붙어있었다. Stacy는 면접을 진행하는 직원 중 한 명이었다.

Stacy는 자신이 비참하고 우울한 상황에서 어떻게 회사를 긍정적으로 묘사해야 할 지 몰랐다. 그녀는 특히나 Enzo를 싫어했다. Stacy가 보기에 Enzo는 그녀의 모든 행동을 비판함으로써 그녀를 괴롭히는 것을 사명으로 삼고 있는 것 같았다. 그는 그녀의 책상 주위를 맴돌며 또 실수하지 말라고 말했다.

동료 중 한 명으로부터 조언을 받은 후 Stacy는 Enzo에게 그의 행동에 대해 이야기하기로 결심했다. 그는 이를 받아들이지 않았다.

"이봐, 내가 너한테 너무 가혹하다고 생각한다면, 그냥 네가 떠나야 할거야." Enzo가 대답했다. "너는 이 회사에 확실히 안 맞아." Enzo는 Stacy가 한 사소한 실수에 대해서 계속해서 질책했다.

"네가 여기에서 성공하고 싶었으면 언제 싸움을 걸어야 하는지 알았어야지. 나는 싸움에서 지는 법이 없거든." Enzo는 발끈하여 자리를 떠나면서 말했다.

다음날 Stacy는 하위급 회계관리자 채용 면접에 들어가야 했다. 복도를 걷고 있는데 Enzo가 그녀에게 다가왔다.

"오늘 새로운 지원자와 인터뷰를 한다고 들었어. 우리 회사가 좋게 보여야 한다는 것만 기억해. 네 안 좋은 회사 경험에 대해서 불평을 늘어놓지 말라고."

Stacy는 방에 들어가 지원자 앞에 앉아 분노를 삼켰다. 그녀는 프로답게 행동하고 감정을 억누르기 위해 최선을 다했다. 진짜 딜레마는 지원자가 회사의 문화와 Stacy가 개인적으로 이곳에서 일하는 것을 좋아하는지에 대해 물었을 때 찾아왔다. 그녀는 침을 삼켰다. 그녀는 완전히 거짓말을 하지 않고 어떻게 보기 좋게 꾸며내어 대답해야 할지 알지 못했다.

[질문]

1. Stacy의 회사에서 나타나는 윤리적 리더십의 결함을 설명하시오.
2. Enzo는 어떤 유형의 갈등관리 방식을 가지고 있는가? 그가 직원들과의 갈등을 해결할 수 있는 보다 건설적인 방법은 없는가?
3. 지원자의 질문에 답하기 위해 Stacy가 선택할 수 있는 대안을 제시하고, 각 답변의 장점과 단점에 대해 논하시오.

리더십은 윤리적 기업문화 구축과 직원들의 윤리적 의사결정을 강화하는 데 있어 가장 기초적으로 필요한 것이다. 이러한 이유로 본 교재에서는 기업에서의 윤리적 행동을 지원하는 리더십 특성에 대해 하나의 장을 할애하여 다룰 것이다. 최고경영자와 임원진이 윤리적 의사결정을 하는 것도 중요하지만, 그 만큼이나 모든 직원들이 자신들의 역할을 이해하고 윤리적인 리더가 되는 것도 중요하다. 윤리적 리더십이 제대로 작동하지 못해 기업에게 큰 피해를 야기하는 윤리적 위기 또는 법률적 위기가 나타나는 경우가 여럿 있다. Uber는 이전 최고경영자인 Travis Kalanick 시절 일련의 사생활 침해, 차별, 성희롱 등의 문제를 겪었고 결국 그는 대표직에서 사퇴했다. 그 당시 Uber는 어떤 대가를 치르더라도 성장을 늘리는 기업으로 정평이 나 있었다.[1] 반면 IBM, Procter & Gamble, Zappos는 몇 차례 사소한 윤리적 위반을 저질렀지만 적절한 리더십을 통해 다시금 원상태로 회복했다. Hershey Foods의 창업자인 Milton Hershey와 같이 윤리적인 리더가 설립한 회사들은 수년간 윤리적 위기를 거의 경험하지 않았다.

본 장에서는 윤리적 문화를 조성하는 데 있어 리더십의 중요성을 보여준다. 먼저 윤리적 리더십의 정의를 제시하고 윤리적 의사결정과의 관계에 대해 살펴본다. 다음으로 윤리적 리더십의 요구사항을 제시하고 이어서 윤리적 리더십이 기업에게 가져다 주는 혜택들에 대해 설명한다. 윤리적 리더십과 조직 문화 간의 관계와 윤리적 리더들의 갈등관리 방법을 알아본다. 갈등을 적절히 관리함으로써 잠재적 이슈들을 파악하고 기업의 윤리적 분위기를 강화할 수 있다. 리더십의 중요한 부분 중 하나는 직원 중심 리더십을 확립하는 것이다. 직원 중심 리더십에서는 모든 사람이 관리자가 될 수는 없지만 모든 직원이 윤리적 의사결정을 지원하는 리더십 행동을 수행해야 한다. 직원 중심 리더십의 가장 핵심적인 요소는 소통이다. 소통 없이는 윤리적 문화 유지를 위한 모든 노력은 수포로 돌아가게 된다. 본 교재에서는 기업의 윤리적 문화 확립에 효과적인 것으로 알려진 윤리적 리더십의 유형에 대해 설명한다. 마지막으로 우리는 윤리적 이슈와 부정행위에 따른 참사에 대해 다루는 모델을 제시하며 마무리한다. 리더들은 기업의 윤리적 문화 수립을 안내하고, 윤리적 위기가 문제로 번지기 전에 감지하며, 비윤리적 의사결정이나 참사가 일어났을 때 회복을 위한 방법을 개발하는 데 앞선 모델을 사용할 수 있다.

윤리적인 기업들이 전혀 부정행위를 하지 않는 것은 아니다. 윤리, 컴플라이언스, 위험 평가 프로그램에서 예상하지 못한 상황이나 수용 가능한 행동의 경계를 넘어서는 관리자나 직원들은 항상 존재한다. 직원 행동의 10-40 법칙을 떠올려보면, 어떤 사람들은 당근과 채찍에 반응해 동기부여되지만 일부 사람들은 온전히 자기 중심적인 목표를 가지고 있거나 강력한 도덕 및 가치를 갖고 있기 때문에 당근과 채찍에도 반응하지 않는다. 중요한 것은 결과적으로 윤리적 다양성이 생겨난다는 것이다. 추가적으로, 윤리 프로그램은 항상 발전될 수 있는데, 이를 통해 주기적으로 윤리성을 점검하고 윤리적 약점을 찾아낼 수 있다. 이와 유사하게, 윤리적 리더들도 윤리적 약점을 지니고 있으며 윤리적 실수, 허점, 맹점으로부터 자유롭지 않다. 윤리적 리더와 그렇지 않은 리더들 간의 차이점은 윤리적 이슈들에 대한 대응, 이해관계자들과의 관계, 그리고 실수에서 배우려는 태도에서 찾을 수 있다. 모든 관리자와 대부분의 직원들은 자신들의 커리어 상의 어느 순간에는 분명히 부정행위를 목격하게 된다. 중요한 것은 이에 대응하는 방법이다.

11-1 윤리적 리더십의 정의

리더십은 목표를 향해 다른 사람들을 이끌고 지휘할 수 있는 능력 또는 권한을 일컫는다. 대부분의 사람들은 효과적인 리더십이 어떠한 조직에 있어서도 핵심적인 요소라는 것에 동의한다. 윤리적 의사결정은 리더십의 한 차

리더십
목표를 향해 다른 사람들을 이끌고 지휘할 수 있는 능력 또는 권한

원이다. 성공적인 기업들은 창업자의 리더십과 창의적 능력을 바탕으로 성장한다. Amazon의 Jeff Bezos, Tesla의 Elon Musk, 그리고 Facebook의 Mark Zuckerberg가 보여준 것과 같이 기업가의 리더십 역량이 없었다면 오늘날 성공적인 기업들은 그 위세가 현저히 적었거나 없었을 것이다. 그러나 뛰어난 창업자는 기업 성공의 한 부분에 불과하다. 기업의 성공을 지속하기 위해서는 강력한 윤리적 리더십이 후임자, 관리자, 그리고 직원들에게 나타나야 한다. Facebook의 최고운영책임자(COO)인 Sheryl Sandberg의 윤리적 리더십 스킬은 Facebook의 지속적 성공에 있어서 문제해결, 계획 수립, 권한 위임, 내부 의사소통, 경영진 만족만큼이나 중요하다.

윤리적 리더십은 긍정적인 윤리적 문화를 만들어낸다. 최고경영진이 바람직한 윤리적 행동이나 목표를 제시하지 못하면 기업 문화는 스스로 기업의 가치나 규범을 드러내는 방향으로 발전하게 된다. 수익성이 높고 성공적이었던 한 회계법인의 운명을 생각해보자. 그 회사의 창업자는 청렴하기로 유명했고, 그래서 결과에 상관없이 주요 고객의 경우에도 부적절한 회계처리를 거부했다. 그는 바로 미국의 5대 회계법인 중 하나인 Arthur Andersen을 설립한 Arthur E. Andersen이다. 그러나 창업자의 윤리의식에도 불구하고 Arthur Andersen은 창업자의 가치에서 벗어난 행보를 보였다. 후임 리더들은 진정성보다 비즈니스를 강조하며, 부정확한 감사 기업으로 이끌었고, 이후에는 Enron으로 대표되는 회계부정을 저지르게 됐다. 강력한 윤리적 리더십으로 시작했던 Arthur Andersen은 몰락했다. Alstom, Siemens, Telia Company AB, Teva Pharmaceutical Industries와 같은 기업들의 주주가치는 수십억 달러에 달하며 이에 따라 기업들이 책임을 져야 하는 법적 처벌도 상당하다. 따라서 초기에 강력한 윤리적 리더와 윤리적 기업가치를 갖는 것만으로는 충분하지 않으며, 윤리적 기업 문화는 기업이 존재하는 동안 효과적인 리더십을 통해 유지되어야 한다. 표 11-1은 윤리적 행동으로 존경받는 리더들의 모습을 보여준다.

리더들은 다른 사람들을 동기부여하고 조직의 규범, 정책, 관점을 정하는 권한을 지니기 때문에 리더십은 윤리적 의사결정에 상당한 영향을 미친다. 윤리적 리더들은 조직의 목표들이 윤리적인 방법을 통해 달성되도록 하며 조직의 기업 문화와 윤리적 태도에 핵심적인 영향을 미친다. 윤리적 리더

표 11-1 영향력 있는 비즈니스 리더들의 자질

리더	특성
Tim Cook, Apple 최고경영자	• 자선단체에 전 재산을 기부할 계획 • 다양성과 포용성에 대한 지지
Elon Musk, SpaceX 및 Tesla 최고경영자	• 인류에 도움이 되는 인공지능 개발을 위해 노력 • 인도주의적 대의를 폭넓게 지원하는 대규모 자선재단을 유지하고 모범을 보이는 세계적인 자선가
Melinda Gates, Bill & Melinda Gates Foundation 공동 창업자	• 부부가 가진 재산의 95%를 기부하기로 서약 • 사회에 장기적인 영향을 주는 기업가들의 우상
Larry Page, 전 Alphabet Inc. 최고경영자	• 이해관계자들에게 "악하게 굴지 말자"라는 태도 고수 • 언론을 대함에 있어서 기업의 비전과 가치에 솔직한 태도 유지
Jeff Weiner, LinkedIn 이사회 의장	• 가치 기반 리더십 스타일 • 자신의 생각을 현재 및 잠재 고객들에게 표현하는 방법을 정립
Warren Buffett, Berkshire Hathaway Inc. 최고경영자	• Bill & Melinda Gates 재단과 Buffett 재단에 수십억 달러를 기부 • 책임과 의사결정을 자신의 기업 내 관리자들과 공유

십은 직원들이 자신만의 도덕 강령을 따르게 하는 것이 아니다. 그보다는 윤리적 문화 확산을 위한 공유된 윤리적 가치의 실행 및 강화를 돕고 직원들에게 윤리적 본보기 행동을 할 책임을 의미한다.[3] 윤리적 리더십은 직원의 조직시민의식과 정(+)의 관계를 보이며 일탈행위 및 부정행위와 부(−)의 관계를 보인다. 다시 말해, 윤리적 비즈니스 리더들은 자신의 모범을 따르는 직원이 있을 가능성은 높고, 회사에 문제를 일으키는 일탈자가 있을 가능성은 적다는 것이다.[4]

비록 최고경영자를 비롯한 경영진들이 조직의 가장 중요한 리더로 여겨지지만 4장에서 다뤘던 기업 지배구조 개선에서 살펴봤듯이 이사회 역시 중요한 리더십 주체이다. 실제로 임원들은 "기업의 최대 이익을 위해" 기업을 운영할 법적 의무가 있다. 어떤 것이 기업에게 가장 큰 이익이 되는지 결정하기 위해, 임원들은 의사결정이 주주와 직원뿐만 아니라 다른 중요한 이해관계자들에게 미치는 영향도 고려해야 한다.[5] 윤리적 리더십은 경영진과 이사회 구성원들에게만 국한되지 않는다. 따라서, 비록 윤리적 리더십이 기업의 임원들과 최고경영진들의 측면에서 주로 논의되지만, 심지어 조직 말단의 직원 또한 윤리적 리더십 특성을 보여야 함을 인식하는 것이 중요하다. 모든 책임 있는 직원들은 윤리적 의사결정 과정에 참여하고 윤리적 리더십 특성을 드러내야 한다.

많은 최고경영자들이 기업의 핵심가치를 구체화하는 노력을 기울이지만 윤리적 리더십을 수행하는 데에는 실패한다. 불행하게도 일부 최고경영자들과 관리자들은 의도적으로 이해관계자들을 속이려고 한다. 최고경영자는 관리자들 간의 합의 정도와 이해관계자 요구에 대한 그들의 반응에 따라 이해관계자들의 기대가 상충하는 상황을 "그럭저럭(muddle through)" 처리할 수 있다.[6] 이처럼 그럭저럭 해나가는 경영자들은 핵심 가치에 부합하지 않는다. 그러나 그렇지 않은 최고경영자들은 이해관계자 참여에 헌신하며 각각의 이익을 조정하며 동시에 추진과제의 우선순위를 정한다. 윤리적 리더십을 발휘하기 위해서, 최고경영자는 스폰서십이나 단순히 좋은 홍보 활동으로 간주되는 기타 활동과 같은 이니셔티브를 넘어서야 한다.[7] 일상적 의사결정에 윤리를 포함하는 리더십을 가능케 하는 윤리적 문화를 지지할 필요가 있다.

규범적 근시안
관리자가 비즈니스 의사결정에서 핵심가치의 중요성을 간과하거나 과소평가하는 것

윤리적 조직문화에 있어서 핵심가치는 굉장히 중요하지만, 관리자들은 비즈니스 의사결정에 있어서 핵심가치의 중요성을 간과하거나 과소평가하는 **규범적 근시안**(normative myopia)을 경험할 수 있다. 규범적 근시안은 총 세 가지 이유로 발생하는데 (1) 규범적 가치들은 경영 관리적 의사결정에 활용할 수 없다는 믿음, (2) 사실관계와 가치는 의사결정에 있어서 분리될 수 있다는 믿음, 그리고 (3) 규범적 가치는 경영의 범위를 벗어난 것이라는 믿음이 그것이다.[8] 이는 윤리적 맹목성(ethical blindness)으로 이어지거나 비윤리적 행위를 무시 혹은 합리화하는 경향을 야기한다.[9] 예를 들어, 최고 실적을 내는 영업사원이 영업 실적에 상당한 기여를 하는 경우, 그 영업사원이 사용하는 비윤리적인 판매전략이 용인될 수 있다. 이는 이해관계자에 대한 기업의 책임을 무시하거나 부정하는 상황까지 치닫게 될 수 있다.[10] 이러한 마음가짐을 지닌 리더들은 결과를 통해 수단을 정당화한다. 이들은 경

쟁자를 제치고 투자자들에게 강한 인상을 주는 것을 최우선 과제로 생각하며 의심스러운 기업 관행을 못 본 체한다. 이러한 태도는 직원들에게까지 이어진다. 따라서 핵심가치에 대한 최고경영진의 지지는 조직 전체가 핵심가치를 받아들이고 적용하는 데 있어 중요한 역할을 하게 된다.

장기적으로 이해관계자들이 기업의 리더에 대해 불만족하게 된다면, 리더는 오랫동안 자리를 지킬 수 없다. 리더는 추종자들의 존경을 받아야 하고 이들에게 행동규범을 제시해야 한다. 예컨대, Tesla와 SpaceX의 최고경영자인 Elon Musk는 강한 직업 윤리로 유명하다. 그는 스스로 장시간 일하지 않고는 직원들에게 열심히 일하라고 요구하지 않는다. Musk는 본보기로 근면성과 끈기를 보여주며 직원들이 이를 따르도록 한다.[11] 반면 최고경영진이 효과적인 리더십을 보여주는 데 실패하는 경우, 관리자들이 기업의 윤리 프로그램에 큰 신경을 쓰지 않거나, 자신들은 윤리나 윤리준수 요건을 넘어서는 존재라는 인상을 주게 된다. 기업 정책에 반하는 행동을 한 이유로 해고된 최고경영자도 있다. 예를 들어, McDonald의 최고경영자였던 Steve Easterbrook은 한 직원과 부적절한 관계를 맺는 등 기업 정책을 어겨 해고되었다.[12]

11-2 윤리적 리더십의 필요요건

윤리적 리더들은 좋은 특성들과 경쟁력을 갖춤과 동시에 직원들을 이끌고 안내하는 데 필요한 기술도 지녀야 한다. 윤리적 리더십 기술들은 훈련, 경험, 그리고 다른 리더십의 모범사례를 통한 학습을 바탕으로 개발할 수 있다. 무엇이 누군가를 "훌륭한" 리더로 만드는지에 대해서, 전문가들은 여전히 의견이 엇갈리고 있다. 각 상황에 맞는 리더십 특성이 각기 다르기 때문이다. 그러나 몇 가지 필요요건들은 밝혀졌다. 예를 들어, 윤리적 리더들은 조직 가치를 제시하고, 자신들의 이익을 넘어서 조직에게 어떤 것이 가장 중요한지 정하고, 직원들을 커리어 전반에 걸쳐 훈련 및 개발시키며, 보고 체계를 확립하고, 직원들이 지닌 가치와 인식체계를 이해하고, 조직 규칙과 가치의 한계를 인식해야 한다.[13] 이러한 특성들은 적절한 훈련을 통해 개발될 수 있다. 가장 중요한 것은, 윤리적 리더라면 부정행위를 묵인해서는 안 된다는 것이다. 윤리적이거나 훌륭한 리더들은 윤리의식을 중요하게 여기는 관리자들을 채용하고 승진시킨다. 윤리적 리더들은 불법적이거나 비윤리적 행동을 할 기회를 감소시키는 의사결정 과정을 확립한다. 마지막으로 윤리적 리더들은 부패한 국가에서조차 투명한 거래가 이루어지도록 한다. 그들은 해당 산업에서 주도적이고, 기업의 책임과 정직한 비즈니스 행위에 힘을 실어주는 사회기관을 지원한다.

윤리적 리더들은 결코 의사결정의 사일로(silo)에서 업무를 하지 않는다. 그들은 조직 내 다른 리더의 발전을 도우려고 한다. 윤리적 리더들의 강점은 자신들의 약점을 파악하고 다른 사람들로 하여금 자신을 돕게 하는 것이다. 윤리적 리더들은 직원들이 자신들의 최고 잠재력에 도달하도록 돕고, 핵심 이해관계자를 위한 가치창출을 돕는 직원의 역할을 강조한다. 총체적 추론(holistic reasoning)을 통해 리더들은 의사결정을 조직 전체에 영향을 미치는 활동이나 기능과 연관 짓게 된다. 또한 윤리적 리더들은 새로운 리더들을 훈련하는 사람에게 인센티브를 제공하는 정책이나 절차를 개발하는 노력을 기울인다.[14] 리더의 역량을 개발하는 것은 조직에서 끝이 없는 주기적인 절차이다.

리더십 관련 여러 저서들을 살펴본 결과, 기업윤리 내에서 리더십에 대해 논의한 훌륭한 저서이자 Stephen Covey의 영향력 있는 사람들의 7가지 습관(The 7 Habits of Highly Effective People)에 기반한 Archie Carroll의 도덕적 리더의 7가지 습관(7 Habits of Highly Moral Leaders)을 발견했다.[15] 본 교재에서는 해당 저서들을 바탕으로 윤리적 리더들의 7가지 습

표 11-2 영향력 있는 윤리적 리더들의 7가지 습관

1.	윤리적인 리더들은 강인한 성품을 가지고 있다.
2.	윤리적인 리더들은 옳은 일을 하고자 하는 열정이 있다.
3.	윤리적인 리더들은 능동적이다.
4.	윤리적인 리더들은 모든 이해관계자들의 이익을 고려한다.
5.	윤리적인 리더들은 조직의 가치를 위한 롤모델이다.
6.	윤리적인 리더들은 투명하고 의사결정에 적극적으로 참여한다.
7.	윤리적인 리더들은 기업의 윤리적 문화를 총체적으로 바라본다.

관을 정의했다(표 11-2).[16] 특히 본 교재에서는 윤리적 리더십은 기업이 매일 마주하는 여러 복잡하고 어려운 이슈들을 포괄하는 전체적 사고에 기반한다고 판단한다. 윤리적 리더들은 올바른 의사결정을 내리기 위해 그에 맞는 지식과 경험이 필요하다. 강력한 윤리적 리더들은 관련 정보를 한데 모을 수 있는 지식, 지혜, 그리고 용기를 가지고 있으므로, 최선의 혹은 가장 윤리적인 의사결정을 내린다. 이러한 과정은 여러 이해관계자들이 각기 다른 목표로 갈등하기 때문에 절대로 쉬운 일이 아니다. 이는 곧 윤리적 리더들은 각자의 원칙을 고수해야 하며, 기업의 지배구조 시스템에 결함이 생겨 조직이 올바른 결정을 내릴 수 없을 정도의 상황에 이르렀다면 조직을 떠나야 한다는 것을 의미한다.

마지막으로, 강력한 윤리적 리더들은 조직에 대해 열성적이며, 조직의 최고 이익을 위해 행동한다.[17] 그들은 조직을 이끌기 위한 비전과 윤리적 관행들을 개발한다. 연구 결과에 따르면, 불법적인 직원 행동에 효과적으로 대처하는 리더들은 사회적 규범을 정립하고 부정행위에 따른 위험을 관리하는 데 깊이 관여한다. 이를 위해 윤리적 리더들은 부정행위가 조직의 모든 구성원들에게 해를 입힌다는 명확한 메시지를 전달한다. 또한 그들은 가해자를 처벌하는 데 있어서 예외를 두지 않는다. 윤리적 리더들은 윤리의식을 중요시하는 관리자들을 선발하고 승진시키며 불법적이거나 비윤리적 행동을 할 기회를 줄이는 의사결정 과정을 만들기 위해 노력한다.[18] 이러한 행동들에 대해 이어지는 단락에서 자세히 다루고 있다.

Sam Walton, Bill Gates, Milton Hershey, Michael Dell, Steve Jobs, Anita Roddick, Ben Cohen, Jerry Greenfield와 같은 많은 창업자들은 그들의 윤리적 자취를 회사에 남겼다. 그들의 행동은 기준이 되었고, 기업 초창기 성장에 있어서 바람직한 행동의 본보기가 됐다. 예를 들어, Milton Hershey가 남긴 유산은 지속되고 있으며, Hershey Foods는 윤리적 기업 문화의 롤모델로 이어져 내려오고 있다. Sam Walton의 경우, Walmart의 직원들은 윤리적 행동에 대한 Walton의 우려에 대해 많은 이야기를 나누었다. 정직은 그에게 가장 중요한 가치였는데, 넘치는 재고를 그가 보지 못하게 선반 상단에 숨겼던 직원은 해고당하기도 했다. Walmart는 Walton이 세상을 떠난 후 급속한 성장을 시작했고, 직원, 규제기관, 경쟁사 및 지역사회 등 다양한 이해관계자들과 수많은 갈등에 휘말렸다. Sam Walton이 남긴 윤리적 토대에도 불구하고 Walmart는 다른 대기업들과 마찬가지로 매달 수백 건의 윤리적 과실들이 보고되고 있다.[19] 앞서 언급한 바와 같이 윤리적 리더들은 후임 세대들을 통해 창업자의 자취를 이어가기 위해 윤리적인 기업 문화를 유지하고 구축해야 한다.

윤리적 리더십은 강력한 개성 없이는 잘 나타나지 않는다는 일반적인 믿음이 있다. 문제는 기업 환경에서 도덕적 개인을 개발하거나 가르치는 방법이다. 성격 개발의 권위자인 Thomas I. White는 "도덕적 개인"이 되는 것보다는 "윤리적 추론능력"을 개발하는 것에 초점을 맞춰야 한다고 주장한다. White에 따르면 기업 문화 속에서 복잡한 윤리 딜레마 상황을 해결하는 능력을 갖추기 위해서는 지적 능력이 우선되어야 한다.[20] 예를 들어, Lockheed Martin은 여러 작은 사례들로 구성된 "Gray Matters"라는 윤리교육 게임을 만들었는데, 각 사례에는 여러 해결책들이 함께 구성되어 있었고 그 중 하나가 "정답"으로 표기되어 있었다. Corporate Ethics 부회장이었던 George Sammet은 게임을 조금 수정해 직원들로 하여금 각 해결책들에 +10점에서 −10점을 부여하고 그에 대한 이유를 쓰도록 했다. 이처럼 점수를 부여하는 시스템을 통해 직원들은 실제 상황에서 기업원칙, 가치, 윤리준수가 어떻게 적용되는지 확인할 수 있었다. 전통적인 성격 개발의 근본적인 문제점은 특정 가치나 덕목을 이용해 믿음이나 사상을 가르쳤다는 것이다. 이러한 접근방법은 문화적 다양성, 사생활, 이윤추구가 존중 받아야 하는 기업환경에 섞여 들어왔다. 반면 기업이 추구하는 가치와 윤리강령에 비추어 올바른 일을 하고자 하는 개인들을 가르치거나 이들이 윤리적/비윤리적 결과를 낳는 복잡한 기업 의사결정을 다루는 데 필요한 지적 능력을 갖추게 하는 것이 올바른 접근법이다.

윤리적 리더들은 윤리 문제가 드러날 때까지 기다리지 않는다. 그들은 잠재적인 위험을 찾아내고 이를 처리하기 위한 계획 및 프로세스를 수립한다. 윤리 문제에 있어 선제적으로 대응하는 방법 중 하나는 직원들이 비윤리적으로 행동하라는 압력이 직면했을 경우에도 더 많은 윤리적 선택을 할 수 있도록 지침과 지원을 제공하는 효과적인 윤리 및 규정준수 프로그램을 개발하는 데 있어 리더 역할을 하는 것이다. 능동적인 태도를 갖춘 윤리적 리

더들은 사회적 요구를 이해하고 업계의 윤리적 리더십 활용 모범사례를 개발하고 적용한다. Johnson & Johnson은 안전 문화 로드맵을 만들어 모든 공급사슬망에 걸쳐 "안전 문화"를 평가하도록 한다.[21] 이처럼 강력한 리더십은 윤리적 신뢰를 장기간 유지하는 데 핵심적이다.

추가적으로, 윤리적 리더들은 조직 가치에 따른 행동을 본보기로 보여야 한다. 리더들이 조직의 핵심가치를 수행하는 롤모델로서 역할을 수행하지 않는 경우, 핵심가치는 빈말이 되어버린다. 행동과학자인 Brent Smith에 따르면, 리더들은 롤모델로서 개개인의 윤리적 행동에 가장 큰 영향을 줄 수 있다. 예를 들어, 최고경영자들이 단호하고 복잡하며 호감이 가지 않는 언어를 사용하는 경우 재무보고를 부풀려 하는 경향이 있다.[22] 최고경영자들은 언어를 통해 리더십을 발휘한다. 기업의 가치에 반하는 말과 행동을 하는 리더들은 기업의 가치가 사소하고 중요하지 않다는 메시지를 전달하게 된다.[23] 세계에서 가장 큰 유기농 식료품 업체인 Whole Foods의 사례를 살펴보자. Whole Foods는 사회적 책임과 핵심가치에 대한 강한 헌신을 보여줬다(표 11-3 참고). 고객들에게 신선하고 건강한 식료품을 공급하는 것을 넘어 Whole Foods의 리더들은 직원들에게 투명하고 친밀한 근무환경을 제공하기 위해 노력했다. 또한 최고관리자들의 연봉 상한선을 정해 직원들 간의 협력을 도모했다. 더불어 지속가능한 재배를 하는 농부를 지원하거나 재활용에 앞장서 에너지 소모를 줄이는 등의 노력을 통해 농부들과 환경에 대한 지원을 지속했다. Whole Foods는 매장마다 지역사회 기부일을 지정해 매출의 5%를 지역사회에 기부했다. Whole Foods는 이에 더해 Whole

표 11-3 Whole Foods의 핵심가치

- 최상급의 유기농 제품을 판매한다.
- 고객을 만족시키고 기쁘게 한다.
- 팀 구성원의 성장과 행복을 도모한다.
- 공급자와 win-win 관계를 맺는다.
- 이익의 실현을 통해 번창한다.
- 지역사회와 환경에 관심을 가진다.

자료: Whole Foods, "Our Core Values," http://www.wholefoodsmarket.com/mission-values/core-values (accessed March 29, 2021).

Planet Foundation을 설립해 사람들이 작은 사업을 시작할 수 있도록 4백만 달러 규모의 소규모 대출을 지원함으로써 빈곤에 맞서 싸우고 있다. 기업의 자선행위와 "돌려주는" 행위는 소비자들의 브랜드 충성도를 높인다.

11-3 윤리적 리더십의 이점

윤리적 리더십은 조직에 많은 이익을 가져다 줄 수 있다. 가장 중요한 효과는 윤리적 리더십이 기업 문화에 직접적인 영향을 미친다는 것이다. 예를 들어, 윤리적 리더들은 조직의 가치에 대해 소통하고 잘 지켜지는지 감시하며, 모든 직원들이 조직의 목표와 믿음에 대해 잘 알고 있는지 확인한다.[24] 윤리적 리더들은 또한 윤리적 행동이나 윤리적 의사결정에 따른 보상 체계를 구축하는 등 윤리적 행동에 대한 문화적 동인을 제공한다. 이러한 조치들은 직원의 윤리적 행동 패턴과 정(+)의 상관관계를 지닌다.[25] 따라서, 윤리적 리더십은 직원들로 하여금 일상적인 업무 환경에서 윤리적 태도를 바탕으로 행동하게 만든다. 기업 특성은 구성원들 특성의 합으로 결정되기 때문에 직원들에게 강한 윤리의식을 심어주는 것이 윤리적 조직을 만드는 데 있어 가장 핵심적이다.

윤리적 리더십은 또한 직무만족도와 직무몰입을 높일 수 있다.[26] 연구 결과에 따르면, 직원들은 윤리적 기업에서 일하고 싶어 하며, 윤리적 조직을 떠나는 것을 선호하지 않는다.[27] 이는 곧 기업은 많은 비용을 절감할 수 있고 동시에 직원들의 생산성을 높일 수 있다는 것을 의미한다. 비윤리적이거나 문제가 있는 기업에서 근무하다가 범죄 스캔들에 연루되어 퇴사한 직원들이 다음 직장에서 그들의 동료보다 4%가량 낮은 임금을 받았다는 사실도 주목할 필요가 있다. 임금 격차는 수년간 지속되며 결과적으로 직원들은 많은 부를 잃게 된다.[28]

윤리적 리더십은 직무만족도와 생산성을 높임으로써 경쟁 우위를 창출하는 동시에 외부 이해관계자들과 강력한 관계를 형성하도록 해준다. 예를 들어, 고객들은 윤리적인 기업의 제품에 대해서 더 높은 금액을 기꺼이 지불할 용의가 있다.[29] 또한, 기업이 환경에 대한 부정적인 영향을 최소화하는 방식으로 운영하며 책임있는(지속가능한) 소비에 참여하는 경우, 가격은 그

그림 11-1 왜 목격된 부정행위는 보고되지 않을까

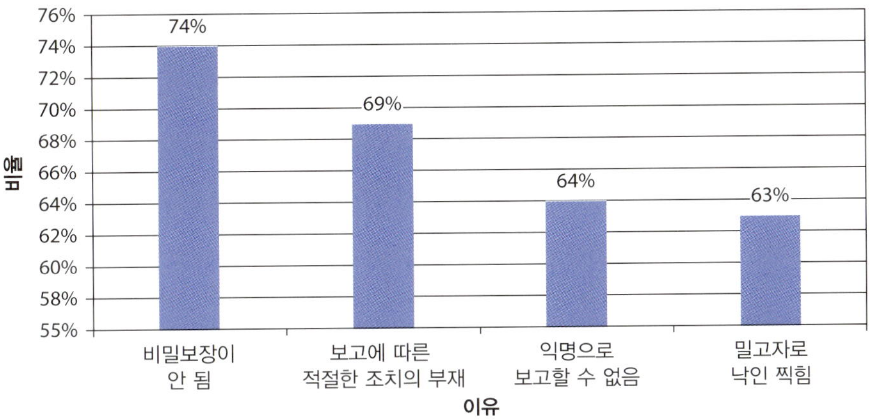

자료: Ethics and Compliance Initiative, "Interactive Maps from ECI's Research Dept.," https://www.ethics.org/knowledge-center/interactivemaps/(accessed March 29, 2021).

렇지 않은 경우에 비해 약 58% 높을 수 있다.[30] 소비자들의 신뢰가 높아지면 기업에 대한 충성도가 높아지고, 그러한 기업들은 다른 기업들에 대해 경쟁 우위를 갖게 된다.

윤리적 리더십은 기업의 장기적 시장가치에 영향을 주기 위해 필요한 기초적인 항목이다. 직원의 윤리적 헌신과 주식시장에서의 기업가치에는 정(+)의 상관관계가 있다.[31] 기업의 사회적 책임에 대한 평판은 투자자들의 의사결정에 영향을 준다. 기업의 사회적 책임은 장기적으로 윤리적 위험과 부(−)의 관계를 가지며, 투자자들은 기업에 투자할 지 결정할 때 위험을 하나의 요인으로 판단한다.[32] 따라서 기업의 윤리적 평판은 기업의 단기 및 장기적 지속가능성을 보장해준다. 마지막으로 4장에서 다뤘듯이 연방양형기준(FSGO)에 따라 모든 조직들은 부정행위를 발견하기 위한 윤리 프로그램을 운영해야 한다. 강력한 윤리 프로그램을 가진 기업들은 부정행위가 발생하더라도 보다 적은 벌금을 물게 된다.[33] 그림 11-1에는 왜 직원들은 부정행위를 발견하고도 보고하지 않는지에 대한 주요 이유들이 나와있다. 직원, 고객, 투자자, 규제당국과의 긍정적 관계형성을 통해 윤리적인 리더들은 기업에 상당한 경쟁 우위를 가져다 줄 수 있다.

11-4 윤리적 리더십과 조직문화

조직문화는 효과적인 리더십의 존재여부와 관계없이 생겨난다. 윤리적 측면은 기업의 리더가 조직문화에 어떻게 영향을 미치는지에 달려있다. 리더가 부정행위에 대해 무관심하거나 관대한 조직에서는 직원들이 자신의 경력을 위해 무리하게 위험을 감수하는 경향을 보인다. 반면 윤리적 리더들은 조직문화가 직원들의 행동에 직접적으로 영향을 준다는 것을 인지하고 윤리와 윤리준수 문화를 발전시키기 위해 많은 노력을 한다. 리더들은 공유된 가치, 직무 태도, 윤리적 관행 등을 통해 이러한 문화 풍조를 만든다. Gravity Payments의 최고경영자인 Dan Price는 시애틀에 위치한 본사에서 근무하는 직원들 모두에게 최소 7만 달러의 임금을 보장하는 제도를 마련해 언론의 관심을 받았다. 매출은 늘어났고, 이익은 두 배가 되었으며, 기존 고객 유지 비율 또한 발표 이후 6개월간 증가했다.[34] 윤리적 리더들은 리더십에 있어서 보통 두 가지 접근법 중 하나를 선택한다. 하나는 윤리준수기반 접근법이고 다른 하나는 윤리의식기반 접근법이다. 이러한 접근법은 9장에서 다뤘던 윤리준수 지향 그리고 가치 지향과 유사하다. 윤리준수기반 접근법을 사용하는 리더들은 규칙과 규제에 대한 복종을 강조하고 윤리준수를 위한 일련의 과정을 확립하는 데 집중한다. 이러한 접근법은 불법행동을 억제하고 기피하는 문화를 강조한다. 기업 연례 보고서를 통해 어떤 접근법을 가지고 있는지 유추할 수 있는데, 만약 윤리 담당자가 윤리준수 담당이나 위험관리 담당일 경우 해당 기업은 윤리준수기반 접근법을 사용할 확률이 높다. 또한 윤리 담당자가 회계사나 법률 전문가일 경우에도 윤리준수기반 접근법일 가능성이 높다. 일부 사람들은 이를 최소한 법적 문제에 휘말리지 않기 위함으로 보기도 한다.

윤리의식기반 접근법은 윤리를 핵심가치를 구현할 기회로 본다. 윤리의식기반 접근법을 사용하는 리더들은 기업의 윤리적 문화에 대한 책임을 지고, 직원들로 하여금 윤리적 행동과 핵심 관행을 수행할 책임을 갖도록 한다.[35] 윤리의식기반 접근법의 경우 보통 최고관리자, 인사담당자, 그리고 이사회 구성원들이 윤리 및 윤리준수 프로그램에 참여한다. 이 유형의 접근법은 직원들에게 권한을 위임하는 것뿐만 아니라 직원들로 하여금 기업의 윤리적 가치와 원칙들을 통합시키는 것을 돕는다. 마지막으로 해당 접근법을 통해 조직 어디에서 의심스러운 관행이 벌어지고 어떤 새로운 윤리 이슈들이 생겨나고 있는지 이해하는 데 도움을 준다. 비즈니스는 정적이지 않고 항상 변화한다. 윤리의식기반 접근법이 좋아 보이지만, 많은 윤리적 리더들은 두 접근방법을 혼합해서 사용한다. 기업과 업계에서 정한 기본 규칙 및 규제와 법률을 준수하지 않는 조직의 경우 장기적으로 생존할 수 없다.

리더를 비윤리적 리더, 무관심한 리더, 윤리적 리더로도 구분할 수 있다. 각 유형은 긍정적이든 부정적이든 조직문화 발전에 영향을 미친다. 이와 같이 유형을 구분할 수 있지만, 사실 실제 리더들은 셋 중 하나의 유형에 속한다기 보다는 세 특성들의 연속선상에 위치해 있다. 본 교재에서는 가장 바람직한 리더의 유형을 분석하기 위해 해당 분류법을 사용한다.

비윤리적 리더들은 자기중심적이며 개인이나 조직의 목표를 달성하기 위해 무엇이든 한다. 그들은 법률을 최소한의 가이드라인으로 여기며, 법의 허점을 찾으려 한다. 만약 법률이 기업의 방향에 반대되는 경우 비윤리적 리더들은 법을 피해갈 방법을 모색한다. 비윤리적 리더들은 윤리강령, 컴플라이언스 규정, 그리고 업계 표준 등을 선택사항으로 여긴다. 법이나 규칙을 어기는 것이 더 큰 이익을 가져다 주며, 적발될 위험이 낮다는 이유로 위법 행위를 정당화한다. 비윤리적 리더의 대표적인 사례로 WeWork의 전 최고경영자인 Adam Neumann을 들 수 있다. Neumann은 상장 실패 후 지금까지 있었던 일련의 윤리 이슈들이 드러나면서 해고되었다. 예를 들어, 그는 WeWork에 그가 개인적으로 투자한 건물을 임대해 상당한 이해관계 충돌을 빚었다. 투자자들은 Neumann의 행동에 대한 정확한 조사를 요구해왔다. 눈에 띄는 부정행위는 개인의 평판에 손상을 주는 것 뿐만 아니라 향후 고용 가능성에도 악영향을 줄 수 있다.

비윤리적 리더의 다른 종류로 사이코패스적 리더가 있다. 이에 대해 7장에서 간략하게 다루었다. 연구결과에 따르면 전체 인구의 1% 가량이 직장 내 사이코패스에 해당한다. 이러한 리더들은 표면적으로는 매력적이지만 양심이 없고, 공감을 거의 하지 못하며, 거창한 자존심을 내세우고, 규칙을 어기는 것을 즐긴다. 이러한 리더들이 이끄는 기업의 경우 보통 갈등 관계 증가, 직원의 업무몰입 감소, 조직의 통제 증대, 과도한 업무량, 낮은 수준의 훈련, 낮은 직무만족도, 결근 증가 등의 문제를 겪는다. 이들은 보통 조직에서 높은 위치를 차지하고 있는데 이는 그들의 경향성이 통제권이 있는 위치에 적합하기 때문일 수 있다.[36]

무관심한 리더들은 꼭 비윤리적이지는 않지만 기업 내의 윤리에 대해 거의 신경 쓰지 않는다.[37] 그들은 보통 윤리를 경영에 있어서 상대적이며 필수적이지 않다고 생각한다. 무관심한 리더들은 조직이나 기업의 미션 달성에 열정을 보이지 않는다.[38] 직원들은 통상 리더나 관리자들이 보이곤 하는 희생을 무관심한 리더에게서는 찾아볼 수 없다.[39] 무관심한 리더의 대표적인 사례는 전 BP 최고경영자인 Tony Hayward가 있다. 멕시코만 기름 유출 사고로 인해 1억 7천 2백만 갤런의 원유가 바다로 유출됐다. 그럼에도 Hayward는 요트 경기에 참가하고 직원들에게는 주가 하락을 막기 위해 사건의 심각성을 축소시켜 말하라는 등의 지시를 내렸다. 동시에 그는 "나는 일상으로 돌아가고 싶다"며 불평하기도 했다.[40] 그는 결국 사임했고 BP는 11건의 과실치사 혐의가 인정됐으며 187억 달러의 벌금을 지불했다.[41]

윤리적 리더들은 의사결정 과정의 모든 운영 수준과 단계에 윤리를 포함시킨다.[42] 모든 조직들은 윤리적 실수를 저지르지만, 윤리적 리더들은 실수가 나타나는 즉시 처리한다. 종종 윤리적 리더들은 직원들이 나서서 참여하는 참여적 조직문화를 만들기 위해 노력한다. 윤리적 리더들은 직원들의 협력을 중요한 자원으로 생각한다. 이러한 조직문화 하에서 직원들은 가치의 주요 공동 기여자로 여겨진다.[43] 따라서 리더들은 직원들에게 기업의 활동을 알리고 그들이 가진 우려들을 리더에게 전달할 수 있는 훌륭한 의사소통 체계를 구축해야 한다.[44] 직원들이 자신 또한 윤리적 이슈에 있어서 리더와 동일선상에 위치한다고 느끼게 하기 위해 윤리적 리더들은 회사의 가치와 원칙을 전달하고 윤리적 의사결정에 있어서 능력과 신뢰성을 보여야 한다. 무엇보다 윤리적 리더들은 자신이 추구하는 윤리적 가치를 본보기로 삼아야 한다.[45] 따라서 윤리적 리더십은 윤리적 의사결정이 일상적으로 이루어지는 문화를 구축하기 위한 필요요건이다.

조직의 리더들은 기업 문화를 형성하고 영향을 미쳐 결과적으로 윤리적 혹은 비윤리적 리더십을 이끌어낼 수 있다. 리더들은 효과적이며 윤리적이어야 한다. 효과적인 리더는 기업의 이해관계자들을 위한 일들을 잘 수행하는 사람을 가리킨다. 효과적인 리더는 구성원들이 공통의 목표를 가장 효과적이고 효율적인 방법으로 추구하게 만든다. Ken Lay와 Jeffery Skilling은 Enron을 소규모 정유 및 송유관 기업에서 업계에서 손꼽히는 기업으로 탈바꿈시켰다. 그들은 영감을 주었으며, 상상력이 풍부했고, 창의적이었을 뿐만 아니라 목표달성을 위해 직원들을 적절히 동기부여시켰다. 그러나 윤리적 문화를 만들어내는 데 실패했기 때문에 장기적으로는 기업에게 해가 됐다. 일관성 또한 성공적인 리더가 되기 위해 중요한 요소이다. 조직의 윤리적 문화에 있어서 다른 리더 및 직원들과 합치를 이루는 리더들은 조직 혁신에 큰 긍정적 효과를 준다.[46] 이어지는 단락에서는 어떻게 리더들이 다양한 종류의 권력을 사용해 기업 문화에 영향을 미치는지 살펴본다.

11-4a 권력

권력은 부하직원의 행동이나 의사결정에 있어서 리더나 관리자가 가지는 영향력을 일컫는다. 개인은 그들의 존재가 타인으로 하여금 다르게 행동하도록 만드는 경우 권력을 갖고 있다고 할 수 있다. 6장에서 다룬 바와 같이, 권력을 행사하는 것은 윤리적 의사결정 프레임워크에 영향을 미치는 방법 중 하나이다.

리더의 지위와 권력은 직원들로 하여금 기대에 부응하게끔 하는 압박의 강도와 직접적으로 관련이 있다. 직원 개인의 윤리적 가치가 관리자의 바람과 상충하는 경우에도 관리자는 직원에게 강력한 압박을 가할 수 있다. 관리자는 부하직원에게 "경쟁사의 기밀 정보가 월요일 아침까지 내 책상 위에 있었으면 좋겠어요. 당신이 어떻게 정보를 얻을지는 상관없어요."라고 말할 수 있다. 자신의 직무를 중요하게 생각하거나 상황에 얽힌 윤리적 질문들을 찾아내지 못하는 부하직원들의 경우 정보를 얻기 위한 비윤리적인 행동에 대한 압박을 느낄 수 있다.

한 사람이 다른 사람에게 영향을 주는 권력 기초로 (1) 보상적 권력, (2) 강압적 권력, (3) 합법적 권력, (4) 전문적 권력, (5) 준거적 권력이 있다.[47] 표 11-4에 나와있듯이, 다섯 가지 권력의 기초는 개인을 윤리적으로 또는 비윤리적으로 동기부여하는 데 사용될 수 있다.

표 11-4 권력 기반 사례와 장점 및 단점

권력 기반	사례	장점	단점
보상적 권력	• 보너스 • 임금 상승 • 추가 휴가 • 회사 차 • 선물 • 책임감 상승 • 인정 및 칭찬 • 기업 제품 및 서비스 할인	• 직원들로 하여금 보상 획득을 위해 열심히 일하게 만듦 • 충성도 상승 • 직원들 간의 건전한 경쟁 확립 • 재직률 상승에 도움 • 모두가 공통의 목표를 위해 노력함에 따라 팀 내 강력한 유대감 형성	• 지속적으로 사용할 경우, 보상의 매력이 하락함 • 높은 비용 • 보상을 받지 못한 직원의 낮은 동기부여 • 미래에도 유사한 보상을 받을 것이라는 기대감 형성 • 일반적 보상의 일부로 여겨짐 • 윤리준수는 높이지만 윤리에 대한 헌신은 낮음
강압적 권력	• 시말서 작성에 대한 위협 • 좌천 • 임금 삭감 • 일시적 해고 • 징계 • 명령을 따르지 않는 경우 해고	• 빠른 결과	• 직무만족도 하락 • 잠재적으로 높은 이직을 불러옴 • 직원들의 반발 위험 • 밀착 관리의 필요성 • 위협이 없는 경우 일하지 않음 • 혁신 감소
합법적 권력	• 직접적 혹은 간접적으로 서면이나 구두 계약에 의해 다른 사람보다 높은 직위에 배정된 사람	• 직원들이 관리자 명령을 따르게 하는 데 도움 제공 • 직원들로 하여금 누가 권한을 지니는지 이해하는 데 필요한 계층구조 확립 • 대부분의 사회에서 문화적으로 당연히 받아들여짐	• 직원들 사이에서 불만족, 반발, 실망을 불러일으킬 수 있음 • 충성심이나 존중을 이용하지 않음 • 개인적 필요에 의해 쉽게 남용될 수 있음
전문적 권력	• 경험과 보다 많은 훈련, 긍정적 평판 또는 신뢰를 갖춘 직원	• 리더의 권한에 대한 반발을 줄일 수 있음 • 수행 중인 업무에 대한 지식 및 기술과 연관되어 있기 때문에 이에 따른 영향력 행사 가능 • 고위 경영진으로 승진하기 쉬움 • 의사결정과 주장에 대한 신뢰나 존경을 높일 수 있음 • 직장 내 자신감을 높일 수 있음	• 지식과 기술이 공유되기 때문에 상사에 대한 존경이 줄어들 수 있음 • 권력을 유지하기 위해 기술을 자주 최신화해야 함 • 상식적일 필요가 없음
준거적 권력	• 권력자와의 동일시 감정 또는 그러한 존재가 되고자 하는 열망 • 국가주의, 애국주의, 유명인, 대중적 리더나 널리 존경받는 인물	• 매력적일수록 더욱 동일시를 하게 되고 더욱 큰 준거적 권력을 갖게 됨 • 열성적이며 조건 없는 신뢰, 준수, 충성심, 부하직원의 헌신을 이끌어낼 수 있음	• 쉽게 권력을 잃게 됨

보상적 권력
다른 사람이 갖고자 하는 것을 제공함으로써 그 사람의 행동에 영향을 미치는 능력

보상적 권력 **보상적 권력**(reward power)은 다른 사람이 갖고자 하는 것을 제공함으로써 그 사람의 행동에 영향을 미치는 능력을 의미한다. 보통 돈, 지위, 승진 등이 보상으로 제공된다. 두 개의 차량(기아와 Toyota)을 가지고 있는 자동차 영업사원의 경우를 생각해보자. Toyota가 기아에 비해 높은 품질을 가지고 있지만 가격은 같다고 가정해보자. 보상적 권력이 없다면 영업사원은 당연히 Toyota를 판매하려 할 것이다. 그러나 만약 기아가 더 높은 중개수수료를 제공한다면 영업사원은 기아 차량을 파는 데 집중할 것이다. 이처럼 "당근 매달기"와 인센티브는 장기적으로 사람들의 행동을 변화시키는 데 효과적인 것으로 알려졌다. 따라서 보상은 개인이 반드시 이해관계자의 이익이 아니라 자신의 이익을 위해 행동하도록 조장할 수 있다. 이는 Houston Astros가 비디오 판독을 이용해 포수가 투수한테 전달한 사인을 훔쳐보고 자신의 팀에게 불공정한 이점을 제공하려 한 사례에 적용될 수 있다. 메이저리그 총재는 야구팀의 운영 부서가 평소 "결과"를 다른 모든 것보다 우선시 하는 문화를 가진 것이 이러한 사태를 불러일으켰다고 말했다.[48] 일반적으로 보상적 권력은 강압적 권력에 비해 단기적으로는 덜 효과적이다.

강압적 권력
특정 행동에 대해 불이익을 주는 것

강압적 권력 **강압적 권력**(coercive power)은 본질적으로 보상적 권력의 정반대에 위치해있다. 특정 행동에 대해 보상을 제공해주는 대신 강압적 권력은 특정 행동에 대해 불이익을 준다. 예를 들어, 중요한 고객이 판매원에게 뇌물을 요구하며 그의 요청을 들어주지 않을 경우 거래처를 옮기겠다고 넌지시 이야기했다고 가정해보자. 그 판매원은 뇌물을 주는 것이 비윤리적이라고 믿고 있지만, 그녀의 상사는 그녀에게 고객을 꼭 만족시켜야 하며 그렇지 못할 경우 승진이 어려울 거라 이야기했다. 상사는 특정한 행동이 수행되지 않은 경우 부정적 제재를 가한 것이다. 많은 기업들은 연단위로 가장 낮은 성과를 낸 직원을 해고하는 체계를 갖고 있다. Enron은 이를 "등수 매겨 쫓아내기(rank and yank)"라고 부르며 하위 20%의 직원을 연 단위로 해고했다. 강압적 권력은 행동에 변화를 주기 위해 두려움을 이용한다. 이러한 이유로 강압적 권력은 장기보다 단기에 보다 효과적인 것으로 나타났다. 강압은 보통 극심한 권력 차이가 있을 때 발생한다. 그러나 강압에 지속적으로 노출된 사람들은 반대급부를 찾아 더욱 권력 있는 다른 사람에게

동조하거나 조직을 떠난다. 강압적 권력을 사용하는 기업의 경우 장기적으로는 직원들 간의 관계가 와해된다. 거대 기업의 정책을 수립하는 데 있어 권력은 개인 뿐만 아니라 업무 그룹에게 있어서도 윤리적 이슈가 된다. 이는 Sonos, PopSockets, Basecamp, Tile 등의 기업들이 Apple, Amazon, Google, Facebook과 같은 거대 기업들이 경쟁을 제한하기 위해 사용하는 강압적 방법에 대해 의회에서 증언한 내용에서도 찾아볼 수 있다. 예를 들어, 휴대전화 액세서리 제조회사인 PopSockets의 창업자는 가격 및 기타 정책에 있어서 Amazon으로부터 강압을 받았다고 말했다.

합법적 권력
특정 인물이 영향을 행사할 권한을 갖고 있으며 특정 타인들은 이를 받아들일 의무가 있다는 믿음

합법적 권력 **합법적 권력**(legitimate power)은 특정 인물이 영향을 행사할 권한을 갖고 있으며 특정 타인들은 이를 받아들일 의무가 있다는 믿음에 근거한다. 기업이 개인에게 부여하는 직위나 직급에서 오는 권위가 전통적인 관점의 권력에 해당한다. 많은 사람들이 합법적 권력을 행사하는 것을 이미 받아들일 준비가 되어 있으며, 종종 이를 위해 자신들의 믿음이나 가치에 반하는 행동을 하기도 한다. WorldCom의 회계사인 Betty Vinson은 회사의 악화된 재정 상태를 숨기기 위해 부적절한 회계 장부를 기입하라는 상사의 요청을 거절했다. 그러나 결국 이것이 회사를 구할 유일한 방법이라는 점에 동의했고 그녀와 WorldCom의 회계사들은 사기와 불법공모로 유죄판결을 받았다.[50]

권위에 대한 충성은 보통 강력한 카리스마를 지닌 리더가 있거나 중앙집권화된 구조를 가진 조직에서 나타난다. 기업 환경에서 상사가 직원에게 "어떤 수단을 사용해서라도" 매출을 올릴 것을 요구하고 그 직원이 합법적 권력에 강한 지지를 보인다면, 해당 직원은 명령을 수행하기 위해 어떠한 것이라도 할 것이다. 그러한 권력을 사용하는 리더들의 카리스마는 종종 역효과를 낼 수도 있다. 연구에 따르면, 외향적인 최고경영자는 높은 이윤을 기대하는 투자자들을 끌어 모으며, 결과적으로 기업 가치를 낮추게 된다. 기업 가치가 낮아지게 되면, 프로젝트 비용을 마련하기 위해 주식을 팔아야 하므로 자본비용이 증가하게 된다.[51] 비인격적이고 직원들을 경멸하며 무례하게 대하는 역기능적 리더(dysfunctional leader)들은 부하직원들로 하여금 비윤리적 행동을 하도록 압박을 가하기 위해 합법적 권력을 사용한다. 직원들은 자신들의 문제를 말하지 않거나 익명 보고체계를 사용해 역기능적 리더

를 상대한다.[52]

전문적 권력 **전문적 권력**(expert power)은 개인의 지식(또는 지식을 가지고 있다는 인식)에서 비롯된다. 전문적 권력은 주로 부하직원에 대한 상사의 신뢰를 기반으로 한다. 신뢰와 전문적 권력은 개인이 업계에서 쌓은 근속연수, 교육수준, 성과를 통해 얻은 명예와 정(+)의 상관관계를 가진다. 한 개인이 특정한 분야에 있어서 전문가라는 인식 또한 전문적 권력을 부여한다. 상대적으로 낮은 직위에 있는 비서의 경우 전문적 권력을 가질 수 있는데, 비서는 어떻게 기업이 운영되고 이윤을 증진시키기 위해 어떤 비용을 줄여야 하는지에 대해 제안을 할 수 있기 때문이다.

전문적 권력
개인의 지식에서 비롯되며, 대개 부하직원에 대한 상사의 신뢰를 기반으로 함

전문적 권력은 이를 이용해 타인을 조종하려 하거나 불공정한 이익을 얻으려 할 때 윤리적 문제들을 야기하게 된다. 의사, 변호사, 컨설턴트들은 모르는 고객들로부터 불공정한 이익을 취할 수 있다. 회계법인은 그들이 감사하는 기업의 재무 정보의 정확성과 관련된 문제들을 무시함으로써 추가 수익을 얻을 수 있다. 많은 전문적 권력을 지닌 최고경영자의 경우에도 비윤리적 또는 불법적 행동에 빠질 위험이 있다. Renault-Nissan Alliance의 전 대표였던 Carlos Ghosn이 대표적인 사례이다. 자동차 업계에서 수십 년간 근무한 뒤, 그는 자동차와 사업 모두의 전문가로 거듭났고 동료들과 직원들로부터 신뢰를 받았다. 그러나 2018년 그는 회계 조작 의혹과 보수 축소 신고(증권법 위반), 회사 자산의 사적 유용, 1,660만 달러의 개인 손실을 Nissan의 손실로 바꿔치기 한 혐의로 체포되었다. 그는 모든 혐의를 부인했다.[53]

준거적 권력 **준거적 권력**(referent power)은 한 사람이 자신의 목표 혹은 목적이 다른 사람들의 목표와 유사하다고 인식할 때 생겨난다. 두 번째 사람은 첫 번째 사람에게 공동의 목표 달성을 위해 행동하게끔 영향을 미친다. 동일한 목표를 공유하기 때문에 첫 번째 사람은 타인의 준거적 권력 사용이 이익이 된다고 생각하게 된다. 이러한 권력관계가 효과적이기 위해서는 개인들 간에 일정 정도의 공감이 있어야 한다. 타인과의 동일시는 의사결정자의 자신감을 높이고 결과적으로 준거적 권력을 증가시킨다.

준거적 권력
한 사람이 자신의 목표 혹은 목적이 다른 사람들의 목표와 유사하다고 인식하는 경우

다음과 같은 상황을 가정해보자. 한 제조기업 회계부서의 관리자인 Lisa

는 매출비율을 늘리라는 압박을 받고 있다. 그녀는 영업사원인 Michael에게 판매 계약을 빨리 수행하고 가능하면 배송이 지연되더라도 사전 판매를 할 것을 요청했다. Michael은 판매를 위해 고객들을 압박하고 싶지 않다며 반발했다. Lisa는 준거적 권력을 사용했는데, Michael을 점심식사에 초대하고 회계처리 목적으로 매출을 늘려야 하는 문제 상황을 포함한 여러 업무 문제들에 대해 논의했다. Michael과 Lisa는 사전 판매를 통해 문서 처리를 할 수 있다면 둘 모두 이익을 얻게 된다는 점에 동의했다. 그래서 Lisa는 Michael에게 다음 분기의 판매 계약서를 보낼 것을 제안했다. Michael은 한 번 시도해 보는 것에 동의했고, 이후 몇 주 동안 계약이 더 빨리 진행되고 다음 분기 매출이 증가했다. Lisa의 업무는 보다 수월해졌으며, Michael은 좀 더 빠르게 보너스를 얻을 수 있게 됐다. 반면, 이는 동시에 이번 분기의 재고 밀어내기 또는 매출 부풀리기의 시작이 될 수도 있다.

다섯 가지 권력의 기초는 상호배타적이지 않다. 사람들은 다른 사람들에게 변화를 주기 위해 여러 권력 기초들을 사용한다. 비록 권력 그 자체로는 윤리적이거나 비윤리적이지 않지만 사용하기에 따라 윤리적 이슈들을 불러일으킬 수 있다. 때때로 리더들은 권력을 이용해 타인의 가치체계와 충돌하는 방식으로 상황이나 그 사람의 가치를 조작하고자 한다. 직원으로 하여금 아픈 자녀를 돌보기 위해 집에 남아있든지 직장에 나오든지 둘 중 하나를 고르게 만드는 것은 강압적 권력을 사용해 직원의 가치에 충돌을 불러일으키는 행동이다. 기업에서는 직위와 임금이 권력을 보여주며, 권력과 부는 자만심을 키우고 쉽게 남용된다.

11-4b 윤리적 행동에 대한 동기부여

동기부여
목표를 달성하기 위해 자신의 행동을 집중시키는 개인 내부의 힘

직무 성과
능력과 동기부여의 함수로 표현될 수 있으며 다음과 같은 방정식으로 나타낼 수 있음(직무 성과 = 능력 × 동기부여)

부하직원으로 하여금 윤리적 조직을 유지하는 데 핵심적인 역할을 수행하도록 동기부여하는 것은 리더의 역량이다. **동기부여**(motivation)는 목표를 달성하기 위해 자신의 행동을 집중시키는 개인 내부의 힘이다. **직무 성과**(job performance)는 능력과 동기부여의 함수로 표현될 수 있으며 다음과 같은 식으로 나타낼 수 있다(직무 성과 = 능력 × 동기부여). 이 식은 직원들은 어떠한 것을 달성하기 위해 동기부여가 되려면 자원과 노하우가 필요하다는 것을 보여준다. 동기부여 하기 위해서 조직은 조직 목표를 향해 업무를 이어

나가기 위한 긍정적 인센티브를 제공해야만 한다. 효과적인 경영관리에 있어서 동기부여에 대해 이해하는 것은 굉장히 중요하며, 이는 직원들의 윤리적 행동과 연결된다. 선발과 훈련에 더해 직무 설계와 직원 참여가 원칙에 입각한 윤리 문화의 발전에 도움이 된다고 밝혀졌다. 반면 보상과 성과 인센티브의 경우 윤리적 분위기를 해칠 위험이 있다.[54] 조직에서 더 높은 직위에 오르고자 하는 사람의 경우 재정적 또는 성과에 따른 인센티브를 얻기 위해 허점을 찾아 이용할 수 있다. 이러한 비윤리적 행동은 조직 내에서 높은 위치를 차지하고 보상을 얻고자 하는 직원의 야망(동기)과 관련이 있다. 만약 조직이 공유 가치를 지니고 있으며 윤리적 문화를 갖고 있는 경우 직원들은 타인에 대한 신뢰를 바탕으로 직무에 더욱 몰입되며 동기부여될 것이다. 동기부여를 위해 부정행위를 하게끔 애매하게 기회를 제공해서는 안 된다.

중간관리자나 그 이상으로 직급이 올라가게 되면 상위 욕구(사회적 관계, 존경, 인정)가 하위 욕구(급여, 안전, 직무안정성) 보다 중요해진다. 연구에 따르면 개인의 경력 단계, 연령, 조직 크기, 지리적 위치 등이 존경, 자존감, 기초적 심리 욕구들을 만족시키는 것 사이의 상대적 우선순위를 결정한다. 개인이 지닌 욕구의 우선순위는 동기부여나 윤리적 행동에 영향을 준다. 음식, 직무환경(존재 욕구), 생존 등의 기초적 욕구들이 충족되고 나서는 관계 욕구와 성장 욕구가 중요해진다. **관계 욕구**(relatedness needs)는 사회적 관계 및 대인관계를 통해 만족시킬 수 있으며 **성장 욕구**(growth needs)는 창의적 또는 생산적 활동을 통해 충족될 수 있다.[55] 이러한 욕구들이 충족되지 않는 경우 일부 직원들은 실망하거나 직무에 지루함을 느껴 이직하거나 욕구 충족을 위해 업무활동을 늘리게 된다. 다른 직장이나 현재 직장 내에서 욕구 충족을 위한 기회를 찾지 못한 몇몇의 경우에는 의심스러운 관행을 시도할 수 있다.

관계 욕구
사회적 관계 및 대인 관계에 의한 만족

성장 욕구
창의적 또는 생산적 활동에 의한 만족

윤리 관점에서 개인이 기업 내에서 직위가 높아져감에 따라 욕구와 목표는 계속해서 변화하게 된다. 이러한 변화는 기업과 사회에서 현재 개인이 차지하는 윤리적 지위에 따라 문제를 해결하는 데 도움이 되거나 문제를 야기할 수 있다. 하급 임원의 경우 구매 또는 판매 내역을 부풀리거나, 프로젝트 수행 시간을 과장하거나, 가족들의 기초적 생계를 위한 현금 지원을 받는 등의 행동을 저지를 수 있다. 조직 내에서 계급이 올라가고 이러한 욕구들을 충족할 수 있을 때, 이 욕구들의 중요성은 감소하게 된다. 결과적으로 이러한 관리자들은 회사의 정책에 따르거나 조직문화에 순응하는 것으로 돌아갈 수 있으며, 그들 가족의 기초적 욕구 충족보다 조직 내부에서 받는 인정이나 성취에 더 관심을 가질 수 있다. 젊은 직원들은 조직 문화를 가이드라인 삼아 의지하게 되고, 나이가 있는 직원들은 조직 문화를 이용해 윤리적 성과를 향상시키고자 한다. 동기부여를 위한 비윤리적 행동 또한 관리자들이 성과 평가에 있어서 적절한 피드백을 제공하지 않거나 명확한 기대수준을 제시하지 않은 경우에 발생할 수 있다. 자원이 충분하지 않은 경우에도 직원들은 동기부여되지 않는다. 마지막으로 기대수준에 비추어 충분하지 않은 급여 또한 직원들로 하여금 기업의 자원을 사용해 이득을 취하고 비윤리적 행동에 대한 잘못된 합리화를 하도록 만들 수 있다.

윤리에서 동기부여의 역할을 분석함으로써 기업윤리를 근로자들이 살고 있는 더 넓은 사회적 맥락과 사회의 도덕적 가정과 연관시키는 방법을 찾을 수 있다. 근로자들은 다양한 종류의 개인적 관심에 의해 동기부여된다. 비록 본 교재에서는 관리자들이 개인의 윤리 관련 이슈들에 대한 준수를 강제하거나 압력을 가할 수 있다고 강조했지만, 개인이 지닌 윤리나 욕구 또한 윤리적 의사결정에 상당한 영향을 미친다고 할 수 있다.

11-5 윤리적 비즈니스 갈등 관리하기

윤리적 비즈니스 갈등
의사결정에 있어 조직목표와 상충되는 둘 이상의 입장이 있는 경우

윤리적 비즈니스 갈등(ethical business conflicts)은 의사결정에 있어 조직목표와 상충되는 둘 이상의 입장이 있을 때 발생한다. 때로 윤리적 갈등은 직원들이 자신이나 동료의 의사결정에 불편함을 느끼기 때문에 발생하기도 한다. 윤리적 갈등의 장점 중 하나는 윤리적 이슈를 명확히 집어 규명하는 데 있다. 윤리적 의사결정은 윤리적 이슈가 확인되지 않거나 해결될 필요가 없다면 발생하지 않는다. 윤리적 이슈가 발견되면 누가 해당 이슈의 책임자이며 부정행위에 있어 최고경영진들의 역할은 무엇인지 확정할 필요가 있다. 예를 들어, Wells Fargo는 신규 계좌 개설에 인센티브를 부여하는 시스템을 구축했고, 그 결과 고객들 앞으로 수백만 개의 미승인 계좌들이 개설

되었다. 리더들은 윤리적 갈등을 완전히 피할 수는 없지만 적절한 갈등 관리를 통해 윤리적 기업 문화를 유지할 수는 있다.

윤리적 갈등 관리 스타일에 대해 설명하기 전에, 윤리적 갈등은 효과적으로 운영되는 투명한 의사소통 시스템 없이는 관리자들의 주의를 끌지 못한다는 점에 유의해야 한다. 직원들이 우려나 제안을 표현할 수 있는 수단으로 핫라인, 피드백 양식, 제안 상자 등을 사용하는 것이 일반적이다. 실제로 이러한 의사소통 체계는 참여적 조직 문화를 가능하게 한다. 그러나 직원들의 우려나 제안에 반응하지 못하는 것은 오히려 더욱 큰 피해를 가져온다. 자신들이 제기한 우려가 무시된다고 생각하는 직원들은 속았다고 생각하고 더욱 많은 조직적 갈등을 일으키게 된다.[57] 따라서 리더들은 소통에 있어서 진실되고 능동적인 입장을 취해야 한다. 이는 곧 직원들의 의견에 귀 기울이는 것 뿐만 아니라 갈등으로 발전하기 전에 윤리적 이슈들을 찾아내는 시도를 하는 것까지 포함한다.[58] 윤리적 이슈를 수면 위로 끌어올리는 것은 윤리적 갈등으로 이어질 수 있지만, 이를 통해 윤리적 리더들은 갈등을 관리하고 해결책에 보다 가까워질 수 있다.

직원들도 스스로 갈등 상황을 해결하기 위한 훈련이 되어 있어야 한다. 직원들로 하여금 갈등을 인식하고 해결하도록 훈련시킴으로써 직원들이 비인격적 행동이나 위협적 행동의 피해자가 되는 일을 막을 수 있다. 직원들은 이슈 무시하기, 관리자에게 갈등 보고하기, 핫라인 사용하기, 내부자고발, 맞서기 중 하나를 사용해 갈등 상황에 대처하게 된다. 자신들의 리더가 윤리적이며 직원들의 우려사항에 귀 기울인다고 생각하는 직원들의 경우에 보다 갈등 상황을 내부적으로 보고하려는 경향이 강하다.[59]

11-5a 갈등관리 스타일

직장에서 리더가 윤리적 갈등을 해결하기 위해 반드시 나서야 하는 상황이 여럿 있다. 갈등 상황에 대한 리더의 접근방법은 갈등 해결을 위해 사용하는 전략을 결정짓는다. 본 교재에서는 갈등관리 유형을 타협, 순응, 회피, 협조, 경쟁의 다섯 가지 스타일로 분류하였다. 이러한 갈등관리 스타일은 공격성과 협력성이라는 두 차원에 기반한다. 공격성은 자신의 이익을 위해 행동하는 것이며 협력성은 타인의 이익을 위해 일하는 것을 의미한다.[60] 그

그림 11-2 갈등관리 스타일

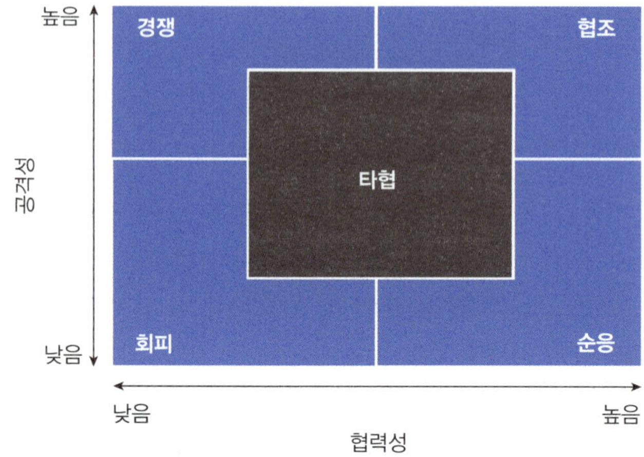

자료: Adapted from Kenneth W. Thomas and Ralph H. Kilmann (March 2, 2010). Thomas-Kilmann Conflict Mode Instrument: Profile and Interpretive Report.

림 11-2를 통해 공격성과 협력성에 기반한 다섯 가지의 갈등관리 스타일을 확인할 수 있다. 윤리적 이슈들을 해결하기 위한 갈등관리 스타일을 개발하는 데 있어 리더는 윤리적 딜레마에 맞춰 갈등관리 스타일을 조정해야만 한다.

그림의 좌상단에는 경쟁적 갈등관리 스타일이 위치한다. 경쟁적 갈등관리 스타일을 지닌 리더들은 굉장히 공격적이며 협조적이지 않다. 경쟁적 리더들은 어떠한 비용을 치르더라도 승리해야 한다고 생각하며 상대편이 패배한 정도로 성공을 가늠한다.[61] 대표적인 사례로 Uber를 들 수 있다. Uber 경영진은 치명적인 직장문화를 조장하고 만연한 성희롱 문제를 해결하지 않으면서 파괴적 성장을 추구하기 위해 법적 경계를 허물 것을 지시했다는 비난을 받았다.[62]

이러한 리더들은 비인격적 갈등관리 스타일과 직원 또는 이해관계자의 우려를 고려하지 않는다는 점에서 윤리적이라고 여겨지지 않는다. 이러한 스타일을 지닌 관리자들은 권력 지향적이며 심지어 자기도취적인 성향을 보인다. 일부 특정한 상황에서는 경쟁적 특성을 보여야 하지만, 기업들은 윤리적 가치나 기업의 안녕을 위협하면서까지 이기려고 하는 리더들을 고용하지 않도록 주의해야 한다. 그러나 높은 공격성이 항상 문제인 것은 아니다. 예를 들어, 타협이 불가할 때는 규칙을 통해 윤리준수를 강제해야만 한다. 윤리적 리더들은 부정행위나 기업의 윤리적 원칙과 가치에 반하는 행동에 협조해서는 안 된다. 실제로 연구 결과에 따르면 고객에게 거짓말을 하거나 세금을 회피하고 미성년자를 고용하는 회사에 아웃소싱하는 등의 "속임수"를 사용하는 리더들이 직원들을 보다 비생산적으로 만들며, 조직을 떠날 확률을 증가시키고, 자신이 속한 기업을 속일 가능성을 높인다.[63] 노르웨이의 가장 큰 폐기물 처리 및 재활용 기업인 Norsk Gjenvinning의 최고경영자인 Erik Osmundsen은 기업과 업계에 부패가 만연한 것을 확인했고, 이를 바꾸기로 결심했다. 그는 Norsk Gjenvinning이 지름길을 찾아 쉽게 일을 해결하려는 문화가 팽배한 것을 확인했다. 이러한 행동을 바꾸기 위해 그는 4주간의 자진신고기간을 통해 직원들로 하여금 불법적이거나 비윤리적인 행동을 보고하도록 했다. 4주 뒤, 무관용 원칙을 적용해 매주 윤리준수 및 통제 체계를 가동했다. 18개월 뒤, 최고 운영 관리자의 44%가 기업을 떠났으며 50%의 부서장들이 나갔고 상위 관리자의 8명 중 2명 정도만이 남게 되었다. 그 사이 Norsk Gjenvinning의 수익성은 더욱 높아졌으며, 뛰어난 평판과 최고 수준의 직원들을 얻게 됐고 이를 통해 전반적인 수익성과 이윤을 증대시킬 수 있었다.[64]

좌하단에는 회피적 갈등관리 스타일이 위치한다. 이러한 접근방식을 사용하는 리더들은 효과적으로 갈등을 관리하지 못한다. 이는 이러한 스타일이 부정행위로 이어지더라도 갈등을 회피하려 하기 때문이다. 이러한 리더들은 협조적이지도 않으며 공격적이지도 않다. 이들은 부정행위를 알아채더라도 이를 관리하고자 하는 의지가 없다. Enron의 대표 Ken Lay와 최고경영자 Jeff Skilling이 이러한 스타일을 보였다. 이들은 기업 운영 관리 측면에서는 공격적이었지만 Enron이 점점 부정행위에 안주하게 되면서 윤리적으로는 수동적인 태도를 취했다. 이러한 스타일을 택하는 리더들은 자동적으로 갈등이 바람직하지 않은 것이라고 간주한다. 그러나 갈등을 통해 새로운 관점을 탐색하는 데 필요한 능력을 얻을 수 있으며 다양한 선택지들 중에서 가장 윤리적인 것을 찾는 능력 또한 얻을 수 있다.[65] 윤리적 갈등은 또한 리더들로 하여금 갈등이 없다면 알아채지 못했을 기업 내 윤리적 이슈에 반응하도록 해준다. 회피적 리더는 보통 기업의 평판을 훼손하는 윤리적 위기와 관련되어 있는 경우가 많다. Enron은 윤리적 현실 안주와 윤리적 갈등에 대한 회피적 태도 때문에 몰락했다.

우하단에는 순응적 갈등관리 스타일이 있다. 이러한 스타일을 지닌 리더들은 매우 협조적이지만 단호하지 않다. 이러한 스타일을 지닌 경우에는 자신의 이익이나 가치를 희생해서라도 타인을 위하게 된다.[66] 부정행위를 벌이는 직원들에 리더가 순응한다면 윤리적 재앙을 불러일으킬 수 있다. 예를 들어, 자신이 관리하는 영업사원들이 매출을 올리기 위해 뇌물이나 리베이트를 사용하는 것을 알고 있음에도, 뛰어난 성과 때문에 묵인하는 경우가 순응적 갈등관리 스타일에 해당한다. 순응적 갈등관리 스타일은 기업 환경에서 경쟁하기 굉장히 어렵다. 생존하기 위해 경쟁력을 유지하는 것이 필수이기 때문에 기업들은 경쟁의 최전방에 위치하기 위해 공격적이어야만 한다. 비록 여러분들은 순응적 리더가 비윤리적이라고 생각하지 않겠지만, 기업 가치나 원칙을 희생하면서 타인에게 순응하는 것은 윤리적 리더로서의 책임을 다하지 않는 것이기도 하다.

타협적 갈등관리 스타일은 그림의 중간에 위치해 있다. 이러한 갈등관리 스타일을 갖는 리더들은 공격성과 협력성의 중간에 위치한다. 이러한 리더들은 갈등을 해결하기 위한 가장 좋은 방법은 양측이 어느 정도의 이익을 얻기 위해 일정 정도를 포기하는 것이라고 믿는다.[67] 타협적 리더들은 자신이 원하는 것의 일부를 얻을 수 있다는 점에서 순응적 갈등관리 스타일과 차이를 가진다. 반면 그들은 상대편도 일부 승리하게 만들어 경쟁적 갈등관리 스타일에 빠지는 것을 막는다. 이러한 갈등관리 스타일은 윤리적 딜레마의 모든 선택지들이 단점을 갖고 있을 때 사용하기 적합하다. 타협을 통해 모든 참가자에게 유익한 방법을 선택하게 된다. 갈등 상황에 있어서 타협이 갖는 이점이 분명하지만 이러한 스타일을 남용하는 리더는 타협할 경우 심지어 기업에 큰 피해가 가는 상황에서도 상대방이 타협하기를 기대하는 것을 알게 될 수 있다. 또한 양측 모두 포기해야 하는 것이 있기 때문에 낮은 수준의 헌신을 보일 수 있다.[68] 그러나 참가자들이 결과를 인지한 상태에서 사안에 대해 공유, 타협, 또는 순응하는 태도를 바탕으로 할 때, 윤리적 문화를 구축할 수 있다.

우상단에는 협조적 갈등관리 스타일이 있다. 협조적 스타일은 가장 이점이 많다. 갈등관리에 있어 협조적 태도를 취하는 리더들은 협력적이며 공격적이다. 협조적 리더들은 곧장 타협하는 대신 유익한 해결방안을 위한 창의적 방법을 찾기 위해 상대와 협조한다. 협조적 리더들은 이해관계자의 요구를 충족시키고자 한다. 그러나 그들은 동시에 조직 가치와 원칙을 고수한다. 협조가 이뤄지기 위해서는 양측 모두 갈등 사안에 집중해야만 한다. 협조적 태도를 지닌 리더들은 상황에 맞춰 공격적이거나 협력적인 유연한 태도를 지닌다. 그들은 권력을 남용하지 않기 위해 조심하며 갈등 상황에 있어 상대방의 요구 또한 고려한다.[69] 협조적 갈등관리 스타일이 윤리적 리더십과 가장 일치하기 때문에 협조적 갈등관리 스타일을 만들고, 키우며, 촉진하는 것이 윤리적 리더의 역할이다. 협조적 갈등관리 스타일은 최선의 해결방안을 찾기 위해 듣고, 배우며, 공유할 필요가 있는 회색지대에서 가장 효과적이다.

우리는 갈등관리 스타일을 다섯 가지 유형으로 구분하였지만 실제 효과적인 리더들은 상황에 맞는 적절한 스타일을 사용한다. 예를 들어, 협조적 스타일이 보통은 갈등 관리를 위한 가장 윤리적 방법이지만 심각한 부정행위인 사기나 횡령을 저지른 직원과 협조하는 것은 윤리적으로 의문이 드는 일이다. 양측이 교착상태에 빠진 경우에는 타협이 최선의 해결방안일 수 있다. 행동을 취하는 것이 너무 많은 시간과 자원을 소모한다면 이슈를 회피할 수도 있다.[70]

윤리적 리더들은 상대방의 갈등관리 스타일을 확인하는 능력 또한 갖추어야 한다. 다른 이해관계자들이 어떻게 갈등을 관리하는지 이해함으로써 윤리적 리더들은 자신의 스타일을 그대로 사용할지 여부를 결정하게 된다. 이것이 윤리적 리더십의 핵심이다. 타인의 갈등관리 스타일을 관찰하고 이해하는 것은 최선의 결정을 내리는 데 있어서 중요하다.[71] 예를 들어, 상대방이 항상 순응한다고 가정하는 경우, 이같은 갈등상황에서는 경쟁적 접근법을 취할 것이다. 만약 양측 모두 경쟁적 갈등관리 스타일을 가지고 있는 경우에는 외부 중재자가 필요할 것이다. 이러한 조직학습은 중요하며 양측 모두에게 가장 유익한 해결방안을 찾는 데 도움이 된다. 효과적인 리더는 윤리적 갈등의 상대가 지닌 스타일을 파악하기 위한 충분한 지식과 감성지능을 가져야만 한다.

추가적으로 윤리적 리더는 특정한 이슈에 맞춰 어떤 종류의 갈등관리를 사용해야 하는지 알아야만 한다. 윤리적 리더는 항상 위험을 회피하거나 계속 상대편을 이기려고 하는 사람이 아니다. 그보다 윤리적 리더는 언제 공격적일지, 타협을 할지, 순응할지, 회피할지를 정하는 윤리적 의사결정을 한다. 그러나 윤리적 리더는 조직의 윤리적 가치에 있어서 타협하려는 시도를 해서는 안 된다. 조직의 윤리적 가치는 갈등 해결에 있어서 적절한 행동을 결정짓는 기준으로서의 역할을 수행하기 때문이다. 윤리적 갈등관리가 쉬운 과정은 아니지만, 기업의 윤리적 원칙, 가치, 문화에 대한 지식은 리더가 적절한 행동 방침을 결정하는 데 도움이 된다.

11-6 윤리적 위기 관리 및 회복

위기는 자연재해나 기술적 붕괴보다 잠재적으로 더욱 치명적일 수 있다. 기업들이 자연재해에 대응하고 이로부터 회복하기 위해 위기관리 계획을 세우는 것처럼, 상당한 법적, 재무적 비용을 유발하며 일상적인 기업 운영에 차질을 빚고, 직원들을 마비시키며, 생산성을 저하시키고, 조직 평판을 훼손시키며, 이해관계자 신뢰를 무너뜨리는 윤리적 재해에 대해서도 대비해야만 한다. 윤리적 위기와 법률적 위기는 Lehman Brothers, Merrill Lynch, Washington Mutual과 같은 유명한 기업들을 몰락시키고 인수되도록 만들었다. Volkswagen, General Motors, Wells Fargo, Bayer 같은 기업들은 살아남았지만 막대한 재무적 비용을 지출했으며, 평판이 크게 훼손되었고 이해관계자들의 신뢰를 잃었다.

미심쩍거나 불법적 행동을 하는 조직구성원은 윤리적 부정행위에 있어 책임을 가지며, 이러한 직원들은 조직 전체의 전반적인 윤리의식에 위협이 된다. 조직의 리더들은 이러한 윤리적 부정행위를 재앙으로 발전시키기도 한다. Wells Fargo의 John Stumpf, Volkswagen의 Martin Winterkorn, Valeant의 Michael Pearson은 조직 및 글로벌 차원의 재무적 재앙을 일으켰다.[72] 윤리감사를 통해 기업의 윤리적 표준이나 정책, 또는 법률이나 규제를 어기는 직원들을 찾아낼 수 있다.

COVID-19 팬데믹 동안 기업들은 다양한 윤리적 의사결정에 직면했다.

예를 들어, 행사를 취소하는 대신에 많은 기업들은 무기한 연장했고 환불을 진행하지 않았다. 유사하게, 손실을 줄이기 위해서 항공사들은 항공편이 취소됐음에도 연방 원칙을 위반하는 새로운 정책을 들며 수백만 달러를 환불해주지 않았다. 몇몇 항공사들의 경우에는 빈 항공편이 계속 있었기 때문에 환불 대신 바우처를 지급해주는 것으로 대신하겠다는 주장을 펼쳤다. Delta 항공은 이러한 행동으로 집단 소송의 대상이 되었다.[73] 필수적이지 않은 기업들은 영업을 중단해야 했기 때문에 많은 기업들은 생존하기 위해 업종을 바꾸기도 했다. 예를 들어, 뉴욕에 본거지를 둔 세탁물 기업인 Clean Rite Center는 셀프서비스에서 모바일 애플리케이션 지불 시스템을 활용한 "비대면" 서비스로 사업모델을 바꿨다.[74] 빠르게 적응하는 능력이 기업의 자산이 됐다. 많은 공장들이 생산공정을 전반적으로 바꿨다. 프랑스 병원들에 무료로 보낼 손소독젤을 만든 프랑스 명품 기업 LVMH는 향수와 화장품 공장들의 생산공정을 전면적으로 전환했다. LVMH의 경우 공정 변화를 위한 재료를 이미 보유했으며 기존의 구성요소를 사용했기 때문에 빠르게 변화할 수 있었다.[75] COVID-19가 가져온 또 다른 커다란 변화 중 하나는 재택근무를 새로운 표준으로 만들었다는 것이다. 재택근무하는 사람이 많아지자 직장 내 괴롭힘이나 성희롱이 줄어들었다. 대신 직원들이 부정행위를 하는지 감시하기가 어렵다는 새로운 윤리적 이슈가 생겨났다. 기업들은 잠재적인 규정 위반을 확인하기 위해 모니터링 프로그램을 사용했기 때문에 재택근무로의 전환은 큰 혼란을 가져왔다.[76]

윤리적 재앙(ethical disasters)은 윤리적 문제 인식 및 비윤리적 행동 결정에서부터 조직의 해당 행위의 발견 및 대응에 이르기까지 인지할 수 있는 단계적 발전을 따른다. 이러한 상황에서 적절한 예방과 개입을 통해 중대한 문제가 발생하는 것을 방지할 수 있다. 비상 대책을 통해 위험, 만일의 사태에 따른 계획, 윤리적 위기에 대응하기 위한 방안을 평가하게 된다. 윤리적 재앙-회복 계획 과정에는 조직 가치, 윤리 프로그램 개발, 윤리 감사 수행, 잠재적 윤리 재앙을 위한 비상대책 수립 등이 포함된다. 윤리 감사를 통해 윤리적 재앙을 방지하기 위한 실마리를 찾을 수 있다.

윤리적 재앙
윤리적 문제 인식 및 비윤리적 행동 결정에서 조직의 해당 행위의 발견 및 대응에 이르기까지 인지할 수 있는 단계적 발전을 따르는 대규모의 비윤리적 활동

윤리 프로그램의 효과성과 준수여부 평가의 일환으로 위험 발견을 위한 공식적 메커니즘이 마련되어 있어야 한다. 기업 리더들에게는 언론을 통

표 11-5 조직 위험관리 발전방안

위험관리 기능의 본질과 범위에 대해 검토하기
중대한 프로젝트 시작에 앞서 위험 및 윤리준수 계획을 수립하기
위험 측정도구와 표시판을 통해 성과 향상시키기
윤리 및 윤리준수 위기에 따른 회복 계획 마련하기
위험 프레임워크와 내적 및 외적 통제의 효과성에 대해 소통하기

해 보도되거나, 경쟁자에 의해 사용되거나, 정부에 의해 기소될 수 있는 부정행위나 불법적 행동을 발견하는 것이 가장 두려운 일이다. 그러나 이러한 과정은 조직의 장기적 안녕을 위해서 굉장히 중요하다. 지진, 화재, 허리케인과 같은 자연 재해의 위험은 확정할 수 없지만, 윤리적 재앙에 대해서는 계획을 수립할 수 있다. 불행하게도, 윤리적 위험들은 최저 순위로 여겨진다. 그러나 평판, 품질, 소송과 같은 일반적 위험들이 윤리적 요소를 지니고 있다는 것을 알아야 한다. 실제로 비윤리적이라는 평판을 얻게 될 경우 투자자, 고객, 직원들을 잃게 될 수 있기 때문에 윤리적 위험은 자연 재해에 따른 위험만큼이나 피해를 야기할 수 있다. 부정행위에 따른 재앙으로부터 회복하기 위해서는 수 년이 걸린다. 전 세계 다양한 지역의 법률을 이해함으로써 기업들은 어떻게 이러한 규제들을 충족하며 특정 국가의 법률을 위반하는 위험을 최소화할 수 있는지 알 수 있게 된다. 표 11-5에는 위험관리를 발전시킬 수 있는 다섯 가지 방법이 제시되어 있다.

11-7 윤리적 리더의 직원 권한위임

조직 내의 윤리적 리더들은 모든 윤리적 결정을 스스로 내릴 수 없다. 사실 많은 일상적 의사결정은 관리자가 아닌 직원들에 의해 이뤄진다. 직원들은 지속적으로 직장 내에서 윤리적 행동 또는 부정행위에 참여할 기회 또는 조직의 압력을 경험한다. 직원들의 의사결정이 조직에서 광범위한 파급효과를 지니기 때문에 윤리적 리더들은 직원들로 하여금 자신들의 행동에 책임을 지고 윤리적 의사결정을 내리도록 권한위임을 해야만 한다. 조직 각 계층의 직원들은 윤리적 리더십 기술을 개발하고 활용할 기회를 가져야만 한다.

직원 권한위임은 가치 기반 조직 문화의 핵심적 요소이다. 가치 기반 문화는 직원들로 하여금 우려를 표출하고, 윤리적 이슈를 제기하며, 갈등을 해결하기 위한 능동적 접근을 취하도록 한다. 윤리 강령과 정책에 대한 보다 쉬운 접근은 직원들이 윤리적 의사결정을 내리는 것을 도와준다. 윤리 관련 주제에 대한 토론이 일상화된 열린 소통 문화를 조성함으로써 직원들이 문제를 제기하도록 장려할 수 있다.[77] 리더와 구성원 간의 주기적 피드백은 윤리적 이슈들을 조명하고, 기업이 이러한 이슈들이 중대한 문제로 발전하기 전에 이를 확인하고 해결하도록 도움을 준다.

조직은 직원들이 윤리적 리더가 되도록 권한을 부여하는 것이 가져다 주는 이점들에 대해 빠르게 깨닫고 있다. 예를 들어, 여러 다지역(superregional) 은행들 중에서, U.S. Bank는 Fortune 선정 평판의 아홉 가지 핵심 속성 중 여덟 가지 부문에서 1위를 차지했다. 아홉 가지 핵심 속성은 경영관리의 질, 지역사회 책임, 혁신, 제품과 서비스의 질, 인사관리, 기업 자산의 사용, 재무적 건전성, 장기적 투자 가치이다. U.S. Bank는 여러 진보적 행동에 참여하며 직원들로 하여금 올바른 결정을 내리고 성공하도록 권한을 부여하는 강력한 윤리적 원칙을 고수했다.[78] 그러나 여전히 이러한 과정이 시행되는 방법에 관해서는 기업 리더들과 직원들 사이에 의견의 불일치가 존재했다. 예를 들어, 한 연구에 따르면 회사의 기업 문화가 가치에 기반을 두고 있다고 믿는 경영자는 직원들보다 여덟 배 더 많았다. 반면 직원들은 기업 문화가 조직 리더들이 모든 의사결정을 내리는 명령 및 통제에 기반하고 있다고 본다.[79] 따라서 조직 리더들은 자신들이 이끄는 기업의 기업 문화에 대해 잘못된 판단을 내릴 수 있다. 이러한 이유로 조직 리더들이 직원들로부터 꾸준한 피드백을 받는 것이 매우 중요하다.

윤리적 리더십 훈련은 관리자와 직원 모두에게 도움이 된다. 직원들에 대한 훈련으로는 윤리적 의사결정, 팀워크, 갈등해결 기술이 포함된다. 관리자들은 직원들로 하여금 윤리적 의사결정에 참여하도록 하는 참여적 조직 문화를 만드는 방법에 대해 훈련되어 있어야 한다.[80]

직원 권한부여는 직원 중심 윤리적 리더십을 창출하는 데 있어 중요하다. 관리자들은 직원들은 갖지 않는 여러 윤리적 책임을 지닌다. 예를 들어, 관리자들은 최종 결정을 내리고, 윤리와 법령준수를 위해 기업 문화를 감독할 책임을 갖는다. 그러나 직원들도 미심쩍은 행동을 보고하거나, 기업 문화 발전을 위한 제안을 하거나, 신입사원에게 기업의 가치를 본보기로 보여주는 등의 행동을 통해 기업의 윤리적 문화에 기여할 수 있다. 리더가 없는 직원 그룹의 구성원이 그룹 대신에 의사결정을 하게 되는 경우 비윤리적 행동 수준이 낮아진다. 그러나 리더는 자신의 영향력을 사용해 이러한 관계를 약화시킬 수 있다.[81] 기업의 윤리적 문화는 단순히 윤리 강령과 같은 문서에 달린 것이 아니라 공식적 리더들과 직원들이 윤리준수 원칙과 조직 가치를 구현하는 정도에 달려있다.

11-8 윤리적 리더십 소통

윤리적 리더가 직원들과 소통하는 방식은 기업의 윤리적 문화에 큰 영향을 준다. 예를 들어 자기도취적 리더는 통제력이 매우 강하고, 리더십 의사결정에 있어서 어떠한 비판도 용인하지 않는다. 직원들에게 업무를 수행하는 한 이를 어떻게 완수하는지는 상관하지 않는다고 말하는 리더를 생각해보자. 이러한 종류의 소통은 직원들에게 어떠한 수단을 사용해서라도 업무를 수행해야 한다는 신호가 된다. 반면 윤리적 리더들은 기업의 목표에 따른 기대치와 진척 상황에 관해 주기적으로 직원들과 소통한다. 투명성(transparency)과 보고(reporting)는 윤리적 의사소통의 두 가지 주요 차원이다. 윤리적 리더들은 윤리에 대해 자주 토론하는 문화를 발전시킴으로써 투명성을 확보한다. 개방성과 리더 접근성은 윤리적 이슈들을 제시하고 해결하는 데 있어서 중요하다. 보고는 소통자가 상사 및 부하직원과 소통하는 양방향의 과정이다. 상사에게 보고하는 것이 일반적이며, 부하직원에게 보고해야 하는 책임을 느끼는 것은 다소 일반적이지 않다. 그러나 윤리적 리더들은 직원들이 조직의 윤리적 성공에 있어 중요한 부분을 차지한다는 것을 인식하고 있기 때문에 직원들에게 보고할 책임을 갖는다고 생각한다.

보고는 공식적 및 비공식적 과정 모두 될 수 있다. 공식적 보고는 회의나 컨퍼런스에서 이루어진다. 공식적 보고 과정은 또한 익명 보고 시스템을 갖추고 있다. 비공식적 보고는 리더들이 직원들과 상호작용하며 이를 통해 기업의 의사결정, 정책, 윤리적 기대사항에 대한 정보를 제공할 때 이루어진다.[82] 윤리적 이슈들은 이러한 종류의 일상적인 대화를 통해 확인되는 경우가 많은데, 이는 특히 직원들이 직장에서 의심스러운 행동을 더 잘 인식하고 있기 때문이다. 윤리적 리더는 직원들이 우려나 제안사항들에 대해 나서서 편하게 이야기할 수 있는 열린 소통 문화를 만들기 위해 공식적 및 비공식적 보고 시스템 모두에 참여해야 한다.

윤리적 리더십은 효과적인 의사소통 없이는 가능하지 않다. 리더가 소통하는 방식을 통해 직원들은 기업의 역할과 기대사항에 대해 명확히 알 수 있게 된다. 예를 들어, 윤리 관련 주제에 대한 의사소통은 리더가 직원들 간의 목표와 가치에 대한 소통을 위해 윤리적 문화와 직원 참여에 대해 충분히 신경 쓰고 있다는 것을 보여준다. 둘째, 효과적인 의사소통은 직원들의 사기를 높인다. 직원들은 윤리적 의사결정을 위한 그들의 기여나 능력이 기업에게 중요하다는 사실을 인지하게 된다. 다음으로, 효과적 의사소통을 통해 직원은 보복의 위험 없이 이슈들을 제기할 수 있다고 생각하게 된다. 마지막으로 윤리적 의사소통은 기업과 직원 모두에게 상호 호혜적인 리더-구성원 관계를 가능하게 한다. 윤리적 조직 행동을 장려하고자 하는 리더들은 윤리적 소통 기술을 중요 고려사항에 포함해야 한다.

11-8a 윤리적 리더십 소통 기술

윤리적 리더십 기술과 마찬가지로 윤리적 소통 기술은 쉽게 얻을 수 없다. 어떤 사람은 타인에 비해 뛰어난 의사전달자일 수 있지만, 이러한 소통 기술은 연습이 필요하다. 선의를 가진 리더가 좋은 의사전달자가 아닐 수 있으며, 각각의 개인들은 다른 방식으로 소통한다. 그러나 적절한 훈련을 통해 개인들은 다른 이해관계자들과 효과적이며 윤리적으로 소통하는 방식에 대해 배울 수 있다. 조직 커뮤니케이션은 대인관계 커뮤니케이션, 소집단 커뮤니케이션, 비언어적 커뮤니케이션, 경청의 총 네 가지 범주로 나뉜다. 그림 11-3은 커뮤니케이션의 네 가지 범주를 보여준다.

대인관계 커뮤니케이션(Interpersonal communication)은 가장 잘 알려진 의사소통 방식이며 둘 이상의 사람들이 타인과 상호작용할 때 발생한다.[83] 이는 윤리적 리더로 하여금 정보를 받거나 제공할 수 있는 사적 기회를 제공한다. 또한 대인관계 커뮤니케이션은 잠재적인 윤리적 이슈들이 발

그림 11-3 커뮤니케이션의 네 가지 범주

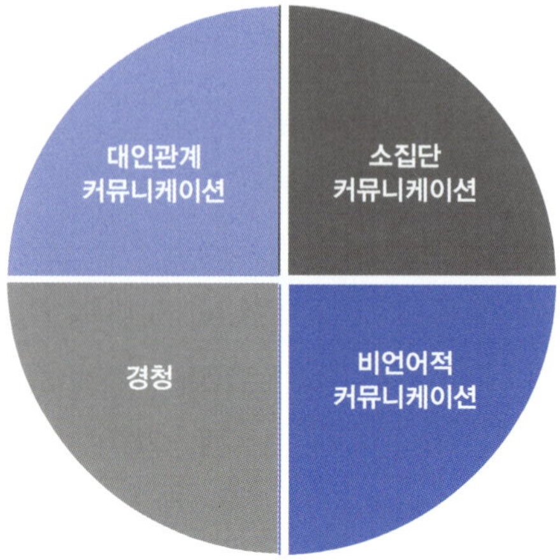

생했을 때 직원들에게 코칭을 해줄 기회를 제공하기도 한다. 효과적으로 의사소통 하는 방식은 숙달하기 어려운 기술이다. 윤리적 의사소통 방식은 리더가 직원들을 징계하는 상황에서도 존중을 바탕으로 타인을 대하도록 한다. 존중하는 대인관계 커뮤니케이션에는 상대방을 회유하거나 부정행위를 묵인하는 것이 결코 포함되지 않는다. 그러나 징계과정에서도 타인의 존엄성을 인정하는 것은 윤리적인 대인관계 커뮤니케이션을 유지하는 중요한 방법이다. 이상적으로, 이러한 상황에서 정중한 대인관계 커뮤니케이션을 하는 것은 긍정적인 행동 변화를 이끌어 낼 수 있다.

상사와 의사 소통하는 것은 일반적으로 쉽지 않은 일이다. 권력의 차이와 자신들의 우려가 묵살당할 수 있다는 두려움은 직원들이 조직 리더들에게 접근하는 것을 망설이게 만든다.[84] 윤리적 리더들은 모든 관련 이해관계자들의 이익의 균형을 유지함으로써 직원들을 안심시키기 위해 노력해야만 한다.[85] 부하직원과 상사 간의 권력 차이가 완전히 없어질 수는 없지만(많은 경우에는 그래서도 안 되지만), 비판적 화법을 존중과 솔직함으로 대체한다면 직원들은 자신들이 지닌 우려를 보다 편하게 이야기하게 될 것이다.[86]

다른 것들과 마찬가지로, 커뮤니케이션은 회색 지대를 포함하고 있다. 직원들과 고객들에게 거짓말하는 것은 보통 잘못된 것으로 여겨진다. 그러나 이해관계자들에게 피해를 주지 않는 착한 거짓말은 용인되곤 한다. 그림

그림 11-4 직장에서 얼마나 자주 거짓말을 합니까?

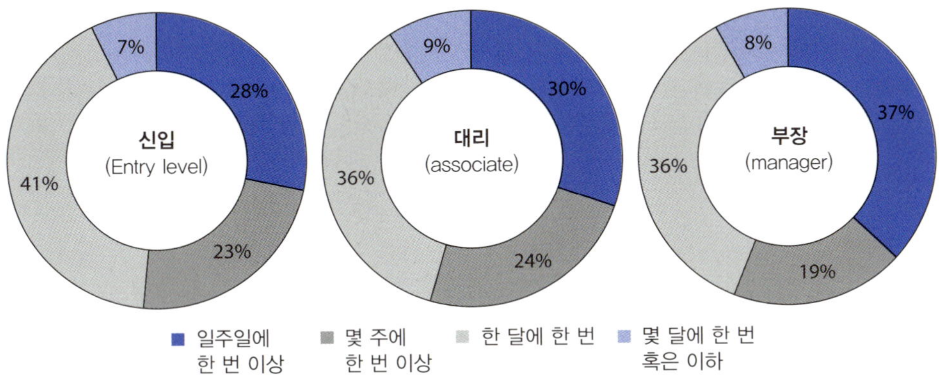

자료: Tessa West, "The Lies We Tell at Work—and the Damage They Do," The Wall Street Journal, March 27, 2020, https://www.wsj.com/articles/the-lies-we-tell-at-workand-the-damage-they-do-11585319160 (accessed March 29, 2021).

11-4에 나타나 있듯이, 설문에 응답한 관리자의 37%가 일주일에 한 번 이상 거짓말을 하는 것으로 드러났다. 종종 의사소통은 보다 심각한 차원에서 이루어지기도 한다. 예를 들어, 친구와 기업의 비공개 재무 상황에 대해 논의하는 것은 내부자 거래일까? 내부자 거래의 40%는 내부 시장 정보에 접근할 수 있는 기업 직원들의 친구나 가족들이다.[87] 최고 경영자들은 그들의 의사소통이 가지는 윤리적 시사점에 대해 고려하고 모든 관련 이해관계자들의 이익을 고려해야 하는 상황에 자주 놓이게 된다.

이슈에 대해 협력하고 평가하는 것은 윤리적인 대인관계 커뮤니케이션에 있어 좋은 접근방법이다. 직원들과 상호작용하며 끈끈한 관계를 유지하는 것은 기업 가치에 대해 소통하고 기업의 윤리적 문화에 긍정적 영향을 주는 데 있어 핵심적이다. 윤리적인 대인관계 커뮤니케이션을 유지하기 위해 노력하는 리더들은 직원에게 권한부여를 하면서 동시에 조직 윤리를 수행하기 위한 책임을 다한다.

소집단 커뮤니케이션이 조직 내에서 점차 증가하고 있다. 따라서 이 유형의 커뮤니케이션은 윤리적 의사 결정에 있어서 그 중요성이 더해지고 있다.[88] 오늘날 조직의 많은 윤리적 의사결정은 팀 단위로 이루어지며, 이는 기업의 윤리적 성공에 영향을 미친다. 소집단에서의 윤리적 의사결정은 여러 개인들이 협력하고, 책임을 분담할 수 있기 때문에 유익하다. 이는 또한 직원들이 더욱 큰 의사결정 책임을 가지도록 권한을 부여하기도 한다.

소집단 커뮤니케이션은 장점과 단점을 모두 갖고 있다. 소집단들은 협력을 높이고 특정 이슈에 대해 다양한 관점과 의견을 만들어낸다. 그러나 반복적이며 일상적 의사결정에 참여함으로써 소집단들은 특정한 윤리적 이슈들을 간과할 수 있다. 집단들의 윤리적 의사결정의 모든 파급효과를 예측하는 것은 어려운 일이다. 집단사고와 집단 극단화는 대표적인 부작용이다. 집단사고(groupthink)는 한 명 이상의 집단 구성원이 개인적으로는 동의하지 않음에도 집단의 결정에 따라야 한다는 압력을 느낄 때 발생한다. 집단 극단화(group polarization)는 집단 구성원이 개별적으로 할 수 있는 것보다 집단이 더욱 극단적인 입장을 취하는 현상을 가리킨다.[89] 이러한 결과로 집단들은 구성원들이 각각 의사결정을 내렸을 때보다 더욱 위험한 의사결정을 하는 것으로 알려져 있다.

그러나 조직 의사결정은 윤리적 결과를 만들어낼 수 있다. 의견의 다양성과 토론을 통해 개인적 과정보다 더 나은 해결방안을 도출할 수 있다. 구성원들이 목소리를 높여 팀 내의 견제와 균형을 만들도록 장려하게 된다면, 구성원들은 책임감을 갖게 된다. 모든 집단 구성원들이 조직에 기여할 수 있도록 권한을 부여하기 위해서는 모든 구성원들이 기업의 윤리적 가치와 원칙에 친숙해야 하며, 윤리적 의사소통 기술과 다른 구성원의 의견을 듣는 훈련이 되어 있어야 하고, 타인의 관점을 이해하도록 노력해야 하며, 공통점을 찾기 위한 의지를 보여주어야 하고, 다른 선택지를 탐색해야 하며, 가장 윤리적 해결방안을 찾기 위해 헌신해야만 한다.[90] 추가적으로 윤리적 리더는 팀 구성원들이 필요할 때 지원을 요청할 수 있도록 익명 체계를 구축해야만 한다. 표 11-6은 소집단에서 집단사고를 없애기 위한 일곱 가지 단계를 보여준다.

지금까지는 구어적 의사소통만을 다루었다. 그러나 윤리적 리더십에 있어 비언어적 커뮤니케이션 또한 굉장히 중요하다. 비언어적 커뮤니케이션은 행동, 몸짓, 표정 또는 서면이나 구두가 아닌 다른 형태의 의사소통을 통해 표현되는 커뮤니케이션이다. 비언어적 커뮤니케이션은 개인의 감정적 상태에 대해 중요한 실마리를 제공한다.[91] 비언어적 커뮤니케이션에는 제스처, 얼굴 표정, 거리, 시간, 옷차림, 준언어(Paralanguage)가 포함된다. 준언어는 성

표 11-6 집단사고를 피하는 방법

1. 집단사고란 무엇이며 이것이 어떻게 발생할 수 있는지 이해하기
2. 비평, 질문, 비판을 장려하는 방식의 솔직하고 열린 토론을 수행하기
3. 비판을 환영하며 이를 최소화하거나 무시하지 않기
4. 주제의 모든 입장에 대해 탐색하기
5. 내부적 및 외부적으로 주제에 적합한 전문가를 초청하기
6. 상황, 선택지, 추천사항, 실행 일정표, 필요한 지원, 예산을 문서화하기
7. 다른 팀으로 하여금 결과를 검토하도록 하기

자료: Adapted from Lisa Quast, "Groupthink: 7 Tips to Prevent Disastrous Decision," Forbes, April 18, 2016, https://www.forbes.com/sites/lisaquast/2016/04/18/groupthink-7-steps-to-prevent-disastrous-decisions/#12f0446a5544 (accessed March 29, 2021).

량, 억양, 어조, 박자 등의 말하는 방식을 의미한다.[92] 준언어는 개인의 감정적 상태를 보여주는 중요한 지표가 된다. 예컨대, 목소리 크기와 억양, 얼굴의 찡그림이나 홍조 등의 비언어적 신호를 통해 다른 사람이 화가 났는지 확인할 수 있다. 이러한 비언어적 지표들은 그 사람의 언어가 다른 상태를 보여주더라도 실제 기분을 알 수 있게 해준다.

종종 사람들의 비언어적 신호는 말로 표현한 것보다 더욱 믿을 만한 것으로 여겨지기도 한다. 이는 말하기와는 달리, 비언어적 커뮤니케이션은 무의식적이기 때문이다. 비언어적 소통을 통제하는 것은 어려운 일이다. 비언어적 커뮤니케이션은 애매하거나 혼란스러운 언어를 명확하게 하는 데에도 도움이 된다. 리더들은 직원들의 비언어적 행동에 세심한 주의를 기울여야 한다. 더해서, 리더들은 조직 내 구성원들에게 언어를 통해 음성적으로, 그리고 비언어적 행동을 통해 존중을 표현해야 한다. 시간을 들여 함께 일하는 사람들과 교류하는 방법을 배우는 사람들은 직원들이 이해하는 방식대로 소통하는 데 있어 큰 진전을 이룰 수 있다.

경청은 언어적 및 비언어적 행동 모두에 주의를 기울이는 것을 의미한다.[93] 경청은 말하기 만큼이나 중요하다. 대화의 한 쪽 상대가 듣지 않는다면, 의사소통은 효과적이지 않게 된다. 윤리적 관점에서 형편없는 경청 기술을 가졌거나 직원들의 우려들을 듣는 데 실패한 리더들은 윤리적 이슈들을 종종 간과하게 된다. 경청은 직원 사기에 있어서도 중요하다. 직원들은 직장 내 큰 불만사항 중 하나로 자신들의 우려를 진지하게 경청하지 않는 태도를 꼽는다.[94] 경청에 실패하는 것은 윤리적 의사결정에 필요한 정보를 얻지 못하도록 하여 결과적으로 리더의 의사결정 능력을 제한하게 된다. 직원의 보고는 리더들이 윤리적 문제를 발견하는 주요한 방법 중 하나이므로, 직원들의 보고를 경청하는 데 실패한다면 중요한 정보를 놓치게 될 수 있다.

반면 뛰어난 경청 기술을 사용하는 윤리적 리더들은 직원과의 신뢰와 신용을 얻게 된다.[95] 직원들로 하여금 의견을 제시하도록 장려하며 그들의 우려가 진지하게 받아들여진다고 확신을 주는 경우 열린 소통 문화에 도움이 된다. 강력한 의사소통 방법을 지닌 기업들은 기업 내의 강점과 약점을 찾아낼 수 있다. 더해서 직원들의 의견을 듣는 데 시간을 쓰는 리더들은 직원들로 하여금 그러한 행동을 반복하게 만들 수 있으며, 나아가 윤리적 원칙과 가치를 보다 잘 수용하도록 만들 수 있다.

11-9 리더-구성원 관계

리더-구성원 일치
리더와 구성원이 동일한 비전, 윤리적 기대, 기업 목표를 공유하는 경우

의사소통은 리더의 고립을 줄이고 리더-구성원 일치를 이끌어내는 데 핵심적인 역할을 한다. **리더-구성원 일치**(leader-follower congruence)는 리더와 구성원이 동일한 비전, 윤리적 기대, 기업 목표를 공유할 때 나타난다. 비록 각 개인은 자신만의 개인적 목표와 성격을 가지고 있지만, 기업에게 있어서는 리더와 구성원들이 가치를 공유하고 조직을 위한 목표를 향해 함께 나아가도록 하는 것이 중요하다. 구성원들이 리더와 연결되어 있지 않다고 느끼면, 이들은 기업의 비전과 목표를 향상시키기 위해 헌신하지 않을 수 있다.

리더-교환 이론(leader-exchange theory)은 리더가 구성원들과의 사회적 관계를 통해 고유한 관계를 맺는다고 주장한다. 따라서 직원들로부터 사회적으로 고립된 리더의 경우 직원들이 스스로 의사결정을 하도록 내버려두기 때문에 직원들과 약한 관계를 갖는다. 반면, 직원들을 세세하게 관리하면 이들은 답답함을 느끼고 리더가 자신을 신뢰하지 않는다고 믿게 된다. 이러한 직원들은 보통 사기, 생산성이 낮으며, 기업을 떠나고자 하는 의지가 높다.[97] 반대로 직원들과 긍정적이고 존중을 바탕으로 한 관계를 갖는 리

더들은 직무만족도와 기업에 대한 헌신을 높일 수 있다.[98]

조직 리더들은 보통 관리직을 맡고 있기 때문에 그들의 직무상 책임은 조직 하단의 직원들과 다르다. 이 때문에 리더는 고립되게 된다. 사회적 고립을 막기 위해서 윤리적 리더들은 직원들과 빈번하게 의사소통하고 상호작용해야 한다. 존중, 듣기, 피드백을 포함한 의사소통을 통해 상호호혜적 관계를 맺을 수 있다. 리더들은 윤리적 가치, 기대, 우려에 대한 소통에 있어서 능동적인 자세를 취해야만 한다. 이는 윤리적 이슈들이나 미심쩍은 행동들이 보통 직원들이 논의하기 어려운 주제이기 때문에 더욱 중요하다.[99] 따라서, 윤리적 리더는 직원들의 우려가 진지하게 받아들여진다는 확신을 주기 위해 소통을 해야만 한다. 예를 들어, 비윤리적 또는 불법적 행동을 보고하는 데 사용하는 핫라인은 소통을 증대시키기 위한 도구 중 하나이다(표 11-7 참고).

11-9a 윤리 프로그램과 소통

직원들에게 윤리적 가치에 대해 소통하는 방법들 중에 가장 관찰하기 쉬운 것은 윤리강령을 통한 것과 윤리적 의사결정을 내리는 방법에 대한 훈련이다. 윤리강령은 각기 다른 상황에서 어떻게 행동해야 하는지 직원들에게 중요한 가이드라인을 제공한다. 비록 어떠한 강령이라도 직원들이 마주하게 되는 모든 잠재적인 윤리적 이슈를 다룰 수는 없지만 효과적인 강령은 직원들로 하여금 기업의 가치에 친숙해지도록 하며, 그들이 자주 마주하게 될 윤리적, 법률적 이슈들에 대해 알게 하고, 기업의 윤리적 문화를 강화하는 데 이바지해야 한다. 효과적인 강령이 되기 위해서 모두가 접근 가능해야 하며, 기업의 모든

논쟁거리

최고재무관리자가 윤리적 위험을 담당하는 핵심 리더여야 할까?

많은 기업에서 최고재무관리자(CFO)는 위험을 평가하는 리더이다. 여러 윤리적 위험들은 재무분야와 관련이 있다. 사베인스-옥슬리법은 최고재무관리자로 하여금 윤리강령을 따를 것을 강제하고 있다. 최고재무관리자의 우선 고려사항은 이윤 및 비용(특히 보건분야)을 유지하고, 결과를 예측하며, 자본을 운용하는 것이다. 따라서 기업은 최고재무관리자를 위험관리를 수행하는 핵심 리더로 여긴다.

그러나 최고재무관리자들은 윤리적 위험을 올바르게 정의하지 못할 수 있다. 예를 들어, 그들은 보통 보험의 적용범위, 법령준수, 운영상의 위험 등에 집중하는 경향을 갖고 있다. 또 다른 관점은 전략적, 윤리적 위험으로 인해 주주가치를 잃게 된다는 컨설팅 기업의 보고에 기초하고 있다. 따라서, 윤리적 리더십은 한 사람이 맡을 것이 아니라 기업 전체의 업무라는 것이다. 상급 관리자 팀 전부가 각자가 맡은 부서를 자가진단 후, 가장 큰 위험을 보고해야만 한다. 이러한 주장에 따르면, 위험관리는 조직문화의 일부가 되며, 윤리는 핵심 의사결정을 통해 형성된다.[96]

1. 재무적 부정행위와 운영상의 위험을 방지하기 위해 최고재무관리자가 핵심 리더가 돼야 한다.
2. 회사 전반적인 윤리적 위험관리는 재무적 및 운영상의 위험을 방지하기 위한 최고의 접근법이다.

표 11-7 핫라인 불신에 따른 문제점과 해결방안

문제점	해결책
• 직원들이 체계를 이해하지 못함	• 투명성 증대
• 직원들의 건의에 대한 개별적 대응 부족	• 자격 및 경험 있는 전문가가 보고된 우려 사항에 대해 즉시 대응하고 올바른 일을 했다고 안심시키기
• 부적절한 대처 및 훈련 부족	• 보고 체계의 초반에 숙련된 조사관을 사용하기
• 핫라인 관리 문제	• 핫라인 관리를 위해 제3자를 사용하기
• 다수의 보고 체계	• 전문적이며, 중앙집권화 되어 있고, 명확하게 기술된 프로그램을 사용하며, 간소화된 보고 체계를 사용하고 소통/인지를 높이며, 혼란을 줄이고, 신뢰를 쌓기
• "신뢰성 있는" 문제제기에 대한 지나친 강조	• 직원이 징계의 대상이 될 수 있는 언어나 정책을 사용하지 않기
• 보복과 부정적 결과라는 장애물	• 보복에 대해 무관용 원칙이라는 점을 전달하고, 보복이 발생했을 때 빠르고 공개적으로 대응하기
• 일관성 없는 결과	• 모든 계층의 구성원에게 일관되며 공정한 결과는 사람, 관계, 계획과 관계없이 적용돼야 한다고 보이기
• 행동 없이 말 뿐인 대처	• 일관성을 보이거나 공표하기

자료: Adapted from Ryan C. Hubbs and Julia B. Kniesche, "Top 10 Factors Leading to Hotline Distrust: Understanding Why No One Calls," Fraud Magazine, July/August 2016, https://www.fraud-magazine.com/article.aspx?id=4294993654 (accessed March 29, 2021).

계층의 사람들로부터 지지받아야 한다. 윤리 훈련은 가치를 소통하는 또 다른 중요한 방법이다. 강령을 통해 직원들에게 기초적인 윤리 가이드라인을 제공할 수 있다면, 훈련을 통해 직원들은 이러한 가이드라인을 실행에 옮길 수 있다. 효과적인 윤리 훈련 프로그램을 통해 직원들은 조직이 마주하는 일반적인 윤리적 위험 상황에 기업의 가치를 적용하는 방법을 배우게 된다.

공식적 및 비공식적 대인적 의사소통 또한 리더와 구성원들 사이에 있어서 중요하다. 리더-구성원 소통을 통해 구성원들은 기업의 윤리적 가치에 가장 친숙한 사람과 연결될 수 있다. 한 설문은 이직을 원하는 이유로 46%의 직원들이 투명한 소통의 부재를 들었다.[100] 직장에서 윤리적 주제에 대한 인식을 높이는 것은 직원들이 그러한 주제에 대해 토론하는 것을 편안하게 해줄 뿐만 아니라 윤리적 행동에 대한 조직 리더들의 헌신을 보여주기도 한다. Tina Fey, Bill Murray, Amy Pohler 같은 구성원들이 참여하는 성공적인 프로그램인 SNL(Saturday Night Live)를 제작한 Second City Television은 기업윤리 훈련에 중점을 둔 Second City Works라는 기업

간(B2B) 사업체를 가지고 있다. RealBiz Shorts는 조직 내 윤리적 이슈들을 다룬 1분에서 2분 가량의 유머러스한 동영상을 제공하며, 사람들을 웃게 함으로써 이러한 주제에 대한 대화의 편안함을 높인다. MasterCard부터 Starbucks에 이르기까지 그들의 영상물을 성공적으로 기업윤리교육에 통합시킨 수백 개의 고객사를 보유하고 있다.

11-9b 권력 차이와 사내 정치

조직 내 관리자와 직원들 사이에는 권력 차이가 있을 확률이 높고, 이에 따라 윤리적 리더들에게 있어 윤리 관련 소통을 할 때 이러한 차이를 줄이려고 노력하는 것은 매우 중요하다. 조직 내에서 권위 있는 직위에 있는 리더들은 직원들로부터 오는 정보를 중요하지 않다고 여기는 경향이 있다.[102] 이러한 관점은 기업에 해가 된다. 직원들이 자신의 의견이 진지하게 받아들여지지 않는다고 생각할 경우, 의견을 더욱 꺼내지 않게 되고, 직장 내에서 목격한 부정행위를 무시할 가능성이 커진다. 권력 차이에 겁을 먹은 직원들은 조직 리더와의 소통을 피하려 할 것이다.

윤리적 리더들은 구성원들과의 빈번한 소통을 통해 권력 차이를 완화할 수 있다. 윤리적 리더들은 직원들 사이로 다니며 이들의 피드백이나 의견을 들어야 한다. 이러한 상호관계의 핵심은 직원들과 호혜적 관계를 맺으며, 동시에 집단 간 권력 차이를 줄이는 것에 있다.

사내 정치는 직장 내 소통에 있어서 또 다른 방해물이 될 수 있다. 조직 정치는 조직 내 타인에게 해를 입히더라도 자신의 목표를 달성하려는 시도로 여겨진다. 소문, 속임수, 비위 맞추기, 타인의 공로 가로채기는 사내 정치의 대표적 사례이다. 사내 정치가 팽배한 환경 속에서 직원들은 리더의 환심을 사기 위해 협력하기 보다는 경쟁하게 된다.[103] 이는 낮은 사기, 높은 이직, 불공평한 대접을 받는다고 생각하는 직원의 부정적 행동을 불러일으킨다.[104] 윤리적 리더들은 이러한 직장 내 환경을 조성하지 않도록 해야 한다.

반면, 극심한 사내 정치가 있는 것과 좋은 정치적 기술을 지닌 것과는 차이가 있다. 윤리적 리더들은 극심한 사내 정치는 피해야 하지만 좋은 정치적 기술은 지녀야 한다. 정치적 기술을 이용해 조직 목표를 향해 나아가며, 다른 직원을 방해하기 보다는 도와주게 된다. 좋은 정치적 기술을 지닌 윤리적 리더들은 난감한 상황에서 해결 방향을 제시하며, 불확실성을 줄이고, 긍정적 변화를 지지하게 된다.[105] 윤리적 리더들은 난관을 마주했을 때 직원들을 안내하며 동시에 공평한 보상과 기업 가치에 대한 소통을 통해 사내 정치를 피하게 된다. 효과적인 윤리적 리더십과 직원의 감정적 반응 및 귀인은 직원의 부정행위를 낮추는 데 직접적인 영향을 미친다.[106]

11-9c 피드백

대부분의 기업들은 조직 리더가 직원들에게 피드백을 제공하는 것의 중요성을 인지하고 있다. 피드백은 간단한 대화 또는 보다 공식적인 체계인 직원 성과 평가 등을 통해 이루어질 수 있다. 윤리적 리더들은 직원들에게 주는 긍정적 및 부정적 피드백 모두의 중요성을 이해하고 있다. 전달하기 종종 힘든 부정적 피드백은 직원의 약점에 대해 알려주고 이를 발전시키기 위한 건설적인 방법을 제공하는 데 있어 중요한 역할을 수행한다. 그러나 긍정적 피드백도 부정적 피드백 만큼이나 중요하다는 사실을 알아야만 한다. 부정적 피드백만 제공하는 리더들은 조직이 약점을 많이 지니고 있다고 생각하게 만들어 직원들의 사기를 저하시킬 수 있다. 이는 또한 직원들로 하여금 그들의 장점을 확인하고 발전시키도록 하지 않는다. 직원들의 긍정적 행동과 윤리적 의사결정을 강화하는 것은 윤리적 문화의 발전과 기업의 전반적 성공에 있어 중요하다. 연구에 따르면 기업들이 윤리적 및 비윤리적 행동에 대해 명확히 정의할수록 직원들은 기업이 공정하다고 인식하게 된다. 그러나 관리자가 통제불가능 하다고 느끼는 항목들을 무시하기 시작하면 직원들은 체계가 공정하지 않다고 여기며, 참여도를 낮출 것이다.[107]

대부분의 기업들이 리더가 구성원에게 주는 피드백의 필요성을 이해하고 있지만 리더가 구성원으로부터 받는 피드백의 필요성은 인식하지 못하고 있다. 리더가 윤리 프로그램을 시행하면 구성원들은 조직의 가치와 원칙을 일상적 의사결정에 적용할 책임을 지닌다. 추가로, 직원들은 리더가 목격하지 못하는 것들을 목격하기 때문에 직원들을 위한 피드백 체계를 구축하는 것은 윤리적 이슈들을 확인하는 데 있어 핵심적이다. 제3자 혹은 외부 보고 채널을 구축하는 것은 조직 하층의 직원들로 하여금 부정행위를 보고할 의도를 높인다.[108] 마지막으로 기업의 윤리 프로그램의 효과성을 측정하기 위해서 피드백과 부정행위 보고를 통합하는 것이 도움이 된다.

직원 피드백은 면담, 익명 설문, 윤리감사, 웹사이트 등의 여러 방법을 통해 받을 수 있다. 직원에게 피드백을 제공하도록 격려하는 것은 이들이 기업 문화 발전에 참여하고 있다는 느낌을 갖게 하는 데 중요하다. 피드백은 기업의 윤리적 문화와 윤리적 의사결정 능력의 효과성을 검증하는 데 있어 가장 핵심적인 수단 중 하나이다.

11-10 리더십 스타일과 윤리적 의사결정

리더십 스타일은 조직 규범과 가치에 대한 수용 및 준수 등을 포함하는 다양한 조직행동의 측면에 영향을 준다. 직원들 간의 강력한 조직가치 형성에 초점을 맞추는 리더십 스타일은 행동에 대한 공유된 표준에 기여한다. 이러한 리더십 스타일은 또한 조직 가치, 규범, 윤리강령의 전달 및 모니터링에도 영향을 준다.[109] 요컨대, 조직의 리더십 스타일은 직원들의 행동방식에 영향을 준다. 조직 리더가 기업의 성공을 추구하는 경우에 특히나 조직 구성원의 신뢰와 헌신을 얻는 것은 리더들의 도전과제가 된다. 신뢰할 수 있다고 여겨지는 리더들은 윤리적 모범으로 인식된다.[100] 기업의 리더십 스타일과 리더십 태도에 대해 학습하는 것은 미래에 어디서 윤리적 이슈가 발생할지 예측하는 데 있어 도움이 된다. 법을 위반하는 행동에 대해서도 직원들은 어떻게 대응할지 리더가 정해주기를 원하기 때문이다.

최고경영자의 윤리적 리더십은 자신이 속한 기업의 비전과 가치에 대한 이해를 필요로 하며, 동시에 조직 목표 달성에 따르는 위험을 감당하고 이에 대한 책임을 질 것을 요구한다. 윤리적 리더십의 허점은 아이러니하게도 강력한 윤리적 특성을 지닌 사람에게서 나타날 수 있는데, 특히 조직의 윤리적 문화가 가정, 가족, 지역사회 등 이해관계자의 관심사에서 벗어난 것이라고 판단했을 때 강하게 나타난다. 이러한 현상은 지역사회에서 윤리적인 기업으로 알려졌으나 비윤리적 경영 활동이 발각된 수많은 사례들에서 확인할 수 있다.

효과적인 리더가 되기 위한 절대적인 특징, 가치, 기술이나 리더십 스타일이 있는 것은 아니다. 대신 리더십을 위한 세 가지 요소로 특성, 스튜어드십, 경험이 있다.[111] 강력한 윤리적 리더는 올바른 종류의 도덕적 윤리의식 또는 특성을 지녀야 한다. 윤리의식은 투명해야 하며, 다른 말로는 "항상 공적인 관계처럼 사적인 곳에서도 행동해야 한다"는 것을 의미한다. 스튜어드십에는 리더가 되기 위한 책임과 의무를 관리하는 것을 포함된다. 리더는 효과적으로 이끌기 위한 책임을 맡아야 한다. 이는 곧 주주뿐만 아니라 가장 적은 임금을 받는 직원들도 고려해야 한다는 것을 의미한다. 광범위한 경험을 가졌다고 하더라도, 어떠한 리더도 항상 이해관계자들에게 올바르거나 윤리적이라고 여겨지지 않는다. 이러한 사실을 인정하는 것은 약점처럼 여겨질 수 있지만 실제로는 윤리의식을 높이고 윤리와 개방성에 대한 토론을 촉진시키게 된다.

감성지능
자기인식, 자기통제 및 관계구축을 특징으로 하는 자신과 타인과의 관계를 효과적으로 관리하는 능력

가장 효과적인 윤리적 리더들은 자신과 타인과의 관계를 효과적으로 관리하는 능력이자 **감성지능**(emotional intelligence)을 갖고 있다. 감성지능이 높은 리더들은 자기인식(self–awareness), 자기통제(self–control), 관계구축에 있어서 뛰어나다. 그들은 외향적이며 "자신들보다 뛰어난 것"을 달성하고자 하는 비전을 갖고 있다.[112] Warren Buffett은 감성지능이 뛰어난 리더의 대표적 사례로서, 공통의 비전 아래 직원들을 하나로 모으고, 그들에게 의사결정과 기여를 하도록 동기부여한다. 감성지능은 기업 문화에 많은 긍정적 영향을 준다. 감성지능이 뛰어난 리더들이 높은 자제력과 자기인식을 보이기 때문에, 그들은 스트레스를 받는 상황에 더욱 잘 대처한다. 추가적으로, 직원들은 감성지능이 뛰어난 리더들이 탁월한 동기부여 능력을 가지고 있으며 직원들로 하여금 자신들이 조직에서 중요한 부분을 차지한다고 느끼게 해주기 때문에 효과적인 리더라고 생각한다.[113] 생산성과 리더십에 있어 감성지능의 중요성이 증대됨에 따라 많은 직원들은 새로운 직원을 선발하는 데 있어 지능지수보다 감성지능을 중요하게 생각한다.[114]

Daniel Goleman이 제시한 감성지능에 기반한 여섯 가지의 리더십 스타일은 다음과 같다.[115]

1. 강압적 리더(coercive leader)는 즉각적인 복종을 요구하며, 목적달성, 자제력, 진취성에 집중한다. 비록 이러한 스타일은 위기 상황 또는 기업 회생의 상황에서는 상당히 효과적이지만, 그렇지 않은 경우에는 조직 성과에 있어 부정적인 조직 분위기를 형성한다.

2. 가장 효과적인 리더십 스타일 중 하나로 여겨지는 권위적 리더(authoritative leader)는 직원들로 하여금 비전을 따르고, 변화를 촉진시키며, 긍정적 행동을 위한 강력한 분위기를 형성하도록 한다.
3. 관계적 리더(affiliative leader)는 사람, 감정, 필요를 중시하고, 유연성, 혁신, 위험 감수를 촉진하기 위해 친밀감과 신뢰를 사용한다.
4. 민주적 리더(democratic leader)는 협력적 의사결정을 하기 위해 참여와 팀워크를 사용한다. 이러한 스타일의 리더는 의사소통에 중점을 두고 결과를 달성하기 위해 긍정적 분위기를 조성한다.
5. 선도형 리더(pacesetting leader)는 자신이 설정한 높은 기준 때문에 부정적 분위기를 만들어낸다. 이러한 스타일의 리더는 크게 목표 달성과 진취성을 중시하며 강하게 동기부여된 개인들로부터 빠른 결과를 얻는 데 적합하다.
6. 코치형 리더(coaching leader)는 장기적 성공, 책임권한 위임, 어려운 과제의 익숙한 처리를 위한 기량을 발전시키기 위해 긍정적 분위기를 형성한다.

Richard Boyatzis와 Annie McKee는 감성지능에 대한 Goleman의 작업을 이어받아 공명적 리더(resonant leader)라는 현상에 대해 설명했다. 공명적 리더들은 그들 자신의 마음 챙김과 자신의 감정, 목표를 달성할 수 있다는 믿음, 조직 내의 다른 사람들에 대한 보살피는 태도를 드러낸다. 이러한 능력들은 조직 내에서 공명을 일으키며 이는 구성원들로 하여금 공통된 목표로 나아가게끔 만든다.[116] 공명적 리더들은 리더-구성원 일치 뿐만 아니라 윤리적 기업 문화를 만들어낸다.

가장 성공적인 리더들은 하나의 스타일만을 사용하지 않고 상황의 특성에 따라 적합한 것을 사용한다. 다양한 리더십 스타일들은 위험에 대한 리더의 평가와 조직 성과를 위한 긍정적 분위기 형성에 따르는 윤리적 문화 발전에 있어 효과적이다. 추가적으로, 여러 감성지능 특성들은 학습될 수 있다. 예를 들어, Starbucks의 경우 신입사원은 "라테의 법칙(Latte Method)"이라고 불리는 훈련을 받아야 한다. L은 듣기(listen)를 의미하며, A는 고객들의 불만사항을 인정(acknowledge)하고, T는 문제 해결을 위해 행동을 취하며(take action), T는 고객에게 감사하며(thanking), E는 왜 문제가 발생했는지 설명하는 것(explaining)을 의미한다. 이를 통해 직원들은 고객들의 서비스 불만 사항을 처리하는 방법과 고객들을 민주적으로 대하는 방법에 대해 알 수 있게 된다.[117]

거래적 리더
바람직한 행동과 성과에 대한 협상 또는 "물물교환"을 통해 직원 만족을 창출하는 리더

변혁적 리더
직원들의 몰입도를 높이고 신뢰 및 동기부여를 위해 노력하는 리더

리더십 스타일을 분류하는 또 다른 방법으로는 리더십을 거래적 리더십과 변혁적 리더십으로 나누는 것이다. **거래적 리더**(transactional leaders)들은 바람직한 행동과 성과에 대한 협상 또는 "물물교환"을 통해 직원 만족을 이끌어내려고 한다. **변혁적 리더**(transformational leaders)들은 직원들의 몰입도를 높이고 신뢰 및 동기부여를 위해 노력한다.[118] 거래적 리더와 변혁적 리더 모두 조직 문화에 긍정적인 영향을 줄 수 있다.

변혁적 리더들은 조직의 사명에 대해 소통하며, 새로운 사고방식을 촉진하고, 새로운 학습경험을 창출함과 동시에 발전시킨다. 이러한 리더들은 직원들의 요구와 열망을 조직의 요구와 함께 고려한다. 그들은 또한 윤리적 이슈에 대한 효과적인 반응을 촉진하는 데 기여하는 가치에 대한 헌신과 존중을 높이기 위해 노력한다. 따라서 변혁적 리더들은 공유된 비전과 공통의 학습경험을 통해 활동 및 행동을 촉진하고자 한다. 그 결과로 그들은 거래적 리더들에 비해 동료의 윤리적 의사결정에 대한 지원 및 윤리문화 구축에 큰 영향을 미치게 된다. 변혁적인 윤리적 리더십은 직원들이 높은 윤리적 헌신을 하며, 윤리적 문화에 대한 이해관계자들의 강력한 지원이 있는 조직에 가장 적합하다. 미국공인회계사회(American Institute of Certified Public Accountants), 기업윤리와 윤리적 행동을 위한 방위산업 이니셔티브(Defense Industry Initiative on Business Ethics and Conduct), 윤리 및 컴플라이언스 이니셔티브(Ethics & Compliance Initiative), 미국모기지은행협회(Mortgage Bankers Association of America) 등의 산업 무역 협회들은 기업들이 변혁적 리더십을 제공하도록 돕고 있다.[119]

반대로, 거래적 리더들은 요구한 행동이나 과정이 시행되고 있는지 확인하는 데 집중한다. 원하는 결과를 얻기 위한 협상들은 반응, 갈등, 위기 등이 윤리적 우려사항보다 관계에 더욱 큰 영향을 미치는 부하직원과의 역동적 관계를 만들어낸다. 거래적 리더들은 협상한 수준의 성과를 달성하는 직원들을 만들어내며, 성과에는 윤리 및 법률적 기준을 준수하는 것도 포함된다. 직원들과 리더들 모두가 이러한 교환관계가 상호호혜적이라고 생각하

는 한에서 이러한 관계는 성공적일 수 있다. 그러나 거래적 리더십은 윤리적 문제나 이슈들에 대해 반응해야 하는 등의 빠르게 변화하는 상황에 가장 적합하다. 예를 들어, Tyco의 최고경영자 Dennis Kozlowski가 물의를 일으켜 물러나고 Eric Pillmore가 부사장으로 승진한 상황에서 Tyco는 변혁적 리더십이 필요했다. 기업 회생을 위해 여러 윤리 및 기업 지배구조 관련 의사결정이 빠르게 이루어질 필요가 있었다. Pillmore는 리더십 정책에 변화를 주며, 이를 위해 이사회와 직접적으로 소통할 수 있도록 하는 새로운 윤리 프로그램을 실시했다.[120] 연구에 따르면 변혁적 리더십의 특징을 지닌 기업들은 기업의 사회적 책임(CSR) 활동에 더욱 많이 참여하는 것으로 알려져 있다. 거래적 리더십과 기업의 사회적 책임 활동 간에는 연결고리가 발견되지 않았다.[121]

마지막으로, 관심을 받고 있는 또 다른 리더십 스타일은 진성 리더십(authentic leadership)이다. **진성 리더**(authentic leaders)들은 기업에 열정을 갖고 있고, 기업 가치를 직장 내 일상 행동에 적용하며, 직원을 포함한 다른 이해관계자들과 장기적 관계를 형성한다. Ben & Jerry's의 창업주인 Ben Cohen과 Jerry Greenfield는 끊임없이 기업의 사회적 사명인 "세계를 더 나은 곳으로 만들기"를 위해 노력한 진성 리더들이었다.[122] 다른 직원들의 우상으로서 Jordan은 높은 품질의 물건을 생산하고 이해관계자 지향을 추구하는 내용의 공통된 비전을 바탕으로 뭉쳤다.

진성 리더
기업에 열정을 갖고 있고, 기업 가치를 직장 내 일상 행동에 적용하며, 직원과 다른 이해관계자들과 장기적 관계를 형성하는 리더

진성 리더들은 다른 리더들을 모방하기보다는 관찰함으로써 학습한다.[123] 진성 리더들은 효과적으로 어려운 상황을 해결하며 조직에 대한 강력한 헌신을 보여줄 수 있기 때문에 원칙 중심적 권력을 행사한다.[124] 원칙 중심적 권력과 감성지능이 뛰어난 리더들이 보이는 자제력 간의 유사성은 주목할 만하다. 마지막으로, 진성 리더들은 핵심가치를 드러내며 이러한 가치들을 기업 경영에 적용한다. 진성 리더십은 굉장히 윤리적인 기업을 만들고자 하는 모든 리더들의 목표가 되어야 한다. 오늘날의 연구들에 따르면 지금까지 본 교재에서 말한 것들은 모두 사실이다. 언행이 불일치하는 직원들에게 특히 진성 리더십이 효과적이다. 이러한 리더들은 직원들의 태도에 관계 없이 자선적 가치를 지니며 직원들의 성과를 조건 없이 높이고자 한다. 윤리적 분위기는 부분적으로 진성 리더십과 직장 내 비시민적 행동 간의 관계를

매개하는데, 구체적으로 진성 리더십은 직원들이 윤리적 행동을 보이며, 직장 내 비시민적 행동을 적게 나타내도록 하는 윤리적 분위기를 높인다.[125]

11-11 RADAR 모델

초반에 윤리적 리더들은 능동적이어야 하며, 문제가 발생할 때까지 기다려서는 안 된다고 언급한 바 있다. 윤리적 리더들은 윤리적 이슈들이 발생하기 전에 인식하거나 발견할 수 있도록 하는 체계를 구축하고 이와 관련해 직원들과 대화를 해야 한다. 부정행위를 다루는 가장 좋은 방법은 완전히 피하는 것이다. 그러나 최고의 조직도 윤리적 위험에 시달린다. 예를 들어, 가장 윤리적이며 존경 받는 최고경영자인 Warren Buffett도 부하 관리자가 조직 내부 기밀정보를 이용한 주식 거래로 고소되는 등의 윤리적 이슈에 맞닥뜨린 적이 있다. Buffett은 해당 관리자의 퇴사를 받아들였다. 윤리적 부정행위가 발생하게 되면 리더는 이해관계자들의 우려사항에 대한 답변이나 부정행위로부터의 회복 등에 대한 계획이 있어야 한다. 본 교재에서는 윤리적 이슈를 인식하고(recognize), 가능하면 부정행위를 회피하며(avoid), 윤리적 위험을 발견하고(discover), 윤리적 이슈가 발생했을 때 이해관계자들의 우려사항에 대응하고(answer), 윤리 프로그램을 이용해 약점을 보완함으로써 부정행위로부터 회복하는(recover) 윤리적 리더의 의무사항들의 앞 글자를 따 RADAR이라는 약어를 만들었다(그림 11-5 참고).

부정행위를 방지하는 첫 번째 단계는 기업의 윤리적 위험을 인식하는 것이다. 윤리적 리더들은 기업이 어떤 이슈들을 마주할 가능성이 가장 높을지, 그리고 부정행위의 기회를 제한하기 위해 어떠한 조치가 있어야 하는지 결정해야 한다. 인식을 높이기 위한 좋은 방법은 직원들에게 윤리 훈련 프로그램을 이용해 일반적인 윤리적 이슈들에 대해 교육하는 것이다. 모든 직원들이 윤리적 이슈가 중대한 문제로 발전하기 이전에 발견하고 확인해야 하는 책임을 느끼는 것이 중요하다. 추가적으로, 인식 과정의 일부로서 윤리적 이슈들을 확인하고 나면 어떻게 대처해야 하는지, 징계조치가 정당한지 여부에 대한 논의가 포함되어야 한다. 예를 들어, Washington Redskins의 총지배인인 Scot McCloughan은 음주 관련 문제로 해고됐다.

그림 11-5 RADAR 모델

R 인식(Recognize)

A 회피(Avoid)

D 발견(Discovery)

A 대응(Answer)

R 회복(Recover)

그가 경기장과 라커룸에서 취한 상태였다는 것이 밝혀진 후 그는 조직에서 퇴출되었다. 그는 이전에 시애틀과 샌프란시스코 팀에서도 음주문제로 사퇴한 전적이 있었다.[126] 윤리적 이슈들을 인식하고 확인하는 것은 리더들로 하여금 특정한 행동을 제한하고 부정행위가 발생했을 때 처리하기 위한 계획을 세우는 데 필요한 내부적 통제장치를 만드는 데 도움을 준다. 앞선 사례의 경우, 배경 조사나 마약 및 음주 검사가 있었다면 채용과정에서의 실수를 막을 수 있었을 것이다.

윤리적 위험을 확인하고 난 뒤, 윤리적 리더들은 부정행위를 피하거나 발견하는 데 필요한 정책이나 과정을 개발해야 한다. 이러한 과정은 위험 관리에 있어 중요한 부분을 차지한다. 기업들은 경제적, 마케팅적, 기술적, 환경적 위험에 대처하기 위한 위험관리 계획을 수립하곤 하지만, 이들은 윤리적 위험을 중대한 우려사항으로 여기지 않는다. 그러나 앞서 살펴봤듯이, 기업의 가장 큰 위험 중 하나는 조직 내부에 존재한다. 이러한 이유로, 윤리적 리더들은 윤리연속성 계획을 수립해야 한다. 윤리연속성 계획에는 위험 확인과 중대한 이슈들에 대처하기 위한 대응계획 개발 등이 포함된다. 최악의 상황을 상상함으로써 리더들은 이러한 상황을 피하기 위한 최고의 방법에 대해 기업 내의 구성원들과 함께 아이디어를 찾는다. 또한 윤리연속성 계획은 기업이 달성하고자 하는 윤리적 목표에 대해 고려한다.[127] 예를 들어, Microsoft의 경우 공급자로 하여금 기업의 윤리적 기대치에 부응하도록 하기 위해서 공급자 행동강령을 개발했다. 이는 공급망에서의 부정행위에 따른 재해를 막기 위한 행동이다.

발견은 부정행위를 유발할 수 있는 윤리적 위험 분야를 능동적으로 찾아내는 것을 포함한다. 많은 관리자들은 이처럼 행동하는 것을 두려워하는데

표 11-8 발견 및 평가 프로세스에 대한 질문

- 조직에 서면으로 작성된 행동강령이 있습니까?
- 조직의 고위 직책에 있는 개인들에게 표준 및 절차에 대한 준수를 감독하는 전반적인 책임이 주어져 있습니까?
- 제조, 마케팅, 유통, 전자 상거래 및 일반적인 기업 전략 의사결정에 윤리가 통합되는 프로세스 혹은 다른 수단은 무엇입니까?
- 이사회에서 법적, 윤리적, 비즈니스 관행 고려 사항을 제시, 검토 또는 고려하는 프로세스가 마련되어 있습니까?
- 조직의 기대를 설명하는 교육 프로그램 또는 간행물을 통해 회사의 기준, 절차, 정책을 모든 직원들에게 알리기 위해 어떠한 조치를 취했습니까?
- 위법행위를 감지하도록 설계된 시스템을 활용, 모니터링 및 감사하고 직원이 보복에 대한 두려움 없이 보고할 수 있는 보고 시스템을 제공함으로써 규정 준수를 달성하기 위한 합리적인 조치를 취했습니까?
- 윤리강령을 준수 및 이행하는 것이 기업 문화가 성과척도와 직접적으로 연결될 수 있는 기준 중 하나입니까?
- 조직이 조직 전체의 위험감소 프로세스를 실행할 능력이 없는 개인에게 실질적인 책임을 위임하지 않도록 충분한 주의를 기울였습니까?
- 윤리규정을 위반한 직원에 대한 징계와 같이 적절한 방법을 통해 기준을 충분히 시행되도록 하고 있습니까?

자료: Based on Lynn Brewer, Robert Chandler, and O. C. Ferrell (2006), Managing Risks for Corporate integrity (Mason, OH: Thomson), 76–84.

이러한 행동을 통해 기업이 좋지 않은 관심을 받게 될 수도 있기 때문이다. 그러나 위험을 무시하는 것은 윤리적 이슈가 발생했을 때 이를 해결하기 더욱 어렵게 만든다. 대신 윤리적 리더들은 기업의 윤리적 약점을 평가하고 이를 제기하기 위한 평가 과정에 참여한다. 윤리 감사는 윤리적 이슈들을 발견하기 위한 좋은 평가 도구이다. 보통 윤리적 이슈 발견은 관리자의 책임이라고 여겨지지만 모든 직원들이 윤리적 이슈가 부정행위에 따른 재앙으로 번지기 전에 발견할 수 있는 능력을 갖추는 것이 매우 중요하다. 표 11-8은 윤리적 리더들이 기업의 윤리 프로그램과 기업 문화를 평가하기 위해 던져야 할 질문들을 담고 있다.

마지막 두 단계는 기업이 윤리적 갈등이나 딜레마 상황에 직면했을 때 발생한다. 이는 기업이 윤리적 딜레마에 직면했는지 여부가 아닌 언제 직면하느냐에 대한 문제이다. 응답하기(answering)에는 내외부적 소통을 통해 윤리적 딜레마를 발견하고 이에 대응하는 것이 포함된다. 윤리적 이슈가 발견되면, 리더는 직원 모두가 이슈의 중요성 및 해결의 필요성에 대해 인지할 수 있도록 직원들과 소통을 해야 한다. 윤리강령, 윤리 훈련, 핫라인 등은 리더가 직원들과 내부적으로 소통하는 여러 방법 중 하나이다.[128] 외부적으로 리더들은 이해관계자들의 우려사항에 대해 대답해야 하며, 이슈를 해결하기 위한 행동이 있을 것이라고 안심시켜야 한다. 침묵을 유지하는 것은 재난 발생 후 기업이 저지르는 가장 큰 홍보(PR) 상의 실수 중 하나이다. Baltimore Ravens의 Ray Rice의 폭행 사건에 대한 미국 프로 미식축구 연맹(National Football League, NFL)의 1차 징계는 소비자들의 분노를 불러일으켰다. 더불어, Arizona Cardinals의 선수인 Josh Shaw는 시즌 도중 경기를 두고 도박을 벌인 이유로 무기한 출전 정지 징계를 받았다.

회복은 기업이 평판을 다시 쌓을 때 발생한다. 윤리적 관점에서 리더들은 이러한 시기를 통해 윤리 프로그램의 약점을 보완하고 부정행위 발견을 위한 발전된 방안을 모색해야 한다. 회복은 네 단계에 걸쳐 이루어진다. 첫째, 수정행동을 한다. 둘째, 부정행위로 피해를 입은 이해관계자에게 보상한다. 셋째, 부정행위에 대한 유감을 표현한다. 넷째, 긍정적 메시지를 통해 기업의 평판을 강화한다.[129] 기업의 내부 통제 장치를 강화하고 윤리적으로 취약한 영역을 해결함으로써 기업은 이전보다 더 강력한 재난에서 벗어날 수 있다.[130] 예를 들어, HCA(Hospital Corporation of America)에서 발생한 사기 행각은 윤리적 기업 평판을 회복하는 데 도움을 준 강력한 윤리 및 컴플라이언스 프로그램의 발전을 촉진했다.

요약

리더십은 타인을 목표를 향해 나아가도록 유도할 수 있는 권위 또는 능력을 가리킨다. 윤리적 의사결정은 리더십의 한 차원이 되어야 한다. 리더들은 다른 사람들을 동기부여하고 조직 규범과 정책을 강제할 권력을 지녔기 때문에 윤리적 리더십은 윤리적 의사결정에 지대한 영향을 미치게 된다.

윤리적 리더십 기술은 수년간의 훈련, 경험, 그리고 리더십 모범사례를 통한 학습으로 발전시킬 수 있다. 윤리적 리더십은 조직의 가치를 모델링하고, 리더 자신의 이익보다 조직을 위한 최선의 것을 배치하고, 경력 전반에 걸쳐 직원을 교육 및 개발하고, 보고 메커니즘을 수립하며, 직원의 가치와 인식을 이해하고, 조직의 규칙과 가치의 한계를 인식하는 것을 포함한다. 윤리적 리더들은 강력한 개인적 특징을 지니며, 옳은 것에 매진할 열정을 갖고, 모든 이해관계자들의 이익을 고려하며, 조직 가치의 이상으로서 활약하고, 의사결정에 있어 적극적으로 참여하며 투명성을 제고하고, 기업의 윤리적 문화에 있어 전체적인 관점을 취한다.

윤리적 리더십에는 많은 이점이 있다. 윤리적 리더십은 직원들로 하여금 일상적 직무 환경에서 윤리적 태도를 바탕으로 행동하도록 한다. 또한 윤리적 리더십은 직원들의 높은 만족도, 직원 헌신을 이끌어 낼 수 있다. 고객들은 윤리적 기업이 생산한 제품에 보다 높은 가격을 지불하기도 한다. 윤리적 리더십은 또한 기업의 장기적 시장 가치에 영향을 미친다. 마지막으로, 강력한 윤리 프로그램을 가지고 있음을 공표한 기업들은 부정행위가 발생한 경우에 보다 적은 벌금을 내기도 한다.

윤리적 리더들은 리더십에 있어서 윤리준수기반 접근법과 윤리의식기반 접근법 중 하나를 선택한다. 윤리준수기반 접근법은 위험에 보다 집중하고 윤리의식기반 접근법은 윤리를 기회로 인식하는 관점을 보인다. 리더들은 비윤리적 리더, 무관심한 리더, 윤리적 리더로 분류된다. 비윤리적 리더는 자아중심적이며 개인적, 조직적 목표를 달성하기 위해서라면 어떠한 것도 수행한다. 이들 중 극히 일부는 사이코패스적 성향을 가진 것으로 분류될 수도 있으며, 이들은 양심이 없고 타인에 대한 공감을 거의 느끼지 못한다. 무관심한 리더는 꼭 비윤리적인 것은 아니지만 기업 내의 윤리에 대해 그다지 신경 쓰지 않는다. 윤리적 리더는 모든 의사결정 과정의 각 단계와 경영의 단계에 윤리를 포함시킨다.

윤리적 리더는 뛰어난 갈등관리 기술을 가지고 있다. 윤리적 비즈니스 갈등은 의사결정에 있어 조직목표와 상충되는 둘 이상의 입장이 있을 때 발생한다. 보통 윤리적 갈등은 직원들이 자신이나 동료의 의사결정에 불편함을 느끼기 때문에 발생한다. 갈등관리 스타일에는 경쟁, 회피, 순응, 타협, 협조의 다섯 가지 유형이 있다. 그러나 윤리적 리더는 상황에 맞게 자신만의 갈등관리 스타일을 사용할 수 있어야 한다. 추가적으로 윤리적 리더들은 타인의 갈등관리 스타일을 인식하고 그에 맞게 갈등관리 스타일을 정립하는 데 능숙하다.

기업들은 윤리적 재앙에 대비해야 한다. 미심쩍거나 불법적 행동을 하는 조직 구성원들은 윤리적 부정행위의 책임이 있으며, 이러한 직원들은 조직 전체의 윤리의식을 위협하게 된다. 윤리적 재앙은 윤리적 이슈 인식과 비윤리적 행동 결심부터 조직의 발견과 그에 대한 대응 행동까지 단계적으로 구성되어 있다. 윤리 프로그램의 효과성과 윤리준수를 평가하는 일의 일부로 위험을 발견하기 위해서는 공식적 체계를 갖추어야만 한다.

본 교재에서는 윤리적 리더십에 대한 논의에 있어서 최고 관리자들에 집중했지만, 윤리적 리더십은 관리자와 감독자에게만 국한된 일이 아니다. 직원 권한부여는 가치 기반 조직 문화의 핵심 구성요소이다. 직원들은 미심쩍은 행동을 보고하거나, 기업 문화 발전을 위한 제안을 하고, 새로운 직원들에게 기업 가치를 본보기로 보여주는 등의 행동을 통해 기업의 윤리적 문화에 기여할 수 있다. 기업의 윤리적 문화는 윤리강령과 같은 문서에 의존하는 것이 아니라 직원들이 조직이 중요시하는 윤리의식과 원칙을 어떻게 구체화했는지에 달려 있다. 리더십은 윤리적 의사결정 과정에 있어서 지대한 영향을 미치게 된다. 이는 리더들은 타인을 동기부여하고 조직의 규칙과 정책, 그리고 자신들의 관점을 강제할 수 있는 권력을 지니고 있기 때문이다. 리더는 구성원들의 존중을 얻는 것 뿐만 아니라, 윤리적 행동의 기준을 제시해야만 한다. 리더는 부하직원들의 행동과 의사결정에 영향을 주기 위해 권력을 행사한다. 리더가 윤리적 행동에 영향을 줄 수 있는 다섯 가지 권력 기초로 (1) 보상적 권력, (2) 강압적 권력, (3) 합법적 권력, (4) 전문적 권력, (5) 준거적 권력이 있다. 리더들은 부하직원을 동기부여 하고자 하며, 동기부여는 목표 달성을 위한 개인의 행동에 집중하는 내적 동인을 의미한다. 이는 조직이 직원에게 제공하는 보상을 통해 만들어 낼 수 있다.

소통은 윤리적 리더십의 중요한 부분이다. 커뮤니케이션의 네 가지 범주로 대인관계 의사소통, 소집단 의사소통, 비언어적 의사소통, 경청이 있다. 소통은 리더 고립을 줄이고 리더-구성원 일치를 만들어 내는 데 있어 핵심적이다. 리더-구성원 일치는 리더와 구성원들이 같은 비전, 윤리적 기대, 기업 목표를 공유할 때 형성된다. 직원들에게 윤리적 가치에 대해 소통할 수 있는 주요 방법에는 윤리강령을 통한 방법과 윤리적 의사결정을 내리는 방법에 대해 훈련하는 것이 있다. 권력 차이와 사내 정치를 최소화하고 직원들로부터 받는 피드백을 장려하는 것 또한 리더-구성원 일치를 만들어 윤리적 조직 문화를 지원하는 데 있어 좋은 방법이다.

특히 복잡한 문제 해결이 요구되는 조직에서 팀의 중요성이 커짐에 따라, 팀을 관리하는 방법을 아는 것이 조직 리더들에게 중요한 임무가 되었다. 윤리적 리더들은 팀의 의사결정 능력을 지원하거나, 팀 구성을 돕고, 필요한 경우에 업무를 할당하는 방법을 통해 팀의 효과성을 높일 수 있다. 팀 구성원들은 집단사고와 같은 함정에 빠지지 않으면서 윤리적 의사결정을 내릴 수 있도록 효과적인 팀 구성 스킬에 대해 훈련받아야 한다.

리더십 스타일은 조직 규범과 가치에 대한 수용 및 준수 등을 포함하는 다양한 조직행동의 측면에 영향을 준다. 가장 효과적인 윤리적 리더들은 자신과 타인과의 관계를 효과적으로 관리하는 능력인 감성지능을 갖고 있다. 공명적 리더들은 자신의 감정에 대한 마음챙김을 드러내고, 목표 달성에 대한 믿음과 조직 내의 구성원들에 대한 보살핌 행동을 보이는 감성지능이 뛰어난 리더들이다. 거래적 리더들은 협상이나 "물물교환"으로 원하는 행동이나 성과와 직원 만족을 교환하고자 하는 태도를 보인다. 변혁적 리더들은 직원들의 헌신을 높이고 동기부여시키며, 신뢰를 쌓고자 한다. 최근 관심을 받고 있는 리더십으로 진성 리더십이 있다. 진성 리더들은 기업에 열정을 갖고 있고, 기업 가치를 직장 내 일상 행동에 적용하며, 직원과 다른 이해관계자들과 장기적 관계를 맺는다.

RADAR 모델의 R은 인식(Recognize), A는 회피(Avoid), D는 발견(Discovery), A는 대응(Answer), R은 회복(Recover)을 의미한다. 윤리적 리더는 이 모델을 사용해 윤리적 위험을 확인하고 윤리적 이슈에 대응하며 필요하다면 윤리적 실수로부터 조직을 회복시킨다. 첫 번째로 윤리적 리더는 윤리적 구성요소를 지닌 이슈를 확인하고 인식할 수 있어야 한다. 이어서 리더들은 윤리적 위험이 윤리적 재앙으로 번지는 것을 피하기 위해 부정행위 기회를 제한하는 체계를 만들거나 통제를 가해야 한다. 발견에는 부정행위로 발전할 수 있는 윤리적 위험을 능동적으로 찾아내는 것이 포함된다. 윤리 감사는 좋은 발견 도구이다. 윤리적 이슈나 부정행위가 발생했을 경우 대응하기에는 발견한 윤리적 딜레마에 대해 내부적 및 외부적으로 소통하는 것이 포함된다. 마지막으로 회복은 윤리 프로그램의 약점을 보완하고 부정행위 발견에 있어 발전된 방법을 개발하는 것이다.

윤리적 비즈니스 과제 해결하기

Marlon Harris는 자동차 부속품 제조업체인 Emper Corp의 자회사에서 일하기 시작한지 얼마 되지 않아 큰 성공을 거뒀다. 그는 4년 전 대학을 졸업한 후 라인 매니저로 일하기 시작했다. 효율성을 유지하는 그의 기술, 리더십, 공장 근로자들과의 재치 있는 입담으로 곧 경영진의 주목을 끌었다. 심지어 공장의 가장 하급 노동자들조차도 Marlon의 배려하는 태도와 직원들과 공감하는 능력을 존경하는 것 같았다. 그는 열심히 일할 것을 기대한다고 분명히 밝히면서 Marlon은 공장의 모든 직원들이 자신들의 기여가 중요하다고 느끼게 만드는 능력이 있었다.

Marlon은 최근 승진을 거듭해 전 이사가 은퇴를 하면서 이 자회사의 인사담당 이사로 승진했다. 회사 역사상 이렇게 빨리 승진을 한 사람은 없었다. Marlon은 승진이 발표된 후, Emper Corp.의 CEO로부터 축하 메시지를 받기까지 했다. Marlon은 몇 년 안에 시카고에 있는 본사에서 높은 직위를 얻을 수 있을 것이라고 확신했다.

새로운 직책을 맡은 지 몇 달 후 Marlon은 회사의 핵심 인물 몇 명과 점심을 먹었다. 그중 한 사람은 부사장인 Stanley Martin이었다. Stan은 그들의 성공에 대해 모두 치하하는 것으로 점심 모임을 시작했다. 그는 나중에 "여러분들도 Emper Corp.가 수익을 늘리고 최대한 많은 직원들에게 높은 보너스를 주고 싶어한다는 것을 알 겁니다. 그러나 우리는 더욱 효율적으로 변할 필요가 있어요. 그러기 위해서 일부 공장, 즉 바로 이 공장의 자동화 수준을 높여야 한다는 결정을 내렸어요."

회계 부서의 Fen Li는 이렇게 대답했다. "하지만 본사에 보낸 비용 및 회계 분석에 따르면 이 공장을 그렇게 변경하는 것은 수익성이 없을 텐데요. 이 공장을 선택한 이유가 있습니까?" "분명히 있어요." Stan이 대답했다. "최고 경영진은 로봇과 모든 첨단 장치들이 제품의 품질을 높이고 제 값을 하는지 한 공장에서 시험해보고 싶어해요. 그들은 장기적으로 주주들이 이 자동화를 통해 이익을 얻게 될 것이라고 생각합니다. 어찌됐건 결정은 내려졌고, 이 일이 잘 되도록 하는 것이 바로 우리의 일이겠죠. 이 결정에 따라 우리는 곧 인력과 커뮤니티를 매각해야 할 겁니다."

Marlon은 이것이 무엇을 의미하는지 알았다. "그건 쉽지 않을 겁니다. 수백 명의 사람들이 직장을 잃게 될 것이고, 우리는 이 지역에서 가장 많은 고용을 담당했었으니까요." 그는 대답했다.

Stan의 대답은 쾌활하지만 단호했다. "공장 직원 중 일부는 추가 교육을 받으면 계속 근무할 수 있고, 이는 장기적으로 보면 그들에게도 이득이 될 겁니다. 우리가 이 결정을 정당화하기 위해 직원이나 지역 사람들에게 회계 및 비용 정보를 공개할 수 있다면 이 결정이 필요한 것이었다고 그들을 납득시킬 수 있습니다. 합리적이고 타당한 추론으로 이러한 조치가 이루어졌다는 것을 알게 된다면 그들이 저항하거나 문제를 일으킬 가능성은 줄어들 것입니다. 우리 모두는 새 장비가 도착할 때까지 생산성과 효율성을 유지해야 합니다. 저는 회계사들이 자동화가 왜 좋은 아이디어인지 보여줄 수 있는 비용 요약본을 작성해서 직원과 마을 신문에 공개했으면 합니다."

Fen은 다시 한 번 목소리를 높였다. "하지만 Stan, 제가 이미 말했잖아요. 순현재가치나 이전에 했던 다른 분석들에 따르면 이 공장은 현재 상태를 유지하는 것이 이익이 될 것이라고요."

Stan은 이에 반박하며, "Fen, 그 분석을 수행할 때 자동화의 이점을 확인하고 숫자를 부여하는 것이 어렵다고 스스로 이야기했었죠. 이 분석을 위해 당신도 몇 가지 가정을 했었습니다. 그 가정 중에 일부를 변경하면 수치가 더 좋아 보이도록 만들 수 있을 겁니다. 새 장비의 수명을 늘리거나 일부 예상 비용 정보를 변경해 보세요. 새로운 숫자가 나오는 대로 저에게 보고해 주세요."

그는 자리에서 일어나 그 테이블에 앉아 있는 다른 사람들을 향해 "기억해 두세요. 이번 일을 잘 해낸다면 연봉의 3배에 달하는 연간 보너스가 지급될 겁니다."라고 말했다. Stan은 회의실을 나갔다.

Marlon은 이 상황이 불편하게 느껴졌다. 그는 공장 자동화가 득보다는 실이 더 많다는 것을 숫자들이 분명히 말해주는 데도 왜 회사의 고위 리더 중 한 명이 이러한 대대적인 변화를 지지하는지 이해가 가지 않았다. 그는 Stan이 본사의 상당히 권위 있는 직책의 주요 후보자로서 상당히 진지하게 거론되고 있다는 소문을 들었던 것을 기억해냈다. 그는 Stan이 본사의 사람들로부터 호감을 얻으려고 하는 것인지 의심스러웠다. 하지만 이는 단지 그의 추측에 불과했다. Marlon이 진심으로 걱정하는 것은 직원들에게 어떤 말을 전해야 할까 하는 것이었다.

[질문]

1. Stan과 Marlon의 리더십 특성을 비교 및 대조해 보시오.
2. Marlon이 Stan의 명령을 이행하는 것 외의 다른 대안이 있는지 논의하시오.
3. 자동화가 생산성을 향상시키는 데 성공적이라 하더라도, 회사에 부정적인 영향을 미칠 수 있는 Stan의 결정이 가져올 또 다른 결과는 무엇인가?

12장

기술: 윤리와 사회적 책임 이슈

학습목표

- 기술의 특성과 기술의 경제적 영향을 확인한다.
- 기술이 어떻게 윤리적 이슈를 야기하는지 이해한다.
- 기술에서 윤리적 이슈를 관리하는 방법들을 확인한다.
- 기술 윤리의 미래에 대해 탐구한다.

개요

윤리적 딜레마*

Kenta는 Emotions Analytics Corporation(EAC)의 고객 데이터를 분석하는 소비자 행동 팀의 마케팅 분석가로 채용되었다. EAC는 소비자 데이터 분석을 전문으로 하는 인공지능(AI) 기업이다. 이 회사는 소비자 의사결정, 제품-소비자 관여, 태도-변화 행동, 감정 및 공감중심 의사결정 분야의 전문가인 마케팅 소비자 행동학자들에 의해 설립되었다. 고객사가 과거 및 실시간 데이터의 수백만 데이터포인트에 대한 액세스를 제공하여 소비자 당 수천 개의 데이터가 생성되기 시작하면서 EAC는 지난 5년간 엄청난 성공을 하였다.

각각의 소비자에 대해 EAC는 소셜미디어 데이터를 포함하여 구매, 온라인 활동, 채팅 내역에 대한 소비자 프로필을 만들었다. EAC에서 만든 가장 유명한 제품은 공감 알고리즘(EA-I)이었다.

EAC의 고객에 대한 목표는 학습(learning), 유지(retaining), 서비스(servicing), 육성(nurturing) 그리고 고객 및 그들의 소비자에게 가치를 더하는 것이다. EA-I는 기쁨, 감사, 평온, 희망, 자부심, 이타심, 만족 및 낙관주의와 같은 소비자의 긍정적인 공감과 의미 있게 상호작용하고 변화시킬 수 있는 능력을 가지고 있었다. EAC는 EA-I를 사용하여 제품, 브랜드 혹은 기업에 대한 소비자의 태도와 의도 및 행동을 변화시킬 수 있다. 예측 행동 변화는 고객 심리 프로필, 데이터포인트 시간의 길이 그리고 데이터 다양성에 따라 달라진다. 예측률 또한 태도, 의도 및 행동에 따라 달라진다.

이러한 성공으로 인해 EAC는 EA-I를 더 개발하길 원했고, 이에 EA-II라 불리는 새로운 버전을 만드는 작업이 Kenta와 다른 6명의 팀에게 배정되었다. 새로운 공감 알고리즘은 혐오, 공포, 화, 슬픔, 분노, 외로움, 우울 및 짜증과 같은 부정적인 감정에 초점을 맞추었다. 이 서비스는 동일한 고객사를 대상으로 판매될 것이었다. 이 그룹의 과제는 의도, 태도 및 행동 예측률을 높이기 위해 과거 데이터를 분석하는 것이었다. 최근 EAC는 세계 최고의 소셜미디어 네트워크 기업인 Snapbook으로부터 이 프로젝트에 사용될 약 1 제타바이트(zettabyte)의 데이터를 구입하였다.

EA-II 팀의 전략회의 중 Kenta는 팀 매니저인 Ann에게 질문했다.

"우리 지금 뭔가 부정적인 일을 하고 있는 것 아닌가요? 우리는 사람들의 감정을 조종하고 있어요. 예를 들어 우울해지기 쉬운 사람들을 더욱 우울해지도록 만드는 것이 아닐까요?" Kenta가 말했다. "경쟁사나 혹은 대중들이 우리가 하는 일을 알게 되면 어떻게 될까요?"

다른 팀원들이 동의하며 웅성거리는 사이 Ann이 대답했다. "우선, 동일한 주장이 우리의 긍정 알고리즘에도 적용될 수 있겠네요. 그런 일은 일어나지 않았고, EAC는 5년간 사업을 해왔어요. 1,000명 이상의 고액의 연봉을 받는 직원들이 있고, 또한 회사는 공개할 계획이 없어요. 그게 우리의 신념이에요. 그리고 누가 뭐라고 하겠어요? 여러분 각자는 좋은 급여를 받고 있고, 이를 위해 특별히 5년간 경쟁금지조항이 있어요. 퇴사한 직원들은 커리어 상에서 성공하지 못했고요."

Kenta는 곧 자신이 눈 밖에 난 것을 알게 되었다. 그 주말에 식당에서 저녁식사를 하던 중 SnapBook에서 나온 두 사람과 마주쳤고, 그들은 Kenta에게 현재 급여의 3배에 달하는 일자리를 제안했다. 만약 그가 다른 EA-II 팀원들도 이직하도록 할 수 있다면, 성공 시마다 Kenta는 큰 보너스를 받게 될 것이었다.

"하지만 5년 경쟁금지조항은 어떻게 하죠?" Kenta가 물었다.

"SnapBook은 AI기업이 아닌 소셜미디어 회사이기 때문에 경쟁금지조항이 적용되지 않습니다. 만약 EAC가 우리를 재판에 세우려 한다면 이것이 우리의 주장이 될 거예요."

Kenta는 이런 종류의 소송에 몇 년이 소요된다는 것을 알고 있었다. 그날 저녁 늦게 Kenta는 그가 SnapBook 담당자와 대화하는 것을 목격한 팀원으로부터 문자 메시지를 받았다. 그 팀원은 Kenta가 무엇을 하고 있는지 알고 싶어했다.

[질문]

1. 도덕적, 윤리적, 법적 이슈가 존재하는 경우 이에 대해 토론하시오.
2. 이 기술을 사용하여 소비자의 의도, 태도 및 구매 패턴을 은밀히 변경하는 것에 대한 찬성과 반대 주장은 무엇인가?
3. 긍정적 공감과 부정적 공감 사용 간에 유의한 차이가 있는가?

기술의 발전은 기업윤리와 사회적 책임에 상당한 영향을 미친다. 기술 발전이 진행됨에 따라 새로운 도전 과제들뿐만 아니라 조직에서 기업윤리와 사회적 책임 관리에 대한 기회가 생긴다. 지난 100년간 이루어진 운송 및 커뮤니케이션의 발전과 산업화는 비즈니스가 수행되는 방식을 변화시켰다. 컴퓨터와 인터넷을 포함한 커뮤니케이션의 발전은 디지털 환경에서의 윤리의 실행과 관련된 이슈를 만들어냈다. 다른 한편에서 기업과 대중은 정보에 접근할 수 있고 그들의 이익을 보호하기 위한 일들을 수행할 수 있다. 전체적으로 기술은 삶의 질을 향상시키고 사회의 모든 기관들을 더욱 생산적으로 만드는 인프라를 제공할 수 있는 잠재력을 가지고 있다. 오랜 시간 동안 기술이 소득 격차를 벌리고 일자리를 감소시킬 것이라는 우려가 있어 왔으나, 새로운 기술이 다양한 일자리를 제거함에 따라 일반적으로 새로운 일자리 기회들이 생겨난다. 이 장의 목표는 조직이 기술 사용으로 인해 직면하게 되는 현재 개발 및 윤리적 이슈들을 살펴보는 것이다. 기술의 구현과 사용의 복잡성은 법적 환경과 허용되는 산업 관행 표준 및 기술이 국민 복지에 미치는 영향에 대한 대중의 우려에 대한 이해를 필요로 한다. 이번 장은 이러한 주요 분야에 존재하는 몇 가지 이슈들을 이해하고 관리하는 것을 돕는다.

이 장에서는 우선 기업윤리의 맥락에서 기술을 정의하고, 인터넷 사용과 관련된 기술의 진보와 인공지능(AI)과 이를 가능하게 하는 요소인 빅데이터, 블록체인, 드론, 로봇공학과 같이 유망한 신흥 기술에 대해 알아본다. 다음으로 개인정보보호, 지적재산권, 사이버범죄, 디지털격차 및 생명공학 기술과 같은 특정 이슈들을 살펴본다. 마지막으로 개인 및 정부규제의 맥락에서 기술 운영에 대한 조직적 이슈를 살펴본다. 기술 발전은 계속해서 가속화되고 있기 때문에 우리가 미래에 어떠한 유형의 변화를 기대할 수 있는지 늘 면밀하게 검토할 필요가 있다.

12-1 기술 정의

기술은 제품을 추적하고 문 앞까지 배송을 해주는 공급망을 가질 기회뿐만 아니라 전기자동차, 스마트폰 및 질병 퇴치를 위한 약물과 같은 과학적 진

기술
현실 세계의 문제를 효과적으로 해결하기 위한 과학적 지식의 적용

기술 와해
혁신이 기존의 시스템과 관습을 대체하는 경우

사물인터넷
인터넷을 통해 정보를 주고받을 수 있는 기능을 제공하는 연결된 장치 시스템

보를 떠올리게 한다. 삶의 모든 측면은 기술의 어느 부분과 맞닿아 있다. **기술**(technology)이란 현실 세계의 문제를 효과적으로 해결하기 위해 과학적 지식을 적용하는 것이다. 주로 사람이 사용하는 도구 및 기계, 그리고 개인 및 조직이 더욱 생산적이 되기 위한 물리적 노력이 포함된다. 기술은 기업, 정부기관 및 비영리 기관의 개발과 연구를 통해 만들어진다.

기술은 경제성장을 주도하고 지속적인 사업확장으로 선진국을 더욱 생산적으로 변화시킨 엔진이었다. **기술 와해**(technology disruption)는 혁신이 기존의 시스템과 관습을 대체하는 경우를 말한다. 와해적 기술에는 스마트 빌딩, 개인 의류, 디지털 지갑 및 사물인터넷(IoT) 기기가 포함된다. **사물인터넷**(Internet of Things, IoT)은 인터넷을 통해 정보를 주고받을 수 있는 기능을 제공하는 연결된 장치 시스템이다. "사물(Things)"이란 스마트폰, 가상 비서, 웨어러블(wearable) 기술 등과 같은 인터넷에 연결된 기기를 의미한다. 서비스 중에서도 특히 의료서비스에 적용되는 AI는 인간과의 인터페이스를 변화시키고 있다. 이러한 혁신과 관련된 것으로 임베디드 인텔리전스(embedded intelligence), 운송(자율 주행차), 데이터 코쿠닝(cocooning), 디지털 조직이 있다. 기술은 새로운 혁신을 자극하기 위한 도달과 자체 지속 성장을 모두 포함한다. 도달(reach)은 사회를 통해 퍼져나가는 기술의 광범위한 특성과 관련이 있다. 즉, 기술은 사회의 많은 부분에 영향을 미치며, 그 범위는 주요한 변화를 만들어낸다. 예를 들어, 선진국과 개발도상국 양쪽 모두의 지역사회는 휴대폰과 스마트폰에 의해 변화되어 왔다. 더 빠른 발전에 박차를 가하는 촉매제로써 작용한다는 점에서 기술은 자립성(self-sustaining)이 있다. 종종 와해 기술은 사회 전반에 걸쳐 상호작용이 진행됨에 따라 정부 규제 시스템 및 윤리 컴플라이언스를 따라잡기 위해 더 빠르게 움직인다.

12-1a 기술 윤리

의사소통 패턴은 특히 새로운 기술에 영향을 받는다. 슈퍼컴퓨터를 사용해 빅데이터 변화를 처리하는 능력은 경우에 따라 사생활 침해라는 결과를 야기한다. 대량의 구조적, 비구조적 데이터 세트인 빅데이터는 사람들의 행동, 습관 및 태도에 대한 정보를 알아내는 분석에도 사용될 수 있다. AI와 예

측 분석이 가능해지면, 기업은 선호도, 모범 사례 및 목표 달성 방법을 이해하기 위해 기술을 사용한다. **예측 분석**(predictive analytics)은 값 또는 알고리즘을 사용하여 데이터 기반의 의사결정 옵션을 제공한다. 인간의 행동을 예측하는 데 사용되는 모든 기술은 윤리적인 문제를 일으킬 수 있다. 만일 인간의 판단과 윤리적 가치가 공식에서 제외된다면 의도하지 않은 결과가 발생할 수 있다.

예측 분석
값 또는 알고리즘을 사용하여 데이터 기반의 의사결정 옵션을 제공

기술은 본질적으로 좋고 나쁜 것이 아니다. 단지 인간이 목적을 달성하기 위해 어떻게 설계하고 사용하는지에 달려있다. 사람의 통제 없이 인간 의사결정자를 넘어서서 기술이 사용될 때 위험은 커진다. 기술은 사회의 삶의 질을 개선시킬 수도 있고 혹은 사생활 침해와 같은 부정적인 결과를 가져올 수도 있다. 진보된 통신 기술의 위험에는 해커들이 컴퓨터 시스템을 공격하여 개인 데이터를 훔치거나 또는 필요한 통신을 수행하기 위한 데이터 시스템의 기능을 차단하여 조직 운영을 중단시키는 것이 포함된다. 조직은 운영에 있어 정보 시스템에 크게 의존하고 있으며, 이 시스템들은 비윤리적 결과를 가져올 수 있는 악용이나 공격에 취약하다. 기술이 사회에서 사회 및 경제 제도에서 핵심적인 역할을 수행함에 따라 다양한 이해관계자들이 중요한 역할을 수행하게 되었다. 정부는 공공정책을 통해 기술의 긍정적인 영향을 지원하고 이와 관련된 윤리적 위험을 규제할 수 있는 인프라를 제공할 필요가 있다. 사전예방적이라는 것은 주요 이해관계자, 특히 기술을 사용하는 조직이 윤리적 원칙을 개발하고, 기술이 사회에 도움을 주는 힘이 될 수 있을지 평가하는 것을 의미한다. 대응적 요구사항은 예상하지 못한 부정적 결과에 대해 가능한 빠르게 대응하는 것이다.

기술 이슈에 접근하는 동안 기술 사용으로 인해 발생하는 윤리적 이슈를 관리하는 데에 고려해야 할 몇 가지 차이점이 있다. 첫째, 기존의 윤리적 문화와 윤리 이니셔티브가 기술의 윤리적 수행을 보장할 수 있는 프레임워크를 제공해야 한다. 그러나 기술 윤리는 그간 고려되지 않았던 사건들의 새로운 위험 영역을 포함할 수 있으므로 이해관계자에 대한 결과에 초점을 맞출 필요가 있다. 다시 말해, 조직 운영에서 관리자가 사용하는 기계 및 전자 기술의 개발 및 실행과 관련된 윤리적 이슈와 질문을 해결해야 한다. 그림 12-1은 기술에 대한 신뢰가 여론주도층과 일반 대중 사이에 차이가 있음을

그림 12-1 시간에 따른 기술에 대한 신뢰

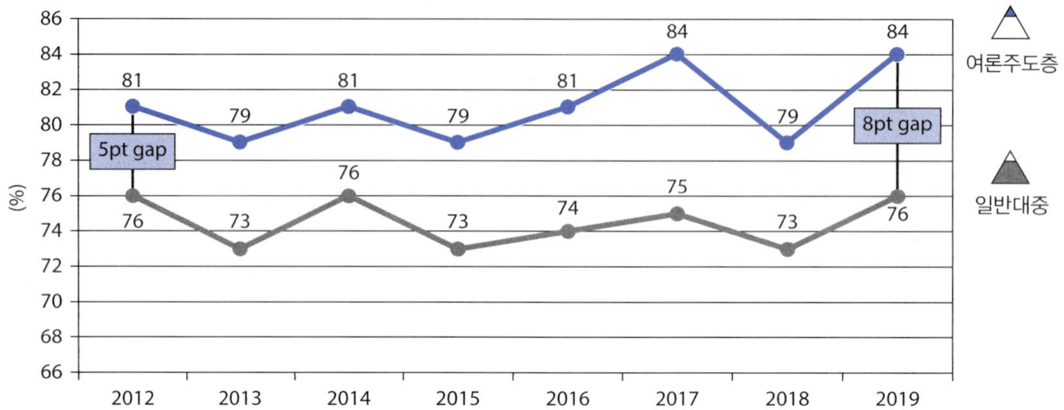

자료: Edelman, "2019 Edelman Trust Barometer: Trust in Technology," 2019, https://www.edelman.com/sites/g/files/aatuss191/files/2019-06/2019TrustBarometer_TrustInTechnology.pdf (accessed May 7, 2020).
참고: 여론주도층 대 일반대중 간 기술신뢰 비율

보여준다. 따라서 기업은 투명성과 강력한 윤리적 문화를 통해 반드시 이러한 격차를 좁혀야 한다.

AI 지원(AI-enabled)기술은 복잡한 업무는 물론 관계에 대한 데이터 등 인간의 능력을 뛰어넘는 문제를 해결할 수 있지만, 인간의 상식을 갖고 있지는 않다. 의도하지 않은 윤리적 영향을 다루기 위해 알고리즘과 통계적 규칙을 사용하는 능력은 제한적이다. 현 시점에서 기계는 인간 지능의 속성을 완벽하게 습득할 수 없다. 따라서 인간 통제와 기술의 사용에는 원칙과 가치가 고려되어야 한다. 원칙은 확정된 규칙은 아니지만 의사결정에 기초가 되는 명제를 제공하며, 모호한 상황이나 딜레마를 해결하는 데 사용될 수 있다. 또한 가치는 옳고 그름에 대한 신념을 표현하는 데 중요하다. 이러한 속성을 기계에 프로그래밍하는 것은 어려운 일이다.

12-1b 주시해야 할 기술들

대부분의 조직 운영 분야에서의 인공지능(AI)의 빠른 발전은 수많은 윤리적 이슈를 만들어냈다. AI 애플리케이션은 대부분의 서비스 연락처 분야와 사업 운영을 쉽게 해주는 다양한 기술에 내재되어 있다. 이러한 기술들은 사회에 혜택을 주는 기회를 만들어내지만 그로 인한 윤리적 문제 또한 해결해

그림 12-2 AI와 지원요소들

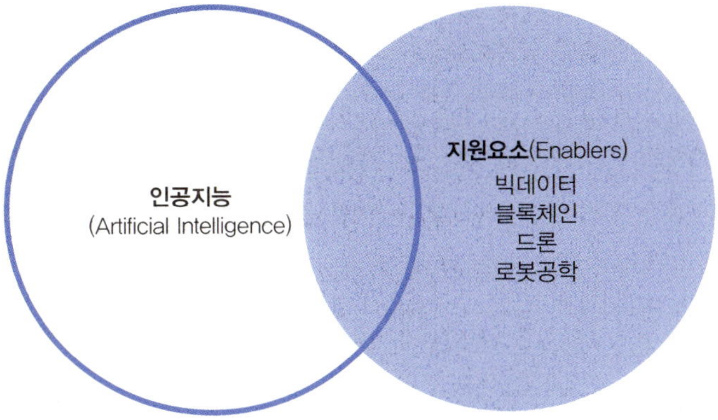

야 한다. 사실상, PwC는 AI가 소비와 생산의 증가로 인해 세계 경제에 최대 15.7조 달러까지 기여할 것이라고 예측했다.[1]

AI는 인간의 행동을 흉내내도록 프로그래밍된 다른 기술들을 가능하도록 하는 기본 플랫폼이나 토대를 제공한다.[2] 다시 말해, AI는 필요한 기능과 활동을 수행하는 다른 기술들에 의존한다. AI가 Google, Facebook, Amazon, IBM 및 Microsoft와 같은 기술 기업의 운영에 사용되는 동안 인지 기능 시뮬레이션의 주요 위험 영역은 이제 막 해결되었다. 인간처럼 생각하고 의사결정을 하는 AI 시스템은 윤리적인 의사결정을 내릴 필요가 있다.

이 변혁적 기술은 보안시스템, 가상 비서 및 자율주행 자동차와 같은 기기에 연결성을 확장하는 IoT와 3D프린팅 뒤에 있는 원동력이다. 빠른 속도로 전송되는 빅데이터는 AI 및 다른 지원요소들(enablers)을 돕는다. 그림 12-2에 나와 있는 것처럼, AI 지원요소에는 블록체인, 드론, 로봇공학 등이 있다. 블록체인 정보 시스템은 지원요소 역할을 하는 불변의 분산 데이터 시스템을 제공한다. 움직임이나 행동을 수행할 수 있는 로봇과 같은 기계는 인간을 대신하거나 인간의 능력을 넘어서는 활동을 수행하기 위한 것이다. 드론은 AI 기반으로 감시나 배달을 할 수 있는 무인항공기이다. 이어서 AI와 그 지원요소들에 대해 보다 자세히 살펴본다.

인공지능 기계가 학습하고 알고리즘과 데이터를 사용하여 인간의 지

인공지능
기계가 학습하고 알고리즘과 데이터를 사용하여 인간의 지능을 필요로 하는 업무를 수행하도록 하는 기술

알고리즘
문제 해결을 위한 방법을 제공하는 규칙들의 집합

능을 필요로 하는 업무를 수행하도록 하는 기술을 **인공지능**(artificial intelligence, AI)이라 한다. **알고리즘**(algorithm)은 문제 해결을 위한 방법을 제공하는 규칙들의 집합이다. AI는 우리 사회에 많은 혜택을 제공하지만, 이 기술이 어떻게 사용되어야 하는지에 대한 무시할 수 없는 윤리적 우려가 존재한다. AI 의사결정과 관련된 위험 영역은 조직의 윤리적 기대에 부합하는지 모니터링 되어야 한다. 기계는 인간의 가치와 원칙을 내재화할 수 없으므로 AI는 윤리적 기준과 함께 프로그래밍되어야 한다. 기업은 사회에 해를 끼치지 않기 위한 노력의 일환으로 공공 안전과 보안을 고려해야 한다.[3]

AI 사용의 장점 중 하나는 반복적인 작업을 제거하여 직원들이 더 복잡하고 높은 가치를 지닌 업무에 집중할 수 있도록 해준다는 것이다. 이는 고객서비스 부서에서 명확하게 관찰된다. Delta항공은 백만 건이 넘는 고객 문의를 받으면서 수하물 규정이나 다가오는 여행과 관련된 단순한 질문에 응답하는 데 AI 채팅 툴을 사용하였다.[4] 대량의 고객 전화 문의 및 문의 메시지를 받는 기업들에서는 현 고객 서비스 팀을 보완하기 위해 AI를 활용할 수 있다. AI는 고객 관계를 효과적으로 강화하는 데 사용될 수 있다. 또 다른 예로 1-800-Flowers는 24시간 개인화된 고객 지원을 제공하기 위해 지능형 가상 비서를 사용한다. AI 솔루션은 업무를 자동화하고 응답 시간을 줄여주며 고객과의 상호작용을 개인화하고, 고객의 니즈를 예측해주기 때문에 매력적이다. 고객들이 빠른 응답 시간과 더욱 개인화된 고품질의 지원을 요구함에 따라 AI는 다양한 고객 서비스 솔루션을 제공한다.

의학 역시 AI가 빠르게 성장하고 있는 분야 중 하나이다. 의학 AI는 현재 의사들이 수행하는 업무의 최대 80%까지 대체가 가능할 것으로 예측된다.[5] IBM은 MIT 및 Harvard와 협력하여 IBM의 AI 서비스 제품군인 Watson을 사용한 예측 모델을 개발해 임상의가 심혈관 질환 위험이 있는 환자를 식별할 수 있도록 지원하고 있다. 이 AI 기반 모델은 환자의 의료기록 데이터 및 다른 생체표지자(biomarker)와 결합한 게놈 정보를 기반으로 한다.[6] 또한 AI는 의료 전문가들이 도달할 수 있는 범위를 더 넓혀주는 역할을 한다. AI 기반 원격 의료는 의료시설에 접근할 수 없는 외딴 지역에 거주하는 개인에게까지 의료 서비스를 확장하고, 비응급 의료 수요에 대한 부담을 줄

일 수 있는 잠재력을 가지고 있다. 영국에서는 국민보건서비스(NHS)가 AI 챗봇 앱을 사용하여 의학적인 조언을 제공하고 있다. 이와 같은 애플리케이션은 정확하고, 비용 측면에서 효율적이며, 멀리까지 도달하는 의료 솔루션을 제공하지만, 소비자들은 의료 AI에 저항적인 태도를 보인다. 연구에 의하면 소비자들은 특히 환자가 자신이 필요로 하는 의료조치가 독특하다고 생각할 때 자동정보제공자보다 사람이 제공하는 것을 더 선호한다.[7] 의료제공자는 환자가 기술을 수용하고 결과를 확신할 수 있도록 의료 AI를 진료에 통합하는 최선의 방법을 결정하는 것이 중요할 것이다.

AI가 비즈니스에 활용되면 광범위한 일자리 손실로 이어질 것이라는 우려도 있다. 그중에서도 특히 식품 서비스, 제조, 유통 및 운송 분야의 직업들이 크게 영향을 받을 수 있다. Brookings 연구소에 따르면, AI가 미국 일자리의 25%를 사라지게 할 가능성이 있지만, 그것이 정확히 언제인지는 불확실하다고 한다. 세계경제포럼에서는 오히려 AI가 현재 존재하지 않는 새로운 역할을 포함해 더 많은 일자리를 창출할 것이라고 예측한다. 어느 쪽이건 간에 교육 기관 및 기업은 AI와 함께 일하는 데 필요한 소프트스킬을 개인에게 제공하여 고용 역동성을 유지하기 위해 협력할 필요가 있다.[8]

AI는 구직자와 고용주를 매칭시키는 채용소프트웨어에도 사용되는데 여기에도 몇 가지 이슈가 존재한다. AI 기반 인적 지원 플랫폼인 Modern Hire는 시험, 면접 및 이력서의 데이터를 모으고 수집하여 지원자의 직장에서의 행동을 예측하였다.[9] 이는 채용 프로세스를 개선하기 위한 것이지만, AI 역시 인간과 같이 편향될 가능성이 있기 때문에 새로운 문제를 야기할 수 있다. AI 시스템이 기존 사람들의 편견(biases)을 채택하고, 다양성이 제한된 영역에서 의도하지 않은 차별을 가할 수 있다. 이러한 유형의 도구들은 보통 현재 조직과 잘 맞는 직원들의 데이터를 사용하여 훈련하기 때문에 이 과정에서 AI 시스템이 차별 특성을 학습하게 될 수 있다. 그러나 AI 채용 도구 지지자들은 AI가 채용 과정에서 편견을 온전히 제거하고 프로세스를 더 공정하게 만드는 데 활용될 수 있다고 설명한다.[10]

AI는 학습한 대로 의사결정을 내리도록 프로그래밍되어 있기 때문에 간혹 의도하지 않은 편향을 만들어내기도 한다. AI 알고리즘이 편향되는 원인 중 하나는 기술 기업에서의 인종 다양성이 부족하기 때문이다. 미국 고용평등기회위원회(U.S. Equal Employment Opportunity Commission, EEOC)에 따르면 아프리카계 미국인은 미국 산업기술 노동자의 7.4%, 전체 민간 부문에서는 14.4%만을 차지한다.[11] 히스패닉계 역시 유사하게 낮은 비율을 차지하고 있다. 미국 국립표준기술연구소에 따르면, 얼굴인식 기술의 경우 백인 얼굴 보다 아시아 및 아프리카계 미국인의 얼굴을 잘못 인식하는 경우가 10~100배 더 잦다. 또한 여성이나 노인에게서 더 낮은 정확도를 보였고, 미국 원주민에게서는 높은 오차율을 보였다. 이러한 이유로 정부는 이러한 기술을 사용하는 것을 매사추세츠주 브루클린과 캘리포니아주 샌프란시스코와 같은 여러 도시에서 금지시켰다.[12]

빅데이터
매우 빠른 속도로 전송되어야 하는 구조화 및 비구조화된 대량의 데이터

빅데이터 **빅데이터**(big data)란 매우 빠른 속도로 전송되어야 하는 구조화 및 비구조화된 대량의 데이터를 말한다. 빅데이터의 예로는 소비자의 쇼핑 습관, 소셜미디어 활동, 웹브라우징 내역 등이 있다. 45억 명 이상의 인터넷 사용자와 이들 중 84%가 매달 소셜미디어를 사용하면서 기업에서 사용할 수 있는 데이터의 양도 빠르게 증가하고 있다.[13] 이러한 빅데이터의 특성 탓에 기업에서는 데이터를 효율적으로 분석하고 해석하기 위해 고급 소프트웨어를 사용해야 한다. AI는 이것을 더욱 쉽게 만들어주지만 데이터에서 얻은 인사이트를 행동으로 바꾸기 위해서는 여전히 인간 지성이 필요하다. 레스토랑에서는 로열티 프로그램, 앱 내 활동, 주문 내역 등을 통해 고객 데이터를 수집한다. Starbuck는 고객을 더 잘 파악하기 위한 노력의 일환으로 처음 1,500만 리워드 회원을 대상으로 했던 앱을 월간 6천만 명에 달하는 고객들에게 개방했다.[14]

빅데이터에서 얻은 인사이트는 비즈니스 전략에 정보를 제공할 수 있다. 예를 들어, Instagram은 탐색 및 검색기능을 강력하게 만드는 데 빅데이터를 이용하고 있으며, Johnson & Johnson은 신약의 성공가능성을 결정하는 데 빅데이터를 사용한다.[15] 기업들은 빅데이터를 빠르고 효과적으로 처리하기 위해 AI로 전환했다. 한 예로 JPMorgan Chase & Co.는 온라인 광고와 직접 응답 이메일에 있는 마케팅 메시지를 개선하기 위해 소프트웨어 기업인 Persado Inc.의 툴을 사용한다. 이 소프트웨어는 사람이 쓴 카피를 AI와 머신러닝을 이용하여 다시 작성함으로써 다양한 단어와 문구에 고객들이 어떻게 반응하는지에 따라 텍스트를 최적화한다.

규모에 관계 없이 기업들이 엄청난 양의 데이터에 대해 전례 없는 접근을 하게 되면서 소비자 개인정보보호에 대한 우려가 발생한다. 이것은 기업에서 데이터를 공유하고 사용하는 방법에 대해 윤리적 이슈를 제기한다. 글로벌 리서치 기업인 Gartner에 따르면 기업윤리위반의 절반이 빅데이터 분석의 부적절한 사용과 관련되어 있다고 한다. 때때로 이러한 윤리 위반은 의도한 것이 아니다.[16] 유럽의 두 개 대학에서 실시한 연구에 따르면 15개의 인구통계학적 속성(예: 연령, 성별, 결혼 여부 등)을 사용하여 익명화된 데이터의 99.98%를 정확하게 재식별하는 것이 가능함을 보여주었다. 이는 익명의 빅데이터 집합을 공유할 때 위험에 처할 수 있음을 시사한다. 예를 들어, Google이 소유한 AI기업인 DeepMind는 영국의 국민보건서비스(NHS)와 연구 협약을 맺고 관련된 "익명화된" 안구 스캔(eye scan)에 접근할 수 있게 되었다.[17] 수많은 데이터를 온전히 비식별 상태로 보관하는 것은 매우 어려울 수 있으므로 기업은 익명화된 데이터 파일들을 어떻게 처리할 것인지에 대한 규정을 수립해야 한다.

블록체인 비즈니스를 변화시키는 또 다른 기술은 블록체인이다. **블록체인**(blockchain)은 시간이 흘러도 변하지 않는 데이터 '블록(혹은 거래장부)'의 기록을 저장하는 분산화된 기록보관 기술이다. 중앙통제 없이 데이터가 시스템에 잠겨있기 때문에 산업현장에서는 투명성과 보안을 증가시키기 위해 이 기술을 찾고 있다. 중앙화되어 있지 않아 사이버공격의 위험이 낮기 때문이다. 식품 안전성과 공급망을 개선시키는 데에도 효과적이다. Walmart에서는 블록체인을 사용하여 농장에서부터 매장 선반에 오기까지 상품 이력을 추적한다.[18] 이와 같은 응용 프로그램은 제품 리콜 시 소비자의 안전에 크게 도움이 된다.

블록체인
시간이 흘러도 변하지 않는 데이터 '블록(혹은 거래장부)'의 기록을 저장하는 분산화된 기록보관 기술

블록체인의 또 다른 이점은 다양한 산업에서 개인정보보호 및 디지털 사기에 대한 해결책으로써, 소비자와 기업 모두를 사기로부터 보호하는 추적기록을 만들어낸다는 것이다. 이러한 이유로 데이터 보안이 가장 중요하고 사기 행위가 치명적인 의료 분야에서 다양한 블록체인 응용 프로그램이 존재한다. 기록을 파괴하거나 조작하는 것이 의료 사기의 한 가지 예이다. 블록체인을 사용하는 경우 데이터가 한번 기록되고 나면 해커가 데이터를 변경할 수 없게 되므로 데이터의 조작이 어려워진다. Mayo Clinic은 제약회

사와 의료연구원 및 환자들을 연결해주는 Medicare 플랫폼을 론칭하며 향상된 데이터 보안으로 건강 기록을 관리하기 위해 블록체인을 사용하였다.[19] 블록체인은 개인정보보호를 중시한다. 정보가 저장되는 방식은 개인 사용자의 개인정보를 보호하면서 효과적인 기록 보관이 가능하도록 한다. 개인적으로 식별되는 데이터를 저장하는 대신 블록체인에서는 모든 참여자들이 디지털 서명을 사용한다.

전반적으로 블록체인은 소비재와 서비스를 개선시키기 위해 기술을 활용하는 기업에 많은 기회를 제공한다. 신뢰와 투명성이 사회에서 주요 우선순위가 됨에 따라 비즈니스 과정과 거래에 블록체인을 적용하는 것은 모든 이해관계자들에게 이익이 될 수 있다. 그러나 블록체인 거래장부는 부패한 개인이 허위정보를 추가하는 것을 막을 수 없다. 다양한 관계자들이 거래장부 사본에 대한 접근이 가능하기 때문에 해당 사실이 정확한지 확인하는 과정이 반드시 필요하다. 모든 이해관계자들을 확실히 보호하기 위한 블록체인 컴플라이언스 및 통제와 같은 것이 필요할 수 있다. 의사결정 과정에 인간이 개입되는 경우에는 항상 윤리적 위험이 존재한다. 특히 의료, 법률 및 회계 등의 데이터 시스템에 블록체인이 활용되기 때문에 더욱 그렇다. 미국의 몇몇 주(state)에서는 블록체인 기술을 관리하기 위한 규정들을 마련하기 위해 움직이고 있다. 블록체인을 사용하는 조직은 문제를 해결하기 위해 윤리적 원칙 및 강령을 고려해야 한다.[20]

또한 일부 연구에서는 분산화된 블록체인 기술이 집단 혹은 개인이 중요한 의사결정을 내릴 수 있는 역량을 가지고 있는 중앙으로 옮겨가고 있다고 설명한다. 대표적으로 Facebook의 암호화폐인 Libra는 Facebook에서 선정한 회원들이 있는 Libra 협회에서 운영되고 통제한다. 이 협회는 다음의 조건 중 2가지를 충족하는 대기업들로 구성된다. 이들은 (1) 시장 가치가 미화 10억 달러 이상이거나 고객 잔고가 미화 5억 달러 이상인 경우, (2) 다국적으로 연간 2천만 명 이상의 사람에게 도달하는 경우, 그리고 (3) 제3의 분야별 협회 혹은 언론사로부터 상위 100대 산업 리더로서 인정받는 기업인 경우이다. 비영리기관 역시 상위 100대 비영리기관이거나 최소 5천만 달러 이상의 예산을 보유하고 있는 경우 회원이 될 수 있다.[21] 검증하는 것도 중요하지만, 좋은 평판을 가지고 있다는 것이 해당 기업이 항상 기업윤리에 헌신한다는 것을 보장하지는 않는다.

드론 AI로 프로그래밍된 무인 항공기로 알려진 **드론**(drones)은 항공이미지 수집 및 제품 배송, 기온이나 습도 등의 환경 데이터 수집 등에 사용된다. 드론 사용은 보험, 배송 서비스, 야외 엔터테인먼트 행사 및 유통과 같은 분야에서 성공적일 것이다. 일본 건설 회사 Komatsu는 정확한 3D 이미지를 생성하기 위해 회사의 소프트웨어와 함께 드론의 항공이미지를 사용한다. 동일한 작업을 사람이 수행하는 데 며칠이 걸리는 반면에 이 소프트웨어는 단 30분만에 이미지를 처리할 수 있다.[22]

드론
무인항공기

드론은 기업에서 직원들의 건강 및 안전 위험을 줄이기 위해 사용될 수 있다. 영국 왕립해군은 드론을 사용하여 선박의 결함을 찾고, 해상에서 이러한 문제를 진단하고 수리할 수 있다. 또한 드론은 여러 비즈니스의 지리적 범위를 확장해 준다. COVID-19 팬데믹 기간 동안 드론 배송 시범 프로그램의 주문이 급증했다. Alphabet이 운영하는 Wing은 FedEx와 Walgreen과 함께 가정용품을 배달하고, 버지니아 Christianburg에 있는 지역 빵집에서 음식을 고르는 일을 했다. 중국의 대형 이커머스 기업인 JD.com은 고립된 섬이나 시골마을로 배송을 했다. 이 배송 프로그램이 실현 가능해지도록 하기 위해서는 규정이 변경될 필요가 있다. 현재 미국 연방항공청(Federal Aviation Administration)으로부터 가시선 이상으로 드론을 비행시킬 수 있는 허가를 받은 기업은 극소수에 불과하다. Wing은 연방항공청으로부터 다수의 파일럿들이 동시에 대중에 배송을 하는 여러 대의 드론을 조종할 수 있도록 허가를 받은 최초의 드론 서비스이다.[23]

드론을 운영하는 조직은 감시목적으로 드론을 사용 중일 때 고객의 사생활을 보호할 방법을 고려해야 한다. 드론에 달린 카메라는 사람들의 동의 없이 사진을 찍고 영상을 저장한다. 기업의 목적이 개인의 사진이나 영상을 포착하는 것이 아니라 하더라도 의도하지 않은 부작용이 발생할 수 있다. 전형적인 예는 Google이 처음 Google Maps에 Street View 기능을 도입했을 때, 개인정보보호 옹호자들은 이미지에 사람들의 얼굴이 보여지는 것을 우려하였다. 1년 후, Google은 얼굴이 흐릿하게 보이도록 처리하였다. 이후 Google은 이용자들이 자신의 집이나 차가 가려지도록 요청할 수 있는 기능을 추가하였다. 이와 같은 개인정보보호 조치는 드론을 사용한 감시에도 고려되어야 한다. 기업이 의도적으로 감시를 하지 않더라도, 소비자들의 신뢰를 얻기 위해 힘겨운 싸움을 해야 할 수 있다. 일례로 시애틀에 있는 한 여성은 드론이 자신의 아파트 안을 들여다보고 있다고 생각하여 경찰에 신고했으나 당시 드론은 건축 측량을 진행하고 있던 것으로 밝혀졌다.[24]

로봇공학 로봇은 인간과 유사한 작업을 수행하고 사용자정의 작업(custom tasks)을 해내도록 프로그래밍될 수 있다.[25] AI지원 로봇은 머신러닝을 통해 배우고, 추론하고, 언어를 사용하며, 독창적인 아이디어를 만들어낼 수 있다. 유통업체들은 개인 쇼핑 경험을 제공하기 위해 로봇을 개발해왔다. Lowe의 고객 서비스 로봇인 OSHbot은 다수의 언어를 사용하며 소비자들이 매장에 있는 물건들을 찾는 것을 돕는다. 이러한 기능을 가진 로봇을 사용하면 인간을 위한 일자리는 줄어들겠지만 동시에 AI 기술 적용을 할 수 있는 숙련 노동자에 대한 수요는 증가할 것이다. 예를 들어, Walmart의 경우 직원들이 만들어낸 지도를 사용하여 바닥을 청소하는 자율 로봇을 활용한다. 이러한 유형의 자동화는 근로자들이 위험한 화학물질에 노출되지 않도록 보호해준다. 직원들은 기계를 설정하고 기본적인 유지보수 작업을 수행한다.[26]

로봇과 관련한 한 가지 우려는 안전에 관한 것이다. AI 시스템은 운전자가 없는 차량이 탑승자와 보행자 중 누구의 생명을 우선해야 하는 지와 같은 중요한 의사결정을 내려야 한다. 자율주행차의 목적은 사고로 이어지는 인간의 오류를 줄이기 위한 것이지만, 자율주행 기술은 완벽하지 않다. Uber, Tesla, Google 모두 자율주행차량 사고를 경험했다. 감시는 또 다른 커다란 윤리적 문제이다. 기계윤리로도 알려져 있는 **로봇윤리**(roboethics 또는 machine ethics)는 로봇의 인공지능에 프로그래밍해야 하는 행동강령의 설계 및 구현에 관한 사항이다.[27] 운영자들은 행동 시스템을 이해할 수 있어야 하며 행위를 평가하고 감시해야 한다. 또한 AI 및 기타 지원요소(enablers)와 마찬가지로 시스템이 개인정보를 침해할 수 있는 민감한 데이터(예: 위치 데이터)를 수집할 수 있기 때문에 로봇공학(robotics)과 관련하여 개인정보보호의 우려도 있다.[28] 로봇은 드론과 유사하게 사진이나 영상을 찍기 위한 의도 여부와 관계 없이 카메라와 같은 감시 도구를 장착할 수 있다. COVID-19 팬데믹 동안, 싱가포르 당국은 공원에 있는 사람들이 서

로봇윤리
로봇의 인공지능에 프로그래밍해야 하는 행동강령의 설계 및 구현에 관한 사항

로 안전 거리를 유지할 것을 상기시키기 위해 Spot이라 불리는 로봇 강아지를 사용했다. 이 로봇은 카메라를 장착하였으나 관계자는 그 카메라는 오직 공원에 몇 명의 사람들이 있는지를 가늠하기 위해서만 사용되었다고 말했다.[29] 기업들은 소비자, 직원, 크게는 사회를 포함한 모든 이해관계자들이 AI 구동 로봇의 실행으로 인해 어떤 영향을 받게 되는지 확인할 필요가 있다.

12-2 기술에서의 윤리적 이슈들

개인과 조직이 그들의 일상이나 운영에 기술을 접목함에 따라 이해관계자들에 의해 윤리적 이슈 및 딜레마가 다루어지고 있다. 윤리적 기술 이슈는 옳고 그름 혹은 윤리적이거나 비윤리적이라고 평가되는 기회 및 문제와 관련이 있다. 건설적인 단계는 윤리 이슈들을 분류하여 개인과 조직이 해결하거나 관리할 수 있도록 위험을 할당하는 것이다. 이러한 이슈들은 보통 수용 가능한 행동에 대해 다양한 이해관계자들 간의 갈등과 관련이 있다. 윤리적 딜레마는 어떠한 대안도 완전히 수용될 수 없는 문제에 대한 결정이 필요한 경우에 존재한다. 개인정보보호와 정보에 대한 접근 사이에 상충관계가 있을 수 있다. 개인 유전자 검사가 이러한 딜레마를 보여준다. 23andMe, Veritas Genetics, AncestryDNA와 같은 기업들은 개인에게 피해를 줄 수 있는 결과뿐만 아니라 개인정보보호 이슈를 만들어낸다. 이러한 기업들은 의료 연구를 위해 집계된 데이터를 판매함으로써 추가적인 윤리적 위험을 발생시키고, 법의 집행 기관은 테스트 회사가 데이터를 공유하도록 강제할 수 있다. 의료 기록이나 학생 추적 소프트웨어도 윤리적인 이슈를 만든다. 선호도 점수를 위해 온라인 개인 정보에 대한 학생 추적을 사용하는 대학은 가장 낮은 소득 계층의 학생들을 부당하게 차별할 수 있다.

개인정보보호는 기술과 관련된 주요 이슈이다. 이 이슈에는 근로자 모니터링, 소비자 개인정보, 온라인에서의 개인 추적과 같은 것들이 포함된다. 생체데이터는 얼굴 사진이나 지문데이터를 통해 신원 확인을 허용하거나 확인이 가능해지는 특성으로 인해 사람들을 추적할 수 있게 한다. 지적재산권 이슈는 저작권, 특허, 트레이드마크를 통해 법적으로 보호되는 발명이나 창조적인 업무와 관련된다. 무형의 아이디어는 제품과 결합하여 값진 자산이 될 수 있다. 사이버범죄에는 보안침해, 신분 도용, 사이버 스토킹도 포함된다. 컴퓨터 바이러스를 퍼트리는 것은 컴퓨터 시스템을 망치며, 악성소프트웨어는 스파이활동이나 지적재산권 절도에 사용된다. 디지털격차는 인터넷에 접속하기 위해 컴퓨터나 다른 기기를 사용할 수 있는 사람과 그렇지 못한 사람들을 갈라 놓기에 이슈가 된다. 이것은 삶의 질과 경제적인 기회에 영향을 준다. 임금이나 의료적 이용, 온라인 교육, 일자리 기회와 관련이 있다. 생명공학기술은 사회에 혜택을 제공하고, 경제적 이익을 위해 생물학적 과정을 개발하는 것과 관련된다. 이는 의학 연구나 농업, 영양 개선에 유용한 새로운 도구를 생성하는 데 사용될 수 있다. 돌연변이 생물이나 다른 자연 환경과 사회체제가 무너지는 결과를 만들어내는 등의 전통적인 생물학적 과정이 붕괴될 때 이슈가 발생한다. 이와 같은 기술 윤리 이슈에 대해 더 자세히 알아보기로 한다.

12-2a 개인정보보호

빅데이터의 광범위한 사용가능성 때문에 개인정보가 기술과 관련된 주요 관심사가 되었다. 핵심 이슈는 데이터 보호, 감시, 근로자 개인정보와 관련이 있다. 많은 조직들이 웹사이트 분석, 신용카드 데이터, 주문 내역, 그 밖의 다른 기술들을 통해 고객의 데이터를 수집하고 있다. 기업에서 쉽게 데이터를 수집 및 공유, 판매할 수 있다는 것이 우려를 불러일으켰다. 소비자를 보호하기 위한 제한된 규제로, 윤리적으로 행동하는 것은 기업에 달려 있다.

쿠키
해당 웹사이트로 다시 전송되는, 컴퓨터에 저장된 웹사이트에 관한 데이터

데이터 보호 인터넷에서의 활동은 컴퓨터에 저장되는 웹사이트에 관한 데이터인 **쿠키**(cookies)를 통해 추적된 이후 해당 웹사이트로 다시 전송된다. 쿠키는 웹사이트 검색 활동을 추적하므로 웹 이용자와 웹사이트 운영자 모두에게 이로울 수 있다. 예를 들어, 누군가 온라인쇼핑을 하며 여러 품목들을 장바구니에 추가한 경우, 대부분은 웹사이트를 떠났다가 나중에 다시 접속할 수 있는데, 이때 해당 항목들이 여전히 장바구니에 담겨있게 된다. 쿠키를 사용하면 많은 이점이 있는 반면에 개인정보보호 이슈 때문에 기술 산업에서는 상당한 논란이 되고 있다. 온라인 쇼핑의 예에서 만약 해당 이용

자가 쇼핑카트를 포기한다면, 그 이용자에게 다른 웹사이트의 동일한 의류 배너 광고가 뒤따를 수 있다. 이러한 유형의 쿠키는 이같은 수준의 추적이 침략적이라고 믿는 소비자 개인정보보호 단체로부터 비난을 받았다. 개인정보보호에 대한 사용자들의 더 높은 요구에 대응하여 Google은 Firefox와 Safari의 발자취를 따라 자사의 Chrome 웹 브라우저에 대한 제3자 쿠키를 단계적으로 제거하는 계획을 발표했다. 이것은 마케팅과 제3자 데이터에 의존하는 광고 전략에 커다란 영향을 미친다.[30]

미국에서는 포괄적인 소비자 데이터 보호 법률이 부족하기 때문에, 미국 산업은 국제법의 영향을 받는다. 예를 들어, '**잊혀질 권리**(Right to Be Forgotten)'법은 EU 내 인터넷 사용자들이 Google 검색결과에서 원하지 않는 링크를 제거하는 것을 허용한다.[31] 2016년에 EU는 **일반개인정보보호법**(General Data Protection Regulation, GDPR)을 통과시켰다. 이로 인해 기업들은 소비자의 데이터를 얻기 위해서 허가를 받아야 한다. 또한 기업들은 소비자가 데이터 사용내역에 대해 문의를 하는 경우 72시간 내에 답변을 해야 하며, 이는 기업의 본사가 다른 곳에 있다고 하더라도 사업이 EU 내에서 이루어지는 모든 기업들에게 적용된다.[32] GDPR을 위반한 기업은 2천만 유로(약 2,150만 달러)나 연간 매출의 4% 중 더 높은 금액을 내야 한다.[33]

잊혀질 권리((Right to Be Forgotten))
EU 내 인터넷 사용자들이 Google 검색결과에서 원하지 않는 링크를 제거하는 것을 허용하는 법

일반개인정보보호법(GDPR)
EU의 데이터 보호 및 데이터 개인정보보호 관련 법률

데이터 보호가 사회에 이점을 가져다 주지만, 상당한 비용이 들어간다. PwC 설문에 따르면, 200개의 설문대상 기업 중 68%가 1달러에서 1천만 달러를 GDPR 준수를 위해 사용했다. Microsoft의 경우, 1,600명 이상의 엔지니어들이 GDPR 준수에 대한 업무에 할당되었다. 준수 비용에 더해서, 많은 의도치 않은 결과들도 있었다. 준수를 감당할 능력이 부족하거나, 준수할 의도가 없기 때문에, GDPR 시행 이후 1년 이상이 지난 뒤 1,000개 이상의 뉴스 사이트가 EU 내에서 사용할 수 없게 되었고, 많은 중소기업들이 EU 시장에서 철수하였다.[34]

미국은 자체 데이터보호법안의 제정을 미루었으나, 캘리포니아는 캘리포니아 소비자 개인정보보호법(California Consumer Privacy Act, CCPA)을 밀어붙였다. GDPR의 가이드라인을 면밀하게 따르는 이 법안은 캘리포니아 거주자들과 사업을 하는 모든 조직을 대상으로 한다. 규정을 따르지 않을 시의 처벌 내용은 사례 당 최대 7,500달러의 벌금 부과이다. 법률을 강화

하기 위해 유권자들은 캘리포니아 개인정보보호 권리법(CPRA)을 통과시켜 데이터 보유 제한, 데이터 보안 보호, 전반적인 데이터 수집 최소화 등의 새로운 비즈니스 요구 사항을 만들어냈다.[35] 다른 주에서도 따를 것인지는 시간이 흐르면 알 수 있을 것이다.

점점 더 인터넷 연결 기기에 의존하게 되면서 새로운 데이터 보호 이슈도 제기되고 있다. 웨어러블 기기나 다른 스마트 기기에 포함되는 센서는 일반적으로 개인정보에 민감하다. 그러나 모든 센서들이 개인정보를 보호하고 있다고 할 수 없다. 이러한 스마트 워치나 피트니스 추적기와 같은 기기를 추적하여 얻은 일부 데이터들로 이용자의 위치나 행위를 식별할 수 있다. 예를 들어, 손목에 차는 센서에서 얻은 데이터는 흡연과 같은 특정 행동을 알아차리는 데 사용될 수 있다. 데이터가 익명화되더라도 추정된 위치정보가 이용자의 신원을 드러낼 가능성이 있다는 것은 심각한 문제이다. 이것은 매우 훌륭하게 설계된 센서조차도 간접적으로 이용자의 개인정보를 침해할 수 있음을 의미한다. Apple, Fitbit, Garmin과 같은 상위 웨어러블 기업들은 센서 데이터를 보호하고 이용자들에게 이에 대해 알려줄 최선의 방안을 고려해야 한다.[36] 그림 12-3에 나타난 바와 같이, 미국인들의 대다수는 기업의 데이터 수집에 통제가 부족하다고 느낀다. 어떻게, 왜 데이터가 수집되는지를 기업들이 적절하게 공개해야 한다고 강조하고 있다.

또 다른 주요 우려 사항은 어린이와 같은 위험 인구에 대한 데이터 보호이다. 1998년, 미의회는 다음 세대에 대한 인터넷 출현의 영향을 인식하였다. 이것은 **어린이 온라인 개인정보보호 법률**(Children's Online Privacy Protection Act, COPPA)의 제정으로 이어졌고, 미국 연방거래위원회(FTC)에서 어린이의 온라인 개인정보보호를 규율하는 규정을 만들고 시행하도록 지시했다. COPPA는 13세 이하의 어린이의 이름, 주소, 사회보장번호, 이메일 주소와 같은 개인적 정보를 직접적으로 수집하는 웹사이트 운영자와 온라인서비스 제공자들에게 적용된다. FTC는 스마트폰 애플리케이션의 출현에 따라 COPPA 관련 규칙의 적용범위가 확장되도록 2013년에 수정하였다. 2019년, 영상공유 소셜 네트워크인 TikTok은 COPPA를 위반한 혐의로 FTC에 고발당함에 따라 570만 달러의 합의금을 지불하였다. FTC에 따르면, TikTok은 회원 가입 시 부모로부터 허가를 받지 않고 어린이들의

어린이 온라인 개인정보보호 법률
미국 연방거래위원회(FTC)에서 어린이의 온라인 개인정보보호를 규율하는 규정을 만들고 시행하도록 하는 미국 법률

그림 12-3 미국인들은 개인정보에 대한 통제력이 부족하다고 느낀다

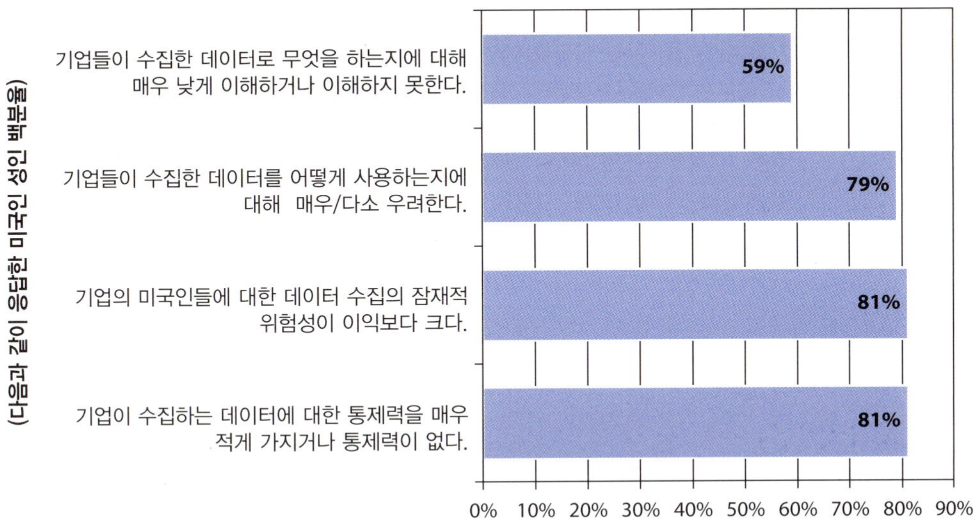

자료: Pew Research Center, "Americans and Privacy: Concerned, Confused and Feeling Lack of Control over Their Personal Information," November 15, 2019, https://www.pewresearch.org/internet/2019/11/15/americans-and-privacy-concerned-confused-and-feeling-lack-ofcontrol-over-their-personal-information/ (accessed March 29, 2021).

개인적 정보를 불법적으로 수집하였다.[37] 그 해 말, FTC는 Youtube의 미성년자 대상 광고 위반으로 Google과 2억 달러의 벌금 부과에 합의했다.[38] 게다가, 일부 상원의원과 주요 법률관련 인물들은 FTC에 법률 위반 가능성에 대해 Amazon, Facebook과 같은 거대 기술 기업들을 조사할 것을 지시했다. 더 많은 COPPA 위반 사례가 임박했다고 가정하는 것도 무리가 아니다.

기업에서는 소비자나 고객사의 데이터를 사용할 때 윤리적으로 행동해야 한다. Amazon의 경우, Amazon에서 판매하는 제품뿐만 아니라 제3의 개인 판매자가 판매한 제품에 이르기까지 무한한 판매 데이터에 접근할 수 있다. Amazon에서는 이러한 데이터를 자신들만의 데이터를 개발하고 판매하는데 사용하지 않는다고 주장한다. 그럼에도 불구하고, Wall Street Journal과의 인터뷰에서 20명 이상의 직원들이 그렇지 않다고 밝혔다. 이러한 유형의 정보는 Amzaon이 가격을 결정하고, 바람직한 제품의 특징을 식별하고, 다양한 제품 영역의 수익 잠재력을 계산하도록 돕는다. Amazon은 이러한 작업이 자신들의 정책에 반하며, 내부적인 조사로부터 서비스를

론칭했다고 주장한다.[39] 이 사례는 기업이 직원들의 데이터에 대한 접근을 제한하고 감시하며, 직원들이 정책과 행동강령에 대해 확실히 인지하도록 지속적인 훈련을 제공해야 함을 강조한다.

데이터 보호 정책을 실행하는 데 있어 단기적인 문제점에도 불구하고, 기업은 데이터가 사용되는 방식에 대해 고객들을 교육하는 것 외에도 소비자 데이터를 수집, 저장, 사용 방법에 대해 고민하는 것이 중요하다. 데이터 보호 및 개인정보보호는 시간이 지남에 따라 더욱 중요한 이슈가 될 것이다.

감시 카메라 및 비콘(beacons)과 같은 감시도구는 우리 주변에 흔히 존재한다. 얼굴인식과 같은 생체인식 감시 기술은 이미 널리 사용되고 있다. Orlando 국제공항과 Tampa 국제공항은 공항 게이트에서 여행자의 신원을 확인하기 위해 얼굴인식 기술을 사용한다. 탑승객 처리가 빨라지고, 위조 여권 소지자를 잡아내며, 서류 미비자도 찾아낸다. 그러나 이 기술이 충분히 정확하지 않아서 탑승객들을 잘못 인식할 수 있다는 우려도 많다.[40] 법률 집행 그룹에 바디카메라를 공급하는 기업인 Axion Enterprise는 기기에 있는 소프트웨어가 충분히 정확하지 않고 중대한 신뢰 이슈로 이어질 수 있는 것을 우려하여 해당 소프트웨어를 사용하지 않겠다고 선언했다.[41] 많은 사람들은 이 기술이 미성년자나 여성을 잘못 식별하거나 시민들을 감시하기 위해 사용될 수 있다는 점을 우려하고 있다.[42]

감시도구 비판자들은 이 기술을 침략적이라고 한다. 최근 몇 년간, 일부 학교에서는 디지털 공간에서 학생들을 추적하기 위해 소셜미디어를 모니터링하고 캠퍼스의 물리적 공간에서 얼굴 인식과 마이크를 사용하였다. Bark, Qustodio, AirWatch는 학교와 업무공간에서 감시 공급업체의 일부 예일 뿐이다. 이러한 기술들이 학생 안전이라는 이름으로 수행되면, 이러한 유형의 소프트웨어는 학생의 개인정보와 보안을 위험에 빠뜨리고 학생들의 안전에 대한 인식을 감소시킬 가능성이 있다.[43] MIT의 연구에 따르면, 얼굴 인식 기술은 인종 편견과 불균형하게 소수자를 잘못 식별하고, 불평등을 조장한다는 문제로 시달리고 있다. 감시 도구를 사용하는 곳뿐만 아니라 제작하는 기업들은 이 기술의 영향을 고려하기 위해 사전예방적인 접근 방식을 취해야 한다.

직원 개인정보보호 오늘날 기업의 과제는 비즈니스 요구 사항을 충족함과 동시에 직원들의 개인정보보호 욕구를 보호하는 것이다. 직원들의 개인정보보호 권리에 대한 법적 보호는 거의 없다. 이는 기업의 재산에 대해 기업 장비를 사용하는 사이에 직원 개인정보보호에 대한 정책을 수립하는 데 있어 상당한 유연성을 허용한다. 1986년의 전자통신 개인정보보호법(Electronic Communications Privacy Act)은 전자통신 차단과 저장된 전자통신에의 접근을 금지하였다. 그러나 "정상적인 고용 과정"에 대해 예외가 적용되었으며, 고용주들이 기업의 이메일을 모니터링할 권리를 가지는 것이 허용되었다. 또한 직원 동의도 이 보호 기능을 삭제한다. 컴퓨터 모니터링과 전화 녹음에서 영상 감시와 GPS 위성 추적까지, 고용주들은 그들의 생산성을 관리하고 자원을 보호하기 위해 기술을 사용한다.[45] 직원 행동에 대한 데이터를 모으고 사용할 수 있는 능력은 신뢰와 책임에 대한 윤리 이슈를 생성한다.

전자 모니터링은 근로자들이 개인적인 활동에 너무 시간을 많이 사용해서 생산성이 감소하고 있는지를 확인해 준다. 이러한 정보를 가지고 기업은 해당 상황을 개선하기 위한 조치를 취할 수 있다. 많은 고용주들이 근무시간 중 개인 전화나 인터넷 사용을 통제하는 정책들을 가지고 있다. 추가적으로, 일부 기업들은 모든 전화 통화와 인터넷 기록에서부터 키스트로크(keystrokes)와 직원들이 자신의 책상에서 보내는 시간까지 추적한다.[46] 만약 고용주가 자신의 직원들이 개인 용무에 너무 많은 시간을 보내거나 부적절한 메시지를 보내는 데 자신들의 업무 이메일을 사용한다는 것을 알게 된다면 무척 당황스러울 것이다. 그러나 고용주는 주의를 기울일 필요도 있다. 고용주로서의 책임을 포기하지 않고 직원들의 개인정보를 존중하는 것을 보여주는 제도적 관행은 소송 없이 근로자-고용자 간 분쟁을 해결하기 위한 기회를 촉진하는 신뢰 분위기를 형성하도록 돕는다. 반면에 만약 의료나 종교적 정보를 포함한 개인의 데이터가 수집된다면 고소로 이어질 수도 있다.

12-2b 지적재산권

지적 재산
무형의 아이디어 및 창의적인 자료

기업의 무형 아이디어 혹은 창의적인 자료인 **지적 재산**(Intellectual Property)은 보통 유형자산보다 가치가 높을 수 있다. 미국에서 발생한 지적 재산의 손실은 총 수천억 달러에 달한다. 기업들은 자신의 지적 재산을 저작권, 트레이드마크, 특허를 통해 보호하고자 하지만 기술 발전으로 인해 그러한 자산의 소유권이 점점 더 어려워지고 있다. 온라인 광고는 Google이 발견한 것처럼 애매한 부분 중 하나이다. Google은 언어 학습 소프트웨어 기업인 Rosetta Stone으로부터 고소를 당했다. Google AdWords에서 트레이드마크인 경쟁사를 포함한 다른 기업들에 판매하였기 때문이다. 같은 이유로 여러 회사들로부터 고소를 당했으나 Google은 각각의 소송에서 이기거나 타협하였다.[47] 지적재산권 손실은 사업 계획, 고객 데이터, 연구, 독점 알고리즘, 제조과정 계획, 제품 사양 및 다른 독점 서류 및 데이터의 도난을 의미하기도 한다. Tesla는 Zoox라고 불리는 자율주행 기업을 고소하였다. 4명의 Tesla 전 직원들이 기밀 물류 문서를 해당 스타트업과 공유한 것이 밝혀졌기 때문이다.[48]

저작권
출간되었거나 미발표된 음악, 문학, 희곡 및 예술 작품을 포함한 원본 작품에 대한 보호

저작권(Copyright)법은 출간되었거나 미발표된 음악, 문학, 희곡 및 예술 작품을 포함하여 원본 작품을 보호한다.[49] 음악 출판사들은 운동기구 업체인 Peloton Interactive를 고소하였다. 연습비디오에 사용된 음악에 대해 적절한 라이선스를 얻지 않았기 때문이다. Peloton은 합의 및 소송 비용으로 4,930만 달러를 지불하였다.[50] 저작권 이슈는 디지털 영역에도 많이 있다. 디지털 밀레니엄 저작권법(Digital Millennium Copyright Act, DMCA)은 영상, 사진, 그래픽과 같은 인터넷에서 저작권이 있는 자료를 보호하고 온라인 서비스 제공자들의 책임을 제한하기 위해 1998년에 통과되었다.[51] 저작권 소유자는 검색엔진, 웹 호스트, 웹사이트 운영자와 같은 서비스 제공자에게 자신들의 저작권이 침해되는 자료를 제거하도록 요청하기 위해 DMCA 게시중단 통지를 보낼 수 있다.[52] 불행하게도 디지털 저작권 위반은 종종 기나긴 소송으로 이어진다. 대법원 판결에서 미국 저작권청은 저작권을 등록한 경우에만 저작권 보유자가 소송을 제기할 수 있다고 선언하였다. 이로 인해 불법복제와의 싸움이 더욱 어려워졌다.[53]

트레이드마크
단어, 구, 기호, 디자인에 대한 보호

트레이드마크(trademark)는 단어, 구, 기호, 디자인을 보호한다.[54] 디지털 시대에 트레이드마크 역시 위험하다. 도메인투기꾼들은 트레이드마크 소유자들에게 도메인을 판매할 목적으로 해당 기업의 트레이드마크와 일치하거

나 유사한 웹 주소를 의도적으로 등록한다. 도메인투기꾼 및 기타 사기꾼들은 소비자나 기업을 속이기 위해 이런 유형의 행위를 한다. 매년 3,000건 이상의 도메인투기 분쟁이 세계지식재산권기구(World Intellectual Property Organization, WIPO)에 제소된다.[55] Amazon은 자사 웹사이트에서 위조품의 판매를 허용함으로써 지적재산권 위반을 조장했다는 혐의를 받았다. Amazon은 잠재적으로 위조 제품을 판매할 수 있는 판매자들을 감지하기 위한 프로세스와 시스템에 1년에 5억 달러를 투자했다. 그러나 미국 정부는 이것만으로는 충분하지 않다고 믿는다.[56] 미국 상공회의소에 의하면, 위조품들은 세계 경제에 매년 5천억 달러 이상의 비용을 발생시킨다.[57]

특허 침해(patent infringement)는 조직에서 허가 없이 특허 품목을 만들고, 사용하고, 판매할 때 발생한다. 특허 소송에는 비용이 많이 들어가지만, 지적재산권 보호에 실패하는 것은 장기적으로 더 많은 비용이 소요될 수 있다. 불행하게도, 신흥 기술의 남용은 비싸고 증명하기도 어렵다. Apple은 특허 침해에 대해 많은 소송에 시달리고 있는데, 디지털 컨텐츠 제어, 마이크로프로세서 기술, 문서 표시에 이어 가장 최근에는 와이파이 기술과 관련되어 있다. Apple과 Broadcom은 캘리포니아 공과대학이 소유한 무선 데이터 전송과 관련한 특허 위반으로 11억을 지불하라는 명령을 받았다. Apple과 Broadcom 모두 항소할 계획이라고 밝혔으나 미연방순회항소법정은 Apple의 항소를 기각했다.[58]

특허 침해
조직이 허가 없이 특허품을 제조, 사용 또는 판매하는 경우

12-2c 사이버범죄

정보 기술이 산업과 사회에서 크게 발전하면서, 주목을 끄는 사이버범죄와 같은 부정적인 영향이 있다. 거대한 양의 소비자 데이터가 수집되고 저장되면서 사이버범죄자는 취약한 시스템을 활용한다. 예를 들어, **악성소프트웨어**(malware)는 지적 재산 또는 민감한 소비자 데이터를 도용하는 데 사용되는 악성 소프트웨어의 한 종류이다. **사기**(fraud)는 금전적 혹은 개인적 이득을 목적으로 하는 의도적인 기만이다. 온라인 사기는 기업과 소비자 모두에게 중요한 이슈이다. 미국 산업계는 악성 사이버 활동으로 인해 매년 57달러에서 1,090억 달러 사이의 손실을 입고 있다.[59] 악성 사이버 활동의 예로

악성소프트웨어
지적 재산 또는 민감한 고객 데이터를 도용하는 데 사용되는 악성의 소프트웨어

사기
금전적 또는 개인적 이득을 목적으로 하는 고의적 기만

그림 12-4 사이버 부작용으로 인한 비용

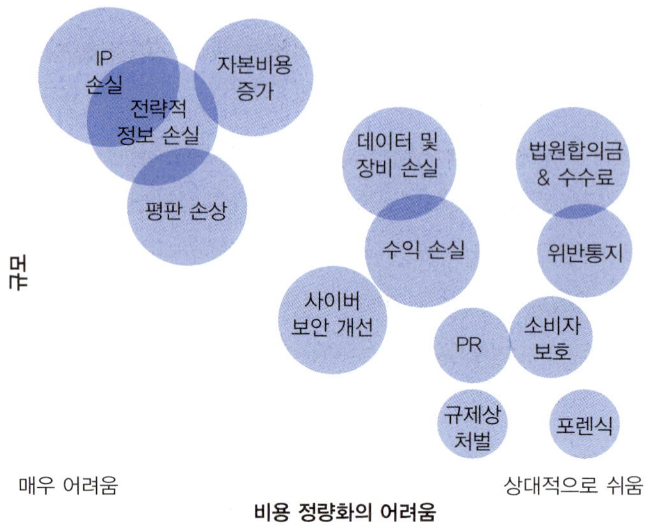

자료: The Council of Economic Advisers, "The Cost of Malicious Cyber Activity to the U.S. Economy," February 2018, https://www.whitehouse.gov/wp-content/uploads/2018/03/The-Cost-of-Malicious-Cyber-Activity-to-the-U.S.-Economy.pdf (accessed March 29, 2021).

는 서비스 공격 거부, 사업 방해, 지적재산권 및 다른 민감 정보의 절도 등이 있다. 기업은 공익을 위해서 강력한 사이버 보안에 투자해야 한다. 그렇지 않으면, 조직은 자신과 고객 그리고 사회 전체에 해를 끼치게 된다. 그림 12-4는 명예훼손, 지적재산권 손실, 수익 손실과 같은 사이버보안 사건과 관련된 비용을 보여준다. 예를 들어, Capital One은 해커가 2005년으로 거슬러 올라가는 신용카드 애플리케이션에 접근함으로써 1억 명의 미국인들과 600만 명의 캐나다인들의 정보를 획득한 광범위한 데이터 유출에 직면했다. 도난 당한 개인적 정보로는 사회보장 번호, 은행 계좌 번호, 전화번호, 주소 및 출생일자 등이 있다.[60] 이런 피해와 같은 사건은 기업의 평판뿐만 아니라 소비자의 신뢰에도 부정적인 영향을 미친다.

온라인 사기의 60% 이상이 모바일 기기를 통해 일어나며 이 중 80%가 모바일 애플리케이션이 수단이 된다. 이러한 이유로 정당한 애플리케이션 제작자는 긍정적인 평판을 구축해야 한다. 스마트폰 이용자들은 자신들의 전화기에 민감한 정보를 많이 가지고 있으며 보안된 홈 네트워크 바깥에서 금융 업무를 보는데 자신들의 전화기를 많이 사용한다. **피싱**(phising)은 공격자가 신용카드 세부 정보나 비밀번호 등의 민감한 정보를 얻기 위해 합법적인 비즈니스인 것처럼 위장하는 사이버범죄로, 매우 성공적인 공격 형태이다. Webroot의 사이버보안 리포트에 따르면 오늘날 모든 URL의 오직 65%만을 신뢰할 수 있다고 한다. 사기꾼들이 더 많은 도구들을 사용하므로 이러한 문제는 지속될 것으로 예상된다.[61]

피싱
공격자가 민감한 정보를 얻기 위해 합법적인 비즈니스로 위장하는 사이버범죄

COVID-19 팬데믹으로 개인들이 집에 고립되면서 인터넷 트래픽이 급증했기 때문에 사이버범죄가 증가하였다. 사기꾼들은 도메인 이름에 코로나바이러스, 팬데믹, COVID-19와 같은 키워드를 사용하여 의심스러운 제품이나 서비스로 소비자들을 속이는 사기성 웹사이트를 재빠르게 등록하였다. 또 다른 사기(scam)로는 가짜 기부 계략(ploys)으로, 어려운 사람들을 돕기를 원하는 사람들을 이용하기 위해 개인이 도움이나 구호를 제공하는 조직인 것처럼 속이는 것이 있다.[62] 화상회의 도구인 Zoom은 온라인 미팅을 수행하는 기업이나 온라인 수업을 진행하는 교사들에게 엄청나게 인기를 끌게 되었다. 그러나 일일 트래픽이 급증하면서 사이버범죄자들의 표적이 되었다. 2,000개 이상의 피싱 도메인이 소비자들을 속일 목적으로 제목에 "zoom"을 붙이고 등록되었다.[63] 추가적으로, 많은 이용자들이 모르는 사람이 Zoom 통화를 가로채거나 부적절한 메시지와 컨텐츠를 공유했다고 신고하였다. Zoom은 이용자들에게 회의 비밀번호를 안전하게 관리하고 회의 링크를 공개 플랫폼에 공유하지 말 것을 권고하였다. 소위 'Zoombombings'은 Zoom과 이 서비스를 이용하는 기업의 평판을 해치기 위한 것이다. Zoom은 신속히 업데이트된 보안 기능을 출시하고 소비자들과 모범사례를 공유하였다.[64]

12-2d 디지털 격차

디지털 격차(digital divide)는 사회적, 지리적, 지정학적 집단에 걸쳐 기술에 대한 접근에 수준 차이가 발생하는 것을 의미한다. 미국인들은 교육, 업무, 의학적 필요, 제품 구매 및 그 이상으로 그 어느 때보다 인터넷에 의존한다. 그렇다고 하더라도, 미국에 있는 2,000만 명 이상의 사람들이 집에 인터넷 연결이 되는 것이 아니며, 대부분은 그런 여유가 없다. 연구에 따르면, 연간

디지털 격차
사회적, 지리적, 지정학적 집단에 걸쳐 기술에 대한 접근에 수준 차이가 발생하는 것

7만 5천달러 이상의 수입을 가진 사람들이 가정에서 인터넷 접속이 가능할 가능성이 20배 더 높다.[65] 연방통신위원회(FCC)는 생명선 프로그램을 통해 모바일 기기나 인터넷 접속에 대한 펀딩을 후원하지만, 많은 사람들은 이 프로그램만으로는 충분하지 않다고 말한다. 기업과 정부 모두 이 차이를 좁히기를 희망하고 있다.

디지털 격차는 사람들이 집에 머무르도록 권고 받은 COVID-19 팬데믹 기간 동안에 더 강조되었다. 퓨(Pew) 리서치 센터의 설문에 따르면, 절반 이상의 미국인들이 코로나 기간에 인터넷에 대한 접속이 필수적이었다고 말한다.[66] 디트로이트에서는 일반학생들의 60%가 광대역 인터넷에 접속하지 못했고 이로 인해 온라인 교육이 불가능했다고 한다.[67] 이러한 문제는 5명 중 1명 이하의 사람만 인터넷 연결이 가능한 개발도상국에서 더욱 악화된다. 이러한 차이는 새로운 기술들이 더 많은 데이터를 필요로 하기 때문에 더욱 심각해진다. 그럼에도 불구하고 5G 지지자들은 기술이 낮은 대역 주파수 이상에서 사용이 가능하므로, 현재 적용 범위가 부족한 시골 지역에 대한 접근을 확장하여 디지털 격차를 줄일 수 있을 것이라고 믿는다.[68]

몇몇 기업들은 디지털 격차를 줄이기 위해 나섰다. Cox Communications는 미국에서 경제적으로 소외된 어린이들에게 인터넷, 컴퓨터, 소프트웨어, 디지털 사용능력 훈련을 제공하기 위해 Boys & Girls Club of America와 제휴했다.[69] T-Mobile은 저소득층 학생들이 자사의 EmpowerED 2.0 프로그램을 통해 고속 핫스팟 뿐만 아니라 컴퓨터와 태블릿에 대한 접근 권한을 얻도록 도왔다.[70] Comcast 역시 자사의 Internet Essentials 프로그램을 통해 인하된 가격의 인터넷 서비스와 저소득층 가족을 위한 저렴한 가격의 컴퓨터를 제공한다. 게다가, 원격통신 기업들은 직접 혹은 온라인 수업을 포함하여 이용자들을 돕기 위해 교육 자원을 제공한다.[71] COVID-19 팬데믹 동안, Comcast는 새로운 Internet Essentials 고객에게 60일간의 무료 서비스를 제공함으로써 노력을 한 단계 더 발전시켰다. 영구적으로 모든 Internet Essentials 고객들을 위해 속도를 향상시키고, 자사의 Xfinity Wi-Fi 핫스팟을 일반 대중에게 개방하고 있다.[72]

12-2e 생명공학기술

생명윤리(bioethics)는 의학, 의료, 생명공학기술 및 환경에서의 윤리의 윤리적 적용 및 함의이다. 생명윤리를 연구하는 과학자들은 의학의 발전으로 인해 발생하는 문제를 조사한다. 생명윤리와 관련된 일반적인 이슈들은 의학적, 유전적 데이터 정보보호, 시스템과 의료기기에 대한 사이버공격, 바이오 해킹, 우생학, 생물 테러, 늘어난 기대수명과 관련된 문제들이다.[73] 예를 들어, 오늘날 우리가 가진 기술을 가지고 유전적 특성의 발생을 증가시키거나 감소시키는 것이 가능하다. 선택적 번식, 유전자 선택, 유전자 조작을 통해 어린이를 원하는 대로 '만들어내는(build)' 것이 가능하다. 우생학은 종종 인간 유전 공학으로 불리며 나치(Nazis) 및 히틀러(Adolf Hitler)와의 연관성 때문에 부정적인 의미를 가진다. 그럼에도 불구하고 현대에 인간 공학은 생명을 위협하는 끔찍한 질병에 관계된 유전자들을 바꿀 수 있다. 이러한 지식들을 염두에 두고, 일부 부모가 임신 중절을 결심하는 것은 매우 논쟁적인 이슈가 될 수 있다.[74] 추가적으로, 부의 불평등은 부유층과 경제적 소외계층 간의 심각한 생물학적 차이로 이어질 수 있다.[75]

생명윤리
의학, 의료, 생명공학기술 및 환경에서의 윤리의 적용 및 함의

생명공학기술은 제약산업에서 5.4조 달러로 평가되는 거대 사업이다.[76] **생명공학기술**(biotechnology)에 대한 가장 단순한 정의는 산업 및 기타 목적, 특히 항생제, 호르몬 및 기타 항목을 생산하기 위한 미생물의 유전자 조작 등을 위한 생물학적 과정의 개발이다. 그러나 실제 개념은 이보다 훨씬 더 광범위하다. 해충저항성 작물, 새로운 박테리아 균주, 신약과 같은 상업적인 제품들의 생산을 위해 살아있는 유기체 혹은 그들의 구성요소의 유전공학을 포함한다. 이에 더해서, 생명공학기술은 그러한 조작에 사용되는 생물학의 다양한 응용을 필요로 한다.

생명공학기술
산업 및 기타 목적, 특히 항생제, 호르몬 및 기타 항목을 생산하기 위한 미생물의 유전자 조작 등을 위한 생물학적 과정의 개발

생명공학기술에는 돌연변이 생물을 무기화하여 맞춤형 아기(designer babies)를 만드는 것과 같은 세계적인 관심사가 잔뜩 뒤따른다. 기술과 그것이 불러일으킬 수 있는 잠재적 재난 사이에는 항상 갈등이 있어왔다. 우리는 1945년에 핵 실험이 있었을 때와 같이 새로운 시대의 가장자리에 있다. 물리학자 Robert Oppenheimer는 "이제 나는 죽음, 세계의 파괴자가 되었다(Now I am become Death, the destroyer of worlds.)"라는 힌두교 경전을 떠올렸다.[77] 기술적 발전은 언제나 일어나며 인류에게 이롭거나 혹은

표 12-1 미국 고가 의약품

의약품	가격*
Myalept	71,306달러
Ravicti	55,341달러
Mavenclad	53,730달러
Actimmune	52,777달러
Oxervate	48,498달러
Takhzyro	45,464달러
Daraprim	45,000달러
Juxtapid	44,714달러
Cinryze	44,141달러
Chenodal	42,570달러
Gattex	40,450달러
H.P. Acthar	39,864달러
Tegsedi	34,600달러
Vitrakvi	32,800달러
Ayvakit	32,000달러
Kynamro	30,444달러
Sovaldi	28,000달러

*가격은 각 의약품의 가장 일반적인 30일 처방에 대한 정가로 나타냄

자료: Adapted from Tori Marsh, GoodRx, February 13, 2020, https://www.goodrx.com/blog/20-most-expensive-drugs-in-the-usa/ (accessed May 6, 2020).

해롭게 사용될 수 있다. 이 장에 있는 내용과 관련된 모든 비의도적 생명윤리 이슈에 대해 깊이 파고드는 것은 불가능하다. 다만, 발생 가능한 사회적 불평등과 관련이 있으므로 다음의 내용들을 다룬다.

첫 번째 명백한 불공정은 소비자들에 대한 생명공학기술 가격이다. 예를 들어, 연방 식품의약국(FDA)은 환자당 221만 5천달러가 소요되어, 시장에서 가장 비싼 약으로 알려진 희귀아동장애를 위한 유전자치료를 승인하였다. 표 12-1은 미국에서 가장 비싼 처방약들을 한눈에 보여준다. 그러나 이 가격들은 국가별로 크게 차이가 있다. 예를 들어, C형 간염 치료제 Sovaldi는 인도에서는 270달러, 이집트에서는 300달러, 영국에서는 17,700달러이다.[78] 이렇게 큰 가격 차이에 대한 찬성론은 선진국가들에서의 수익성을 유

지하면서 저개발 국가들에서의 가격을 낮추기 위한 시도로 제약회사들에 의해 해명되어 왔다.

DNA 염기서열분석(sequencing) 불평등 또한 비용과 관련이 있다. 10년 전 유전자염기서열분석 가격은 5만 달러였다. 현재의 가격은 약 600달러이며 기업들은 100달러에 이 서비스를 광고한다. 이것은 불평등과 비용 논쟁이 최소화되었고 그것이 지속될 것임을 시사한다.[79] DNA 합성(synthesis) 역시 가격 차이를 좁히고 있다. 세계적인 합성생물학 시장은 2025년에 198억 달러에 도달할 것으로 예상된다. 생물공학자들은 큰 유전자 풀(pool)을 구축하는 비용에 좌절해왔지만, 현재 미국 연구자들은 수천 개의 다른 유전자 가닥(strands)을 저렴하게 모을 수 있는 DropSynth라는 방법을 개발해냈다.[80]

기업이 불평등에 민감하지 않다는 논쟁은 일부에만 유효하며 특허를 중심으로 한다. 이 산업은 막대한 연구개발 비용과 관련이 있으므로 기업들은 17년간의 경쟁을 하지 않고 투자를 회수하고 이윤을 얻게 해주는 특허를 추구한다. 특정 기술이 사물의 근본적인 유전학을 바꾸기 위해 계속되어야 하는지에 대한 몇 가지 복잡한 불평등 문제에 관해서는 정부가 이미 인지하고 있는 것처럼 보인다. 예를 들어, 중국의 한 과학자가 에이즈(HIV)로부터 아기들을 보호하기 위한 시도로 인간 배아(embryos)에 대한 실험을 실시하여 3년 징역형과 43만 달러의 벌금을 부과받았다.[81] 미래는 사람들을 그들의 유전적 정보로부터, 기업들이 태어나지 않은 아이들에 대한 치료를 늘리거나 거부하는데 사용하는 것을 제한하는 것이 될 수 있다. 우리는 생명을 원소상태에서 생성하거나 수정할 수 있는 능력이 있다. 이 분야의 기업윤리는 기업윤리의 수명주기 때문에 복잡해지고 있다. 기술이 만들어지고 기업들은 그것을 취하여 이윤을 만드는 데 적용한다. 만약 기업이 자신들의 제품의 사회적 파급효과와 피해가 발생할 것을 예상하지 못한다면 격렬한 항의가 시작된다. 이것은 정부가 이익을 감소시키고 일자리를 없앨 수 있는 법안을 제정하도록 하며, 결국 맨 처음 피해를 입은 그 사람들에게 영향을 미칠 것이다.

12-3 기술의 윤리적 이슈 관리

기업들은 기술의 윤리적 사용에 책임이 있다. 기술발전속도가 증가함에 따라 신흥기술에 대한 잠재적 이슈를 식별하는 것이 어려워지고 있다. 그럼에도 불구하고 기업은 기술에 대해 사회적 책임을 고려한 선제적인 방법을 취할 필요가 있다.[82] 많은 회사들이 데이터와 기술의 오용과 관련하여 대중의 당혹감, 막대한 법적 합의, 기타 뒤처리 비용에 직면한다. 선제적인 기술 관리에는 경쟁 기회를 이용하기 위한 자원 활용 계획 개발이 요구된다. 많은 회사들이 자신들의 행동강령에서 컴퓨터, 모바일 기기 및 다른 기술들의 올바른 사용을 다룬다. 이런 위험 분야들을 해결하고 팀 구성원들을 교육하는 것은 직원들이 허용되는 것과 허용되지 않는 것을 이해하는 데 도움이 된다. 기술의 책임 있는 사용을 촉진하기 위해 기업의 정책과 표준은 기업 문화에 융화되어야 한다. 효과적인 프로그램은 사회적 책임에 대한 관심을 포함하여 전반적 미션, 전략 및 모든 기능적 활동들의 조정에 전략적으로 접근해야 한다.

최고관리자는 전략적 기획 과정에서 기술의 사회적 결과를 반드시 고려해야 한다. 기업에서 한동안 최고기술책임자(CTO)를 고용해왔다면, 점점 더 많은 조직들이 개인정보보호와 관련된 정책 및 절차의 개발과 시행에 대한 책임을 가지는 임원으로서 **개인정보보호 책임자**(chief privacy officer, CPO)를 채용하고 있다. CPO는 개인정보보호와 데이터 보호 법률뿐만 아니라 위기 관리에도 해박한 지식을 가져야 한다. CPO는 정책에 대한 공감대를 형성하기 위해 다른 분야의 사업 리더들과도 협력하는 것이 중요하다.[82] 클라우드 기반 소프트웨어 기업인 Salesforce는 최고 윤리 및 인도적 사용 책임자(chief ethical and humane use officer)를 지정하여 윤리적 위험을 관리하는 체제를 개발하도록 했다. AI 제품들은 결과 스캐닝(consequence scanning)으로 불리는 프로세스를 도입함으로써 윤리적 영향을 고려하여 개발된다.[84] 모든 이해관계자들이 프로세스와 관련될 때, 모두가 기술의 사용과 책임 있는 개발의 필요성과 요구사항을 더 잘 이해할 수 있다.

개인정보보호 책임자
개인정보보호와 관련된 정책 및 절차의 개발과 시행에 대한 책임이 있는 임원

많은 비즈니스 전문가들이 기밀 정보에 대한 접근권한을 가진다. 예를 들

어, 전화로 주문을 처리하는 고객서비스 담당자는 회사의 고객 관계 관리 시스템을 통해 이름, 주소, 결제정보 및 그 이상에 접근할 수 있다. 공급망 관리자는 독점물류 과정과 절차가 기술된 문서에 접근할 수 있다. 기업들은 민감 정보에 대한 접근을 모니터링하고, 직무와 관련이 있기 때문에 접근 수준을 제한해야 한다. 또한 이러한 정보를 어떻게 취급할지에 대한 적절한 방법을 직원에게 교육해야 한다. 더 많은 개인들이 원격으로 근무를 하면서 보안 네트워크가 더욱 중요해지고 있다. 공공 와이파이 연결은 특히 데이터 유출에 민감하다. 조직들은 안전하고 암호화된 연결을 구축하기 위해 가상 사설망(VPNs)으로 바꾸었다.[85]

자기규제 윤리 행동을 강화시키고 새로운 기술의 영향을 분석하는 한 가지 방법은 기술평가를 수행하는 것이다. **기술평가**(technology assessment)

기술평가
조직이 새로운 프로세스, 시스템 및 제품이 비즈니스 운영과 이해관계자들에게 미칠 수 있는 영향을 평가하는 데 도움이 되는 절차

표 12-2 기술평가 이슈들

예	아니오	체크리스트
☐	☐	조직의 최고 관리자가 기술 의사결정과 관련된 연방법, 주법, 현지법에 대해 알고 있습니까?
☐	☐	조직에 AI와 그 지원요소들(빅데이터, 블록체인, 드론, 로봇공학)의 사용에 대한 윤리적 원칙이 있습니까?
☐	☐	조직에 기술 윤리 이슈(개인정보, 지적재산권, 사이버 범죄)를 감독하는 개인, 위원회, 전담부서가 있습니까?
☐	☐	조직에 기술과 관련된 직원 및 조직의 이익을 보호할 수 있는 효과적인 문화를 만들기 위한 커뮤니케이션 및 훈련 프로그램이 있습니까?
☐	☐	조직에 주요 이해관계자들에 대한 기술의 영향을 확인하기 위한 모니터링 및 감사 시스템이 있습니까?
☐	☐	조직에 기술의 사용 또는 영향에 대한 우려 사항을 보고하는 체계가 있습니까?
☐	☐	기술적 이슈를 처리하기 위한 적절한 윤리 행동과 윤리적 위험을 결정하는 시스템이 있습니까?
☐	☐	조직에서 어떻게 소비자 데이터가 수집, 저장, 사용되는지에 대해 의사소통을 합니까?
☐	☐	조직이 익명화된 데이터의 익명성을 유지하기 위한 조치를 취하고 있습니까?
☐	☐	조직에 운영 중단 및 유해한 사건(예: 데이터 침해)을 관리하기 위한 계획이 수립되어 있습니까?
☐	☐	조직을 보호하기 위해 개인정보보호규정기준(예: 일반 데이터 보호 규정, 어린이 온라인 개인정보보호법)을 준수할 책임이 있는 개인이나 부서가 조직에 있습니까?

는 조직이 새로운 프로세스, 시스템 및 제품이 비즈니스 운영과 이해관계자들에게 미칠 수 있는 영향을 평가하는 데 도움이 되는 절차이다. 이것은 기업의 성과를 평가하고 새로운 기술의 이점이 위험을 넘어서는지를 결정하고 새로운 기술에 대응하기 위한 전략적 조치를 확인하기 위해 사용될 수 있는 강력한 자치도구이다. 표 12-2와 같이, 기술평가는 핵심 이슈를 식별하고 조직이 적절한 행동을 결정하도록 도와야 한다. 이 절차는 정부의 규제와 준수 노력을 지원한다.

자기규제 노력에 더하여, 정부는 기술에 대한 지원과 기초 인프라를 유지해야 한다. 불행하게도, 정부는 진보 기술을 따라가고 어떻게 기업들을 규제할 것인지에 대해 어려움이 있다. FBI에서부터 지역 경찰까지 아우르는 법률 시행 기관은 최신 기술과 범죄자들이나 기업에서 그것을 악용하는 방법에 대해 잘 알고 있는 직원과 기술 수행자 채용과 유지에 고군분투하고 있다. 정부의 규제가 부족하기 때문에, 거대 기술 기업들이 자체 규칙을 정할 수 있도록 문이 열려 있다. FCC의 전 의장인 Tom Wheeler에 따르면, 디지털 커뮤니케이션을 통제하는 회사들은 "자신들의 이익을 위한 규칙 만들기"를 하고 있다. 미래를 바라보며, 정부는 기술 규제에 대한 접근법을 다시 고려할 필요가 있다. 그렇지 않으면 거대 기술 기업들의 영향력만 계속해서 커질 뿐이다.[86]

12-4 기술 윤리의 미래

AI는 앞으로 지켜볼 가장 중요한 트렌드 중 하나이다. 대부분의 사람들이 업무, 개인적 의사소통, 오락 등에 어떤 형태로든 AI를 사용한다. 머신 러닝을 사용하는 AI는 인간의 능력을 흉내내거나 능가할 수도 있다. 거의 모두가 길 찾기 앱, 스트리밍 서비스, 차량공유 앱, 개인 디지털 비서, 기타 가정용 기기 등을 사용한다. 직장에서는 AI가 데이터 분석, 일정 정리, 재고 관리, 에너지 효율 관리, 자율 주행차 개발뿐만 아니라 다른 기기의 호스트로서 사용된다. 인간이 자동화에 의존적이 될수록 윤리적 이슈는 점점 확대될 것이다. AI는 COVID-19 팬데믹 이전부터 기업에서 받아들여졌지만, 팬데믹 이후 기업들은 미래의 유행병이나 다른 질병들에 더 잘 대비하기 위해

AI 수행에 박차를 가하고 있다. 이러한 과업과 의사결정의 교체(replacements)는 수백만 개의 일자리를 대체하고(replacing) 있다. 그러나 어떤 일자리가 사라지는 것은 프로그래밍, 테스팅, 드론, 로봇, 사물통신 장치와 같은 가능요소와 AI 시스템 지원 분야에서 새로운 직업 기회로 대체되기도 한다.

사물통신(M2M, Machine-to-machine)은 인간의 개입 없이 장치들이 연결되도록 한다. 오늘날, 무수한 기기들이 M2M으로 연결되어 있다. M2M 연결성 도구는 사용의 범위와 유형이 다르기 때문에 서로 다르게 명명된다. 예를 들어, 무선 주파수 식별(RFID, radio frequency identification)은 전파를 통해 판독기가 캡처한 디지털 데이터의 경우 일반적으로 30피트 범위 내에서 사용된다. RFID는 데이터베이스에 있는 데이터 저장 기기로 캡처된 태그나 라벨로부터 그 데이터에 있는 바코드를 사용하는 것과 같다. 일반적인 애플리케이션은 인사추적, 공급망 관리, 위조 방지를 포함한다. RFID가 수십 년간 사용되어 왔음에도 새로운 애플리케이션들은 계속 개발되고 있다. 그 중 하나는 건강과 안전 목적의 직원 추적이다. 병원 직원들이 제공받은 RFID가 탑재된 키카드나 랜야드로 병실 출입기록과 판독기와의 근접성을 기반으로 언제 손을 씻었는지 등을 추적할 수 있다. 앞 부분에서 논의된 직원 사생활은 주요한 윤리적 이슈이므로, 기업들에게는 직원 추적을 투명하게 하는 것이 중요하다. 이런 수준의 감시와 직원 활동 센싱은 사생활과 관

논쟁거리

기술의 단점 마주하기

기술은 기업과 소비자 모두에게 많은 진보를 가져다주는 동시에 의도치 않은 영향이나 해로운 결과를 야기할 가능성도 항상 존재한다. 일부 비평가들은 특히 의사소통, 문제 해결 및 과업 달성을 하는 방식을 변화시키는 비용이 이익보다 크지는 않은지 궁금해한다.

영화에서 인공지능(AI)은 수십 년간 부정적인 모습으로 묘사되어 왔고, 진보된 AI가 현재 사업에 적용 가능한 상황에서, 비평가들은 이것이 우리의 미래에 어떤 의미인지 두려워한다. AI는 많은 새로운 일자리를 만들어냈지만, AI가 새로 만들어낸 직업보다 더 많은 일자리를 없앨 것이라는 우려도 있다. 이러한 윤리적, 사회적 책임 이슈는 기업들의 주의를 요한다. 기업은 변화하는 업무 환경에 적응하고, AI 기술 적용에 필요한 소프트 스킬을 개발하는 직원 훈련을 도울 책임이 있다. 많은 사람들이 기술이 대면 커뮤니케이션을 사라지게 할 수 있다는 우려를 가지고 있다. 업무공간에서 대면 커뮤니케이션을 갖지 않는 것은 직원들 간의 감정적 교류를 막고 오해가 생기게 함으로써 관계를 해칠 수 있다. 원격 근무자들이 더 많아지면서 이것은 더 큰 이슈가 되고 있다. 더욱이 사람들이 대면 관계에서 무엇을 요청한 경우에 이메일로 문의했을 때보다 34배나 더 잘 받아들여졌다는 연구 결과도 있다.

반면 기술은 의사소통, 연구 및 분석에 새로운 길을 열었다. 식료품 주문, 탈것 일정잡기, 의류 구매 및 약물 리필은 쉽게 가능하며 쇼핑하기도 편리하다. 온라인 정보가 이용 가능해졌기 때문에 연구자들은 손가락만으로 지식을 얻게 되었다. 불과 몇 세기 전 상황과 반대로, 이제는 이커머스와 세계적인 접근이 가능하다. 마케터들은 소비자들과 더 일대일로 연결하기 위해 소셜미디어와 다른 디지털 채널들을 사용한다. Southwest Airlines와 같은 많은 기업들이 소셜미디어 팀을 만들어서 고객 문의에 재빠르게 응답하며 고객서비스 과정을 더욱 매끄럽게 만들고 있다.[87]

1. 비용 이상으로 기술이 사회에 가져온 긍정적인 변화
2. 이익 이상으로 기술의 결과로 초래한 사회적 비용

련된 많은 의문을 제기한다. 블록체인 정보 시스템을 통한 공급망 이동 추적 능력은 소비자에게 제품이 전달되기까지 안전과 효율을 제공할 것이다. 반면에, 행동과 인간 의사결정의 추적은 윤리적인 문제를 야기한다. 이러한 윤리적 이슈들은 조직과 규제 기관에 의해 사회를 보호하는 데 필요한 방안으로 해결되고 있다.

대역폭의 전 세계적인 증가는 기계, 로봇, 자율 주행차들이 이전 보다 더 많은 데이터를 수집하고 옮길 수 있도록 해주며 사물인터넷과 스마트 기계 분야의 진보로 이어지고 있다. 5G 네트워크는 캐리어(carrier)가 믿을 수 없이 빠른 속도로 데이터를 전송하게 해주어 몇 초 만에 영화 한편 전체를 다운로드 받을 수 있다. 기존의 휴대용 및 가정용 기기로 작업을 할 수 있는 능력이 속도와 함께 향상되었다. 국가적으로 그리고 전 세계적으로 완전히 사용이 가능해지면, 가능성은 인간의 존재와 비즈니스 생태계를 극적으로 바꿔놓을 것이다.

5G가 사물인터넷의 잠재성을 밝혔다면, 개인적인 데이터 정보보호와 관련된 새로운 윤리적 이슈도 제기한다. 다양한 스마트 기기를 지원할 수 있는 커다란 능력과 함께 5G는 증가된 연결성뿐만 아니라 증가된 데이터의 사용과 소비로도 이어질 수 있다. 더 많은 데이터들이 전송되면서 데이터 정보보호는 더욱 큰 관심사가 되고 있다. 미국 정부는 예를 들어, 만약 원격통신 회사인 Huawei와 같은 중국의 기업이 5G 네트워크 수행에 참여하면서, 미국 시민들에 대한 스파이활동의 기회로서 사용할 수도 있다는 우려를 표시했다. 정부뿐만 아니라 기업들도 소비자를 보호하기 위한 5G와 개인정보 간의 균형을 맞출 필요가 있다.

5G가 급격히 발전하면서, 개인정보를 넘어선 건강 문제와 같은 윤리적 이슈들이 존재한다. FCC는 무선주파수 방사선(RFR) 노출 제한이 고려되어야 함을 다시 한번 확인했다. 생물학적 건강 이슈와 관련하여 전자기 효과의 우려가 있다. 5G는 방사능 노출 측정에 문제를 제기할 대량의 입력과 출력이 가능한 진보 기술들을 가지고 있다. 이 기술은 사람이 흡수할 수 있는 전자파를 가지게 된다. 장기간의 노출로 흑색종(melanoma)과 같은 피부병의 위험이 발생할 수 있다.[88] 5G 지원 스마트 기기들과 함께 사물인터넷의 중심에 기술이 있게 된다. 그러므로 스마트워치와 같은 웨어러블 기기에 연

표 12-3 AI 원칙의 예

기업	원칙
Microsoft	• AI시스템은 모든 사람을 공정하게 대우해야 한다. • AI시스템은 모든 사람들에게 권한을 부여하고 사람들을 참여시켜야 한다. • AI시스템은 안정적이고 안전하게 작동해야 한다. • AI시스템은 이해할 수 있어야 한다. • AI시스템은 안전해야 하고 개인정보를 존중해야 한다. • 사람들은 AI시스템에 대해 책임을 져야 한다.
Google	• 인간 중심의 디자인 접근법을 사용한다. • 교육 및 모니터링을 평가하기 위해 여러 지표를 식별한다. • 가능하면 원시 데이터(raw data)를 직접 확인한다. • 데이터 집합 및 모델이 가지는 한계를 이해한다. • 다양한 테스트를 통해 시스템 작동에 대한 신뢰성을 확인한다. • 시스템 배포 후 지속적인 모니터링 및 업데이트를 수행한다.
Facebook	• 우리는 커뮤니티가 학습하고 기반으로 삼을 수 있도록 AI 최신 발전 사항을 게시하고 공개해야 한다고 믿는다. • 우리는 내부 및 외부 파트너와 공개적으로 협력하여 지식을 공유하고 다양한 관점과 요구를 배양한다. • AI에서 탐구할 새로운 영역은 부족하지 않다. 우리 연구원들은 사람과 사회에 가장 긍정적인 영향을 미칠 것으로 생각되는 프로젝트에 초점을 맞춘다. • AI의 이점을 더 많은 사람들에게 제공하고 접근성을 개선하기 위해 우리의 연구는 대규모 데이터와 컴퓨팅 요구를 모두 고려해야 한다.
IBM	• 데이터와 인사이트는 이를 생성한 사람과 기업의 소유이다. 데이터를 수집, 저장, 관리 및 가공하는 조직은 데이터를 책임감 있게 처리할 의무가 있다. • AI시스템이 어떻게 결과에 도달하는지 아는 것이 신뢰의 핵심이다. 투명성을 높이기 위해 과학적 연구를 통해 AI시스템을 구축, 배치, 관리하는 방법을 정의해야 한다. • 공정한 AI시스템을 만들기 위해서는 편향되지 않은 모델과 다양성 및 포용 정신이 필요하며, 이는 우리의 기존의 편견을 가속화가 아닌 완화시킬 수 있다. • AI는 인류의 가장 만연한 문제를 해결하고 모두를 위한 기회를 창출하는 데 적용될 수 있다. • AI는 전문가를 대체하는 것이 아닌 보강하는 것이며, 사회를 위한 새로운 경제 및 교육 기회를 창출함으로써 긍정적인 영향을 미칠 수 있다.

자료: Microsoft, "Responsible AI," https://www.microsoft.com/en-us/ai/responsible-ai (accessed May 11, 2020); Google AI, "Responsible AI Practices," https://ai.google/responsibilities/responsible-ai-practices/ (accessed May 11, 2020); Facebook Artificial Intelligence, "Research," https://ai.facebook.com/research/ (accessed May 11, 2020); IBM, "Trusted AI for Business," https://www.ibm.com/watson/ai-ethics/ (accessed May 14, 2020).

결되어 있는 것은 문제를 발생시킬 수 있다.

기술 윤리에 대한 도전들은 능력 있는 관리자를 찾고 윤리를 해결하기 위한 체제를 개발하는 것과 관련된다. 표 12-3은 주요 기업들의 AI 원칙 특징들을 보여준다. 미래에는 기술 윤리를 잘 다루는 능력을 가진 관리자를 찾아야 한다. Google은 AI 윤리 위원회를 만들었으나 논란이 된 이후 위원회는 일주일이 조금 안 되어 취소되었다. 위원회 구성원들은 해결해야 할 중요한 이슈에 대한 제한된 시야를 가지고 있었다. 구성원들은 기후 변화와 군대에서의 AI 사용과 같은 문제에 대해서 논쟁하기 시작했다. 또한 일부 회원들의 자격에 대해 논쟁하기만 했다. 윤리적 잘못과 의도하지 않은 결과에 대한 체제 개발을 어떻게 해야 할 것인지에 대해 그들은 무지했다.

기술 윤리의 미래는 기업윤리에 대한 현재 지식과 조건이 기계가 의사결정을 하도록 프로그래밍되었을 때 조정되어야 함을 인식하는 것과 관련이 있다. 이것은 위험을 관리하기 위해 기술을 개발하는 사람들과 협력할 윤리 및 준수 담당자가 필요한 새로운 영역이다. 윤리적 결과는 조직의 윤리적 문화와 정렬되어야만 한다. 여러 도전과제들이 있지만, 사회를 위한 긍정적인 결과에 대한 잠재력은 강력하다.

요약

기술이란 현실 세계의 문제를 효과적으로 해결하기 위해 과학적 지식을 적용하는 것이다. 주로 사람이 쓰는 도구 및 기계와 개인 및 조직이 더욱 생산적이 되기 위한 물리적 노력이 포함된다. 기술 와해(technology disruption)는 혁신이 기존의 시스템과 관습을 대체하는 경우를 말한다. 기술의 도달은 사회를 통해 광범위하게 퍼져 나가는 기술의 특성과 관련이 있다. 더 빠른 발전에 박차를 가하는 촉매로써 작용하기에 기술은 자립적(self-sustaining)이기도 하다.

만약 윤리적 가치뿐만 아니라 인간의 판단이 공식을 벗어난다면 의도하지 않은 결과가 나타날 수 있다. 현존하는 윤리적 문화와 윤리 이니셔티브는 윤리적 수행을 보장할 수 있는 프레임워크를 제공해야 한다. 그렇지만 기술 윤리가 그간 고려되지 않아왔던 사건들의 새로운 위험 범위를 포함할 수 있으므로 이해관계자들에 대한 결과에 초점을 맞출 필요가 있다.

기계가 학습하고 알고리즘과 데이터를 사용하여 인간의 지능을 필요로 하는 업무를 수행하도록 하는 기술을 인공지능(AI)이라 한다. 알고리즘은 문제 해결을 위한 방법을 제공하는 규칙들의 집합이다. AI 사용의 이점 중 하나는 직원들이 더 복잡하고 가치가 높은 업무에 집중할 수 있도록 반복적인 작업을 없애준다는 것이다. AI가 비즈니스에 사용되면서 일부 전문가들은 더 많은 일자리들이 창출될 것이라고 말하지만, 실업이 확산될 것이라는 우려도 있다. AI가 인간처럼 편견을 가질 잠재성을 가지며, 이로 인해 새로운 문제가 발생할 수 있다. AI가 학습한 대로 의사결정을 내리도록 프로그래밍되어 있기 때문에 간혹 의도하지 않은 편견을 만들어내기도 한다.

AI의 지원요소들은 빅데이터, 블록체인, 드론, 로봇공학이다. 빅데이터란 아주 빠른 속도로 전송되어야 하는 구조화 및 비구조화된 대량의 데이터를 말한다. 빅데이터의 특성 때문에 기업에서는 데이터를 효율적으로 분석하고 해석하기 위해 발전된 소프트웨어를 사용해야 한다. 빅데이터로 모아진 인사이트는 비즈니스 전략에 정보를 제공해 줄 수 있다. 모든 규모의 기업들이 엄청난 양의 데이터에 전례 없는 접근을 할 수 있게 되면서 소비자의 개인정보보호에 대한 우려가 발생한다. 블록체인은 시간이 흘러도 변하지 않는 데이터 '블록(혹은 거래장부)'의 기록을 저장하는 분산화된 기록보관 기술이다. 중앙통제 없이 데이터가 시스템에 잠겨있기 때문에 업계에서는 투명성과 보안을 증가시키기 위해 이 기술을 찾고 있다. 그럼에도, 블록체인 거래장부(ledger)는 허위정보를 추가하려는 부패한 개인을 막을 수 없다. 또한, 일부 연구에서는 분산화된 블록체인 기술이 집단 혹은 개인이 중요한 의사결정을 내릴 수 있는 역량을 가지고 있는 중앙으로 옮겨가고 있다고 한다. AI로 프로그래밍된 무인 항공기로 알려진 드론은 항공이미지 수집 및 제품 배송, 기온이나 습도 등의 환경 데이터 수집 등에 사용된다. 드론을 운영하는 조직은 감시목적으로 드론을 사용 중일 때 고객의 개인정보를 보호할 방법을 고려해야 한다. 로봇은 인간과 같은 행동을 수행하고 사용자정의 작업(custom tasks)을 해내도록 프로그래밍될 수 있다. AI지원 로봇은 머신러닝을 통해 배우고, 추론하고, 언어를 사용하며, 독창적인 아이디어를 만들어낼 수 있다. 로봇에 대한 윤리 이슈에는 일자리 감소, 감시, 개인정보보호가 있다.

윤리적 기술 이슈는 옳고 그름 혹은 윤리적이거나 비윤리적이라고 평가되는 기회 및 문제와 관련이 있다. 빅데이터의 광범위한 사용가능성 때문에 개인정보가 기술과 관련된 주요 관심사가 되었다. 미국에서는 포괄적인 소비자 데이터 보호 법률이 부족하여, 국제법[예: 잊혀질 권리, 일반데이터보호규정(GDPR)]이 미국 산업에 영향을 미친다. 어린이들을 보호하기 위해, 어린이 온라인 개인정보보호 법률(COPPA)은 연방거래위원회(FTC)에서 어린이의 온라인 개인정보를 통제하는 규정을 만들고 시행하도록 지시했다. 지적재산권 이슈는 저작권, 특허, 트레이드마크를 통해 법적으로 보호되는 창조적 작업이나 발명과 관련된다. 사이버범죄는 인터넷을 통해 타인들에게 해를 입히고 이득을 취하는 것과 관련이 있다. 이러한 이슈에는 보안 침해, 신분 도용, 사이버 스토킹 등도 포함된다. 디지털 격차 이슈는 컴퓨터와 다른 전자 기기에 접근이 가능한 사람들과 접근을 할 수 없는 사람들을 분리하기 때문에 발생한다. 이것은 삶의 질과 경제적 기회에도 영향을 미칠 수 있다. 생명공학기술은 보통 경제적 이익 및 사회적 혜택을 위한 생물학적 공정의 개발을 포함한다.

기업들은 기술의 윤리적 사용에 책임이 있다. 기술발전속도가 증가함에 따라 신흥기술에 관한 잠재적 이슈를 식별하는 것은 어렵다. 그럼에도 불구하고, 기업은 기술에 대해 사회적 책임을 고려한 선제적인 방법을 취할 필요가 있다. 점점 더 많은 조직들이 개인정보보호와 관련된 정책과 절차를 개발하고 수행할 책임이 있는 관리자인 개인정보보호책임자(CPO)를 채용하고 있다. 기업들은 민감한 정보에 대한 접근을 모니터링하고 직무와 관련이 있기 때문에 접근 수준을 제한해야 한다. 또한 이러한 정보를 어떻게 취급할지에 대한 적절한 방법을 직원에게 교육해야 한다. 자기규제 윤리 행동을 강화시키고 새로운 기술의 영향을 분석하는 한 가지 방법은 기술평가를 수행하는 것이다. 기술평가(Technology assessment)는 조직이 새로운 프로세스, 시스템 및 제품이 비즈니스 운영과 이해관계자들에게 미칠 수 있는 영향을 평가하는 데 도움이 되는 절차이다. 자기규제 노력에 더하여, 정부는 기술에 대한 지원과 기초 인프라를 유지해야 한다. 불행하게도, 정부는 진보 기술을 따라가고 어떻게 기업들을 규제할 것인지에 대해 어려움이 있다.

기술 윤리의 미래를 보면, AI는 지켜보아야 할 가장 중요한 트렌드 중 하나이다. 추가적으로, 사물통신(M2M, Machine-to-machine)은 인간의 개입 없이 장치들이 연결되도록 한다. 대역폭의 전 세계적인 증가는 기계, 로봇, 자율 주행차들이 이전 보다 더 많은 데이터를 수집하고 옮길 수 있게 해주며 사물인터넷과 스마트 기계 분야의 진보로 이어지고 있다. 5G 네트워크는 캐리어(carrier)가 믿을 수 없이 빠른 속도로 데이터를 전송할 수 있도록 해주어 기존의 휴대용 및 가정용 기기로 작업을 할 수 있는 능력이 향상되었다. 국가적으로 그리고 전 세계적으로 완전히 사용이 가능해지면, 그 가능성은 인간의 존재와 비즈니스 생태계를 극적으로 바꿔놓을 것이다. 개인적인 데이터 정보보호 및 건강 문제와 관련된 새로운 윤리적 이슈도 제기될 것이다. 기술 윤리에 대한 도전들은 능력 있는 관리자를 찾고 윤리를 해결하기 위한 체제를 개발하는 것과 관련된다. 기술 윤리의 미래는 기업윤리에 대한 현재의 지식과 조건이 기계가 의사결정을 하도록 프로그래밍되었을 때 조정되어야 함을 인식하는 것과 관련이 있다.

윤리적 비즈니스 과제 해결하기

Kayla Abara는 세계에서 가장 유명한 식품가공 회사 중 한 곳의 부사장이었다. 법학, MBA, 생명 기술공학 학위와 식품업계에서의 경험은 그녀를 식품가공 산업 전체의 지지자로 만들었다. Robert Spansky 또한 매우 비슷한 자격을 가지고 있었고, 대중들은 그의 자연스러움과 단순함을 추구하는 성향이 전 세계적 지속가능성 문제와 일치한다는 것을 알고 있었다. 그는 현재의 식품 업계에 반대하는 행동가이자 투자자이다. Kayla와 Robert는 TV 토론회에 참가자로 초대받았다. 토론의 주제는 근로자 안전이었지만 Robert는 자신만의 의제를 가지고 있었고 곧 대화를 뒤집었다.

"이 업계에서 3관왕은 소금, 지방, 설탕입니다." 그는 카메라를 향해 말했다. "생물학적으로 인간은 이 세 가지 모두에 육체적으로 중독됩니다. 예를 들어, 현재 지침에 따르면 성인은 하루에 6g 이하의 소금을 먹는 것을 목표로 해야 한다고 하는데 우리는 왜 그보다 훨씬 더 먹고 싶어할까요? 식품 산업 연구원들은 수십 년 동안 나트륨이 시스템에 자극을 주고 갈망을 유발한다는 것을 알고 있었습니다. 하지만 업계도 그것을 알고 있었습니다."

Robert는 미소 짓고는 덧붙였다. "설탕은 또 다른 문제입니다. 우리의 입 전체가 설탕에 열광하게끔 각인되어 있습니다. 그리고 지방도 있죠. 뇌의 보상 중추는 자연 식품보다 지방과 탄수화물 함량이 높은 식품이나 가공식품을 더 중요하게 여긴다는 연구들이 있습니다. 이 업계는 우리 입에 맛있는 음식들을 만들기 위해 이러한 지식을 이용하며 사회를 해쳤습니다."

Kayla는 생각을 정리하여 대답했다. "저는 청중들이 소금, 설탕, 지방에 대한 그들의 마음을 어떻게 조작해왔는지 이해했으면 합니다. 간단히 말해, 식품 업계는 수십 년 동안 이것을 알고 세 가지 물질을 모두 연구했습니다. 물론 좋은 것을 너무 많이 먹어도 문제가 생길 수 있습니다. 하지만 대중들이 스스로 먹을 수 있는 것과 먹을 수 없는 것을 결정할 수 있어야 합니다."

"그렇지만 당신이 지지하는 제품들은 비만, 당뇨병, 심장마비 및 조기 사망을 유발하고 있습니다." Robert가 말했다.

"소비자들은 합리적인 가격의 보기 좋은 제품에서 이 세 가지 재료들을 원합니다. 그러나 만약 소비자들이 더 많은 브로콜리 제품을 원한다면 그것을 제공할 것입니다. 우리는 또한 소비자들이 일을 하거나 아이들과 더 많이 놀 수 있도록 준비하는 시간을 줄여주는 제품들을 생산합니다. 당신이 가공식품 산업이라고 하는 괴물은 사실 도움을 주려는 일꾼이라고요." Kayla가 대답했다.

"GMO나 유전자 변형식품들은요?" Robert가 말했다. "우리는 여전히 그 식품들이 장기적으로도 안전한지 알지 못합니다. EU에서는 식품업계에 이에 대한 내용을 라벨에 표시하도록 했습니다."

"Robert, GMO 제품들은 농부들이 더 적은 자원으로 더 많이 재배할 수 있도록 해주기 때문에 수백만 명의 사람들이 굶주림에서 살아남을 수 있도록 도왔습니다. EU가 가상의 괴물을 만들어 농부들이 경쟁할 수 있도록 하기 위해 라벨에 GMO를 표시하길 원한 것이라는 생각은 해보셨나요?" Kayla가 대답했다.

"겁을 주려는 것은 아니지만, 식품 업계는 세계 식량 공급에 도움이 될 새로운 기술들을 빠르게 채택하고 있습니다. 예를 들어, 지난 몇 년간 3D 식품 프린팅이 빠르게 성장했습니다. 우리는 최종 제품을 층층이 쌓아 올려 형태, 질감, 구성, 궁극적으로는 음식의 맛에 대한 무한한 가능성을 주는 이 기술이 통할 것이라고 믿습니다."

"이것이 농부들에게 어떤 부정적인 영향을 미칠지에 대한 걱정은 해보지 않으셨습니까?" Robert가 받아쳤다.

"네, 새로운 기술이 인간을 대체할 수도 있지만, 이것은 기아와 식량 비용을 줄이는 것이기도 합니다. 인공지능형 시스템은 지금도 산업에 도움이 되고 있습니다. 예를 들어, 한 시스템은 닭의 형태, 크기, 색 및 기타 원하는 다른 특성에 따라 분류해주며, 1시간에 12,000마리 이상의 닭을 처리할 수 있습니다. 또한 날개가 부러지거나 색깔에 이상이 있는 등과 같이 기준에서 벗어난 경우들을 기록하고 스스로 개선하는 방식으로 학습하는 카메라 시스템도 사용합니다."

Kayla는 Robert를 향해 말했다. "사람들이 원하고 필요로 하는 것에 접근할 수 있도록 돕기 위해서 당신은 무엇을 하고 있죠?"

[질문]

1. 기술이 채택되고, 수용될 수 있으며, 윤리적이고, 합법적인 것으로 분류되는 원인은 무엇인가? 그리고 동일한 기술을 받아들일 수 없으며 비윤리적이고 불법적인 것으로 만드는 것은 무엇인가?
2. Robert와 Kayla의 논쟁과 다양한 주장을 둘러싼 쟁점에 대해 토론하시오.
3. GMO가 미국에서는 허용되지만 EU에서는 그렇지 않은 이유에 대해 토론하시오.

참고문헌

Chapter 1

1. Guido Palazzo, Franciska Krings, and Ulrich Hoffrage, "Ethical Blindness," *Journal of Business Ethics* 109, 3 (2012): 323–338.
2. Emily Glazer and Ruth Simon, "Wells Fargo Aggressive Sales Tactics Hit Small Firms," *The Wall Street Journal*, April 5, 2017, B1.
3. *United v. Federal Election Commission*, 558 U.S. 310 (2010), opinions/09pdf/08-205.pdf (accessed July 27, 2015).
4. Wroe Alderson, *Dynamic Marketing Behavior* (Homewood, IL: Irwin, 1965), 320.
5. Ethisphere Institute, "The 2019 World's Most Ethical Companies Honoree List," www.worldsmostethicalcompanies.com/honorees/ (accessed December 4, 2019).
6. Ethisphere Institute, "Ethisphere Recognizes 128 World's Most Ethical Companies for 2019," February 26, 2019, https://ethisphere.com/128-worlds-most-ethical-companies-for-2019/ (accessed December 4, 2019).
7. Dan Fitzpatrick and Robin Sidel, "New J.R. Morgan Jam," *The Wall Street Journal*, November 16, 2012, C1–C2; Robert W. Wood, "Credit Suisse: Guilty, $2.6 Billion Fine, But Avoids Death in U.S.—UBS Was Luckier," *Forbes*, May 19, 2014, robertwood/2014/05/19/credit-suisse-guilty-2-5-billion-fme-but-avoids-death-in-u-s-ubs-was-luckier/ (accessed January 28, 2015).
8. Edelman, 2019 *Edelman Trust Barometer*, www.edelman.com/sites/g/files/aatuss191/files/2019-02/2019_Edelman_Trust_Barometer_Global_Report.pdf (accessed December 4, 2019).
9. Leonidas C. Leonidou, Olga Kvasova, Constantinos N. Leonidou, and Simo Chari, "Business Unethicality as an Impediment to Consumer Trust: The Moderating Role of Demographic and Cultural Characteristics," *Journal of Business Ethics* 112, 3 (2013): 397–415.
10. Reuters, "Former British Airways Executive Indicted over Alleged JFK Airport Bribery Scheme," *CNBC*, November 19, 2019, www.cnbc.com/2019/11/20/ex-british-airways-exec-indicted-alleged-jfk-airport-bribery-scheme.html (accessed December 4, 2019).
11. Felicia Schwartz and Dov Lieber, "Israel's Netanyahu Is Indicted on Bribery and Fraud Charges," *The Wall Street Journal*, November 21, 2019, www.wsj.com/articles/prime-minister-netanyahu-indicted-on-bribery-fraud-breach-of-trust-charges-11574353669 (accessed December 4, 2019).
12. Barnini Chakraborty, "Illinois Democratic Senator Resigns amid Federal Corruption, Bribery Probe," *Fox News*, November 28, 2019, www.foxnews.com/politics/illinois-democratic-senator-resigns-amid-federal-corruption-bribery-probe (accessed December 4, 2019).
13. David Kocieniewski, "Rangel Censured Over Violations of Ethics Rules," *The New York Times*, December 2, 2010, www.nytimes.com/2010/12/03/nyregion/03rangel.html (accessed January 22, 2020).
14. John H. Cushman Jr., "Democrat Reprimanded for Misusing Staff in Race," *The New York Times*, August 1, 2012, www.nytimes.com/2012/08/02/us/politics/representative-laura-richardson-reprimanded-by-house.html (accessed January 22, 2020).
15. Jennifer Medina, Katie Benner, and Kate Taylor, "Actresses, Business Leaders and Other Wealthy Parents Charged in U.S. College Entry Fraud," *The New York Times*, March 12, 2019, www.nytimes.com/2019/03/12/us/college-admissions-cheating-scandal.html (accessed December 4, 2019).
16. Chris Jose, "Former Metro Atlanta Nonprofit President Admits to Stealing $500K for Personal Use," *WSB-TV*, November 19, 2019, www.wsbtv.com/news/local/cobb-county/former-metro-atlanta-nonprofit-president-admits-to-stealing-500k-for-personal-use/1009955563 (accessed December 4, 2019).
17. Tim De Bock, Iris Vermeir, and Patrick Van Kenhove, "'What's the Harm in Being Unethical? These Strangers are Rich Anyway! 'Exploring Underlying Factors of Double Standards," *Journal of Business Ethics* 112, 2 (2013): 225–240.
18. Daniel Fisher, "Twin NLRB Rulings Are a Big Christmas Present for Labor," *Forbes*, December 12, 2014, www.forbes.com/sites/danielfisher/2014/12/12/nlrb-rulings-are-a-big-christmas-present-for-labor/ (accessed January 28, 2015).
19. Siobhan Downes, "Ad Watchdog Upholds Complaint about 'Irresponsible' Ad Linking Ice Cream with Happiness," *Stuff.co.nz*, November 7, 2019, www.stuff.co.nz/life-style/food-wine/food-news/117228176/ad-watchdog-upholds-complaint-about-irresponsible-ad-linking-ice-cream-with-happiness (accessed December 4, 2019).
20. Frank Chapman Sharp and Philip G. Fox, *Business Ethics* (New York, NY: D. Appleton-Century Company Incorporated, 1937).
21. Archie B. Carroll and Ann K. Buchholtz, *Business and Society: Ethics and Stakeholder Management* (Cincinnati, OH: South-Western, 2006), 452–455.
22. R. Edward Freeman, *Strategic Management: A Stakeholder Approach* (Boston, MA: Pitman, 1984).
23. Alan R. Yuspeh, "Development of Corporate Compliance Programs: Lessons Learned from the DII Experience," in *Corporate Crime in America: Strengthening the "Good Citizenship" Corporation* (Washington, DC: U.S. Sentencing Commission, 1995), 71–79.
24. Eleanor Hill, "Coordinating Enforcement Under the Department of Defense Voluntary Disclosure Program," in *Corporate Crime in America: Strengthening the "Good Citizenship" Corporation* (Washington, DC: U.S. Sentencing Commission, 1995), 287–294.
25. "Huffing and Puffing in Washington: Can Clinton's Plan Curb Teen Smoking?" *Consumer Reports* 60 (1995): 637.
26. Arthur Levitt with Paula Dwyer, *Take on the Street* (New York: Pantheon Books, 2002).
27. Hill, "Coordinating Enforcement."; Richard P. Conaboy, "Corporate Crime in America: Strengthening the Good Citizen Corporation," *Corporate Crime in America: Strengthening the "Good Citizenship" Corporation* (Washington, DC: U.S. Sentencing Commission, 1995), 1–2.

28. United States Code Service (Lawyers' Edition), 18 U.S.C.S. Appendix, Sentencing Guidelines for the United States Courts (Rochester, NY: Lawyers Cooperative Publishing, 1995), sec. 8A.1.
29. "Enron on Trial," *CNN/Money*, http://money.cnn.com/news/specials/corruption/ (accessed February 3, 2015); "SEC Formalizes Investigation into Halliburton Accounting," *The Wall Street Journal Online*, December 20, 2002, SB1040396377531531753 (accessed February 3, 2015); Jake Ulick, "WorldCom CEO Slaps Arthur Andersen," *CNN*, July 8, 2002, http://edition.cnn.com/2002/BUSINESS/asia/07/08/us.worldcom/index.html? (accessed February 3, 2015).
30. "Corporate Reform Bill OK'd," *CNN*, July 26, 2002, http://money.cnn.com/2002/07/26/news/corporate_congress/ (accessed February 3, 2015).
31. Kimberly Amadeo, "Obama Tax Cuts Facts and Consequences," *The Balance*, November 20, 2019, www.thebalance.com/obama-tax-cuts-3306330 (accessed January 7, 2020).
32. Transparency International UK, "The Bribery Act," www.transparency.org.uk/our-work/business-integrity/bribery-act/ (accessed January 22, 2020).
33. Richard Fry, "Millennials Are the Largest Generation in the U.S. Labor Force," *Pew Research Center*, April 11, 2018, www.pewresearch.org/fact-tank/2018/04/11/millennials-largest-generation-us-labor-force/ (accessed January 7, 2020).
34. Elisabeth Best and Nikita Mitchell, "Millennials, Gen Z, and the Future of Sustainability," *BSR*, October 24, 2018, www.bsr.org/en/our-insights/blog-view/millennials-generation-z-future-of-sustainable-business (accessed January 7, 2019).
35. Stephen Miller, "Generation Z and Millennials Seek Recognition at Work," *SHRM*, September 12, 2019, www.shrm.org/resourcesandtools/hr-topics/benefits/pages/generation-z-and-millennials-seek-recognition-at-work.aspx (accessed January 7, 2020).
36. Andrew Rossow, "The Birth of GDPR: What Is It and What You Need to Know," *Forbes*, May 25, 2018, www.forbes.com/sites/andrewrossow/2018/05/25/the-birth-of-gdpr-what-is-it-and-what-you-need-to-know/#796951a155e5 (accessed January 22, 2020).
37. Jon Porter, "Google Fined €50 Million for GDPR Violation in France," *The Verge*, January 21, 2019, www.theverge.com/2019/1/21/18191591/google-gdpr-fine-50-million-euros-data-consent-cnil (accessed January 22, 2020).
38. Tine Thygesen, "Everyone Is Talking about ESG: What Is It and Why Should It Matter to You?" *Forbes*, November 8, 2019, www.forbes.com/sites/tinethygesen/2019/11/08/everyone-is-talking-about-esgwhat-is-it-and-why-should-it-matter-to-you/#1cc2d13932e9 (accessed January 23, 2020).
39. NASA, "Facts–Climate Change: How Do We Know?" https://climate.nasa.gov/evidence/ (accessed January 23, 2020).
40. Lizzy Gurdus, "Here's Why Stocks Such as Procter & Gamble and Coca-Cola Are Included in ESG ETFs, According to Industry Leaders," *CNBC*, January 9, 2020, www.cnbc.com/2020/01/09/procter-gamble-coca-cola-why-these-stocks-are-in-esg-etfs.html (accessed January 23, 2020).
41. William Pride and O. C. Ferrell, *Marketing*, 20e (Mason, OH: South-Western Cengage Learning, 2020), 143.
42. Muel Kaptein, "From Inaction to External Whistleblowing: The Influence of the Ethical Culture of Organizations on Employee Responses to Observed Wrongdoing," *Journal of Business Ethics* 98, 3 (2011): 513–530.
43. Jamie-Lee Campbell and Anja S. Goritz, "Culture Corrupts! A Qualitative Study of Organizational Culture in Corrupt Organizations," *Journal of Business Ethics* 120, 3 (2014): 291–311.
44. Emily Glazer and Christina Rexrode, "As Regulators Focus on Culture, Wall Street Struggles to Define It," *The Wall Street Journal*, February 2, 2015, Al, A8.
45. PPT presentation presented at 2014 ECOA conference in Atlanta, presented by Martin Tolar, GRC Institute, entitled "The First ISO Standard in E&C: What You Need to Know," Presented October 2, 2014; Dick Hortensius, "What Is the General Idea Behind the Proposed ISO 19600?" *Ethics Intelligence*, April 2014, intelligence.com/experts/4636-general-idea-behind-iso-19600/ (accessed October 14, 2014).
46. United Nations, "Global Compact: Corporate Citizenship in the World Economy," www.unglobalcompact.org/docs/news_events/8.1/GC_brochure_FINAL.pdf (accessed February 15, 2011).
47. MassMutual, "MassMutual Named One of the 2019 World's Most Ethical Companies by Ethisphere for the 6th Consecutive Year," February 26, 2019, www.massmutual.com/about-us/news-and-press-releases/press-releases/2019/02/massmutual-named-one-of-the-2019-worlds-most-ethical-companies-by-ethisphere-for-the-6th-consecutive-year (accessed December 4, 2019).
48. Bernard J. Jaworski and Ajay K. Kohli, "Market Orientation: Antecedents and Consequences," *Journal of Marketing* 57, 3 (1993): 53–70.
49. "Best Companies to Work For 2014: Burns & McDonnell," *Fortune*, http://fortune.com/best-companies/burns-mcdonnell-14/ (accessed January 28, 2015).
50. Terry W. Loe, "The Role of Ethical Culture in Developing Trust, Market Orientation and Commitment to Quality" (PhD diss., University of Memphis, 1996).
51. Sean Valentine, Lynn Godkin, Gary M. Fleischman, and Rolan Kidwell, "Corporate Ethical Values, Group Creativity, Job Satisfaction and Turnover Intention: The Impact of Work Context on Work Response," *Journal of Business Ethics* 98, 3 (2011): 353–572.
52. Ethics and Compliance Initiative, 2019 Global Business Ethics Survey: *The Impact of Organizational Values and Ethical Leadership on Misconduct: A Global Look,* (Arlington, VA: Ethics and Compliance Initiative, 2019), 8.
53. Robert Gomez, "How Socially Conscious Young Investors Are Putting Their Money Where Their Ideals Are," *CNBC*, February 17, 2019, www.cnbc.com/2019/02/13/influx-of-young-investors-can-revitalize-sri.html (accessed December 4, 2019).
54. Leonidas C. Leonidou, Olga Kvasova, Constantinos N. Leonidou, and Simo Chari, "Business Unethicality as an Impediment to Consumer Trust: The Moderating Role of Demographic and Cultural Characteristics," *Journal of Business Ethics* 112, 3 (2013): 397–415.
55. Alaska Airlines, "Sustainability Mission," www.alaskaair.com/content/about-us/sustainability/our-mission (accessed December 4, 2019); Alaska Airlines, "Alaska Airlines Captures Number One Ranking for 12th Consecutive Year among Traditional Carriers in the J.D. Power 2019 North America Airline Satisfaction Study," May 29, 2019, https://newsroom.alaskaair.com/2019-05-29-Alaska-Airlines-captures-number-one-ranking-for-12th-consecutive-year-among-Traditional-Carriers-in-the-J-D-Power-2019-North-America-Airline-Satisfaction-Study (accessed December 4, 2019).
56. Jatinder J. Singh, Oriol Iglesias, and Joan Manel Batistia-Foguet, "Does Having an Ethical Brand Matter? The Influence of Consumer Perceived Ethicality on Trust, Affect and Loyalty," *Journal of Business Ethics* 111, 4 (2012): 541–549.
57. Mintel, "73% of Americans Consider Companies' Charitable Work When Making a Purchase," November 23, 2018, www.mintel.com/press-centre/social-and-lifestyle/givingtuesday-73-of-americans-consider-companies-charitable-work-when-making-a-purchase (accessed December 4, 2019).
58. Marjorie Kelly, "Holy Grail Found. Absolute, Definitive Proof that Responsible Companies Perform Better Financially," *Business Ethics*, Winter 2004.

59. Goldman Sachs, "Corporate Engagement," www.goldmansachs.com/citizenship/corporate-engagement/ (accessed December 4, 2019); "World's Most Admired Companies," *Fortune*, https://fortune.com/worlds-most-admired-companies/ (accessed January 7, 2019).
60. O. C. Ferrell, Isabelle Maignan, and Terry W. Loe, "The Relationship Between Corporate Citizenship and Competitive Advantage," in *Rights, Relationships, and Responsibilities*, eds. O.C. Ferrell, Lou Pelton, and Sheb L. True (Kennesaw, GA: Kennesaw State University, 2003).
61. Jeanne Liedtka and Andrew King, "Use 'Design Thinking' to Reach Customers," *Washington Post*, May 4, 2014, capitalbusiness/use-design-thinking-to-reach-customers/2014/05/02/6e7a99c0-d05c-lle3-937f-d3026234b51c_story.html (accessed January 29, 2015).
62. Isabelle Girerd-Potin, Sonia Jimenez-Garcés, and Pascal Louvet, "Which Dimensions of Social Responsibility Concern Financial Investors?" *Journal of Business Ethics* 121, 4 (2014): 559–576.
63. Galvin, "The New Business Ethics."
64. Ethisphere Institute, "Ethisphere Recognizes 128 World's Most Ethical Companies for 2019."

Chapter 2

1. Vikas Anand, Blake E. Ashforth, and Mahendra Joshi, "Business as Usual: The Acceptance and Perpetuation of Corruption in Organizations," *Academy of Management Executive* 18, 2 (2004): 39–53.
2. O. C. Ferrell, Debbie Thorne, and Linda Ferrell, *Business and Society: A Strategic Approach to Social Responsibility & Ethics* (Chicago: Chicago Business Press, 2021), 42.
3. Natalie Drozdiak and Jack Nicas, "Google Privacy-Policy Changes Faces New Scrutiny in EU," *The Wall Street Journal*, January 24, 2017, B1.
4. T. Donaldson and L. E. Preston, "The Stakeholder Theory of the Corporation: Concepts, Evidence, and Implications," *Academy of Management Review* 20, 1 (1995): 65–91.
5. T. M. Jones, "Instrumental Stakeholder Theory: A Synthesis of Ethics and Economics," *Academy of Management Review* 20, 2 (1995): 404–437.
6. Max B. E. Clarkson, "A Stakeholder Framework for Analyzing and Evaluating Corporate Social Performance," *Academy of Management Review* 20, 1 (1995): 92–117.
7. Lynn Brewer, Robert Chandler, and O. C. Ferrell, *Managing Risks for Corporate Integrity: How to Survive an Ethical Misconduct Disaster* (Mason, OH: Texere/Thomson, 2006), 11.
8. Bobby Allyn, "Top Reason for CEO Departures Among Largest Companies Is Now Misconduct, Study Finds," NPR, May 20, 2019, www.npr.org/2019/05/20/725108825/top-reason-for-ceo-departures-among-largest-companies-is-now-misconduct-study-fi (accessed December 17, 2019).
9. Edelman, 2019 *Edelman Trust Barometer: Global Report*, www.edelman.com/sites/g/files/aatuss191/files/2019-02/2019_Edelman_Trust_Barometer_Global_Report.pdf (accessed December 17, 2019).
10. Suzanne Vranica, "In Three Days, the Hallmark Channel Managed to Upset Pretty Much Everyone," *The Wall Street Journal*, December 17, 2019, www.wsj.com/articles/in-three-days-the-hallmark-channel-managed-to-upset-pretty-much-everyone-11576607566 (accessed December 17, 2019).
11. Adapted from Isabelle Maignan, O. C. Ferrell, and Linda Ferrell, "A Stakeholder Model for Implementing Social Responsibility in Marketing," *European Journal of Marketing* 39, 9/10 (2005): 956–977.
12. Yves Fassin, "Stakeholder Management, Reciprocity and Shareholder Responsibility," *Journal of Business Ethics* 109, 1 (2012): 83–96.
13. Ibid.
14. Todd Haselton and Sara Salinas, "As Fallout over Pedophilia Content on YouTube Continues, AT&T and Hasbro Pull All Advertisements," *CNBC*, February 21, 2019, www.cnbc.com/2019/02/21/att-pulls-all-ads-from-youtube-pedophilia-controversy.html (accessed December 17, 2019).
15. Ethisphere Institute, "Ethisphere Recognizes 128 World's Most Ethical Companies for 2019," February 26, 2019, https://ethisphere.com/128-worlds-most-ethical-companies-for-2019/ (accessed December 4, 2019).
16. NAVEX Global, "When It Comes to Compliance Training, Program Maturity Correlates with Program Outcomes," July 12, 2018, www.navexglobal.com/blog/article/when-it-comes-to-compliance-training-program-maturity-correlates-with-program-outcomes/ (accessed December 17, 2019).
17. Ferrell, Thorne, and Ferrell, *Business and Society.*
18. Sharon C. Bolton, Rebecca Chung-Hee Kim, and Kevin D. O'Gorman, "Corporate Social Responsibility as a Dynamic Internal Organizational Process: A Case Study," *Journal of Business Ethics* 101, 1 (2011): 61–74.
19. G. Tomas M. Hult, Jeannette A. Mena, O. C. Ferrell, and Linda Ferrell, "Stakeholder Marketing: A Definition and Conceptual Framework," *AMS Review* 1, 1 (2011): 44–65.
20. Isabelle Maignan and O.C. Ferrell, "Corporate Social Responsibility: Toward a Marketing Conceptualization," *Journal of the Academy of Marketing Science* 32, 1 (2004): 3–19.
21. Nissan, "Stakeholder Engagement," www.nissan-global.com/EN/SUSTAINABILITY/REPORT/NS2022/STAKEHOLDER_ENGAGEMENT/ (accessed December 18, 2019).
22. Ibid.
23. Wenlong Yuan, Yongjian Bao, and Alain Verbeke, "Integrating CSR Initiatives in Business: An Organizing Framework," *Journal of Business Ethics* 101, 1 (2011): 75–92.
24. Ibid.
25. Joseph A. McKinney, Tisha L. Emerson, and Mitchell J. Neubert, "The Effects of Ethical Codes on Ethical Perceptions of Actions Toward Stakeholders," *Journal of Business Ethics* 97, 4 (2010): 505–516.
26. Salesforce.com, "FY19 Stakeholder Impact Report: Blazing a Trail Toward a Better More Equal World," 2019, www.salesforce.com/content/dam/web/en_us/www/documents/white-papers/sustainability-FY19-stakeholder-impact-report.pdf (accessed December 18, 2019).
27. Nestle, "Leading the Way: Responsible Marketing of Breast Milk Substitutes," 2018, www.nestle.com/sites/default/files/2019-07/2018-annual-external-report-compliance.pdf (accessed December 27, 2019).
28. Maignan and Ferrell, "Corporate Social Responsibility."
29. Starbucks, "Global Social Impact Report," 2018, https://globalassets.starbucks.com/assets/5064028EB31B40FA86C13DD54497DE1F.pdf (accessed December 17, 2019).
30. Birdcall, www.eatbirdcall.com (accessed December 17, 2019).
31. Dell Technologies, "FY19 Corporate Social Responsibility Report," 2019, https://corporate.delltechnologies.com/en-us/social-impact/reporting/fy19-csr-report.htm#scroll=off (accessed December 18, 2019).
32. O. C. Ferrell, Dana E. Harrison, Linda Ferrell, and Joe F. Hair, "Business Ethics, Corporate Social Responsibility, and Brand Attitudes: An Exploratory Study," *Journal of Business Research* 95 (2019): 491–501.
33. Archie B. Carroll, "The Pyramid of Corporate Social Responsibility: Toward the Moral Management of Organizational Stakeholders," *Business Horizons* 34, 4 (1991): 42.
34. Mark Scott, "Right to Be Forgotten Should Apply Worldwide, E.U. Panel Says," *The New York Times*, November 26, 2014, www.nytimes.com/2014/11/27/technology/right-to-be-forgotten-should-be-extended-beyond-europe-eu-panel-says.html?_r=0 (accessed January 29, 2015).
35. Hilary George-Parkin, "How 12 Shoe Brands and Retailers Are Helping Fight the Australian Bushfires," *Yahoo!*, January 9, 2020, www.yahoo.com/lifestyle/10-shoe-brands-retailers-helping-165807766.html (accessed February 5, 2020).

36. Isabelle Maignan, O. C. Ferrell, and G. Tomas M. Hult, "Corporate Citizenship: Cultural Antecedents and Business Benefits," *Journal of the Academy of Marketing Science* 27, 4 (1999): 457.
37. Michael B. Sauter, "America's Most Hated Companies," *24/7 Wall Street*, January 29, 2020, https://247wallst.com/special-report/2020/01/29/americas-most-hated-companies-7/2/ (accessed February 5, 2020).
38. Rachael Levy, "How the 1% Scrubs Its Image Online," *The Wall Street Journal*, December 13, 2019, www.wsj.com/articles/how-the-1-scrubs-its-image-online-11576233000 (accessed December 18, 2019); PR Newswire, "For the 4th Consecutive Year, Status Labs Earns Spot on Coveted Inc. 5000 List of Fastest-Growing Companies," August 15, 2019, www.prnewswire.com/news-releases/for-the-4th-consecutive-year-status-labs-earns-spot-on-coveted-inc-5000-list-of-fastest-growing-companies-300902465.html (accessed December 18, 2019).
39. Lindsay McShane and Peggy Cunningham, "To Thine Own Self Be True? Employees' Judgments of the Authenticity of Their Organizations Corporate Social Responsibility Program," *Journal of Business Ethics* 108, 1 (2012): 81–100.
40. Daniel Korschun, C. B. Bhattacharya, and Scott D. Swain, "Corporate Social Responsibility, Customer Orientation, and the Job Performance of Frontline Employees," *Journal of Marketing* 78, 3 (2014): 20–37.
41. Gene R. Laczniak and Patrick E. Murphy, "Stakeholder Theory and Marketing: Moving from a Firm-Centric to a Societal Perspective," *Journal of Public Policy & Marketing* 31, 2 (2012): 284–292.
42. Patrick Murphy, Gene R. Laczniak, and Andrea Prothero, *Ethics in Marketing: International Cases and Perspectives* (London: Routledge, 2012), 38.
43. O. C. Ferrell, "Broadening Marketing's Contribution to Data Privacy," *Journal of the Academy of Marketing Science* (March 2017): 160–163.
44. Nicholas Confessore, "The Unlikely Activists Who Took on Silicon Valley—and Won," *The New York Times*, August 14, 2018, www.nytimes.com/2018/08/14/magazine/facebook-google-privacy-data.html (accessed December 18, 2019).
45. Christopher Kuner, Fred H. Cate, Orla Lynskey, Christopher Millard, Nora Ni Loideain, and Dan Jerker B. Svantesson, "Expanding the Artificial Intelligence-Data Protection Debate," *International Data Privacy Law*, 8, 4 (2019): 289–292.
46. R. D. Petty and J. C. Andrews, "Covert Marketing Unmasked: A Legal and Regulatory Guide for Practices that Mask Marketing Messages," *Journal of Public Policy & Marketing* 27, 1 (2008): 7–18.
47. R. M. Cain, "Embedded Advertising on Television: Disclosure, Deception, and Free Speech Rights," *Journal of Public Policy & Marketing* 30, 2 (2011): 226–238.
48. Jennifer Zarzosa, "Native Advertising as a Way to Break Through the Clutter," Daniels Fund Ethics Initiative at the University of New Mexico, 2013, http://danielsethics.mgt.unm.edu/pdf/native-advertising-debate.pdf (accessed February 13, 2015).
49. Pieter de Jong, Anthony Paulraj, and Constantin Blome, "The Financial Impact of ISO 14001 Certification: Top-Line, Bottom-Line, or Both?" *Journal of Business Ethics* 119, 1 (2014): 131–149.
50. H. Jo and M. A. Harjoto, "The Causal Effect of Corporate Governance on Corporate Social Responsibility," *Journal of Business Ethics* 106, 1 (2012): 53–72.
51. Arifur Khan, Mohammed Badrul Muttakin, and Javed Siddiqui, "Corporate Governance and Corporate Social Responsibility Disclosures: Evidence from an Emerging Economy," *Journal of Business Ethics* 114, 2 (2013): 207–223.
52. Jose Pagliery, "Ashley Madison Agrees to $1.7 Million Settlement," *CNN Money*, December 14, 2016, http://money.cnn.com/2016/12/14/news/ashley-madison-settlement/ (accessed April 6, 2017); Zak Doffman, "Ashley Madison Has Signed 30 Million Cheating Spouses. Again. Has Anything Changed?" *Forbes*, August 23, 2019, www.forbes.com/sites/zakdoffman/2019/08/23/ashley-madison-is-back-with-30-million-cheating-spouses-signed-since-the-hack/#4c80311a3878 (accessed December 18, 2019).
53. G. A. Steiner and J. F. Steiner, *Business, Government, and Society* (New York: Random House, 1988).
54. Milton Friedman, "Social Responsibility of Business Is to Increase Its Profits," *The New York Times Magazine*, September 13, 1970, 122–126.
55. "Business Leaders, Politicians and Academics Dub Corporate Irresponsibility 'An Attack on America from Within,'" *Business Wire*, November 7, 2002, via America Online.
56. Adam Smith, *The Theory of Moral Sentiments*, Vol. 2 (New York: Prometheus, 2000).
57. Jill A. Brown and William R. Forster, "CSR and Stakeholder Theory: A Tale of Adam Smith," *Journal of Business Ethics* 112 (2013): 301–312.
58. Iain Clacher and Jens Hagendorff, "Do Announcements About Corporate Social Responsibility Create or Destroy Shareholder Wealth? Evidence from the UK," *Journal of Business Ethics* 106, 3 (2012): 253–266.
59. Isabelle Maignan, Tracy L. Gonzalez-Padron, G. Tomas M. Hult, and O. C. Ferrell, "Stakeholder Orientation: Development and Testing of a Framework for Socially Responsible Marketing," *Journal of Strategic Marketing* 19, 4 (2011): 313–338.
60. *Dodge v. Ford Motor Co.*, 204 Mich.459, 179 N.W. 668, 3 A.L.R. 413 (1919).
61. Yuan-Shuh Lii and Monle Lee, "Doing Right Leads to Doing Well: When the Type of CSR and Reputation Interact to Affect Consumer Evaluations of the Firm," *Journal of Business Ethics* 105, 1 (2012): 69–81.
62. Alfred Marcus and Sheryl Kaiser, *Managing Beyond Compliance: The Ethical and Legal Dimensions of Corporate Responsibility* (Garfield Heights, OH: North Coast Publishers: 2006), 79.
63. Joann S. Lublin, "Corporate Directors' Group Gives Repair Plan to Boards," *The Wall Street Journal*, March 24, 2009, http://online.wsj.com/article/SB123784649341118187.html (accessed February 3, 2015).
64. Reuters, "Disney Shareholders Vote Against CEO Iger's Pay Package," *CNBC*, March 9, 2018, www.cnbc.com/2018/03/09/disney-shareholders-vote-against-ceo-igers-pay-package.html (accessed December 17, 2019).
65. Michael Rapoport and Joann S. Lublin, "The Board's Fire Department," *The Wall Street Journal*, February 3, 2015, B7.
66. Ben W. Heineman, Jr., "Are You a Good Corporate Citizen?" *The Wall Street Journal*, June 28, 2005, B2.
67. Phred Dvorak, "Poor Year Doesn't Stop CEO Bonuses," *The Wall Street Journal*, March 18, 2009, http://online.wsj.com/article/SB123698866439126029.html (accessed April 14, 2011).
68. Darryl Reed, "Corporate Governance Reforms in Developing Countries," *Journal of Business Ethics* 37, 3 (2002): 223–247.
69. Kathleen Rehbein, Jeanne M. Logsdon, and Harry J. Van Buren, III, "Corporate Responses to Shareholder Activists: Considering the Dialogue Alternative," *Journal of Business Ethics* 112, 1 (2013): 137–154.
70. Maria Maher and Thomas Anderson, *Corporate Governance: Effects on Firm Performance and Economic Growth* (Paris: Organization for Economic Co-operation and Development, 1999).
71. Demb and F. F. Neubauer, *The Corporate Board: Confronting the Paradoxes* (Oxford: Oxford University Press, 1992).
72. Maher and Anderson, *Corporate Governance.*
73. Organization for Economic Co-operation and Development, *The OECD Principles of Corporate Governance* (Paris: Organization for Economic Co-operation and Development, 1999).

74. Louis Lavelle, "The Best and Worst Boards," *Business Week*, October 7, 2002, 104–114.
75. Melvin A. Eisenberg, "Corporate Governance: The Board of Directors and Internal Control," *Cardozo Law Review* 19 (1997): 237.
76. S. Trevis Certo, Catherine Dalton, Dan Dalton, and Richard Lester, "Boards of Directors' Self-interest: Expanding for Pay in Corporate Acquisitions?" *Journal of Business Ethics* 77, 2 (2008): 219–230.
77. Kosmas Papadopoulos, "Update on U.S. Director Pay," *Harvard Law School Forum on Corporate Governance and Financial Regulation*, May 6, 2019, https://corpgov.law.harvard.edu/2019/05/06/update-on-u-s-director-pay/ (accessed December 18, 2019).
78. Gary Strauss, "$228,000 for a Part-Time Job? Apparently That's Not Enough," *USA Today*, March 4–6, 2011, 1A.
79. Erica Steckler and Cynthia Clark, "Authenticity and Corporate Governance," *Journal of Business Ethics* 155, 4 (2019): 951–963.
80. Taieb Hafsi and Gokhan Turgut, "Boardroom Diversity and its Effect on Social Performance: Conceptualization and Empirical Evidence," *Journal of Business Ethics* 112, 3 (2013): 463–479.
81. Alisha Haridasani Gupta, "California Companies Are Rushing to Find Female Board Members," *The New York Times*, December 17, 2019, www.nytimes.com/2019/12/17/us/california-boardroom-gender-quota.html (accessed December 18, 2019).
82. Business Dictionary, www.businessdictionary.com/definition/interlocking-directorate.html (accessed February 3, 2015).
83. Diligent Insights, "What Are Interlocking Directorates?" March 21, 2019, https://insights.diligent.com/board-succession-planning/what-are-interlocking-directorates/ (accessed December 18, 2019).
84. Amy Borrus, "Should Directors Be Nervous?" *Business Week*, March 6, 2006 www.bloomberg.com/bw/stories/2006-03-05/should-directors-be-nervous (accessed February 3, 2015).
85. John A. Byrne with Louis Lavelle, Nanette Byrnes, Marcia Vickers, and Amy Borrus, "How to Fix Corporate Governance," *Business Week*, May 6, 2002, 69–78.
86. As You Sow, "The 100 Most Overpaid CEOs 2019," 2019, www.asyousow.org/report/the-100-most-overpaid-ceos-2019 (accessed February 5, 2020).
87. Ibid.
88. Steven Clifford, "How Companies Actually Decide What to Pay CEOs," *The Atlantic*, June 14, 2017, www.theatlantic.com/business/archive/2017/06/how-companies-decide-ceo-pay/530127/ (accessed February 5, 2020).
89. Dean Baker, Josh Bivens, and Jessica Schieder, "Reining in CEO Compensation and Curbing the Rise of Inequality," *Economic Policy Institute*, June 4, 2019, www.epi.org/publication/reining-in-ceo-compensation-and-curbing-the-rise-of-inequality/ (accessed February 20, 2020).
90. U.S. Securities and Exchange Commission, "SEC Adopts Rule for Pay Ratio Disclosure," August 5, 2015, www.sec.gov/news/pressrelease/2015-160.html (accessed December 18, 2019).
91. As You Sow, "The 100 Most Overpaid CEOs 2019," 2019, www.asyousow.org/report/the-100-most-overpaid-ceos-2019 (accessed February 5, 2020).
92. Rick Wartzman, "The Tricky Role of the CEO in a New Era of Social Responsibility," *The Wall Street Journal*, December 12, 2019, www.wsj.com/articles/the-tricky-role-of-the-ceo-in-a-new-era-of-social-responsibility-11576170755 (accessed December 17, 2019); Steve Fiorillo, "What Is the Average Income in the U.S. in 2019," *The Street*, February 3, 2019, https://www.thestreet.com/personal-finance/average-income-in-us-14852178 (accessed December 18, 2019).
93. Sarah Anderson, John Cavanagh, Ralph Estes, Chuck Collins, and Chris Hartman, *A Decade of Executive Excess: The 1990s Sixth Annual Executive* (Boston: United for a Fair Economy, 1999), online, June 30, 2006, www.faireconomy.org/press_room/1999/a_decade_of_executive_excess_the_1990s (accessed February 3, 2015).
94. Louis Lavelle, "CEO Pay, The More Things Change…," *Business Week*, October 16, 2000, 106–108.
95. Susan Adams, "The Highest-Paid CEOs Are The Worst Performers, New Study Says," *Forbes*, June 16, 2014, www.forbes.com/sites/susanadams/2014/06/16/the-highest-paid-ceos-are-the-worst-performers-new-study-says/ (accessed February 3, 2015).
96. Chris Tomlinson, "Volkswagen, Wells Fargo Overhaul CEO Pay – Only After Scandals," *Houston Chronicle*, March 2, 2017, www.houstonchronicle.com/business/columnists/tomlinson/article/Scandals-prompt-overhaul-of-CEO-pay-10969866.php (accessed April 9, 2017).
97. Gary Strauss, "America's Corporate Meltdown," *USA Today*, June 27, 2002, 1A, 2A.
98. Li-Chiu Chi, "Do Transparency and Performance Predict Firm Performance? Evidence from the Taiwan Market," *Expert Systems with Applications* 36, 8 (2009): 11198–11203.
99. Ben & Jerry, "Values," www.benjerry.com/values (accessed December 18, 2019).
100. Economist staff, "The Criminalisation of American Business, *The Economist*, August 30–September 5, 2014, 21–24; Tracy L. Gonzalez-Padron, G. Tomas M. Hult, and O. C. Ferrell, "Stakeholder Marketing Relationships to Social Responsibility and Firm Performance," *Research in Marketing*, Forthcoming.
101. Gretchen Morgenson, "Keeping Shareholders at a Distance," *The New York Times*, April 2, 2016, 1.
102. Amy Guthrie, "Survey Shows Mexicans Drinking Less Soda After Tax," *The Wall Street Journal*, October 13, 2014, www.wsj.com/articles/survey-shows-mexicans-drinking-less-soda-after-tax-1413226009 (accessed January 29, 2015).
103. Anna Wilde Mathews, "CVS Begins Clinical Trial for Home-Dialysis Device," *The Wall Street Journal*, July 17, 2019, www.wsj.com/articles/cvs-begins-clinical-trial-for-home-dialysis-device-11563364801 (accessed October 21, 2019).
104. "Being a Responsible Company," http://wwwstarbucks.com/aboutus/csr.asp (accessed April 14, 2011).
105. MuiChing Carina Chan, John Watson, and David Woodliff, "Corporate Governance Quality and CSR Disclosures," *Journal of Business Ethics* 125, 1 (2014): 59–73.
106. Arthur Shi, "Batterygate: A Complete History of Apple Throttling iPhones," *iFixit*, September 8, 2018, www.ifixit.com/News/batterygate-timeline (accessed October 24, 2019).
107. Katie Thomas, "Group Sues Aetna, Claiming Discrimination Against H.I.V. Patients," *The New York Times*, December 22, 2014, www.nytimes.com/2014/12/23/business/group-sues-aetna-claiming-discrimination-against-hiv-patients.html (accessed February 3, 2015).
108. Dune Lawrence, "A Month Before Deadline, Firms Play for Time on Conflict-Mineral Reporting," *Bloomberg*, April 29, 2014, www.bloomberg.com/bw/articles/2014-04-29/secs-conflict-mineral-rules-are-in-limbo-a-month-before-deadline (accessed February 3, 2015); Business & Human Rights Resource Centre, "Conflict minerals disclosure reports (June 2014)," business-humanrights.org/en/conflict-peace/conflict-minerals/conflict-minerals-disclosure-reports-jun-2014 (accessed February 3, 2015); Enough Project, "New Analysis Shows Costs for U.S. Companies to Implement Conflict Minerals Law 74–85% Lower than Expected," February 8, 2017, https://enoughproject.org/blog/new-analysis-shows-costs-us-companies-implement-conflict-minerals-74-85-lower (accessed December 18, 2019).

Chapter 3

1. International Institute for Sustainable Development, "What Is Sustainable Development?" https://www.iisd.org/topic/sustainable-development#one (accessed January 31, 2020).
2. Morgan McFall-Johnsen, "The Fashion Industry Emits More Carbon than International Flights and Maritime Shipping Combined. Here Are the Biggest Ways It Impacts the Planet," *Business Insider*, October 21, 2019, www.businessinsider.com/fast-fashion-environmental-impact-pollution-emissions-waste-water-2019-10 (accessed February 25, 2020).
3. Jon Bird, "Fashion's Dirty Little Secret And How It's Coming Clean," *Forbes*, September 9, 2018, www.forbes.com/sites/jonbird1/2018/09/09/fashions-dirty-little-secret-and-how-its-coming-clean/#9b5ca6a1771f (accessed February 25, 2020).
4. Sean Valentine, Lynn Godkin, Gary M. Fleischman, and Roland Kidwell, "Corporate Ethical Values, Group Creativity, Job Satisfaction and Turnover Intention: The Impact of Work Context on Work Response," *Journal of Business Ethics* 98, 3 (2011): 353–372.
5. Hae-Ryong Kim, Moonkyu Lee, Hyoung-Tark Lee, and Na-Min Kim, "Corporate Social Responsibility and Employee-Company Identification," *Journal of Business Ethics* 95, 4 (2010): 557–569.
6. Liviu Florea, Yu Ha Cheung, and Neil C. Herndon, "For All Good Reasons: Role of Values in Organizational Sustainability," *Journal of Business Ethics* 114, 3 (2013): 393–408.
7. Marcus Wagner, "Green Human Resource Benefits: Do They Matter as Determinants of Environmental Management System Implementation?" *Journal of Business Ethics* 114, 3 (2013): 443–456.
8. CEO Climate Dialogue, "About," www.ceoclimatedialogue.org/about (accessed January 31, 2020).
9. Patrick E. Murphy, Magdalena Oberseder, and Gene R. Laczniak, "Corporate Societal Responsibility in Marketing: Normatively Broadening the Concept," *AMS Review* 3, 2 (2013): 86–102.
10. Ibid.
11. Alain Verbeke and Vincent Tung, "The Future of Stakeholder Management Theory: A Temporal Perspective," *Journal of Business Ethics* 112, 3 (2013): 529–543.
12. Karsten Strauss, "The Most Sustainable Companies In 2019," *Forbes*, January 22, 2019, www.forbes.com/sites/karstenstrauss/2019/01/22/the-most-sustainable-companies-in-2019/#39866cfe6d7d (accessed February 25, 2020).
13. Environmental Protection Agency, "Air Quality," *Office of Air Quality Planning and Standards*, www.epa.gov/oar/oaqps/cleanair.html (accessed April 1, 2015).
14. Bryan Walsh, "The Gas Dilemma," *Time*, April 11, 2011, 40–48; Jim Efstathiou, Jr. and Kim Chipman, "The Great Shale Gas Rush," *Bloomberg BusinessWeek*, March 7–13, 2011, 25–28.
15. Environmental Protection Agency, "Effects of Acid Rain," www.epa.gov/acidrain/effects-acid-rain (accessed January 31, 2020).
16. United States Environmental Protection Agency, "Sulfur Dioxide Trends," www.epa.gov/air-trends/sulfur-dioxide-trends (accessed January 31, 2020); United States Environmental Protection Agency, "Nitrogen Dioxide Trends," www.epa.gov/air-trends/nitrogen-dioxide-trends (accessed January 31, 2020).
17. UNECE, "Mission," www.unece.org/mission.html (accessed February 3, 2020).
18. United States Environmental Protection Agency, "Affordable Clean Energy Rule," www.epa.gov/stationary-sources-air-pollution/affordable-clean-energy-rule (accessed February 25, 2020).
19. United States Environmental Protection Agency, "Global Greenhouse Gas Emissions Data," www.epa.gov/ghgemissions/global-greenhouse-gas-emissions-data (accessed January 31, 2020).
20. Richard Wolf, "Greenhouse Gas Rules Survive Court," *USA Today*, June 24, 2014, 3B.
21. Nina Chestney, "Poland's Power from Coal Seen Down at 50 Percent by 2040–Government Official," *Reuters*, October 2, 2018, www.reuters.com/article/us-poland-energy/polands-power-from-coal-seen-down-at-50-percent-by-2040-government-official-idUSKCN1MC2FM (accessed January 31, 2020).
22. Coral Davenport, "Obama Builds Environmental Legacy with 1970 Law," *The New York Times*, November 26, 2014, www.nytimes.com/2014/ll/27/us/without-passing-a-single-law-obama-crafts-bold-enviornmental-policy.html (accessed March 10, 2015); Sarah D. Wire, "Arkansas Joining States Challenging EPA on Emissions," *Arkansas Online*, March 10, 2015, www.arkansasonline.com/news/2015/mar/10/arkansas-joining-states-challenging-epa/ (accessed March 10, 2015); Richard Wolf, "Supreme Court Limits Greenhouse Gas Emissions," *USA Today*, June 23, 2014, www.usatoday.com/story/news/nation/2014/06/23/supreme-court-greenhouse-gas/8567453/ (accessed March 10, 2015); Juliet Eilperin and Steven Mufson, "Everything You Need to Know about the EPA's Proposed Rule on Coal Plants," *The Washington Post*, June 2, 2014, www.washingtonpost.com/national/health-science/epa-will-propose-a-rule-to-cut-emissions-from-existing-coal-plants-by-up-to-30-percent/2014/06/02/f37f0al0-e81d-lle3-afc6-aldd9407abcf_story.html (accessed March 10, 2015); Mark Drajem, "EPA Considers Delaying Carbon Deadline After Utilities Object," *Bloomberg*, February 17, 2015, www.bloomberg.com/news/articles/2015-02-17/epa-considers-revised-timing-for-complying-with-power-plant-rule (accessed March 10, 2015); Matt Stieb, "Air Pollution Increase Under Trump, Despite His Claim of World's 'Cleanest Air,'" *New York Magazine*, October 24, 2019, http://nymag.com/intelligencer/2019/10/air-pollution-increases-under-trump-after-7-year-decline.html (accessed January 31, 2020).
23. UNICEF, "1 in 3 People Globally Do Not Have Access to Safe Drinking Water – UNICEF, WHO," June 18, 2019, www.unicef.org/press-releases/1-3-people-globally-do-not-have-access-safe-drinking-water-unicef-who (accessed January 31, 2020).
24. Coral Davenport, "Trump Removes Pollution Controls on Streams and Wetlands," *The New York Times*, January 22, 2020, www.nytimes.com/2020/01/22/climate/trump-environment-water.html (accessed January 31, 2020).
25. Bryan Walsh, "The Gas Dilemma," *Time*, April 11, 2011, 40–48; Jim Efstathiou, Jr. and Kim Chipman, "The Great Shale Gas Rush," *Bloomberg BusinessWeek*, March 7–13, 2011, 25–28.
26. Tara Patel, "The French Say No to 'Le Fracking,'" *Bloomberg BusinessWeek*, April 4–10, 2011, 60–62.
27. Levi Strauss & Co., "How Levi's Is Saving Water," March 25, 2019, www.levistrauss.com/2019/03/25/world-water-day-2019-saving-h2o/ (accessed January 31, 2020).
28. Asmir Ismael, "7 Brands That Make Sustainable Jeans Using Organic Cotton and Eco-Friendly Production Methods," *Business Insider*, August 14, 2019, www.businessinsider.com/sustainable-denim-jeans-brands (accessed January 31, 2020).
29. Dan Charles, "Irrigation For Farming Could Leave Many of The World's Streams and Rivers Dry," *NPR*, October 2, 2019, www.npr.org/sections/thesalt/2019/10/02/766510790/irrigation-for-farming-could-leave-many-of-the-worlds-streams-and-rivers-dry (accessed January 31, 2020).
30. UN Water, "Water Scarcity," www.unwater.org/water-facts/scarcity/ (accessed January 31, 2020).
31. Unilever, "Sustainable Water Use in Our Manufacturing Operations," www.unilever.com/sustainable-living/reducing-environmental-impact/water-use/sustainable-water-use-in-our-manufacturing-operations/ (accessed January 31, 2020).

32. Josh Chin and Brian Spegele, "China Details Vast Extent of Soil Pollution," *The Wall Street Journal*, April 17, 2014, www.wsj.com/articles/china-says-nearly-one-fifth-of-its-arable-land-is-contaminated-by-pollution-1397726425 (accessed February 3, 2020).
33. Danson Cheong, "Study: 20% of China's Polluted Land Cleaned Up," *The Straits Times*, April 19, 2019, www.straitstimes.com/asia/east-asia/study-20-of-chinas-polluted-land-cleaned-up (accessed February 3, 2020).
34. Lauren Eiko Fujino, "China's Soil Pollution Law Triggers New Compliances for Businesses," China Briefing, November 19, 2018, www.china-briefing.com/news/china-soil-pollution-law-environmental-compliance-businesses/ (accessed February 3, 2020).
35. Asele Peters, "These Maps Show How Many Landfills There Are In the U.S.," *Fast Company*, August 19, 2016, www.fastcompany.com/3062853/these-maps-show-how-much-of-the-us-is-covered-in-landfills (accessed February 3, 2020).
36. Confederation of European Waste-to-Energy Plants, "Waste-to-Energy: Energizing Your Waste," 2018, www.cewep.eu/wp-content/uploads/2018/07/Interactive-presentation-2018-New-slides.pdf.
37. Carole Excell, "127 Countries Now Regulate Plastic Bags. Why Aren't We Seeing Less Pollution?" *World Resources Institute*, March 11, 2019, www.wri.org/blog/2019/03/127-countries-now-regulate-plastic-bags-why-arent-we-seeing-less-pollution (accessed February 3, 2019).
38. Jennifer Maloney, "Coke and Pepsi Want to Sell You Bottled Water Without the Bottle," *The Wall Street Journal*, June 21, 2019, www.wsj.com/articles/coke-and-pepsi-want-to-sell-you-bottled-water-without-the-bottle-11561114805 (accessed February 22, 2020).
39. Alana Semuels, "The World Has an E-Waste Problem," *TIME*, May 23, 2019, https://time.com/5594380/world-electronic-waste-problem/ (accessed February 3, 2020).
40. Best Buy, "After Collecting 2 Billion Pounds Of E-Waste, Best Buy Expands Recycling Program," June 19, 2019, https://corporate.bestbuy.com/after-collecting-2-billion-pounds-of-e-waste-best-buy-expands-recycling-program/ (accessed February 3, 2020).
41. National Conference of State Legislatures, "Electronic Waste Recycling," September 17, 2018, www.ncsl.org/research/environment-and-natural-resources/e-waste-recycling-legislation.aspx (accessed February 3, 2020).
42. Sarah Derouin, "Deforestation: Facts, Causes & Effects," *Live Science*, November 6, 2019, www.livescience.com/27692-deforestation.html (accessed February 3, 2020).
43. "Fires in Amazon Forest Rose 30% in 2019," *Reuters*, January 8, 2020, www.reuters.com/article/us-brazil-amazon-fires/fires-in-amazon-forest-rose-30-in-2019-idUSKBN1Z804V (accessed February 3, 2020).
44. Umair Irfan, "Brazil's Amazon rainforest destruction is at its highest rate in more than a decade," *Vox*, November 18, 2019, www.vox.com/science-and-health/2019/11/18/20970604/amazon-rainforest-2019-brazil-burning-deforestation-bolsonaro (accessed February 25, 2020).
45. Home Depot, "Sustainable Forestry FAQs," https://corporate.homedepot.com/sites/default/files/Sustainable%20Forestry%20FAQs.pdf (accessed February 3, 2020).
46. Briana Abbott, "About One Million Species Face Risk of Extinction, U.N. Report Says," *The Wall Street Journal*, May 7, 2019, www.wsj.com/articles/more-than-1-million-species-face-extinction-says-u-n-report-11557152072 (accessed February 3, 2020).
47. Sam Martin, "Stand Your Ground Beef," *The Economist*, February 25–March 3, 2017.
48. William H. Funk, "Wyoming Is Waging a War on Wolves," *Sierra*, April 2, 2018, www.sierraclub.org/sierra/wyoming-waging-war-wolves (accessed February 25, 2020).
49. Tennille Tracy, "Gene-Altered Apple Approved," *The Wall Street Journal*, February 14–15, 2015, A3.
50. Center for Food Safety, "About Genetically Engineered Foods," www.centerforfoodsafety.org/issues/311/ge-foods/about-ge-foods (accessed February 3, 2020).
51. The NonGMO Project, "GMO Facts," www.nongmoproject.org/gmo-facts/ (accessed July 19, 2019).
52. Patrick Penfield, "Sustainability within the Supply Chain," March 2008, *e-Journal USA*, US Department of State.
53. Victoria L. Crittenden, William F. Crittenden, Linda K. Ferrell, O.C. Ferrell, and Christopher Pinney, "Market-Oriented Sustainability: A Conceptual Framework and Propositions," *Journal of the Academy of Marketing Science* 39, 1 (2011): 71–85.
54. Philip Kotler, "Reinventing Marketing to Manage the Environmental Imperative," *Journal of Marketing* 75, 4 (2012): 132–135.
55. United States Environmental Protection Agency, "Our Mission and What We Do," www.epa.gov/aboutepa/our-mission-and-what-we-do (accessed February 3, 2020).
56. Ibid.
57. James R. Healey, "The Big Squeeze Has Begun," *USA Today*, August 29, 2012, 1B-2B.
58. John W. Miller, "Preparing for a Shift to Aluminum," *The Wall Street Journal*, January 8, 2015, B5.
59. United States Environmental Protection Agency, "Overview of the Clean Air Act and Air Pollution," www.epa.gov/clean-air-act-overview (accessed February 3, 2020).
60. Design Mechanical, Inc., "New EPA Refrigerant Regulations for 2019," www.dmi-kc.com/new-epa-refrigerant-regulations-2019/ (accessed February 25, 2020).
61. Gensuite, "New EPA Regulations: Keep Your Waste in Check," www.gensuite.com/new-epa-regulations-keep-your-waste-in-check/ (accessed February 25, 2020).
62. Environmental Protection Agency, "Summary of the Endangered Species Act," www.epa.gov/laws-regulations/summary-endangered-species-act (accessed February 3, 2020).
63. U.S. Fish & Wildlife Service, "Listed Animals," https://ecos.fws.gov/ecp0/reports/ad-hoc-species-report?kingdom=V&kingdom=I&status=E&status=T&status=EmE&status=EmT&status=EXPE&status=EXPN&status=SAE&status=SAT&fcrithab=on&fstatus=on&fspecrule=on&finvpop=on&fgroup=on&header=Listed+Animals (accessed February 3, 2020); U.S. Fish & Wildlife Services, "Listed Plants," https://ecos.fws.gov/ecp0/reports/ad-hoc-species-report?kingdom=V&kingdom=I&status=E&status=T&status=EmE&status=EmT&status=EXPE&status=EXPN&status=SAE&status=SAT&fcrithab=on&fstatus=on&fspecrule=on&finvpop=on&fgroup=on&header=Listed+Animals (accessed February 3, 2020).
64. United States Environmental Protection Agency, "Chemicals under the Toxic Substances Control Act (TSCA)," www.epa.gov/chemicals-under-tsca (accessed February 3, 2020).
65. Environmental Protection Agency, "Bisphenol A (BPA) Action Plan Summary," 2012, www.epa.gov/opptintr/existingchemicals/pubs/actionplans/bpa.html (accessed April 1, 2015); Laura Blue, "Are Plastic Baby Bottles Harmful?" *Time*, February 8, 2008, http://www time.com/time/health/article/0,8599,1711398,00.html (accessed April 1, 2015).
66. Environmental Protection Agency, "Summary of the Clean Water Act," http://www2.epa.gov/laws-regulations/summary-clean-water-act (accessed April 30, 2017).
67. Kiah Collier, "Retired Texas Shrimper Wins Record-Breaking $50 Million Settlement from Plastics Manufacturing Giant," *The Texas Tribune*, December 3, 2019, www.texastribune.org/2019/12/03/texas-judge-approves-settlement-agreement-water-pollution-formosa/ (accessed February 3, 2020).
68. United States Environmental Protection Agency, "Statement from EPA Administrator Andrew Wheeler on the Water Infrastructure Funding Transfer

Act," October 7, 2019, www.epa.gov/newsreleases/statement-epa-administrator-andrew-wheeler-water-infrastructure-funding-transfer-act-0 (accessed February 25, 2020).

69. Emma Newburger, "Trump Finalizes Repeal of Obama-Era Clean Water Rule," *CNBC*, September 12, 2019, www.cnbc.com/2019/09/12/trump-expected-to-roll-back-obama-era-water-regulations.html (accessed February 25, 2020).
70. Bethania Palma and Alex Kasprak, "Is Trump Rolling Back Clean Water Regulations," *Snopes*, January 31, 2020, www.snopes.com/news/2020/01/31/trump-water-rules/ (accessed February 25, 2020).
71. Environmental Protection Agency, "Summary of the Pollution Prevention Act," http://www2.epa.gov/laws-regulations/summary-pollution-prevention-act (accessed April 1, 2015).
72. U.S. Energy Information Administration, "Frequently Asked Questions," www.eia.gov/tools/faqs/faq.cfm?id=86&t=l (accessed February 3, 2020).
73. Environmental Protection Agency, "Summary of the Food Quality Protection Act," www.epa.gov/laws-regulations/summary-food-quality-protection-act (accessed April 1, 2015).
74. Nicolas Loris and David W. Kreutzer, "Economic Realities of the Electric Car," *The Heritage Foundation*, January 24, 2011, www.heritage.org/research/reports/2011/01/economic-realities-of-the-electric-car (accessed April 30, 2017).
75. Kelly Phillips Erb, "Daylight Saving Time Tied to Energy Policy & Saving Money," *Forbes*, March 11, 2018, www.forbes.com/sites/kellyphillipserb/2018/03/11/daylight-savings-time-tied-to-energy-policy-saving-money/#1826704f60d6 (accessed February 3, 2020).
76. Jacob Gronholt-Pedersen, "Denmark Sources Record 47% of Power from Wind in 2019," *Reuters*, January 2, 2020, www.reuters.com/article/us-climate-change-denmark-windpower/denmark-sources-record-47-of-power-from-wind-in-2019-idUSKBN1Z10KE (accessed February 3, 2020).
77. U.S. Energy Information Administration, "How Wind Turbines Work," www.eia.gov/energyexplained/wind/electricity-generation-from-wind.php (accessed February 3, 2020).
78. Sammy Roth, "California Has Too Much Solar Power. That Might Be Good for Ratepayers," *Los Angeles Times*, June 5, 2019, www.latimes.com/business/la-fi-solar-batteries-renewable-energy-california-20190605-story.html (accessed February 3, 2020).
79. Office of Energy Efficiency and Renewable Energy, "SunShot 2030," www.energy.gov/eere/solar/sunshot-2030 (accessed July 22, 2019); U.S. Energy Information Administration, www.eia.gov/tools/faqs/faq.php?id=427&t=3/ (accessed August 28, 2019).
80. "No Clear Options," *The Economist*, January 28–February 3, 2017, 57.
81. World Nuclear, "*Nuclear Power in France*," October 2019, www.world-nuclear.org/information-library/country-profiles/countries-a-f/france.aspx (accessed February 3, 2020).
82. Louise Lucas, "Enough to Go Round but Millions Still Starve," *Financial Times*, November 21, 2012, 1–2.
83. U.S. Geological Survey, "Hydroelectric Power Water Use," May 13, 2009, http://ga.water.usgs.gov/edu/wuhy.html (accessed August 8, 2016); Institute for Energy Research, "Hydroelectric," www.usgs.gov/special-topic/water-science-school/science/hydroelectric-power-water-use?qt-science_center_objects=0#qt-science_center_objects (accessed July 22, 2019).
84. Stefan Ambec and Paul Lanoie, "Does It Pay to Be Green? A Systematic Overview," *The Academy of Management Perspectives* 22, 4 (2008): 45–62.
85. Walmart, "Walmart's Sustainability Index Program," www.walmartsustainabilityhub.com/sustainability-index (accessed July 22, 2019).
86. Bill Schneiderman, "Supply Chain and Sustainability—Will This Marriage Last?" *Supply Demand Executive*, March 23, 2009, www.sdcexec.com/article/10269461/supply-chain-and-sustainability-will-this-marriage-last (accessed April 1, 2015).
87. "Green is the New Black," *The Economist*, April 8, 2017, 57.
88. Victoria L. Crittenden, William F. Crittenden, Linda K. Ferrell, O.C. Ferrell, and Christopher Pinney, "Market-Oriented Sustainability: A Conceptual Framework and Propositions," *Journal of the Academy of Marketing Science* 39, 1 (2011): 75–85.
89. "The Eco-label Catalogue," http://ec.europa.eu/ecat/ (accessed April 30, 2017).
90. Jorg Matthes and Anke Wonneberger, "The Skeptical Green Consumer Revisited: Testing the Relationship Between Green Consumerism and Skepticism toward Advertising," *Journal of Advertising* 43, 2 (2014): 115–127.
91. Jeff Bercovici, "Your $14 Salad's Not as Eco-Friendly as Advertised—but Sweetgreen's Trying," *Los Angeles Times*, January 15, 2020, www.latimes.com/business/technology/story/2020-01-15/sweetgreen-green-image (accessed February 3, 2020).
92. "The Seven Sins of Greenwashing," Terra Choice, http://sinsofgreenwashing.org/ (accessed April 1, 2015).
93. "Eco-Friendly Product Claims Often Misleading," *NPR*, November 30, 2007, www.npr.org/templates/story/story.php?storyId=16754919 (accessed April 1, 2015).
94. Timothy N. Carson and Lata Gangadharan, "Environmental Labeling and Incomplete Consumer Information in Laboratory Markets," *Journal of Environmental Economics and Management* 43, 1 (2002): 113–134.
95. Kent Walker and Fang Wan, "The Harm of Symbolic Actions and Green-Washing: Corporate Actions and Communications on Environmental Performance and Their Financial Implications," *Journal of Business Ethics* 109, 2 (2012): 227–242.
96. Amy Westervelt, "FTC Finalizes Green Guides," *Forbes*, October 1, 2012, www.forbes.com/sites/amywestervelt/2012/10/01/ftc-finalizes-green-guides-puts-greenwashers-on-notice/ (accessed April 30, 2017).
97. Wendy Koch, "Local Food May be Trendy, But Is It Really More Eco-Friendly?" *USA Today*, August 9, 2012, 7B.
98. Sarah Nassauer, "To Scream Green, Dyeing Paper a Light Brown," *The Wall Street Journal*, January 25, 2012, D3.
99. Gergely Nyilasy, Harsha Gangadharbatla, and Angela Paladino, "Perceived Greenwashing: The Interactive Effects of Green Advertising and Corporate Environmental Performance on Consumer Reactions," *Journal of Business Ethics* 125, 4 (2014): 693–707.
100. Yu-Shan Chen and Ching-Hsun Chang, "Greenwash and Green Trust," The Mediation Effects of Green Consumer Confusion and Green Perceived Risk," *Journal of Business Ethics* 114, 3 (2013): 489–500.
101. Paul Hawken and William McDonough, "*Seven Steps to Doing Good Business*," *Inc.*, November 1993, 79–90.
102. Loannis Loannou, "Yes, Sustainability Can Be a Strategy," *Harvard Business Review*, February 11, 2019, https://hbr.org/2019/02/yes-sustainability-can-be-a-strategy (accessed February 3, 2019).
103. Governance & Accountability Institute, Inc., "FLASH REPORT: 86% of S&P 500 Index* Companies Publish Sustainability/Responsibility Reports in 2018," May 16, 2019, www.ga-institute.com/press-releases/article/flash-report-86-of-sp-500-indexR-companies-publish-sustainability-responsibility-reports-in-20.html (accessed February 3, 2020).
104. Bob Langert, "The 10 Worst Sustainable Business Practices," *GreenBiz*, September 10, 2018, www.greenbiz.com/article/10-worst-sustainable-business-practices (accessed February 22, 2020).
105. Environmental Protection Agency, "Frequent Questions," www.epa.gov/osw/conserve/materials/paper/faqs.htm (accessed April 1, 2015).

106. Allison Aubrey, "Chew On This: Farmers Are Using Food Waste To Make Electricity," *NPR*, November 30, 2019, www.npr.org/sections/thesalt/2019/11/30/783001327/chew-on-this-farmers-are-using-food-waste-to-make-electricity (accessed February 3, 2020).
107. Akash Kapur, "It's a Future Highway," *Bloomberg Businessweek*, July 10, 2014, 54–57.
108. "About Waste Wise," www.epa.gov/smm/waste wise/about.htm (accessed March 10, 2015).
109. Environmental Protection Agency, "Environmental Management Systems/ISO 14001: Frequently Asked Questions," http://www.epa.gov/OWM/isol4001/isofaq.htm (accessed April 1, 2015).
110. Betty Moy Huber and Michael Comstock, Davis Polk & Wardwell LLP, "ESG Reports and Ratings: What They Are, Why They Matter," *Harvard Law School Forum on Corporate Governance*, July 27, 2017, https://corpgov.law.harvard.edu/2017/07/27/esg-reports-and-ratings-what-they-are-why-they-matter/ (accessed February 25, 2020).
111. C. Trumpp, J. Endrikat, C. Zopf, and E. Guenther, "Definition, Conceptualization, and Measurement of Corporate Environmental Performance: A Critical Examination of a Multidimensional Construct," *Journal of Business Ethics* 126, 2 (2015): 185–204.

Chapter 4

1. Alexis J. Gilman and Akhil Sheth, "INSIGHT: The FTC Tech Task Force—Answers to Important Questions," *Bloomberg Law*, September 10, 2019, https://news.bloomberglaw.com/us-law-week/insight-the-ftc-tech-task-force-answers-to-important-questions (accessed February 6, 2020).
2. Better Business Bureau, "BBB National Programs National Advertising Division Recommends Modification to Huggies Little Snugglers Diapers 'Better Leakage Protection' Claim to Clearly and Conspicuously Limit it to 'Size 1 Urine Leakage,'" January 7, 2020, https://bbbprograms.org/media/details/nad-recommends-modification-huggies-little-snugglers (accessed February 6, 2020).
3. Catherine Clifford, "Salesforce CEO Marc Benioff: Why We Have 'Mindfulness Zones' Where Employees Put Away Phones, Clear Their Minds," *CNBC*, November 5, 2019, https://www.cnbc.com/2019/11/05/salesforce-ceo-marc-benioff-why-we-have-mindfulness-zones.html (accessed February 6, 2020).
4. Isabelle Maignan, Tracy L. Gonzalez-Padron, G. Tomas M. Hult, and O.C. Ferrell, "Stakeholder Orientation: Development and Testing of a Framework for Socially Responsible Marketing," *Journal of Strategic Marketing* 19, 4 (2011): 313–338.
5. O. C. Ferrell, Debbie M. Thorne, and Linda Ferrell, *Business and Society: A Strategic Approach to Social Responsibility & Ethics* (Chicago: Chicago Business Press, 2021): 239.
6. Paul K. Shum and Sharon L. Yam, "Ethics and Law: Guiding the Invisible Hand to Correct Corporate Social Responsibility Externalities," *Journal of Business Ethics* 98, 4 (2011): 549–571.
7. Bradley Lail, Jason MacGregor, Martin Stuebs, and Timothy Thomasson, "The Influence of Regulatory Approach on Tone at the Top," *Journal of Business Ethics* 126, 1 (2015): 25–37.
8. Dan Strumpf, "Huawei Sues Verizon in U.S. over Patents," *The Wall Street Journal*, February 6, 2020, https://www.wsj.com/articles/huawei-sues-verizon-in-u-s-over-patents-11580976989 (accessed February 6, 2020).
9. Don Clark and Shayndi Raice, "Tech Firms Intensify Clashes over Patents," *The Wall Street Journal*, October 4, 2010, B3.
10. Sherry Barkas, "In-N-Out Pulls Out of Rancho Mirage Development Deal, for Now. Move Prompts Special City Council Meeting," *Desert Sun*, January 29, 2020, https://www.desertsun.com/story/news/local/rancho-mirage/2020/01/29/in-n-out-pulls-out-of-rancho-mirage-for-now/4618130002/ (accessed February 6, 2020).
11. James Vincent, "Google Hit with €1.5 Billion Antitrust Fine by EU," *The Verge*, March 20, 2019, https://www.theverge.com/2019/3/20/18270891/google-eu-antitrust-fine-adsense-advertising (accessed February 6, 2020).
12. Gregory T. Gundlach, "Price Predation: Legal Limits and Antitrust Considerations," *Journal of Public Policy & Marketing* 14, 2 (1995): 278.
13. Valerie Baumen, "Teva, Others Get Tight Deadline in Generic Drug Price-Fixing Case," *Bloomberg Law*, October 24, 2019, https://news.bloomberglaw.com/pharma-and-life-sciences/teva-others-get-tight-deadline-in-generic-drug-price-fixing-case (accessed February 6, 2020).
14. Stephen Johnson, "Corruption is Costing the Global Economy $3.6 Trillion Dollars Every Year," *World Economic Forum*, December 13, 2018, https://www.weforum.org/agenda/2018/12/the-global-economy-loses-3-6-trillion-to-corruption-each-year-says-u-n (accessed February 6, 2020).
15. Federal Bureau of Investigation, "China: The Risk to Corporate America," 2019, https://www.fbi.gov/file-repository/china-risk-to-corporate-america-2019.pdf (accessed February 6, 2020).
16. Heather Somerville and Robert McMillan, "Ex-Google Engineer Faces Federal Charges," *The Wall Street Journal*, August 28, 2019, B1–B2; Aarian Marshall, "Ex-Uber Engineer Levandowski Charged with Trade-Secret Theft," *Wired*, August 27, 2019, https://www.wired.com/story/ex-uber-engineer-levandowski-charged-trade-secret-theft/ (accessed February 6, 2020).
17. Craig Calcaterra, "Happy Birthday to Baseball's Antitrust Exemption," *NBC Sports*, May 29, 2019, https://mlb.nbcsports.com/2019/05/29/happy-birthday-to-baseballs-antitrust-exemption/ (accessed February 6, 2020).
18. Julia Angwin, "How to Keep Kids Safe Online," *The Wall Street Journal*, January 22, 2009, http://online.wsj.com/article/SB123238632055894993.html (accessed February 19, 2015).
19. Byron Mühlberg, "YouTube Adapts Privacy Rules for COPPA Compliance Despite YouTuber Angst," *CPO Magazine*, January 17, 2020, https://www.cpomagazine.com/data-privacy/youtube-adapts-privacy-rules-for-coppa-compliance-despite-youtuber-angst/ (accessed February 7, 2020).
20. Andrew K. Przybylski and Victoria Nash, "Internet Filtering and Adolescent Exposure to Online Sexual Material," *Cyberpsychology, Behavior and Social Networking* 21, 7 (2018): 405–410. doi: 10.1089/cyber.2017.0466.
21. Gerald Albaum and Robert A. Peterson, "Multilevel (Network) Marketing: An Objective View," *The Marketing Review* 11, 4 (2011): 347–361; Daniel B. Ravicher, "Might Other Companies Be Liable if Herbalife Is a Pyramid Scheme?" *Seeking Alpha*, February 5, 2013, http://seekingalpha.com/article/1157581-might-other-companies-be-liable-if-herbalife-is-a-pyramid (accessed February 19, 2015); Karen E. Klein. "A Charm Offensive by Direct Sellers," *Bloomberg Businessweek*, June 25–July 1, 2012, 52–54; Duane Stanford, "Bill Ackman's Crusade against Herbalife," *Bloomberg Businessweek*, January 14–20, 2012, 40; Gerald Albaum, "Multi-level Marketing and Pyramid Scheme: Myth versus Reality," *AMS Quarterly* 9, 2 (November 2008): 10; Herbalife, "Herbalife announces Results of Study on Distributors and End Users in the U.S., June 11, 2013, http://ir.herbalife.com/releasedetail.cfm?ReleaseID=770738 (accessed February 19, 2015).
22. Federal Trade Commission "Protecting Older Consumers 2017–2018: A Report of the Federal Trade Commission," October 18, 2018, https://www.ftc.gov/system/files/documents/reports/protecting-older-consumers-2017-2018-report-congress-federal-trade-commission/protecting_older_consumers_-_ftc_report_10-18-18.pdf (accessed February 7, 2020).

23. Davie Sebastian, "FTC Accuses Match.com of Tricking Users," *The Wall Street Journal*, September 26, 2019, B1.
24. "What We Do," *U.S. Food & Drug Administration*, https://www.fda.gov/about-fda/what-we-do (accessed February 7, 2020).
25. Laurie McGinley, "Flavored E-Cigarette Pod Ban Starts Thursday: What It Means for Vapers, Kids and Parents," *The Washington Post*, February 5, 2020, https://www.washingtonpost.com/health/2020/02/05/flavored-e-cigarette-pod-ban-starts-thursday-what-it-means-vapers/ (accessed February 7, 2020).
26. Alexander Bruell, "Sherwin-Williams Lands in Trouble over 114-Year-Old Paint Ad," *The Wall Street Journal*, September 2, 2018, https://www.wsj.com/articles/sherwin-williams-lands-in-trouble-over-114-year-old-paint-ad-1535886000 (accessed March 8, 2019); Jon Bilyk, "Lead Paint Makers Lose Another Round in Long-Running, $1.1 Billion California Lawsuit," *Forbes*, November 14, 2017, https://www.forbes.com/sites/legalnewsline/2017/11/14/lead-paint-makers-lose-another-round-in-long-running-1-1-billion-california-lawsuit/#e4d5c343b398 (accessed March 8, 2019); "$60 Million Settlement Reached in Lead Paint Lawsuit; Companies Fight to Overturn Court Ruling," *Silicon Valley Newsroom*, May 18, 2018, https://www.sanjoseinside.com/2018/05/18/60-million-settlement-reached-in-lead-paint-lawsuit-companies-fight-to-overturn-ruling/ (accessed March 8, 2019); Sam Allard, "Sherwin-Williams, ConAgra Must Pay $400 Million for Lead Paint Remediation in California, Supreme Court Says," *Cleveland Scene*, October 16, 2018, https://www.clevescene.com/scene-and-heard/archives/2018/10/16/sherwin-williams-conagra-must-pay-400-million-for-lead-paint-remediation-in-california-supreme-court-says (accessed March 8, 2019); Joshua Schneyer, "Paint Makers Reach $305 Million Settlement in California, Ending Marathon Lead Poisoning Lawsuit," *Reuters*, July 17, 2019, https://www.reuters.com/article/us-usa-lead-settlement/paint-makers-reach-305-million-settlement-in-california-ending-marathon-lead-poisoning-lawsuit-idUSKCN1UC26J (accessed February 6, 2020).
27. Allison Prang, "Uber Settles Sex-Discrimination Charge with EEOC," *The Wall Street Journal*, December 18, 2019, https://www.wsj.com/articles/uber-settles-sex-discrimination-charge-with-eeoc-11576707890 rchresults&page=1&pos=1 (accessed February 7, 2020).
28. Rachel Bachman, "Judge Says U.S. Women's Soccer Team Paid Less Per Game Than Men," *The Wall Street Journal*, November 8, 2019, https://www.wsj.com/articles/judge-says-u-s-womens-soccer-team-paid-less-per-game-than-men-11573253087 (accessed February 7, 2020).
29. Sonam Sheth, Shayanne Gal and Andy Kiersz, "7 Charts That Show the Glaring Gap Between Men and Women's Salaries in the US," *Business Insider*, August 26, 2019, https://www.businessinsider.com/gender-wage-pay-gap-charts-2017-3 (accessed February 7, 2020).
30. David Harrison, "Female Economists, in a New Survey, Cite Gender Discrimination," *The Wall Street Journal*, March 19, 2019, A6.
31. United States Department of Labor: Occupational Safety and Health Administration, "OSHA Enforcement and Compliance Increases in 2019 To Keep America's Workforce Safe," December 3, 2019, https://www.osha.gov/news/newsreleases/trade/12032019 (accessed February 7, 2020).
32. International Labour Organization, "Safety and Health at the Heart of The Future of Work: Building on 100 Years of Experience," 2019, https://www.ilo.org/wcmsp5/groups/public/---ed_protect/---protrav/---safework/documents/publication/wcms_687610.pdf (accessed February 7, 2020).
33. Saurabh Ahluwalia, O. C. Ferrell, Linda Ferrell, and Terri Rittenberg, "Sarbanes-Oxley 406 Code of Ethics for Senior Financial Officers and Firm Behavior," *Journal of Business Ethics* (2016): doi: 10.1007/s/0551-0/6-3267-7.
34. Mark Maurer, "U.S. Regulator to Put the Spotlight on Audit Quality in 2020," *The Wall Street Journal*, December 27, 2019, https://www.wsj.com/articles/u-s-regulator-to-put-the-spotlight-on-audit-quality-in-2020-11577444401 (accessed February 7, 2020).
35. Floyd Norris and Adam Liptak, "Justices Uphold Sarbanes–Oxley Act," *The New York Times*, June 28, 2010, http://www.nytimes.com/2010/06/29/business/29accounting.html (accessed February 19, 2015).
36. Tim Elfrink, "The Rise and Fall of the Stanford Financial Group," *Houston Press*, April 9, 2009, http://www.houstonpress.com/content/printVersion/1173931/ (accessed February 7, 2020); Shira Ovide, "Lehman Brothers Whistle-Blower Matthew Lee Again in Spotlight," *The Wall Street Journal*, December 21, 2010, http://blogs.wsj.com/deals/2010/12/21/lehman-brothers-whistleblower-matthew-lee-again-in-spotlight/ (accessed February 7, 2020).
37. Tricia Bisoux, "The Sarbanes–Oxley Effect," *BizEd*, July/August 2005, 24–29.
38. Protiviti, 2010 *Sarbanes–Oxley Compliance Survey*, http://www.protiviti.com/en-US/Documents/Surveys/2010-SOX-Compliance-Survey-Protiviti.pdf (accessed February 19, 2015).
39. President Barack Obama, "Remarks by the President on 21st Century Financial Regulatory Reform," The White House, June 17, 2009, http://www.whitehouse.gov/the_press_office/Remarks-of-the-President-on-Regulatory-Reform/ (accessed February 19, 2015).
40. Ibid.
41. Joshua Gallu, "Dodd–Frank May Cost $6.5 Billion and 5,000 Workers," *Bloomberg*, February 14, 2011, http://www.bloomberg.com/news/2011-02-14/dodd-frank-s-implementation-calls-for-6-5-billion-5-000-staff-in-budget.html (accessed February 19, 2015); Binyamin Appelbaum and Brady Dennis, "Dodd's overhaul goes well beyond other plans," *The Washington Post*, November 11, 2009, http://www.washingtonpost.com/wp-dyn/content/article/2009/11/09/AR2009110901935.html?hpid=topnews&sid=ST2009111003729 (accessed February 19, 2015).
42. Steve Mufson and Tom Hamburger, "Jamie Dimon Himself Called to Urge Support for the Derivatives Rule in the Spending Bill," *The Washington Post*, December 11, 2014, http://www.washingtonpost.com/blogs/wonkblog/wp/2014/12/11/the-item-that-is-blowing-up-the-budget-deal/ (accessed February 18, 2015).
43. "Office of Financial Research," *U.S. Department of Treasury*, http://financialresearch.gov/ (accessed February 19, 2015).
44. "Initiatives: Financial Stability Oversight Council," *U.S. Department of Treasury*, http://www.treasury.gov/initiatives/Pages/FSOC-index.aspx (accessed February 19, 2015).
45. "Financial Stability Oversight Council Created Under the Dodd–Frank Wall Street Reform and Consumer Protection Act: Frequently Asked Questions," October 2010, https://www.treasury.gov/initiatives/wsr/Documents/FAQs%20-%20Financial%20Stability%20Oversight%20Council%20-%20October%202010%20FINAL%20v2.pdf (accessed March 24, 2020).
46. Andrew Ackerman, Liz Hoffman, and Gabriel T. Rubin, "Regulators Move to Ease Crisis-Era Levers over Financial Firms," *The Wall Street Journal*, March 6, 2019, https://www.wsj.com/articles/regulators-move-to-ease-crisis-era-levers-over-financial-firms-11551906898 (accessed February 7, 2020).
47. "Subtitle A—Bureau of Consumer Financial Protection," *One Hundred Eleventh Congress of the United States of America*, 589.
48. U.S. Department of Treasury, "Financial Regulatory Reform: Rebuilding Financial Supervision and Regulation," https://www.treasury.gov/initiatives/Documents/FinalReport_web.pdf (accessed March 24, 2020).

49. U.S. Department of Treasury, "Financial Regulatory Reform: Rebuilding Financial Supervision and Regulation," https://www.treasury.gov/initiatives/Documents/FinalReport_web.pdf (accessed March 24, 2020); Sudeep Reddy, "Elizabeth Warren's Early Words on a Consumer Financial Protection Bureau," *The Wall Street Journal*, September 17, 2010, http://blogs.wsj.com/economics/2010/09/17/elizabeth-warrens-early-words-on-a-consumer-financial-protection-bureau/ (accessed February 19, 2015); Jennifer Liberto and David Ellis, "Wall Street Reform: What's in the Bill," *CNN*, June 30, 2010); http://money.cnn.com/2010/06/25/news/economy/whats_in_the_reform_bill/index.htm (accessed February 19, 2015).
50. Jean Eaglesham, "Warning Shot on Financial Protection."
51. Jessica Silver-Greenberg, "Consumer Protection Agency Seeks Limits on Payday Lenders," *The New York Times*, February 8, 2015, https://dealbook.nytimes.com/2015/02/08/consumer-protection-agency-seeks-limits-on-payday-lenders/?_r=0 (accessed February 18, 2015).
52. Jean Eaglesham, "Warning Shot on Financial Protection," *The Wall Street Journal*, February 9, 2011, http://online.wsj.com/article/SB10001424052748703507804576130370862263258.html (accessed February 19, 2015).
53. Andrew Ackerman, "U.S. Regulators Propose Removing Limit on Banks' Ownership of Venture Capital Funds," *The Wall Street Journal*, January 30, 2020, https://www.wsj.com/articles/u-s-regulators-set-to-ease-limit-on-banks-ownership-of-venture-capital-funds-11580393376 (accessed February 7, 2020).
54. Matthew Stock and Jason Zuckerman, "SEC Whistleblower Program Releases 2019 Annual Report," *The National Law Review*, November 18, 2019, https://www.natlawreview.com/article/sec-whistleblower-program-releases-2019-annual-report (accessed February 7, 2020).
55. U.S. Securities and Exchange Commission, Press Release 2016-173, https://www.sec.gov/news/pressrelease/2016-173.html (accessed March 24, 2017).
56. Matthew Stock and Jason Zuckerman, "SEC Whistleblower Program Releases 2019 Annual Report," *The National Law Review*, November 18, 2019, https://www.natlawreview.com/article/sec-whistleblower-program-releases-2019-annual-report (accessed February 7, 2020).
57. Win Swenson, "The Organizational Guidelines' 'Carrot and Stick' Philosophy, and Their Focus on 'Effective' Compliance," in *Corporate Crime in America: Strengthening the "Good Citizenship"-Corporation* (Washington, D.C.: U.S. Sentencing Commission, 1995), 17–26.
58. U.S. Sentencing Commission, "An Overview of the Organizational Guidelines," https://www.ussc.gov/sites/default/files/pdf/training/organizational-guidelines/ORGOVERVIEW.pdf (accessed February 7, 2020).
59. O. C. Ferrell and Linda Ferrell, "Current Developments in Managing Organizational Ethics and Compliance Initiatives," University of Wyoming, white paper, Bill Daniels Business Ethics Initiative 2006.
60. Linda Greenhouse, "Supreme Court Transforms Use of Setence Guidelines," *The New York Times*, July 21, 2010, https://www.nytimes.com/2005/01/13/politics/supreme-court-transforms-use-of-sentence-guidelines.html (accessed March 24, 2020).
61. "US Sentences Guidelines Changes Become Effective November 1," *FCPA Compliance and Ethics Blog*, November 2, 2010, http://tfoxlaw.wordpress.com/2010/11/02/us-sentencing-guidelines-changes-become-effective-november-1/ (accessed February 19, 2015).
62. USSG §8C2.5(3); Ethics Resource Center, *The Federal Sentencing Guidelines for Organizations at Twenty Years* (Arlington, VA: Ethics Resource Center, 2012), 27–28, https://www.theagc.org/docs/f12.10.pdf (accessed February 11, 2015).
63. Paula Desio, Deputy General Counsel, *An Overview of the Organizational Guidelines*, http://www.ussc.gov/sites/default/files/pdf/training/organizational-guidelines/ORGOVERVIEW.pdf (accessed February 25, 2015).
64. Deputy Attorney General Eric Holder to All Component Heads and United States Attorneys, Washington, D.C., June 16, 1999, http://www.justice.gov/criminal/fraud/documents/reports/1999/charging-corps.PDF (accessed February 25, 2015).
65. O. C. Ferrell and Linda Ferrell, "Current Developments in Managing Organizational Ethics and Compliance Initiatives."
66. Aruna Viswanatha and Karen Freifeld, "S&P Reaches $1.5 Billion Deal with U.S., States over Crisis-Era Ratings," *Reuters*, February 3, 2015, https://www.reuters.com/article/us-s-p-settlement/sp-reaches-1-5-billion-deal-with-u-s-states-over-crisis-era-ratings-idUSKBN0L71C120150203 (accessed February 20, 2020).
67. Linda Ferrell and O. C. Ferrell, "Opinion: Corporate America is Stepping Up to Protect Contingent Workers," *Auburn Raymond J. Harbert College of Business*, March 19, 2020, https://harbert.auburn.edu/review-files/Corporate-America-is-Stepping-Up-to-Protect-Contingent-Workers.php (accessed March 26, 2020).
68. Vinvent Lanaria, "Apple's Giving Program Donated over $125M To Organizations Worldwide In 2018," *Tech Times*, January 21, 2019, https://www.techtimes.com/articles/237746/20190121/apples-giving-program-donated-over-125m-to-organizations-worldwide-in-2018.htm (accessed February 7, 2020).
69. Walmart, "Community Giving," http://foundation.walmart.com/ (accessed February 7, 2020).
70. Porter Novelli/Cone, "2018 Cone/Porter Novelli Purpose Study: How to Build Deeper Bonds, Amplify Your Message, and Expand Your Consumer Base," 2018, https://www.conecomm.com/2018-purpose-study-pdf (accessed February 7, 2020).
71. TOMS, "Your Impact," https://www.toms.com/impact (accessed February 7, 2020).
72. Joëlle Vanhamme, Adam Lindgreen, Jon Reast, and Nathalie van Popering, "To Do Well by Doing Good: Improving Corporate Image through Cause-Related Marketing," *Journal of Business Ethics* 109, 3 (2012): 259–274.
73. Justine Coleman, "Designer Christian Siriano's Team Creates Almost 1K Masks," *The Hill*, March 25, 2020, https://thehill.com/blogs/in-the-know/in-the-know/489510-designer-christian-siriano-team-create-almost-1k-masks (accessed March 26, 2020).
74. Tesla, "Impact Report," 2018, https://www.tesla.com/ns_videos/tesla-impact-report-2019.pdf (accessed February 7, 2020).
75. Michael E. Porter and Mark R. Kramer, "The Competitive Advantage of Corporate Philanthropy," *Harvard Business Review*, December 2002, https://hbr.org/2002/12/the-competitive-advantage-of-corporate-philanthropy (accessed February 18, 2015); Cisco, "Cisco Networking Academy," http://www.cisco.com/web/learning/netacad/index.html (accessed February 18, 2015).
76. Jessica Stannard and Tamara Backer, "How Employee Volunteers Multiply Your Community Impact PART 2," *OnPhilanthropy.com*, December 29, 2005, http://cwop.convio.net/site/News2?page=NewsArticle&id=5470 (accessed February 25, 2015).
77. Cisco, "Corporate Social Responsibility Report," https://www.cisco.com/c/en/us/about/csr/csr-report.html (accessed February 7, 2020).
78. Samer Abu-Saifan, "Social Entrepreneurship: Definition and Boundaries," *Technology Innovation Management Review*, February 2012, 22–27.
79. Shoshanna Delventhal, "The 10 Most Successful Social Entrepreneurs," *Investopedia*, June 25, 2019, https://www.investopedia.com/articles/investing/092515/10-most-successful-social-entrepreneurs.asp (accessed February 7, 2020).

80. Anand Giridharadas and Keith Bradsher, "Microloan Pioneer and His Bank Won Nobel Peace Prize," *The New York Times*, October 13, 2006, https://www.nytimes.com/2006/10/13/business/14nobelcnd.html (accessed February 24, 2020); Grameen Bank, "History," http://www.grameen-info.org/index.php?option=com_content&task=view&id=449&Itemid=514 (accessed February 25, 2015).
81. "Nonprofit Corporation," *Entrepreneur*, http://www.entrepreneur.com/encyclopedia/nonprofit-corporation (February 24, 2020).
82. H. Haugh, "Social Enterprise: Beyond Economic Outcomes and Individual Returns," in *Social Entrepreneurship*, eds. J. Mair, J. Robinson, and K. Hockerts (Basingstoke, UK: Palgrave Macmillan, 2006).
83. Raymond Dart, "The Legitimacy of Social Enterprise," *Nonprofit Management & Leadership* 14, 4 (Summer 2004): 411–424.
84. Developed by Robert R. Lambert and Joe Alexander, "Belle Meade Plantation: The First Nonprofit Winery Engages in Social Entrepreneurship," published in O.C. Ferrell, Debbie Thorne, and Linda Ferrell, *Marketing and Society*, 5th ed. (Chicago, IL: Chicago Business Press, 2015).
85. Sean Stannard-Stockton, "The Effective Strategic Philanthropist," *Tactical Philanthropy*, March 16, 2011, http://www.tacticalphilanthropy.com/2011/03/the-effective-strategic-philanthropist/ (accessed February 24, 2020); Sean Stannard-Stockton, "The Social Entrepreneur," *Tactical Philanthropy*, March 15, 2011, http://www.tacticalphilanthropy.com/2011/03/the-effective-social-entrepreneur/ (accessed February 24, 2020).

Chapter 5

1. Jennifer Maloney and Alex Leary, "Trump Warns of Dangers in Banning Vape Flavors," *The Wall Street Journal*, November 22, 2019, www.wsj.com/articles/trump-warns-of-dangers-in-banning-vape-flavors-11574455609 (accessed December 30, 2019).
2. Stephanie Zimmerman, "Consumer Product Safety Commission: No More Inclined Sleepers," *Chicago Sun-Times*, October 17, 2019, https://chicago.suntimes.com/consumer-affairs/2019/10/17/20919701/cpsc-inclined-sleeper-baby-deaths-safety-consumer (accessed December 30, 2019).
3. Vernon R. Loucks, Jr., "A CEO Looks at Ethics," *Business Horizons* 30, 2 (1987): 4.
4. Eric H. Beversluis, "Is There No Such Thing as Business Ethics?" *Journal of Business Ethics* 6, 2 (1987): 81–88.
5. Sarah Perez, "Amazon CEO Jeff Bezos Challenges Rival Retailers to Raise Their Minimum Wages, Too," *TechCrunch*, April 11, 2019, https://techcrunch.com/2019/04/11/amazon-ceo-jeff-bezos-challenges-rival-retailers-to-raise-their-minimum-wages-too/ (accessed December 30, 2019).
6. Ralitsa Golemanova, "The Problem with Employee Time Theft and How to Overcome It," *Hubstaff Blog*, July 18, 2019, https://blog.hubstaff.com/time-theft/ (accessed December 30, 2019).
7. Coca-Cola Company, *Code of Business Conduct: Acting Around the Globe*, 13.
8. "Branson: Take as Much Vacation as you Want!" *CNN Money*, September 24, 2015, http://money.cnn.com/2014/09/24/news/virgin-vacation-branson/ (accessed February 24, 2015).
9. Steven Greenhouse, "More Workers Are Claiming 'Wage Theft,'" *The New York Times*, August 31, 2014, www.nytimes.com/2014/09/01/business/more-workers-are-claiming-wage-theft.html?_r=0 (accessed February 24, 2015).
10. "Subway Leads Fast Food Industry in Underpaying Workers," *CNN Money*, May 1, 2014, http://money.cnn.com/2014/05/01/news/economy/subway-labor-violations/ (accessed February 24, 2015).
11. Adam Piore, "Kick Me or Don't," *Bloomberg Businessweek*, November 26–December 2, 2012: 93–95; Melissa Korn, "Bullying is a Buzzkill for Colleagues, Too," *The Wall Street Journal*, July 18, 2012, http://blogs.wsj.com/atwork/2012/07/18/bullying-is-a-buzzkill-for-colleagues-too/ (accessed February 10, 2015); Canadian Centre for Occupational Health and Safety, "Bullying in the Workplace," www.ccohs.ca/oshanswers/psychosocial/bullying.html (accessed February 10, 2014); Anita Bruzzese, Gannett, "On the Job: How to Battle Bullying at Work," *USA Today*, December 9, 2012, www.usatoday.com/story/money/columnist/bruzzese/2012/12/05/on-the-job-bully-workplace/1749697/ (accessed February 10, 2015); Anita Bruzzese, "Workplace Becomes New Schoolyard for Bullies", *USA Today*, August 24, 2011, http://usatoday30.usatoday.com/money/jobcenter/workplace/bruzzese/2011-08-24-bully-bosses-overtake-workplace_n.htm (accessed February 10, 2015); Emily Kimber, "Dealing with Workplace Bullies," *Canadian Living*, www.canadianliving.com/life/work/dealing_with_workplace_bullies.php (accessed February 10, 2015); Suzanne Lucas, "Why Workplace Bullying Should Be Legal," *Money Watch*, March 23, 2011, www.cbsnews.com/8301-505125_162-44941976/why-workplace-bullying-should-be-legal/ (accessed February 10,2015).
12. I. Niedhammer, S. David, S. Degioanni, A. Drummond, and P. Philip, "Workplace Bullying and Sleep Disturbances: Findings from a Large-Scale Cross-Sectional Survey in the French Working Population," *Sleep* 32, 9 (2009): 1211–1219.
13. Carolyn Kinsey Goman, "Is Your Boss a Bully?" *Forbes*, April 6, 2014, www.forbes.com/sites/carolkinseygoman/2014/04/06/is-your-boss-a-bully/ (accessed January 15, 2015).
14. M. Claybourn, "Relationships between Moral Disengagement, Work Characteristics and Workplace Harassment," *Journal of Business Ethics* 100, 2 (2011): 283–301.
15. "Healthy Workplace Bill," www.healthyworkplacebill.org/index.php (accessed February 10, 2015).
16. Barbara Safani, "Bullying at Work a Growing Trend," *AOL Jobs*, January 24, 2011, http://jobs.aol.com/articles/2011/01/24/bullying-at-work-a-growing-trend/ (accessed February 10, 2015).
17. David Streitfeld, "EBay Settles No-Poaching Antitrust Case," *The New York Times*, May 1, 2014, www.nytimes.com/2014/05/02/technology/ebay-settles-antitrust-case-over-no-poaching-deal.html (accessed February 10, 2015).
18. O. C. Ferrell and Linda Ferrell, "University of Phoenix Settles with FTC over Deceptive Advertising," *Daniels Fund Ethics Initiative*, December 30, 2019, www.danielsfund.org/images/df/Ethics/Mini-Cases/Mini-Case-8-University-of-Phoenix-Settles-with-FTC-over-Deceptive-Advertising.pdf (accessed February 12, 2020).
19. Hannah Karp, "Ticketmaster Agrees to Tentative Settlement," *The Wall Street Journal*, June 2, 2014, www.nytimes.com/2014/05/02/technology/ebay-settles-antitrust-case-over-no-poaching-deal.html (accessed February 10, 2015).
20. "GAO Document B-295402," Lockheed Martin Corporation, February 18, 2005, www.gao.gov/decisions/bidpro/295402.htm (accessed February 10, 2015).
21. O. C. Ferrell and Linda Ferrell, "You're Out—Baseball Cheating Scandal Follow-Up," *Daniels Fund Ethics Initiative*, January 30, 2020, www.danielsfund.org/images/df/Ethics/Mini-Cases/Mini-Case-13-You're-Out-Baseball-Cheating-Scandal-Follow-Up.pdf (accessed February 12, 2020).
22. Samuel Rubenfeld, "The Morning Risk Report: Bribery Act Review Considers Facilitation Payment Exception," *The Wall Street Journal*, May 31, 2013, http://blogs.wsj.com/riskandcompliance/2013/05/31/the-morning-risk-report-bribery-act-review-considers-facilitation-payment-exception/ (accessed February 10, 2015).

23. Chad Bray, "Ralph Lauren Corp. Settles Bribe Probe," *The Wall Street Journal*, April 22, 2013, http://online.wsj.com/article/SB10001424127887324235304578438704093187288.html (accessed February 10, 2015).
24. The Economist staff, "Graft Work," *The Economist*, December 6, 2014, 73.
25. United States Department of Justice, "Foreign Corrupt Practices Act Anti-bribery Provisions," http://acfcs.org/wp-content/uploads/2012/05/FCPA-DoJ-Laypersons-Guide.pdf (accessed February 10, 2015).
26. Reuters, "Alcoa to Pay $384 Million to Settle Bribery Charges," *The New York Times*, January 9, 2014, www.nytimes.com/2014/01/10/business/alcoa-to-pay-384-million-to-settle-bribery-charges.html (accessed February 10, 2015).
27. O.C. Ferrell and Linda Ferrell, "You're Out—Baseball Cheating Scandal Follow-Up," *Daniels Fund Ethics Initiative*, January 30, 2020, www.danielsfund.org/images/df/Ethics/Mini-Cases/Mini-Case-13-You're-Out-Baseball-Cheating-Scandal-Follow-Up.pdf (accessed February 12, 2020).
28. Ira Winkler, *Corporate Espionage: What Is It, Why It's Happening in Your Company, What You Must Do about It* (New York: Prima, 1997).
29. Heather Somerville and Robert McMillan, "Ex-Google Engineer Faces Federal Charges," *The Wall Street Journal*, August 28, 2019, p. B1–B2.
30. Daniil Davydoff and Ra Tiedemann-Nkabinde, "Why You Need TSCM Now More Than Ever," *Security Magazine*, December 10, 2019, www.securitymagazine.com/articles/91375–why-you-need-tscm-now-more-than-ever (accessed December 27, 2019).
31. U.S. Equal Employment Opportunity Commission, "Charge Statistics: FY 1997 Through FY 2014," http://eeoc.gov/eeoc/statistics/enforcement/charges.cfm (accessed February 10, 2015).
32. Derek T. Dingle, "There Are Only 4 Black CEOs at Fortune 500 Companies. Here's How the ELC Is Changing That," *Black Enterprise*, October 16, 2019, www.blackenterprise.com/elc-increase-number-black-ceos-nation-largest-public-companies/ (accessed December 27, 2019).
33. U.S. Department of Labor, "Facts Over Time—Women in the Labor Force," www.dol.gov/wb/stats/NEWSTATS/facts/women_lf.htm#CivilianLFSex (accessed December 27, 2019); David Harrison, "Female Economists, in a New Survey, Cite Gender Discrimination," *The Wall Street Journal*, March 19, 2019, p. A6.
34. Jena McGregor, "In an Improving Economy, Is Age Discrimination Getting Better or Worse?" *The Washington Post*, July 25, 2014, www.washingtonpost.com/blogs/on-leadership/wp/2014/07/25/in-an-improving-economy-is-age-discrimination-getting-better-or-worse/ (accessed February 10, 2015).
35. "AARP Best Employers for Workers over 50: About the Program," *AARP*, June 2013, www.aarp.org/work/employee-benefits/info-09-2009/about_the_best_employers_program.html (accessed February 10, 2015).
36. CivilRights.org, "Affirmative Action?" *The Leadership Conference*, 2015, www.civilrights.org/resources/civilrightslOl/affirmaction.html (accessed February 10, 2015).
37. U.S. Equal Employment Opportunity Commission, "McCormick & Schmick's to Pay $1.3 Million and Provide Significant Injunctive Relief to Resolve EEOC Class Race Discrimination Suit," September 12, 2014, www.eeoc.gov/eeoc/newsroom/release/9-12-14a.cfm (accessed February 10, 2015).
38. Debbie M. Thorne, O. C. Ferrell, and Linda Ferrell, *Business and Society: A Strategic Approach to Social Responsibility and Ethics*, 4th ed. (Mason, OH: Southwestern Cengage Learning, 2011), 182.
39. U.S. Equal Employment Opportunity Commission, "Upper Chesapeake Health System to Pay $180,000 to Settle EEOC Disability Discrimination Lawsuit," April 15, 2014, www.eeoc.gov/eeoc/newsroom/release/4-15-14a.cfm (accessed February 10, 2015).
40. Paula N. Rubin, "Civil Rights and Criminal Justice: Primer on Sexual Harassment Series: NIJ Research in Action," October 1995, www.ncjrs.gov/txtfiles/harass.txt (accessed February 10, 2015).
41. U.S. Equal Employment Opportunity Commission, "EEOC Releases Fiscal Year 2014 Enforcement and Litigation Data," February 4, 2015, www.eeoc.gov/eeoc/newsroom/release/2-4-15.cfm (accessed February 10, 2015).
42. *Zabkowiczv. West Bend Co.,* 589 F. Supp. 780, 784, 35 EPD Par.34, 766 (E.D. Wis.1984).
43. Iddo Landau, "The Law and Sexual Harassment," *Business Ethics Quarterly* 15, 2 (2005): 531–536.
44. R.A. Lindsay, "Enhancements and Justice: Problems in Determining the Requirements of Justice in a Genetically Transformed Society," *Kennedy Institute Ethics Journal* 15, 1 (2005): 3–38.
45. Crowe, "Fraud Costs the Global Economy over US$5 Trillion," July 12, 2019, www.crowe.com/global/news/fraud-costs-the-global-economy-over-us$5–trillion (accessed February 12, 2020).
46. Dave Michaels, "Owners of Solar Company That Swindled Berkshire Hathaway Admit to Running Ponzi Scheme," *The Wall Street Journal*, January 24, 2020, www.wsj.com/articles/owners-of-solar-company-that-swindled-berkshire-hathaway-admit-to-running-ponzi-scheme-11579907951 (accessed February 12, 2020).
47. Sarah N. Lynch, "Diamond Foods to Pay $5 Million to Settle SEC Fraud Case," *Reuters*, January 9, 2014, www.reuters.com/article/2014/01/09/us-diamond-sec-accountingfraud-idUSBREA0813020140109 (accessed February 10, 2015).
48. Mei Feng, Weili Ge, Shuqing Luo, and Terry Shevlin, "Why Do CFOs Become Involved in Material Accounting Manipulations?" *Journal of Accounting and Economics* 51, 1–2 (2011): 21–36.
49. Cassell Bryan-Low, "Accounting Firms Face Backlash over the Tax Shelters They Sold," *The Wall Street Journal Online*, February 7, 2003, http://online.wsj.com/article/SB1044568358985594893.html (accessed February 10, 2015).
50. Public Company Accounting Oversight Board, "About the PCAOB," http://pcaobus.org/About/Pages/default.aspx (accessed February 24, 2015).
51. Securities and Exchange Commission, "Public Company Accounting Oversight Board (PCAOB)," www.sec.gov/answers/pcaob.htm (accessed February 24, 2015).
52. Jean Eaglesham, "Auditor Sentenced in KPMG Case," *The Wall Street Journal*, September 12, 2019, p. B10.
53. Advertising Self-Regulatory Council, "NAD Finds 'Best. TV. Ever.' Is Puffery; Recommends LG Discontinue 'Perfect Color' Claim," February 1, 2019, https://asrcreviews.org/nad-finds-best-tv-ever-is-puffery-recommends-lg-discontinue-perfect-color-claim/ (accessed December 30, 2019).
54. Advertising Self-Regulatory Council, "NAD Finds Kraft Heinz's Claim, 'Upgrade Your Mayonnaise' on Displays Is Puffery When Used to Attract Attention to its Own Product but Not in Comparative Setting," January 16, 2019, https://asrcreviews.org/nad-finds-hellmanns-claim-upgrade-your-mayonnaise-on-displays-is-puffery-when-used-to-attract-attention-to-its-own-product-but-not-in-comparative-setting/ (accessed December 30, 2019).
55. "$6.5 Million Settlement Reached on Eve of Trial in Class Action Lawsuit Against Chipotle over the Meaning of 'Non GMO'," *The National Law Review*, September 16, 2019, www.natlawreview.com/article/65–million-settlement-reached-eve-trial-class-action-lawsuit-against-chipotle-over (accessed December 30, 2019).
56. Archie B. Carroll, *Business and Society: Ethics and Stakeholder Management* (Cincinnati, OH: Southwestern, 1989), 228–230.

57. Elaine Watson, "Court Approves $4M Settlement with Health-Ade over Sugar, Alcohol Levels in Kombucha," *Food Navigator*, October 25, 2019, www.foodnavigator-usa.com/Article/2019/10/25/Court-approves-4m-settlement-with-Health-Ade-over-sugar-alcohol-levels-in-kombucha (accessed December 30, 2019).
58. Melanie Curtin, "New Study Says if You Hire Salespeople, You May Be Prone to Hiring Liars," *Inc.*, June 20, 2019, www.inc.com/melanie-curtin/new-study-says-if-you-hire-salespeople-you-may-be-prone-to-hiring-liars.html (accessed December 30, 2019).
59. T. J. McCue, "Inventory Shrink Costs the U.S. Retail Industry $46.8 Billion," *Forbes*, January 31, 2019, www.forbes.com/sites/tjmccue/2019/01/31/inventory-shrink-cost-the-us-retail-industry-46-8-billion/#9d56d76b7019 (accessed December 30, 2019).
60. Radial, "Are Your Customers Committing Friendly Fraud," www.radial.com/insights/are-your-customers-committing-friendly-fraud (accessed February 12, 2020); "What Is Friendly Fraud? How Can I Prevent It? 2019," *Chargeback Gurus*, December 2, 2019, https://www.chargebackgurus.com/blog/friendly-fraud-its-a-family-affair (accessed February 12, 2020).
61. Katie Jordan, "Naughty or Nice: 3 Things to Know about Fraud during the Holiday Season," *National Retail Federation*, January 9, 2019, https://nrf.com/blog/naughty-or-nice-3-things-know-about-fraud-during-holiday-season (accessed December 30, 2019).
62. O. C. Ferrell and Linda Ferrell, "Ex-Nissan CEO Carlos Ghosn Flees Japan," *Daniels Fund Ethics Initiative*, January 15, 2020, www.danielsfund.org/images/df/Ethics/Mini-Cases/Mini-Case-11-Ex-Nissan-CEO-Carlos-Ghosn-Flees-Justice.pdf (accessed February 12, 2020).
63. Gabrielle Coppola, "Auto-Loan Deliniquencies Are the Highest Since 2012," *Bloomberg*, February 12, 2019, www.bloomberg.com/news/articles/2019-02-12/auto-loan-performance-worsens-on-rise-in-subprime-delinquencies (accessed December 30, 2019).
64. Jennifer Liberto and David Ellis, "Wall Street Reform: What's in the Bill," *CAWMoney.com*, June 30, 2010, http://money.cnn.com/2010/06/25/news/economy/whats_in_the_reform_bill/index.htm (accessed February 10, 2015).
65. Kevin Breuninger, Dan Mangan, and Tucker Higgins, "Ex-New York Congressman Chris Collins Sentenced to 26 Months for Insider-Trading Tip to Son," *CNBC*, January 17, 2020, www.cnbc.com/2020/01/17/chris-collins-sentenced-to-26-months-for-insider-trading-tip.html (accessed February 12, 2020).
66. Andrew Liptak, "Former Equifax Executive Sentenced to Prison for Insider Trading Prior to Data Breach," *The Verge*, June 29, 2019, www.theverge.com/2019/6/29/20056655/jun-ying-equifax-breach-jail-time-insider-trading-department-of-justice (accessed December 30, 2019).
67. Jason Zweig, "Insider Trading: Why We Can't Help Ourselves," *The Wall Street Journal*, April 2, 2011, http://online.wsj.com/article/SB10001424052748704530204576236922024758718.html (accessed February 10, 2015).
68. Peter J. Henning, "Insider Trading Remains a Fixture for Securities Enforcement," *The New York Times*, January 1, 2019, www.nytimes.com/2019/01/01/business/dealbook/insider-trading-enforcement-prosecution.html (accessed December 30, 2019).
69. Steven Pearlstein, "People Analytics: 'Moneyball' for Human Resources," *The Washington Post*, August 1, 2014, www.washingtonpost.com/business/people-analytics-moneyball-for-human-resources/2014/08/01/3a8fb6ac-1749-lle4-9e3b-7f2fl10c6265_story.html (accessed February 24, 2015); Christopher Mims, "In 'People Analytics,' You're Not Human, You're a Data Point," *The Wall Street Journal*, February 16, 2015, www.wsj.com/articles/in-people-analytics-youre-not-a-human-youre-a-data-point-1424133771 (accessed February 24, 2015).

Chapter 6

1. Thomas M. Jones, "Ethical Decision Making by Individuals in Organizations: An Issue-Contingent Model," *Academy of Management Review* 16, 2 (February 1991): 366–395; O. C. Ferrell and Larry G. Gresham, "A Contingency Framework for Understanding Ethical Decision Making in Marketing," *Journal of Marketing* 49, 3 (Summer 1985): 87–96; O. C. Ferrell, Larry G. Gresham, and John Fraedrich, "A Synthesis of Ethical Decision Models for Marketing," *Journal of Macromarketing* 9, 2 (Fall 1989): 55–64; Shelby D. Hunt and Scott Vitell, "A General Theory of Marketing Ethics," *Journal of Macromarketing* 6, 2 (Spring 1986): 5–16; William A. Kahn, "Toward an Agenda for Business Ethics Research," *Academy of Management Review* 15, 2 (April 1990): 311–328; Linda K. Trevino, "Ethical Decision Making in Organizations: A Person-Situation Interactionist Model," *Academy of Management Review* 11, 3 (March 1986): 601–617.
2. Jones, "Ethical Decision Making," 367–372.
3. Donald P. Robin, R. Eric Reidenbach, and P. J. Forrest, "The Perceived Importance of an Ethical Issue as an Influence on the Ethical Decision Making of Ad Managers," *Journal of Business Research* 35, 1 (January 1996): 17.
4. Roselie McDevitt and Joan Van Hise, "Influences in Ethical Dilemmas of Increasing Intensity," *Journal of Business Ethics* 40, 3 (October 2002): 261–274.
5. Anusorn Singhapakdi, Scott J. Vitell, and George R. Franke, "Antecedents, Consequences, and Mediating Effects of Perceived Moral Intensity and Personal Moral Philosophies," *Journal of the Academy of Marketing Science* 27, 1 (Winter 1999): 19.
6. Ibid.
7. Kathy Lund Dean, Jeri Mullins Beggs, and Timothy P. Keane, "Mid-level Managers, Organizational Context, and (Un)ethical Encounters," *Journal of Business Ethics* 97, 1 (2010): 51–69.
8. Nathan Bomey, "Ex-Wells Fargo CEO Banned from Banking, Must Pay $17.5M Fine," *The Hawk Eye*, January 24, 2020, www.thehawkeye.com/news/20200124/ex-wells-fargo-ceo-banned-from-banking-must-pay-175m-fine (accessed February 17, 2020).
9. Kathy Lund Dean, Jeri Mullins Beggs, and Timothy P. Keane.
10. Barbara Cosgrove, "8 Ways to Ensure Your Company's AI Is Ethical," *World Economic Forum*, January 16, 2020, www.weforum.org/agenda/2020/01/8-ways-to-ensure-your-companys-ai-is-ethical/ (accessed February 17, 2020).
11. Singhapakdi, Vitell, and Franke, 17.
12. Damodar Suar and Rooplekha Khuntia, "Influence of Personal Values and Value Congruence on Unethical Practices and Work Behavior," *Journal of Business Ethics* 97, 3 (2010): 443–460.
13. "Lead the Way," *Spirit*, February 2011, 41.
14. B. Elango, Karen Paul, Sumit K. Kundu, and Shishir K. Paudel, "Organizational Ethics, Individual Ethics, and Ethical Intentions in International Decision-Making," *Journal of Business Ethics* 97, 4 (2010): 543–561.
15. Edelman, Global Report: Edelman Trust Barometer 2020, www.edelman.com/sites/g/files/aatuss191/files/2020-01/2020%20Edelman%20Trust%20Barometer%20Global%20Report.pdf (accessed January 22, 2020).
16. T. W. Loe, L. Ferrell, and P. Mansfield, "A Review of Empirical Studies Assessing Ethical Decision Making in Business," *Journal of Business Ethics* 25, 3 (2000): 185–204.
17. C. Gilligan, "In a Different Voice: Women's Conceptions of Self and Morality," *Harvard Educational Review* 47, 4 (1977): 481–517.
18. Marcin Gierczyk and Tom Harrison, "The Effects of Gender on the Ethical Decision-Making of Teachers, Doctors, and Lawyers," *The New Educational Review*, 55 (2019), doi: 10.15804/tner.2019.55.1.12.

19. Michael J. O'Fallon and Kenneth D. Butterfield, "A Review of the Empirical Ethical Decision-Making Literature: 1996–2003," *Journal of Business Ethics* 59, 4 (July 2005): 375–413; P. M. J. Christie, J. I. G. Kwon, P. A. Stoeberl, and R. Baumhart, "A Cross-Cultural Comparison of Ethical Attitudes of Business Managers: India, Korea and the United States," *Journal of Business Ethics* 46, 3 (September 2003): 263–287; G. Fleischman and S. Valentine, "Professionals' Tax Liability and Ethical Evaluations in an Equitable Relief Innocent Spouse Case," *Journal of Business Ethics* 42, 1 (January 2003): 27–44; A. Singhapakdi, K. Karande, C. P. Rao, and S. J. Vitell, "How Important Are Ethics and Social Responsibility? A Multinational Study of Marketing Professionals," *European Journal of Marketing* 35, 1/2 (2001): 133–152.
20. Thomas Van Valey, David Hartmann, Wayne Fuqua, Andrew Evans, Amy Day Ing, Amanda Meyer, Karolina Staros, and Chris Walmsley, "The Process of Ethical Decision-Making: Experts vs. Novices," *Journal of Business Ethics* 13, 1 (2015): 45–60.
21. Robert W. Armstrong, "The Relationship Between Culture and Perception of Ethical Problems in International Marketing," *Journal of Business Ethics* 15, 11 (November 1996): 1199–1208; J. Cherry, M. Lee, and C. S. Chien, "A Cross-Cultural Application of a Theoretical Model of Business Ethics: Bridging the Gap Between Theory and Data," *Journal of Business Ethics* 44, 4 (June 2003): 359–376; B. Kracher, A. Chatterjee, and A. R. Lundquist, "Factors Related to the Cognitive Moral Development of Business Students and Business Professionals in India and the United States: Nationality, Education, Sex and Gender," *Journal of Business Ethics* 35, 4 (February 2002): 255–268.
22. Deloitte, "Welcome to Generation Z," https://www2.deloitte.com/content/dam/Deloitte/us/Documents/consumer-business/welcome-to-gen-z.pdf (accessed February 18, 2020).
23. J. Cherry and J. Fraedrich, "An Empirical Investigation of Locus of Control and the Structure of Moral Reasoning: Examining the Ethical Decision-Making Processes of Sales Managers," *Journal of Personal Selling and Sales Management* 20, 3 (Summer 2000): 173–188; M. C. Reiss and K. Mitra, "The Effects of Individual Difference Factors on the Acceptability of Ethical and Unethical Workplace Behaviors," *Journal of Business Ethics* 17, 14 (October 1998): 1581–1593.
24. O. C. Ferrell and Linda Ferrell, "Role of Ethical Leadership in Organizational Performance," *Journal of Management Systems* 13 (2001): 64–78.
25. Barry Z. Posner, "Another Look at the Impact of Personal and Organizational Values Congruency," *Journal of Business Ethics* 97, 4 (2010): 535–541.
26. Susan M. Heathfield, "Find Out How Zappos Reinforces Its Company Culture," *The Balance Careers*, July 30, 2019, www.thebalancecareers.com/zappos-company-culture-1918813 (accessed February 18, 2020).
27. Unilever, "Ben & Jerry's," www.unileverusa.com/brands/food-and-drink/ben-and-jerrys.html (accessed February 18, 2020).
28. NFIB, "NFIB Membership–Frequently Asked Questions," www.nfib.com/nfib-membership-frequently-asked-questions/ (accessed March 5, 2020).
29. K. Praveen Parboteeah, Hsien Chun Chen, Ying-Tzu Lin, I-Heng Chen, Amber Y.-P. Lee, and Anyi Chung, "Establishing Organizational Ethical Climates: How Do Managerial Practices Work?" *Journal of Business Ethics* 97, 4 (2010): 599–611.
30. James Weber and Julie E. Seger, "Influences upon Organizational Ethical Subclimates: A Replication Study of a Single Firm at Two Points in Time," *Journal of Business Ethics* 41, 1–2 (November 2002): 69–84.
31. K. R. Evans, R. G. McFarland, B. Dietz, and F. Jaramillo, "Advancing Sales Performance Research: A Focus on Five Underresearched Topic Areas," *Journal of Personal Selling and Sales Management* 32, 1 (2012): 89–106.
32. Alan J. Dubinsky, R. D. Howell, Thomas N. Ingram, and D. N. Bellenge, "Salesforce Socialization," *Journal of Marketing* 50, 4 (1986): 192–207.
33. Sean Valentine, Lynn Godkin, and Margaret Lucero, "Ethical Context, Organizational Commitment, and Person-Organization Fit," *Journal of Business Ethics* 41, 4 (December 2002): 349–360.
34. Miriam Wallack, "5 Companies Showcasing Successful Mentorship Programs," *Gloat*, July 29, 2019, www.gloat.com/home/5-companies-showcasing-successful-mentorship-programs/ (accessed March 5, 2020).
35. Bruce H. Drake, Mark Meckler, and Debra Stephens, "Transitional Ethics: Responsibilities of Supervisors for Supporting Employee Development," *Journal of Business Ethics* 38, nl-2 (June 2002): 141–155.
36. Ferrell and Gresham, "A Contingency Framework," 87–96.
37. R. C. Ford and W. D. Richardson, "Ethical Decision Making: A Review of the Empirical Literature," *Journal of Business Ethics* 13, 3 (March 1994): 205–221; Loe, Ferrell, and Mansfield, "A Review of Empirical Studies."
38. Ethics Unwrapped, "Obedience to Authority," https://ethicsunwrapped.utexas.edu/glossary/obedience-to-authority (accessed March 5, 2020).
39. National Business Ethics Survey, *How Employees Perceive Ethics at Work* (Washington, DC: Ethics Resource Center, 2000), 30.
40. Rene Chun, "Workplace Theft Is on the Rise," *The Atlantic*, March 2019, https://www.theatlantic.com/magazine/archive/2019/03/stealing-from-work-more-common/580429/ (accessed February 18, 2020).
41. Ibid.
42. Kelsey Seidler, "Shedding Light on Retail Theft," *Loss Prevention Magazine*, April 10, 2019, https://losspreventionmedia.com/shedding-light-on-retail-theft-statistics/ (accessed February 19, 2020).
43. International Federation of Accountants, "Who We Are," www.ifac.org/who-we-are/membership (accessed February 18, 2020).
44. Charles Schwab, "Code of Business Conduct and Ethics," 2019, https://content.schwab.com/web/retail/public/about-schwab/schw_code_of_business_conduct_and_ethics_2019.pdf (accessed February 18, 2020).
45. O. C. Ferrell and Linda Ferrell, "Morgan Stanley Faces Challenges in Managing Employee Conduct," *Daniels Fund Ethics Initiative*, December 15, 2019, www.danielsfund.org/images/df/Ethics/Mini-Cases/Mini-Case-6-Morgan-Stanley-Faces-Challenges-in-Managing-Employee-Conduct.pdf (accessed February 18, 2020); Morgan Stanley, "Morgan Stanley Code of Ethics and Business Conduct," April 2019, www.morganstanley.com/about-us-governance/pdf/Code_of_Ethics_and_Business_Conduct.pdf (accessed February 18, 2020).
46. Susan Carey, "United CEO Blames 'System Failure' on Removal Incident," *The Wall Street Journal*, April 12, 2017, A1.
47. David Hollingworth and Sean Valentine, "The Moderating Effect of Perceived Organizational Ethical Context on Employees' Ethical Issue Recognition and Ethical Judgments," *Journal of Business Ethics*, 2014, doi: 10.1007/sl0551-014-2088-9.
48. Peter Verhezen, "Giving Voice in a Culture of Silence: From a Culture of Compliance to a Culture of Integrity," *Journal of Business Ethics* 96, 2 (2010): 187–206.
49. Gene R. Laczniak and Patrick E. Murphy, "Stakeholder Theory and Marketing: Moving from a Firm-Centric to a Societal Perspective," *Journal of Public Policy & Marketing* 31, 2 (2012): 284–292.
50. Allstate, "Our Values," www.allstate.com/our-shared-purpose/our-values.aspx (accessed February 18, 2020).
51. Ethisphere, "The 2019 World's Most Ethical Companies® Honoree List," www.worldsmostethicalcompanies.com/honorees/ (accessed February 18, 2020).

52. R. L. Jepperson, "Institutions, Institutional Effects, and Institutionalism," in *The New Institutionalism in Organizational Analysis*, eds. Walter W. Powell and Paul J. DiMaggio (Chicago, IL: University of Chicago Press, 1991).
53. Patrick E. Murphy, Gene R. Laczniak, and Andrea Prothero, *Ethics in Marketing: International Cases and Perspectives* (New York, NY: Routledge, 2012).
54. Lynn G. Zucker, "The Role of Institutionalization in Cultural Persistence," *American Sociological Review* 42, 5 (October 1977): 726–743.
55. Paul J. DiMaggio and Walter W. Powell, "The Iron Cage Revisited: Institutionalized Isomorphism and Collective Rationality in Organizational Fields," *American Sociological Review* 48, 2 (April 1983): 147–160; John W. Meyer and Brian Rowan, "Institutionalized Organization: Formal Structure as Myth and Ceremony," *American Journal of Sociology* 83, 2 (September 1977): 340–363.
56. Ecolab, "Code of Conduct," www.ecolab.com/-/media/Widen/Sustainability/Code-of-Conduct/Policy_CodeOfConduct_pdf.pdf?la=en (accessed February 18, 2020).
57. Federal Trade Commission, "FTC Files Suit to Block Edgewell Personal Care Company's Acquisition of Harry's, Inc.," February 3, 2020, www.ftc.gov/news-events/press-releases/2020/02/ftc-files-suit-block-edgewell-personal-care-companys-acquisition (accessed March 5, 2020).
58. Micah Maidenberg, "StarKist Hit with $100 Million Fine in Tuna Price-Fixing Case," *The Wall Street Journal*, September 11, 2019, www.wsj.com/articles/starkist-ordered-to-pay-100-million-fine-in-tuna-price-fixing-case-11568233353 (accessed February 19, 2020).
59. Reuters, "Quantum Tech Company Nanoco Files Patent Infringement Lawsuit Against Samsung," *The New York Times*, February 17, 2020, www.nytimes.com/reuters/2020/02/17/technology/17reuters-nanoco-group-patent-samsung-elec.html (accessed February 19, 2020).
60. "Strategy: Porter's Five Forces Explains (Plus Example Uber)," *Innovation Tactics*, March 18, 2018, www.innovationtactics.com/porter-five-forces/ (accessed March 5, 2020).
61. Walter W. Powell and Paul J. DiMaggio (eds.), *The New Institutionalism in Organizational Analysis* (Chicago, IL: University of Chicago Press, 1991).
62. Tina M. Dacin, "Isomorphism in Context: The Power and Prescription of Institutional Norms," *Academy of Management Journal* 40, 1 (February 1997): 46–81.
63. Bijal Vakil, "Considering Legal Implications of Open Sourcing Patents for Sustainable Vehicles," *White & Case*, December 3, 2019, www.whitecase.com/publications/article/considering-legal-implications-open-sourcing-patents-sustainable-vehicles (accessed February 19, 2020).
64. Lynn G. Zucker, "The Role of Institutionalization in Cultural Persistence," *American Sociological Review* 42, 5 (October 1977): 726–743.
65. John W. Meyer and Brian Rowan, "Institutionalized Organization: Formal Structure as Myth and Ceremony," *American Journal of Sociology* 83, 2 (September 1977): 340–363.
66. Jay M. Handelman and Stephen J. Arnold, "The Rule of Marketing Actions with a Social Dimension," *Journal of Marketing* 63, 3 (1999): 33–48.
67. John L. Campbell, "Why Would Corporations Behave in Socially Responsible Ways? An Institutional Theory of Corporate Social Responsibility," *Academy of Management Review* 32, 3 (2007): 946–967; J. Galaskiewicz, "Making corporate actors accountable: Institution-building in Minneapolis-St. Paul," in *The New Institutionalism in Organizational Analysis*, eds. W. W. Powell and P. J. DiMaggio (Chicago, IL: University of Chicago Press, 1991), 293–310.
68. Tobias Hahn, "Reciprocal Stakeholder Behavior: A Motive-Based Approach to the Implementation of Normative Stakeholder Demands," *Business & Society* 54, 1 (2015): 9–51.
69. Bart Victor and Carroll Underwood Stephens, "Business Ethics: A Synthesis of Normative Philosophy and Empirical Social Science," *Business Ethics Quarterly* 4, 2 (1994): 145–155.
70. John Rawls, *A Theory of Justice* (Cambridge, MA: Harvard University Press, 1971).
71. Ibid.
72. Patrick E. Murphy, Gene R. Laczniak, and Andrea Prothero, *Ethics in Marketing: International Cases and Perspectives* (New York, NY: Routledge, 2012).
73. Joel Gehman, Linda K. Trevino, and Raghu Garud, "Values Work: A Process Study of the Emergence and Performance of Organizational Values Practices," *Academy of Management Journal* 56, 1 (2013): 84–112.
74. Shalom H. Schwartz, "Cultural Value Differences: Some Implications for Work," *Applied Psychology: An International Review* 48, 1 (1999): 23–47.
75. M. Callon, P. Lascoumes, and Y. Barthe, *Acting in an Uncertain World: An Essay on Technical Democracy* (Cambridge, MA: MIT Press, 2009).
76. Joel Gehman, Linda K. Trevino, and Raghu Garud, "Values Work: A Process Study of the Emergence and Performance of Organizational Values Practices," *Academy of Management Journal* 56, 1 (2013): 84–112.
77. Bert Scholtens and Lammertjan Dam, "Cultural Values and International Differences in Business Ethics," *Journal of Business Ethics* 75, 3 (2007): 273–284.
78. Marriott, "Core Values & Heritage," www.marriott.com/culture-and-values/core-values.mi (accessed February 19, 2020); Marriott, "Frequently Asked Questions," https://marriott.gcs-web.com/investor-faqs (accessed February 19, 2020).
79. Gary R. Weaver and Linda K. Trevino, "Compliance and Values Oriented Ethics Programs: Influences on Employees' Attitudes and Behavior," *Business Ethics Quarterly* 9, 2 (1999): 315–335.
80. Ben Maiden, "How VF Corporation Crunches the Numbers on Compliance," *Corporate Secretary*, January 23, 2020, www.corporatesecretary.com/articles/technology-social-media/31922/how-vf-corporation-crunches-numbers-compliance (accessed February 19, 2020).
81. Elaine Thompson, "Microsoft Pays $25 Million to Settle Corruption Charges," *USA Today*, July 22, 2019, www.usatoday.com/story/money/2019/07/22/microsoft-corruption-charges-sec-doj-25-million/1799694001/ (accessed February 19, 2020).
82. Alexia Fernández Campbell, "Women at Microsoft Say It's a Toxic Place to Work," *Vox*, April 11, 2019, www.vox.com/policy-and-politics/2019/4/11/18304536/microsoft-women-discrimination-harassment-complaints (accessed February 19, 2020).
83. Mark D. Promislo and Robert A. Giacalone, "Sick about Unethical Business," *BizEd*, January/February 2013, 20–26.

Chapter 7

1. James R. Rest, *Moral Development Advances in Research and Theory* (New York: Praeger, 1986), 1.
2. Thomas Carson, "Friedman's Theory of Corporate Social Responsibility," Business & Professional Ethics Journal, 12, 1 (1993): 3–32.
3. A.C. Ahuvia, "If Money Doesn't Make Us Happy, Why Do We Act as If It Does?" *Journal of Economic Psychology* 29, 4 (2008): 491–507.
4. James Gwartney, Roberto Lawson, Joshua Hall, and Ryan Murphy, with Daniel L. Bennett, Rosemarie Fike, Fred McMahon, Boris Nikolaev, "*Economic Freedom of the World Report*," CATO Institute, 2019, www.cato.org/sites/cato.org/files/pubs/efw/efw2019/efw-2019-chapter-1.pdf (accessed March 12, 2020).

5. Abhijit Biswas, Jane W. Licata, Daryl McKee, Chris Pullig, and Christopher Daughtridge, "The Recycling Cycle: An Empirical Examination of Consumer Waste Recycling and Recycling Shopping Behaviors," *Journal of Public Policy & Marketing* 19, 1 (2000): 93; Miguel Bastons, "The Role of Virtues in the Framing of Decisions," *Journal of Business Ethics* 78, 3 (2008): 395.
6. "Which Countries Have Banned Plastic Bags," Study.com, https://study.com/blog/which-countries-have-banned-plastic-bags.html (accessed March 11, 2020).
7. The Plastics Division of the American Chemistry Council (ACC), "Life Cycle Impacts of Plastic Packaging Compared to Substitutes in the United States and Canada: Theoretical Substitution Analysis," April 2018, https://plastics.americanchemistry.com/Reports-and-Publications/LCA-of-Plastic-Packaging-Compared-to-Substitutes.pdf (accessed March 11, 2020).
8. Miquel Bastons, "The Role of Virtues in the Framing of Decisions," *Journal of Business Ethics* 78, 3 (2008): 395.
9. Margaret Lindorff, Elizabeth Prior Jonson, and Linda McGuire, "Strategic Corporate Social Responsibility in Controversial Industry Sectors: The Social Value of Harm Minimization," *Journal of Business Ethics* 110, 4 (2012): 457–467.
10. "Court Says Businesses Liable for Harassing on the Job," *Commercial Appeal*, June 27, 1998, A1; Richard Brandt, *Ethical Theory* (Englewood Cliffs, NJ: Prentice-Hall, 1959), 253–254.
11. David Slotnick, "Nearly a Year After It Began, the Boeing 737 Max Crisis Still Drags On. Here's the Complete History of the Plane That's Been Grounded Since 2 Crashes Killed 346 People 5 Months Apart," *Business Insider*, March 5, 2020, www.businessinsider.com/boeing-737-max-timeline-history-full-details-2019-9 (accessed March 10, 2020); Kelly Cohen, "Ethiopian Airlines, Lion Air Crash Linked by New Evidence," *Vox*, March 16, 2019, www.vox.com/2019/3/16/18268646/ethiopian-airlines-lion-air-boeing-737-similarities (accessed March 10, 2020).
12. J. J. C. Smart and B. Williams, *Utilitarianism: For and Against* (Cambridge, UK: Cambridge University Press, 1973), 4.
13. C. E. Harris, Jr., *Applying Moral Theories* (Belmont, CA: Wadsworth, 1986), 127–128.
14. Matthew Heller, "Ericsson to Pay $1B in 2nd-Largest FCPA Case," *CFO*, December 9, 2019, www.cfo.com/legal/2019/12/ericsson-to-pay-1b-in-2nd-largest-fcpa-case.
15. Example adapted from Harris, *Applying Moral Theories*, 128–129.
16. Gerald F. Cavanaugh, Dennis J. Moberg, and Manuel Velasquez, "The Ethics of Organizational Politics," *Academy of Management Review* 6 (1981): 363–374; U.S. Bill of Rights, www.law.cornell.edu/constitution/constitution.billofrights.html (accessed March 19, 2015).
17. U.S. Bill of Rights, www.law.cornell.edu/constitution/constitution.billofrights.html (accessed March 19, 2015).
18. Marie Brenner, "*The Man Who Knew Too Much*," *Vanity Fair*, May 1996, www.jeffreywigand.com/vanityfair.php (accessed March 19, 2015).
19. Norman E. Bowie and Thomas W. Dunfee, "Confronting Morality in Markets," *Journal of Business Ethics* 38, 4 (2002): 381–393.
20. Matt Taibbi, "The $9 Billion Witness: Meet JPMorgan Chase's Worst Nightmare," *Rolling Stone, November* 6, 2014, www.rollingstone.com/politics/politics-news/the-9-billion-witness-meet-jpmorgan-chases-worst-nightmare-242414/ (accessed March 11, 2020).
21. Immanuel Kant, "Fundamental Principles," 229.
22. Thomas E. Weber, "To Opt In or Opt Out: That Is the Question When Mulling Privacy," *The Wall Street Journal*, October 23, 2000, B1.
23. R. Bateman, J. P. Fraedrich, and R. Iyer, "The Integration and Testing of the Janus-Headed Model within Marketing," *Journal of Business Research* 56, 8 (2003): 587–596; J. B. DeConinck and W. F. Lewis, "The Influence of Deontological and Teleological Considerations and Ethical Culture on Sales Managers' Intentions to Reward or Punish Sales Force Behavior," *Journal of Business Ethics* 16, 5 (1997): 497–506; J. Kujala, "A Multidimensional Approach to Finnish Managers' Moral Decision Making," *Journal of Business Ethics* 34, 3–4 (2001): 231–254; K.C. Rallapalli, S. J. Vitell, and J. H. Barnes, "The Influence of Norms on Ethical Judgments and Intentions: An Empirical Study of Marketing Professionals," *Journal of Business Research* 43, 3 (1998): 157–168; M. Shapeero, H. C. Koh, and L. N. Killough, "Underreporting and Premature Sign-Off in Public Accounting," *Managerial Auditing Journal* 18, 6/7 (2003): 478–489.
24. William K. Frankena, *Ethics* (Englewood Cliffs, NJ: Prentice-Hall, 1963).
25. R. E. Reidenbach and D. P. Robin, "Toward the Development of a Multidimensional Scale for Improving Evaluations of Business Ethics," *Journal of Business Ethics* 9, 8 (1980): 639–653.
26. Patrick E. Murphy and Gene R. Laczniak, "Emerging Ethical Issues Facing Marketing Researchers," *Marketing Research* 4, 2 (1992): 6–11.
27. United States Department of Justice, "U.S. Attorney Sues Spinal Device Company and Its Executives for Allegations that they Paid Kickbacks to Surgeons," March 5, 2020 www.justice.gov/usao-ma/pr/us-attorney-sues-spinal-device-company-and-its-executives-allegations-they-paid-kickbacks (accessed March 11, 2020).
28. T. K. Bass and Barnett G. Brown, "Religiosity Ethical Ideology, and Intentions to Report a Peer's Wrongdoing," *Journal of Business Ethics* 15, 11 (1996): 1161–1174; R. Z. Elias, "Determinants of Earnings Management Ethics among Accountants," *Journal of Business Ethics* 40, 1 (2002): 33–45; Y. Kim, "Ethical Standards and Ideology among Korean Public Relations Practitioners," *Journal of Business Ethics* 42, 3 (2003): 209–223; E. Sivadas, S. B. Kleiser, J. Kellaris, and R. Dahlstrom, "Moral Philosophy, Ethical Evaluations, and Sales Manager Hiring Intentions," *Journal of Personal Selling & Sales Management* 23, 1 (2003): 7–21.
29. Cheng-Li Huang and Bau-Guang Chang, "The Effects of Managers' Moral Philosophy on Project Decision Under Agency Problem Conditions," *Journal of Business Ethics* 94, 4 (2010): 595–611.
30. Manuel G. Velasquez, *Business Ethics Concepts and Cases*, 5th ed. (Upper Saddle River, NJ: Prentice-Hall, 2002), 135–136.
31. Ibid.
32. Adapted from Roberto C. Solomon, "Victims of Circumstances? A Defense of Virtue Ethics in Business," *Business Ethics Quarterly* 13, 1 (2003): 43–62.
33. Ian Maitland, "Virtuous Markets: The Market as School of the Virtues," *Business Ethics Quarterly* 7, 1 (January 1997): 97.
34. Ibid.
35. Subrata Chakrabarty and A. Erin Bass, "Comparing Virtue, Consequentialist, and Deontological Ethics-Based Corporate Social Responsibility: Mitigating Microfinance Risk in Institutional Voids," *Journal of Business Ethics* 126, 3 (2015): 487–512.
36. Stefanie E. Naumann and Nathan Bennett, "A Case for Procedural Justice Climate: Development and Test of a Multilevel Model," *Academy of Management Journal* 43, 5 (2000): 881–889.
37. Joel Brockner, "Making Sense of Procedural Fairness: How High Procedural Fairness Can Reduce or Heighten the Influence of Outcome Favor ability," *Academy of Management Review* 27, 1 (2002): 58–76.
38. "100 Best Companies to Work For 2015," *Fortune*, http://fortune.com/best-companies/acuity-3/ (accessed March 5, 2015); Kathryn Tyler, "HR Magazine: Leveraging Long Term Tenure," *Society for Human Resource Management* 52, 5 (2007), www.shrm.org/publications/hrmagazine/editorialcontent/pages/0507tyler.aspx (accessed March 5, 2015).

39. Gretchen Larsen and Rob Lawson, "Consumer Rights: An Assessment of Justice," *Journal of Business Ethics* 112, 3 (2013): 515–528.
40. Martha C. Andrews, K. Michele Kacmar, and Charles Kacmar, "The Interactive Effects of Behavioral Integrity and Procedural Justice on Employee Job Tension," *Journal of Business Ethics* 126, 3 (2015): 371–379.
41. Handi Brata and Lita Juliana, "Performance-Based Reward Systems and Perceived Justice: A Case of Motorbike Dealer in Pontianak," *International Journal of Business and Society* 15, 2 (2014): 195–214.
42. John Fraedrich and O. C. Ferrell, "Cognitive Consistency of Marketing Managers in Ethical Situations," *Journal of the Academy of Marketing Science* 20, 3 (1992): 245–252.
43. Nobuyuki Fukawa and Sunil Erevelles, "Perceived Reasonableness and Morals in Service Encounters," *Journal of Business Ethics* 125, 3 (2014): 381–400.
44. Manuel Velasquez, Claire Andre, Thomas Shanks, S. J., and Michael J. Meyer, "Thinking Ethically: A Framework for Moral Decision Making," *Issues in Ethics* (Winter 1996): 2–5.
45. Lawrence Kohlberg, "Stage and Sequence: The Cognitive Developmental Approach to Socialization," in *Handbook of Socialization Theory and Research*, ed. D. A. Goslin (Chicago, IL: Rand McNally, 1969), 347–480.
46. Adapted from Kohlberg, "Stage and Sequence."
47. Clare M. Pennino, "Is Decision Style Related to Moral Development Among Managers in the U.S.?" *Journal of Business Ethics* 41, 4 (2002): 337–347.
48. K. M. Au and D. S. N. Wong, "The Impact of Guanxi on the Ethical Decision-Making Process of Auditors: An Exploratory Study on Chinese CPA's in Hong Kong," *Journal of Business Ethics* 28, 1 (2000): 87–93; D. P. Robin, G. Gordon, C. Jordan, and E. Reidenback, "The Empirical Performance of Cognitive Moral Development in Predicating Behavioral Intent," *Business Ethics Quarterly* 6, 4 (1996): 493–515; M. Shapeero, H. C. Koh, and L. N. Killough, "Underreporting and Premature Sign-Off in Public Accounting," *Managerial Auditing Journal* 18, 6 (1996): 478–489; N. Uddin and P. R. Gillett, "The Effects of Moral Reasoning and Self-Monitoring on CFO Intentions to Report Fraudulently on Financial Statements," *Journal of Business Ethics* 40, 1 (2002): 15–32.
49. O. C. Ferrell, "Broadening Marketing's Contribution to Data Privacy," *Journal of the Academy of Marketing Science* 45, 2 (2017), 160.
50. Federal Bureau of Investigation, "A Ponzi Scheme Collapses," February 23, 2015, www.fbi.gov/news/stories/2015/february/a-ponzi-scheme-collapses/a-ponzi-scheme-collapses (accessed March 5, 2015).
51. Nathan Vardi, "Matthew Martoma Sentenced to Nine Years for Insider Trading," *Forbes*, September 8, 2014, www.forbes.com/sites/nathanvardi/2014/09/08/mathew-martoma-sentenced-to-nine-years-for-insider-trading/ (accessed March 5, 2015).
52. Association of Certified Fraud Examiners, "Keys to Success: Be Vigilant, Find a Mentor," *Anti-Fraud Resource Guide*, Fourth Quarter 2014, 5.
53. J. M. Rayburn and L. G. Rayburn, "Relationship between Machiavellianism and Type A Personality and Ethical-Orientation," *Journal of Business Ethics* 15, 11 (1996): 1209–1219.
54. Clive R. Boddy, Richard K. Ladyshewsley, and Peter Galvin, "The Influence of Corporate Psychopaths on Corporate Social Responsibility and Organizational Commitment to Employees," *Journal of Business Ethics* 97, 1 (2010): 1–19; Clive R. Boddy, Richard K. Ladyshewsley, and Peter Galvin, "The Implications of Corporate Psychopaths for Business and Society: An Initial Examination and a Call to Arms," *AJBBS* 1, 2 (2005): 30–40, www.mtpinnacle.com/pdfs/Psychopath.pdf (accessed May 3, 2011).
55. KPMG, "Fraud contagion shows no sign of abating," *Fraud Barometer*, June 2010, www.zurich.com/NR/rdonlyres/61135D66-3194-4362-A9D3-07AC64C40B54/0/KPMGAUFraudBarometerFindingsAustAug2010.pdf (accessed March 19, 2015).
56. Eysenck, "Personality and Crime: Where Do We Stand?" *Psychology Crime & Law* 2, 3 (1996): 143–152; Shelley Johnson Listwan, *Personality and Criminal Behavior: Reconsidering the Individual*, University of Cincinnati, Division of Criminal Justice, 2001, http://cech.uc.edu/content/dam/cech/programs/criminaljustice/docs/phd_dissertations/2001/ShelleyJohnson.pdf (accessed March 19, 2015).
57. Gregory W. Stevens, Jacqueline K. Deuling, and Achilles A. Armenakis, "Successful Psychopaths: Are They Unethical Decision-Makers and Why?" *Journal of Business Ethics* 105, 2 (2012): 139–149.
58. "The Influence of Corporate Psychopaths on Corporate Social Responsibility and Organizational Commitment to Employees," *Journal of Business Ethics.*
59. Jonathan Haidt, "The Emotional Dog and Its Rational Tail: A Social Intuitionist Approach to Moral Judgment," *Psychological Review* 108, 814–834.
60. Adenekan Dedeke, "A Cognitive-Intuitionist Model of Moral Judgment," *Journal of Business Ethics* 126, 3 (2015): 371–379.
61. Quoted in Marjorie Kelly, "The Ethics Revolution," *Business Ethics* (Summer 2005): 6.
62. O. C. Ferrell and Larry G. Gresham, "A Contingency Framework for Understanding Ethical Decision Making in Marketing," *Journal of Marketing* 49, 3 (2002): 261–274.
63. Thomas I. White, "Character Development and Business Ethics Education," in *Fulfilling Our Obligation: Perspectives on Teaching Business Ethics*, ed. Sheb L. True, Linda Ferrell, and O. C. Ferrell (Kennesaw, GA: Kennesaw State University Press, 2005), 165.
64. Ibid., 165–166.

Chapter 8

1. J. W. Lorsch, "Managing Culture: The Invisible Barrier to Strategic Change," *California Management Review* 28, 2 (1986): 95–109.
2. Richard L. Daft, *Organizational Theory and Design* (Cincinnati, OH: South-Western, 2007).
3. Stanley M. Davis, quoted in Alyse Lynn Booth, "Who Are We?" *Public Relations Journal* (July 1985), 13–18.
4. "Faces of Entrepreneurship: James Reinhard, Co-Founder and CEO of thredUP," *Nasdaq*, January 22, 2020, www.nasdaq.com/articles/faces-of-entrepreneurship%3A-james-reinhart-co-founder-and-ceo-of-thredup-2020-01-22 (accessed March 20, 2020).
5. Hilton Barbour, "The Beating Heart of Southwest Airlines' Culture," *The Digital Transformation People*, November 4, 2019, www.thedigitaltransformationpeople.com/channels/people-and-change/the-beating-heart-of-southwest-airlines-culture/ (accessed March 20, 2020).
6. Wrigley, "Principles in Action," www.wrigley.com/aunz/our-commitment.aspx (accessed April 19, 2017); Wrigley, "Heritage Timeline," www.wrigley.com/global/about-us/heritage-timeline.aspx (accessed April 19, 2017).
7. Abstracted and adapted from "Enhancing Compliance with Sarbanes–Oxley 404," *Quantisoft*, www.quantisoft.com/Industries/Ethics.htm (accessed March 9, 2015).
8. Taras Vasyl, Julie Rowney, and Piers Steel, "Half a Century of Measuring Culture: Approaches, Challenges, Limitations, and Suggestions Based on the Analysis of 121 Instruments for Quantifying Culture," white paper, 2008, Haskayne School of Business, University of Calgary, www.ucalgary.ca/~taras/_private/Half_a_Century_of_Measuring_Culture.pdf (accessed March 9, 2015).
9. Ibid.
10. David A. Ralston, Carolyn P. Egri, Olivier Furrer, Min-Hsun Kuo, Yongjuan Li, Florian Wangenheim, and Marina Dabic, "Societal-Level Versus Individual-Level Predictions of Ethical Behavior: A 48-Society Study of Collectivism and Individualism," *Journal of Business Ethics* 122, 2 (2014): 283–306.

11. Geert Hofstede, Bram Neuijen, Denise Daval Ohayv, and Geert Sanders, "Measuring Organizational Cultures: A Qualitative and Quantitative Study across Twenty Cases," *Administrative Science Quarterly* 35, 2 (1990): 286–316.
12. IBM, "Our Values at Work," www.ibm.com/ibm/values/us/ (accessed March 20, 2020).
13. Zappos, "7 Zappos Amenities That Boost Employee Happiness," June 12, 2019, www.zappos.com/about/stories/employee-happiness-amenities (accessed March 20, 2020).
14. Donna D. Bobek, Amy M. Hageman, and Robin R. Radtke, "The Influence of Roles and Organizational Fit on Accounting Professionals' Perceptions of their Firms' Ethical Environment," *Journal of Business Ethics* 126, 1 (2015): 125–141.
15. William E. Shafer, "Ethical Climate, Social Responsibility and Earnings Management," *Journal of Business Ethics* 126, 1 (2015): 43–60.
16. Cam Caldwell, Linda A. Hayes, and Do Tien Long, "Leadership, Trustworthiness, and Ethical Stewardship," *Journal of Business Ethics* 96, 4 (2010): 497–512.
17. N. K. Sethia and M. A. Von Glinow, "Arriving at Four Cultures by Managing the Reward System," in *Gaining Control of the Corporate Culture* (San Francisco, CA: Jossey-Bass, 1985), 409.
18. Gerald Schorin and Mike Wilberding, "The X Factor of Great Corporate Cultures," *Harvard Business Review*, January 21, 2020, https://hbr.org/2020/01/the-x-factor-of-great-corporate-cultures (accessed March 20, 2020).
19. "13 Reasons Google Deserves Its 'Best Company Culture' Award," *Forbes*, February 8, 2018, www.forbes.com/sites/forbestechcouncil/2018/02/08/13-reasons-google-deserves-its-best-company-culture-award/#2877cffe3482 (accessed March 20, 2020).
20. *2005 National Business Ethics Survey: How Employees Perceive Ethics at Work,* 20. Copyright © 2006, Ethics Resource Center (ERC), Used with permission of the ERC, 1747 Pennsylvania Ave. NW, Suite 400, Washington, DC 2006, www.ethics.org.
21. Tom Schoenberg, "Walmart Will Pay $282 Million in Penalties to Resolve 7-Year Probe into Foreign Bribes," *Los Angeles Times*, June 20, 2019, www.latimes.com/business/la-fi-walmart-foreign-bribes-penalties-20190620-story.html (accessed March 20, 2020).
22. Susan M. Heathfield, "Five Tips for Effective Employee Recognition," http://humanresources.about.com/od/rewardrecognition/a/recognition_tip.htm (accessed March 9, 2015).
23. FedEx, "Recognition Programs," www.fedex.com/sc/about/our-people/recognition.html (accessed March 20, 2020).
24. Isabelle Maignan, O. C. Ferrell, and Thomas Hult, "Corporate Citizenship, Cultural Antecedents and Business Benefit," *Journal of the Academy of Marketing Science* 27, 4 (1999): 455–469.
25. Susanne Arvidsson, "Communication of Corporate Social Responsibility: A Study of the Views of Management Teams in Large Companies," *Journal of Business Ethics* 96, 3 (2010): 339–354.
26. Kub Chieh-Peng, Yehuda Barch, and Wei-Chi Shih, "Corporate Social Responsibility and Team Performance: The Mediating Role of Team Efficacy and Team Self-Esteem," *Journal of Business Ethics* 108, 2 (2012): 167–180.
27. R. Eric Reidenbach and Donald P. Robin, *Ethics and Profits* (Englewood Cliffs, NJ: Prentice-Hall, 1989), 92.
28. IKEA, "IKEA Foundation: Improving Opportunities for Children," www.ikea.com/ms/en_SG/this-is-ikea/people-and-planet/people-and-communities/#ikea-foundation (accessed April 17, 2017).
29. E. Sutherland and D.R. Cressey, *Principles of Criminology*, 8th ed. (Chicago, IL: Lippincott, 1970), 114.
30. O. C. Ferrell and Larry G. Gresham, "A Contingency Framework for Understanding Ethical Decision Making in Marketing," *Journal of Marketing* 49, 3 (1985): 90–91.
31. Edward Wong, "Some at Shuttle Fuel Tank Plant See Quality Control Problems," *The New York Times*, February 18, 2003, www.nytimes.com/2003/02/18/national/nationalspecial/18ORLE.html (accessed March 9, 2015); *Columbia Crew Survival Investigation Report*, NASA, www.nasa.gov/pdf/298870main_SP-2008-565.pdf (accessed March 9, 2015).
32. Deborah L. Rhode and Amanda K. Packel, "Ethics and Nonprofits," *Stanford Social Innovation Review*, Summer 200, www.ssireview.org/articles/entry/ethics_and_nonprofits (accessed March 9, 2015).
33. U.S. Securities and Exchange Commission, "Whistleblower Program," 2019, www.sec.gov/files/sec-2019-annual-report-whistleblower-program.pdf (accessed March 20, 2020).
34. Nielsen P. Richard, "Whistle-Blowing Methods for Navigating Within and Helping Reform Regulatory Institutions," *Journal of Business Ethics* 112, 3 (2013): 385–395.
35. Matt Egan, "Wells Fargo Admits to Signs of Worker Retaliation," *CNN*, January 24, 2017, http://money.cnn.com/2017/01/23/investing/wells-fargo-retaliation-ethics-line/ (accessed March 20, 2020).
36. "Qui Tarn Tips: How to File a Whistle-blower Complaint," www.jameshoyer.com/practice_qui_tam.html?se=Overture (accessed March 9, 2015).
37. Ben Dipietro, "The Morning Risk Report: Barclay's Whistleblower Hunt May Impact Culture," *The Wall Street Journal*, April 11, 2017, https://blogs.wsj.com/riskandcompliance/2017/04/11/the-morning-risk-report-barclays-whistleblower-hunt-may-impact-culture/ (accessed April 19, 2017).
38. U.S. Securities and Exchange Commission, "Whistleblower Program," 2019, www.sec.gov/files/sec-2019-annual-report-whistleblower-program.pdf (accessed March 20, 2020).
39. Wim Vandekerckhove and Eva E. Tsahuridu, "Risky Rescues and the Duty to Blow the Whistle," *Journal of Business Ethics* 97, 3 (2010): 365–380.
40. Paula Dwyer and Dan Carney, with Amy Borrus, Lorraine Woellert, and Christopher Palmeri, "Year of the Whistle-blower," *Business Week*, December 16, 2002, 106–110.
41. Paula J. Desio, "Federal Whistle-Blower Rights Increase Under the Stimulus Law," *Ethics Today*, February 18, 2009, www.ethics.org/ethics-today/0209/policy-report3.html (accessed March 9, 2015).
42. Kyle Welch and Stephen Stubben, "Throw Out Your Assumptions About Whistleblowing," *Harvard Business Review*, January 14, 2020, https://hbr.org/2020/01/throw-out-your-assumptions-about-whistleblowing (accessed March 20, 2020).
43. Pablo Zoghbi-Manrique-de-Lara, "Do Unfair Procedures Predict Employees' Ethical Behavior by Deactivating Formal Regulations?" *Journal of Business Ethics* 94, 3 (2010): 411–425.
44. U.S. Department of Labor, "U.S. Department of Labor Releases Report on Global Child Labor," September 27, 2019, www.dol.gov/newsroom/releases/ilab/ilab20190927 (accessed March 20, 2020).
45. Jeff Stier and Henry I. Miller, "Politicians Are Scapegoating E-Cigs for Harm They Haven't Done," *New York Post*, September 16, 2019, https://nypost.com/2019/09/16/politicians-are-scapegoating-e-cigs-for-harm-they-havent-done/ (accessed March 20, 2020); Center for Disease Control, "Outbreak of Lung Injury Associate with the Use of E-Cigarette, or Vaping, Products," February 25, 2020, www.cdc.gov/tobacco/basic_information/e-cigarettes/severe-lung-disease.html (accessed March 20, 2020).
46. Kathy Lund Dean, Jeri Mullins Beggs, and Timothy P. Keane, "Mid-Level Managers, Organizational Context, and (Un)ethical Encounters," *Journal of Business Ethics* 97, 1 (2010): 51–69.
47. Joseph A. Belizzi and Ronald W. Hasty, "Supervising Unethical Sales Force Behavior: How Strong Is the Tendency to Treat Top Sales Performers Leniently?" *Journal of Business Ethics* 43, 4 (2003): 337–351.

48. John Fraedrich and O. C. Ferrell, "Cognitive Consistency of Marketing Managers in Ethical Situations," *Journal of the Academy of Marketing Science* 20, 3 (1992): 243–252.
49. Damodar Suar and Rooplekha Khuntia, "Influence of Personal Values and Value Congruence on Unethical Practices and Work Behavior," *Journal of Business Ethics* 97, 3 (2010): 443–460.

Chapter 9

1. Bob Lewis, "Survival Guide: The Moral Compass—Corporations Aren't Moral Agents, Creating Interesting Dilemmas for Business Leaders," *ACCESSmyLIBRARY*, March 11, 2002, http://www.accessmylibrary.com/article-lGl-84072220/survival-guide-moral-compass.html (accessed May 6, 2013).
2. Benjamin Katz and Matthew Dalton, "Airbus Agrees to Monitoring in $4 Billion Settlement of Bribery Charges," *The Wall Street Journal*, February 1, 2020, https://www.wsj.com/articles/airbus-bribery-charges-unveiled-after-4-billion-settlement-11580480153 (accessed March 6, 2020).
3. Paul Koulogeorge, "Reputation Management: What We Can Learn from Great Brand Examples," *Forbes*, June 22, 2020, https://www.forbes.com/sites/forbescommunicationscouncil/2020/06/22/reputation-management-what-we-can-learn-from-great-brand-examples/#31956b5e7df6 (accessed June 26, 2020).
4. Itai Beeri, Rachel Dayan, Eran Vigoda-Gadot, and Simcha B. Werner, "Advancing Ethics in Public Organizations: The Impact of an Ethics Program on Employees' Perceptions and Behaviors in a Regional Council," *Journal of Business Ethics* 112 (2013): 59–78.
5. Daniella Genovese, "Ex-eBay Employees Plead Guilty to 'Cyberstalking' Critics," *Fox Business*, October 9, 2020, https://www.foxbusiness.com/technology/former-ebay-employees-admit-to-aggressive-cyberstalking (accessed November 2, 2020).
6. Linda K. Trevino and Stuart Youngblood, "Bad Apples in Bad Barrels: Causal Analysis of Ethical Decision Making Behavior," *Journal of Applied Psychology* 75 (1990): 378–385.
7. David Gelles, Michael J. de la Merced, Peter Eavis and Andrew Ross Sorkin, "WeWork C.E.O. Adam Neumann Steps Down Under Pressure," *The New York Times*, September 24, 2019, https://www.nytimes.com/2019/09/24/business/dealbook/wework-ceo-adam-neumann.html (accessed April 1, 2020).
8. Trevino and Youngblood, "Bad Apples in Bad Barrels."
9. Ibid.
10. Allstate, "Ethics & Integrity,"" https://www.allstatesustainability.com/operating-with-excellence/ethics-integrity/ (accessed April 1, 2020).
11. American Institute of CPAs, Code of Professional Conduct and Bylaws, 2013, http://www.aicpa.org/Research/Standards/CodeofConduct/DownloadableDocuments/2013JunelCodeOfProfessionalConduct.pdf (accessed March 26, 2015).
12. Constance E. Bagley, "The Ethical Leader's Decision Tree," *Harvard Business Review* (February 2003), 18–19.
13. Bella L. Galperin, Rebecca J. Bennett, and Karl Aquino, "Status Differentiation and the Protean Self: A Social-Cognitive Model of Unethical Behavior in Organizations," *Journal of Business Ethics* 98 (2011): 407–424.
14. "Warren Buffett's Berkshire Hathaway Letter to Shareholders," http://www.berkshirehathaway.com/letters/2010ltr.pdf (accessed May 6, 2013).
15. Josh Bersin, "Why Companies Fail to Engage Today's Workforce: The Overwhelmed Employee," *Forbes*, March 15, 2014, http://www.forbes.com/sites/joshbersin/2014/03/15/why-companies-fail-to-engage-todays-workforce-the-overwhelmed-employee/ (accessed March 26, 2015).
16. Daniels Fund Ethics Initiative, "JFK Airport and Bribery," 2019, https://www.danielsfund.org/images/df/Ethics/Mini-Cases/Mini-Case-7-JFK-Airport-and-Bribery.pdf (accessed April 1, 2020).
17. Muel Kaptein, "The effectiveness of ethics programs: The role of scope, composition, and sequence," *Journal of Business Ethics*, August 2014, doi: 10.1007/sl0551-014-2296-3.
18. Elizabeth Paton and Sapna Maheshwari, "H&M's Different Kind of Clickbait," *The New York Times*, December 18, 2019, https://www.nytimes.com/2019/12/18/fashion/hms-supply-chain-transparency.html (accessed April 1, 2020).
19. "2 Companies Get Probation, Fine Over Mislabeling Cheese," *CBS Pittsburgh*, January 20, 2021, https://pittsburgh.cbslocal.com/2017/01/20/2-companies-get-probation-fine-over-mislabeling-cheese/ (accessed May 14, 2021).
20. Criminal Division of the U.S. Department of Justice and the Enforcement Division of the U.S. Securities and Exchange Commission, *FCPA:* A Resource Guide to the *U.S. Foreign Corrupt Practices Act* (Washington, D.C.: U.S. Department of Justice and U.S. Securities & Exchange Commission, 2012).
21. The United States Department of Justice, "Ericsson Agrees to Pay Over $1 Billion to Resolve FCPA Case," December 6, 2019, https://www.justice.gov/opa/pr/ericsson-agrees-pay-over-1-billion-resolve-fcpa-case (accessed April 1, 2020).
22. Barry Z. Posner, "Another Look at the Impact of Personal and Organizational Values Congruency," *Journal of Business Ethics* 97 (2010): 535–541.
23. Frances Chua and Asheq Rahman, "Institutional Pressures and Ethical Reckoning by Business Corporations," *Journal of Business Ethics* 98 (2011): 307–329.
24. KPMG Forensic Integrity Survey 2008–2009, http://www.kpmg.com.br/publicacoes/forensic/Integrity_Survey_2008_2009.pdf (accessed May 6, 2013).
25. Edelman, "2019 Edelman Trust Barometer," January 20, 2019, https://www.edelman.com/trust-barometer (accessed June 22, 2019); O. C. Ferrell, Dana Harrison, Linda Ferrell, and Joe Hair, "Business Ethics, Corporate Social Responsibility, and Brand Attitudes: An Exploratory Study," *Journal of Business Research*, 95 (February 2019): 491–501.
26. Ronald Paul Hill and Justine M. Rapp, "Codes of Ethical Conduct: A Bottom-Up Approach," *Journal of Business Ethics* 123, 4 (2014): 621–630.
27. Mark S. Schwartz, "A Code of Ethics for Corporate Code of Ethics," *Journal of Business Ethics* 41 (2002): 37.
28. Ibid.
29. Lori Holder-Webb and Jeffrey Cohen, "The Cut and Paste Society: Isomorphism in Codes of Ethics," *Journal of Business Ethics* 107 (2012): 485–509.
30. Joseph A. McKinney, Tisha L. Emerson, and Mitchell J. Neubert, "The Effects of Ethical Codes on Ethical Perceptions of Actions toward Stakeholders," *Journal of Business Ethics* 97 (2010): 505–516.
31. American Society of Civil Engineers, "Code of Ethics," http://www.asce.org/code_of_ethics/ (accessed April 1, 2020).
32. Lilly, "Research Ethics," https://www.lilly.com/science/discovery/research-ethics (accessed April 1, 2020).
33. Lilly, "Ethics & Compliance Program," https://www.lilly.com/operating-responsibly/ethics-compliance (accessed April 1, 2020).
34. Ethics & Compliance Initiative, "State of Ethics in Large Companies," https://www.ethics.org/knowledge-center/state-of-ethics-in-large-companies/ (accessed April 1, 2020).
35. "USSC Commissioner John Steer Joins with Compliance and Ethics Executives from Leading U.S. Companies to Address Key Compliance, Business Conduct and Governance Issues," *Society for Corporate Compliance and Ethics*, PR Newswire, October 31, 2005.
36. Ethics & Compliance Initiative, "About ECI," https://www.ethics.org/about/ (accessed April 1, 2020).

37. Jim Nortz, "Compliance and Ethics Officers: A Survival Guide for the Economic Downturn," March 10, 2009, http://www.corporatecomplianceinsights.com/2010/compliance-and-ethics-officers-surviving-economic-downturn/ (accessed May 6, 2013).
38. David Schatsky, Satish Iyengar, Vivek Katyal, Rameeta Chauhan, "Why Enterprises Shouldn't Wait for AI Regulation," *Deloitte*, April 17, 2019, https://www2.deloitte.com/us/en/insights/focus/signals-for-strategists/ethical-artificial-intelligence.html (accessed April 1, 2020).
39. Anne M. Simmons, "Want to Avoid Unpleasant Compliance Surprises? Embrace a Strong Whistle-Blowing Policy," January 8, 2009, http://ethisphere.com/want-to-avoid-unpleasant-compliance-surprises-embrace-a-strong-whistle-blowing-policy/ (accessed May 6, 2013).
40. Ethics & Compliance Initiative, "Interpersonal Misconduct in the Workplace," December 2018, https://43wli92bfqd835mbif2ms9qz-wpengine.netdna-ssl.com/wp-content/uploads/2019/01/Global_Business_Ethics_Survey_2018_Q4_Final.pdf (accessed April 1, 2020).
41. "Ethics 20/20 Rule Changes Approved by ABA Delegates with Little Opposition," *Bloomberg BNA*, August 15, 2012, http://www.bna.com/ethics-2020-rule-nl2884911245/ (accessed March 26, 2015).
42. National Institutes of Health, "Ethics Training," http://ethics.od.nih.gov/training.htm (accessed May 6, 2013).
43. Linda Ferrell and O. C. Ferrell, *Ethical Business* (*DK Essential Managers Series*, May 4, 2009): 1–72.
44. Debbie Thorne LeClair and Linda Ferrell, "Innovation in Experiential Business Ethics Training," *Journal of Business Ethics* 23 (2000): 313–322.
45. Gerdien de Vries, Karen A. Jehn, Bart W. Terwel, "When Employees Stop Talking and Start Fighting: The Detrimental Effects of Pseudo Voice in Organizations," *Journal of Business Ethics* 105 (2012): 221–230.
46. U.S. Securities and Exchange Commission, "SEC Charges Cardinal Health with FCPA Violations," February 28, 2020, https://www.sec.gov/news/press-release/2020-48 (accessed April 1, 2020).
47. P&G, "Policies and Practices," https://us.pg.com/policies-and-practices/speaking-up/ (accessed April 1, 2020).
48. Mael Kaptein, "Guidelines for the Development of an Ethics Safety Net," *Journal of Business Ethics* 41 (2002): 217.
49. Ethics Resource Center, *Research Brief from the 2009 NBES*, 15.
50. Ethics Resource Center, National Business Ethics Survey" of the U.S. Workforce (Arlington, VA: Ethics Resource Center, 2014), 28.
51. Curt S. Jordan, "Lessons in Organizational Compliance: A Survey of Government-Imposed Compliance Programs," *Preventive Law Reporter* (Winter 1994): 7.
52. David Berliner and Aseem Prakash, "'Bluewashing' the Firm? Voluntary Regulations, Program Design, and Member Compliance with the United Nations Global Compact," *The Policy Studies Journal* 43, 1 (2015): 115–138.
53. Lori T. Martens and Kristen Day, "Five Common Mistakes in Designing and Implementing a Business Ethics Program," *Business and Society Review* 104 (1999): 163–170.
54. Kevin J. Sobnosky, "The Value-Added Benefits of Environmental Auditing," *Environmental Quality Management* 9 (1999): 25–32.
55. "Accountability," *Business for Social Responsibility*, http://www.bsr.org/BSRResources/WhitePaperDetail.cfm?DocumentID=259 (accessed February 13, 2003).
56. Trey Buchholz, "Auditing Social Responsibility Reports: The Application of Financial Auditing Standards," Colorado State University, professional paper, November 28, 2000, 3.
57. Robert S. Kaplan and David P. Norton, "The Balanced Scorecard—Measures That Drive Performance," *Harvard Business Review*, January–February 1992, https://hbr.org/1992/01/the-balanced-scorecard-measures-that-drive-performance-2 (accessed April 2, 2020).
58. "Philips Electronics' Balanced Scorecard," *NC State University*, January 21, 2004 https://scm.ncsu.edu/scm-articles/article/philips-electronics-balanced-scorecard (accessed April 2, 2020).
59. "The Triple Bottom Line," *University of Wisconsin*, https://sustain.wisconsin.edu/sustainability/triple-bottom-line/ (accessed April 2, 2020).
60. "Patagonia—A Better Way," *Ground Floor Partners*, https://groundfloorpartners.com/patagonia-better-way/ (accessed April 2, 2020).
61. Betty Moy Huber and Michael Comstock, Davis Polk & Wardwell LLP, "ESG Reports and Ratings: What They Are, Why They Matter," *Harvard Law School Forum on Corporate Governance*, July 27, 2017, https://corpgov.law.harvard.edu/2017/07/27/esg-reports-and-ratings-what-they-are-why-they-matter/ (accessed April 2, 2020).
62. Adam Shell, "Microsoft Boasts Strength in ESG Score as Well as Stock Performance," *Investor's Business Daily*, December 9, 2019, https://www.investors.com/research/microsoft-stock-excels-esg-scores-price-performance/ (accessed April 2, 2020).
63. David L. Levy, Halina Szejnwald Brown, and Martin de Jong, "The Contested Politics of Corporate Governance: The Case of the Global Reporting Initiative," *Business & Society* 49, 1 (March 2010): 88–115.
64. International Organization for Standardization, "About Us," *ISO*, http://www.iso.org/iso/home/about.htm (accessed April 6, 2015).
65. CompliSpace, "A New Global Standard for Compliance: ISO 19600," September 15, 2014, https://complispace.wordpress.com/2014/09/15/a-new-global-standard-for-compliance-iso-19600/ (accessed April 2, 2020).
66. Mike Javenson, "Banking Scandals, Money Printing and the Anti-Bribery Standard: A Strategic Approach in the Fight Against Corruption (ISO 37001)," *The Daily Hodl*, October 21, 2019, https://dailyhodl.com/2019/10/21/banking-scandals-money-printing-and-the-anti-bribery-standard-a-strategic-approach-in-the-fight-against-corruption-iso-37001/ (accessed April 3, 2020).

Chapter 10

1. Philip R. Cateora, Mary C. Gilly, and John L. Graham, *International Marketing*, 15th ed. (New York, NY: McGraw-Hill Irwin, 2011), 109–110.
2. Linda K. Trevino and Katherine A. Nelson, *Managing Business Ethics*, 3rd ed. (Hoboken, NJ: John Wiley & Sons, Inc., 2004), 319.
3. Cateora, Gilly, and Graham, *International Marketing*, 110–111.
4. Ibid.
5. Zaid Swaidan, "Culture and Consumer Ethics," *Journal of Business Ethics* 108, 2 (2012): 201–213.
6. Roman Dillet, "Uber Fined $900,000 in France for Running Illegal Transportation Operations with UberPOP," *TechCrunch*, June 9, 2016, https://techcrunch.com/2016/06/09/uber-fined-900000-in-france-for-running-illegal-transportation-operations-with-uberpop/ (accessed October 16, 2019).
7. The Heart of Hinduism website, http://hinduism.iskcon.org/ (accessed April 1, 2015).
8. Mecca Centric Dawa Group, "Islamic Virtues from the Quran," *Muslim Internet Directory*, http://www.2muslims.com/directory/Detailed/224066.shtml (accessed April 1, 2015).
9. Gordon B. Hinckley, *Standing for Something: Ten Neglected Virtues That Will Heal Our Hearts and Homes*, 1st ed. (New York, NY: Times Books, 2000).
10. "Unit Six: The Four Immeasurables," Buddhist Studies," http://www.buddhanet.net/e-learning/buddhism/bs-sl5.htm (accessed April 1, 2015).

11. John Fraedrich, Othman Althawadi, and Ramin Bagherzadeh (2018), "A Comparative Analysis of the UN Declaration, Global Business Compact, and Religious Morals in Determining Global Values for Islamic Marketing," *Journal of Islamic Marketing*, 9(4), 913–934.
12. Babu Das Augustine, "UAE Forecast to Enter a Faster Economic Growth Trajectory in 2020," *Gulf News*, December 2, 2019, https://gulfnews.com/business/uae-forecast-to-enter-a-faster-economic-growth-trajectory-in-2020-1.1574925896057 (accessed April 15, 2020).
13. Roger Parloff, "How VW Paid $25 Billion for 'Dieselgate'—and Got Off Easy," *Fortune*, February 6, 2018, https://fortune.com/2018/02/06/volkswagen-vw-emissions-scandal-penalties/ (accessed April 16, 2020); Charles Riley, "Germany Fines Volkswagen $1.2 Billion over Diesel Scandal," *CNN Business*, June 13, 2018, https://money.cnn.com/2018/06/13/investing/volkswagen-fine-germany/index.html (accessed April 16, 2020).
14. Karen Matussek and Margaret Cronin Fisk, "Can You Say 'Class Action' in German? Nein," *Bloomberg Businessweek*, December 20, 2016, 39–40.
15. Thomas C. Frohlich, Alexander Kent, and Sam Stebbins, "Seven Countries Near Bankruptcy," *USA Today*, August 8, 2015, https://www.usatoday.com/story/money/business/2015/08/05/24-7-wall-st-countries-near-bankruptcy/31164239/ (accessed April 8, 2017).
16. Jen Kirbyjen, "USMCA, Trump's New NAFTA deal, Explained in 600 Words," *Vox*, February 4, 2020, https://www.vox.com/2018/10/3/17930092/usmca-mexico-nafta-trump-trade-deal-explained (accessed April 15, 2020).
17. Alan S. Blinder, *Keynesian Economics*, Library of Economics and Liberty, http://www.econlib.org/library/Enc/KeynesianEconomics.html (accessed April 1, 2015).
18. Robert L. Formaini, "Milton Friedman—Economist as Public Intellectual," *Economic Insights* 7, 2 (Dallas, TX: Federal Reserve Bank of Dallas, 2002).
19. E. Roy Weintraub, "Neoclassical Economics," *Library of Economics and Liberty*, http://www.econlib.org/library/Encl/NeoclassicalEconomics.html (accessed April 1, 2015).
20. Jose De Cordoba and Nicholas Casey, "Cuba Unveils Huge Layoffs in Tilt toward Free Market," *The Wall Street Journal*, September 14, 2010, Al, A15.
21. Emma S. Hinchliffe, "On Obama's Cue, Netflix Launches in Cuba," *USA Today*, February 10, 2015, 1A.
22. Alan Gomez, "New Cuba Rules Come with Big Surprise," *USA Today*, January 19, 2015, 1B–2B.
23. David G. Blanchflower and Andrew J. Oswald, "International Happiness: A New View on the Measure of Performance," *The Academy of Management Perspectives* 25, 1 (February 2011): 6–22.
24. Richard Whitely, "U.S. Capitalism: A Tarnished Model?" *The Academy of Management Perspectives* 23, 2 (May 2009): 11–22.
25. Thayer Watkins, "The Economy and the Economic History of Sweden," *San Jose State University Department of Economics*, http://www.sjsu.edu/faculty/watkins/sweden.htm (accessed April 1, 2015).
26. Tarun Khanna, "Learning from Economic Experiments in China and India," *The Academy of Management Perspectives* 23, 2 (May 2009): 36–43.
27. The World Bank, "GDP (current US$)," https://data.worldbank.org/indicator/NY.GDP.MKTP.CD (accessed April 16, 2020).
28. Li Yuan, "https://www.nytimes.com/2018/10/03/business/china-economy-private-enterprise.html Private Businesses Built Modern China. Now the Government Is Pushing Back," *The New York Times*, October 3, 2018, https://www.nytimes.com/2018/10/03/business/china-economy-private-enterprise.html (accessed April 16, 2020).
29. Timothy M. Devinney, "Is the Socially Responsible Corporation a Myth? The Good, the Bad, and the Ugly of Corporate Social Responsibility," *The Academy of Management Perspectives* 23, 2 (May 2009): 44–56.
30. James Angelos, "IKEA Rues Using Prison Labor," *The Wall Street Journal*, November 19, 2012, B7; Kate Connolly, "Ikea Says Sorry to East German Political Prisoners Forced to Make Its Furniture," *The Guardian*, http://www.guardian.co.uk/business/2012/nov/16/ikea-regrets-forced-labour-germany (accessed April 1, 2015).
31. "Ethics in Texas Instruments," http://training.itcilo.it/actrav_cdroml/english/global/code/texas.htm (accessed April 1, 2015).
32. Business for Social Responsibility, http://www.bsr.org (accessed April 1, 2015).
33. "The Retreat of the Global Company," *The Economist*, January 28, 2017, 18.
34. Mauro F. Guillén and Esteban García-Canal, "The American Model of the Multinational Firm and the "New" Multinationals From Emerging Economies," *The Academy of Management Perspectives* 23, 2 (May 2009): 23–25.
35. Roland Bardy, Stephen Drew, and Tumenta F. Kennedy, "Foreign Investment and Ethics: How to Contribute to Social Responsibility by Doing Business in Less-Developed Countries," *Journal of Business Ethics* 106, 3 (2012): 267–282.
36. United Nations Global Compact, "Our Participants," https://www.unglobalcompact.org/what-is-gc/participants (accessed April 16, 2020).
37. "About AACSB," *AACSB International*, http://www.aacsb.edu/about/ (accessed March 31, 2015); Principles for Responsible Management Education home page, 2015, http://www.unprme.org/ (accessed March 31, 2015); AACSB International, "Frequently Asked Questions," http://www.aacsb.edU/en/faq/#152394ca0dfa4fa78edc308436973f76 (accessed March 31, 2015).
38. "Six Principles," *PRME*, http://www.unprme.org/about-prme/the-six-principles.php (accessed March 31, 2015).
39. Data Marketing & Analytics, "Ethics & Compliance," https://thedma.org/accountability/ethics-and-compliance/ (accessed April 15, 2020).
40. Dylan Tokar, "Former Alstom Executive Sentenced to 15 Months in Prison," *The Wall Street Journal*, March 6, 2020, https://www.wsj.com/articles/former-alstom-executive-sentenced-to-15-months-in-prison-11583542058 (accessed April 15, 2020).
41. Thibault Larger, "French Authority Hits Apple with €1.1 Billion Antitrust Fine," *Politico*, March 16, 2020, https://www.politico.eu/article/french-authority-hits-apple-with-e1-1-billion-antitrust-fine/ (accessed April 15, 2020).
42. Juliane Kippenberg, "Dispatches: Child Labor in Dubai's Gold Supply Chain," *Human Rights Watch*, April 12, 2017, https://www.hrw.org/news/2016/04/12/dispatches-child-labor-dubais-gold-supply-chain (accessed April 22, 2017).
43. Daniel J. McCarthy, Sheila M. Puffer, Denise R. Dunlap, and Alfred M. Jaeger, "A Stakeholder Approach to the Ethicality of BRIC-Firm Managers' Use of Favors," *Journal of Business Ethics* 109, 1 (2012): 27–38.
44. U.S. Securities and Exchange Commission, "Walmart Charges with FCPA Violations," June 20, 2019, https://www.sec.gov/news/press-release/2019-102 (accessed April 16, 2020).
45. "Foreign Corrupt Practices Act's Antibribery Provisions," *The 'Lectric Law Library*, Excerpted from U.S. Commerce Dept, May 10, 1994, http://www.lectlaw.com/files/bur21.htm (accessed April 1, 2015).
46. "Global Fact Gathering," James Mintz Group, June 2009, http://mintzgroup.com/wp-content/uploads/2012/05/GFG-Issue41.pdf (accessed April 1, 2015).
47. Dionne Searcey, "U.K. Law on Bribes Has Firms in a Sweat," *The Wall Street Journal*, December 28, 2010, B1.
48. Julius Melnitzer, "U.K. Enacts 'Far-Reaching' Antibribery Act," *Law Times*, February 13, 2011, http://www.lawtimesnews.com/201102148245/Headline-News/UK-enacts-far-reaching-anti-bribery-act (accessed April 1, 2015).
49. Searcey, "U.K. Law on Bribes Has Firms in a Sweat"; Melnitzer, "U.K. Enacts 'Far-Reaching' Antibribery Act."

50. Searcey, "U.K. Law on Bribes Has Firms in a Sweat."
51. W. Warren Hamel and Nicholas A. Mongelluzzo, "Airbus S.E. Resolves Multinational Bribery Investigation with Record $4 Billion Deferred Prosecution Agreement," *Venable*, February 14, 2020, https://www.venable.com/insights/publications/2020/02/airbus-se-resolves-multinational-bribery-investig (accessed April 16, 2020).
52. Melnitzer, "U.K. Enacts 'Far-Reaching' Antibribery Act."
53. Michael Volkov, "The U.K. Antibribery Act: Let's Cool Down the Hysteria," http://www.fcpablog.com/blog/2011/1/18/the-uk-anti-bribery-act-lets-cool-down-the-hysteria.html (accessed April 1, 2015).
54. SFO, "Business Expenditure," October 9, 2012, http://www.sfo.gov.uk/bribery-corruption/the-bribery-act/business-expenditure.aspx (accessed April 1, 2015).
55. David Green Speech, "6th Annual European Forum on Anti-Corruption on 26 June 2012," *SFO*, June 26, 2012, http://www.sfo.gov.uk/about-us/our-views/director%27s-speeches/speeches-2012/6th-annual-european-forum-on-anti-corruption-on-26-june-2012.aspx (accessed April 1, 2015).
56. Adam Satariano, "Google Fined $1.7 Billion by E.U. for Unfair Advertising Rules," *The New York Times*, March 20, 2019, https://www.nytimes.com/2019/03/20/business/google-fine-advertising.html (accessed April 16, 2020).
57. Jack T. Ciesielski, "Cyber Security: An Afterthought for Corporate America?" *Fortune*, March 10, 2015, http://fortune.com/2015/03/10/cyber-security-an-afterthought-for-corporate-america/ (accessed April 1, 2015).
58. Sean Keane, "Huawei Ban: Full Timeline as It Warns Against Disrupting Its Role in Britain's 5G Rollout," *CNet*, April 14, 2020, https://www.cnet.com/news/huawei-ban-full-timeline-us-government-china-trump-security-threat-5g-p40/ (accessed April 16, 2020).
59. "Eroding Expectations," *The Economist*, February 11–17, 2017, 51.
60. Joel Schectman and Jessica E. Vascellaro, "Ad Networks Get Around iPhone Privacy Rules," *The Wall Street Journal*, June 5, 2012, B4.
61. Jon Swartz, "Facebook Changes Its Status in Washington," *USA Today*, January 13, 2011, 1B–2B.
62. "EU Data Protection Directive (Directive 95/46/EC)," SearchSecurity.co.UK, http://searchsecuritytechtarget.co.uk/definition/EU-Data-Protection-Directive (accessed March 31, 2015).
63. Benoit Faucon and Rory Jones, "What It's Like Doing Business in Iran," *The Wall Street Journal*, February 26, 2015, B1–B2.
64. Eva Dou, "China's Great Firewall Gets Taller," *The Wall Street Journal*, January 30, 2015, http://www.wsj.com/articles/chinas-great-firewall-gets-taller-1422607143 (accessed April 1, 2015); Paul Wiseman, "Cracking the 'Great Firewall' of China's Web censorship," *ABC*, 2015, http://abcnews.go.com/Technology/story?id=4707107 (accessed April 1, 2015).
65. Jeb Su, "Confirmed: Google Terminated Project Dragonfly, Its Censored Chinese Search Engine," *Forbes*, July 19, 2019, https://www.forbes.com/sites/jeanbaptiste/2019/07/19/confirmed-google-terminated-project-dragonfly-its-censored-chinese-search-engine/#1af966bf7e84 (accessed August 6, 2019).
66. United Nations, "History of the Document," https://www.un.org/en/sections/universal-declaration/history-document/ (accessed April 15, 2020).
67. Ford, "Employee Resource Groups," https://corporate.ford.com/careers/culture/employee-resource-groups.html (accessed April 15, 2020).
68. Lutz Preuss and Donna Brown, "Business Policies on Human Rights: An Analysis of Their Content and Prevalence Among FTSE 100 Firms," *Journal of Business Ethics* 109, 3 (2012): 289–299.
69. Jerome Ballet, Augendra Bhukuth, and Aurelie Carimentrand, "Child Labor and Responsible Consumers: From Boycotts to Social Labels, Illustrated by the Indian Hand-Knotted Carpet Industry," *Business & Society* 53, 1 (2014): 71–104.
70. Se Young Lee, "Samsung Halts Business with Supplier in China on Child Labor Concern," *Reuters*, July 14, 2014, http://www.reuters.com/article/2014/07/14/us-samsung-elec-child-labour-china-idUSKBN0FJ05Y20140714 (accessed April 14, 2015).
71. WHO, "Child Mortality," https://www.who.int/pmnch/media/press_materials/fs/fs_mdg4_childmortality/en/ (accessed April 16, 2020).
72. Economist staff, "Hard pills to swallow," *Economist*, January 4, 2015, http://www.economist.com/news/international/21592655-drug-firms-have-new-medicines-and-patients-are-desperate-them-arguments-over (accessed April 1, 2015).
73. Katherine Hobson, "Two Surveys Spotlight Health Care Cost Variations," *The Wall Street Journal*, November 22, 2010, http://blogs.wsj.com/health/2010/ll/22/two-surveys-spotlight-health-care-cost-variations/ (accessed April 1, 2015).
74. "Law Prompts Some Health Care Plans to Drop Mental-Health Benefits," *The Wall Street Journal*, December 23, 2010, http://online.wsj.com/article/SB10001424052748703395904576025410628499574.html (accessed April 1, 2015).
75. World Health Organization, "Prevention Not Cure in Tackling Health-Care Fraud," https://www.who.int/bulletin/volumes/89/12/11-021211/en/ (accessed April 16, 2020).
76. United States Department of Justice, "Jury Convicts Doctor, Pharmacist, Marketer in Health Care Fraud Scheme," *The United States Attorney's Office Eastern District of Michigan*, March 7, 2014, http://www.justice.gov/usao-edmi/pr/jury-convicts-doctor-pharmacist-marketer-health-care-fraud-scheme (accessed April 1, 2015).
77. "Germany: Development of the Health Care System," Country Database, http://www.country-data.com/cgi-bin/query/r-4924.html (accessed April 1, 2015).
78. World Health Organization, "Shortage of Personal Protective Equipment Endangering Health Workers Worldwide," March 3, 2020, https://www.who.int/news-room/detail/03-03-2020-shortage-of-personal-protective-equipment-endangering-health-workers-worldwide (accessed April 16, 2020).
79. Primrose Riordan and Sue-Lin Wong, "WHO Expert Says China Too Slow to Report Coronavirus Cases," *Financial Times*, February 4, 2020, https://www.ft.com/content/8ede7e92-4749-11ea-aeb3-955839e06441 (accessed April 16, 2020).
80. Darrell Etherington, "Apple and Google Donated Supplies to Fight the Pandemic," *TechCrunch*, March 22, 2020, https://techcrunch.com/2020/03/22/amazon-apple-and-microsoft-ceos-detail-their-companies-efforts-to-combat-coronavirus-pandemic/ (accessed April 16, 2020).
81. Karen Matthew and Jennifer Peltz, "NY Gets 1,100 Ventilators with Help from China, Oregon," *ABC News*, April 4, 2020, https://abcnews.go.com/US/wireStory/china-oregon-sending-1100-ventilators-ny-cuomo-69977854 (accessed April 16, 2020).
82. European Commission, *Tackling the Gender Pay Gap in the European Union* (Luxembourg: Publications Office of the European Union, 2014). doi: 10.2838/42323.
83. "Survey of Violations of Trade Union Rights," *ITUC*, http://survey.ituc-csi.org/-i-Whole-World-i-.html (accessed April 1, 2015).
84. David Barboza, "McDonald's in China Agrees to Unions," *The New York Times*, April 10, 2007, http://querynytimes.com/gst/fullpage.html?res=9D00E6DC153FF933A25757C0A9619C8B63&n=Top/Reference/Times%20Topics/Subjects/F/Fringe%20Benefits (accessed April 1, 2015); Ylan Q. Mui, "Wal-Mart Works with Unions Abroad, but Not at Home," *The Washington Post*, June 7, 2011, http://www.washingtonpost.com/business/economy/wal-mart-works-with-unions-abroad-but-not-at-home/2011/06/07/AG0nOPLH_story.html (accessed April 1, 2015).

85. Claire Suddath, "Can the U.S. Ever Fix Its Messed-Up Maternity Leave System?" *Bloomberg*, January 27, 2015, http://www.bloomberg.com/news/features/2015-01-28/maternity-leave-u-s-policies-still-fail-workers/ (accessed April 1, 2015).
86. Economist staff, "Why Swedish Men Take So Much Paternity Leave," *The Economist*, July 22, 2014, http://www.economist.com/blogs/economist-explains/2014/07/economist-explains-15 (accessed April 1, 2015).
87. World Population Review, "Minimum Wage by Country 2020," https://worldpopulationreview.com/countries/minimum-wage-by-country/ (accessed April 15, 2020).
88. "Corporate Social Responsibility: Companies in the News—Nike," Mallenbaker.net, http://www.mallenbaker.net/csr/CSRfiles/nike.html (accessed April 1, 2015).
89. Economic Policy Institute, "CEO Compensation Has Grown 940% Since 1978," August 14, 2019, https://www.epi.org/publication/ceo-compensation-2018/ (accessed April 20, 2020).
90. Troy Wolverton, "Uber Gave CEO Dara Khosrowshahi $45 Million in Total Pay Last Year, But It Paid Its COO Even More," *Markets Insider*, April 11, 2019, https://markets.businessinsider.com/news/stocks/uber-ceo-dara-khosrowshahi-salary-total-compensation-45-million-in-2018-2019-4-1028105778 (accessed April 16, 2020).
91. Andrew Peaple, "Swiss Shareholders Get More Say on Pay," *The Wall Street Journal*, March 4, 2013, http://www.wsj.com/articles/SB10001424127887324539404578340052679731408 (accessed April 1, 2015).
92. John Revill, "Swiss Expected to Vote on More Pay Limits," *The Wall Street Journal*, March 21, 2013, B6.
93. "China Bosses Told to Cut Salaries," *BBC News*, April 09, 2009, http://news.bbc.co.Uk/2/hi/7993377.stm (accessed April 1, 2015).
94. Anup Shah, "Consumption and Consumerism," *Global Issues*, September 3, 2008, http://www.globalissues.org/issue/235/consumption-and-consumerism (accessed April 1, 2015).
95. Ibid.
96. Brian Kench, "China Is Losing Some of Its Appetite for Coal," *Bloomberg Businessweek*, December 29, 2014, 16–17.
97. Subhash Agrawal, "India's Premature Exuberance," *The Wall Street Journal*, June 16, 2009, http://online.wsj.com/article/SB124513568534118169.html (accessed April 1, 2015).
98. Natalie Obiko Pearson and Rakteem Katakey, "India's Diesel Cars Are Proving Lethal," *Bloomberg Businessweek*, March 10–16, 2014, 18–20.
99. "Overconsumption: Our Use of the World's Natural Resources," academia.edu, http://www.academia.edu/223160/Overconsumption_Our_use_of_the_world_s_natural_resources (accessed April 1, 2015).
100. Ira Sager, "Living in the United States of Food Waste," *Bloomberg*, January 10, 2013, http://www.bloomberg.com/bw/articles/2013-01-10/living-in-the-united-states-of-food-waste (accessed April 1, 2015).
101. "Plant and Two Veg," *The Economist*, February 4, 2017, 57.
102. Jason Gale, Lydia Mulvany, and Monte Real, "Shrimp Scampification," *Bloomberg Businessweek*, December 19–25, 2016, 40.
103. "Walmart Global Ethics Office," Walmart Corporate, https://walmartethics.com/Landing.aspx (accessed April 1, 2015).
104. "As GM Struggles, Its Ethics and Compliance Office Moves On," *Ethikos and Corporate Conduct Quarterly*, September/October 2008, http://www.ethikospublication.com/html/generalmotors.html (accessed April 1, 2015).
105. Ford, "Sustainability Report 2018/2019," https://corporate.ford.com/microsites/sustainability-report-2018-19/assets/files/sr18.pdf (accessed April 15, 2020).
106. Andreas Georg Scherer, Guido Palazzo, and Dirk Matten, "The Business Firm as a Political Actor: A New Theory of the Firm for a Globalized World," *Business & Society* 53, 2 (2014): 143–156.

Chapter 11

1. Kate Conger, "Uber Founder Travis Kalanick Leaves Board, Severing Last Tie," *The New York Times*, December 24, 2019, https://www.nytimes.com/2019/12/24/technology/uber-travis-kalanick.html (accessed April 20, 2020).
2. Chris Golis, "Emotional Intelligence: Did Myers-Brigg Destroy Arthur Andersen?" *CBS*, April 16, 2011, http://www.cbsnews.com/8301-505125_162-31147296/emotional-intelligence-did-myers-briggs-destroy-arthur-andersen/ (accessed April 2, 2015).
3. R. Edward Freeman and Lisa Stewart, "Developing Ethical Leadership," *Business Roundtable Institute for Corporate Ethics*, 2006, www.corporate-ethics.org.
4. James B. Avey, Michael E. Palanski, and Fred O. Walumbwa, "When Leadership Goes Unnoticed: The Moderating Role of Follower Self-Esteem on the Relationship Between Ethical Leadership and Follower Behavior," *Journal of Business Ethics* 98, 4 (2011): 573–582.
5. Constance E. Bagley, "The Ethical Leader's Decision Tree," *Harvard Business Review*, January–February 2003, 18.
6. Donal Crilly, Morten T. Hansen, and Maurizio Zollo, "Faking It or Muddling Through? Understanding Decoupling in Response to Stakeholder Pressures," *Academy of Management Journal* 55, 6 (2012): 1429–1448.
7. Patrick E. Murphy, Magdalena Öberseder, and Gene R. Laczniak, "Corporate Societal Responsibility in Marketing: Normatively Broadening the Concept," *AMS Review* 3, 2 (2013): 86–102.
8. Marc Orlitzky, Diane L. Swanson, and Laura-Kate Quartermaine, "Normative Myopia, Executives' Personality, and Preference for Pay Dispersion: Toward Implications for Corporate Social Performance," *Business & Society* 45, 2 (2006): 149–177; Diane L. Swanson, "Toward an Integrative Strategy of Business and Society: A Research Strategy for Corporate Social Performance," *Academy of Management Review* 24, 3 (1999): 506–521.
9. Max H. Bazerman and Ann E. Tenbrunsel, *Blind Spots* (Princeton, NJ: Princeton University Press, 2011).
10. Orlitzky, Swanson, and Quartermaine, "Normative Myopia, Executives' Personality, and Preference for Pay Dispersion," *Business & Society* AS, 2:149–177; Swanson, "Integrative Strategy of Business and Society," *Academy of Management Review* 24: 506–521.
11. Áine Cain and Taylor Nicole Rogers, "A Look at the Demanding Schedule of Elon Musk, Who Plans His Day in 5-Minute Slots, Constantly Multitasks, and Avoids Phone Calls," *Business Insider*, February 24, 2020, https://www.businessinsider.com/elon-musk-daily-schedule-2017-6 (accessed April 20, 2020).
12. David Yaffe-Bellany, "McDonald's C.E.O. Fired over a Relationship That's Becoming Taboo," *The New York Times*, November 4, 2019, https://www.nytimes.com/2019/11/04/business/mcdonalds-ceo-fired.html (accessed April 20, 2020).
13. R. Edward Freeman and Lisa Stewart, "Developing Ethical Leadership." *Business Roundtable Institute for Corporate Ethics*, 2006, www.corporate-ethics.org.
14. John P. Kotter, "What Leaders Really Do," *Harvard Business Review*, December 2001, http://fs.ncaa.org/Docs/DIII/What%20Leaders%20Really%20Do.pdf (accessed April 2, 2015).
15. Stephen R. Covey, *The 7 Habits of Highly Effective People* (New York, NY: Simon & Schuster, 1989).
16. Archie B. Carroll, "Ethical Leadership: From Moral Managers to Moral Leaders," in *Rights, Relationships and Responsibilities*, Vol. 1, ed. O. C. Ferrell, Sheb True, and Lou Pelton (Kennesaw, GA: Kennesaw State University 2003), 7–17.
17. Jim Collins, "Leadership Lessons," *Leadership Excellence* 29, 2 (February 2012): 10.
18. Paul Healy and George Serafeim, "How to Scandal-Proof Your Company," *Harvard Business Review*, July/August 2019, 97 4: 42–50.

19. Andy Serwer, "Walmart: Bruised in Bentonville," *Fortune* online, April 4, 2005, http://money.cnn.com/magazines/fortune/fortune_archive/2005/04/18/8257005/index.htm (accessed April 2, 2015).
20. Thomas I. White, "Character Development and Business Ethics Education," in *Rights, Relationships and Responsibilities*, Vol. 1, eds. O. C. Ferrell, Sheb True, and Lou Pelton (Kennesaw, GA: Kennesaw State University, 2003), 137–166.
21. Johnson & Johnson, "2018 Health for Humanity Report," https://healthforhumanityreport.jnj.com/our-people/providing-safe-workplaces (accessed April 20, 2020).
22. Lorenzo Patelli and Matteo Pedrini, "Is Tone at the Top Associated with Financial Reporting Aggressiveness?" *Journal of Business Ethics* 126, 1 (2015): 3–19.
23. Michael W. Grojean, Christian Resick, Marcus Dickson, and Brent Smith, "Leaders, Values and Organizational Climate: Examining Leadership Strategies for Establishing an Organizational Climate Regarding Ethics," *Journal of Business Ethics* 55, 3 (2004): 223–241.
24. Daniel J. Brass, Kenneth D. Butterfield, and Bruce C. Skaggs, "Relationship and Unethical Behavior: A Social Science Perspective," *Academy of Management Review* 23, 1 (January 1998): 14–31.
25. Linda Klebe Trevino, Gary R. Weaver, David G. Gibson, and Barbara Lay Toffler, "Managing Ethics and Legal Compliance: What Works and What Hurts," *California Management Review* 41, 2 (1999): 131–151; Michael E. Brown and Linda K. Trevino, "Ethical Leadership: A Review and Future Directions," *The Leadership Quarterly* 17, 6 (December 2006): 595–616.
26. W. Randy Evans, Richard S. Allen, and Russell W. Clayton, "Ethical Leadership: Not Everyone Responds Equally," *Organization Management Journal* 13, 4 (2016).
27. Sean Valentine, Lynn Godkin, Gary M. Fleischman, Roland E. Kidwell, and Karen Page, "Corporate Ethical Values, Group Creativity, Job Satisfaction and Turnover Intention: The Impact of Work Context on Work Response," *Journal of Business Ethics* 98, 3 (2011): 353–372.
28. Paul Healy and George Serafeim, "How to Scandal-Proof Your Company," *Harvard Business Review*, July/August 2019, 97 4: 42–50.
29. Remi Trudel and June Cotte, "Does It Pay to Be Good?" *MIT Sloan Management Review* 50, 2 (2009): 60–68.
30. Michelle Keaney, "Consumers Are Willing to Pay More for Purposeful Brands," *Marketing Week*, September 19, 2016, https://www.marketingweek.com/2016/09/19/consumers-are-willing-to-pay-58-more-for-purposeful-brands/ (accessed April 27, 2017).
31. Tae Hee Choi and Jinchul Jung, "Ethical Commitment, Financial Performance, and Valuation: An Empirical Investigation of Korean Companies," *Journal of Business Ethics* 81, 2 (2008): 447–463.
32. Jin-Woo Kim, "Assessing the Long-Term Financial Performance of Ethical Companies," *Journal of Targeting, Measurement and Analysis for Marketing* 18, 3/4 (2010): 199–208.
33. Win Swenson, "The Organizational Guidelines' 'Carrot and Stick' Philosophy, and Their Focus on 'Effective' Compliance," in *Corporate Crime in America: Strengthening the "Good Citizenship" Corporation* (Washington, D.C.: U.S. Sentencing Commission, 1995), 17–26.
34. Paul Keegan, "Here's What Really Happened at That Company That Set a $70,000 Minimum Wage," *Inc.*, https://www.inc.com/magazine/201511/paul-keegan/does-more-pay-mean-more-growth.html (accessed April 20, 2020).
35. Lynn Sharp Paine, "Managing for Organizational Integrity," *Harvard Business Review* (1994): 105–117.
36. Clive R. Boddy, *Corporate Psychopaths: Organizational Destroyers* (Basingstroke, UK: Palgrave Macmillan, 2011), 23–25; William D. Cohan, "Did Psychopaths Take over Wall Street Asylum," *Bloomberg*, January 2, 2012, http://www.bloomberg.com/news/2012-01-03/did-psychopaths-take-over-wall-street-asylum-commentary-by-william-cohan.html (accessed April 2, 2015).
37. Adapted from Archie B. Carroll (2003), "Ethical Leadership: From Moral Manager to Moral Leader," in *Rights, Relationships, & Responsibilities*, Vol. 1, eds. O. C. Ferrell, Sheb L. True, and Lou E. Pelton (Kennesaw, GA: Kennesaw State University), 7–17.
38. Kenneth R. Williams, "An Assessment of Moral and Character Education in Initial Entry Training (IET)," *Journal of Military Ethics* 1 (2010): 41–56.
39. Jim Kouzes and Barry Posner, "Five Best Practices," *Leadership Excellence* 7 (2009): 3–4.
40. The Associated Press, "Former BP CEO Hayward Makes Brief Appearance at Oil Spill Trial," *CBC News*, February 27, 2013, http://www.cbc.ca/news/business/story/2013/02/27/bp-gulf-spill-trial.html (accessed April 2, 2015).
41. Ron Bousso, "Exclusive: Genel Chairman Tony Hayward to Step Down Next Year," *Fox Business*, September 29, 2016, http://www.foxbusiness.com/features/2016/09/29/exclusive-genel-chairman-tony-hayward-to-step-down-next-year-sources-1833369383.html (accessed April 27, 2017); Nathalie Thomas, "Former BP Boss Tony Hayward to Leave Genel Energy," *Financial Times*, https://www.ft.com/content/23e822b0-28ba-11e7-9ec8-168383da43b7 (accessed April 25, 2017).
42. Adapted from Archie B. Carroll, "Ethical Leadership: From Moral Manager to Moral Leader," in *Rights, Relationships, & Responsibilities*, Vol. 1, eds. O. C. Ferrell, Sheb L. True, and Lou E. Pelton (Kennesaw, GA: Kennesaw State University, 2003), 7–17.
43. R. Edward Freeman and Lisa Stewart, "Developing Ethical Leadership," *Business Roundtable Institute for Corporate Ethics*, 2006, www.corporate-ethics.org.
44. Quantisoft, "Enhancing Compliance with Sarbanes–Oxley 404," http://www.quantisoft.com/Industries/Ethics.htm (accessed April 2, 2015).
45. Lynn Sharp Paine, "Managing for Organizational Integrity," *Harvard Business Review* (1994): 105–117.
46. Elina Riivari and Anna-Maija Lämsä, "Does It Pay to Be Ethical? Examining the Relationship Between Organisations' Ethical Culture and Innovativeness," *Journal of Business Ethics* 124, 1 (2014): 1–17.
47. John R. P. French and Bertram Ravin, "The Bases of Social Power," in *Group Dynamics: Research and Theory*, ed. Dorwin Cartwright (Evanston, IL: Row, Peterson, 1962), 607–623.
48. Jared Diamond, "Astros' GM Jeff Luhnow and Manager A.J. Hinch Suspended, Then Fired After Sign-Stealing Probe," *The Wall Street Journal*, January 13, 2020, https://www.wsj.com/articles/astros-gm-jeff-luhnow-and-manager-aj-hinch-suspended-one-year-in-sign-stealing-scandal-11578942892 (accessed April 2, 2020).
49. Ryan Tracy, "Tech Upstarts Say Tech Giants Abuse Market Power to Stifle Competition," *The Wall Street Journal*, January 17, 2020, https://www.wsj.com/articles/tech-upstarts-say-tech-giants-abuse-market-power-to-stifle-competition-11579291038 (accessed March 20, 2020).
50. Jennifer Bayot and Roben Farzad, "Ex-WorldCom CFO Gets Five Years for Role in Accounting Fraud," *The New York Times*, August 12, 2005, http://www.nytimes.com/2005/08/12/business/12worldcom.html?pagewanted=all (accessed March 9, 2015); "Ordered to Commit Fraud, A Staffer Balked, Then Caved," *The Wall Street Journal*, June 23, 2003, http://www.wsj.com/articles/SB105631811322355600 (accessed March 9, 2015).
51. Alina Dizik, "The Downside of Extroverted CEOs," *The Wall Street Journal*, August 11, 2019, https://www.wsj.com/articles/the-downside-of-extroverted-ceos-11565575441 (accessed March 20, 2020).
52. Cam Caldwell and Mayra Canuto-Carranco, "'Organizational Terrorism' and Moral Choices: Exercising Voice When the Leader Is the Problem," *Journal of Business Ethics* 97, 1 (2010): 159–171.

53. Nick Kostov, Rory Jones, and David Gauthier-Villars, "Ghosn's Escape From Japan Followed Months of Planning," *The Wall Street Journal,* January 2, 2020, https://www.wsj.com/articles/ghosns-escape-followed-weeks-of-planning-11577827794 (accessed March 20, 2020).
54. M. Guerci, Giovanni Radaelli, Elena Siletti, Stefano Cirella, and A. B. Rami Shani, "The Impact of Human Resource Management Practices and Corporate Sustainability on Organizational Ethical Cultures: An Employee Perspective," *Journal of Business Ethics* 126, 1 (2015): 325–342.
55. Clayton Alderfer, *Existence, Relatedness, and Growth* (New York, NY: Free Press, 1972), 42–44.
56. Gerdien de Vries, Karen A. Jehn, and Bart W. Terwel, "When Employees Stop Talking and Start Fighting: The Detrimental Effects of Pseudo Voice in Organizations," *Journal of Business Ethics* 105, 2 (2012): 221–230.
57. Emily Glazer, "Wells Fargo CEO John Stumpf Steps Down," *The Wall Street Journal*, October 12, 2016, https://www.wsj.com/articles/wells-fargo-ceo-stumpf-to-retire-1476306019 (accessed April 27, 2017).
58. Susanne Arvidsson, "Communication of Corporate Social Responsibility: A Study of the Views of Management Teams in Large Companies," *Journal of Business Ethics* 96, 3 (2010): 339–354.
59. Muel Kaptein, "From Inaction to External Whistleblowing: The Influence of the Ethical Culture of Organizations on Employee Responses to Observed Wrongdoing," *Journal of Business Ethics* 98, 3 (2011): 513–530.
60. Kenneth W. Thomas and Ralph H. Kilmann, *Thomas-Kilmann Conflict Mode Instrument: Profile and Interpretative Report,* March 2, 2010. © CPP, Inc.
61. Ibid.
62. Evan Niu, "Travis Kalanick Is Done with Uber," Nasdaq, December 25, 2019, https://www.nasdaq.com/articles/travis-kalanick-is-done-with-uber-2019-12-25 (accessed April 20, 2020).
63. Geoffrey James, "When Leaders Cheat, Companies Lose," *Inc.*, February 10, 2014, http://www.inc.com/geoffrey-james/when-leaders-cheat-companies-lose.html (accessed April 2, 2015).
64. "We Were Coming Up Against Everything from Organized Crime to Angry Employees," *Harvard Business Review*, July/August 2019, 97 4: 54–57.
65. Deborah Harrington-Mackin, *Team Building Tool Kit: Tips, Tactics, and Rules for Effective Workplace Teams* (Nashville, TN: New Direction Management Services, Inc., 1994), 21.
66. Thomas and Kilmann, *Thomas-Kilmann Conflict Mode Instrument: Profile and Interpretative Report*, March 2, 2010. © CPP, Inc.
67. MindToolsTM, "Conflict Resolution," http://www.mindtools.com/pages/article/newLDR_81.htm (accessed April 2, 2015).
68. Joseph P. Folger, Marshall Scott Poole, and Randall K. Stutman, *Working through Conflict: Strategies for Relationships, Groups, and Organizations*, 6th ed. (Upper Saddle River, NJ: Pearson Education Inc., 2009).
69. Ibid.
70. Thomas and Kilmann, *Thomas-Kilmann Conflict Mode Instrument: Profile and Interpretative Report*, March 2, 2010. © CPP, Inc.
71. Joseph P. Folger, Marshall Scott Poole, and Randall K. Stutman, *Working Through Conflict: Strategies for Relationships, Groups, and Organizations*, 6th ed. (Upper Saddle River, NJ: Pearson Education Inc., 2009).
72. James Rufus Koren, "Wells Fargo CEO Knew for Years About Problems with Unauthorized Account," *LA Times*, September 29, 2016, http://www.latimes.com/business/la-wells-fargo-live-updates-stumpf-ceo-stumpf-long-aware-of-issues-with-1475166245-htmlstory.html (accessed April 22, 2017); "The World's 19 Most Disappointing Leader," *Fortune*, March 30, 2016, http://fortune.com/2016/03/30/most-disappointing-leaders (accessed April 22, 2017).
73. Michael Bartiromo, "Coronavirus Cancellations: Delta Air Lines Responds to Class-Action Lawsuit over Ticket Refunds," *Fox News*, April 20, 2020, https://www.foxnews.com/travel/coronavirus-cancellations-delta-air-lines-lawsuit-class-action-refunds (accessed April 22, 2020); Daniels Fund Ethics Initiative, "COVID-19 Impacts the Airlines," April 15, 2020, https://www.danielsfund.org/index.php/Cases (accessed April 22, 2020).
74. Anne Kadet, "New York Businesses Do the Pandemic Pivot to Survive," *The Wall Street Journal*, April 14, 2020, https://www.wsj.com/articles/new-york-businesses-do-the-pandemic-pivot-to-survive-11586872800 (accessed April 20, 2020).
75. Erica Smith, "Behold: The LVMH Hand Sanitizer," *The Cut*, March 19, 2020, https://www.thecut.com/2020/03/lvmh-hand-sanitizer-dior-soap-bottle.html (accessed April 20, 2020).
76. Daniels Fund Ethics Initiative, "Compliance Monitoring Challenged by Global Pandemic," April 2020, https://www.danielsfund.org/index.php/Cases (accessed April 22, 2020).
77. N. Leila Trapp, "Staff Attitudes to Talking Openly About Ethical Dilemmas: The Role of Business Ethics Conceptions and Trust," *Journal of Business Ethics* 103, 4 (2011): 543–552.
78. Dana Ripley, "FORTUNE Recognizes U.S. Bank as a 2019 World's Most Admired Company," *Market Watch*, January 22, 2019, https://www.marketwatch.com/press-release/fortune-recognizes-us-bank-as-a-2019-worlds-most-admired-company-2019-01-22.
79. "The View from the Top, and Bottom," *The Economist*, September 24, 2011, http://www.economist.com/node/21530171 (accessed April 2, 2015).
80. C. L. Pearce and C. C. Manz, "The New Silver Bullets of Leadership: The Importance of Self-and Shared Leadership in Knowledge Work," *Organizational Dynamics* 34, 2 (2005): 130–140.
81. Crystal L. Hoyt and Terry L. Price, "Ethical Decision Making and Leadership: Merging Social Role and Self-Construal Perspectives," *Journal of Business Ethics* 126, 4 (2015): 531–539.
82. Gary T. Hunt, *Communication Skills in the Organization* (Upper Saddle River, NJ: Prentice-Hall, February 1989).
83. Ibid.
84. Robert Gatewood, Robert Taylor, and O. C. Ferrell, *Management* (Homewood, IL: Richard D. Irwin, Inc., 1995).
85. Sally Planalp and Julie Fitness, "Interpersonal Communication Ethics," in *The Handbook of Communication Ethics*, eds. George Cheney, Steve May and Debashish Munshi (New York, NY: Taylor and Francis, 2011), 135–147.
86. Jack R. Gibb, "Defensive Communication," *Journal of Communication* 11, 3 (September 1961): 141–148.
87. Dave Michaels, "Half of Insider-Trading Defendants Net Less Than $60,000," *The Wall Street Journal*, March 15, 2019, https://www.wsj.com/articles/half-of-insider-trading-defendants-net-less-than-60-000-11552651201 (accessed April 20, 2020).
88. Hunt, *Communication Skills in the Organization* (Upper Saddle River, NJ: Prentice-Hall, 1989).
89. Cass R. Sunstein, "The Law of Group Polarization," John M. Olin Law & Economics Working Paper 91(1999) (2D Series), http://www.law.uchicago.edu/files/files/91.CRS_.Polarization.pdf (accessed April 2, 2015).
90. Mary Ellen Guffey, Kathleen Rhodes, and Patricia Rogen, *Business Communication: Process and Product* (Toronto, Canada: Nelson Education Ltd., 2010).
91. Robert Gatewood, Robert Taylor, and O. C. Ferrell, *Management* (Homewood, IL: Richard D. Irwin, Inc., 1995), 530.
92. Cynthia Burgraff Torppa, *Nonverbal Communication: Teaching Your Child the Skills of Social Success*, 2009, http://ohioline.osu.edu/flm03/FS10.pdf (accessed April 2, 2015).

93. Hunt, *Communication Skills in the Organization* (Upper Saddle River, NJ: Prentice-Hall, 1989).
94. Susan M. Heathfield, "Top Ten Employee Complaints," About.com, http://humanresources.about.com/od/retention/a/emplo_complaint.htm (accessed April 2, 2015).
95. Ibid.
96. S. K. Collins and K. S. Collins, "Micromanagement—A Costly Management Style," *Radiology Management* 24, 6 (2002): 32–35.
97. G. Yukl, "Managerial Leadership: A Review of Theory and Research," *Journal of Management* 15, 2 (June 1989): 251–289.
98. Ryan S. Bisel, Katherine M. Kelley, Nicole A. Ploeger, and Jake Messersmith, "Workers' Moral Mum Effect: On Facework and Unethical Behavior in the Workplace," *Communication Studies* 62, 2 (2011): 153–170.
99. Kate O'Sullivan, "Business Outlook Survey: Proceeding with Caution," *CEO*, January/February 2012, 37–42; Alix Stuart, "How to Direct a Risk Team," *CEO*, April 2012, 46–53.
100. PR Newswire, "Trust and Ethics in the Workplace Have Been Battered by the Recession, Deloitte's 2010 Ethics & Workplace Survey Finds," July 26, 2010, http://www.prnewswire.com/news-releases/trust-and-ethics-in-the-workplace-have-been-battered-by-the-recession-deloittes-2010-ethics—workplace-survey-finds-99228989.html (accessed April 2, 2015).
101. John Jurgensen, "The New Face of Second City," *The Wall Street Journal*, July 7, 2016, https://www.wsj.com/articles/the-new-face-of-second-city-1467922031 (accessed April 27, 2017).
102. Gatewood, Taylor, and Ferrell, *Management* (Homewood, IL: Richard D. Irwin, Inc., 1995).
103. K. Michele Kacmar, Martha C. Andrews, Kenneth J. Harris, and Bennett J. Tepper, "Ethical Leadership and Subordinate Outcomes: The Mediating Role of Organizational Politics and the Moderating Role of Political Skill," *Journal of Business Ethics* 15, 1 (2013): 33–44.
104. C. Chang, C. C. Rosen, and P. E. Levy, "The Relationship Between Perceptions of Organizational Politics and Employee Attitudes, Strain, and Behavior: A Meta-analytic Examination," *Academy of Management Journal* 52, 4 (2009): 779–801; K. Michele Kacmar, Martha C. Andrews, Kenneth J. Harris, and Bennett J. Tepper, "Ethical Leadership and Subordinate Outcomes: The Mediating Role of Organizational Politics and the Moderating Role of Political Skill," *Journal of Business Ethics* 115, 1 (2013): 33–44.
105. J. Pfeffer, "Understanding Power in Organizations," *California Management Review* 34 (1992): 29–35; K. Michele Kacmar, Martha C. Andrews, Kenneth J. Harris, and Bennett J. Tepper, "Ethical Leadership and Subordinate Outcomes: The Mediating Role of Organizational Politics and the Moderating Role of Political Skill," *Journal of Business Ethics* 115, 1 (2013): 33–44.
106. Ozgur Demirtas, "Ethical Leadership Influence at Organizations: Evidence from the Field," *Journal of Business Ethics* 126, 2 (2015): 273–284.
107. Luciana Klein, Maria Beuren, and Delci Dal Vesco, "Effects of the Management Control System in Unethical Behaviors," *RAUSP Management Journal*, 54, 1 (2018): 54–76.
108. Jingyu Gao, Robert Greenberg, and Bernard Wong-On-Wing, "Whistleblowing Intentions of Lower-Level Employees: The Effect of Reporting Channel, Bystanders, and Wrongdoer Power Status," *Journal of Business Ethics* 126, 1 (2015): 85–99.
109. Daniel J. Brass, Kenneth D. Butterfield, and Bruce C. Skaggs, "Relationship and Unethical Behavior: A Social Science Perspective," *Academy of Management Review* 23, 1 (January 1998): 14–31.
110. Cam Caldwell, Linda A. Hayes, and Do Tien Long, "Leadership, Trustworthiness, and Ethical Stewardship," *Journal of Business Ethics* 96, 4 (2010): 497–512.
111. Al Gini and Ronald M. Green, "Three Critical Characteristics of Leadership: Character, Stewardship, Experience," *Business & Society Review* 119, 4 (2014): 435–446.
112. Jim Collins, "Be Great Now." *Inc.*, June 2012, 72–73.
113. Robert Kerr, John Garvin, Norma Heaton, and Emily Boyle, "Emotional Intelligence and Leadership Effectiveness," *Leadership & Organizational Development Journal* 27, 4 (2006): 265–279.
114. "Seventy-One Percent of Employers Say They Value Emotional Intelligence over IQ, According to CareerBuilder Survey" *CareerBuilder*, August 18, 2011, http://www.careerbuilder.com/share/aboutus/pressreleasesdetail.aspx?id=pr652&sd=8/18/2011&ed=8/18/2099 (accessed April 2, 2015).
115. Lynn Brewer, Robert Chandler, and O. C. Ferrell, *Managing Risks for Corporate Integrity: How to Survive an Ethical Misconduct Disaster* (Mason, OH: Thomson, 2006).
116. Richard Boyatzis and Annie McKee, *Resonant Leadership: Renewing Yourself and Connecting with Others Through Mindfulness, Hope and Compassion* (Boston, MA: Harvard Business Review Press, 2005); Bruce Rosenstein, "Resonant leader is one in tune with himself, others," *USA Today*, November 27, 2005, http://usatoday30.usatoday.com/money/books/reviews/2005-ll-27-resonant-book-usat_x.htm (accessed April 2, 2015).
117. Tonya Riley, "Why a Starbucks Barista Has More Willpower Than You Do," *Heleo*, November 30, 2015, https://heleo.com/charles-duhigg-draft-how-starbucks-reversed-its-customer-service-rut/1050/ (accessed April 27, 2017).
118. J. M. Burns, *Leadership* (New York, NY: Harper & Row, 1985).
119. Royston Greenwood, Roy Suddaby, and C. R. Hinings, "Theorizing Change: The Role of Professional Associations in the Transformation of Institutionalized Fields," *Academy of Management Journal* 45, 1 (January 2002): 58–80.
120. Eric Pillmore, "How Tyco International Remade Its Corporate Governance," speech at Wharton Business School, September 2006.
121. Shuili Du, Valerie Swaen, Adam Lindgreen, and Sankar Sen, "The Roles of Leadership Styles in Corporate Social Responsibility," *Journal of Business Ethics* 114, 1 (2013): 155–169.
122. Ben & Jerry's, "Our Values," https://www.benjerry.com/values (accessed April 20, 2020).
123. Bill George, Peter Sims, Andrew M. McLean, and Diana Mayer, "Discovering Your Authentic Leadership," *Harvard Business Review*, February 2007, http://hbr.org/2007/02/discovering-your-authentic-leadership/ar/l (accessed April 2, 2015).
124. Stephen R. Covey, *Principle-Centered Leadership* (New York, NY: Franklin Covey Co., 1991), 102–105.
125. Yuanmei Elly Qu, Marie T. Dasborough, Mi Zhou, Gergana Todorova, "Should Authentic Leaders Value Power? A Study of Leaders' Values and Perceived Value Congruence," *Journal of Business Ethics*, June, 156 4: 1027–1044; Muhammad Azeem Qureshi and Masood Hassan, "Authentic Leadership, Ethical Climate & Workplace Incivility: How Authentic Leadership Prevents Deviant Work Behavior-A Case from Pakistan," *Abasyn University Journal of Social Sciences*, 12 1: 144–163.
126. Erik Wemple, "Fire Redskins GM Has 'Multiple Relapses Due to Alcohol,' Unnamed Source Tells The Post," *The Washington Post*, March 10, 2017, https://www.washingtonpost.com/blogs/erik-wemple/wp/2017/03/10/fired-redskins-gm-had-multiple-relapses-due-to-alcohol-unnamed-source-tells-the-post/ (accessed April 27, 2017).
127. Brewer, Chandler, and Ferrell, *Managing Risks for Corporate Integrity: How to Survive an Ethical Misconduct Disaster* (Mason, OH: Thomson, 2006).

128. Coca-Cola, "Supplier Code of Business Conduct," http://www.coca-colacompany.com/our-company/suppliers/supplier-code-of-business-conduct (accessed April 27, 2017).
129. Robert C. Chandler, J. D. Wallace, and D. P Ferguson, "Corporate Reconciliation with Critical Stakeholders Through Communication: An Empirical Assessment of Efficacy, Ethicality, and Utilization Likelihood of Benoit's Image Restoration Strategies in Crisis Management Situational Contingencies," July 2002, unpublished manuscript presented at the International Communication Association, Seoul, Republic of Korea.
130. Open Compliance and Ethics Group, *GRC 360°: Perspectives on Governance, Risk, Compliance & Culture*, Fall 2005, 13.

Chapter 12

1. PwC, "PwC's Global Artificial Intelligence Study: Sizing the Prize," 2017, https://www.pwc.com/gx/en/issues/data-and-analytics/publications/artificial-intelligence-study.html (accessed May 10, 2020).
2. Ming-Hui Huang and Roland T. Rust, "Artificial Intelligence in Service," *Journal of Service Research* 21, 2 (2018): 155–172.
3. Virginia Dignum, "Ethics in Artificial Intelligence: Introduction to the Special Issue," *Ethics and Information Technology* 20–21 (2018): 1–3. doi: 10.1007/s10676-018-9450-z.
4. "How Delta Is Leveraging Apple's Business Chat, AI For Better Customer Service," *PYMNTS*, July 12, 2019, https://www.pymnts.com/call-center-commerce/2019/delta-apple-business-chat-artificial-intelligence-customer-service/ (accessed April 27, 2020).
5. Chiara Longoni, Andrea Bonezzi, and Carey K. Morewedge, "Resistance to Medical Artificial Intelligence," *Journal of Consumer Research* 46 4 (March 2019): 629–650. https://doi.org/10.1093/jcr/ucz013.
6. "IBM and Broad Institute Launch AI Initiative for Cardiovascular Disease Risk Prediction," *Diagnostic and Interventional Cardiology*, February 15, 2019, https://www.dicardiology.com/content/ibm-and-broad-institute-launch-ai-initiative-cardiovascular-disease-risk-prediction (accessed May 10, 2020).
7. Chiara Longoni, Andrea Bonezzi, and Carey K. Morewedge, "Resistance to Medical Artificial Intelligence," *Journal of Consumer Research*, 46, 4 (March 2019): 629–650. https://doi.org/10.1093/jcr/ucz013.
8. "The Impact of Artificial Intelligence on Unemployment," *Technology Org*, December 17, 2019, https://www.technology.org/2019/12/17/the-impact-of-artificial-intelligence-on-unemployment/ (accessed May 10, 2020).
9. Dalvin Brown, "AI Bias: How Tech Determines if You Land Job, Get a Loan or End Up in Jail," *USA Today*, October 2, 2019, https://www.usatoday.com/story/tech/2019/10/02/how-artificial-intelligence-bias-can-work-against-you/2417711001/ (accessed May 11, 2020).
10. Aaron Holmes, "AI Could Be the Key to Ending Discrimination in Hiring, but Experts Warn It Can Be Just as Biased as Humans," *Business Insider*, October 8, 2019, https://www.businessinsider.com/ai-hiring-tools-biased-as-humans-experts-warn-2019-10 (accessed May 11, 2020).
11. Alison DeNisco Rayome, "5 Eye-Opening Statistics About Minorities in Tech," *TechRepublic*, February 7, 2018, https://www.techrepublic.com/article/5-eye-opening-statistics-about-minorities-in-tech/ (accessed May 11, 2020).
12. Natasha Singer and Cade Metz, "Many Facial-Recognition Systems Are Biased, Says U.S. Study," *The New York Times*, December 19, 2019, https://www.nytimes.com/2019/12/19/technology/facial-recognition-bias.html (accessed May 11, 2020).
13. DataReportal, "Digital Around the World," 2020, https://datareportal.com/global-digital-overview (accessed May 6, 2020).
14. Julie Jargon, "How Restaurants Are Using Big Data as a Competitive Tool," *The Wall Street Journal*, October 2, 2018, https://www.wsj.com/articles/how-restaurants-are-using-big-data-as-a-competitive-tool-1538515392 (accessed May 6, 2020).
15. Bernard Marr, "The Amazing Ways Instagram Uses Big Data and Artificial Intelligence," *Forbes*, March 16, 2018, https://www.forbes.com/sites/bernardmarr/2018/03/16/the-amazing-ways-instagram-uses-big-data-and-artificial-intelligence/#6cb271c5ca63 (accessed June 27, 2019); Mehboob Feelani, "Watson, Come Here. I Want You," *Fortune*, October 27, 2014, 36.
16. Richard Herschel and Virginia M. Miori, "Ethics & Big Data," *Technology in Society*, 49 (May 2017): 31–36.
17. Natasha Lomas, "Researchers Spotlight the Lie of 'Anonymous' Data," *TechCrunch*, July 24, 2019, https://techcrunch.com/2019/07/24/researchers-spotlight-the-lie-of-anonymous-data/ (accessed May 11, 2020).
18. Michael Corkery and Nathaniel Popper, "From Farm to Blockchain: Walmart Tracks Its Lettuce," *The New York Times*, September 24, 2018, https://www.nytimes.com/2018/09/24/business/walmart-blockchain-lettuce.html (accessed May 6, 2020).
19. Pritom Das, "5 Technological Innovations Changing Medical Practice," *Entrepreneur*, April 29, 2020, https://www.entrepreneur.com/article/348475 (accessed May 6, 2020).
20. Michele Benedetto Neitz, "Ethical Considerations of Blockchain: Do We Need a Blockchain Code of Conduct?" *The FinReg Blog*, January 21, 2020, https://sites.duke.edu/thefinregblog/2020/01/21/ethical-considerations-of-blockchain-do-we-need-a-blockchain-code-of-conduct/ (accessed May 11, 2020).
21. Michele Benedetto Neitz, "The Influencers: Facebook's Libra, Public Blockchains, and the Ethical Considerations of Centralization," *North Carolina Journal of Law & Technology*, 21 2 (December 2019).
22. Sam Daley, "Fighting Fires and Saving Elephants: How 12 Companies Are Using the AI Drone to Solve Big Problems," *BuiltIn*, March 10, 2019, https://builtin.com/artificial-intelligence/drones-ai-companies (accessed May 6, 2020).
23. Aaron Mak, "Can You Get Food and Groceries Delivered by Drone Yet?" *Slate*, April 13, 2020, https://slate.com/technology/2020/04/drones-delivery-coronavirus.html (accessed May 10, 2020).
24. Michael Frank, "Drone Privacy: Is Anyone in Charge?" *Consumer Reports*, February 10, 2016, https://www.consumerreports.org/electronics/drone-privacy-is-anyone-in-charge/ (accessed May 11, 2020).
25. Tanya M. Anandan, "Robotics Industry Insights," *Robotics Industry Association*, March 21, 2019, https://www.robotics.org/content-detail.cfm/Industrial-Robotics-Industry-Insights/Automate-2019-Preview/content_id/7788 (accessed June 26, 2019).
26. Tom Huddleston, Jr. "Walmart Will Soon Use Hundreds of A.I. Robot Janitors to Scrub the Floors on US Stores," *CNBC*, December 5, 2018, https://www.cnbc.com/2018/12/05/walmart-will-use-hundreds-of-ai-robot-janitors-to-scrub-store-floors.html (accessed July 3, 2019).
27. Susan Fourtané, "Robotethics: The Human Ethics Applied to Robots," *Interesting Engineering*, September 22, 2019, https://interestingengineering.com/roboethics-the-human-ethics-applied-to-robots (accessed May 11, 2020).
28. UK-RAS Network, "Ethical Issues for Robotics and Autonomous Systems," 2019, https://www.ukras.org/wp-content/uploads/2019/07/UK_RAS_AI_ethics_web_72.pdf (accessed May 11, 2020).
29. Loukia Papadopoulos, "Spot the Robot Now Used in Singapore to Implement Social Distancing in Parks," *Interesting Engineering*, May 9, 2020, https://interestingengineering.com/spot-the-robot-now-used-in-singapore-to-implement-social-distancing-in-parks (accessed May 11, 2020).

30. Pamela Bump, "The Death of the Third-Party Cookie: What Marketers Need to Know," *Hubspot Blog*, February 24, 2020, https://blog.hubspot.com/marketing/third-party-cookie-phase-out (accessed May 8, 2020).
31. Mark Scott, "'Right to Be Forgotten' Should Apply Worldwide, E.U. Panel Says," *The New York Times*, November 26, 2014, http://www.nytimes.com/2014/11/27/technology/rightto-be-forgotten-should-be-extended-beyond-europe-eu-panel-says.html?_r=0 (accessed March 27, 2015).
32. Sam Schechner, "GDPR Takes Effect on Friday—Here's What to Expect," *The Wall Street Journal*, May 24, 2018, https://www.wsj.com/articles/5-questions-about-what-to-expect-when-gdpr-takes-effect-1527154200 (accessed April 28, 2020).
33. GDPR, "What Are the GDPR Fines?" https://gdpr.eu/fines/ (accessed May 6, 2020).
34. Alec Stapp, "GDPR After One Year: Costs and Unintended Consequences," *Truth on the Market*, May 24, 2019, https://truthonthemarket.com/2019/05/24/gdpr-after-one-year-costs-and-unintended-consequences/ (accessed May 6, 2020).
35. Sebastian Herrera, "Activist Behind California's New Privacy Law Already Wants to Improve It," *The Wall Street Journal*, December 29, 2019, https://www.wsj.com/articles/activist-behind-californias-new-privacy-law-already-wants-to-improve-it-11577615401 (accessed May 6, 2020).
36. Jacob Kröger, "Unexpected Inferences from Sensor Data: A Hidden Privacy Threat in the Internet of Things," *Internet of Things: Information Processing in an Increasingly Connected World*, March 2019, vol. 548. Springer, p. 147–159.
37. Julia Alexander, "TikTok Will Pay $5.7 Million over Alleged Children's Privacy Law Violations," *The Verge*, February 27, 2019, https://www.theverge.com/2019/2/27/18243312/tiktok-ftc-fine-musically-children-coppa-age-gate (accessed May 6, 2020).
38. Russell Brandom, "YouTube Will Pay up to $200 Million after Allegedly Violating Children's Privacy," *The Verge*, August 30, 2019, https://www.theverge.com/2019/8/30/20841055/youtube-kids-ftc-fine-200-million-privacy-violations (accessed May 6, 2020).
39. Dana Mattioli, "Amazon Scooped Up Data From Its Own Sellers to Launch Competing Products," *The Wall Street Journal*, April 23, 2020, https://www.wsj.com/articles/amazon-scooped-up-data-from-its-own-sellers-to-launch-competing-products-11587650015 (accessed May 6, 2020).
40. Joey Rouletter, "Orlando and Tampa Airports Ramp Up Facial Recognition Scanning for International Passengers," *Orlando Weekly*, April 17, 2019, https://www.orlandoweekly.com/Blogs/archives/2019/04/17/orlando-and-tampa-airports-ramp-up-facial-recognition-scanning-for-international-passengers (accessed May 10, 2020).
41. Madeline Purdue, "Axon Body-Camera Supplier Will Not Use Facial Recognition in Its Products—For Now," *USA Today*, July 1, 2019, https://www.usatoday.com/story/tech/2019/07/01/axon-rejects-facial-recognition-software-body-cameras-now/1601789001/ (accessed May 6, 2020).
42. John McCormick, "Opposition to Police Use of Facial Recognition Grows," *The Wall Street Journal*, July 1, 2019, https://www.wsj.com/articles/opposition-to-police-use-of-facial-recognition-grows-11561973401 (accessed July 2, 2019).
43. Mona Wang and Gennie Gebhart, "Schools Are Pushing the Boundaries of Surveillance Technologies," *Electronic Frontier Foundation*, February 27, 2020, https://www.eff.org/deeplinks/2020/02/schools-are-pushing-boundaries-surveillance-technologies (accessed May 10, 2020).
44. Nik DeCosta-Klipa, "Some of Boston's Neighbors Have Banned Facial Surveillance. Now, The City Council Is Moving to Follow Suit," *Boston.com*, May 6, 2020, https://www.boston.com/news/politics/2020/05/06/boston-face-surveillance (accessed May 10, 2020).
45. "Office of General Counsel," *The Catholic University of America*, February 21, 2013, http://counsel.cua.edu/fedlaw/ecpa.cfm (accessed February 11, 2015); "Electronic Communications Privacy Act of 1986 (ECPA), 18 U.S.C.§ 2510-2522," *Justice Information Sharing*, July 30, 2013, https://it.ojp.gov/default.aspx?area=privacy&page=1285 (accessed February 11, 2015).
46. American Management Association, "2005 Electronic Monitoring and Surveillance Survey: Many Companies Monitoring, Recording, Videotaping—and Firing—Employees," *American Management Association*, May 18, 2005, via http://www.cbia.com/cbianews/2005/07/200507_CompaniesMonitoring.htm (accessed February 10, 2015).
47. Wendy Davis, "Google Facing Two New Trademark Lawsuits over AdWords," *MediaPost*, June 1, 2017, https://www.mediapost.com/publications/article/302192/google-facing-two-new-trademark-lawsuits-over-adwo.html (accessed May 6, 2020).
48. Sean O'Kane, "Former Tesla Employees Brought Stolen Documents to Self-Driving Startup Zoox," *The Verge*, April 15, 2020, https://www.theverge.com/2020/4/15/21222763/tesla-zoox-startup-lawsuit-settlement-autonomous-driving (accessed May 7, 2020).
49. U.S. Copyright Office, "Copyright in General," https://www.copyright.gov/help/faq/faq-general.html (accessed May 6, 2020).
50. Eriq Gardner, "Peloton Reports $49 Million in Legal Costs After Settlement with Music Publishers," *The Hollywood Reporter*, May 6, 2020, https://www.hollywoodreporter.com/thr-esq/peloton-reports-49-million-legal-costs-settlement-music-publishers-1293634 (accessed May 6, 2020).
51. U.S. Copyright Office, "The Digital Millennium Copyright Act of 1998," December 1998, https://www.copyright.gov/legislation/dmca.pdf (accessed May 6, 2020).
52. Copyright Alliance, "What Is the DMCA Notice and Takedown Process?" https://copyrightalliance.org/ca_faq_post/dmca-notice-and-takedown-process/ (accessed May 7, 2020).
53. "Supreme Court Decision Impacts Copyright Registration," *The National Law Review*, March 6, 2019, https://www.natlawreview.com/article/supreme-court-decision-impacts-copyright-registration (accessed May 7, 2020).
54. U.S. Copyright Office, "Copyright in General," https://www.copyright.gov/help/faq/faq-general.html (accessed May 6, 2020).
55. Emma Woollacott, "Facebook Takes Legal Action over Alleged Cybersquatting," *Forbes*, March 6, 2020, https://www.forbes.com/sites/emmawoollacott/2020/03/06/facebook-takes-legal-action-over-alleged-cybersquatting/#40c38bca578b (accessed May 7, 2020).
56. William Mauldin and Alex Leary, "U.S. Tags Amazon Sites as 'Notorious Markets,'" *The Wall Street Journal*, April 29, 2020, https://www.wsj.com/articles/u-s-puts-amazon-foreign-websites-on-list-of-platforms-blamed-for-facilitating-piracy-11588172453 (accessed May 9, 2020).
57. Andrew Martins, "Chamber of Commerce Campaigns to Combat Counterfeits," *Business News Daily*, November 27, 2019, https://www.businessnewsdaily.com/15342-chamber-commerce-shop-safe.html (accessed May 9, 2020).
58. Susan Decker, Ian Lopez, and Matthew Bultman, "Caltech Wins a $1.1 Billion Patent Verdict Against Apple and Broadcom," *Los Angeles Times*, January 30, 2020, https://www.latimes.com/business/story/2020-01-29/caltech-wins-a-1-1-billion-jury-verdict-against-apple-and-broadcom (accessed May 6, 2020).
59. The Council of Economic Advisers, "The Cost of Malicious Cyber Activity to the U.S. Economy," February 2018, https://www.whitehouse.gov/wp-content/uploads/2018/03/The-Cost-of-Malicious-Cyber-Activity-to-the-U.S.-Economy.pdf (accessed May 6, 2020).

60. Peter Rudegeair, AnnaMaria Andriotis and David Benoit, "Capital One Hack Hits the Reputation of a Tech-Savvy Bank," *The Wall Street Journal*, July 31, 2019, https://www.wsj.com/articles/capital-one-hack-hits-the-reputation-of-a-tech-savvy-bank-11564565402 (accessed May 6, 2020).
61. Einaras von Gravrock, "Here Are the Biggest Cybercrime Trends of 2019," *World Economic Forum*, March 4, 2019, https://www.weforum.org/agenda/2019/03/here-are-the-biggest-cybercrime-trends-of-2019/ (accessed May 6, 2020).
62. "Cybercriminals Are Using COVID-19 to Commit Fraud—Here's How to Recognize Them," *PaymentsJournal*, April 7, 2020, https://www.paymentsjournal.com/cybercriminals-are-using-covid-19-to-commit-fraud-heres-how-to-recognize-them/ (accessed May 6, 2020).
63. David Winder, "Zoom Isn't Malware but Hackers Are Feeding That Narrative, and How: Zoom-Related Threads Up 2,000%," *Forbes*, April 12, 2020, https://www.forbes.com/sites/daveywinder/2020/04/12/zoom-isnt-malware-but-hackers-are-feeding-that-narrative-and-how-zoom-related-threats-up-2000/#29a4502e1ae5 (accessed May 6, 2020).
64. Louis Casiano, "Zoom Steps Up Efforts to Deter 'Zoombombing' Amid Security Issues," *Fox News*, May 5, 2020, https://www.foxnews.com/tech/zoom-deter-zoombombing-security-issues (accessed May 6, 2020).
65. "The Digital Divide," Stanford, https://cs.stanford.edu/people/eroberts/cs181/projects/digital-divide/start.html (accessed May 13, 2020).
66. Emily A. Vogels, Andrew Perrin, Lee Rainie, and Monica Anderson, "53% of Americans Say the Internet Has Been Essential During the COVID-19 Outbreak," *Pew Research Center*, April 30, 2020, https://www.pewresearch.org/internet/2020/04/30/53-of-americans-say-the-internet-has-been-essential-during-the-covid-19-outbreak/ (accessed May 12, 2020).
67. Larry Irving, "Broadband Is Now Our Lifeline, But 20 Million Still Lack Access," *The Hill*, March 28, 2020, https://thehill.com/opinion/technology/489977-broadband-is-now-our-lifeline-but-20-million-still-lack-access (accessed May 6, 2020).
68. "Closing the Digital Divide: How the Future of 5G Can Foster Equal Opportunity for All Americans," *Forbes*, April 15, 2020, https://www.forbes.com/sites/tmobile/2020/04/15/closing-the-digital-divide-how-the-future-of-5g-can-foster-equal-opportunity-for-all-americans/#f309e2d2a4e0 (accessed May 10, 2020).
69. Cox Communications, "Cox Celebrates 100 Tech Centers for the Boys & Girls Clubs of America," February 15, 2018, https://www.cox.com/residential/articles/cox-celebrates-100-tech-centers-for-the-boys-girls-club-of-america.html (accessed May 13, 2020).
70. "Closing the Digital Divide: How the Future of 5G Can Foster Equal Opportunity for All Americans," *Forbes*, April 15, 2020, https://www.forbes.com/sites/tmobile/2020/04/15/closing-the-digital-divide-how-the-future-of-5g-can-foster-equal-opportunity-for-all-americans/#f309e2d2a4e0 (accessed May 10, 2020).
71. Internet Essentials, https://www.internetessentials.com/ (accessed May 10, 2020).
72. Comcast, "Comcast Response to COVID-19," https://corporate.comcast.com/covid-19 (accessed May 10, 2020).
73. "The Most Pressing Issues in Bioethics," *The Medical Futurist*, March 26, 2019, https://medicalfuturist.com/the-most-pressing-issues-in-bioethics/ (accessed May 6, 2020).
74. "Eugenics," *History*, November 15, 2017, https://www.history.com/topics/germany/eugenics (accessed May 6, 2020).
75. "The Most Pressing Issues in Bioethics," *The Medical Futurist*, March 26, 2019, https://medicalfuturist.com/the-most-pressing-issues-in-bioethics/ (accessed May 6, 2020).
76. Torreya, "Future of the Global Pharmaceutical Industry," October 2017, https://torreya.com/publications/torreya_global_pharma_industry_summary_october2017.pdf (accessed May 6, 2020).
77. James Temperton, "'Now I Am Become Death, the Destroyer of Worlds'. The Story of Oppenheimer's Infamous Quote," *Wired*, August 9, 2017, https://www.wired.co.uk/article/manhattan-project-robert-oppenheimer (accessed May 6, 2020).
78. Benecard Association, "Sovaldi: Different Prices for Different Nations," http://benecardassociation.com/sovaldi-different-prices-for-different-nations (accessed May 6, 2020).
79. Edd Gent, "$100 Genome Sequencing Will Yield a Treasure Trove of Genetic Data," *Singularity Hub*, March 8, 2020, https://singularityhub.com/2020/03/08/100-genome-sequencing-will-yield-a-treasure-trove-of-genetic-data-and-maybe-a-dystopian-nightmare/ (accessed May 6, 2020).
80. Andy Extance, "Synthetic Gene Cost Slashed to $2," *Chemistry World*, January 2018, https://www.chemistryworld.com/news/synthetic-gene-cost-slashed-to-2/3008491.article (accessed May 6, 2020).
81. "China Jails 'Gene-Edited Babies' Scientist for Three Years," *BBC*, December 30, 2019, https://www.bbc.com/news/world-asia-china-50944461 (accessed May 6, 2020).
82. Kirsten Martin, Katie Shilton & Jeffery Smith, "Business and the Ethical Implications of Technology: Introduction to the Symposium," *Journal of Business Ethics*, 2019, 160, p. 307–317.
83. Spencer Stuart, "Beyond Data Protection: The Rising Role of the Chief Privacy Officer," June 6, 2019, https://www.spencerstuart.com/leadership-matters/2019/june/beyond-data-protection-the-rising-role-of-the-chief-privacy-officer (accessed May 7, 2020).
84. Kristin Broughton, "How Salesforce Makes Decisions on Ethics and Social Issues," *The Wall Street Journal*, February 17, 2020, https://www.wsj.com/articles/how-salesforce-makes-decisions-on-ethics-and-social-issues-11581955201 (accessed May 11, 2020).
85. Rodney Joffe, "Protecting Your Network amid the Radical Paradigm Shift to a Remote Workforce," *Forbes*, May 7, 2020, https://www.forbes.com/sites/forbestechcouncil/2020/05/07/protecting-your-network-amid-the-radical-paradigm-shift-to-a-remote-workforce/#2f5f2742600e (accessed May 7, 2020).
86. Brett Milano, "Big Tech's Power Growing at Runaway Speed," *The Harvard Gazette*, February 7, 2019, https://news.harvard.edu/gazette/story/2019/02/government-cant-keep-up-with-technologys-growth/ (accessed May 7, 2020).
87. David He and Venessa Guo, "4 Ways AI Will Impact the Financial Job Market," *World Economic Forum*, September 14, 2018, https://www.weforum.org/agenda/2018/09/4-ways-ai-artificial-intelligence-impact-financial-job-market/ (accessed June 26, 2019); Carol Kinsey Goman, "Has Technology Killed Face-to-Face Communication?" *Forbes*, November 14, 2018, https://www.forbes.com/sites/carolkinseygoman/2018/11/14/has-technology-killed-face-to-face-communication/#4aee7be4a8cc (accessed July 29, 2019); Molly Schleisinger and Kathy Hirsh-Pasek, "The Power of Human: Re-inventing Technology to Prompt More Social Connection," *Centers for Scholars and Storytellers*, https://www.scholarsandstorytellers.com/character-blogs-technology/2018/12/29/the-power-of-human-re-inventing-technology-to-prompt-more-social-connection (accessed July 29, 2019).
88. Joel M. Moskowitz, "We Have No Reason to Believe 5G Is Safe," *Scientific American*, October 17, 2019, https://blogs.scientificamerican.com/observations/we-have-no-reason-to-believe-5g-is-safe/ (accessed May 11, 2020).

찾아보기

ㅅ

ㅇ

ㅈ

역자 소개

감수

장영균 서강대학교 경영학부 교수

번역

장영균 서강대학교 경영학부 교수

김병직 울산대학교 경영학부 부교수

정라미 서강대학교 경영학부 대우교수

13판

FERRELL **기업윤리**

2022년 3월 7일 1판 1쇄 펴냄

지은이 O.C. Ferrell · John Fraedrich · Linda Ferrell
옮긴이 장영균 · 김병직 · 정라미
펴낸이 류원식
펴낸곳 교문사

편집팀장 김경수 | **책임진행** 이유나 | **표지디자인** 신나리 | **본문편집** 홍익m&b

주소 10881, 경기도 파주시 문발로 116
대표전화 031-955-6111 | **팩스** 031-955-0955
홈페이지 www.gyomoon.com | **이메일** genie@gyomoon.com
등록번호 1968.10.28. 제406-2006-000035호

ISBN 978-89-363-2329-5(93320)
정가 33,000원